改正商法義解　完

遠藤武治校閲
横塚泰助著

大正貳年再版

改正商法義解 完

日本立法資料全集 別巻 1212

信山社

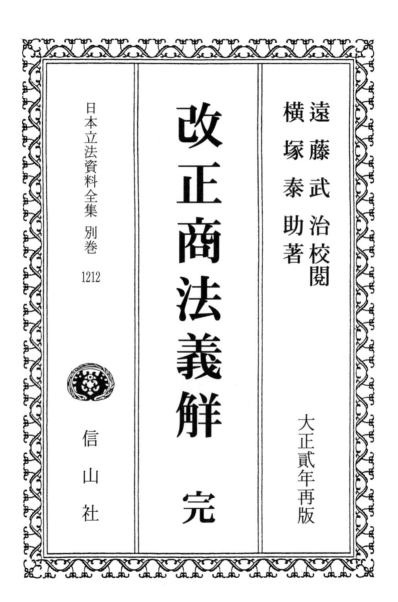

法學士横塚泰助著

改正 商法義解 完

東京 法令研究會

若指諸掌

伸顕

序

商買ノ商法ニ於ケル猶兵家ノ兵書ニ於ケルガ如シ。兵家ノ兵ヲ行ルヤ必ス策戰計畫ヲ先ニシ以テ陣頭ニ涖ム。商買ノ商略ヲ施ス豈六韜三略ノ備ナクシテ可ナラムヤ。若夫レ兵家ニシテ兵書ヲ講ゼズ商買ニシテ商法ニ通ゼザラムカ。失敗蹉跌踵ヲ接シテ起ルヤ蓋疑ヲ容レザル也。

商買ノ商法ニ於ケル其ノ關係スルトコロノ重且大ナル夫レ斯ノ如シ。從テ商法ノ改廢ハ直チニ商買雙肩ノ荷擔ニ輕重ヲ來タシ。成敗ノ運輸贏ノ命一ニ商法ノ規定ニ待タザルベカラザルモノアリ。宜ナル哉商法ノ一度修正セラルルヤ世ノ商買繼踵之ガ攻究ニ汲々タルコトノ飜テ余輩坊間ノ商法註釋書ヲ閲ルニ其ノ繁ナルモノハ拮倔聱牙、學理ニ偏シテ實用ニ適セズ。其ノ簡ナルモノハ麤漏杜撰却テ謬論誤解ノ因ヲ爲スニ過ギズ。獨リ法學士横塚泰助君ノ著述改正商法義解ハ論ジテ能ク肯綮ニ中リ說イテ能ク實務ノ指針ト爲スニ足ルコト。恰モ明月天ニ懸リ群星光ヲ失フノ感アリ。蓋多年商法專攻ノ賚ト稱スベシ。君偶之ヲ携來リテ、序ヲ余ニ需ム。乃

チ鄙文ヲ草シテ之ニ應フルコト爾リ。

明治四十五年四月

司法省民事局長法學博士　齋藤十一郎

序

文明國ハ法治國ナリ悉ク法ニ據リテ治メ何人ノ專制ヲモ許サス而シテ實業ノ隆盛ト爲ルニ從ヒテ之ニ關スル法令亦多ク生シ其最モ重要ナルヲ商法トス商法ハ實業界ノ經典ナリ我國ノ實業ハ商法ノ下ニ生存シ商法ニ指導セラレテ發達ス而シテ商法ハ又實業界ノ進歩ニ伴ヒテ改良スヘキモノトシ我國ハ明治四十四年改正商法ヲ制定發布シタリ然ラハ躬ラ實業界ニ在ル者ハ勿論然ラサルモ實業界ニ公私ノ關係ヲ有スル者ハ須ラク改正商法ノ大體ヲ知ラサルヘカラス

商法ノ研究ハ現實ノ社界ニ必要ナリ深ク研究セントスル者ハ特別ノ敎育ヲ受ケ數多ノ書冊ニ據ラサルヘカラサルモ大體ニ通スルニハ一書ヲ以テ足ル理トス唯適當ノ良書ナキニ苦ムノミ余ハ改正商法ノ取調委員ト爲リテ親シク改正ノ審議ニ參シ聊カ知ル所アルヲ以テ此需用ニ應セン爲メニ改正商法ノ主趣ヲ闡明セル新著ヲ出シ改正日本商法ト名ケタリ然レトモ开ハ敎科書的ナリ理論的說述ナリ他ニ逐條註釋書アルヲ便トス

此頃長尾清一君商法義解ノ原稿ヲ携ヘ余ヲ牛門ノ書屋ニ訪ヒ序ヲ囑セラル余ハ

徒ラニ書名ヲ聽キ或ハ書冊ノ外容ヲ見テ直チニ序文ヲ作クルヲ欲セス此ノ如キハ社會ヲ詐害スルモノトシテ排斥シ來リシナリ故ニ本囑ヲ受クルニ際シテモ再三氏ニ接シテ其主趣ヲ問ヒ又原稿ノ全部ヲ見且屢執筆者ニ面接シテ質シタル所アリ然ル後本書ノ社會ニ益アルヲ認メタルモノトス本書ハ篤學ノ諸氏各々其長所ヲ撰擇説明シタルヲ以テ獨特ノ妙アリ且相互ノ間ニ競爭ノ意アリシヲ以テ筆ニ一段ノ活氣ヲ添ヘタリ然レトモ幸ニシテ共著ノ弊タル不調和若クハ矛盾ニ陷ルコトナク統一アリ關聯アリテ其點一人ノ著ニ等シ編纂主任者ノ盡瘁ニ因ルモノトス所説或點ニ於テハ余ノ自説ト異ナル所アルモ亓ハ已ムヲ得ストシ大體ニ於テ本書ハ簡ニシテ要ヲ得穩健ニ改正商法ノ條文ヲ説キタルモノナリ逐條註釋書中ノ白眉トシテ茲ニ社會ニ推薦スルヲ憚ラス

明治四十五年三月廿五日

牛門書屋ニテ

松波仁一郎

序

法學士横塚泰助君商法義解ヲ著ハシテ其序文ヲ求ム今其内容ヲ見ルニ商法改正ノ要點ヲ指摘シテ註釋勉メテ簡易ヲ主トシ加フルニ逐條能ク立法ノ主旨ヲ明ニス從ッテ世ノ實務家ハ之レニヨリテ便益ヲ得ルコト蓋シ尠シトセサルヘシ依ッテ茲ニ序ス。

法學博士　加藤正治

自序

商法ニ關スル著書ノ多キハ喜フヘキ現象ナリ然レトモ亦商事從業者ヲ滿足セシムルモノニ至ッテハ甚稀ナリ從ッテ商事從業者ニシテ法ノ不知又ハ其曲解ニヨリ往々不測ノ損害ヲ來タス者アルハ勿論不法ノ行爲ヲ敢テ爲スモ尙覺ラス爲メニ刑壁ニ觸ルル者亦其例ニ乏シカラス本書ハ此等ノ通弊ヲ防止センコトヲ目的トシテ專ラ平易簡略ヲ旨トシ以ッテ商事社界ノ實際ニ適セシメントス欲シテ著ハシタルナリ故ニ世ノ商事從業者ニシテ本書ニヨリ裨益スルコトアラハ啻ニ本書ノ光榮ノミニアラサルナリ。

終リニ菘ンテ判事田山卓二君檢事森原嘉逸君カ共ニ助力ヲ與ヘラレタルコト竝ニ先輩遠藤武治君カ繁務アル身ヲ以テシテ著書ノ濫リニ空理空論ニ走ルコトナキヲ主眼トシテ校正セラレタルコト及ヒ恩師　松波博士加藤博士カ親シク序文ヲ授セラレタルコトニ對シテハ深ク感謝ノ意ヲ表スル所ナリ。

著　者　識

發兌の辭

商法が改正されたのは時勢の要求した結果であるが之に伴ふて近時吾國の商事會社は著しく商法の研究を増進する傾向を示して來た乍併本法に關する在來の著書は一般實務家の資料としては餘りに學究的で之れは迚も執務上の參考には成らない此理由が卽ち本書の發行を速に剞劂に命ずるに至つた唯一の原因である故に本書が世の期待に投ずることを得たならば予は無上の光榮たるを自覺するであらう。

花散り春徂かんとする城西の書亭に

蘇軒生

改正 商法義解

目次

目　次　終

改正 商法義解

法學士　遠藤武治校閲
法學士　横塚泰助著

緒論

第一章　商ノ意義

商ノ意義

貨物ノ轉換媒介

商法ハ商事ニ關スル法律ナリ故ニ商法ヲ攷究スルニ當リテハ先ツ商ノ意義ヲ説明セサル可カラス商トハ貨物ノ轉換媒介ヲ目的トスル行爲ナリト謂フヲ以テ通説ト爲ス蓋シ經濟上ノ觀念ニ依レハ人類生存ニ必要ナル百般ノ貨物ハ生産シ分配シ消費セラルルモノニシテ生産者ト消費者トノ間ニ在リテ貨物ノ轉換媒介ヲ爲スコトハ實ニ商ノ起原ヲ成スモノナルカ故ニ之ヲ以テ商ナリト爲スハ洵ニ至當ニシテ我商法第二百六十三條一號二號ニ規定スル所ノモノハ斯種ノ行爲ニ屬ス而シテ商ノ發達ニ伴ヒ直接ニ貨物ノ轉換媒介ヲ目的トセサルモ間接ニ之ヲ

貨物轉換媒介以外ノ行爲

補助シテ容易ナラシムル所ノ行爲ヲ生シタリ例ヘハ我商法第二百六十四條十一號及十二號ニ列記セル運送、仲立、取次等ノ如キ即チ是ナリ。

叙上ノ如ク直接又ハ間接ニ貨物ノ轉換媒介ヲ目的トスル所ノモノハ商ナリ然レトモ商ヲ以テ貨物ノ轉換媒介ニ限局セントスルハ甚シキ誤謬ナリト謂ハサル可ラス蓋シ世ノ進歩ニ伴ヒ商モ亦幾多ノ分化ヲ生シ生命保險、火災保險、旅客運送、寄託ノ引受等ノ如ク貨物ノ轉換媒介ノ埒外ニ在リテ而モ商ノ觀念ヲ以テ律ス可キ各種ノ行爲ヲ生シタレハナリ現ニ商法第二百六十四條二號三號五號乃至七號九號十號ニ列記セル行爲ノ如キハ何レモ貨物ノ轉換媒介ヲ目的トスルモノト謂フコトヲ得サルモ尚且商ノ範圍ニ屬ス此ノ如ク商ノ觀念ハ貨物ノ轉換媒介ニ限局スルコトヲ得サルヨリ學者或ハ商トハ商人カ爲ス所ノ一切ノ行爲ナリト曰フ者アリ然レトモ商人ノ行爲ニシテ商ノ範圍ニ容ル可カラサルアリ非商人ノ行爲ニシテ商ノ範圍ニ容ル可キ行爲アリ故ニ商人ノ行爲ハ即チ商ナリトノ觀念ハ正確ヲ缺ケルモノト謂フ可ク是ヲ以テ商ノ觀念ハ之ヲ商ノ本質ニ因テ抽出スルノ外ナク予ハ商トハ營利ノ目的ヲ以テスル財産權ノ有償取得及ヒ移動ニ關スル行爲ナリト定義セント欲ス商ノ目的ハ營利ニ在ルコト論ナシ商人カ偶々利益ナキ

コトヲ知リテ爲ス行爲若クハ損失ヲ豫期シテ爲ス行爲アリト雖モ此ノ如キハ商行爲本來ノ目的ニ非サルカ故ニ之ヲ以テ商行爲ハ營利ノ目的ヲ以テスル行爲ナリト謂フヲ妨ケサルナリ又商ハ營利ノ目的ヲ以テスル財產權ノ有償取得及ヒ移轉ニ關スル事項ヲ目的トシ單ニ貨物ノ轉換媒介ノ行爲ニ限局セサルモノト謂フ可キナリ然レトモ此定義ハ抽象的ニ商ニ通有ナル觀念ヲ示シタルニ止リ未タ我商法ニ規定セル商行爲ノ全部ヲ包含セシメタルモノニ非ス前述ノ如ク商行爲ハ多種多樣ナルヲ以テ法律ニ於テ之ヲ抽象的ニ明示スルコト難ク我商法ノ如キモ亦抽象的ニ商行爲ノ何タルヲ定義セスシテ列擧主義ヲ採リ商法第二百六十三條乃至第二百六十五條ニ於テ商行爲タル可キ各種ノ行爲ヲ列記セリ故ニ我商法ノ下ニ於ケル商ノ觀念ハ法律カ商行爲トシテ規定セル所ノモノ卽チ商行爲ナリト謂フノ外ナキナリ。

商ニ就テ各種ノ分類ヲ爲シ直接ニ營利ノ爲メ財產ノ有償取得又ハ移轉ヲ爲スモノト之ヲ補助スルモノトニ因リテ固有商、補助商ニ別チ又其ノ營業カ陸上ニ於テ行ハルヽト海上ニ於テ行ハルヽトニ因リ陸商、海商ト曰ヒ若クハ資本ノ大小ニ因リ大商小商ニ分ツコトアリ然レトモ是レ主トシテ經濟上ノ見地ヨリ爲シタル

分類ニシテ法律上特ニ價値アル分類ニハ非サルナリ。

第二章　商法

商法ハ商事ニ關スル特別私法也

商法ハ商事ニ關スル特別私法ナリ即チ(一)商法ハ私法ナリ凡ソ法律ニ於テ規定スル所ノモノ之ヲ大別シテ二ト爲ス一ハ個人ト國家トノ關係ニシテ例ヘハ兵役及ヒ納税ノ義務若クハ議員選擧權ニ關スル規定ノ如キ是ナリ他ノ一ハ個人相互ノ關係ニシテ例ヘハ財產ノ得喪移轉及ヒ婚姻若クハ養子緣組ニ關スル規定ノ如キ是ナリ而シテ個人ト國家若クハ國家ノ機關トノ相互ノ關係ヲ定ムル法律ハ之ヲ公法ト曰ヒ公的關係ヲ離レテ個人相互ノ關係ヲ定ムル法律ハ之ヲ私法ト曰フ今商法ノ規定スル所ノモノハ個人相互ニ於ケル商事ニ關スルカ故ニ其私法ニ屬スルコト言ヲ俟タス

私法

(二)商法ハ特別私法ナリ凡ソ個人相互ニ於ケル關係ニ付キ一般的規定ヲ設ケタルモノハ民法ニシテ民法ハ財產上及ヒ親屬上ノ事項ニ付テ何人ニモ生スルコトアル可キ一般的關係ヲ規定セルカ故ニ之ヲ普通法ト曰フ然レトモ人事ノ複雜ナル到底普通法タル民法ノ規定ノミヲ以テ準則ト爲スニ足ラサルカ故ニ各特別ノ事項ニ關スルモノハ皆特別ノ規定ヲ設ク就中商事ハ信用ヲ基

特別私法

礎トシ敏活ヲ旨トスルカ故ニ民法ノ一般的規定ヲ變更シ若クハ全ク民法ニ規定ナキ事項ニ就キ之ヲ補足スル爲メノ規定ヲ設クルコトヲ要ス例ヘハ契約ノ成立並ニ効力若クハ賣買等ノ事項ニ付テハ民法ノ規定ヲ變更セル特別規定ヲ設ケ又商號、商業帳簿、商業登記、商業使用人、代理商、仲立營業、問屋營業、運送、保險、手形等ニ付テハ全ク民法ニ規定ナキ事項ナルカ故ニ特ニ商法ニ於テ之ニ關スル規定ヲ設ケタリ此ノ如ク商法ハ民法ニ對シテ變更的若クハ補足的ノ規定ヲ設クト雖モ固ト商法ハ民法ト共ニ個人相互ノ關係ヲ規定セルモノナルカ故ニ民法ト商法トハ歸一ス可ク之ヲ區別ス可カラストスト論スルモノアリ然レトモ商法ニ規定スル所ノ事項ハ商ニ特有ナル事項ニ屬シ殊ニ商法中手形海商ノ如キハ萬國共通ノ性質ヲ有スルニ拘ラス民法中親族相續ノ如キハ各其國ニ特有ナル古來ノ慣習風俗ニ胚胎セルモノ多ク到底之ヲ混同視スルコトヲ許サヽルナリ(三)商法ハ商事ニ關スル法規ナリ即チ前述セル商ニ關スル事項ハ實ニ商法規定ノ眼目タリ而シテ商法ニ關スル各國ノ立法例ヲ見ルニ其制定ノ基礎ヲ商ノ主格ニ置クモノアリ之ヲ稱シテ主觀主義ノ立法ト曰フ又其基礎ヲ商ニ關スル行爲ニ置クモノアリ之ヲ稱シテ客觀主義ノ立法ト曰フ蓋シ主觀主義ハ商法カ商人ノミヲ支配スルモノト爲セル時

代ノ思想ニ基ケルモノニシテ近世ノ如ク商法ハ啻ニ商人ノミナラス非商人ニ付テモ商法ヲ適用スルコトアル時代ニ於テハ多クハ客観主義ヲ原則トシ之ニ主観主義ヲ加味セル折衷主義ヲ採レリ我商法亦然リトス。

我國商法ノ編纂

第三章　我國商法ノ編纂

我國ニ在リテハ古來商法法典ヲ編纂セシコトナク唯僅ナル單行法ト商慣習法トヲ存セシニ過キサリシカ明治維新以後各種ノ法典編纂ニ從事シ就中商法ニ付テハ明治十四年四月獨逸人「ヘルマン、ロエスレル」氏ニ其起草ヲ命シ明治十七年ニ至リテ脫稿進達シ爾來幾多ノ審議ヲ經テ明治二十二年六月七日元老院ノ可決ヲ經タル上二十三年三月二十七日裁可セラレ同年四月二十六日公布セラレ翌二十四年一月一日ヨリ施行スヘキモノト定メラレタリ之ヲ舊商法ト爲ス然ルニ當時該法施行ニ關シ朝野ノ間ニ異論アリテ終ニ二十四年十二月二十六日法律第百八號ヲ以テ施行期限ヲ二十六年一月一日ト定メ次テ同二十五年更ニ一大改正ヲ施スノ議ヲ生シ二十九年十二月三十日迄其施行ヲ延期セリ唯會社、手形及ヒ破產ニ關スル規定ハ速ニ施行スルノ必要アリトシ多少ノ修正ヲ加ヘタル上二十六年七

月一日ヨリ施行セラレ且商業登記、商業帳簿ニ關スル規定（第一編第二章第四章）モ亦同日ヨリ商事會社ノミニ施行セラレタリ翻テ明治二十五年民法及商法ノ施行延期ト爲ルヤ政府ハ法典調査會ヲ設ケテ商法典ノ根本的修正ニ從事セシメ第十議會ノ議決ヲ經タル上商法施行ヲ明治三十一年六月三十日迄延期シ爾後法典調査會ハ各國ノ法制ヲ參酌シ我國古來ノ慣習ヲ精査シタル上修正案ヲ起シ終ニ三十二年第十三議會ノ議決ヲ經タル上同年三月一日法律第四十八號ヲ以テ公布シ同年六月十六日ヨリ實施セラレタリ。

然ルニ該商法典施行後間モナク幾多ノ批難ヲ生シタルヨリ政府ハ復タ其改正ニ著手シ法律取調委員會ノ審議ヲ經タル上明治四十三年七月商法改正案ヲ發表シ其後多少ノ修正ヲ施シテ四十四年一月議會ニ提出シ同年三月二十一日ヲ以テ兩院ヲ通過シ同年五月二日裁可同月三日法律第七十三號「商法中改正法律」トシテ公布セラレ同年十月一日ヨリ實施セラレタリ前述ノ如ク商法ハ民法ニ對スル特別法ナルカ故ニ完全ナル改正ハ民法ノ改正ト相俟タサル可カラス然レトモ今次ノ改正ハ時勢ノ要求ニ應シ二百餘條ノ大修正ヲ加ヘタルモノニシテ大體ニ於テ遺憾ナキヲ得タルモノト謂フ可シ。

商法中改正法律ノ効力

第四章　商法中改正法律ノ効力

法律ノ効力トハ法律ノ支配力ノ及フ範圍ヲ謂フ隨テ法律ノ効力ハ之ヲ時、人、場所ニ關スル効力ニ分ッテ說明スルヲ常トス而シテ我商法ハ一般私法ト均シク內國ニ於テハ內國人ハ勿論外國人ヲモ支配スルノ力ヲ有スレトモ外國ニ於テハ外國人ハ勿論內國人ヲモ支配スルノ力ナシ故ニ人ト場所トニ關スル効力ニ付テハ深ク說明スルヲ須ヒスト雖モ時ニ關スル効力「就中商法中改正法律」ノ時ニ關スル効力ニ付テハ一言ヲ費サヽル可カラス。

抑々法律ハ施行ノ時卽チ其支配力ヲ生シタル時ヨリ將來ニ向テ發生スル事實ヲ支配スルヲ以テ原則トス之ヲ法律不遡及ノ原則ト謂フ蓋シ法律ハ其發生當時ノ必要ニ應シテ制定セラル、所ノ準則ナルカ故ニ若シ新法カ過去ニ生セシ事實ニ對シ其支配力ヲ及ホスコトアリトセン乎舊法ニ依リ確定セル法律上ノ効果ヲ紛更スルノ結果ヲ生スレハナリ然レトモ法律不遡及ノ原則ハ唯立法上ノ準則タルニ過キサルカ故ニ北米合衆國ニ於ケルカ如ク憲法ニ此原則ヲ掲ケタル場合ハ格別ナレトモ否ラサル場合ニ於テハ立法者ハ必要ニ應シテ此原則ニ據ラサルコ

トヲ得可キヤ勿論ナリ今商法中改正法律ハ明治四十四年十月一日ヨリ實施セラレタルカ故ニ法律不遡及ノ原則ニ從ヘハ其以前ニ生シタル事實ヲ支配スルコト能ハサル可キナリ然レトモ立法者ハ時代ノ要求ニ應シ該改正法律ヲ實施以前ニ遡リテ適用スルノ必要アリト認メ商法中改正法律附則第二條ニ於テ本法ノ規定ハ「本法施行ノ日ヨリ其施行前ニ生シタル事項ニモ亦之ヲ適用ス」ト規定シタリ此ノ如ク商法中改正法律二百有餘條ハ遡及効ヲ有スルヲ以テ原則ト爲シタリト雖モ悉ク遡及効ヲ認ムルトキハ濫ニ舊法ニ依リテ確定セル法律上ノ効果ヲ紛更變亂シ取引上ノ安全ヲ害ス可キカ故ニ右附則第二條ノ原則ニ對シ幾多ノ例外規定ヲ設ケタリ卽チ(一)從前ノ規定ニ依リテ生シタル効力ヲ妨ケス(附則二但書)トノ規定ヲ設ケ以テ既ニ確定セル効力ヲ動カスコト勿ラシメ(二)改正商法施行前既ニ著手シタル行爲ニ付テハ改正規定ノ適用ヲ除外シ(附則三、四、二九、三〇)又ハ從前ノ規定ヲ適用シテ其行爲ヲ完了セシメ(附則七、一四、一五)若クハ既ニ著手シタル行爲ト雖モ改正商法施行ノ日ヨリ爾後全ク改正法ニ據ラシムル可キ旨(附則五、八、一〇、一六、一八等)ヲ規定シタリ其他同附則ニ於テハ改正商法施行前後ニ亘レル時効ノ進行及ヒ完成等各種ノ經過的規定ヲ設ケタリ。

第一編　總則

商法ハ之ヲ五編ニ分チ第一編總則、第二編會社、第三編商行爲、第四編手形、第五編海商ト爲ス獨逸商法ノ如キハ第一編ヲ商法業者トシ手形法ヲ單行法トシ海商法ヲ第四編ニ置キタルノミニテ大體我商法ト相類似セリ我商法第一編總則ハ更ニ之ヲ七章ニ分チ順次ニ法例、商人、商業登記、商號、商業帳簿、商業使用人、代理商ニ就テ規定セリ。

第一章　法例

法例ハ商法ノ適用ノ順序及ヒ範圍ヲ明カニスル爲メ商慣習法、公法人ノ商行爲及ヒ一方商行爲ニ付テ規定セリ。

第一條　商事ニ關シ本法ニ規定ナキモノニ付テハ商慣習法ヲ適用シ商慣習法ナキトキハ民法ヲ適用ス

本條ハ商事ニ關スル法規適用ノ順序ヲ定メタルモノニシテ商事ニ付テハ第一次ニ商法ヲ適用シ第二次ニ商慣習法ヲ適用シ第三次ニ商法ニ對シ普通法タル民

法ヲ適用ス可キ旨ヲ定メタリ抑々法令ニ特別ノ規定ナキ限リハ成文法ハ慣習法ニ優先スルモノナリト雖モ商取引ハ信用ヲ基礎トシ敏活ヲ貴ヒ普通ノ人事ト其趣ヲ異ニスルガ故ニ商事上特別ナル幾多ノ慣例ヲ存ス而シテ斯ル慣行ハ商取引ノ安全及其發達ノ爲メ重要視ス可キモノニ屬シ慣行ノ久シキ終ニ不文ノ法規ヲ成シタルモノナリ是ヲ以テ商法ニ規定ナキ事項ニ付テハ普通法タル民法ニ先チテ商慣習法ヲ適用シ商慣習法ナキトキ始メテ民法ヲ適用ス可キモノトセリ商慣習法ハ不文法ナリ不文法ヲ認ム可キヤ否ヤハ學説分岐スト雖モ我法律ノ下ニ於テハ其適用ヲ明示シタルカ故ニ解釋上疑ヲ容ルルノ餘地ナシ而シテ其適用セラル可キ範圍ハ我法例第二條ニ依リテ定マレリ即チ同條ノ規定ニ依レハ「公ノ秩序又ハ善良ノ風俗ニ反セサル慣習ニシテ法令ノ起定ニ依リテ認メラレタルモノ及ヒ法令ニ規定ナキ事項ニ關スルモノハ法律ト同一ノ効力ヲ有スト曰ヘリ即チ同條ニ依リ獨リ商事ノミナラス一般ノ民事ニ關シ適用ス可キ慣習法ノ範圍ハ(一)法令ノ規定ニ依リテ認メラレタル慣習(二)法令ニ規定ナキ事項ニ關スル慣習タルコトヲ知ル可シ。

商事法中商事特別法及民事特別法ノ適用ノ順序如何蓋シ特別法ハ普通法ニ優

ルトノ原則ニ依リ商事特別法ハ商法ニ民事特別法ハ民法ニ先チテ適用セラル而シテ商慣習法ヲ民法ニ先チテ適用セシメタル本條規定ノ精神ニ因リ民事特別法ニ對シテモ亦商慣習法ノ優先的效力ヲ認ム可キモノトス民事特別法ハ利息制限法供託法等ニシテ商事特別法ハ銀行條例、貯蓄銀行條例、日本銀行條例、日本勸業銀行條例、横濱正金銀行條例、農工銀行法、取引所法、保險業法、船舶法、船員法、商標法等枚擧ニ遑アラス。

第二條　公法人ノ商行爲ニ付テハ法令ニ別段ノ定ナキトキニ限リ本法ノ規定ヲ適用ス

本條ハ公法人ノ商行爲ニ對スル商法ノ適用ニ就テ規定セリ國家及ヒ國家ヨリ權力ヲ付與セラレタル市町村等各種ノ公法人ハ或ハ鐵道ヲ敷設シテ旅客又ハ貨物ヲ運搬シ或ハ煙草ノ製造販賣ヲ爲シ或ハ電氣瓦斯供給ヲ業トシテ財源ト爲スコトアリ斯ル場合ニ於テハ公法人モ亦私法人ト均シク商人ト看做ス可キモノナリ隨テ公法人ノ商行爲ニ付テハ當然商法ノ規定ヲ適用ス可キニ似タリト雖モ公法人ハ權力團體ニシテ個人ト同一視スルコトヲ得サルカ故ニ其商行爲ニ付テハ法律若クハ命令ニ依リ相當ノ規定ヲ設クルヲ常トス是ヲ以テ公法人ノ商行爲ニ付テハ先ツ之ニ對スル特別法令ニ準據ス可ク其規定ナキトキ始メテ商法ヲ適用

ス可キ旨ヲ定メタリ。

第三條　當事者ノ一方ノ爲メニ商行爲タル行爲ニ付テハ本法ノ規定ヲ雙方ニ適用ス

本條ハ一方商行爲ニ對スル商法ノ適用ヲ示シタリ凡ソ行爲カ私法上ノ効力ヲ生スルニハ相手方アルヲ常トス而シテ商人間ニ於ケル取引ノ如ク當事者雙方ニ對シ商行爲タル場合ニ於テハ該行爲ニ對シ商法ヲ適用ス可キコト勿論ナリト雖モ非商人カ自己ノ用途ニ供スル爲メ商人ヨリ物品ヲ買受ケタル場合ノ如ク當事者ノ一方ニ對シテ非商行爲タリ他ノ一方ニ對シテ商行爲タル場合ニ於テハ如何ナル法律ヲ適用ス可キ乎ノ問題ヲ生ス斯ル場合ニ於テ當事者ノ一方ニ商法ヲ適用シ他方ニ民法ヲ適用スト云ハハ是レ一行爲ニ對シ二個ノ異ナル法律ヲ適用セントスルモノニシテ理論上及實驗上不當ナルコト言ヲ俟タス是ニ於テ當事者ノ一方ニ付テ商行爲タル場合ニハ當事者雙方ニ對シ商法ノ規定ヲ適用ス可キモノト爲シテ非商行爲者タル一方ノ爲メニハ民法ノ規定ヨリモ時效期間ノ長短、利率ノ高低等ニ付キ不利益ヲ生スルコトモ是レ亦已ヲ得サルナリ。

第二章　商人

本章ハ商人ノ定義、商人能力、商人ノ區別ニ就テノ規定ナリ以下之ヲ説明セン。

第四條　本法ニ於テ商人トハ自己ノ名ヲ以テ商行爲ヲ爲スヲ業トスル者ヲ謂フ

本條ハ商人トハ如何ナル者ヲ謂フ乎ニ付テ規定セリ商人タルニハ三個ノ要件アリ即チ其一ハ商行爲ヲ爲スコトナリ其二ハ商行爲ヲ爲スヲ業トスルコトナリ其三ハ自己ノ名ヲ以テスルコト是ナリ(一)我商法ニ於ケル商行爲トハ商法第二百六十三條及ヒ第二百六十四條列擧ノ各行爲ヲ指稱スルカ故ニ此等ノ行爲ヲ爲ス者ニ非サレハ縱シ或行爲ヲ業トシテ利得スルコトアルモ未タ以テ商人ナリト謂フコトヲ得ス(二)業トスルコト即チ營業ノ略語ニシテ利益ヲ得ルノ意思ヲ以テ繼續的ニ同種類ノ行爲ヲ爲スヲ謂フ尤モ同種ノ行爲ヲ繼續スルノ意思アルヲ以テ足リ必スシモ事實上屢々繰返シテ行ヒタルコトヲ必要トセサルナリ(三)自己ノ名ヲ以テスルトハ自己カ責任ノ主體タルコトヲ謂フ換言スレハ自己カ其行爲ヨリ生スル權利ヲ取得シ義務ヲ負擔スルコトヲ謂フ故ニ自己ノ名ヲ以テスルト云ンハ自己ノ爲メニスルコトトハ其意義ヲ異ニス例ヘハ問屋ノ如キハ他人ノ爲メ物品ノ買入及販賣ヲ爲スト雖モ問屋自身ノ名ヲ以テ即チ自己カ權利義務ノ附屬者トシテ營業スルモノナルカ故ニ尚且商人タルナリ又權利義務ノ附屬者タルコト

ヲ要スルカ故ニ無限責任社員、取締役、支配人、番頭、手代ハ事實上繼續的ニ商行爲ヲ爲スモ法律上商人ニ非ス此等ノ者カ從業者タル所ノ會社若クハ商店ノ主人ハ卽チ商人ナリトス。

第五條　未成年者又ハ妻カ商業ヲ營ムトキハ登記ヲ爲スコトヲ要ス

商人ハ前條ニ於テ說明セル如ク權利義務ノ附屬者タレハ足リ必スシモ自ラ現實ニ商行爲ヲ爲スコトヲ要セス隨テ民法上ノ無能力者ト雖モ商業ヲ營ムコトヲ得本條以下三條ニ於テハ無能力者及ヒ法定代理人カ營業ヲ爲ス場合ニ關スル規定ナリ。

民法ノ規定ニ依レハ一種又ハ數種ノ營業ヲ許サレタル未成年者及妻ハ其營業ニ關シテハ未成年者モ成年者ト同一ノ能力ヲ有シ妻モ亦獨立人ト同一ノ能力ヲ有ス（民六ノ一項、一五、）然レトモ法定代理人若クハ夫ノ許可ナクシテ爲シタル未成年者若クハ妻カ營業上爲シタル行爲ハ民法上ノ原則ニ因リ後日之ヲ取消サルル虞アルカ故ニ其行爲ノ相手方タル者ハ果シテ其許可アリタルヤ又ハ一旦與ヘラレタル許可ヲ取消サレタルコトナキヤ否ヤヲ確知スルニ非サレハ安ンシテ商取引ヲ爲スコトヲ得ス而シテ各場合每ニ調査スルカ如キハ敏活ヲ要スル商取引ニ於テ其煩

ニ堪ヘサル可キカ故ニ現ニ許可アルヤ否ヤヲ公示セシムルノ方法ヲ採リ未成年者又ハ妻カ商業ヲ營ムトキハ登記スルコトヲ要スル旨ヲ規定シタルナリ而シテ此登記ハ許可アリタル事ハ勿論許可ヲ取消シ又ハ制限セラレタル場合ニ於テモ登記スルコトヲ要シ未成年者ニ付テハ未成年者登記簿、妻ニ付テハ妻登記簿ニ登記スルモノトス（非手一四〇、一一六六以下）。

第六條　會社ノ無限責任社員ト爲ルコトヲ許サレタル未成年者又ハ妻ハ其會社ノ業務ニ關シテハ之ヲ能力者ト看做ス

會社ノ無限責任社員ハ法律上ノ商人ニ非サルコト既ニ述ヘタル所ナリ然レトモ無限責任社員ハ會社ヲ代表シ業務ヲ執行シ且會社財産ヲ以テ債務ヲ完濟スルコト能ハサルトキハ自己其責ニ任セサル可カラサルモノニシテ實際上所謂自己ノ名ヲ以テ營業スル所ノ商人ト殆ト擇フ所ナシ是ヲ以テ營業ヲ許サレタル未成年者及ヒ妻カ其營業ニ對シテ完全ナル行爲能力ヲ有スルモノト爲シタルト同一趣旨ニ基キ會社ノ無限責任社員タルコトヲ許サレタル未成年者又ハ妻ハ其會社ノ業務ニ關シテハ之ヲ能力者ト看做ス可キ旨ヲ規定シタルナリ而シタ此場合ニ於ケル登記ハ會社登記中ニ包含セラル可キカ故ニ特ニ登記手續ヲ爲スコトヲ命

セサルナリ。

第七條　法定代理人カ親族會ノ同意ヲ得テ無能力者ノ爲メニ商業ヲ營ムトキハ登記ヲ爲スコトヲ要ス

法定代理人ノ代理權ニ加ヘタル制限ハ之ヲ以テ善意ノ第三者ニ對抗スルコトヲ得ス

法定代理人カ無能力者ニ代リテ商業ヲ營ム場合ニ於テハ或ハ無條件ニ之ヲ爲シ或ハ一定ノ條件ヲ要ス即チ親權ヲ行フ嫡父カ未成年者タル其子ニ代リテ商業ヲ爲ストキハ何等ノ條件ヲ要セスト雖モ母カ未成年者ノ爲ニ商業ヲ營ミ後見人カ被後見人ノ爲メニ商業ヲ營ムニハ親族會ノ同意ヲ得ルコトヲ要ス（民八七八、八八六、九二九、九五二）此ノ如ク親族會ノ同意ヲ得テ無能力者ノ爲メニ營業スル法定代理人即チ實父以外ノ親權者及ヒ後見人ハ其無能力者ノ爲メニ營業スル所ノ代理權限アルコトヲ公示シ以テ取引ノ安全ヲ保タシムルノ必要アリ是レ本條第一項ニ於テ此種ノ法定代理人ヲシテ登記ヲ爲サシムル旨ノ規定ヲ設ケタル所以ナリ。

親族會ハ法定代理人カ無能力者ニ代リテ營業ヲ爲ス場合ニ於テ其代理權ノ一部ニ制限ヲ加フルコトヲ得然レトモ此制限アルコトヲ知ラスシテ取引ヲ爲シタル相手方ニ對シ其行爲ノ失效ヲ主張スルカ如キハ商取引ノ安全ヲ保ツ所以ニ非サルカ故ニ善意ノ第三者ニ對シテノ代理權ノ制限ヲ以テ對抗スルコトヲ得サル

モノトセリ。

舊商法第七條ニ於テハ後見人カ被後見人ノ爲メニ商業ヲ營ム場合ニ於テノミ登記ヲ命シ隨テ代理權ノ制限ニ付テモ後見人ニ關シテノミ規定セリ然レトモ無能力者ニ代リテ營業ヲ爲スニ付キ親族會ノ同意ヲ要スルハ獨リ後見人ノミニ限ラサルカ故ニ改正法律ハ汎ク法定代理人ト規定シタリ是レ洵ニ其當ヲ得タリト謂フ可シ（改正法律ト曰ヘルハ明治四十四年法律第七十三號商法中改正法律ヲ指稱ス以下之ニ倣フ）。

第八條　戸戸ニ就キ又ハ道路ニ於テ物ヲ賣買スル者其他小商人ニハ商業登記、商號及ヒ商業帳簿ニ關スル規定ヲ適用セス

本條ハ小商人ニ就テ規定ス凡ソ商人ハ商法ノ規定ニ依リ商業登記ヲ爲シ商號ヲ有シ商業帳簿ヲ備附ケサル可カラス然ルニ戸戸ニ就テ營業スル紙屑買、賣藥商若クハ道路ニ於テ物品賣買ヲ業トスル所謂大道商人等ニ對シ一一此等ノ規定ヲ適用スルカ如キハ徒ニ煩雜ヲ生シテ實效ナキカ故ニ其適用ヲ除外スルコトト爲シタリ本條ニ例示セル如ク一定ノ營業所ナキモノハ小商人ナリ而シテ縱令營業所ヲ有スルモ資本金五百圓未滿ノ小資本者ハ小商人タリ（商施七、明治三二年勅令二七一號）唯問題トナルハ小商人タル會社ヲ認ム可キヤ否ヤニ在リ蓋シ會社ノ出資ニ付テハ制限ナ

ク株式會社ノ如キモ最モ少キハ一株二十圓ノ株式一個宛ヲ有スル七人ノ株主ヲ以テ成ル總資本額百四十圓ノ會社ヲ設立シ得可シ隨テ小商人タル會社ノ存在ヲ認ム可キニ似タリト雖モ會社ハ法律上必ス商號ヲ有ス又其設立登記ヲ爲スニ非サレハ第三者ニ對抗スルコトヲ得サルカ故ニ小商人タル會社ハ法律上其存在ヲ認メサルモノト謂フ可シ。

第三章　商業登記

商人ハ商行爲ヲ爲スヲ業トシ社會一般ノ公衆ト取引ヲ爲スモノナルカ故ニ公衆ニ對シテ利害ノ關係アル事項ハ之ヲ公示シ以テ一面ニ於テハ公衆ヲシテ不測ノ損害ヲ蒙ルコト勿ラシメ一面ニ於テハ商人ヲシテ其信用ヲ保護セシメ且公示セル事項ヲ以テ一般公衆ニ對抗セシムルノ必要アリ是ニ於テ法律ハ商業登記ナル制度ヲ設ケタリ。

第九條　本法ノ規定ニ依リ登記スヘキ事項ハ當事者ノ請求ニ因リ其營業所ノ裁判所ニ備ヘタル商業登記簿ニ之ヲ登記ス

商法ハ登記ス可キ事項ヲ限定セリ隨テ商法ノ明示セサル事項ニ付テ登記スル

コトヲ得ス蓋シ公衆ノ利益保護ノ點ヨリ言ヘハ商人ノ營業ニ關スル事項ハ大小ノ別ナク悉ク登記スルヲ以テ可トスルニ似タリト雖モ是レ却テ徒ラニ手數ト費用トヲ要スルカ故ニ其事項ヲ法律ニ於テ限定シタルナリ是レ「本法ノ規定ニ依リ登記スヘキ事項」ト曰フ所以ニシテ其如何ナル事項ヲ登記ス可キ乎ハ商法及ヒ同施行法非訟事件手續法等ニ於テ之ヲ定ム。

商人ハ商業登記ヲ爲スト爲ササルトノ自由ヲ有ス蓋シ登記ハ後ニ述フルカ如ク商人ヲシテ或權利ヲ得若クハ第三者ニ對シテ或權利ヲ以テ對抗スルコトヲ得セシムル效力アルモノニシテ商人ニ於テ其利益ヲ享受セント欲セハ自ラ進ンテ其手續ヲ爲ス可ク之ヲ强制スルノ必要ナキナリ但シ直接公衆ニ對シ著シキ利害關係ヲ有スル事項ニ付キテハ法律ハ登記ヲ爲ス可キコトヲ强制ス例ヘハ會社ニ關スル登記ハ制裁ヲ附シテ登記ヲ命シ（二六一ノ一號）又登記ヲ爲シタルモノカ破産宣告ヲ受ケタル場合ニ於イテハ裁判所ハ職權ヲ以テ破産ニ關スル登記ヲ爲ス（非手一五一五三二）。

商業登記ハ商人ノ營業所所在地ヲ管轄スル區裁判所又ハ其出張所ニ於テ之ヲ爲ス而シテ管轄登記所ニ於テハ豫メ商業登記簿ヲ備附ク其數十種アリ詳細ハ非

訟事件手續法第百四十條ヲ看ル可シ。

登記ヲ爲ス可キ期間如何會社ニ關スル登記ニ付テハ登記ス可キ事實ノ生シタル時ヨリ起算シテ二週間內ニ登記スルコトヲ通則トス但シ登記スヘキ事項ヲ官廳ノ許可ヲ要スルモノハ其許可書ノ到達シタル時ヨリ登記ノ期間ヲ起算スヘキモノトス(四八ノ二)然レトモ其他別段ノ定ナク或ハ單ニ遲滯ナク登記ス可キ旨ヲ定メタル場合ニ於テハ事實發生後遲滯ナク登記スルヲ以テ可トス。

第十條　本店ノ所在地ニ於テ登記スヘキ事項ハ本法ニ別段ノ定ナキトキハ支店ノ所在地ニ於テモ亦之ヲ登記スルコトヲ要ス

商業登記ハ公衆ニ對シ商人ノ營業ニ關スル事項ヲ公示シテ取引ノ安全ヲ圖ルモノナルカ故ニ商人ノ營業所タル本店ノ所任地ニ於テ登記ス可キ事項ハ均シク商人ノ營業所タル其支店ノ所在地ニ於テモ之ヲ登記セサル可カラス但支配人ノ選任辭任ノ如ク本店又ハ支店ノ所在地ニ於テ登記スレハ足レリトスルモノアリ此ノ如ク法律ニ別段ニ定アル場合ニ於テハ本店又ハ支店ノ一方ニ於テ登記スレハ可ナリト雖モ若シ支配人カ本支店ニ共通ノモノナルトキハ雙方ニ於テ登記スルコトヲ要スルヤ勿論ナリ。

第十一條　登記シタル事項ハ裁判所ニ於テ遲滯ナク之ヲ公告スルコトヲ要ス

登記制度ハ公示ノ精神ニ出テタルモノナルカ故ニ法律ハ公衆ニ對シ登記簿ノ閱覽及ヒ利害關係ヲ疏明スレハ其附屬書類ノ閱覽ヲモ請求スルノ權、登記ノ謄本若クハ抄本ノ交付ヲ請求スルノ權、登記事項ニ變更ナキコト又ハ或事項ノ登記ナキコトノ證明ヲ請求スルコトヲ得セシメタリ(非手一四一、一四三)然レトモ法律ハ尙一般ニ公示周知セシムルノ精神ニ則リ登記シタル事項ヲ裁判所ニ於テ速ニ公告スルコトヽシ其方法ハ官報又ハ新聞紙ニ於テ少クトモ一回公告スルコトヲ必要トシ若シ數回公告ヲ爲シタルトキハ最終ノ發行ノ翌日ニ於テ公告シタルモノト看做ス(非手一四四)。

第十二條　登記スヘキ事項ハ登記及ヒ公告ノ後ニ非サレハ之ヲ以テ善意ノ第三者ニ對抗スルコトヲ得ス登記及公告ノ後ト雖モ第三者カ正當ノ事由ニ因リテ之ヲ知ラサリシトキ亦同シ

本條乃至第十四條ハ登記ノ效力ニ就テ規定セリ登記ノ普通ノ效力ハ登記事項ヲ以テ第三者ニ對抗スルコトヲ得ルニ在リ然レトモ登記ハ此對抗力ノ外或ハ特種ノ權利ヲ發生スルコトアリ例ヘハ商號ノ登記ハ商號權ヲ生シ會社ハ登記ヲ爲シテ始メテ開業ノ準備ニ著手スルコトヲ得ルカ如シ。

登記ノ對抗力ハ善意ノ第三者ニ對シ其登記事項ノ效力ヲ主張シ得ルニ在リ蓋シ法律上所謂惡意者即チ事實ヲ知リタル者ニ對シテハ登記ナキモ尚且該事實ノ存在ヲ以テ對抗スルコトヲ得可ケレハナリ而シテ登記ハ公示周知ノ趣旨ニ基キ登記後速ニ公告ス可キモノナルカ故ニ其公告アリタル後ニ非サレハ之ヲ以テ善意ノ第三者ニ對抗スルコトヲ得ス換言スレハ單ニ登記アルノミニシテ未タ公告ナキトキハ彼ノ未タ全ク登記ナカリシ場合ト同シク善意ノ第三者ニ對抗スルコトヲ得サルナリ此ノ如ク登記事項ハ登記及ヒ公告ノ後ニ於テ第三者ニ對抗シ得ルヲ原則トスレトモ之ニ例外アリ他ナシ第三者カ正當ノ事由ニ因リテ登記及ヒ公告アリタルコトヲ知ラサリシ場合是ナリ既ニ法律ハ登記及公告ヲ爲シタルトキハ之ヲ以テ惡意者ハ勿論善意者即チ該登記事項ヲ知ラサリシ者ニ對シテモ其事項ヲ主張シ得ル所ノ强キ效力ヲ與ヘタリト雖モ第三者ハ往々正當ノ事由ニ因リ之ヲ知ラサル事アリ斯ル場合ニ於テハ假令登記公告ノ後ト雖モ第三者ヲ保護スルノ必要アルカ故ニ是レ亦公告ナカリシ場合ト同シク第三者ニ對抗スルヲ得スト規定シタリ正當ノ事由アリヤ否ヤハ各場合ニ依リ決ス可キ問題ナリト雖モ一例ヲ擧クレハ第三者カ海外ニ在ル場合若クハ戰陣ニ在ル場合ノ如ク第三者ニ多

少ノ事故アリトスルモ取引當時登記簿ノ閲覽又ハ謄本抄本ノ下付ヲ申請シ得可キ狀況ナリシトキハ第三者ノ怠慢若クハ過失ニシテ未タ以テ對抗力ニ影響ヲ及ホシ得可キ正當ノ事由ト謂フコトヲ得サルナリ。

登記ノ對抗力ハ商法ノ効力ノ及フ可キ地域卽チ國內一般ニ及フヲ以テ本則トスレトモ之ニ制限ヲ加ヘタル場合ナキニ非ス例ヘハ商號登記ニ於テハ第三者カ之ト同一登記ヲ爲スコトヲ妨クルノ効力アルハ同一市町村內ニ限レルカ如シ。

第十三條　支店ノ所在地ニ於テ登記スヘキ事項ヲ登記セサリシトキハ前條ノ規定ハ其支店ニ於テ爲シタル取引ニ付テノミ之ヲ適用ス

商法第十條ハ本店所在地ニ於テ登記ス可キ事項ハ支店ノ所在地ニ於テモ亦登記ス可キモノト定メタリ然レトモ登記ハ之ヲ强制セサルヲ以テ原則トスルカ故ニ商人ノ怠慢ニ因リ本店所在地ニ於テノミ登記シ支店所在地ニ於テ之ヲ登記セサルコトアリ而シテ支店所在地ノ登記ナキヲ理由トシ本店ノ商取引ニ付テモ登記事項ノ對抗力ナシトスルハ不當ナルカ故ニ斯ル場合ニ於テハ支店ノ商取引ニ付テノミ登記公告ナカリシモノト看ル可キ旨ヲ定メタリ尙支店中數個所ニ在ル場合ニ於テハ登記ヲ爲サヽリシ支店ノ取引ニ對シテノミ前條ノ規定ヲ適用ス可

キコト勿論ナリ。

第十四條　登記ハ其公告ト牴觸スルトキト雖モ之ヲ以テ第三者ニ對抗スルコトヲ得

登記ヲ以テ善意ノ第三者ニ對抗スルニハ登記ト公告トノ二者ヲ要ス然ルニ登記官吏若クハ官報新聞紙ノ編輯上ノ不注意ニ因リ登記ト其公告ト齟齬スルコトアリ斯ル場合ニ於テハ孰レモ對抗力ナシトス可キ乎將タ孰レカ一方ニ對抗力アリトス可キ乎全然之ヲ無効ナリトスルノ酷ナルハ勿論公告ヲ以テ對抗力アリトセハ申請人カ相當ノ登記手續ヲ爲シタルニ拘ラス其取扱者ノ過失ニ付テ責任ヲ負ハサル可カラサル結果ヲ生スルカ故ニ法律ハ登記簿ニ記載セル所ヲ以テ第三者ニ對抗シ得ルモノト爲セリ或ハ曰ハン此ノ如クスルトキハ第三者ヲ害スルノ結果ヲ生スヘシト然レトモ公告ニ依リ登記事項ヲ爲シタルカ之ニ依リ重要ナル取引ヲ爲ス場合ニ於テハ多クハ登記簿ヲ閲覧シ若クハ謄本、抄本ノ交付ヲ受クルカ故ニ實際上第三者ヲ害スルノ虞尠シトス。

第十五條　登記シタル事項ニ變更ヲ生シ又ハ其事項カ消滅シタルトキハ當事者ハ遲滯ナク變更又ハ消滅ノ登記ヲ爲スコトヲ要ス

本條ハ所謂抹消登記及ヒ變更登記ニ關スル規定ナリ卽チ登記事項ニ變更ヲ來

シ又ハ其事項カ全ク消滅シタルニ拘ラス依然舊事項ノ登記ヲ存スルトキハ第三者ヲシテ不測ノ損害ヲ被ラシムルコトナシトセス是ヲ以テ法律ハ斯ル異動アリタルトキハ遅滯ナク變更又ハ消滅ノ登記ヲ爲ス可キモノト規定シタリ。

第四章　商號

商人ハ營業上自己ヲ表示スルノ名稱ヲ有ス之ヲ商號ト謂フ商號ハ商人カ營業上自己ヲ表示スルノ名稱ナルカ故ニ(一)商人ニ非サレハ商號ヲ有スルコトナシ民法上ノ營利法人ニハ會社ニ關スル規定ヲ準用セラレ且各自名稱ヲ有ス(民三五ノ二項、三七)然レトモ會社法ノ規定カ準用セラルヽニ止リ之カ爲メニ民法上ノ營利法人ハ會社ト爲ルニ非ス隨テ其名稱モ亦商法上ノ商號ト爲ルコトナシ(二)商號ハ名稱ナルカ故ニ文字ヲ以テ表シ得ルモノタル可ク圖畫符號等ハ商號ト爲スコトヲ得ス彼ノ物品ノ標章タル商標ト其趣ヲ異ニス(三)商號ハ營業上ノ名稱ナルカ故ニ營業ナケレハ商號ナク營業上ノ名稱ニ非サル氏名雅號綽名ト異ナルモノトス營業上ノ名稱ナルカ故ニ之ヲ用ヒテ法律行爲ヲ爲スコトヲ得ト雖モ法律ハ之ヲ用ユルコトヲ强要セス隨テ營業上氏名ヲ用ユルモ可ナリ殊ニ手形ノ署名ノ如キハ氏名ヲ

記載スルコトヲ要ス。

第十六條　商人ハ其氏、氏名其他ノ名稱ヲ以テ商號ト爲スコトヲ得

本條ハ商號ノ選定ニ關スル規定ナリ此規定ニ依レハ商號ノ選定ハ商人ノ自由ナルヲ以テ原則トス卽チ商人ハ(一)商號ヲ用フルト用ヒサルトノ自由ヲ有シ(二)商號タル可キ名稱ハ氏、氏名其他如何ナル稱呼ヲ付スルモ自由ナルコトヲ知ル可シ然レトモ之ニ對スル例外ナキニ非ス卽チ會社ハ選用ノ自由ヲ有セス蓋シ會社ハ氏名ナキカ故ニ商號ヲ用ヒサルヲ得サレハナリ又稱呼ニ付テモ次條以下ニ規定セル制限アルコトヲ注意ス可シ。

第十七條　會社ノ商號中ニハ其種類ニ從ヒ合名會社、合資會社、株式會社又ハ株式合資會社ナル文字ヲ用ユルコトヲ要ス

自然人タル商人ハ商號ヲ選定使用スルト否トノ自由ヲ有スルニ反シ會社ハ必ス商號ヲ選定セサル可カラス加之會社ハ其組織ヲ明示スル爲メ各其種別ニ從ヒ合名會社、合資會社等ノ文字ヲ商號中ニ使用セサルヘカラス卽チ何々合名會社又ハ株式會社何銀行ト曰フカ如シ蓋シ會社ハ比較的其營業資本大ニシテ取引上公衆ノ利害ニ關スルコト多キカ故ナリ然レトモ先ニ述ヘタル如ク特別商法ノ規定

ヲ適用セラル、モノハ本條ノ適用ナキコト例ヘハ日本銀行ハ日本銀行條例ニ依リ單ニ日本銀行ト稱シ株式會社ノ文字ヲ用ヒサルカ如シ。

第十八條　會社ニ非スシテ商號中ニ會社タルコトヲ示スヘキ文字ヲ用ユルコトヲ得ス會社ノ營業ヲ讓受ケタルトキト雖モ亦同シ

前項ノ規定ニ違反シタル者ハ五圓以上五十圓以下ノ過料ニ處セラル

商人ハ單獨ニ營業スルト將タ組合ニ依リテ營業スルトヲ問ハス會社ニ非スンハ其商號中ニ會社タルコトヲ示ス可キ文字ヲ用ユルコトヲ許サズ蓋シ通常資本ノ大ナル會社組織ニ名ヲ籍リテ世人ヲ欺クノ徒ナキヲ保セサレハナリ此制限ハ會社ニ非サル總テノ者ニ對シテ存スルカ故ニ法人ト雖モ商事會社ニ非サル彼ノ民法上ノ法人ノ如キモ亦本條ノ適用ヲ受ク例ヘハ何鑛山株式會社ト稱スルハ不當ナリ然ラハ何鑛山會社ト云ヒ單ニ會社ノ文字ノミヲ用フルコトヲ得ル乎會社ハ合名、合資、株式及ヒ株式合資ノ四種ニ限定セラレ會社ニ於テハ必ス此等ノ種別ヲ明カニス可キ文字ヲ用フルカ故ニ今單ニ「會社」ナル二文字ヲ用フルモ商事會社タルコトヲ示ス可キ文字ト謂フコトヲ得ス隨テ何鑛山株式會社ト謂フハ不當ナルモ何鑛山會社ト謂フハ正當ナリトノ說アリ思フニ此說ヲ以テ可トスヘク實際上ニ於テモ之ヲ認容シツ、アリ。

會社ニ非サル者ハ商號中ニ會社タルコトヲ示ス可キ文字ヲ用フルコトヲ禁止スルノ法意ナルカ故ニ會社ニ非サル者カ會社ノ營業ヲ譲受ケタル場合ニ於テモ其譲受人ノ商號ニハ會社タルコトヲ示ス可キ文字ヲ用フルコトヲ許サス是レ當然ノ規定ナリト謂フ可シ。

以上ノ制限ニ違反シタルトキハ五圓以上五十圓以下ノ科料ニ處セラル然レトモ此制限ハ商法施行前卽チ明治三十二年六月十六日以前ヨリ使用セル商號ニ付テハ適用ナキモノトス(商施一二)。

第十九條　他人カ登記シタル商號ハ同市町村内ニ於テ同一ノ營業ノ爲メニ之ヲ登記スルコトヲ得ス

商號ハ商人カ營業上自己ヲ表示スルモノナルカ故ニ商人ノ信用ヲ保護セント欲セハ其商號ヲ保護スルコトヲ要ス是レ本條ノ設ケアル所以ニシテ既ニ或者カ登記シタル商號ハ同市町村内ニ於テ同一營業ノ爲メニ之ヲ登記スルコトヲ許サス卽チ商人ハ商號ヲ登記スルニ因リテ他人ヲシテ之ト同一商號ヲ登錄使用セシメサル權所謂商號權ヲ獲得スルモノトス此權利ハ同市町村内ニ於テ同一營業ノ爲メニスルヲ妨クルニ止マリ他市町村ニ於テ若クハ異ナル營業ノ爲メニハ同一

商號ヲ用フルコトヲ得ルナリ而シテ東京、京都、大阪ニ於テハ其各區ヲ指シテ所謂同一市町村ト看做ス(商施一四)又明治三十二年商法施行前ヨリ使用セル商號ニ對シテハ本條ノ制限ナシ(商施一三)。

第二十條　商號ノ登記ヲ爲シタル者ハ不正ノ競爭ノ目的ヲ以テ同一又ハ類似ノ商號ヲ使用スル者ニ對シテ其使用ヲ止ムヘキコトヲ請求スルコトヲ得但損害賠償ノ請求ヲ妨ケス

同市町村內ニ於テ同一ノ營業ノ爲メニ他人ノ登記シタル商號ヲ使用スル者ハ不正ノ競爭ノ目的ヲ以テ之ヲ使用スルモノト推定ス

商號ヲ登記スルニ因リ他人カ之ト同一登記ヲ爲スコトヲ禁止セル前條ノ規定ハ實ニ商號保護ノ精神ニ出テタルモノナリト雖モ是ノミニ因リテハ未タ其保護ノ目的ヲ貫徹スルコトヲ得ス蓋シ不正ノ競爭ノ目的ヲ以テ他人カ登記シタルト同一若クハ類似ノ商號ヲ選ミ之ヲ登記セスシテ使用スル者アル可キカ故ニ斯ル場合ニ於テハ商號權者ヲシテ進ンテ其商號ノ使用ヲ止ム可キコトヲ請求スルヲ得セシメ尙ホ之ニ因リテ生シタル損害ノ賠償ヲ求ムルコトヲ得セシメ以テ其保護ヲ全ウセンコトヲ期セリ而シテ商號權者ノ商號ト同一又ハ類似ノ商號ヲ使用スルコトカ不正ノ競爭ノ目的ニ出テタリヤ否ヤハ各場合ニ就テ決ス可キ問題ナリト雖法律ハ同一市町村內ニ於テ同一營業ノ爲メニ他人ノ登記シタル商號ヲ使

用スル者ヲ不正ノ競爭ノ目的ヲ以テ之ヲ使用スルモノト推定シタリ是レ同一市町村內ニテ同一營業ノ爲メニ他人ノ登記シタル商號ノ登記ヲ禁止セル法律ノ精神ニ則リ斯ル商號ノ使用ヲ爲ス者ハ假令登記ヲ爲サヽルモ其使用ハ惡意ニ出テタルモノト推定シ以テ其商號使用者ニ對シテ擧證ノ責任ヲ嫁シタリ。

尙ホ本條ノ規定ハ舊商法施行前ヨリ引續キ或商號ヲ使用セルモノニ對シテハ適用ナシ(商施一三ノ二項)

第二十一條　商號ノ讓渡ハ其登記ヲ爲スニ非サレハ之ヲ以テ第三者ニ對抗スルコトヲ得ス

商號ハ之ヲ登記スルニ因リテ他人カ同一營業ノ爲メ同市町村ニ於テ同一商號ヲ使用シ若クハ之ヲ登記スルコトヲ排斥スルノ權利ヲ生ス商號權ハ一ノ財產權ナルカ故ニ之ヲ相續シ又ハ之ヲ他人ニ讓渡スルコトヲ得讓渡ノ目的タル商號權ハ登記シタル商號ナリ蓋シ登記セサル商號ハ何人ト雖モ隨意ニ之ト同一ノ商號ヲ選定使用シ得可キカ故ニ讓受クルノ必要ナキノミナラス未登記商號ハ商號權ノ目的物タラサルヲ以テ法律上讓渡ノ問題ヲ生セサルナリ故ニ商號ノ讓渡ト謂フハ商號權ノ讓渡卽登記ノ外ニ商號ノ讓渡ナリト解ス可シ而シテ商號ノ讓渡ハ當事者間ニ於テハ意思表示ニ因リテ直ニ其效力ヲ生スト雖モ第三者ニ對抗セン

ニハ之ヲ登記セサル可カラス已ニ登記アラハ之ヲ以テ第三者ニ對抗スルコトヲ得可ク其公告ヲ要セサル點ニ於テ商法第十二條ノ例外ヲ成スモノナリ。

第二十二條　商號ト共ニ營業ヲ讓渡シタル場合ニ於テ當事者カ別段ノ意思ヲ表示セサリシトキハ讓渡人ハ同市町村内ニ於テ二十年間同一ノ營業ヲ爲スコトヲ得ス

讓渡人カ同一ノ營業ヲ爲ササル特約ヲ爲シタルトキハ其特約ハ同府縣内且三十年ヲ超ヘサル範圍内ニ於テノミ其效力ヲ有ス

讓渡人ハ前二項ノ規定ニ拘ハラス不正ノ競爭ノ目的ヲ以テ同一ノ營業ヲ爲スコトヲ得ス

本條及ヒ次條ハ營業ノ讓渡ニ關スル規定ナリ營業ナル語ハ二樣ノ意義ヲ有シ或ハ商人カ商行爲ヲ爲ス作用ノ一體ヲ指シ或ハ商人ノ營業上ノ包括的財産ヲ謂フ而シテ營業ノ讓渡トハ商人ノ營業上ニ於ケル包括的財産ノ讓渡ヲ意味ス營業上ノ總財産トハ營業ニ供スル一切ノ權利義務ノ謂ニシテ例ヘハ家屋、商品、器具、商號、商標、專賣權、得意等ハ權利ノ部ニ屬シ營業ノ爲メニ生シタル債務ハ義務ニ屬スルナリ然レトモ營業ノ範圍ハ法律上確定不動ナルモノニアラスシテ前例ノ二三ヲ缺クモ尙ホ營業ト云フコトヲ妨ケス而シテ本法ハ營業讓渡ヲ認ムルモ其實際ノ如何ニ規定セサルヲ以テ讓渡ヲ爲スニ當リ當事者ニ於テ其範圍ヲ限定セサルトキハ其讓渡部分ノ效力ニ付キ疑問ヲ生ス就中讓渡人ノ有スル第三者ニ對スル

債權ハ如何ニ處分セラルヽカノ問題ヲ生スヘシ營業讓渡ノ範圍如何ハ地方ニヨリ慣習ヲ異ニスルモ營業ヲ讓渡スニ當リ當事者カ其範圍ニ付キ特ニ意思ヲ表示セサル時ニハ少クトモ商號ト得意トハ讓渡シタルモノトナササルヘカラス否ラサレハ營業ノ讓渡ト云フコトヲ得サレハナリ而シテ讓渡人ノ有スル債權ヲ營業ノ讓渡ト共ニ讓渡ストキニハ民法ノ規定ニ從ハサレハ第三者ニ對抗シ得サルモノトス。

營業ノ讓渡ハ商號ノ讓渡ヲ伴フヲ常トスルモ營業ト商號トハ分離シテ讓渡スコトヲ得ルヲ以テ商法ハ商號ト共ニ營業ヲ讓渡シタル場合ト營業ノミヲ讓渡シタル場合トニ別ツテ規定セリ然レトモ商號ト共ニ讓渡スルト否トニ由リ營業讓渡ノ效力ニ差異ナキモノトス。

商號ト共ニ營業ヲ讓渡シタル場合ニ於テ當事者カ別段ノ意思ヲ表示セサリシトキ即チ何等ノ特約ヲ爲ササリシトキハ其讓渡ハ如何ナル效力ヲ生スル歟本條第一項ハ讓渡人ヲシテ同市町村内ニ於テ二十年間之ト同一營業ヲ爲スコトヲ得サラシメ以テ讓受人ヲ保護シタリ而シテ本條第二項ハ更ニ進ンテ讓渡人カ同一營業ヲ爲ササル特約ヲ爲シタルトキハ其特約ハ同府縣内且三十年ヲ超エサル範

圍內ニ於テノミ有效ナリトセリ思フニ假令當事者間ニ於テ同一營業ヲ爲サヽル特約ヲ爲シタルトキト雖モ之ヲ以テ永久且國內全部ニ涉リ讓渡人ノ義務タラシムルハ酷ニ失スルカ故ニ法律ハ之ニ制限ヲ加ヘタリ。

右述ヘタル營業讓渡ノ制限ニ牴觸セサルモ不正競爭ノ目的ヲ以テ同一營業ヲ爲スコトハ法律ニ於テ禁止スル所ナリ例ヘハ讓渡人カ讓渡セル營業ノ所在地ニ近接セル場所カ他市町村若クハ他府縣ノ地籍ナルヲ奇貨トシ此所ニ營業所ヲ設ケテ讓渡シタル營業ト同一營業ヲ爲スカ如キハ不正ノ競爭ノ目的ニ出テタル行爲トシテ法ノ禁スル所ナリ。

第二十三條　前條ノ規定ハ營業ノミヲ讓渡シタル場合ニ之ヲ準用ス

前述ノ如ク商人ハ商號ヲ附セス若クハ商號ヲ登記セルモ之ヲ分離シテ營業ノミヲ讓渡スルコトアリ斯ル場合ニ於テモ前條ノ規定ヲ準用シ同一ノ制限ヲ設ケタリ。

第二十四條　商號ノ登記ヲ爲シタル者カ其商號ヲ廢止シ又ハ之ヲ變更シタル場合ニ於テ其廢止又ハ變更ノ登記ヲ爲サヽルトキハ利害關係人ハ其登記ノ抹消ヲ裁判所ニ請求スルコトヲ得

前項ノ場合ニ於テ裁判所ハ登記ヲ爲シタル者ニ對シ相當ノ期間ヲ定メ異義アラハ其期間內ニ之ヲ申立ツヘキ旨ヲ催告シ若シ其期間內ニ異議ノ申立ナキトキハ直チニ其登記ヲ抹消スルコトヲ要ス

凡ツ商業登記ニ於テ登記シタル事項ニ變更ヲ生シ又ハ其事項カ消滅シタルトキハ當事者ハ遲滯ナク其ノ變更又ハ消滅ノ登記ヲ爲ササル可カラサルハ本法第十五條ノ規定スル所ナレトモ當事者ハ此登記ヲ怠ルコトナシトセス就中商號權ノ如キハ他人カ之ト同一商號ヲ選用スルノ妨ト爲ル可キカ故ニ斯ル場合ニ於テハ登記シタル商號ノ廢止又ハ變更ニ付利害關係ヲ有スル者ハ裁判所ニ對シ其登記ノ抹消ヲ申請スルコトヲ得トセリ然レトモ登記ハ當事者自ラ申請スルヲ以テ本則トスルカ故ニ此ノ如ク利害關係人ヨリ申請シタルトキハ裁判所ハ直ニ抹消登記ヲ爲スコトナク先ツ登記ヲ爲シタル者ニ對シ異議アラハ之ヲ申立ツ可キ旨ヲ催告シ若シ一定ノ期間內ニ申立テサルトキハ直チニ其登記ヲ抹消スルモノトス異議ヲ申立ツ可キ期間ハ裁判所カ相當ト認ムル所ニ依リ之ヲ定ム。

第五章　商業帳簿

商人ノ營業ニ關シ帳簿ヲ備附ケ以テ財產狀態及ヒ營業狀況ヲ明ニスルハ啻ニ商人カ營業ノ企劃ヲ爲スニ便ナルノミナラス之ト取引スル一般公衆ノ利益タルコト多シ而シテ歐洲大陸諸國ニ於テハ商人ニ對シ商業帳簿ヲ備附ク可キコトヲ

命シ英米ニ於テハ之ヲ商人ノ自由ニ任セタリ我商法ハ前者ニ從ヒ干渉主義ヲ採用シタリト雖モ甚シク干渉スルハ其弊モ亦隨テ大ナルカ故ニ之ヲ緩和スル爲メ小商人ニ付テハ之ニ關スル規定ヲ適用セサルト同時ニ會社ニ付テハ之ヲ備附ケス或ハ記載ス可キ事項ヲ記載セス又ハ不正ノ記載ヲ爲シタル場合ニ制裁ヲ科スルコトト爲シタリ而シテ普通ノ商人ニ對シテハ直接ニ之ヲ强制スル規定ナシト雖モ過怠破産又ハ詐欺破産ノ制度(舊商一〇五〇、一〇五一)アルカ故ニ間接ニ制裁ヲ加フルコトアリト知ル可シ。

第二十五條　商人ハ帳簿ヲ備ヘ之ニ日日ノ取引其他財産ニ影響ヲ及ホスヘキ一切ノ事項ヲ整然且明瞭ニ記載スルコトヲ要ス但家事費用ハ一个月毎ニ其總額ヲ記載スルヲ以テ足ル
小賣ノ取引ハ現金賣ト掛賣トヲ分チ日日ノ賣上總額ノミヲ記載スルコトヲ得

商業帳簿ハ分テ三ト爲ス日記帳、貸借對照表、財産目錄是ナリ而シテ本條ハ日記帳ニ關スル規定ナリ日記帳ニ記載ス可キ事項ハ物品ノ受授、金錢ノ出納等日々ノ取引其他財産ニ影響ヲ及ホス可キ事項ニシテ其記載ヲ整然且明瞭ニ記載スルコトヲ要ス然レトモ家事費用ノ如キハ比較的零細ナルモノニシテ且公衆ノ取引ニ關係少キヲ常トスルカ故ニ日々ノ取引ニ付テ記載スルノ煩ヲ避ケ一箇月毎ニ其總額ヲ記載スルヲ以テ足レリト爲ス又小賣ノ取引ハ卸賣ニ比シ其取引高尠少ナ

ルヲ常トスルカ故ニ取引ノ口數毎ニ記帳スルコトヲ要セス只現金賣ト掛賣トヲ分チ日々其取引ノ總額ノミヲ記載スルコトヲ得トセリ現金賣ト掛賣トヲ分ツハ權利義務ノ關係カ一ハ直チニ消滅シ一ハ後日ニ繼續スルモノナルニ由ル。

本條第一項但書ノ規定ハ會社ニモ適用セラル可キモノナリヤ否ヤ或ハ曰ク會社ハ自然人ト異ナリ家事費用ナルモノナキカ故ニ該規定ノ適用ナシト然レトモ會社ニ在テモ薪炭、石油、茶等ノ日用品ハ之ヲ包括記載シ得ルモノトスルヲ以テ該規定ノ類推解釋上會社ニモ亦適用セラル可キモノナリト信ス。

第二十六條　動産、不動産、債權、債務其他ノ財産ノ總目錄及ヒ貸方借方ノ對照表ハ商人ノ開業ノ時又ハ會社ノ設立登記ノ時及ヒ毎年一回一定ノ時期ニ於テ之ヲ作リ特ニ設ケタル帳簿ニ之ヲ記載スルコトヲ要ス

財産目錄ニハ動産、不動産、債權其他ノ財産ニ價額ヲ附シテ之ヲ記載スルコトヲ要ス其價額ハ財産目錄調製ノ時ニ於ケル價額ニ超ユルコトヲ得ス

商人カ有スル動産、不動産、債權及ヒ債務其他ノ總財産ニ就キ其積極的及ヒ消極的價格ヲ揭クル書面ハ之ヲ財産目錄ト謂ヒ財産目錄ニ基ク計算ノ結果タル貸方及ヒ借方ヲ比較照應セシメタル書面ハ之ヲ貸借對照表ト謂フ此二者ハ共ニ商人ノ財産狀況ヲ明カニスルモノニシテ書面作成方法ハ二種ニ分ルト雖モ其內容ニ

至リテハ彼此同一價格タル可キモノトス而シテ財産目錄及ヒ貸借對照表ハ普通ノ商人ニ在リテハ開業ノ時、會社ニ在リテハ設立登記ノ時、及ヒ普通ノ商人會社共ニ毎年一回一定ノ時期ニ於テ之ヲ作リ特ニ設ケタル帳簿ニ記載ス可キモノトス」。

財産目錄ニハ動産、不動産、債權其他ノ財産ニ價格ヲ附シテ記載ス可ク而シテ價格ハ時々變動スルヲ以テ其財産目錄調製ノ時ニ於ケル價格ヲ標準トシ之ニ超過セル價格ヲ附スルコトヲ許サヽルナリ此第二項ノ規定ハ元ト「財産目錄ニハ動産不動産、債權其他ノ財産ニ其目錄調製ノ時ニ於ケル價格ヲ附スルコトヲ要ス」ト規定セルヲ改正法律ヲ以テ修正シタルモノニ係ル舊規定ノ下ニ於テモ目錄調製當時ノ價格以下ノ記載ヲ妨ケサルモ其時價ニ超ユルコトヲ得ストハ學說ノ一致セル所ニシテ其理由ハ蓋時價ニ超過セル價格ヲ記載スルトキハ凭テ以テ債權者其他取引スル公衆ヲシテ相當財産アルモノト誤認セシムルノ弊害アレトモ時價以下ノ記載ハ斯ル弊害ヲ生セサレハナリ然ルニ東京地方裁判所ハ東京株式取引所ノ商法違反事件ニ於テ時價以下ニ見積リタルヲ以テ違法ナリトノ決定ヲ與ヘタルコトアリ斯ル解釋適用ヲ來スノ虞アルヨリ目錄調製ノ時ニ於ケル價格ニ超ユルコトヲ得ストシ其反面ニ於テ時價以下ノ記載ヲ妨ケサル旨ヲ明カニセリ或ハ

此ノ如ク時價以下ノ記載ヲ爲スコトヲ認容スレハ株式會社ノ如キハ財產ヲ極メテ低價ニ見積リテ實際上利益アルニ拘ラス故ラニ配當ヲ爲サヽルノ虞アリト主張スル者アレトモ株式會社又ハ株式合資會社ハ其決議ニ依リ配當シ得可キ金額ヲモ任意ノ積立金トシ又ハ繰越金トシテ配當セサルコトヲ得可キノミナラス苟モ會社ニシテ存立セル以上ハ其信用ヲ重ンスルカ故ニ自ラ進ンテ配當ヲ爲サヽルカ如キ虞尠カル可シ。

第二十七條　年二回以上利益ノ配當ヲ爲ス會社ニ在リテハ每配當期ニ前條ノ規定ニ從ヒ財產目錄及ヒ貸借對照表ヲ作ルコトヲ要ス

會社ハ其營業ノ狀況ニ依リ利益ノ配當ヲ爲ス而シテ利益又ハ損失ノ有無ヲ計算スルニハ先ツ其帳簿ヲ整理セサル可カラス故ニ年二回以上利益ノ配當ヲ爲ス會社ニ在リテハ財產目錄及ヒ貸借對照表ノ作成ハ每年一回ヲ以テ足レリトセス每配當期ニ作成ス可キモノトス。

第二十七條ノ二　裁判所ハ申立ニ因リ又ハ職權ヲ以テ訴訟ノ當事者ニ其商業帳簿ノ提出ヲ命スルコトヲ得

本條ノ二ハ改正法律ニ依ル新規定ナリ元我舊商法ニ於テハ民事裁判所ニ於テ訴訟事件ニ關スル帳簿ノ記入ノ閱覽ハ常ニ之ヲ訴訟當事者ニ命シ帳簿ノ提出ハ

法定ノ場合ニ限リ之ヲ命スルコトヲ得ルモノト為シタルニ拘ラス商法ニ於テハ此種ノ規定ヲ削除セリ然レトモ民事訴訟法第三百三十六條ニ依レハ擧證者カ民法ノ規定ニ從ヒ訴訟外ニ於テモ證書ノ引渡又ハ其提出ヲ求ムルコトヲ得ルトキ又ハ證書カ其旨趣ニ因リ擧證者及ヒ相手方ニ共通ナルトキニ限リ商業帳簿ノ提出ヲ求メ得可シ斯クテハ其規定ノ範圍狹キニ失シ事件ノ眞相ヲ得ルニ於テ遺憾ナキヲ得ス是ニ於テ衆議院ノ發案ニ因リ裁判所ハ申立ニ因リ又ハ職權ヲ以テ訴訟當事者ニ商業帳簿ノ提出ヲ命シ得ルモノト規定セリ而シテ此提出義務ニ違反スルトキハ之カ制裁トシテ不利益ナル認定ヲ受クルモノトス(民訴三四一)。

第二十八條　商人ハ十年間其商業帳簿及ヒ其營業ニ關スル信書ヲ保存スルコトヲ要ス

前項ノ期間ハ商業帳簿ニ付テハ其帳簿閉鎖ノ時ヨリ之ヲ起算ス

商業帳簿ハ商人ノ財產狀態及ヒ營業ノ狀況ヲ明カニシ信書ハ其取引ニ關スルモノ多シ而シテ此等ノモノハ後日取引上ニ關スル紛爭ヲ明カニスル爲メ必要アルヲ以テ十年間之ヲ保存ス可キモノトシ其期間ハ商業帳簿ニ付テハ帳簿閉鎖ノ時ヨリ起算ス可キモノトセリ。

第六章　商業使用人

商業使用人トハ一定ノ商人ニ隷屬シテ其營業ヲ補助スル者ヲ謂フ而シテ其一定ノ商人ヲ主人ト稱ス所謂商業使用人ハ支配人、番頭、手代其他ノ使用人ノ四種ヲ包含ス。

商業使用人ト代理權ノ有無

商業使用人中代理權ヲ有スル者ト否ラサル者トアリ支配人、番頭、手代ハ前者ニ屬シ其他ノ商業使用人ハ後者ニ屬ス而シテ前者ノ中支配人ノ代理權ノ範圍ハ法律上一定スルヲ以テ之ヲ制限スルモ之ヲ以テ善意ノ第三者ニ對抗スルヲ得ス而シテ番頭及ヒ手代ハ或種類又ハ特定ノ事項ニ付テノミ代理權ヲ有シ其範圍ハ主人ノ任意ニ定ムル所ニ從フ可キモノトス。

主人ト商業使用人トノ法律關係

主人ト商業使用人トノ間ノ法律關係ハ雇傭ナリ故ニ雇傭スル一般ノ規定ハ之ニ適用セサル可カラス尚ホ代理權ヲ有スル商業使用人ハ主人トノ間ニ代理權授與ノ行爲タル委任ノ關係ヲモ存スルヲ以テ委任及ヒ代理ノ關係ニ付テハ商法及ヒ商慣習法ニ特別ノ規定ナキ限リ民法ノ委任及ヒ代理ニ關スル規定ニ從テ其効果ヲ定ム可キモノトス。

支配人ノ選任

第二十九條　商人ハ支配人ヲ選任シ其本店又ハ支店ニ於テ其商業ヲ營マシムルコトヲ得

本條以下四ケ條ハ支配人ニ關スル規定ニシテ本條ハ支配人ノ選任ニ付テノ規定ナリ商人ハ支配人ヲ選任シ其本店又ハ支店ニ於テ其商業ヲ營マシムルコトヲ得其商人カ小商人ナルト否トヲ問ハズ又支配人ハ一人ニ限ラザルヲ以テ本店及ビ支店ヲ有スルトキハ各支配人ヲ選任スルコトヲ得所謂其商業ヲ營マシムトハ商業ニ關スル一切ノ事項ヲ行ハシムルノ義ナリ故ニ或種類ニ限リ又ハ特定ノ事項ノミ行フ可キ場合ハ支配人ト謂フヲ得ズ。

支配人ノ權限

第三十條　支配人ハ主人ニ代ハリテ其營業ニ關スル一切ノ裁判上又ハ裁判外ノ行爲ヲ爲ス權限ヲ有ス

支配人ハ番頭、手代其他ノ使用人ヲ選任又ハ解任スルコトヲ得

支配人ノ代理權ニ加ヘタル制限ハ之ヲ以テ善意ノ第三者ニ對抗スルコトヲ得ス

本條ハ支配人ノ權限ニ付テノ規定ナリ支配人ハ主人ニ代ハリテ其營業ニ關スル一切ノ裁判上又ハ裁判外ノ行爲ヲ爲スノ權限ヲ有ス蓋シ支配人ハ其主人タル商人ノ本店又ハ支店ニ於テ其商業ヲ營ムモノナルヲ以テ其營業ニ關スル一切ノ行爲ヲ爲スノ權限ヲ有セシムルヲ必要トス而シテ其權限ノ範圍ニ付キ之ヲ主人ノ任意ニ委スルトキハ第三者ヲシテ不測ノ損害ヲ被ラシムルノ虞アルヲ以テ法

共同支配

律ハ當事者ノ意思如何ヲ問ハス其權限ヲ一定スルト同時ニ主人ハ支配人トノ間ニ其代理權ヲ制限スルコトヲ妨ゲザルモ而カモ其制限ハ之ヲ以テ善意ノ第三者ニ對抗スルコトヲ得ザルモノト爲セリ（然レモ惡意ノ第三者卽チ制限アルコトヲ知レル第三者ニ對シテハ對抗スルコトヲ得）此ノ如ク支配人ハ主人ニ代ハリ其營業ニ關スル一切ノ行爲ヲ爲スノ權限ヲ有スルヲ以テ其營業上番頭、手代其他ノ使用人ヲ雇入レ又ハ解任スルノ必要アルトキハ亦之ヲ爲スノ權限ヲ有セシムルヲ相當トス是レ第二項ノ定メアル所以ナリ。

第三十條ノ二　商人ハ數人ノ支配人カ共同シテ代理權ヲ行フヘキ旨ヲ定ムルコトヲ得
前項ノ場合ニ於テ支配人ノ一人ニ對シテ爲シタル意思表示ハ主人ニ對シテ其效力ヲ生ス

本條ハ所謂共同支配ニ關スル規定ナリ共同支配ハ舊規定ノ認メザルノ所ナリシ蓋シ支配人ノ代理權ノ範圍ハ法律上一定シ之ニ加ヘタル制限ハ之ヲ以テ善意ノ第三者ニ對抗スルヲ得ザルモノナルヲ以テ數人ノ支配人アル場合ニ數人ガ共同シテ其代理權ヲ行フ可キコトヲ定ムルハ各自ノ代理權ノ制限ニ外ナラズトノ理由ニ出テタリ然ルニ數人ノ支配人アル場合ニ其數人ガ共同シテ代理權ヲ行フハ事務ヲ愼重ニスルノ利益アルヲ以テ改正法ハ新ニ是ニ共同代理ヲ認メタリ隨テ共同代理ハ之ヲ以テ凡テノ第三者ト對抗スルコトヲ得此場合ニ於テ支配人ノ

一人ニ對シテ爲シタル意思表示ハ主人ニ對シテ其効力ヲ生ズ是レ蓋シ共同代理ノ原則ヲ貫徹スルトキハ數人ノ支配人共同スルニ非ザレバ意思表示ヲ爲スコトヲ得ザルト同時ニ又之ヲ受ルコトヲ得ザルモノト爲サヾルヲ得ズト雖モ斯ノ如キハ實際上不便ナルヲ以テ相手方ヨリ意思表示ヲ受クル場合ニハ其一人ニ對シテ爲スモ其効力ヲ生ズルモノト爲スヲ相當トスルヲ以テナリ。

第三十一條　支配人ノ選任及ヒ其代理權ノ消滅ハ之ヲ置キタル本店又ハ支店ノ所在地ニ於テ主人之ヲ登記スルコトヲ要ス前條第一項ニ定メタル事項及ヒ其變更竝ニ消滅亦同シ

本條ハ支配人ノ登記ニ關スル規定ナリ支配人ノ代理權ハ汎博廣大ナルト共ニ其地位ノ變動ハ之ト取引ヲ爲ス相手方ニ重大ノ關係アルモノナリ是ヲ以テ取引ノ安全ト便宜トヲ擔保センガ爲メニハ之ヲ公示セシムルノ必要アリ是レ支配人ノ選任、其代理權ノ消滅、共同支配其變更竝ニ消滅ハ之ヲ置キタル本店又ハ支店ノ所在地ニ於テ主人ヨリ之ヲ登記スルコトヲ要スト爲セル所以ナリ(五七、一一〇、一一六九、二四三、非手一七二以下)。

第三十二條　支配人ハ主人ノ許諾アルニ非サレハ自己又ハ第三者ノ爲メニ商行爲ヲ爲シ又ハ會社ノ無限責任社員ト爲ルコトヲ得ス

支配人カ前項ノ規定ニ反シテ自己ノ爲メニ商行爲ヲ爲シタルトキハ主人ハ之ヲ以テ自己ノ

支配人ノ資格ト其制限

爲メニ爲シタルモノト看做スコトヲ得

前項ニ定メタル權利ハ主人カ其行爲ヲ知リタル時ヨリ二週間之ヲ行ハサルトキハ消滅ス行爲ノ時ヨリ一年ヲ經過シタルトキ亦同シ

本條ハ支配人ノ資格ニ伴フ制限ニ關スル規定ニシテ所謂支配人ノ競業禁止是ナリ支配人ノ競業禁止ハ合名會社ノ社員(一七五)ノ夫レト法律上ノ理由ヲ同フシ代理商ノ夫レト(三八)其趣ヲ同フス抑モ支配人ハ廣汎ナル代理權ヲ有シ主人ノ其商業ヲ營ム可キモノナルヲ以テ其職務モ亦甚ダ重大ナリ隨テ支配人ハ其營業ソ爲メニ全力ヲ擧ゲテ盡スコトヲ要スルト共ニ苟クモ主人ノ利害ト衝突スルノ虞アルガ如キ行爲ヲ避ケシメザル可カラズ是ヲ以テ法律ハ支配人ハ主人ノ許諾アルニ非ザレバ(1)自己又ハ第三者ノ爲メニ商行爲ヲ爲シ又ハ(2)會社ノ無限責任社員ト爲ルコトヲ得ザルモノト爲ス故ニ若シ支配人ハ此禁止ニ違反シタルトキハ一般ノ規定ニ從ヒ損害賠償又ハ解任ヲ爲スコヲ得ルハ勿論ナルモ其損害ノ立證ハ往々困難ナルヲ以テ法律ハ一ノ便法ヲ設ケ此場合ニ於テハ主人ハ其行爲ヲ自己ノ爲ニ爲シタルモノト看做スコヲ得ルモノト爲セリ所謂主人ノ進入權ト稱スルモノ是ナリ進入權ハ支配人其者ガ自己ノ爲シタル商行爲ニ因リテ取得シタル權利

ヲ主人ガ自己ノ爲メニ爲シタル商行爲ト看做シ其權利ヲ移轉セシムルヲ以テ特質トス而シテ主人ノ進入權ハ主人ガ其行爲ヲ知リタル時ヨリ二週間内ニ之ヲ行使セザルトキハ消滅ス行爲ノ時ヨリ一年ヲ經過シタルトキ亦同ジ是レ其權利關係ヲシテ速ニ確定セシムルニ非ザレバ事端ヲ繁クシ紛議ヲ讓生スルノ因タルニ至ルヲ以テナリ。

番頭手代ノ代理權

第三十三條　商人ハ番頭又ハ手代ヲ選任シ其營業ニ關スル或種類又ハ特定ノ事項ヲ委任スルコトヲ得

番頭又ハ手代ハ其委任ヲ受ケタル事項ニ關シ一切ノ行爲ヲ爲ス權限ヲ有ス

本條ハ番頭手代ノ選任及代理權ヲ規定シタルモノニシテ番頭手代トハ或種類又ハ特定ノ事項ニ付テノミ代理權ヲ有スル者ヲ謂フ而シテ其代理權ハ支配人ノ如ク法定範圍ヲ有スルモノト異ナリ一ニ主人ノ任意ニ定ムル所ニ從フ可キモ其權限ノ範圍ヲ盡ク事實問題ニ委スルハ煩雜ナルヲ以テ法律ハ番頭手代ハ其委任セラレタル事項ニ付キ一切ノ行爲ヲ爲スノ權限ヲ有スルモノト爲セリ。

支配人番頭手代以外ノ商業使用

第三十四條　支配人、番頭又ハ手代ニ非サル使用人ハ主人ニ代ハリテ法律行爲ヲ爲ス權限ヲ有セサルモノト推定ス

本條ハ支配人、番頭又ハ手代ニ非サル使用人ニ付テノ規定ナリ所謂其他ノ使用

人トハ丁稚、若イ者、小僧、小供、給仕等ノ類ヲ謂ヒ事實上ノ勞務ニ服スルヲ以テ本務トスル者ナルヲ常トス是ヲ以テ此等ノ者ハ主人ニ代ハリテ法律行爲ヲ爲スノ代理權ヲ有セサルモノト推定セリ但シ推定ナルカ故ニ反對ノ證明ヲ爲スコトヲ得而シテ此等ノ者モ亦主人ニ代ハリテ法律行爲ヲ爲ス可キ代理權ヲ有セシムルコトヲ妨ケサルハ勿論ナリ。

主人ト商業使用人トノ法律關係ト雇傭ニ關スル民法ノ規定ノ適用

第三十五條　本條ノ規定ハ主人ト商業使用人トノ間ニ生スル雇傭關係ニ付キ民法ノ規定ヲ適用スルコトヲ妨ケス

本條ハ主人ト商業使用人トノ間ニ生スル雇傭關係ニ付テハ民法ノ規定ヲ適用スルコトヲ妨ケサル旨ヲ定ム蓋シ此等ノ者ト主人トノ間ノ法律關係ハ雇傭ナルヲ以テ當事者間ニ反對ノ特約ナキ限リハ普通法タル民法ノ規定ニ依ラシムルヲ當然トスレハナリ。

第七章　代理商

代理商ノ觀念

凡ソ商人ハ其營業區域ノ擴張ニ伴ヒ數多ノ營業所ヲ新設シ又ハ多數ノ使用人ヲ出張セシメ以テ營業ヲ爲スコトアリ然レトモ其營業上ノ收支利害ノ計算若ク

ハ營業ノ狀態ノ如何ニ依リ營業所ヲ設立シ又ハ使用人ヲ出張セシムルヨリハ却テ其營業區域內ノ或者ヲ選任シテ自己ノ營業ノ機關トシテ之ヲ補助セシムルノ便宜ナルニ如カス所謂代理商ノ制度是ニ胚胎ス。

代理商ハ之ヲ二方面ヨリ觀察スルコトヲ得代理商タル商人ヨリセハ代理商ハ獨立ノ商人ナリ故ニ代理商モ亦自己ノ名ヲ以テ商行爲ヲ爲スヲ業トスルモノタルハ言ヲ俟タス(四)然ルニ代理商ノ爲ス商行爲ハ一定商人ノ其營業ノ部類ニ屬スル商行爲ノ代理又ハ媒介タル商行爲ヲ爲スモノナルカ故ニ代理商ハ一定商人ノ機關ト爲リ其營業ヲ補助スルモノト謂フコトヲ得而シテ代理商ニ依テ其營業ヲ補助セラルル所ノ商人ハ代理商タル商人ヲシテ自己ノ營業ノ機關タラシメ以テ之ヲ補助セシムルモノナルカ故ニ恰モ商業使用人ヲシテ其營業ヲ補助セシムルモノニ類ス然レトモ代理商ハ商人タル點ニ於テ商業使用人ト異ナリ又一定ノ商人ノ機關タル點ニ於テ一定ノ商人ノ機關タラサル仲立人、問屋、運送取扱人ノ如キモノト區別セラル可ク又一定ノ商人ノ機關タル點ニ於テ商業使用人ト其趣ヲ同フス是レ商法カ其機關タル點ニ着眼シ商業使用人ノ規定ニ次テ代理商ノ規定ヲ爲シタル所以ナリ。

本章ハ(一)代理商ノ意義(二)代理商トシテノ特種ノ義務(三)權限(四)代理商ノ終任(五)代理商ノ留置權等ニ關スル規定ヲ包含セリ。

第三十六條　代理商トハ使用人ニ非スシテ一定ノ商人ノ爲メニ平常其營業ノ部類ニ屬スル商行爲ノ代理又ハ媒介ヲ爲ス者ヲ謂フ

本條ハ代理商ノ意義ニ付テノ規定ナリ卽チ代理商トハ使用人ニ非スシテ一定ノ商人ノ爲メニ平常其營業ノ部類ニ屬スル商行爲ノ代理又ハ媒介ヲ爲ス者ヲ謂フ左ニ之ヲ分說ス可シ

第一　代理商ハ商人ナリ故ニ自己ノ名ヲ以テ商行爲ヲ爲スヲ業トスル者ナリ而シテ代理商ノ爲ス商行爲ハ商人ノ爲メニ其營業ノ部類ニ屬スル商行爲ノ代理(二六四ノ一二)又ハ媒介(二六四ノ一一)タル商行爲ヲ爲ス者ナリ故ニ非商人ノ爲メニ其ノ行爲ノ代理又ハ媒介ヲ爲スモ代理商タルコトナシ例ヘハ相互保險會社ノ爲メニ保險ニ關スル行爲ノ代理(所謂代理店)又ハ媒介ヲ爲シ若クハ鑛業者ノ爲メニ其行爲ノ代理又ハ媒介ヲ爲スカ如シ。

第二　代理商ハ一定ノ商人ノ爲メニ平常其營業ノ部類ニ屬スル商行爲ノ代理又ハ媒介ヲ爲ス者ナリ(イ)一定ノ商人ノ爲メニトハ一定ノ商人ノ機關トシテ之ヲ

補助スルノ義ナリ是レ代理商ノ特質ニシテ仲立人、問屋、運送取扱人ノ如ク廣ク何人ノ爲メニモ爲ス補助者(媒介取次)ト異ナル要點ナリ(ロ)平常トハ絶エスト謂フノ意ニシテ必シモ時間的意味ニ於テ謂フニ非ス即チ或定マリタル本人ノ爲メニ繼續シテ常囑セラルル關係ニ立ツコトヲ謂フ故ニ臨時ニ代理又ハ媒介ヲ爲スモ代理商ト爲ルコトナシ(ハ)其營業ノ部類ニ屬スルトハ一定ノ商人タル本人ノ營業上ノ行爲ヲ謂フ(ニ)代理又ハ媒介トハ其營業上本人ヲ代理シ又ハ媒介スルヲ謂フ保險會社又ハ銀行ノ代理店ハ多クハ代理商ニ屬シ其營業上本人ヲ代理シ又ハ其營業上ノ行爲ヲ媒介スルモノナリ。

第三　代理商ハ使用人ニ非スシテ一定ノ商人ノ爲メニ平常其營業ノ部類ニ屬スル商行爲ノ代理又ハ媒介ヲ爲ス者ナリ代理商ハ商人ナリ故ニ使用人ニ非スシテトノ語句ハ餘贅ナルカ如シ而カモ此語句ヲ挿入スル所以ノモノハ蓋シ代理商ハ一定ノ商人ノ機關トシテ其營業ヲ補助スル關係ニ立ツモノナルカ故ニ恰モ商業使用人カ本人(主人)ノ營業機關ノ一部ヲ構成シ且主人ニ從屬スル關係ニ酷似スルナリ隨テ商業使用人ト代理商トヲ區別スルカ爲メニハ積極的ニノミ定義スルノ困難ナルニ由ル然レトモ商業使用人ハ主人ト雇傭關係ニ立チ而シテ

之ニ從屬シ以テ其營業ノ機關タリ反之代理商ハ本人ト雇傭關係ニ立ツコトナク且ツ獨立シテ自己ノ營業ヲ行フ唯其營業上本人ノ商行爲ノ代理又ハ媒介ニ關スル行爲ヲ業トスルニ外ナラス隨テ代理商ハ獨立ノ商人タリ故ニ代理商ニハ亦一般商人ニ關スル規定ノ適用アルコト言ヲ俟タス。

代理商ト本人トノ法律關係如何ノ問題ニ付テハ異說尠カラスト雖モ我商法ニ於テハ之ヲ委任ト爲シ代理商契約ノ定ムル所ニ從フモノト解ス可キナリ。

代理商ノ通知義務

第三十七條　代理商カ商行爲ノ代理又ハ媒介ヲ爲シタルトキハ遲滯ナク本人ニ對シテ其通知ヲ發スルコトヲ要ス

本條ハ代理商ノ通知義務ニ付テノ規定ナリ抑モ代理商ハ本人ニ對シテ委任ノ關係ニ立ツモノナルカ故ニ別段ノ意思表示ナキ限リ一般委任ニ關スル規定ヲ適用ス可ク隨テ受任者カ其事務ヲ處理スルニ當リテ爲ス可キ義務ニ付テハ茲ニ規定スルノ必要ナシ唯商法ハ代理商ノ義務ニ付キ特別ノ必要ニ基キ一二ノ規定ヲ設ケタリ本條ハ卽チ其一ナリ。

凡ソ受任者ハ其事務處理ニ付キ其報告ヲ爲スノ義務アリ（民六四四、乃至六五六）ト雖モ此義務ハ委任者ノ請求アルトキ又ハ委任終了ノ後ニ限ル（民二四五、二六五）然ルニ代理商ト本

人トノ關係ハ繼續シテ其營業ノ部類ニ屬スル商行爲ノ代理又ハ媒介ヲ目的トスル包括的ノ契約ナルヲ以テ若シ箇々ノ委任ノ如ク委任終了ノトキニ於テ其報告ヲ受ク可キモノトセハ本人ハ箇々ノ商行爲ノ代理又ハ媒介ノ行爲ヲ知ルノ便ナク隨テ之ニ處置スル策ヲ失シ時ニ商機ヲ逸スルコトアリ又若シ箇々ノ行爲アル毎ニ報告ヲ請求スルカ如キハ實際上ノ煩ニ堪ヘサル可キヲ以テ商法ハ一般原則ニ例外ヲ設ケ代理商カ商行爲ノ代理又ハ媒介ヲ爲シタルトキハ遲滯ナク本人ニ對シテ其通知ヲ發スルノ義務アルモノト爲セリ所謂商行爲ノ代理又ハ媒介ヲ爲シタルトキトハ箇々ノ商行爲ノ代理又ハ媒介ヲ爲シ終ハリタルトキヲ指シ遲滯ナクトハ速ニトノ義ナリ而シテ其通知ヲ發スレハ足リ本人ニ到着スルト延着スルトハ代理商ノ義務ニ關スル所ナシ

第三十八條　代理商ハ本人ノ許諾アルニ非サレハ自己又ハ第三者ノ爲メニ本人ノ營業ノ部類ニ屬スル商行爲ヲ爲シ又ハ同種ノ營業ヲ目的トスル會社ノ無限責任社員ト爲ルコトヲ得ス

第三十二條第二項及ヒ第三項ノ規定ハ代理商カ前項ノ規定ニ違反シタル場合ニ之ヲ準用ス

代理商ノ資格ニ伴フ制限

本條ハ代理商タル資格ニ伴フ制限ニシテ前條ト共ニ代理商ノ義務ニ屬ス所謂代理商ノ競業禁止是ナリ代理商ノ競業禁止ハ株式會社ノ社員(一七五)支配人(三二)ノ夫レト法律上ノ理由ヲ異ニスルモ其趣キヲ同フス而シテ代理商ノ所謂競業禁止ハ

物品販賣ノ委託ヲ受ケタル代理商ノ權限

(1)自己又ハ第三者ニ對シ代理商カ本人ノ營業ノ部類ニ屬スル商行爲ヲ爲シ(2)又ハ同種ノ營業ヲ目的トスル會社ノ無限責任社員ト爲ルコトヲ得サルニ在リ是レ本人ノ利害ト衝突スルノ虞アルカ爲ナリ故ニ代理商カ之ヲ爲サムトセハ常ニ本人ノ許諾ヲ得ルコトヲ要ス若シ代理商カ本人ノ許諾ヲ得スシテ此競業禁止ノ義務ニ違反シタルトキハ一般ノ規定ニ從ヒ損害賠償ノ責ニ任ス可キハ勿論本人ハ之ヲ解任スルコトヲ得(四二〇)ルモ本人ハ此場合ニ於テ其制裁トシテ代理商ノ其行爲ハ之ヲ自己ノ爲メニ爲シタルモノト看做スコトヲ得所謂本人ノ進入權是ナリ但本人カ此進入權ヲ行フニハ一定ノ期間内ナルコトヲ要ス進入權ニ付テハ前ニ之ヲ說明セリ。

第三十九條　物品販賣ノ委託ヲ受ケタル代理商ハ賣買ノ目的物ノ瑕疵又ハ其數量ノ不足其他賣買ノ履行ニ關スル通知ヲ受クル權限ヲ有ス

本條ハ物品販賣ノ委託ヲ受ケタル代理商ノ權限ニ付テノ規定ナリ凡ソ代理商ト其本人トノ法律關係ハ其契約ノ定ムル所ニ依ルモノナルカ故ニ代理商カ本人ニ對シテ如何ナル權限ヲ有スルカハ專ラ其關係ノ如何ニ因リテ定ム可キモ商法ハ取引ノ便宜ヲ計ルカ爲メニ物品販賣ノ委託ヲ受ケタル代理商ハ賣買ノ目的物

ノ瑕疵又ハ其數量ノ不足其他賣買ノ履行ニ關スル通知ヲ受クルノ權限アルモノト爲セリ蓋シ商人間ノ賣買ニ於テ其目的物ノ瑕疵又ハ其數量ノ不足ニ因リテ契約ノ解除又ハ代金減額若クハ損害賠償ノ請求ヲ爲スニハ買主カ賣主ニ對シテ其通知ヲ發ス(二八八)可キモノナリ然ルニ代理商ニ依ル物品販賣ノ場合ニ於テハ代理商カ其通知ヲ受ク可キ權限アリヤ否ヤニ付キ之ヲ各事實問題ニ委スルトキハ買主ノ不便尠少ナラサルナリ故ニ斯ル場合ニ於テハ代理商ニ於テ其通知ヲ受ク可キ權限アルモノト爲シ以テ買主ハ賣主(本人)ニ對シテ通知ヲ發セサルモ代理商ニ之ヲ爲スヲ以テ其權利ヲ保存スルコトヲ得ルモノト爲サヽルヲ得ス而シテ買主ヨリ賣主ニ對シテ通知ス可キ取引上ノ事項ハ啻ニ賣買ノ目的物ノ瑕疵又ハ數量ノ不足ノ場合ノミナラス此他賣買ノ履行ニ關シテ爲ス可キ事項尠カラサルヲ以テ此等ノ場合ニ於テハ販賣ノ委託ヲ受ケタル代理商ニ於テ其通知ヲ受ク可キ權限アルモノト爲スヲ相當トス是レ此規定ヲ存スル所以ナリ所謂物品販賣ノ委託ヲ受ケタル代理商トハ物品販賣ノ媒介ヲ委託セラレタル代理商ヲ包含セサルモノト解ス可ク(反對說アリ)又物品トハ單ニ動産ニ限リ不動産ヲ包含セサルモノト解ス可シ是レ商法カ物品運送(三三一)ナル用語ヲ以テシタルニ見ルモ殆ト疑ヲ存セス(但シ反對

說アリ)。

第四十條　當事者カ契約ノ期間ヲ定メサリシトキハ各當事者ハ二箇月前ニ豫告ヲ爲シテ其契約ノ解除ヲ爲スコトヲ得

當事者カ契約ノ期間ヲ定メタルト否トヲ問ハス已ムコトヲ得サル事由アルトキハ各當事者ハ何時ニテモ其契約ノ解除ヲ爲スコトヲ得

代理商ノ終任

本條ハ代理商ノ終任ニ關スル規定ナリ抑モ一般原則ニ從ヘハ委任ハ各當事者ニ於テ何時ニテモ之ヲ解除スルコトヲ得(民六五一)是レ委任ノ特質ナリ只當事者ノ一方カ相手方ノ不利益ノ時期ニ於テ解除シタルトキハ其損害ヲ賠償スルコトヲ要ス(民六五一)然ルニ此原則ヲ直ニ代理商ニ適用スルトキハ當事者ノ一方ハ爲メニ意外ノ不利益ヲ被リ到底損害ノ賠償ヲ以テ滿足ス可キニ非サルト共ニ此ノ如キハ代理商ヲ存スル制度ニ背馳スルニ至ル是ヲ以テ當事者カ其契約ヲ解除セムトスルトキハ當事者ニ(一)契約ヲ以テ期間ノ定アリタルトキハ之ニ從フ可ク(二)契約ヲ以テ期間ヲ定メサルトキハ各當事者ハ二ケ月前ニ豫告ヲ爲シタルトキニ於テノミ之カ解除ヲ爲スヲ得ヘク而シテ其經過ト同時ニ解除ノ效力ヲ生ス可シ。

右ノ原則ハ已ムコトヲ得サル事由アル場合ニ於テハ之ヲ適用スルヲ得サルヲ以テ此場合ニ於テハ其契約ニ期間ノ定メアルト否トヲ問ハス各當事者ハ何時ニ

代理商ノ留置權

テモ其契約ノ解除ヲ爲スコトヲ得蓋シ此場合ニ於テモ尚ホ期間ノ終了又ハ二ケ月前ニ豫告スルコトヲ必要トセハ當事者ハ之カ爲メニ却テ損害ヲ被ルコトアルヲ以テナリ。

第四十一條　代理商ハ商行爲ノ代理又ハ媒介ヲ爲シタルニ因リテ生シタル債權ニ付キ本人ノ爲メニ占有スル物又ハ有價證券ヲ留置スルコトヲ得但別段ノ意思表示アリタルトキハ此限ニ在ラス

本條ハ代理商ノ留置權ニ付テノ規定ナリ代理商ノ留置權トハ代理商カ商行爲ノ代理又ハ媒介ヲ爲シタルニ因リテ生シタル債權ニ付キ本人ノ爲メニ占有スル物又ハ有價證券ヲ留置スルヲ得ルノ權利ヲ謂フ商行爲ノ代理又ハ媒介ニ因リテ生シタル債權トハ代理又ハ媒介ノ行爲ノ手數料、立替金ハ勿論本人ノ爲ニ負擔シタル債務ノ辨濟及ヒ被リタル損害賠償其他報酬請求權等ヲ指稱ス。

一般原則ニ從ヘハ留置權ハ其債權ト物トノ間ニ關係アルコトヲ以テ其要件トス即チ其留置スル物ニ關シテ生シタル債權ニ付テノミ留置權ヲ行フコトヲ得(民二九五)然ルニ代理商ノ留置權ハ其代理又ハ媒介ニ因リテ生シタル債權ニ付キ本人ノ爲メニ占有スル物ナルトキハ其物ト債權トノ間ニ直接關係アルヿヲ必要トセサルモノナリ此點ニ於テ此留置權ハ商人間ノ留置權ト同一ナリ(二八四)然レトモ商人

代理商ノ留置權、商人間ノ留置權、及ヒ一般ノ留置權

間ノ留置權ハ其債權ハ必ス双方的商行爲ニ因リテ生シタルコトヲ要ス然ルニ代理商ノ留置權ハ其債權ハ必スシモ双方的商行爲ニ因リテ生シタルコトヲ要セス又商人間ノ留置權ハ一般留置權(民二九五)ト共ニ其債務カ辨濟期ニ達シタルコトヲ必要トス然ルニ此留置權ハ其債務カ辨濟期ニ在ルト否トハ之ヲ問ハサルナリ又商人間ノ留置權ハ其物カ債務者ノ所有物ニ限ルモ代理商ノ留置權ニ在テハ其物ハ本人ノ爲メニ占有スルヲ以テ足リ其物ノ所有權カ何人ニ屬スルカハ之ヲ問フコトヲ要セス。

留置權不發生ノ特約

留置權ハ法律ノ規定ニ因リテ當然發生ス隨テ當事者ハ特約ヲ以テ其發生ヲ抑止スルヲ得サルヲ原則トス(二九五)ト雖モ法律ハ代理商ト本人トノ間ニ於テ別段ノ意思表示ニ因リテ此權利ヲ有セサルコトヲ特約スルヲ妨ケサルモノト爲セリ是レ亦此留置權カ他ノ留置權ト異ナル要點ナリ蓋シ此留置權ハ代理商ヲ保護スル爲メナレハ當事者間ニ信用ヲ存シ留置權ノ行使ヲ必要ナラストセハ之ヲ其特約ニ委スルヲ相當トスルニ由ル

改正法ノ附加

尚ホ有價證券ヲ留置スルコトヲ得トノ規定ハ改正法律ノ新ニ附加セル所ノモノナリ。

第二編　會社

個人ノ財産勞力ハ以テ遠大ナル事業ヲ經營スルニ足ラス茲ニ於テカ多數人ノ財産勞力ヲ結合スルノ必要ヲ生ス會社ナルモノハ卽チ此結合ヲ其本體ト爲スモノナリ本編ニ於テハ如何ナル財産勞力ノ結合體ヲ以テ商法上ノ會社トナスヘキカヲ解キ併セテ其設立、存續、解散並ニ罰則ヲ説明セントス。

第一章　總則

第四十二條　本法ニ於テ會社トハ商行爲ヲ爲スヲ業トスル目的ヲ以テ設立シタル社團ヲ謂フ
營利ヲ目的トスル社團ニシテ本編ノ規定ニ依リ設立シタルモノハ商行爲ヲ爲スヲ業トセサルモ之ヲ會社ト看做ス

會社ノ定義

商法上會社トシテ認メラルルモノハ商行爲ヲ爲スヲ業トスル社團ナリ其商行爲ノ何タルヤハ既ニ商人ノ觀念ニ於テ説明シタルカ如ク第二百六十三條及ヒ第二百六十四條ノ商行爲ヲ指稱スルモノニシテ茲ニ所謂商行爲ヲ業ト爲ストハ營利ノ目的ヲ以テ繼續的ニ商行爲ヲ營ムヲ云フ而シテ商法上ノ會社タルニハ更ニ商行爲ヲ業トスル社團ナラサルヘカラス社團トハ會社ノ内部組織トシテ二人以

上ノ社員カ共同目的ニ參與スルコトヲ其成立ノ要素トナス團體ヲ謂フ、而シテ商法カ社團ヲ以テ商事會社ト爲シ所謂財團ヲ除外シタルハ蓋シ財團ニアリテハ財團夫レ自身ノ人格ノ外之ヲ組織スル社員アラサルカ故ナリ。

吾舊商法ニ於テ會社トシテ待遇セシハ以上ノ定義ニ依ルモノニ限リ其他ヲ認メス然ルニ改正法律ニ於テハ更ニ會社トシテ取扱フモノヲ定メタリ是即チ商行爲ヲ目的トセサル營利社團ナリトス營利社團トハ民法第三十五條ノ規定スル所ノモノニシテ其目的營利ニ存シ其設立、存續、解散等總テ商事會社ノ規定ニ從フモノナリ然レトモ公益法人ニアラサルハ勿論商事會社ニモアラサル一種特別ノ社團ナリ從テ其ノ取扱上甚タ不便ヲ來シタルカ故ニ改正法律ハ會社ト看做セリ蓋シ營利ヲ目的トスル以上ハ商行爲ヲ爲スト否トニヨリ其規定ヲ異ニス可キ理由アラサレハナリ營利社團カ會社ト看做サル、以上ハ其設立ニ付キ商法會社篇ノ規定ニ依ルノ外商法總則篇ノ規定ニ依リ商業登記其他ノ事項ニ關スル商人一般ノ規定モ亦タ準用セラヘキモノト云フ可シ。

第四十三條　會社ハ合名會社、合資會社、株式會社及ヒ株式合資會社ノ四種トス

商法ニ於ケル會社ノ定義ハ前條ノ如シ而シテ本條ニ於テハ會社ノ種類ヲ限定

シテ四ト爲ス合名會社、合資會社、株式會社及ヒ株式合資會社卽チ是レナリ合名會社トハ會社債務ニ付キ無限責任ヲ負擔スル社員ヲ以テ其成立ノ要素トナス會社ヲ謂ヒ合資會社トハ無限責任社員ト有限責任社員トヲ以テ其構成ノ要素トナス會社ヲ謂ヒ株式合資會社トハ無限責任社員ト株主トヲ以テ組織セラル、會社ヲ謂フ而シテ株式會社トハ有限責任社員タル株主ノミヲ以テ組織セラル、會社ヲ謂フ。

會社ハ法人ナリ

第四十四條　會社ハ之ヲ法人トス
會社ノ住所ハ其本店ノ所在地ニ在ルモノトス

前條四種ノ會社ハ總テ商法上法人ナリトス法人トハ自然人ニ非スシテ法律上權利義務ノ主體タルヲ謂フ換言スレハ會社ノ基礎ハ共同ノ商行爲ヲ營マントスル個人ノ結合ヨリ爲ルモ此各個人ヨリ獨立シタル人格ヲ享有スルヲ謂フ、會社ハ社員ヨリ獨立シタル人格ヲ有ス故ニ自然人ニ住所アルト同シク法人タル會社ニモ亦タ住所ヲ必要ト爲ス而シテ住所ハ各人ノ生活ノ本據ニシテ一アル可クシテ二ナキハ民法ノ定ムル所ナリ、故ニ本條第二項ニ於テ會社ノ住所ハ本店ノ所在地ニアルモノトセリ。

第四十四條ノ二　會社ハ他ノ會社ノ無限責任社員ト爲ルコトヲ得ス

會社ハ無限責任社員トナルコトヲ得ス

會社ハ法律上吾人自然人ト同シク權利ノ主體ナリ只其主體トシテ認メラルヽハ特定商行爲ノ範圍ニ限定セラルヽノミ而シテ自然人格者カ出テヽ會社ノ社員タルコトヲ得ルモノトセハ會社モ亦タ他會社ノ社員タルコトヲ得ルハ當然ナリト謂フ可シ然レトモ如何ナル種類ノ會社ノ社員トモ爲リ得可キモノナリヤ本條ハ無限責任社員トナルコトヲ得ストノ明文ヲ以テ此問題ヲ解決シタリ蓋シ無限責任社員ハ社員其人ノ信用ヲ基礎トナス社員其人ノ信用トハ單ニ財產上ノ信用ノミヲ指稱スルモノニアラスシテ社員ノ人格ニ伴フ才能器量ヲモ包含スルモノナリ然ルニ會社ハ本來無形ノ法人ニシテ自ラ活動スルコトヲ得ス必ス自然人タル代表社員ニ依リテ運轉セラレサルヘカラス故ニ會社ニハ固有ノ才能アリト謂フ可カラス從テ他會社ノ無限責任社員トナリ特殊ノ器能ヲ發揮スル能力ヲ缺ケハナリ。

會社ノ合併

第四十四條ノ三　會社ハ合併ヲ爲スコトヲ得

合併ニ因リテ會社ヲ設立スル場合ニ於テ定款ノ作成其他設立ニ關スル行爲ハ各會社ニ於テ選任シタル者共同シテ之ヲ爲スコトヲ要ス

第七十七條、第二百九條及ヒ第二百四十四條ノ規定ハ前項ノ選任ニ之ヲ準用ス

本條ハ會社ノ合併ニ關スル規定ナリ舊商法ニ於テハ會社ノ合併ヲ以テ會社解

散ノ一原因ト爲シ會社ハ合併シ得ヘキカ若シ合併シ得可キモノトスルモ其種類ニハ何等ノ制限ナキカニ就キ積極的規定ヲ缺キタルカ故ニ改正法律ニ於テハ本條ヲ新設シテ會社ハ合併スルコトヲ得ルモノトシ併セテ合併スヘキ會社ニ何等ノ制限ナキモノトセリ故ニ例令株式會社ハ他ノ三會社ノ孰レトモ合併シ得ルモノト謂フヲ得ヘキカ如シ。

大凡會社ノ合併トハ會社カ淸算行爲ヲ爲サスシテ會社財産ヲ包括的ニ處分スル制度ヲ謂フ淸算行爲ヲ爲サストハ現務ノ終了、債權ノ取立、債務ノ辨濟、殘餘財産ノ處分及ヒ之ニ伴フ換價手續ヲ爲サスシテ會社ノ財産ハ財産目錄、貸借對照表ニ計算セラレタルマヽ包括的ニ移轉セシムルヲ謂フ而シテ其方法ニ二種アリ一ハ一會社カ他會社ヲ吸收スル場合ニシテ他ハ二會社合同シテ新タナル一會社ヲ設立スル場合ナリ前者ヲ吸收合併ト稱シ後者ヲ新立合併ト謂フ。

右孰レノ場合ニ於テモ會社ノ財産カ包括一團トシテ移轉スルモノナルカ故ニ其財産ニ伴フ權利義務モ亦タ移轉スヘキハ勿論ナリ故ニ其社員又ハ其會社ノ債權者ハ爾後吸收會社又ハ新立會社ノ社員又ハ債權者トナルモノナリ此等ノ效果アルノ外合併ト同時ニ被併合會社ノ解散ヲ伴ヒ吸收會社ニ於テハ定款ノ變更ヲ

來タシ新立會社ニ取リテハ設立ノ行爲ヲ開始セサルヘカラサルニ至ル如此異常ナル效果ヲ生スルカ故ニ自カラ合併ニ伴フ手續ナカルヘカラス本條第二項以下ニ於テハ新立合併ニ依ル會社ノ設立行爲ハ何人カ爲スヘキカヲ定メ各會社ニテ特ニ選任シタル者共同シテ爲スヘキモノトセリ蓋會社全員ヲ擧ケテ其局ニ當ラシムルハ煩累ニ堪ヘサルカ故ナリ而シテ本號ハ强行的規定ナルカ故ニ必ス選任セサルヘカラス而モ其選任ハ會社ニ取リ重大事項ナルカ故ニ株式會社ニテハ定足數ノ多數決、合名會社ニアリテハ全社員ノ同意、合資會社ノ場合ニハ無限責任社員ト有限責任社員トノ一致ヲ以テ爲スヘキモノトセリ。

會社設立ノ第三者ニ對抗スル要件

第四十五條　會社ノ設立ハ其本店ノ所在地ニ於テ登記ヲ爲スニ非サレハ之ヲ以テ第三者ニ對抗スルコトヲ得ス

會社カ法律上人格ヲ享有スルハ何レノトキニアリヤ民法上ノ法人ハ公益ヲ目的トスルカ故ニ監督ノ必要上官許主義ヲ取リタル結果許可到達ノ時ヲ以テ法人成立スト爲スニ反シテ商法ハ自由準則主義ヲ採リタルカ故ニ商法規定ノ手續ヲ完了セシ時ニ會社ノ成立アリトセリ卽チ合名會社、合資會社ハ定款ノ作成ニヨリ(四九)株式會社ニアリテハ或ハ發起人カ株式總數ヲ引受ケタル時或ハ創立總會ノ終

會社ハ設立登記前ニ行爲能力ナシ

結ニヨリ株式合資會社ノ場合ニハ創立總會ノ終了シタル時ニ於テ會社ハ成立ス然レトモ此等會社ノ成立ハ會社ノ內部關係ナルカ故ニ第三者ニ於テ與リ知ラサルコトナシトセス斯ル場合ニ其成立ヲ公示シテ第三者ニ知ラシメサルニ於テハ之ト取引ヲ爲ス第三者ハ不慮ノ損失ヲ蒙ルコト無キヲ期シ難シ故ニ商法ハ本條ヲ以テ廣ク會社ノ設立ハ登記セスンハ第三者ニ對抗スルコトヲ得スト規定シタリ而シテ第三者ノ善意惡意ヲ問ハサル所以ハ其證明困難ナルカ故ナリ。

第四十六條　會社ハ本店ノ所在地ニ於テ登記ヲ爲スニ非サレハ開業ノ準備ニ着手スルコトヲ得ス

會社ハ第四十九條第百三十三條、第百三十九條ニ依リテ法律上當然定款ニ定メラレタル目的ノ範圍內ニ於テ人格ヲ享有ス然レトモ其本店ノ所在地ニ於テ登記セスンハ第三者ニ對抗スルコトヲ得サルハ前條ニ說明シタルカ如シ斯ル不完全ナル會社ヲシテ取引ヲナサシムル時ハ幾多ノ法律關係ヲシテ不安全ナラシムル恐レアリ故ニ本條ニ於テ未登記會社ノ行爲能力ヲ停止シ會社ハ開業ノ準備タニ爲スコトヲ得サルモノトセリ。

第四十七條　會社カ本店ノ所在地ニ於テ登記ヲ爲シタル後六箇月內ニ開業ヲ爲ササルトキハ裁判所ハ檢事ノ請求ニ因リ又ハ職權ヲ以テ其解散ヲ命スルコトヲ得但正當ノ事由アルトキ

會社ハ公序良俗ニ反スヘカラス

ハ其會社ノ請求ニ因リ此期間ヲ伸長スルコトヲ得

既ニ會社成立ノ登記ヲ爲スト雖モ登記後六月內ニ開業ヲナサルル時ハ解散ヲ命セラル可キモノトス蓋シ名實相伴ハスンハ世人ニ於テ詐害セラルル恐レアレハナリ然レトモ會社事業ノ性質ニヨリ六箇月ノ短期間ニテハ開業ヲ爲スコト能ハサルモノナシトセス故ニ正當ノ事由アル時ハ右期間ヲ伸張シ得ルモノトセリ。

第四十八條　會社カ公ノ秩序又ハ善良ノ風俗ニ反スル行爲ヲ爲シタルトキハ裁判所ハ檢事ノ請求ニ因リ又ハ職權ヲ以テ解散ヲ命スルコトヲ得

法律行爲ヲナスニ當リテハ其行爲カ適法ナルノ外更ニ公序良俗ニ反ス可カラサルコトハ民法上ノ大原則ナリ商行爲モ亦法律行爲ノ一種ナル以上ハ此ノ原則ニ從ハサルヘカラサルカ故ニ敢テ本條ノ規定ヲ必要トセサルカ如シト雖モ民法ニ於テハ個々ノ行爲ヲ無效トナスニ過キスシテ行爲者ノ人格ニ影響ナシトスルモ會社ノ如キ團體ヲシテ公序良俗ニ反シタル場合ニ單ニ其行爲ヲ無效ト爲シタルノミヲ以テ足レリトセス公益保全ノ爲メ會社ノ存在ヲ失ハシムルノ必要アリ故ニ本條ノ規定アル所以ナリ。

第四十八條ノ二　本編ノ規定ニ依リ登記スヘキ事項ニシテ官廳ノ許可ヲ要スルモノハ其許可書ノ到達シタル時ヨリ登記ノ期間ヲ起算ス

官廳許可ノ効力發生時

本條ハ官廳ノ許可ノ效力發生時ヲ定メタルモノナリ官廳ノ許可ハ單獨行爲ニ相違ナシト雖モ民法ニ所謂單獨行爲ニアラス故ニ民法九十七條ヲ適用ス可キニアラス然レトモ許可ハ通知ト同シク相手方ヲシテ知ラシムルコトヲ要ス否ナ少ナクトモ過失ナクンハ之ヲ知リ得可キ狀態ニ置カサルヘカラス故ニ本條ニ於テハ許可ノ內容ヲ知ルト否トヲ問ハス許可書到達ノ時ヲ以テ其效力發生ノ起算點トナセリ。

合名會社

第二章　合名會社

合名會社トハ會社債務ニ付キ連帶無限ノ責任ヲ負擔スル社員ヲ以テ其成立存續ノ要素トナス商事會社ヲ謂フ無限責任社員トハ自己ノ全財產ヲ擧ケテ債務辨濟ノ責任ヲ負擔スル者ヲ謂フ而シテ其連帶タルノ意味ハ民法ニ於ケル連帶債務ヲ指稱スルモノニシテ債權者ハ債務者ノ一人ニ對シ又ハ同時若クハ順次ニ總債務者ニ對シテ全部又ハ一部ノ履行ヲ請求スルコトヲ得ル債務關係ヲ謂フ而シテ合名會社ノ社員カ其連帶無限責任ヲ負擔ストハ會社カ全財產ヲ以テ債務ヲ完濟スルコト能ハサル場合ニ於テ會社債權者ニ對シ直接ニ辨濟スル義務アルヲ謂フ。

第一節　設立

本節ハ合名會社ヲ設立スルニハ如何ナル法律上ノ要件ヲ充實セサルヘカラサルカ、設立シタル會社カ第三者ヨリ其設立ヲ否認セラルヽコトナク完全ナル人格者トシテ存續スルニハ如何ナル手續ヲナサヽルヘカラサルカヲ定メタルモノナリ今會社ノ設立セラルヽニ至ル經過ヲ見ルニ數人以上ノ者カ各々財產勞務ヲ出資シテ共同ノ目的タル會社設立ノ爲メニ契約ヲ締結スルモノナリ此契約ニ基キ商法所要ノ要件ヲ滿シタル場合ニ會社ノ設立ヲ見ルニ至ルモノトス。

第四十九條　合名會社ヲ設立スルニハ定款ヲ作ルコトヲ要ス

本條ハ合名會社ヲ設立スル要件ヲ定メタルモノナリ設立ノ要件トハ定款ノ作成ヲ謂フ定款トハ社員間ニ締結シタル會社ノ組織並ニ其行動ノ形式ヲ定メタル契約ニシテ書面ニ記載スルコトヲ必要トスルモノナリ而シテ定款ハ合名會社カ會社トシテ成立シ且ツ存續スル基礎ヲ爲スモノナリ從テ定款ナクンハ會社ナク會社タル以上ハ定款ノ示ス所ニ從ハサルヘカラス而シテ定款ニ記載スヘキ事項如何ハ次條ノ定ムル所ナリ。

第五十條　合名會社ノ定款ニハ左ノ事項ヲ記載シ各社員之ニ署名スルコトヲ要ス

一　目的
二　商號
三　社員ノ氏名、住所
四　本店及ヒ支店ノ所在地
五　社員ノ出資ノ種類及ヒ價格又ハ評價ノ標準

定款ニ記スヘキ必要事項

合名會社ノ定款ニ記載スヘキ事項ハ左ノ如シ(一)目的、目的トハ合名會社カ營業トスル商行爲ヲ指稱スルモノニシテ例令保險或ハ運送ト謂フカ如シ而シテ定款ニ其目的ヲ掲ケシムル所以ハ蓋シ會社カ人格者トシテ認メラル、範圍ヲ示ス必要アルニヨル(二)商號、第十六條及ヒ、第十七條ノ説明參照(三)社員ノ氏名住所、氏名ヲ掲クル所以ハ無限責任者ヲ明ニスル爲メニシテ其住所ヲ必要トスルハ債務履行ノ場所ヲ示ス爲ナリ(四)本店支店ノ所在地、定款ニ記載スヘキハ本店支店ノ所在地ニシテ場所ニアラス故ニ町名番地ヲ記載スルノ必要ナシ(五)各社員ノ出資ノ種類及ヒ價格又ハ評價ノ標準、本號ニ於テハ先ツ社員ノ出資カ金錢ナリヤ其他ノ動産ナリヤ不動産ナリヤ將タ又勞力信用ナリヤヲ明ニス可ク次ニ金錢以外ノ出資ナル場合ハ其價格ヲ明記ス可シ而シテ其價格ハ出資當時ノ標準ニ依ル終リニ評價

トハ勞力信用ヲ出資トナシタル場合ニ其經濟的效用ニヨリテ勞力出資ハ幾何ノ金錢ニ相當ス可キカヲ定ムルカ如シ以上ノ事項ハ所謂必要事項ニシテ定款ニ記載スル事ヲ要シ若シ其一項目タリトモ之ヲ缺ク時ハ定款ハ無效ナリ定款無效ナレハ會社成立ノ基礎ナキカ故ニ會社ノ成立ヲ見ルコトヲ得サルヤ當然ナリ然レトモ右必要事項ノ外記載スルコトヲ禁止スルモノニアラス法令ノ公序良俗及會社設立ノ本旨ニ反セサル事項ハ任意ニ之ヲ記載スルコトヲ得ルモノトス合名會社ハ定款ノ作成ニヨリテ成立ス然レトモ其成立タルヤ會社內部ノ關係ニシテ之ニ關與セサル第三者ニ於テ知ラサルコトナシトセス玆ニ於テカ其設立ヲ登記シテ第三者ニ知ラシメサルヘカラス但登記スレハ足リ公告スルコトヲ必要トセス若シ登記セスンハ第三者ハ其設立ヲ否認シ得ヘキハ勿論會社ハ開業ノ準備タニナスコトヲ得サルナリ然ラハ登記スヘキ事項ハ如何是レ次條ノ規定スル所ナリ」

第五十一條　會社ハ定款ヲ作リタル日ヨリ二週間內ニ其本店及ヒ支店ノ所在地ニ於テ左ノ事項ヲ登記スルコトヲ要ス

一　前條第一號乃至第三號ニ揭ケタル事項

二　本店及ヒ支店

三　設立ノ年月日

四　存立時期又ハ解散ノ事由ヲ定メタルトキハ其時期又ハ事由
五　社員ノ出資ノ種類及ヒ目的トスル出資ノ價格
六　會社ヲ代表スヘキ社員ヲ定メタルトキハ其氏名
七　數人ノ社員カ共同シ又ハ社員カ支配人ト共同シテ會社ヲ代表スヘキコトヲ定メタルトキハ其代表ニ關スル規定
コトヲ要ス
會社設立ノ後支店ヲ設ケタルトキハ其支店ノ所在地ニ於テハ二週間内ニ前項ニ定メタル登記ヲ爲シ本店及ヒ他ノ支店ノ所在地ニ於テハ同期間内ニ其支店ヲ設ケタルコトヲ登記スル
本店又ハ支店ノ所在地ヲ管轄スル登記所管轄區域内ニ於テ新ニ支店ヲ設ケタルトキハ其支店ヲ設ケタルコトヲ登記スルヲ以テ足ル

設立登記ヲナスヘキ事項

定款作成後登記スヘキ事項ハ(一)會社ノ目的、商號、社員ノ氏名、住所(二)本店支店、登記事項トシテノ本店支店ハ會社所在ノ場所ヲ指スモノナリ從テ町名番地ヲ掲ケサルヘカラス(三)設立ノ年月日之ヲ必要トスル所以ハ其日付以前ニ會社ノ人格ナキ事ヲ示スモノナリ(四)存立時期解散ノ事由、之レ會社ノ消滅時期及ヒ消滅事由ヲ知ラシムルニアリ(五)社員ノ出資ノ種類及ヒ出資ノ價格、此等ハ會社ノ營業資金ヲ知ラシムルニアリ(六)會社代表社員、合名會社ニアリテハ各社員ハ當然會社ヲ代表スヘキ權利義務ヲ有ス然ルニ特定社員ヲ以テ會社ノ代表社員トナシタル時ハ例

本支店移轉ノ登記

外ナルカ故ニ登記シテ第三者ニ知ラシムル必要アルナリ(七)本號ハ第六號ト主旨ニ於テ同一ナルカ故ニ略ス以上ノ各號ハ會社設立ノ日即チ定款作成ノ日ヨリ二週間内ニ本店支店ノ所在地ニテ登記スヘキコトヲ要ス稱シテ設立ノ登記ト謂フ次ニ本條第二項ハ一讀シテ其意ヲ知ルコトヲ得ルカ故ニ之ヲ略ス。

第五十二條　會社カ其本店又ハ支店ヲ移轉シタルトキハ舊所在地ニ於テハ二週間内ニ移轉ノ登記ヲ爲シ新所在地ニ於テハ同期間内ニ前條第一項ニ定メタル登記ヲ爲スコトヲ要ス
同一ノ登記所ノ管轄區域内ニ於テ本店又ハ支店ヲ移轉シタルトキハ其移轉ノミノ登記ヲ爲スコトヲ要ス

本條ハ本店支店ノ移轉登記ヲ規定セリ即チ舊所在地ニ於テハ單ニ移轉シタルコトノミ登記ス可ク別ニ前條第一項ニ定メタル登記ヲ爲スノ必要ナシ只タ新所在地ニテハ前條第一項ノ事項ヲ登記セサルヘカラス而シテ其登記ハ移轉ノ時ヨリ二週間内ニ爲サヽルヘカラス本條第二項ハ新舊所在地異ナルト雖モ若シ新舊所在地カ同一登記所ノ管内ナル時ハ移轉地カ新タナリト雖モ尚ホ前條第一項ヲ登記スルヲ要セス唯タ移轉ノ登記ノミヲナスヘキモノトセリ蓋シ公示ス可キ區域ニ變化ナキニヨル。

第五十三條　第五十一條第一項ニ掲ケタル事項中ニ變更ヲ生シタルトキハ二週間内ニ本店及

ヒ支店ノ所在地ニ於テ其登記ヲ爲スコトヲ要ス

登記事項變更ノ登記

本條ハ所謂變更ノ登記ナリ卽チ登記シタル第五十一條第一項ノ事項中ニ變更アリタル時ハ其變更ノ登記ヲナスヘキモノトセリ登記期間ハ二週間內トス。

第二節　會社ノ內部關係

會社ノ內部關係

會社ノ內部ニハ社員アリ而カモ會社ト社員トハ各々獨立ノ人格者ナリ從テ會社ト社員トノ法律關係アリ社員相互ノ關係アリ本節ノ內部關係トハ以上二種ノ法律關係ヲ總稱シタルナリ今之ヲ具體的ニ說明スレハ社員ノ出資、會社ノ代表、業務ノ執行、持分ノ讓渡、定款ノ變更等之レナリ本節ハ卽チ此等ノ內部關係ヲ規律セルモノナリ。

第五十四條　會社ノ內部ノ關係ニ付テハ定款又ハ本法ニ別段ノ定ナキトキハ組合ニ關スル民法ノ規定ヲ準用ス

內部關係ニ對スル適用法

本條ハ會社ノ內部關係ニ付テノ準則ノ順序ヲ定メタルモノトス會社ハ定款ノ作成ニヨリテ成立存續スルカ故ニ會社ノ內部關係ニ付キテモ亦定款ニ從ハサルヘカラサルハ勿論ナリ然レトモ若シ定款ニ規定ナキ時ニハ如何ニスヘキカ第二次ニ於テ商法ニ依リ若シ商法ニ規定ナキトキハ第三次ニ於テ組合ノ規定ニ依ル

社員ノ出資

ヘキモノトセリ蓋シ會社ハ法人ニシテ組合ハ契約關係ナリ從テ全ク別種ノモノナリト雖モ共同目的ノ爲メニ出資ヲナシ且ツ之ニ多數人ノ參與スル點ニ於テ相類似スルカ故ニ組合ノ規定ヲ援用スルモノトナセリ。

第五十五條　社員カ債權ヲ以テ出資ノ目的ト爲シタル場合ニ於テ債務者カ辨濟期ニ辨濟ヲ爲ササリシトキハ社員ハ其辨濟ノ責ニ任ス此場合ニ於テハ其利息ヲ拂フ外尙ホ損害ノ賠償ヲ爲スコトヲ要ス

合名會社ノ社員ハ各自出資ヲ爲スノ義務アリ出資ハ動産、不動産ニ限ラス信用ヲ以テスルモ又ハ勞力ヲ以テスルモ可ナリ然レトモ出資ハ單ニ之レカ義務ヲ負擔シタルノミヲ以テ足レリトセス必ス現實ニ履行セサルヘカラス故ニ動産ニアリテハ之レヲ會社ニ引渡サヽルヘカラス不動産ニアリテハ會社名義ニ登記セサルヘカラス指圖債權ニアリテハ裏書ヲ爲シテ會社ニ交付セサルヘカラス然レトモ債權出資ノ場合ハ單ニ債權ノ存在及ヒ讓渡ノ形式ヲ踏ミタルノミヲ以テ足レリトセス債務者カ債務ノ本旨ニ從ヒ辨濟期ニ債務ヲ履行セサル時ハ其社員ハ出資ヲ爲サヽルト同一ナルカ故ニ更ニ其社員ハ右債務額ニ應スル辨濟ヲ爲サヽルヘカラサルノ義務ヲ負擔ス可キモノトスル必要アルカ故ニ本條ニ於テ此義務ヲ認メタリ而カモ此場合ニ於テハ其利息ヲ拂フヲ要スルハ勿論ナルモ利息ノ定メ

會社ノ業務執行

ナキトキハ年六分ノ法定利息ヲ遲延利息トシテ支拂フノ外尚會社ニ損害ヲ及ホシタル時ハ不履行ト損害トノ間ニ因果關係アル範圍ニ於テ賠償セサルヘカラス（民四四一 一五六）

第五十六條　各社員ハ定款ニ別段ノ定ナキトキハ會社ノ業務ヲ執行スル權利ヲ有シ義務ヲ負フ

本條ハ會社ノ内部關係タル會社ノ業務執行ニ付キテノ規定ナリ會社ノ業務ハ何人カ行フヘキカ本條ハ各社員カ其任ニ當ルヘキモノトセリ蓋シ合名會社ニアリテハ社員自體ノ才能技量ニ重キヲ置クカ故ニ會社ノ内外關係ニ付キ各社員ノ行動ヲ要スルモノナルニヨル而シテ各社員ノ業務執行ハ一方ニ於テハ權利ナルト共ニ他方ニ於テハ義務ナリ權利ノ半面ニ義務ノ伴フアルカ故ニ各社員ハ之ヲ拋棄スルコトヲ得サルヤ明カナリ然レトモ若シ定款ニ本條ト異ナリタル定メアル時ハ定款ニ依リ業務執行社員ヲ指定スルコトヲ得ルモノトス蓋シ定款ハ會社内外ノ行動ノ準則ヲ定ムルカ故ナリ。

第五十七條　支配人ノ選任及ヒ解任ハ特ニ業務執行社員ヲ定メタルトキト雖モ社員ノ過半數ヲ以テ之ヲ決ス

前條ノ業務執行社員ハ定款ニ別段ノ規定ナキトキハ業務全體ヲ處理スル權利

アルモノナリ支配人ノ選任及ヒ解任モ亦會社内部ノ事務ノ一ナルカ故ニ業務執行社員ハ自由ニ之レカ任免ヲナシ得ルモノト謂ハサルヘカラス然レトモ支配人ハ會社ヲ代表スル權限アルモノニシテ會社事業ノ盛衰ト相關係スルコト密ナリ故ニ業務執行社員ノ利害感情ノ判斷ニ一任スヘキニアラス從テ總社員ノ過半數ヲ以テ決スヘキモノトス。

第五十八條　定款ノ變更其他會社ノ目的ノ範圍内ニ在ラサル行爲ヲ爲スニハ總社員ノ同意アルコトヲ要ス

會社ハ定款ヲ以テ其設立存續ノ基礎トナス故ニ定款所定ノ一事項タリトモ變更又ハ消滅スル時ハ定款ハ效力ヲ失フヘク從テ會社ノ消滅ヲ來タスヤ論ナシ然レトモ本法ハ社會ノ實情ニ鑑ミ定款ノ增減變更アル毎ニ一方ニ於テハ會社ヲ解散セシメ他方ニ於テ會社ヲ經營セントスル者ハ更ニ會社設立ノ行爲ヲ更新セサルヘカラサル煩勞アルコトヲ避ケシメンカ爲メ定款ノ變更ヲ認メ定款ノ變更アルモ尙會社ノ存續ニ影響ナキモノトセリ然レトモ事會社ノ基本行爲ニ關スルカ故ニ一人ノ社員ノ反對アルコトヲモ許サス總社員ノ同意アルコトヲ要ストセリ以上ハ會社ノ目的ノ範圍内ニ於ケル定款ノ變更ナリ本條後段ハ會社ノ目的ノ範

圍外ノ行爲ヲナス場合ニ關スル規定ナリ會社ノ目的ノ範圍外トハ定款違反ノ行爲ヲ爲スヲ謂フニアラス會社ノ目的タル事業ニアラサル行爲例令會社カ贈與ヲ爲スカ如シ斯ル場合ニ於テモ事會社ノ利害ニ關スルカ故ニ總社員ノ同意ヲ得ヘキモノトセリ。

持分讓渡

第五十九條　社員カ他ノ社員ノ承諾ヲ得スシテ其持分ノ全部又ハ一部ヲ他人ニ讓渡シタルトキハ其讓渡ハ之ヲ以テ會社ニ對抗スルコトヲ得ス

會社組織ニアリテハ社員タルヘキ者ハ一方ニ於テハ出資ヲナシテ會社事業ニ參與スルト同時ニ他方ニ於テハ會社事業ノ結果ニヨリ利益カ分配セラレ會社ノ解散退社ノ場合ニハ或ハ殘餘財産ノ分配ヲ受ケ或ハ出資ノ拂戻ヲ受クルノ權利ヲ有ス總稱シテ持分ト謂フ卽チ持分トハ社員ノ資格ニ伴フ會社ニ對スル財産上ノ權利ナリ財産上ノ權利ハ之ヲ處分スル事ヲ認メラル丶ハ私法上ノ原則ナリ故ニ合名會社ノ社員ニアリテモ其持分ヲ處分シ讓渡シ得サルヘカラス然レトモ合名會社ノ中心ハ社員其人ニシテ財産ニアラス人ノ信用才能ニアリ人ノ信用才能ハ其人ヲ離レテ存在スルモノニアラス故ニ他人ヲシテ自己ニ代リ社員タラシムルハ之レ定款ノ變更トナルヲ以テ本條ハ持分ハ之ヲ讓渡スモ會社ニ對抗スルコ

トヲ得ストセリ換言スレハ社員ハ持分ノ全部又ハ一部ヲ讓渡スコト自由ナルモ其讓渡ハ會社ニ對シテ效力ナキモノトス。

第六十條　社員ハ他ノ社員ノ承諾アルニ非サレハ自己又ハ第三者ノ爲メニ會社ノ營業ノ部類ニ屬スル商行爲ヲ爲シ又ハ同種ノ營業ヲ目的トスル他ノ會社ノ無限責任社員ト爲ルコトヲ得ス社員カ前項ノ規定ニ反シテ自己ノ爲メニ商行爲ヲ爲シタルトキハ他ノ社員ハ過半數ノ決議ニ依リ之ヲ以テ會社ノ爲メニ爲シタルモノト看做スコトヲ得

前項ニ定メタル權利ハ他ノ社員ノ一人カ其行爲ヲ知リタル時ヨリ二週間之ヲ行ハサルトキハ消滅ス行爲ノ時ヨリ一年ヲ經過シタルトキ亦同シ

社員ノ競業禁止

會社ト社員トハ各々獨立ノ人格者ナリ從テ營業自由ノ原則ニヨリ社員ハ會社ノ營ム商行爲ヲ行フコト能ハサルニアラス然レトモ若シ絶對ニ之ヲ許スニ於テハ競爭自カラ行ハレ會社ハ營業上ノ利益ヲ損フ恐レアリ故ニ之ヲ禁止スルノ必要ヲ生ス此禁止ハ業務執行權アル社員ニ存スルハ勿論執行權ナキ社員ニモ及フモノトス蓋シ後者ハ定款ニ定メナクンハ民法第六百七十三條ニヨリ會社ノ業務ニ付キ檢査權ヲ有ス此檢査權ニヨリテ會社內部ノ計企ヲ知ルコトヲ得ルカ故ニ若シ競業禁止ヲナサヽルニ於テハ此檢査權ヲ濫用シテ會社ト競爭ヲ開始スルニ至ル危險アルニ依ル而シテ此禁止ハ敢テ自己單獨ニナス場合ニ限ラス第三者ノ

爲メニ爲ス場合ニ於テモ亦然リ既ニ斯ル禁止ヲ負擔スル以上ハ同種營業ヲナス他ノ無限責任社員ト爲ルコトヲ得サルヤ勿論ナリ然レトモ本條ハ强行的規定ニアラサルカ故ニ他社員ノ承諾ヲ受ケタル時ハ此禁止ナキモノトナル若シ他社員ノ同意ナクシテ右ノ禁止ニ反シタル時ハ如何ニスヘキカハ第二項ノ規定ナリ曰ク他社員ノ過半數ヲ以テ其反禁行爲ハ會社ノ爲メニナシタルモノトシ其成果ヲ會社ニ歸セシムルコトヲ得ルモノトセリ反禁行爲ノ成果ヲ會社ニ歸セシムル權利ハ何時マテ行使シ得ヘキカ商ハ敏速ヲ貴フノ格言ニヨリ一種ノ短期期間ヲ定メテ二週間或ハ一ケ年ノ經過ニヨリテ消滅スルモノトセリ。

第三節　會社ノ外部關係

會社ノ外部關係

會社ノ外部關係トハ會社ト第三者トノ關係ヲ謂フ而シテ此外部關係ノ有效ニ存在シ得ルハ會社カ設立ノ登記ヲナシタル後ニ生スルモノトス蓋シ會社ハ定款ノ作成ト共ニ其人格ヲ認メラレ權利能力ヲ有スルニ至ルト雖未タ登記ヲ爲サヽレハ第三者ニ對抗スルコトヲ得サルカ故ニ未タ營業上ノ行爲能力ヲ發揮シテ第三者ト取引ヲナスコトヲ得サルナリ、固ヨリ登記ナシト雖モ第三者カ會社ノ設立

ヲ認メテ之ト取引ヲナス時ハ會社ハ完全ニ外部活動ヲナスコトヲ得ルハ勿論ナリ。

第六十一條　定款又ハ總社員ノ同意ヲ以テ特ニ會社ヲ代表スヘキ社員ヲ定メサルトキハ各社員會社ヲ代表ス

合名會社ハ獨立ノ人格者ナリ故ニ自ラ外部關係ヲ惹起シ得ルコト自然人タル商人ト異ナルナシト云ハサルヘカラス然レトモ會社ハ無形ノ法人ナリ故ニ外部活動ニ付キテハ自然人ニ依ラサルヘカラス然ラハ何人ヲ以テ會社ヲ代表スヘキモノトナスカ本條ハ各社員ヲ以テ會社ヲ代表スヘキモノトセリ是レ法律ノ附與シタル權利ニシテ社員タル以上ハ當然之ヲ有スルモノナリ從テ若シ此代表權ヲ除斥スルコトアラハ即チ例外ナルカ故ニ定款又ハ總社員ノ同意ヲ以テ定メサルヘカラス是レ本條ノ明文ナリ而シテ特定社員ニ代表權ヲ除斥シタル時ハ之ヲ登記セサルヘカラス。

第六十一條ノ二　會社ハ定款又ハ總社員ノ同意ヲ以テ數人ノ社員カ共同シ又ハ社員カ支配人ト共同シテ會社ヲ代表スヘキ旨ヲ定ムルコトヲ得

第三十條ノ二第二項ノ規定ハ前項ノ場合ニ之ヲ準用ス

前條ニ於テハ會社ノ代表權ハ原則トシテ當然各社員ニアルヘキ事ヲ定メ例外

トシテ特定社員ヲ以テ會社ノ代表權ヲ行ハシムルコトヲ認メタリ而シテ本條ハ亦原則ニ對スル例外ニシテ共同代理ニ關スル規定ナリ卽チ會社代表ハ數人ノ社員共同シテ之ヲ行フモノトシ又タ社員ト支配人ト共同シテ行フモノト定ムル事ヲモ許シタリ但シ此場合ニハ定款又ハ總社員ノ決議ノ定ムル時ニ限ル而シテ代表共同ナルモ第三十條二ノ二項ヲ準用シ其一人ニ對スル意思表示ハ他方ノ同意ナクトモ當然會社ニ對シテ其效力ヲ生スルモノトス。

第六十二條　會社ヲ代表スヘキ社員ハ會社ノ營業ニ關スル一切ノ裁判上又ハ裁判外ノ行爲ヲ爲ス權限ヲ有ス

民法第四十四條第一項及ヒ第五十四條ノ規定ハ合名會社ニ之ヲ準用ス

代表社員ノ權限

本條ハ前條ニ示ス代表社員ハ如何ナル權限ヲ有スヘキカヲ定メタリ卽チ社員ノ代表權ハ會社ノ營業ニ關スル一切ノ行爲ニ及フモノトセリ一切ノ行爲トハ裁判上ノ行爲又ハ裁判外ノ行爲是レナリ然レトモ本條ハ强行的規定ニアラサルカ故ニ定款又ハ總社員ノ同意ヲ以テ制限スルコトヲ得ヘシ然レトモ此制限ハ以テ善意ノ第三者ニ對抗スルコトヲ得サルモノトス。

會社代表社員ハ右ノ如キ包括的權限ヲ有ス然ラハ其代表社員ニシテ會社ノ業務ヲ行フニ當リテ第三者ニ損害ヲ及ホシタル時ハ代表社員カ其責任ヲ負擔スヘ

各社員ノ責任

キカ又ハ會社カ之ヲ負擔スヘキカ本條ハ第二項ヲ以テ民法第四十四條第一項ヲ準用シ會社カ之ヲ負擔スヘキモノトセリ蓋シ權限內ノ行爲ハ代表社員カ形式上行フモノトセラルヽモ其實ハ會社カ行フモノナレハナリ元ヨリ權限外ノ行爲ニ付キテハ會社ノ責任ニ歸ス可ラス代表社員ハ自ラ之ヲ負擔スヘキナリ。

第六十三條 會社財產ヲ以テ會社ノ債務ヲ完濟スルコト能ハサルトキハ各社員連帶シテ其辨濟ノ責ニ任ス

本條ハ合名會社ノ特色ヲ規定スルト同時ニ會社ノ債權者ニ對スル關係ヲ明定シタルモノナリ今便宜ノ爲メ本條ヲ分析シテ會社ノ債務ト社員カ會社債務ヲ負擔スル理由及連帶責任ノ三段トナシテ說明スヘシ(一)本條ノ會社債務トハ會社ニ歸屬スル債務ヲ包括シテ謂フモノナリ債權發生ノ原因カ法律行爲ニ因ルト不法行爲ニ因ルトヲ問ハス又一部社員ノ知ルト否トハ問ハサルナリ(二)會社債務ヲ負擔スル理由既述ノ如ク會社ト社員トハ各々獨立ノ人格者ナルカ故ニ何等ノ理由ナクシテ會社債務ヲ社員カ當然ニ負擔スヘキモノニハアラサルナリ然ルニ本條ニ於テ會社社員カ會社債務ヲ負擔ストナシタルハ本條ノ規定其物ニヨリテ社員タル資格ニ伴ハシメタル責任ナリ卽チ會社債務カ社員ニ移轉スルニアラス會社

カ債務ヲ負擔スルノ事實アラハ當然社員ハ連帶責任ヲ負擔スルモノナリ只連帶責任ハ會社債務ノ範圍ヲ以テ限界トセラルヽノミ(三)連帶責任之レ亦既ニ述ヘタル所ニシテ民法第四百三十二條以下ノ規定ニ依リテ定マル所ナリ之ヲ要スルニ會社カ其全財産ヲ以テ債務ヲ完濟シ得サルトキハ玆ニ各社員ノ連帶無限ノ責任カ實現スルモノトス。

第六十四條　設立ノ後會社ニ加入シタル社員ハ其加入前ニ生シタル會社ノ債務ニ付テモ亦責任ヲ負フ

新入社員ノ責任

本條ハ新入社員ノ責任ヲ定メタルモノナリ合名會社社員ノ連帶責任ハ會社債務カ發生シタル當時社員タリシ者ノ負擔スヘキハ當然ノ理ナリ然ルニ本條ニ於テハ會社債務發生後ニ加入シタル社員ハ其加入前ニ生シタル會社債務ニ付キテモ亦連帶責任ヲ負フヘキモノトセリ蓋シ會社カ法人トシテ各社員ヨリ獨立シタル人格ヲ享有スル以上ハ其債務ハ會社自體ニ附着スルカ故ニ新加入社員ト雖加入前ノ債務ニ付キ連帶責任ヲ負フコト怪シムニ足ラス然レトモ此責任タルヤ會社債權者ニ對スル外部關係ニ於テ生スルモノナルカ故ニ會社內部ノ關係トシテハ新入社員ハ入社前ノ債務ニ付キ責任ヲ負擔セスト定ムルモ不當ニアラサルナ

リ。

無限責任社員タルコトヲ信セシメタル者ノ責任

第六十五條　社員ニ非サル者ニ自己ヲ社員ナリト信セシムヘキ行爲アリタルトキハ其者ハ善意ノ第三者ニ對シテ社員ト同一ノ責任ヲ負フ

社員ハ會社債務ニ付キ連帶責任ヲ負擔ス其責任ヲ負フハ社員タル資格ニ伴フモノナリ故ニ社員タル資格ナキ者ニハ此責任ナキハ勿論ナリト謂フヘシ然レトモ社員ニアラサル者ニシテ第三者ヲシテ合名會社ノ社員ナリト信セシムル行爲ヲ爲スコトアリ例之商號ニ自己ノ氏名ヲ記載スルカ如シ斯ル場合ニ於テ第三者カ其人ヲ社員ト信シ會社ト取引ヲナシタルニ豈圖ランヤ社員ニアラストセハ連帶無限ノ責任ヲ負擔セシムルコト能ハス爲メニ第三者ハ損害ヲ蒙ルコトナシトセス茲ニ於テカ本條ハ社員ニアラサル者ニシテ自己ヲ社員ナリト信セシムヘキ行爲アリタルトキハ其者ハ善意ノ第三者ニ對シテ社員ト同一ノ責任ヲ負フモノトシテ連帶無限ノ責任アルコトヲ明言シタリ而シテ本條カ惡意者ヲ除外シタルハ他ナシ惡意者ハ既ニ其者カ社員ニアラサルコトヲ知ルカ故ニ損失ヲ蒙ル恐レナキハ勿論損失ヲ蒙ルコトアリトスルモ之レ惡意者ノ當然豫期スヘキ所ナルカ故ニ敢テ保護スル必要ナキニ由ル。

出資減少

第六十六條　社員ノ出資ノ減少ハ之ヲ以テ會社ノ債權者ニ對抗スルコトヲ得ス但本店ノ所在地ニ於テ其登記ヲ爲シタル後二年間債權者カ之ニ對シテ異議ヲ述ヘサリシトキハ此限ニ在ラス

各社員ハ會社ニ對シテ出資ヲナサヽルヘカラス其出資ノ額ニハ何等ノ制限ナシト雖モ其出資ノ種類ヲ定メ又其價額ヲ定款ニ記載セサルヘカラサルノ結果會社ノ出資總額ハ定款ニ定メラル、モノナリ定款ニ定メラル、カ故ニ之レカ變更ヲ爲スニハ定款ヲ變更スルヲ要ス而シテ會社カ目的ヲ遂行スルニ當リ豫定ノ出資ヲ必要トセサルコトアリ或ハ定款所定ノ出資ヲ減少セシムルノ巳ムナキコトアリ故ニ本條ニ於テハ出資ノ減少ヲ認メタリ然ルニ資金ノ減少ハ定款ノ變更ナリ從テ社員ノ同意ヲ必要トスルハ勿論定款ノ變更ナルカ故ニ自ラ登記事項ノ變更ヲ來タスヘク從テ變更登記ヲ爲サヽルヘカラス只茲ニ注意スヘキハ出資ヲ減少スルモ社員ノ連帶責任ニハ變更ナキコト是レナリ資本ノ減少ハ之ヲ認ムルコト上述ノ如シ然レトモ出資ノ減少ハ時ニ會社ノ債權者ヲ害スルコトナシトセス故ニ本條ニ於テハ出資ノ減少ハ之ヲ以テ會社債權者ニ對抗スルコトヲ得ストセリ蓋シ會社内部ニ於ケル社員ノ意思ニ因リテ債權ノ擔保力ヲ減少セシムル恐レアルニヨル然レトモ有効ニ對抗シ得ル方法ナキニアラス即チ會社債權者ノ同意

ヲ得ルカ又ハ異議アル債權者ニハ辨濟ヲ爲スカ擔保ヲ提供スルカ如シ殊ニ本條末段ニ於テハ債權者カ出資減少ニ付キ異議ヲ主張シ得サル場合ヲ規定セリ他ナシ本店ノ所在地ニ於テ出資減少ノ登記ヲナシタル後二年間異議ヲ述ヘサリシトキ卽チ是ナリ

第六十七條　會社ハ損失ヲ塡補シタル後ニ非サレハ利益ノ配當ヲ爲スコトヲ得ス
前項ノ規定ニ違反シテ配當ヲ爲シタルトキハ會社ノ債權者ハ之ヲ返還セシムルコトヲ得

本條ニ於テ說明スヘキハ第一損失塡補第二利益配當及ヒ第三違法配當ノ效果是レナリ。

第一、損失塡補　トハ合名會社ノ資本出資總額ヲ充實スルヲ謂フ本來合名會社ニハ連帶無限ノ責任社員アルカ故ニ會社ニ損失アリト雖之ヲ塡補スルノ必要ナシト謂フヘシ蓋シ會社債權者ニ於テハ會社カ債務ヲ完濟スルコト能ハサルトキハ社員ニ對シテ請求シ得ルカ故ニ債權ノ擔保力ハ株式會社ノ缺損ノ如クニ薄弱ナルモノニ非サレハナリ然ルニ本條ニ於テ會社ハ其損失ヲ塡補シタル後ニ非サレハ利益配當ヲ爲スコトヲ得スト定メタル所以ハ會社ハ出資ノ總額ヲ營業基金トシテ維持スヘク所謂資本維持ノ原則ハ公益上必要ナレハナリ。

第二、利益配當　會社ニ利益アリ損失アリト謂フハ何ヲ以テ標準トナスヘキカ是レ會社ノ營業年度ニ於ケル貸借對照表ヲ基礎トシテ謂フモノナリ即チ貸借對照表上各社員ノ出資ノ總額ヲ會社財產ノ總額ヨリ控除シテ剩餘アル場合ニ於テ利益アリト謂フモノニシテ若シ反對ニ會社全財產カ社員ノ總出資ニ及ハサルトキハ損失アリト謂フナリ損益ノ區別右ノ如シ而シテ貸借對照表上損失ヲ示ストキハ會社ハ其損失ヲ塡補セサル可ラサルノミナラス資金充實スルニ至ルマテ配當ヲ爲スコトヲ得サルナリ之ニ反シテ利益ヲ示ス場合ニ於テハ各社員ニ配當スルモノトス配當ノ割合ハ定款ニ規定アルトキハ之ニ依リ定款ニ規定ナキトキトキハ民法組合ノ規定ニ依ルヘキモノトス卽チ民法第六百七十四條ニ示ス如ク損益分配ノ割合ヲ定メサルトキハ其割合ハ各社員ノ出資額ニ應シテ定ムヘキモノトス

第三、違法配當　會社ニシテ損失アル時ハ塡補セサルヘカラス塡補後ニ非サレハ配當スルコトヲ得サルモノトス若シ損失ヲ塡補セスシテ表面上利益アリト假裝シテ配當ヲ爲サハ終ニハ會社財產ヲ減少セシメ會社債權者ニ對シテ其擔保力ヲ減少スルニ至ラシム故ニ違法配當ハ會社債權者ニ於テ之ヲ返還セシムルコトヲ得ルモノトセリ故ニ返還セシムルコトヲ得ルニ止マリ止命令規定ニ非サルヲ

以テ會社債權者ハ返還セシムルト否トノ選擇權ヲ有スルモノトス。

第四節　社員ノ退社

合名會社ハ連帶責任ヲ負擔スル社員ヲ以テ其存立ノ要素トナス故ニ社員ノ退社ハ定款ノ變更トナリ定款ノ變更ハ會社解散ノ原因トナル然レトモ社員退社ノ變動アル毎ニ會社ノ解散ヲナスニ於テハ一方ニ於テハ清算ヲナサヽル可ラサルノ結果トナリ他方ニ於テハ會社ヲ繼續セントスル社員ハ更ニ會社設立ノ手續ヲ經由セサル可ラサルノ結果ヲ生シ變動セムトスル社員ノ爲ニ他ノ社員ハ不利益ヲ蒙ルコト大ナルト共ニ會社設立ノ希望ヲ阻害スルニ至ル茲ニ於テカ本法ハ社員ノ退社アルモ會社ノ存續ニ影響ナシトシ或ハ解散ノ事由發生シタル後ニ於テモ他ノ社員カ會社ヲ繼續スルコトヲ許シ或ハ社員一人ノ爲ニ生シタル事由ニ付テハ其社員ヲ除名シテ會社ヲ繼續スルコトヲ許セリ。

第六十八條　定款ヲ以テ會社ノ存立時期ヲ定メサリシトキ又ハ或社員ノ終身間會社ノ存續スヘキコトヲ定メタルトキハ各社員ハ營業年度ノ終ニ於テ退社ヲ爲スコトヲ得但六个月前ニ其豫告ヲ爲スコトヲ要ス

會社ノ存立時期ヲ定メタルト否トヲ問ハス已ムコトヲ得サル事由アルトキハ各社員ハ何時

退社事由ノ一

ニテモ退社ヲ爲スコトヲ得

社員ノ退社ヲ認メタル理由右ノ如シ而シテ社員カ退社シ得可キ場合ハ本法ニ於テ二箇ノ場合ヲ認メタリ即チ社員ノ自由意思ニ基ク退社及ヒ社員ノ意思ニ基カス或事實ノ發生ト共ニ生スル退社是ナリ本條ハ前者ノ場合ヲ規定シタルモノナリ即チ定款ヲ以テ會社ノ存立時期ヲ定メサルトキ又ハ或社員ノ終身間會社ノ存續ス可キコトヲ定メタル場合ニ各社員ハ他社員ノ同意ヲ俟ツコトナク自己單獨ニ退社スルコトヲ得ルモノトセリ蓋シ社員ノ共同事業ヲ爲ス意思ニ變更ナキコトヲ保證シ難シ既ニ變更ノ意思アルニ之ヲ永久拘束スルコトハ不得策ナレハナリ然レトモ此場合ニ社員カ退社スルニハ六ケ月前ニ豫告ヲナシ且營業年度ノ終ニ於テセサル可カラス營業年度ノ終リヲ俟ツ所以ハ一社員ノ退社ノ爲メ臨時精算ヲナサヽル可カラサル煩勞ヲ避ケンカ爲メナリ其豫告ヲ爲スハ退社ニ伴フ善後策ヲ講セシメンカ爲メナリ

然ラハ存續期間ノ定マレル場合ニ社員ハ退社スルコトヲ得サルカ本條第二項ハ會社ノ存續期間ノ定メアル場合ト雖モ退社シ得ル場合ヲ規定セリ即チ已ムコトヲ得サル事由アルトキハ何時ニテモ退社シ得ルモノトセリ已ムコトヲ得サル

ヤ否ヤハ事實問題ナルモ要ハ退社セムト欲スル社員ニ個人的ニ生シタル事ニテ決ス可キモノトス。

第六十九條　前條ニ掲ケタル場合ノ外社員ハ左ノ事由ニ因リテ退社ス

一　定款ニ定メタル事由ノ發生

二　總社員ノ同意

三　死亡

四　破產

五　禁治產

六　除名

退社事由ノ二

本條ハ第二號ノ場合ヲ除キ社員ノ意思ヲ問ハス或ル事實ノ發生ト共ニ當然退社スル場合ナリ今法律カ退社事由トシテ掲クルモノヲ說明スレハ

一定款ニ定メタル事由ノ發生　此事由ハ任意ニ定ムルコトヲ得ルモノニシテ或ハ特定ノ條件ヲ以テ退社ノ原由トシタルトキハ其條件ノ到來ニ因リ又社員タル期限ヲ定メタルトキハ期限ノ滿了ニ因リテ退社スト云フカ如シ。

二社員ノ死亡　株式會社ノ如キ專ラ資本ヲ中心トスル會社ニアリテハ社員タル株主カ死亡スルモ其社員ノ相續人タル者權利ヲ承繼スルヲ原則トス然レトモ合名會社ニアリテハ社員其人ニ著眼スルカ故ニ其社員ニ非サレハ社員

タル資格ヲ充タスコトヲ得ス從テ相續ノ問題ヲ生セス故ニ社員ノ死亡ハ退社ノ原因ナリ。

三總社員ノ同意　總社員ノ同意アルトキハ定款ニ於テ會社ノ存立時期ヲ定メタルト否ト又定款ニ定メタル事由ノ發生以前ニ於テモ退社スルコトヲ得ルモノトス此場合ニ於テハ第六十八條末段ニ於ケル豫告ヲ必要トセス。

四破產　何人モ一度破產セハ其財產上ノ信用ハ失墜スルニ至リ他人ハ之ト取引ヲ爲スコトヲ避クルヲ常トス合名會社ノ社員ハ會社債權ニ付キ無限責任ヲ負擔スルモノナルカ故ニ其財產上ノ信用又厚カラサルヲ得ス然ルニ社員ニシテ破產セハ無限責任ヲ負擔スルノ能力ナキモノトナルカ故ニ法律ハ破產ヲ以テ退社原因トナセルナリ。

五禁治產　合名會社ハ人ニ著眼シテ會社ノ資本ヲ本位トセス而カモ其人タルヤ經濟上ノ信用ノ外才能技倆ヲ基礎トナス從テ若シ社員ニシテ禁治產ノ宣告ヲ受クルニ於テハ最早法律上完全ナル能力アリト云フ可カラス故ニ之ヲ退社ノ原因トス。

六除名　除名トハ社員タル資格ヲ奪フヲ謂フ元來社員タルモノハ會社ノ共同

業務ニ參與スルモノニシテ其者ノ意思ニ反シテ之ヲ除却スルコトヲ得ス故ニ之ヲ除名スルニハ重大ナル理由アラサル可カラス法ハ除名ス可キ場合ニ付テノ原因ヲ定メタリ次條ニ於テ說明ス可シ。

七 持分全部ノ讓渡　本號ハ本條ノ明言スル所ニ非サレトモ既ニ述ヘタル如ク社員カ他ノ社員ノ同意ヲ得テ其持分ヲ他人ニ讓渡シタルトキハ其者ハ社員タル資格ヲ失ヒ其他人ハ社員タル資格ヲ取得ス故ニ持分讓渡ハ退社ノ一場合ナリト謂フ可シ(五九)。

第七十條　社員ノ除名ハ左ノ場合ニ限リ他ノ社員ノ一致ヲ以テ之ヲ爲スコトヲ得但除名シタル社員ニ其旨ヲ通知スルニ非サレハ之ヲ以テ其社員ニ對抗スルコトヲ得ス

一　社員カ出資ヲ爲スコト能ハサルトキ又ハ催告ヲ受ケタル後相當ノ期間內ニ出資ヲ爲ササルトキ

二　社員カ第六十條第一項ノ規定ニ違反シタルトキ

三　社員カ會社ノ業務ヲ執行シ又ハ會社ヲ代表スルニ當タリ會社ニ對シテ不正ノ行爲ヲ爲シタルトキ

四　社員カ會社ノ業務ヲ執行スル權利ヲ有セサル場合ニ於テ其業務ノ執行ニ干與シタルトキ

五　其他社員カ重要ナル義務ヲ盡ササルトキ

除名ノ原因

除名カ退社ノ一場合ナルコト前條ニ於テ説明シタルカ如シ然レトモ除名ハ會社設立ノ本旨タル社員權ヲ奪フモノナルカ故ニ妄リニ之ヲ許スヘカラス玆ニ於テカ本條ニ於テ除名ノ原因ト方法トヲ規定セリ。

第一除名ノ原因

社員ハ會社ニ對シテ出資ヲ爲ス可キ義務アリ然ルニ出資ヲナサヽルニ於テハ會社設立ノ本旨ニ反スル故ニ出資不履行ヲ以テ除名ノ一原因トセリ例令ハ出資ノ目的タル特定物カ消滅シタル場合ノ如シ(一號)社員ハ會社營業ノ部類ニ屬スル業務ヲ自己ノ爲メ又ハ第三者ノ爲メニ行ハサル競業禁止ノ義務ヲ負擔ス然ルニ之ニ反スルハ會社ヲ不利ニ置クモノナリ故ニ之レ亦除名ノ一原因トハナセリ(二號)社員ハ定款ノ定ナクンハ民法組合ノ規定ニ依リテ善良ナル管理者ノ注意ヲ以テ業務ヲ執行シ又ハ代表セサル可カラス然ルニ之レニ反シテ會社ノ金錢ヲ私消スルカ如キ不正ノ行爲ヲ爲スハ會社設立ノ本旨ニ反ス故ニ之レ亦除名ノ一原因トス(三號)會社カ業務執行社員又ハ代表社員ニ限定シタル場合ニ於テハ此等ノ社員ハ會社ノ業務ニ付キ何等ノ規定ナキトキハ一切ノ權限ヲ有スルモノニシテ他社員ノ干渉ヲ容ルヽヲ許サヽルナリ然ルニ執行社員代表社員ニ對シテ其以外ノ

社員カ干渉スルハ右ノ權限行使ヲ防害スルモノナリ執行社員代表社員ノ權限ハ會社ノ權限ナルカ故ニ會社ノ業務ヲ防害スルモノナルヤ明ラカナリ從テ之レ亦除名ノ一原因トナスナリ(四號)其他社員カ重要ナル義務卽チ社員ノ財産目錄貸借對照表ヲ作ルコトヲ怠リ又ハ業務ヲ執行セサル場合ニ於テモ亦除名ノ原因トナル。

第二、除名ノ方法

法定ノ除名ノ原因既ニ此ノ如シ然レトモ各社員ハ元來會社業務ニ參與スルモノナルカ故ニ之ヲ除名スルハ又會社設立ノ本旨ニ反ス可キモノナリ從ッテ單純ニ之ヲ許ス可キモノニアラヌ此ニ於テ法律ハ他ノ社員ノ同意ヲ以テス可キモノトシ其除名シタル旨ヲ其社員ニ通知ス可キモノトセリ(七〇ノ一)而シテ除名ノ効力ハ他ノ社員ノ決議ノ時ニ發生スルモノニアラスシテ除名セラル可キ社員ニ通知シタルトキニアリ通知ハ一方的ノ意思表示ナルカ故ニ對話者ノ場合ニハ卽時ニ隔地ノ場合ニハ民法第九十七條ニ依リテ相手方ニ到達シタルトキニ其効力ヲ發生ス故ニ隔地者ノトキハ除名ノ決議アルモ通知カ到達スル迄ハ尙社員タル資格ヲ失フコトナシ。

持分ノ拂戻

第七十一條　退社員ハ勞務又ハ信用ヲ以テ出資ノ目的ト爲シタルトキト雖モ其持分ノ拂戻ヲ受クルコトヲ得但定款ニ別段ノ定アルトキハ此限ニ在ラス

社員カ退社スレハ會社ハ社員權ト離ル可カラサル持分ノ拂戻ヲ爲サヽル可カラス持分拂戻ノ清算ハ退社ノ効力發生ノ時ヲ以テスヘク豫告退社ノトキハ營業年度ノ終リヲ以テシ除名ノトキハ通知ノ効力發生ノトキ裁判上ノ除名ハ裁判確定ノ日卽チ上訴故障ノ途ナキニ至リタルトキヲ以テス可シ持分ヲ算出スルニハ財産目錄、貸借對照表ニ依リテス可シ右目錄ニ依リテ會社財産ノ貸方ヲ示ストキハ退社員ノ持分ヲ拂渡スト共ニ持分ニ應スル利益ヲ配當セサル可カラス若シ借方ヲ示ストキハ持分ノ全部ヲ拂戻サヽル退社員カ會社ニ對シテ負擔スル分擔額ヲ控除シテ拂戻サヽル可カラス但シ注意ス可キモノ二アリ(一)ハ持分ノ拂戻シハ退社員ノ出資ノ種類如何ヲ問ハス金錢ヲ以テスルコトヲ得ル之レナリ(民六一八)(二)ハ出資ノ價額ヲ實價以下ニ見積リテ對照表ニ記載スルコトハ會社ノ擔保力ヲ大ナラシムルノ理由ニ由リテ公認セラル卽チ百圓ノ價額アルモノヲ拾圓トシテ出資ヲ見積ルモ亦可ナリ此場合ニ於テ拂戻ハ對照表ニ依リテ拂戻スモノトセハ金拾圓ヲ拂戻スコトヲ得可キカ如シ然レトモ斯ル場合ハ其實價ニ由リテ金百圓ヲ拂

戻サヽル可カラサルコト之レナリ以上ハ退社員ノ持分拂戻ノ通則ナリ然ルニ社員中ニハ勞務又ハ信用ヲ以テ出資ノ目的ト爲スコトアリ此等ノ場合ニ於テハ豫メ定款ニ評價シ置ク可キモノナルカ故ニ其持分モ特定シ居ルモノトス從テ其持分ニ應スル拂戻ヲ爲サヽル可カラス然レトモ定款ニ於テ斯ル出資者ニハ拂戻ヲ爲サヽル旨ヲ定ムルコトヲ妨ケス。

第七十二條　會社ノ商號中ニ退社員ノ氏又ハ氏名ヲ用ヰタルトキハ退社員ハ其氏又ハ氏名ノ使用ヲ止ムヘキコトヲ請求スルコトヲ得

退社事由ノ發生ト共ニ社員ハ會社ヲ脱退ス故ニ社員タル資格ニ伴フ連帶責任モ消滅ス可キヲ通則トス然レトモ實際社員カ退社スト雖モ若シ會社ノ商號中ニ自己ノ氏又ハ氏名ヲ掲ケテ抹消セシメサルトキハ之レカ亂用セラルヽ恐レアルノミナラス時トシテハ社員ニ非スシテ社員タル可キ行爲アリトノ故ヲ以テ無限責任ヲ負ハサル可カラサルコトナシトセス故ニ之カ使用ヲ止ムルノコトヲ得セシメタリ(六五)

第七十三條　退社員ハ本店ノ所在地ニ於テ退社ノ登記ヲ爲ス前ニ生シタル會社ノ債務ニ付キ責任ヲ負フ此責任ハ其登記後二年ヲ經過シタルトキハ消滅ス前項ノ規定ハ他ノ社員ノ承諾ヲ得テ持分ヲ讓渡シタル社員ニ之ヲ準用ス

退社員ノ責任

本條ハ第一退社員カ其退社ヲ第三者ニ對抗スルノ要件第二退社員ノ第三者ニ對スル責任ヲ定メタリ。

第一 退社ヲ第三者ニ對抗スル要件 退社ノ原因一度確定セハ社員ハ當然社員權ヲ喪失ス然レトモ之レ會社ノ內部關係ニシテ第三者ニ於テ之ヲ知ラサルコトナシトセス從テ之ニ因リ不慮ノ損害ヲ來タスヘキニヨリ法律ハ退社員ヲシテ會社本店ノ所在地ニ於テ登記ヲ爲ス可キモノトセリ而シテ社員ノ變動ハ登記事項ノ變更ナルカ故ニ其時ヨリ二週間內ニ登記ヲ爲サヽル可カラス(三五)

第二 退社員ノ第三者ニ對スル責任 社員カ退社ト共ニ會社トノ關係ハ脫離スルヲ以テ會社債務ニ付キテ當然退社員カ責任ナキニ至ルヘキモ斯クテハ無限責任社員タリシ資格ニ適ハス且會社債權者ヲ保護スル所以ニアラサルヲ以テ退社登記前ニ生シタル會社債務ニ付キテ尙其責任ヲ免ルヽコトヲ得サルモノトセリ只其責任ハ本店ニ於テ登記シタル後二ヶ年ノ經過ニヨリテ消滅ス可キモノトス蓋シ殘存社員ト同シク永遠ニ其責任ヲ負擔セシムルハ酷ナレハナリ

第五節 會社ノ解散

人ニ出生、生存、死亡ノ三期アルカ如ク會社ニモ其設立、存續、解散ノ三期アリ而シテ既ニ會社ノ設立存續ノ二期ニ關スル說明ハ終レリ以下會社ノ死亡ト見ルヘキ解散ヲ說明スヘシ會社ノ解散トハ會社タル人格ノ消滅スルヲ謂フ人格消滅セハ權利能力、行爲能力ヲ失フ從テ解散當時マテ存在セシ會社ノ權利義務モ亦消滅スルニ至ルカ故會社解散後ニ於ケル會社ノ權利義務ハ當然存在スヘカラス以上ハ會社解散ノ理論上ノ概說ナリトス然ルニ本法ニ於テハ會社ハ解散スルト雖モ其人格ハ絕對ニ消滅スルモノニアラス唯會社トシテ其營業上ノ存在ヲ失フモノトナセリ之レ即チ清算法人ノ認メラルヽ所以ナリ清算法人ニ付キテハ會社ノ清算ノ部ニ於テ說明スヘシ。

第七十四條　會社ハ左ノ事由ニ因リテ解散ス

一　存立時期ノ滿了其他定款ニ定メタル事由ノ發生

二　會社ノ目的タル事業ノ成功又ハ其成功ノ不能

三　總社員ノ同意

四　會社ノ合併

五　社員カ一人ト爲リタルコト

六　會社ノ破產

七　裁判所ノ命令

解散事由

本條ハ如何ナル事由ニ因リテ會社ハ解散スルニ至ルヘキカヲ規定セリ。

一、存立時期ノ滿了其他定款ニ定メタル事由ノ發生　本號ハ專ラ定款ニ定メタル事由ノ發生ニヨリテ解散ノ原因トナスモノナリ存立時期ヲ定メタルトキハ其滿了ニ依リ存立ニ條件ヲ付シタルトキハ條件ノ成就ニヨリ解散スト爲スカ如シ。

二、目的ノ成功又ハ其成功ノ不能　會社設立ノ目的カ事業ノ成功ニ在ルトキニハ其豫期シタル目的カ成功シタルトキ又ハ法令ノ改正ニヨリ從來自由營業トセラレタルモノカ官業トセラレタル場合或ハ公課ノ負擔大トナリ終始相償ハサルニ至リタル等成功ノ不能トナリタルトキハ最早會社ヲ存續セシムヘキ理由ナキカ故ニ解散セシムヘキハ當然ナリ。

三、總社員ノ同意　會社ノ設立セラルヽヤ共同事業ニ參與スルノ合意ヲ以テ前提トナス然ルニ此合意ニシテ變更スルニ於テハ亦解散セシムヘキハ勿論ナリ只總社員ノ同意ハ直チニ解散スルノ目的ヲ以テセサルヘカラス。

四、會社ノ合併　會社ノ合併ニハ二種アリ一ハ會社カ他會社ニ吸收セラルヽ場合ニシテ他ハ二會社カ新ナル會社ヲ設立スル場合ナリ右孰レノ場合ニアリ

テモ合併ハ一方ニ會社ノ解散ヲ伴フモノナリ故ニ合併ヲ以テ會社解散ノ一事由トナスナリ。

五、社員カ一人トナリタル時　會社ハ營利社團ナリ會社ハ社團ナルカ故ニ二人以上ノ社員アルコトヲ要スルヤ蓋シ疑ナシ又會社ハ營利ヲ目的トナス營業ノ結果損失アルトキハ或社員ハ之ヲ負擔セストスルハ認容セラルヽモ利益アラハ之カ分配ハ必スナサヽルヘカラス二人以上ノ存立ト利益分配トハ會社存立ノ本旨ナリ然ルニ社員カ一人ニ減少シタル時ハ最早共同行爲ニ參與シ其成果ノ分配ヲ受ク可キ基礎ヲ失フニ至ルカ故ニ會社解散ノ原因トナルナリ。

六、會社ノ破產　會社カ其債務ヲ完濟スルコト能ハサルニ至リタルトキハ之ヲ破產者トシテ會社債權者ノ爲メ公平ナル財產處分ヲナサシムル必要アリ破產ノ宣告ハ法律ノ命令スル所ニシテ破產宣告一度確定セハ會社ハ破產財團トナリ營業上ノ團體タル性質ヲ失フモノナルカ故ニ破產ハ會社ノ解散ヲ來スヘキコト固ヨリ論ヲ俟タス。

七、裁判所ノ命令　裁判所ノ命令カ解散ノ事由トナルハ第四十七條ニ示スカ如

ク會社カ設立登記後六ケ月内ニ開業ヲナサヽルトキ又ハ第四十八條會社カ公序良俗ニ反シタル行爲ヲ爲シタルトキニ存ス而シテ解散ノ始期ハ裁判所ノ命令カ送達セラレタルトキニアリ故ニ會社ニ同意解散ト裁判所ノ命令ニ依ル解散ト競合シタルトキハ孰レヲ以テ解散シタルモノトス可キカハ專ラ時ノ前後ニ因リテ決スヘキモノトス故ニ裁判所ノ解散命令到達前ニ同意解散ノ事由生スレハ其以前ニ解散命令ハ發セラレタリト雖モ同意解散ヲ以テ會社ノ解散アリトナスカ如シ。

第七十五條　前條第一號ノ場合ニ於テハ社員ノ全部又ハ一部ノ同意ヲ以テ會社ヲ繼續スルコトヲ得但同意ヲ爲ササリシ社員ハ退社ヲ爲シタルモノト看做ス

前條第一號存立時期ノ滿了其他定款ニ定メタル事由ノ發生ニヨリテ會社カ解散セサルヘカラサル場合ニ於テ若シ社員ノ全部又ハ一部ニテ會社ノ存立時期ヲ延長スルカ又ハ永久ニ會社ヲ繼續スルノ意思アルトキハ會社ヲ解散セスシテ依然從來ノ如ク之ヲ繼續スルコトヲ得ルモノトセリ蓋シ會社ハ法律上右ノ事由ニヨリ解散スルカ故ニ尙存續セシメントスル意思アリト雖モ更ニ設立行爲ヲ爲サヽルヘカラサルヤ當然ナリ然レトモ斯ル手續ヲ爲スハ無益ナリトセラルヽニ依

ル、只社員中ニハ會社ノ存續ニ付キ反對ノ意思ナキコトヲ保證シ難シ一部社員ノ反對ニヨリ會社存續ノ目的ヲ達シ得サラシムルハ實益ニ反ス茲ニ於テカ斯ル社員ハ退社シタルモノトシテ其持分ヲ拂戻シ社員タル資格ヲ失ハシムルヲ以テ正當トス是レ本條ノ設ケアル所以ナリ。

解散登記

第七十六條　會社カ解散シタルトキハ合併及ヒ破産ノ場合ヲ除ク外二週間內ニ本店及ヒ支店ノ所在地ニ於テ其登記ヲ爲スコトヲ要ス

會社ノ解散ハ其事由ノ發生ト共ニ其效力ヲ生スルモノニシテ登記ニヨリテ效力ヲ生スルモノニハアラサルナリ登記ハ只第三者ニ對抗スル爲メニ存ス登記期間ハ解散事由ノ確定シタル時ヨリ二週間內トス合併破産ヲ除外シタルハ特別手續ヲ要スルモノナレハナリ。

合併方法

第七十七條　會社ノ合併ハ總社員ノ同意ヲ以テ爲スコトヲ得

合併ノ意味ハ既ニ會社總則篇ニ於テ說明シタリ本條ニテハ如何ナル方法ヲ以テ會社ノ合併ヲ行フヘキヤヲ明定シタリ卽チ合併ハ總社員ノ同意ヲ以テ爲スヘキモノトセリ。

第七十八條　會社カ合併ノ決議ヲ爲シタルトキハ其決議ノ日ヨリ二週間內ニ財産目錄及ヒ貸借對照表ヲ作ルコトヲ要ス

會社ハ前項ノ期間內ニ其債權者ニ對シ異議アラハ一定ノ期間內ニ之ヲ述フヘキ旨ヲ公告シ且知レタル債權者ニハ各別ニ之ヲ催告スルコトヲ要ス但其期間ハ二ケ月ヲ下ルコトヲ得ス

本條ハ合併手續ヲ規定シタルモノナリ第一項ニ於テハ合併ハ被合併會社ノ財產カ包括一團ノモノトシテ吸收又ハ新立會社ニ移轉スルモノナレトモ之カ計算ヲ明確ナラシムルカ爲メ財產目錄、貸借對照表ヲ作成スヘキコトヲ命シ第二項ニ於テハ會社債權者ニ異議ノ申立テ並ニ其期間ヲ定メタリ異議申立テノ催告ハ知レタル債權者ニハ各別ニ通知スルコトヲ要シ知レサル債權者ニハ二ケ月以上ノ期間ヲ以テ會社合併ヲ公告セサルヘカラス而シテ異議申出テヲ認メタル理由ハ會社債權者ハ會社ノ財產ヲ信用シテ取引ヲナシタルニ社員等ノ任意ニヨリテ會社財產ヲ處分セシムルニ於テハ會社債權者ハ意外ノ損失ヲ蒙ル恐レアルカ故ニ之ヲ防カントスル精神ヨリ出ツ。

合併ニ對スル債權者ノ異議

第七十九條　債權者カ前條第二項ノ期間內ニ會社ノ合併ニ對シテ異議ヲ述ヘサリシトキハ之ヲ承認シタルモノト看做ス

債權者カ異議ヲ述ヘタルトキハ會社ハ之ニ辨濟ヲ爲シ又ハ相當ノ擔保ヲ供スルニ非サレハ合併ヲ爲スコトヲ得ス

前項ノ規定ニ反シテ合併ヲ爲シタルトキハ之ヲ以テ異議ヲ述ヘタル債權者ニ對抗スルコトヲ得ス

本條ハ會社合併ニ付キ前條第二項ノ期間内ニ會社債權者ヨリ異議申出ノ有無ニ付キテノ效果ヲ規定シタルモノナリ若シ右期間内ニ異議ヲ申出テサルトキハ其債權者ハ會社ノ合併ヲ承認シタルモノトセラル蓋シ二ケ月以上ノ期間内ニ異議ヲ述ヘサル債權者ハ自己ノ權利保全ニ怠慢アルコトヲ示スノミナラス債權者ノ異議申出テ迄合併スルコトヲ得サルモノトセハ會社ノ不利益甚大ナリト謂フヘシ且債權者ハ會社ノ合併ニヨリ吸收又ハ新立會社ノ債權者トナルカ故ニ敢テ其權利カ無視セラルヽニアラス故ニ本項ノ規定アルナリ。

右ニ反シテ會社債權者カ右期間内ニ異議ヲ申出テタルトキハ會社ハ之ニ辨濟スルカ又ハ相當ノ擔保ヲ供シテ債權者ヲ滿足セシメサルヘカラス蓋シ此異議申出ノ精神ハ債權ノ確保ヲ得セシメンカ爲メナレハナリ。

若シ異議ヲ述ヘタルニモ拘ラス會社カ其債權者ニ辨濟ヲナシ又ハ相當ノ擔保ヲ提供セスシテ合併ヲナシタルトキハ其債權者ニ對シテハ會社ノ合併ハ效力ナキモノトス從テ債權者ハ被合併會社固有ノ財産ニ對シテ權利ヲ行フコトヲ得。

第八十條　會社カ第七十八條第二項ニ定メタル公告ヲ爲サスシテ合併ヲ爲シタルトキハ其合併ハ之ヲ以テ其債權者ニ對抗スルコトヲ得ス

會社カ知レタル債權者ニ催告ヲ爲サスシテ合併ヲ爲シタルトキハ其合併ハ之ヲ以テ其催告ヲ受ケサリシ債權者ニ對抗スルコトヲ得ス

本條ハ會社カ其債權者ニ對シ第七十九條第三項ニ示ス公告並ニ通知ヲ爲スヘキニ此手續ヲ爲サスシテ合併ヲ實行シタル場合ニ於ケル效果ヲ規定セリ第一項ハ知レサル會社債權者ニ對スル異議申出テノ公示方法ヲ缺キタル場合ニシテ第二項ハ知レタル會社債權者ニ異議申出テノ通知ヲナサヽル場合ナリ右孰レノ場合ニ於テモ會社ノ合併ハ會社債權者ニ對シ對抗力ナシトス從テ此等ノ債權者ハ被合併會社固有ノ財產ニ對シテ其權利ヲ行フヲ得ヘキコト前條第三項ノ場合ト同樣ナリ。

合併ニ伴フ登記

第八十一條　會社カ合併ヲ爲シタルトキハ二週間內ニ本店及ヒ支店ノ所在地ニ於テ合併後存續スル會社ニ付テハ變更ノ登記ヲ爲シ合併ニ因リテ消滅シタル會社ニ付テハ解散ノ登記ヲ爲シ合併ニ因リテ設立シタル會社ニ付テハ第五十一條第一項ニ定メタル登記ヲ爲スコトヲ要ス

本條ハ合併ニ伴フ登記ヲ規定ス其手續ハ會社合併ノ日ヨリ二週間內ニ本店支店ノ所在地ニ於テ合併後存續スル會社卽チ吸收會社ニ付キテハ定款並ニ登記事項ノ變更ヲ來スカ故ニ變更登記ヲ爲シ合併ニヨリ消滅シタル會社ニ付キテハ解

散ノ登記ヲ爲シ合併ニヨリ設立シタル會社卽チ新立會社ニ付キテハ第五十一條ニ定メタル會社設立ノ登記ヲナサヽルヘカラス然ラスンハ其設立、解散、變更事項ハ共ニ第三者ニ對シテ効力ナキコト商事會社一般ノ通則ナリ。

第八十二條　合併後存續スル會社又ハ合併ニ因リテ設立シタル會社ハ合併ニ因リテ消滅シタル會社ノ權利義務ヲ承繼ス

合併ノ効力

本條ハ會社合併ノ効果ヲ定メタルモノナリトス既ニ述ヘタルカ如ク會社ノ合併ハ清算行爲ヲ爲サスシテ會社財産ヲ包括一團ノモノトシテ移轉スル効力ヲ生スルモノナリ故ニ本條ニ於テモ消滅會社ノ權利義務ヲ承繼スト規定セリ承繼ストハ從來消滅會社ニ存在セシ權利義務ヲ其儘吸收會社又ハ新立會社ニ於テ受繼スルヲ意味シ清算行爲ノ伴ハサルヲ表明スル文字ナリ。

第八十三條　已ムコトヲ得サル事由アルトキハ各社員ハ會社ノ解散ヲ裁判所ニ請求スルコトヲ得但裁判所ハ社員ノ請求ニ因リ會社ノ解散ニ代ヘテ或社員ヲ除名スルコトヲ得

社員個人ノ解散請求權

本條ハ會社々員ノ解散請求權ヲ認メタル規定ナリ元來合名會社ニ於テハ社員ノ退社、社員除名ノ方法アルカ故ニ社員個人ニシテ會社存續ニ付キ其意他社員ト相合ハサルトキハ宜シク退社スヘク解散請求ヲ認ムル餘地ナシト謂ハサル可ラス然レトモ退社ト解散トハ別個ノ觀念ナリ前者ハ社員個人ニ生シタル事由ニ因

リテ決スヘキモノニシテ後者ハ會社全體ニ關係アル事由ニヨリテ生ス故ニ會社全體ニ關係スル事由ノ生シタルトキハ會社ノ分子タル社員個人ヲシテ解散請求ノ權利アルコトヲ認メサルヘカラス故ニ本條前段ノ規定アル所以ナリ已ムコトヲ得サルトハ會社全體ニ關スル事由ト解スヘク社員個人ニ生シタル事由ト解ス可ラス而カモ社員ノ解散請求ハ裁判所ヲシテ判斷セシメサルヘカラス蓋シ社員個人ノ利益ノ爲メ會社ヲ解散セサル可ラサル弊害アルカ故ナリ一度ヒ社員個人カ解散請求ヲ爲スモ若シ裁判所ニ於テ審理ノ結果解散事由ナシトスルトキハ裁判所ハ他ノ社員ノ請求ニヨリ解散請求社員ヲ除名シテ會社ヲ存續セシムルコトヲ得ヘキモノトセリ蓋シ會社存立ト相反スル社員ヲ排除セスンハ會社ノ存續不可能ナルニ依ル。

組織變更

第八十三條ノ二　合名會社ハ總社員ノ同意ヲ以テ其組織ヲ變更シテ之ヲ合資會社ト爲スコトヲ得

第七十八條及ヒ第七十九條第一項、第二項ノ規定ハ前項ノ場合ニ之ヲ準用ス

本條ハ合名會社ノ組織變更ヲ認メタル規定ナリ舊商法ハ會社ノ組織變更ハ一般ニ之ヲ許サスシテ單ニ株式合資會社カ株式會社トナル外一二ノ場合ヲ認メタルノミ（商施四〇）然レトモ改正法律ハ獨リ之ニ止マラス本條ヲ以テ合名會社ニモ之ヲ

認メタリ會社ノ組織變更トハ會社カ法人トシテ權利ヲ得義務ヲ負フコトニハ變化ナシト雖其内部ヲ構成スル要素ヲ變更スルヲ謂フ例令合名會社ハ連帶無限責任社員ヲ以テ其成立ノ要素トナスニ爾後或社員ヲ有限責任社員トナシ以テ合資會社ニ變更スルカ如キ是ナリ斯ノ如キ組織變更ハ純理ヨリ論スレハ會社ノ存在ニ影響アルモノト謂ハサルヘカラス然レトモ之レ徒ラニ煩雜ナル手續ヲ要スルニ過キスシテ實益ナキニヨリ本法ハ會社ノ存在ニ影響ヲ來タサヽルモノトナシ只總社員ノ同意ニテ組織ヲ變更シ得ルモノトナセリ。

合名會社ヲ變更シテ合資會社ヲ組織スルハ社員ノ責任ニ變動ヲ生スルモノナルカ故ニ會社ノ債權者ヲ害スルコトナシトセス故ニ第七十八條、第七十九條ノ手續ヲ此場合ニ準用スヘキ必要アリ。

第八十三條ノ三　前條ノ場合ニ於テ會社ハ組織變更ニ付キ債權者ノ承認ヲ得又ハ第七十九條第二項ニ定メタル義務ヲ履行シタル後二週間内ニ其本店及ヒ支店ノ所在地ニ於テ合名會社ニ付テハ解散ノ登記ヲ爲シ合資會社ニ付テハ第百七條ニ定メタル登記ヲ爲スコトヲ要ス

前條ノ手續ヲナシテ會社債權者ヲ滿足セシメタルトキハ二週間内ニ合名會社ニ付キテハ解散ノ登記ヲ爲シ合資會社ニ付キテハ第百七條ノ登記ヲ爲サヽルヘカラス第百七條ハ當該本條ニテ説明スヘシ。

第八十三條ノ四　合名會社ハ總社員ノ同意ヲ以テ有限責任社員ヲ加入セシメ之ヲ合資會社ト爲スコトヲ得此場合ニ於テハ合資會社ト爲リタル時ヨリ二週間内ニ前條ニ定メタル登記ヲ爲スコトヲ要ス

第八十三條ノ二ハ合名會社社員ノ一部カ有限責任社員トナリテ合資會社ヲ組織スル場合ナルニ反シ本條ハ從來ノ合名會社社員以外ニ新タナル有限責任社員ヲ入レテ會社ノ組織ヲ變更シ合資會社ト爲スモ亦可能ナルコトヲ認メタルナリ只本條ノ場合ニ於テハ合名會社ノ社員タリシ者ニ變化ナキカ故ニ第八十三條ノ二ニ於ケルカ如キ手續ヲ必要トセス單ニ合資會社トナリタル時ヨリ二週間内ニ一方ニ於テハ合名會社解散ノ登記ヲ爲シ他方ニ於テハ合資會社設立ノ登記ヲナセハ即チ足ル（非手一八四ノ四）。

第六節　清算

會社カ解散スレハ清算ヲ爲サヽルヘカラス蓋シ解散ハ會社トシテ其營業上存在ヲ失フモノナリト雖モ解散前ニ生シタル幾多ノ權利義務及ヒ會社ノ財産アルカ故ニ此等會社ノ後始末ヲ爲ス必要アルニ由ル清算ニハ任意清算ト法定ノ清算トアリ前者ハ定款又ハ社員ノ同意ヲ以テ會社ノ殘務及ヒ財産ヲ自由ニ處分スル

ヲ謂ヒ後者ハ法律ノ規定ニ準據シ會社ノ殘務及ヒ財産ノ處分ヲ行フヲ謂フ合名會社ノ清算ニハ孰レノ清算方法ニ依ラサルヘカラサルカ逐次説明スヘシ。

清算法人

第八十四條　會社ハ解散後ト雖モ清算ノ目的ノ範圍内ニ於テハ尙ホ存續スルモノト看做ス

本條ハ所謂清算法人ヲ認メタル規定ナリ本來會社ハ解散事由ノ發生ト共ニ其人格消滅ス人格消滅スルカ故ニ人格ニ伴フ權利義務モ亦當然消滅ニ歸スヘキヤ論ヲ俟タス然レトモ若シ人格消滅シ從テ幾多ノ權利義務ノ關係ヲ消滅ストセハ會社債權者ハ不當ニ其權利ヲ害セラレ會社債務者ハ不當ノ利得ヲ受ケ會社財産ハ其歸屬者ヲ定ムルコトヲ得サル不條理ナル結果ヲ生セシム玆ニ於テカ此等ノ始末ヲ爲サシムルカ爲メ會社ハ解散スト雖尙其人格アリトスル必要ヲ生ス本條カ清算ノ目的ノ範圍内ニテ尙會社ハ存續ストナスコト蓋シ之カ爲メナリ然レトモ人格存續ノ範圍ハ清算ノ目的ニ限定セラルルカ故ニ會社ハ從前ノ如ク營業ヲ爲スコトヲ得サルヤ明カナリ故ニ存續會社ニハ營業ヲ前提トスル合名會社ノ規定ハ其適用ヲ見サルニ至リ會社ノ代表社員、業務執行社員ノ必要消滅シ社員ハ專ラ財産上ニ付キ權利ヲ行使シ義務ヲ負擔スルニ至ルナリ。

第八十五條　解散ノ場合ニ於ケル會社財産ノ處分方法ハ定款又ハ總社員ノ同意ヲ以テ之ヲ定

ムルコトヲ得此場合ニ於テハ解散ノ日ヨリ二週間内ニ財産目錄及ヒ貸借對照表ヲ作ルコトヲ要ス

第七十八條第二項、第七十九條及ヒ第八十條ノ規定ハ前項ノ場合ニ之ヲ準用ス

任意清算

清算ヲ爲スニ任意ノモノト法定ノモノトアルコトハ既ニ述ヘタルカ如シ本條ハ任意清算ノ合名會社ニ認メラルヽコトヲ規定シ任意清算ヲ爲スニハ財産ノ狀況ヲ明確ニシ會社ノ損益並ニ之カ分擔ヲ紛雜ナラシメタルカ爲メ解散ノ日ヨリ二週間內ニ財產目錄、貸借對照表ヲ作成スヘキモノトセリ。

合名會社ノ淸算ニハ任意處分ヲ認メラルヽモ其處分ノ如何ニヨリテハ會社債權者ノ利益ヲ害スルコトナシトセス玆ニ於テカ解散ノ日ヨリ二週間内ニ會社債權者ニ對シテ一定ノ期間内ニ右會社財產ノ自由處分ニ付キ異議アラハ述フヘキコトノ公告通知ヲナシ異議アル者ニハ辨濟又ハ擔保ヲ供セサルヘカラス若シ此手續ヲ缺クトキハ右ノ清算ハ會社債權者ニ對シテ効力ナキモノトス是レ第二項ノ規定スル所ナリ。

法定清算

第八十六條　前條ノ規定ニ依リテ會社財產ノ處分方法ヲ定メサリシトキハ合併及ヒ破產ノ場合ヲ除ク外後十五條ノ規定ニ從ヒテ清算ヲ爲スコトヲ要ス

定款又ハ總社員ノ同意ヲ以テ會社財產ノ任意處分方法ヲ定メサルトキハ其處

清算人

分方法ハ次條以下十五條ノ法定清算ヲ爲スヘキモノトセリ而シテ本條カ合併破產ノ場合ヲ除外シタルハ各々特別手續ニ依ラシムル爲メナリトス。

第八十七條　清算ハ總社員又ハ其選任シタル者ニ於テ之ヲ爲ス
清算人ノ選任ハ社員ノ過半數ヲ以テ之ヲ決ス

清算ヲ爲スニハ會社財產ノ狀況ニ精通シ迅速ニ之ヲ行フコトヲ必要ト而シテス之カ適任者ハ社員ナリ故ニ本條前段ニ於テ總社員カ清算人タルヘキコトヲ明言シタリ總社員カ清算人トナルハ法律ノ附與シタル權利ナルト共ニ義務ナリ故ニ之ヲ拋棄辭任スルコトヲ得サルモノトス。

若シ會社財產ノ狀況ニ精通スルト雖モ迅速ニ清算ヲ行フ能力ナキカ又ハ其他ノ理由ニヨリ總社員カ清算人タルコト能ハサルコトアリ此等ノ場合ニ於テハ特定ノ人ヲ選任シテ清算ヲ爲サシムル必要アリ故ニ本條後段ニ於テ選任清算人ヲ認タリ選任セラルヘキ人ニハ制限ナキカ故ニ社員タルト第三者タルトハ問フ所ニアラス只誠實且迅速ニ殘務ヲ處理スル能力アルヲ以テ足ル（非手三八）而シテ清算人ヲ選任スルニハ社員ノ過半數ニテ決スヘク過半數ヲ得サルトキハ總社員清算人タル可シ。

第八十八條　第七十四條第五號ノ場合ニ於テハ裁判所ハ利害關係人ノ請求ニ因リ清算人ヲ選任ス

本條ハ選任清算人ノ一種ヲ規定セリ選任清算人ハ總社員カ過半數ノ決議ニテ定ムルモノナレトモ會社ノ社員カ一人ニ減シ會社カ解散シタル場合ニ於テハ其社員カ自カラ清算人ト爲ルノ外他社員ヲ選任スルコトヲ得ス選任セント欲セハ只第三者ヲ指定スルノ一途アルノミ然レトモ其社員ニシテ公平無私ナリトセハ知ラス若シ私慾ヲ貪ル意アリトセハ自己ニ利益ナル第三者ヲ選任スルニ至ル其結果ハ會社ノ利害關係人ヲ害スルヤ論ナシ從テ斯ル弊害ヲ避ケシメンカ爲メ本法ハ右社員ノ選任權ヲ否認シ利害關係人ノ請求ニヨリ裁判所ヲシテ清算人ヲ選任セシムヘキモノトナセリ。

第八十九條　會社カ裁判所ノ命令ニ因リテ解散シタルトキハ裁判所ハ利害關係人又ハ檢事ノ請求ニ因リ清算人ヲ選任ス

本條モ亦選任清算人ノ一種ヲ規定セリ會社カ公序良俗ニ反シ又ハ登記後六ヶ月内ニ開業セサル等ノ原因アル時ハ裁判所ノ職權ニヨリ又ハ檢事ノ請求ニヨリテ解散ヲ命セラル斯ノ如キ理由ニ依リ解散シタル會社ノ社員ヲシテ清算人ヲ選任セシムル時ハ無責任ナル行爲ナキコトヲ保シ難シ故ニ監督ヲ嚴ナラシムル爲

メニ利害關係人又ハ檢事ノ請求ニヨリ裁判所ヲシテ選任セシムルコトトセリ。

第九十條　清算人ノ選任アリタルトキハ其清算人ハ二週間内ニ本店及ヒ支店ノ所在地ニ於テ左ノ事項ヲ登記スルコトヲ要ス

一　清算人ノ氏名、住所

二　會社ヲ代表スヘキ清算人ヲ定メタルトキハ其氏名

三　數人ノ清算人カ共同シテ會社ヲ代表スヘキコトヲ定メタルトキハ其代表ニ關スル規定

總社員カ清算人ト爲ル場合ハ法律上當然生スルモノナルカ故ニ敢テ登記ヲ爲スノ必要ナシト雖モ選任セラレタル清算人ニ付キテハ之ヲ登記シテ公示セサルヘカラス然ラスンハ第三者ハ何人カ清算人タルヤヲ知ルコトヲ得サレハナリ故ニ本條ニ於テ清算人ノ登記ヲ認メタリ先ツ登記スヘキ時期ハ選任ノ日ヨリ二週間内ニ清算人自カラ登記スヘク其登記所ハ本店及ヒ支店ノ所在地ナリ而シテ登記スヘキ事項ハ(一)清算人ノ氏名住所(二)會社ヲ代表スヘキ清算人ノ氏名清算人ハ清算事務ノ範圍内ニテ各々會社ヲ代表スヘキ權利アリト雖若シ或ル清算人ノミニ會社代表權ヲ限定シタルトキハ代表權ノ制限ナルカ故ニ之ヲ登記シテ公示スル必要アルニ依ル(三)共同代表權之レ又清算人ノ會社代表ニ付キテノ異例ナルカ故ニ登記スヘキモノトス。

第九十一條　清算人ノ職務左ノ如シ
一　現務ノ結了
二　債權ノ取立及ヒ債務ノ辨濟
三　殘餘財產ノ分配
會社ヲ代表スヘキ清算人ハ前項ノ職務ヲ行フ爲メニ必要ナル一切ノ裁判上又ハ裁判外ノ行爲ヲ爲ス權限ヲ有ス
清算人ノ代理權ニ加ヘタル制限ハ之ヲ以テ善意ノ第三者ニ對抗スルコトヲ得ス
民法第八十一條ノ規定ハ合名會社ノ清算ノ場合ニ之ヲ準用ス

清算事務

清算人タルヘキ者既ニ定マリタル以上ハ其行フヘキ職務ナカルヘカラス本條ハ卽チ清算人ノ職務ヲ規定シタルモノナリ法律上其職務ヲ分ツテ三ト爲ス固ヨリ此職務ハ其文字通リニ行フヘキモノニハアラス此職務ニ附隨スヘキ行爲ハ之ヲ行フコトヲ得ルモノトス。

一現務ノ結了　現務ノ結了トハ會社カ解散前ニ着手シタル事業ニシテ解散後未タ結了セサルモノアル時ニ淸算人カ之ヲ完結スルヲ謂フ例令會社解散ノ際或物ノ製造中ナル時ハ之ヲ中絕スルコトナク其物ノ製造ヲ完了セシムルカ如シ若シ然ラストセハ會社ニ取リテ不利益ナルノミナラス會社債權者其他其製造ニ從事スル者ニ取リテモ亦不利益ヲ來セハナリ而シテ現務ヲ結了スルカ爲メニハ或ハ

使用人ヲ雇入ルルハ必要アリ或ハ賣買ヲ爲ス必要アルコトアリ淸算人ハ此等ノ行爲ヲモ爲スコトヲ得ヘシ若シ之ヲ許サストセハ現務ノ完了ハ得テ望ムヘカラサレハナリ。

二債權ノ取立、債務ノ辨濟　會社カ債權ヲ有スルトキハ債務者ヲシテ之カ履行ヲ爲サシメサルヘカラス而シテ債務者ノ第三者タルト社員タルトヲ問フコトナシ更ニ會社カ債權ヲ行使スルニハ其債權カ既ニ辨濟期ニアルカ又ハ相手方カ期限ノ拋棄又ハ期限ノ利益ヲ失フヘキ民法第百三十七條ノ理由アルコトヲ必要トス次ニ會社カ債務ヲ負擔スル場合ニハ之ヲ辨濟セサルヘカラス只會社ノ債務ニ付キテハ次條ノ規定アルカ故ニ期限ノ利益ヲ主張スルコトヲ得ス而シテ債務ノ辨濟トハ廣ク債務ヲ消滅セシムル方法ヲ謂フモノナルカ故ニ敢テ金錢的辨濟ニノミ限ラス相殺、更改、代物辨濟等ノ方法ヲ以テスルモ亦可ナリ。

三殘餘財產ノ分配　會社ノ現務ヲ結了シ債權ヲ取立テ債務ヲ辨濟シタル結果現ハルヽ所ノモノハ會社ニ財產ノ殘存アリヤ否ヤニアリ本號ハ會社ニ殘餘財產アル場合ニ之カ處分ヲ定メタルモノナリ殘餘財產ノ處分ニ付キ定款ニ定ムル所アラハ之ニ依リ其分配方法ヲ講スヘキハ勿論ナリ然レトモ定款ニ何等ノ規定ナキ

トキハ第五十四條ニヨリ民法組合ノ規定ニ依リテ其標準ヲ取ルヘキモノトス而シテ殘餘財産ハ全部分配スルモ可ナリト雖會社債權者ハ解散登記ノ後五年間經過セサル間ハ尚請求スルコトヲ得ルカ故ニ其一部ヲ保存スルヲ得策トス(三一〇)。

以上ハ清算人ノ職務權限ナリ而シテ其權限タルヤ會社最後ノ事務ニ屬スルカ故ニ其職務ヲ行フニハ一切ノ裁判上及ヒ裁判外ノ行爲ヲナスノ權限アルコトヲ必要トス故ニ本條第二項ノ規定アリ而シテ此權限ニ對シテハ制限ヲナシ得サルニアラサルモ其制限ハ善意ノ第三者ニ對抗スルコトヲ得サルモノトセリ。

次ニ清算中會社財産ヲ以テ會社債務ヲ完濟スルコト能ハサルコトアリ斯ル場合ニハ最モ公平ニ債權者ヲ滿足セシメサルヘカラサルカ故ニ本條ハ民法第八十一條ヲ準用シテ清算人ハ直チニ破産宣告ノ請求ヲナシ其旨ヲ公告セサルヘカラス清算人カ破産管財人ニ其事務ヲ引渡シタルトキハ其任務終了シ而シテ會社ハ最早存續ノ基礎ヲ失フニ至ルヲ以テ全然消滅ス。

第九十一條ノ二　會社ハ辨濟期ニ至ラサル債權ト雖モ之ヲ辨濟スルコトヲ要ス

條件附債權又ハ存續期間ノ不確定ナル債權ハ裁判所ニ於テ選任シタル鑑定人ノ評價ニ從ヒテ之ヲ辨濟スルコトヲ要ス

會社解散スレハ自己ノ債務

債務ニハ期限付ナルモノアリ期限ハ債務者ノ利益ノ爲メニ存ストセラル故ニ

ニ付キテノ期限ノ利益ヲ失フ

債務者ニ期限ノ拋棄其他期限ノ利益ヲ失フヘキ民法第百三十七條ノ事由ナキニ於テハ期限前ニ辨濟スルノ義務ナキモノトス會社債務ニ付キテモ亦同樣ナリ然レトモ期限付債權ヲ有スル者カ會社ノ解散ヲ豫期セサリシニ此事由ヲ生シ其債權ハ解散登記後五ケ年間ハ社員タリシ者ニ行使スル事ヲ得レトモ其債權ノ期限カ右期間內ニ尙未タ到來セサルニ於テハ消滅スルニ至ル可ク縱令五年間ニ期限到來スルモ社員タリシ者ノ財產狀態ハ解散當時ヨリ一層惡シキニ至ルヤモ計ルヘカラス然ルニ解散當時ニ於テハ完全ナル辨濟ヲ得ラレタルニ期限ノ爲メニ其行使ヲ妨ケラレ遂ニ債權ノ効果ヲ失フニ至ルヲ以テ會社債權者ヲ害スルノミナラス又一方ニハ淸算人ハ名ヲ期限ニ籍リ淸算手續ヲ遲延セシムル弊アルカ故ニ本條ハ辨濟期前ト雖之ヲ辨濟スヘキモノトセリ。

右ハ確定期限付債權ノ場合ナリ然ラハ條件付債權又ハ不確定期限付債權ノ場合ハ如何本條第二項ハ前項ト同樣ノ理由アリトシテ等シク會社ハ辨濟ヲスヘキモノトセリ然レトモ一ハ條件ノ成否未定ノ間ニアリ他ハ存續期限不確定ナルカ故ニ一時ニ辨濟セシムルニハ之ヲ確定スルコトヲ要ス玆ニ於テカ斯ル債權ハ裁判所ニテ選任シタル鑑定人ノ評價額ヲ以テ辨濟スヘキモノトセリ蓋シ債權者ヲ

害セシメサルカ爲メナリ(非手一三八ノ三)。

社員ノ出資ニ付テノ期限ノ利益ヲ失フ場合

第九十二條　會社ニ現存スル財産カ其債務ヲ完濟スルニ不足ナルトキハ清算人ハ辨濟期ニ拘ハラス社員ヲシテ出資ヲ爲サシムルコトヲ得

社員ハ會社ニ對シテ出資ヲ爲スノ債務ヲ負擔ス其出資義務ニハ期限付ノモノアリ斯ル場合ニハ社員ハ期限ノ利益ヲ主張シテ期限前ノ出資ヲ拒ムコトヲ得サルヘカラス然レトモ會社財産ヲ以テ會社債務ヲ完濟スルニ不足ナルニ尙且ツ社員ノ出資ニ期限付ナリトノ理由ヲ以テ之ニ出資ヲ爲サシメサルニ於テハ徒ラニ清算行爲ヲ遲延セシムルニ至ルヘシ故ニ本條ニ於テハ辨濟期ノ如何ニ不拘出資セシムヘキモノトセリ固ヨリ本條ハ現存スル財産カ債務完濟ニ不足ナル場合ナルカ故ニ不動産ハアレトモ金錢ナキカ故ニ出資スヘシト謂フコトヲ得ス其不動産ヲ換價辨濟シタル後尙不足アル場合ニ出資ニ付キテノ期限ノ利益ヲ失フモノトス尤モ社員ハ本條ノ外ニ第六十三條ノ適用ヲ受クルコトアルヲ注意スヘシ。

清算事務執行方法

第九十三條　清算人數人アルトキハ清算ニ關スル行爲ハ其過半數ヲ以テ之ヲ決ス

清算人ハ必スシモ一人ニ限ルコトナシ數人ノ清算人アル場合ニハ如何ナル方法ニヨリ清算事務ヲ行フヘキカ本條ハ過半數ニテ決行スヘキモノトセリ。

清算法人代表方法

第九十三條ノ二　第六十一條及ヒ第六十一條ノ二ノ規定ハ清算人ニ之ヲ準用ス
裁判所カ數人ノ清算人ヲ選任スル場合ニ於テ會社ヲ代表スヘキ者ヲ定メ又ハ數人カ共同シテ會社ヲ代表スヘキコトヲ定メサルトキハ其清算人ハ各自會社ヲ代表ス

前條ハ清算人ノ事務執行ノ規定ニシテ本條ハ清算人ノ會社代表權ニ關スル規定ナリ清算人ハ清算事務ニ付キ内外ニ對スル權利ヲ有スルモノナリ然レトモ事務執行ト會社代表トハ別個ノ觀念ナリ故ニ事務執行ト會社代表トヲ清算人ニ分屬セシムルコトヲ得ルモノトス是レ本條第一項ノ規定アル所以ナリ但シ清算人一人ナルトキハ分屬セシムルコトヲ得サルハ勿論ナリ。

裁判所ニテ選任シタル清算人數人アル場合ニ會社ヲ代表スヘキ者ヲ定メサルトキハ何人カ會社ヲ代表スヘキカ本條第二項ハ清算人各自代表スルモノトセリ。

清算人ノ義務

第九十四條　清算人ハ就職ノ後遲滯ナク會社財產ノ現況ヲ調査シ財產目錄及ヒ貸借對照表ヲ作リ之ヲ社員ニ交付スルコトヲ要ス
清算人ハ社員ノ請求ニ因リ毎月清算ノ狀況ヲ報告スルコトヲ要ス

本條ハ清算人ノ義務ヲ規定シタルナリ清算人ハ現務ノ結了、債權ノ取立、債務ノ辨濟ヲ爲スヘキ職權アルカ故ニ會社財產ノ現況ヲ調査シ財產幾干、債權債務ノ額幾干、現務ノ有無ヲ明ニシ財產目錄、貸借對照表ヲ作成スルノ義務ヲ負擔スルハ當

然ナリ而シテ作成シタル財産目錄、貸借對照表ハ之ヲ社員ニ交付セサルヘカラス又清算人ハ社員ノ請求ニヨリ毎月清算ノ狀況ヲ報告スル義務アリ蓋シ社員ヲシテ清算ノ事務、執行ノ當否ヲ監視セシムルカ爲メナリ此等ノ義務ハ法律ノ强要スル所ニシテ特約ヲ以テ免除スルコトヲ得サルモノトス。

第九十五條　清算人ハ會社ノ債務ヲ辨濟シタル後ニ非サレハ會社財産ヲ社員ニ分配スルコトヲ得ス

清算事務ノ順序

本條ハ清算人ノ事務執行ノ順序ヲ定メタルモノナリ清算人ハ現務ノ結了、債權ノ取立、債務ノ辨濟、殘餘財産ノ分配ヲ爲ス職權アリ而シテ此等ノ行爲ハ孰レノモノヲ以テ先キニ行フヘキカハ清算人ノ便宜判斷ニ任スト雖モ殘餘財産處分ノ行爲ハ總債務ヲ辨濟シタル後ニアラサレハ行フコトヲ得サルモノトス蓋シ殘存財産ノ性質上當然ナリト謂フヘシ。

第九十六條　社員カ選任シタル清算人ハ何時ニテモ之ヲ解任スルコトヲ得此解任ハ社員ノ過半數ヲ以テ之ヲ決ス

重要ナル事由アルトキハ裁判所ハ利害關係人ノ請求ニ因リ清算人ヲ解任スルコトヲ得

清算人ノ解任

清算人ハ誠實且敏速ニ其職務ヲ行ハサルヘカラス就中社員カ選任シタル場合ニハ其信用殊ニ明カナラサルヘカラス然ルニ清算人ニシテ選任ノ本旨ニ反スル

トキハ之ヲ解任スルノ途ナカル可ラス本條ハ斯ル場合ニハ社員ノ過半數決ヲ以テ何時ニテモ解任スルコトヲ得ルモノトセリ蓋シ何等ノ制限ナキハ信用ナキ者ヲシテ一日タリトモ財産ノ所理ニ與カラシムルヲ危險ナリトスルニ在リ。

右ハ社員ノ選任シタル清算人ヲ解任スル場合ナリ然ラハ利害關係人ノ請求ニヨリ選任シタル清算人ノ解任ノ方法ハ如何本條第二項ハ重大ナル事由アル時ハ利害關係人ノ請求ニヨリ解任スルコトヲ得ルモノトセリ解任ノ事由ハ重大ナルコトヲ必要トス蓋シ輕微ノ事由ハ之ヲ看過スルコト常態ナレハナリ。

第九十七條　第九十條ニ掲ケタル事項中ニ變更ヲ生シタルトキハ清算人ハ二週間内ニ本店及ヒ支店ノ所在地ニ於テ之ヲ登記スルコトヲ要ス

本條ハ第九十條ノ登記事項ノ變更生シタルトキハ清算人ニ於テ更ニ登記スヘキコトヲ命シタル規定ナリ是レ變更登記一般ノ通則ナリ。

第九十八條　清算人ノ任務カ終了シタルトキハ清算人ハ遲滯ナク計算ヲ爲シテ各社員ノ承認ヲ求ムルコトヲ要ス

前項ノ計算ニ對シ社員カ一箇月内ニ異議ヲ述ヘサリシトキハ之ヲ承認シタルモノト看做ス但清算人ニ不正ノ行爲アリタルトキハ此限ニ在ラス

清算人カ殘餘財産ノ分配ヲナシタルトキハ清算ハ茲ニ終結ス終結シタルトキ

ハ速カニ計算書ヲ作リ各社員ノ承認ヲ求メサルヘカラス社員カ承諾シタルトキ又ハ社員カ一ケ月内ニ異議ヲ述ヘサリシトキハ清算人ニ不正ノ行爲アリタル場合ノ外ハ其計算ニ付キテ責任ハ解除セラル。

清算終了ノ登記

第九十九條　清算カ結了シタルトキハ清算人ハ遲滯ナク本店及ヒ支店ノ所在地ニ於テ其登記ヲ爲スコトヲ要ス

清算人カ殘餘財産ヲ分配シタル時ハ清算終了シ會社カ第八十四條ニ由リ認メラル、人格存續ノ基礎ヲ失フカ故ニ會社モ當然消滅スヘキハ勿論ナリ然レトモ其果シテ消滅シタリヤ否ヤハ第三者ニ於テ知ラサルコトナシトセス玆ニ於テカ清算人ハ清算終了ノ登記ヲ本店及ヒ支店ノ所在地ニテ爲サ、ルヘカラス。

設立無效ノ訴

第九十九條ノ二　會社カ事業ニ着手シタル後社員カ其設立ノ無效ナルコトヲ發見シタルトキハ訴ヲ以テノミ其無效ヲ主張スルコトヲ得

會社ヲ設立スルニハ法律ニ準據セサルヘカラス若シ之ニ違反スルコトアラハ其設立ハ無効ナリ定款ニ記載スヘキ必要事項ヲ缺キ又ハ必要事項ノ記載カ無効ナル場合ニ於テ然リトナス既ニ設立無効ナリトセハ會社ハ法人トシテ營業ノ主體タルコト能ハサルニ至ル而シテ此觀念ハ會社カ設立シタリトシテ登記ヲ爲シ既ニ開業シテ營業ニ着手シタル後ニ於テモ亦同一ナリトス蓋シ無効ノ行爲ハ其

設立無效ノ訴ノ管轄裁判所

行爲ノ在リタル時ヨリ永久ニ其効力ヲ生セサルコト民法ノ大原則ナレハナリ。

而シテ無効ノ行爲ハ何人ト雖モ之ヲ主張シ得ヘク又其行爲ノ在リタル以後何時ニテモ主張シ得ヘキハ勿論ナリ然ルニ本條ニ於テハ會社カ事業ニ着手シタル後社員カ無効ヲ發見シタル時云々トナシ無効主張ノ時ト人トヲ制限シタリ其時ヲ制限シタルハ蓋シ會社カ開業以前ニ於テハ未タ第三者トノ法律關係少ナキカ故ニ無効ヲ主張セシムルノ必要ナシト認タルニ依ル其人ヲ制限シタル所以ハ蓋シ第三者就中社會ト法律關係アル者ハ會社ノ存立ヲ以テ利益アリトスルニ依ル而シテ右設立無効ノ主張ハ訴ノ形式ヲ以テセサルヘカラス蓋シ社員ノ私見ニ誤リナキコトヲ保證シ難ケレハナリ。

第九十九條ノ三　前條ノ訴ハ本店ノ所在地ノ地方裁判所ノ管轄ニ專屬ス

數箇ノ訴カ同時ニ繫屬スルトキハ辯論及ヒ裁判ハ併合シテ之ヲ爲スコトヲ要ス

本條ハ右設立無効ノ訴ヲ提起スヘキ管轄裁判所ヲ定メテ本店所在地ノ地方裁判所ノ專屬トセリ故ニ合意管轄ヲ定ムルコトヲ得ス

又同時ニ設立無効ノ訴カ數個裁判所ニ繫屬スル時ハ辨論及ヒ裁判ハ併合シテ爲スヘキモノトス蓋シ裁判ノ矛盾擅着ヲ避ケンカ爲メナリトス本項併合スルコ

トヲ要ストアルカ故ニ常ニ分離シテ辨論及ヒ裁判ヲ爲スコトヲ得サルモノトス」

第九十九條ノ四　設立ヲ無效トスル判決ハ當事者ニ非サル社員ニ對シテモ其効力ヲ有ス
原告ヲ敗訴シタル場合ニ於テ惡意又ハ重大ナル過失アリタルトキハ會社ニ對シ連帶シテ損害賠償ノ責ニ任ス

凡裁判判決ノ効力ハ訴訟當事者ニ限ラレ其以外ノ者ニ對シテハ何等ノ拘束力ナキコトヲ原則トス故ニ社員ノ一人カ設立無効ノ訴ヲ提起シ設立無効ノ判決ヲ受ケタル時ハ其効力ハ右社員ト會社トノ間ニノミ有効ニシテ他ノ社員ニ及ハサルナリ從テ一社員ニハ會社ノ設立ナク他社員ニハ尚會社ノ成立アリト謂フ不都合ナル結果ヲ生ス故ニ本條ハ設立無効ノ判決ハ他ノ社員ニモ及フヘキモノトセリ。

次ニ原告タル社員カ敗訴シ會社ノ設立有効ナル判決ヲ受ケタル時若シ此訴ノ提起ニ因リ會社ニ損害ヲ生シタル場合ニハ其社員ハ賠償ヲ爲サヽルヘカラス但シ起訴ノ原因カ惡意又ハ重大ナル過失アル時ニ限ルヘシ是レ蓋シ濫訴ノ弊ヲ避ケンカ爲メナリトス。

第九十九條ノ五　設立ヲ無效トスル判決カ確定シタルトキハ本店及ヒ支店ノ所在地ニ於テ其登記ヲ爲スコトヲ要ス

設立無效判決ノ登記

本條ハ設立ヲ無効トスル判決カ確定シタルトキハ本店支店ノ所在地ニ於テ其登記ヲナスヘキコトヲ規定セリ蓋シ設立無効ノ判決確定セハ會社ハ解散シテ營業能力ヲ失シ次條ニヨリ清算ヲ爲サヽル可ラサルカ故ニ第三者ニ公示スル必要アルニ依ル右登記ノ手續ハ非訟事件手續法第百三十五條ノ四ニ定ムル所ニ依ルモノトス。

第九十九條ノ六　設立ヲ無效トスル判決カ確定シタルトキハ解散ノ場合ニ準シテ清算ヲ爲スコトヲ要ス此場合ニ於テハ裁判所ハ利害關係人ノ請求ニ因リ清算人ヲ選任ス
設立ヲ無效トスル判決ハ會社ト第三者トノ間ニ成立シタル行爲ノ效力ニ影響ヲ及ホサス

會社ノ設立無效ト既存ノ法律行爲トノ關係

會社設立ノ無効ハ會社人格ノ消滅ヲ來タスニヨリ從前成立シタル法律關係ハ總テ無効ト爲ラサルヲ得ス社員カ會社ニ供シタル出資ハ社員ノ財産ニ復歸シ第三者ト會社トノ間ニ生シタル債權債務ハ又消滅スヘキハ勿論ナリ然レトモ會社ノ存續ヲ信頼シテ爲サレタル幾多ノ法律關係カ會社設立無効ナルカ爲メ當然無効ニ歸セシメラルヽニ於テハ之ニ因リテ損害ヲ受ク可キ者ノ意ニ憫レムヘキ所アリ玆ニ於テカ本條ハ設立無効ナリト雖モ會社解散ノ場合ニ準シテ清算ヲ爲スヘキコトヲ命シ未タ絶對ニ會社ハ人格ヲ喪失セス清算ノ範圍内ニ於テ存續スヘキモノトシ他方ニ於テハ假令設立無効ノ判決アリト雖モ會社ト取引シタル第三

者ノ法律行爲ハ依然有効ナルコトヲ定メタリ。

會社設立ニ取消原因アル場合

第百條　會社カ事業ニ着手シタル後其設立カ取消サレタルトキハ二週間内ニ本店及ヒ支店ノ所在地ニ於テ其登記ヲ爲スコトヲ要ス此場合ニ於テハ前條ノ規定ヲ準用ス

第九十九條ノ二カ設立無効ノ原因アルカ故ニ會社ヲ解散セシムルニ反シ本條ハ會社ノ設立ニ取消ノ原因アル場合ニ關スル規定ナリ取消原因アル法律行爲カ取消サレタル時ハ初メヨリ其效力ナキモノトセラル、コトハ民法ノ定ムル所ナルカ故ニ設立取消ノ效果ハ設立無效ノ場合ト異ナルナシ故ニ本條ニ於テハ前條ヲ準用シテ解散手續ニ伴フ清算ヲナスヘク會社ト第三者トノ間ノ行爲ニハ影響ナキモノトセラル、ハ勿論設立取消ノ登記ヲ爲スヘキモノトセリ。

會社書類ノ保存

第百一條　會社ノ帳簿、其營業ニ關スル信書及ヒ清算ニ關スル一切ノ書類ハ第八十五條ノ場合ニ在リテハ本店ノ所在地ニ於テ解散ノ登記ヲ爲シタル後其他ノ場合ニ在リテハ清算結了ノ登記ヲ爲シタル後十年間之ヲ保存スルコトヲ要ス其保存者ハ社員ノ過半數ヲ以テ之ヲ定ム

本條ハ會社ノ帳簿營業ニ關スル信書及ヒ清算ニ關スル一切ノ書類ヲ保存スヘキコトヲ規定セリ其存保期間ハ十年トシ其起算點ハ第八十五條ノ任意清算ノ場合ニハ解散ノ登記ヲナシタル日ヲ以テシ法定清算ノ場合ニハ清算結了ノ日ヲ以テス而シテ何人カ之ヲ保存スヘキカハ社員ノ過半數決ヲ以テ定ムルコトヽセリ

社員ノ死亡ト清算行爲

故ニ社員タルコトアルヘク或ハ清算人タルコトアル可ク或ハ第三者タルコトモアリ得ヘシ而シテ本條ノ書類保存ヲ設ケタルハ後日ノ證據其他ノ用ニ供セシメンカ爲ナリトス。

第百二條　社員カ死亡シタル場合ニ於テ其相續人數人アルトキハ清算ニ關シテ社員ノ權利ヲ行フヘキ者一人ヲ定ムルコトヲ要ス

本條ハ社員カ清算中死亡シタルトキハ其社員ノ相續人カ清算ニ與ルコトヲ規定セリ本來ヨリスレハ合名會社ハ社員其人ヲ以テ成立ノ要素ト爲シ他ノ人ヲ以テ代ラシムルコト能ハザルヲ其特色トスルハ既ニ述ヘタルカ如シ然レトモ會社カ解散シ清算ノ範圍內ニテ人格ノ存續ヲ認メラルヽニ至ルヤ最早社員其人ヲ目的トスル營業上ノ基礎ヲ失ヒ單ニ財產上ノ處分行爲ニ止マルカ故ニ他人ヲシテ之ニ與カラシムルモ清算ノ本旨ニ反スルモノニアラス茲ニ於テカ清算中社員カ死亡シタルトキハ其相續人ヲシテ之ニ當タラシムルモノトセリ只相續人數人アルトキハ其一人ヲ選ヒテ清算ニ當タラシムルモノトス蓋シ紛雜ヲ避ケシメンカ爲メナリ。

第百三條　第六十三條ニ定メタル社員ノ責任ハ本店ノ所在地ニ於テ解散ノ登記ヲ爲シタル後五年ヲ經過シタルトキハ消滅ス

前項ノ期間經過ノ後ト雖モ分配セサル殘餘財産尚ホ存スルトキハ會社ノ債權者ハ之ニ對シテ辨濟ヲ請求スルコトヲ得

社員ノ責任繼續時期

合名會社ノ社員ハ會社カ全債務ヲ完濟スルコト能ハザルトキハ連帶無限ノ責任ヲ負擔スルコトハ第六十三條ノ規定スル所ナリ然レトモ此責任ヲ永遠ニ拘束スルハ過酷ナリトシ本條ニ於テハ解散登記後五年經過シタルトキハ消滅スルモノトセリ而カモ右期間ハ時效期間ニアラサルカ故ニ中斷停止ノ適用ナシ。社員ノ責任ハ右期間內ニ消滅スト雖モ會社債權者ノ會社ニ對スル債權ハ清算會社カ存續スル間ハ消滅スルモノニアラス故ニ本條ニモ分配セサル殘餘財産アルトキハ會社債權者ハ之ニ對シテ辨濟ヲ請求スルコトヲ得ト規定セリ只注意スヘキハ本項ノ適用ノ生スルハ清算會社カ解散登記後五ケ年以上存續スル場合ナルコト是レナリ。

第三章　合資會社

合資會社ノ定義

第百四條　合資會社ハ有限責任社員ト無限責任社員トヲ以テ之ヲ組織ス

本條ハ合資會社ノ定義ヲ下シタル規定ナリ合資會社トハ其內部組織カ會社債

合資會社ニ合名會社ノ規定準用セラル、理由

務ニ付キ無限責任ヲ負擔スル社員ト有限責任ヲ負擔スル社員ヲ以テ成ル商事會社ヲ謂フ無限責任ノ何タルカハ既ニ合名會社ヲ說明スルニ當リ述ヘタリ而シテ有限責任トハ特定ノ財產額ヲ限度トスルノ謂ニテ有限責任社員トハ出資額ヲ以テ其責任ノ限度トスル社員ヲ謂フ而シテ合資會社カ社團法人ニシテ且商行爲ヲ營ム點ニ付キテハ他ノ會社ト同一ナリ。

第百五條　合資會社ニハ本章ニ別段ノ定アル場合ヲ除ク外合名會社ニ關スル規定ヲ準用ス

合資會社ハ合名會社ト其組織ノ內容ヲ異ニスル別個ノ會社ナリ蓋シ合名會社ハ單ニ無限責任社員ノミヲ以テ成ルモ合資會社ハ無限責任社員及ヒ有限責任社員ノ二者ヲ其成立要素トナスカ故ナリ然レトモ合資會社ノ無限責任社員カ會社債權者ニ對スル關係ト合名會社ノ社員カ會社債權者ニ對スル關係トハ全ク同一ナルノミナラス有限責任社員相互ノ關係モ亦タ同一ナルカ故ニ本條ニ於テハ合資會社ニハ合名會社ノ規定ヲ準用スヘキモノトセリ然レトモ合資會社ニハ更ニ有限責任社員アルカ故ニ全然合名會社ノ規定ヲ准用スヘカラサル所アリ故ニ本條準合名會社ノ規定ヲ準用スルモ本章ニ特別規定アルトキハ此限リニアラストセル所以ナリ。

定款ニ記載スヘキ事項

第百六條　合資會社ノ定款ニハ第五十條ニ掲ケタル事項ノ外各社員ノ責任ノ有限又ハ無限ナルコトヲ記載スルコトヲ要ス

合資會社ヲ設立スルニモ亦定款ヲ作成セサルヘカラサルコトハ合名會社ト同樣ナリ故ニ第五十條ノ示スカ如ク定款ニハ目的、商號、社員ノ氏名、住所、本店及ヒ支店ノ所在地、社員ノ出資ノ種類及ヒ價格又ハ評價ノ標準等ヲ記載セサルヘカラス而シテ商號ニハ合資會社ナル文字ヲ附加セサルヘカラス又右事項ノ外社員ノ有限又ハ無限ナルコトヲモ記載セサルヘカラス蓋シ合資會社ノ内部ハ無限有限ノ二樣ノ社員ヨリ成レハナリ而シテ其設立ヲ第三者ニ對抗スルニハ本店ノ所在地ニ於テ登記スルコトヲ要ス登記スルモ社員ノ無限タリ有限タルコトヲ特ニ掲ケサルヘカラス。

設立登記

第百七條　會社ハ定款ヲ作リタル日ヨリ二週間内ニ其本店及支店ノ所在地ニ於テ第五十一條第一項ニ掲ケタル事項ノ外各社員ノ責任ノ有限又ハ無限ナルコトヲ登記スルコトヲ要ス

本條ハ登記事項ヲ定メタルモノナリ其説明ハ前條末段ニ掲ケタルカ故ニ茲ニ之ヲ略ス。

無限責任社員ノ出資

第百八條　有限責任社員ハ金錢其他ノ財産ノミヲ以テ其出資ノ目的ト爲スコトヲ得

無限責任社員ハ金錢出資ノ外信用勞務ヲ出資ト爲スコトヲ得ルハ合名會社々

員ノ場合ト同樣ナリ然レトモ本條ニ於テ有限責任社員ハ金錢其他ノ財產ヲ出資トスヘキモノトシ信用或ハ勞務ヲ以テ出資ノ目的ト爲スコトヲ得ストセリ蓋シ一方ニハ有限責任社員ノ責任ハ出資ヲ以テ限度トスルヲ以テ會社債權者ノ擔保トナリ得ヘキモノヲ差入レシムル必要アルノミナラス他方ニ於テハ有限責任社員ハ會社業務ノ執行ニ與ラサルヲ以テ無限責任社員ト同シク勞務又ハ信用ヲ出資ノ目的トナサシムル理ナケレハナリ。

無限責任社員ノ權限

第百九條　各無限責任社員ハ定款ニ別段ノ定ナキトキハ會社ノ業務ヲ執行スル權利ヲ有シ義務ヲ負フ

無限責任社員數人アルトキハ會社ノ業務執行ハ其過半數ヲ以テ之ヲ決ス

本條ハ合資會社ノ事務ハ何人カ行フヘキカヲ定メタルナリ即チ事務執行ハ定款ニ別段ノ定メナキトキハ無限責任社員ノ權利ニシテ義務ナリトセリ故ニ有限責任社員ハ會社ノ事務ヲ行フコトヲ得サルモノトス但シ定款ヲ以テ或無限責任社員ノ事務執行權ヲ排除シ其他ノ無限責任社員ノミヲ以テ業務執行社員ト定メタルトキハ其社員ノミ業務執行權ヲ有ス而シテ事務執行ヲ爲ス無限責任社員數人アルトキハ其過半數決ニテ決行スヘキモノトス。

第百十條　支配人ノ選任及ヒ解任ハ特ニ業務執行社員ヲ定メタルトキト雖モ無限責任社員ノ

過半數ヲ以テ之ヲ決ス

支配人ノ撰任解任ハ會社業務ノ一ナリ故ニ業務執行權アル無限責任社員ハ之ヲ自由ニ選任又ハ解任シ得ヘキ權利アルカ如シト雖モコト會社ノ業務ト密接ナル關係アルカ故ニ業務執行社員ヲ定メタルトキト雖無限責任社員ノ過半數ニテ決スヘキモノトス。

第百十一條　有限責任社員ハ營業年度ノ終ニ於テ營業時間内ニ限リ會社ノ財產目錄及ヒ貸借對照表ノ閲覽ヲ求メ且會社ノ業務及ヒ會社財產ノ狀況ヲ檢査スルコトヲ得

重要ナル理由アルトキハ裁判所ハ有限責任社員ノ請求ニ因リ何時ニテモ會社ノ業務及ヒ會社財產ノ狀況ノ檢査ヲ許スコトヲ得

有限責任社員ノ檢査權

有限責任社員ハ原則トシテ會社業務ノ執行權ナシ然レトモ會社業務執行ノ正當ニ行ハルヘキコトヲ檢査スルノ權利ナカル可ラス茲ニ於テ本條ハ有限責任社員ニ無限責任社員ノ業務執行權ニ對シテ會社財產目錄及ヒ貸借對照表ノ閲覽ヲ求メ且ツ會社ノ業務及會社財產ノ狀況ヲ檢査スルコトヲ得ル權利ヲ認メタリ此權利ハ營業年度ノ終リニ於テ營業時間内ニ限リ行フコトヲ得ルモノトス。

閲覽檢査權ハ營業年度ノ終リニ行フヘキモノナレトモ若シ會社ノ計算不整頓又ハ財產ノ狀況甚タ宜シカラスト認メタル時ハ營業年度ノ終リタルト否トニ不

競業禁止

拘何時ニテモ會社ノ業務財産ノ狀況ヲ調査スル爲メ裁判所ニ檢査役ノ選任ヲ請求スルコトヲ得ヘシトセリ蓋シ無限責任社員ノ爲メニ有限責任社員カ利用セラルルコトヲ防ケンカ爲メナリ(非手一三一、一三二)。

第百十二條　有限責任社員ハ無限責任社員全員ノ承諾アルトキハ其持分ノ全部又ハ一部ヲ他人ニ讓渡スコトヲ得

合資會社ノ社員ハ其持分ヲ讓渡スコトヲ得ヘキカハ本條ノ規定スル所ナリ無限責任社員ハ社員其人ヲ以テ會社存立ノ基礎トナスカ故ニ其持分ノ讓渡ヲ許スヘキニアラサルモ同社員全員ノ同意アルトキハ之ヲ許容スルコト合名會社ノ場合ト異ナルコトナシ之ニ反シテ有限責任社員ハ會社ニ對シ只財産的關係ヲ有スルニ止マルカ故ニ全社員ノ同意ヲ必要トセス單ニ無限責任社員ノ同意ヲ以テ其持分ヲ讓渡スコトヲ得ルモノトセリ。

第百十三條　有限責任社員ハ自己又ハ第三者ノ爲メニ會社ノ營業ノ部類ニ屬スル商行爲ヲ爲シ又ハ同種ノ營業ヲ目的トスル他ノ會社ノ無限責任社員ト爲ルコトヲ得

本條ハ合資會社ノ有限責任社員ニ競業禁止ノ適用ナキコトヲ規定セリ蓋シ有限責任社員ハ一定ノ財産出資ヲ限度トシテ會社業務ニ與ルニ過サル、カ故ニ會社トノ關係密接ナラサルノミナラス業務執行ノ權利ナキカ故ニ會社業務ヲ精査

シテ會社ニ不利益ヲ及ホサシムル競爭ヲ開始スル憂ヒ少キニ依ル。

第百十四條　定欵又ハ總社員ノ同意ヲ以テ特ニ會社ヲ代表スヘキ無限責任社員ヲ定メサルトキハ各無限責任社員會社ヲ代表ス

本條ハ合資會社ヲ代表スヘキハ何人ナルカヲ規定シタルナリ無限責任社員ハ合名會社ノ社員ト同一ノ理由ニヨリ各自會社ヲ代表スヘキハ勿論ナリト云フヘシ然レトモ定款又ハ總社員ノ同意ニヨリ特ニ會社ヲ代表スヘキ無限責任社員ヲ定メタルトキハ其社員トシテ代表權ヲ有スヘキナリ。

第百十五條　有限責任社員ハ會社ノ業務ヲ執行シ又ハ會社ヲ代表スルコトヲ得ス

有限責任社員ハ會社ノ共同事業ニ參與スト雖モ元ト他人ノ業務ニ資力ヲ供給スル關係ヲ内容トスルカ故ニ會社ノ代表及ヒ業務執行ノ權ナシト云フヘシ但シ有限責任社員ハ會社ノ商業使用人トナリテ右ノ權限ヲ行フコトヲ妨ケス。

第百十六條　有限責任社員ニ自己ヲ無限責任社員ナリト信セシムヘキ行爲アリタルトキハ其社員ハ善意ノ第三者ニ對シテ無限責任社員ト同一ノ責任ヲ負フ

有限責任社員ニハ自己ヲ無限責任社員ナリト信セシムヘキ事由ナキニアラス例令有限責任社員カ登記事項中ニ自己ヲ無限責任社員ト記載セシメタルカ如シ斯ル場合ニ之ヲ信用シテ取引シタル第三者ハ意外ノ損失ヲ蒙ルコトナシトセス

社員ノ退社

茲ニ於テカ本條ハ斯ノ如キ有限責任社員ハ無限責任社員ト同一ノ責任ヲ負擔スヘキモノトセリ然レトモ第三者中ニハ惡意ナルモノアリ斯ル者ハ之ヲ保護スヘキ必要ナシトシテ除外セリ。

第百十七條　有限責任社員カ死亡シタルトキハ其相續人之ニ代ハリテ社員ト爲ル
有限責任社員ハ禁治產ノ宣告ヲ受クルモ之ニ因リテ退社セス

本條ハ合資會社社員ノ退社ニ關スル規定ナリ合資會社社員ノ退社ニ付キテモ合名會社社員ノ退社ニ關スル第六十八條第六十九條ノ準用セラルヘキコトハ第百五條ノ明言スル所ナリ然レトモ有限責任社員ハ既ニ述ヘタルカ如ク一定ノ財產ヲ限度トシテ會社債務ヲ負擔スル者ニシテ會社トハ單ニ金錢的關係ヲ有スルニ過キス金錢的關係ノ主體ハ何人タルヲ問ハサルヲ原則トス故ニ有限責任社員死亡セハ其相續人之ニ代リ禁治產ノ宣告ヲ受クルコトアルモ退社ノ原因トナルコト無キハ論ナリ是レ本條ノ特別規定アル所以ナリ。

第百十八條　合資會社ハ無限責任社員又ハ有限責任社員ノ全員カ退社シタルトキハ解散ス但有限責任社員カ退社シタル場合ニ於テ無限責任社員ノ一致ヲ以テ合名會社トシテ會社ヲ繼續スルコトヲ妨ケス
前項但書ノ場合ニ於テハ二週間內ニ本店及ヒ支店ノ所在地ニ於テ合資會社ニ付テハ解散ノ

解散

登記ヲ為シ合名會社ニ付テハ第五十一條第一項ニ定メタル登記ヲ為スコトヲ要ス

本條ハ合資會社解散ノ事由ヲ規定ス既ニ述ヘタルカ如ク合資會社ニハ合名會社ノ規定カ原則トシテ適用セラルルカ故ニ解散ノ事由モ亦同一ナリト謂フヘシ(七四)故ニ本條ニ於テハ只合資會社ニ特有ナル解散原則ヲ規定セリ即チ合資會社ハ無限責任社員ト有限責任社員トノ二樣ノ社員ヨリ組織セラル從ツテ其一方全體カ退社スレハ合資會社存續ノ基礎ヲ失フニ至ルカ故ニ會社ハ解散スルニ至ルコト勿論ナリトス然レトモ無限責任社員一人及有限責任社員一人併セテ二人ノ社員アル以上ハ會社ハ未タ解散スヘキ理由ナキコトハ注意スルコトヲ必要トス。

右有限責任社員カ全部退社スルモ無限責任社員カ二人以上存在スル時ハ合名會社トシテノ要素ヲ有ス故ニ無限責任社員ハ一致シテ以後合資會社ヲ合名會社トシテ繼續スルコトヲ得ルモノトセリ。

而シテ右合名會社トシテ繼續スル場合ニハ二週間内ニ本店支店ノ所在地ニ於テ合資會社ニ付キテハ解散ノ登記ヲ為シ合名會社ニ付テハ第五十一條第一項ニ定メタル設立ノ登記ヲ為サヽルヘカラス然ラスンハ以テ第三者ニ對抗スルコト能ハサルナリ。

第百十八條ノ二 合資會社ハ總社員ノ同意ヲ以テ其組織ヲ變更シテ之ヲ合名會社ト爲スコトヲ得此場合ニ於テハ前條第二項ノ規定ヲ準用ス

組織變更

本條ハ合名會社ノ組織變更ノ規定ナリ合資會社ハ其人格ノ存續ニ影響ナク其内部ノ組織タル社員ノ無限責任有限責任ノ區別ヲ廢止シテ全部無限責任社員トナシ合名會社ト爲スコトヲ得ルモノトセリ。而シテ右ノ場合ニ於テハ合資會社ニ付キテハ解散ノ登記ヲ爲シ合名會社ニ付キテハ設立ノ登記ヲ爲スコト前條ト同樣ナリ(非手一八五以下)

第四章 株式會社

株式會社ノ定義

株式會社トハ其資本全體ヲ株ニ分割シ社員タル各株主ハ自己ノ引受ケタル株數ニ應シ會社ニ對シテ出資義務ヲ負擔スルコトヲ要素トスル商事會社ヲ謂フ株式會社ノ特色ハ之レカ構成者タル社員ハ出資格ヲ限度トシ有限責任ヲ負擔スル點其一ナリ株式會社ノ特色ノ第二點ハ會社ノ社員タル株主其人ニ重キヲ置カス專ラ會社財產ヲ重視スル點ニアリ換言スレハ會社ノ信用ハ一ニ會社財產其物ニ存シ社員ノ信用人格才能等ハ問フ所ニアラサルナリ故ニ稱シテ純然タル資本團

體ト云フ以上二ケノ特色アルカ故ニ種々ノ點ニ於テ他ノ會社ト差ヲ生ス就中合名會社ニアリテハ社員其人ノ信用ヲ基礎トスルカ故ニ社員權ノ讓渡相續等ハ之ヲ認メサルヲ通則トスルニ株式會社ニ於テ認メラルヽハ其人ニ重キヲ置クカ財産ニ重キヲ置クカニヨリテ生スル所ナリ然レトモ株式會社カ社團タリ法人タリ商行爲ヲ營ム點ニ於テハ他ノ商事會社ト同一般ナリ。

第一節　設立

株式會社ヲ設立スルニハ免許主義アリ準則主義アリ前者ハ會社設立ニ付キ國家ノ關與ヲ必要トスルモノニシテ後者ハ法律ノ定ムル規定ニ準據セハ足レリトスルモノナリ我商法ハ後者ヲ採用シテ會社ノ設立ニハ國家ノ關與ヲ容レサルコトヽセリ蓋シ法律ニシテ完備セハ株式組織ニ伴フ弊害ヲ防壓シ得可ク敢テ國家ノ關與ヲ容レサルモ可ナルカ故ナリ而シテ準則主義ニヨルモ設立ニ付キ法律ニ準據シタリヤ否ヤハ此等ノ行爲ニ參與シタル者ニハ知ラルヽト雖弊之レニ關與セサル第三者ニ取リテハ與リ知ラサルコトヲ常トス從テ第三者ハ不慮ノ損害ヲ蒙ムルコト無キヲ保シ難シ茲ニ於テカ法律ハ準則主義ノ外廣ク第三者ノ爲メニ

發起人ノ員數

公示主義ヲ採用シタリ登記ノ制度即チ是ナリ。

第百十九條　株式會社ノ設立ニハ七人以上ノ發起人アルコトヲ要ス

合名會社ニアリテハ定款ノ作成アレハ直チニ會社ノ成立アリト雖モ株式會社ニアリテハ然ラス種々ノ措段ヲ經テ成立スルニ至ル先ツ本條ハ株式會社ノ設立ハ何人カ之ヲ行フ可キカヲ定メテ曰ク會社設立ニハ七人以上ノ發起人アルコトヲ要ストシ會社ノ設立ヲ行フモノハ發起人ナルコトヲ示セリ發起人トハ會社設立ノ首唱者ニシテ通常發起組合ナル契約ヲ結ヒテ其契約ノ豫期シタル株式會社ヲ成立セシムルモノナリ而シテ法文カ發起人ヲ七人以上ニ限定シタル所以ハ後述スルカ如ク株式會社ハ七人以上ノ株主ヲ以テ其成立及ヒ存續ノ一要件トナスカ故ニ之ニ對應セシメンカ爲メナリ。

第百二十條　發起人ハ定欵ヲ作リ之ニ左ノ事項ヲ記載シテ署名スルコトヲ要ス

一　目的
二　商號
三　資本ノ總額
四　一株ノ金額
五　取締役カ有スヘキ株式ノ數
六　本店及ヒ支店ノ所在地

七　會社カ公告ヲ爲ス方法
八　發起人ノ氏名、住所

定款ニ記スヘキ事項

株式會社ノ設立ニ七人以上ノ發起人ヲ必要トスルコト前條ノ如シ而シテ此等ノ發起人ハ定款ヲ作成セサル可カラス定款トハ前章ニモ述ヘタルカ如ク會社ノ組織行動ノ準則ヲ定メタル契約ニシテ書面ヲ以テスルコトヲ必要トスルモノナリ此書面ハ私書タルモ公書タルモ可ナリ而シテ定款ニハ如何ナル事項ヲ記載ス可キカ本法ハ必要事項ト相對的事項トニ分カチ本條ニハ必要事項ヲ規定セリ必要事項トハ此項目ヲ記載セサルニ於テハ定款ハ無効トナルモノナリ今必要事項ヲ掲クレハ

一、目的　目的トハ株式會社カ營業トシテ行フ所ノ商行爲ヲ謂フ例令砂糖製造ノ如シ

二、商號　商號ニ付キテハ何等明文ナキカ故ニ發起人ノ撰擇スル名稱ヲ以テス可シ只其商號中ニハ株式會社ナル文字ヲ以テセサル可カラス。

三、資本ノ總額　資本ノ總額トハ社員タル株主ノ出資總額ヲ謂フ是資本ハ會社ニ取リテハ營業基金ニシテ會社債權者ニ取リテハ唯一ノ擔保トナルモノナリ

四、一株ノ金額　株式會社ノ資本ハ株式ニ分轄セラル而シテ其株式ニハ劵面額ニ付キ法律上認ムルモノ二種アリ五十圓以上ノ株及ヒ二十圓株アリ故ニ其株金額ヲ記載スルノ必要アルナリ。

五、取締役カ有ス可キ株式ノ數　取締役ハ會社ニ利害關係ヲ有スル株主ノ中ヨリ選任スルヲ我商法ノ規定トス從テ取締役ハ自カラ株主タルコト明カナリ而シテ其有スル株式數ヲ掲ケシムルハ取締役カ會社事業ニ眞面目ナリヤ否ヤヲ推知セシムルカ爲ニス。

六、本店及ヒ支店ノ所在地　記載スヘキハ所在地ニシテ場所ニアラス。

七、會社カ公告ヲナス方法　貸借對照表其他ノ法律關係ニ付キ公示方法ヲ定ムルハ豫メ會社ノ利害關係人ヲシテ之ヲ知ラシメ置キ後日ノ知不知ニ付キテノ爭ヲ絶タンカ爲ナリ。

八、發起人ノ氏名、住所　發起人ノ何人ナルカハ共同事業ヲ爲サント欲スル者ヲシテ信頼スルニ足ルヤ否ヤヲ決セシムルモノトス。

第百二十一條　前條第五號乃至第七號ニ掲ケタル事項ヲ定款ニ記載セサリシトキハ創立總會又ハ株主總會ニ於テ之ヲ補足スルコトヲ得

前項ノ株主總會ノ決議ハ第二百九條ノ規定ニ從ヒテ之ヲ爲スコトヲ要ス

定款ノ補足

前條ニ掲ケタル事項ハ必ス定款ニ記載スヘキ事項ナルカ故ニ若シ其一事項タリト雖缺除スルトキハ定款ハ無効トナルヤ論ナシ然レトモ之ヲ絶對ニ無効ナラシムルニ於テハ定款ノ作成當時ハ格別既ニ營業ノ開始後ニアリテハ會社ト法律關係ヲ有スル者ノ利益ヲ害スルコト少ナシトセス故ニ本條ニテハ定款ノ記載事項ヲ區別シ前條第五號以下第七號ニ至ル事項ヲ缺除セル場合ニハ之ヲ補足スルコトヲ得ルモノトセリ而シテ前條第一號乃至第四號ニ至ル事項ヲ缺除セル時ニハ定款ヲ無効トシ會社ヲ消滅セシムルコト、セリ蓋シ後者ハ株式會社ノ基礎的要素ニ關スルカ故ニ之レカ缺除ヲ絶對ニ許スヘカラサレハナリ而シテ前者ハ之ヲ補足スルコトヲ得ト雖モ補足ハ會社ニ取リ重要ナル關係ヲ有スルカ故ニ未タ會社カ成立セサル時ニハ創立總會ニテ會社カ既ニ成立シタル後ニ於テハ株主總會ニ於テ補充スルモノトセリ而シテ株主總會ニテ補足スル場合ニハ第二百九條ノ規定ニ從フヘキモノトス。

第百二十二條　左ニ掲ケタル事項ヲ定メタルトキハ之ヲ定款ニ記載スルニ非サレハ其效ナシ

一　存立時期又ハ解散ノ事由

二　株式ノ額面以上ノ發行

三　發起人カ受クヘキ特別ノ利益及ヒ之ヲ受クヘキ者ノ氏名
四　金錢以外ノ財産ヲ以テ出資ノ目的ト爲ス者ノ氏名、其財産ノ種類價格及ヒ之ニ對シテ與フル株式ノ數
五　會社ノ負擔ニ歸スヘキ設立費用及ヒ發起人カ受クヘキ報酬ノ額

相對的事項

定款ニ記ス可キ事項ニ必要事項ト相對的事項アルコトヲ述ヘタリ相對的事項トハ定款ノ效力ニ關係セサルモ之ヲ定款ニ記載セサレハ其效力ナキ事項ナリ本條ハ其相對的事項ニ關スルモノナリ。

一、存立時期又ハ解散ノ事由

二、株式額面以上ノ發行　會社カ株式ヲ發行スルニハ額面額ヲ以テスルヲ本則トスルモ額面額以上ノ發行モ亦認メラル是レ即チ例外ナルカ故ニ特ニ定款ニ記載セスンハ效力ナシ但シ額面額以上ノ株式ヲ發行ス可キコトヲ記載スルノミヲ以テ足リ其額ヲ記スノ必要ナシ。

三、發起人ノ受ク可キ特別利益及ヒ之ヲ受ク可キ者ノ氏名　特別利益トハ發起人カ會社設立ノ爲メ時間ト勞力トヲ費スハ勿論自己ノ財産ヲ犧牲ニ供シテ奔走スル者ナルカ故ニ會社ノ利益ヲ配當スルニ當リ又ハ會社解散ノ場合ニ於ケル殘餘財産ノ分配ニ際シ他ノ株主ヨリモ優待スルヲ謂フ此利益ハ各株主平等

ノ例外ナルカ故ニ之ヲ記載セサレハ其效力ナキモノトス。

四、金錢以外ノ出資　我商法ハ金額株ヲ認ムルノ結果金錢出資ヲ爲スヲ原則トス然レトモ金錢出資ヲ以テ資本吸收ノ途ヲ計リ得サル場合アリ又ハ物的出資ヲ必要トスルコトアリ之ニ於テ金錢以外ノ出資ヲ認メタリ然レトモ勞務信用等ハ出資ノ目的ト爲スコトヲ得ス物的出資ハ其種類價格之ニ對シテ與フル株式數ヲ定メサル可カラス蓋シ物的出資ヲ多額ニ見積リテ之ニ過分ノ株ヲ與フルトキハ定款ニ定ムル資本ト其會社ノ實際ノ財産トハ一致セサルノ結果ヲ生シ會社ノ擔保力ヲ減少セシムルニ至レハナリ。

五、會社ノ負擔ス可キ設立費用發起人カ受クル報酬額　設立費用トハ會社カ法律上人格ヲ享有スルニ至ルマテニ消費セラレタル費用ナリ事實開業シテ營業ヲ爲ス爲メニ費ヤサレタル費用ニハアラス而シテ設立費用ハ創立總會ノ決議ニヨリテ會社ノ負擔トアルカ故ニ會社ノ財産一部ヲ割ク結果ヲ生ス從テ定款ニ定ム可シトナセルナリ發起人ノ報酬ト稱スルハ會社設立前ノ費用勞力ニ對シテ與フルモノニシテ是又會社財産ノ一部ヲ以テスルカ故ニ定款ニ記載ス可キモノトセリ。

第百二十三條　發起人カ株式ノ總數ヲ引受ケタルトキハ會社ハ之ニ因リテ成立ス此場合ニ於テハ發起人ハ遲滯ナク株金ノ四分ノ一ヲ下ラサル第一回ノ拂込ヲ爲シ且取締役及ヒ監査役ヲ選任スルコトヲ要ス此選任ハ發起人ノ議決權ノ過半數ヲ以テ之ヲ決ス

株式會社ヲ設立スルニ付キ定款作成ニ次テ爲ス可キ手順ハ株式ノ引受ナリトス株式ノ引受トハ會社ニ對シ出資義務ヲ負擔スルヲ謂フ株式ノ引受ノ方法ニハ二樣アリ發起人カ株式ノ總數ヲ引受クル場合ト發起人カ總數ヲ引受ケス一部ヲ世人ニ募集スル場合ト是レナリ前者ヲ發起設立ト謂ヒ後者ヲ募集設立ト謂フ本條ハ發起設立ヲ規定セリ發起人カ株式ヲ引受クルニ當リテハ何等ノ方式ヲ必要トセス發起人カ株式總數ヲ引受ケタルトキハ株式會社ハ之ニ依リテ成立スルモノトス而シテ引受後遲滯ナク第一回ノ拂込ヲ爲ササル可カラス拂込ハ各株ニ付キテ四分ノ一ナリ故ニ五十圓株ナルトキハ十二圓五十錢トス四分ノ一トハ最小限度ヲ示スモノニシテ必要ニ應シテ其以上ヲ拂込マシムルコトヲ得第一回ノ拂込ヲ爲スト共ニ會社ノ機關タル取締役監査役ヲ選任セサル可カラス蓋シ會社ハ自然人ニアラサル法人ナリ故ニ自カラ活動スルコト能ハサルニ由ル而シテ此選任ハ發起人ノ議決權ノ過半數ヲ以テ決ス可キモノトス。

第百二十四條　取締役ハ其選任後遲滯ナク第百二十二條第三號乃至第五號ニ掲ケタル事項及

ヒ第一回ノ拂込ヲ爲シタルヤ否ヤヲ調査セシムル爲メ檢査役ノ選任ヲ裁判所ニ請求スルコトヲ要ス

裁判所ハ檢査役ノ報告ヲ聽キ第百三十五條ノ規定ニ準據シテ相當ノ處分ヲ爲スコトヲ得

設立調査

本條ハ發起設立ニヨリ會社カ成立シタル場合ニ其設立カ會社トシテ存續スルニ足ル法律ノ規定ニ準據シタリヤ否ヤ又ハ設立ニ伴フ行爲ノ正否就中第百二十二條第三號乃至第五號ノ事項ノ正否又ハ第一回ノ拂込ノ有無ヲ調査セシムル爲メ取締役ハ檢査役ノ選任ヲ請求ス可キコトヲ規定セリ蓋シ此等ノ事項ハ不正ナル發起人ノ私腹ヲ肥ス手段ヲ防止セシカ爲メナリ此場合ニ裁判所ハ檢査役ノ報告ヲ聞キ或ハ物的出資ニ對スル株式ノ割當テヲ不當ト認メタルトキハ其株式ヲ減少スルカ如キ相當ノ處分ヲ爲ス可キモノトス(非手一二六以下)

第百二十五條　發起人カ株式ノ總數ヲ引受ケサルトキハ株主ヲ募集スルコトヲ要ス

募集設立

本條ハ既ニ述ヘタルカ如ク株式總數ヲ發起人カ引受ケサル場合ニ於テ其引受ナキ株式ヲ募集スル場合ナリ卽チ發起人カ株式ヲ全部引受ケサルトキハ會社ノ資本ニ對スル出資義務カ確定セサルカ故ニ其殘部ノ株式ニ付キテハ廣ク公衆ニ引受應募ヲ求メサル可ラサルモノトセリ而シテ本條以下第百四十六條ハ募集設立ニ關スル規定ナリ。

第百二十六條　株式ノ申込ヲ爲サントスル者ハ株式申込證二通ニ其引受クヘキ株式ノ數及ヒ住所ヲ記載シ之ニ署名スルコトヲ要ス

株式申込證ハ發起人之ヲ作リ之ニ左ノ事項ヲ記載スルコトヲ要ス

一　定款作成ノ年月日

二　第百二十條及ヒ第百二十二條ニ掲ケタル事項

三　各發起人カ引受ケタル株式ノ數

四　第一回拂込ノ金額

五　一定ノ時期マテニ會社カ成立セサルトキハ株式ノ申込ヲ取消スコトヲ得ヘキコト

額面以上ノ價額ヲ以テ株式ヲ發行スル場合ニ於テハ株式申込人ハ株式申込證ニ引受價額ヲ記載スルコトヲ要ス

發起設立ニハ何等ノ方式ナシト雖モ募集設立ノ場合ニハ一定ノ形式ニヨラサル可カラス本條ハ其形式ヲ定メタリ曰ク株式ヲ引受ク可キモノハ株式申込證二通ニ云々トアリ故ニ株式ヲ募集スルニハ株式申込證ニ依ラサル可カラス申込證ハ一方ニ於テハ設立セラル可キ會社ノ内容ヲ知ラシメ第三者ヲシテ眞ニ株主トナルノ價値アリヤ否ヲ判斷セシムルト共ニ一方ニ於テハ株主タラント欲スル者カ會社ノ出資義務者タラントスル意思ヲ表示スルノ具トナスモノナリ從テ申込證ニハ申込人タランコトヲ欲スル者ニ知ラシムル事項ナカル可カラス然レトモ

事細大トナク記載スルハ株主タラント欲スル者ノ判斷ヲ誤ラシムル恐レアルカ故ニ大體ノ要項ヲ上クレハ足ルモノトセリ法律ノ示スモノ左ノ如シ。

一　定款作成ノ年月日

二　第百二十條及ヒ第百二十二條ノ事項　卽チ必要事項ト相對的事項トヲ謂フ」

三　各發起人カ引受クヘキ株數　引受株數ノ多少ハ發起人カ眞面目ニ事業ヲ經營スルヤ否ヲ知ラシムルカ爲ナリ。

四　第一回ノ拂込金額　卽チ第一回ニ拂込ム可キ金額ヲ知ラシムル爲ナリ。

五　會社不成立ノ時ハ株式引受ノ申込ヲ取消スコトヲ得ヘキ事　本號ハ舊商法第百四十條ノ規定ニ代リタルモノニシテ舊商法第百四十條ニハ株式總數ノ引受アリタル後一年內ニ第一回拂込カ終ラサルトキ又ハ拂込カ終リタル後六ケ月內ニ發起人カ創立總會ヲ招集セサルトキハ株式引受人ハ其申込ヲ取消シ拂込タル金額ノ返還ヲ請求スルコトヲ得トシ株式申込ノ取消ニ付キ一ケ年又ハ六ケ月ノ期間ヲ付シタリ然レトモ設立セラル可キ會社ノ性質ニヨリテハ一ケ年又ハ六ケ月ヲ要セサルモノアル可ク又夫レ以上ヲ要スルモノアリテ其期間ヲ一定スルコトヲ得サルモノトス故ニ改正商法ハ一定ノ時期ニ取消シ得ヘキ

モノトシ法律ヲ以テ期間ヲ定メサルコトトセリ而シテ右取消ヲ認メタル所以ハ株式引受人ヲ永遠ニ拘束スルハ酷ナリト謂フニアリ。

六　次ニ額面以上ノ價格ヲ以テ株式ヲ發行シタルトキハ株式引受人ハ其引受クヘキ價格ヲ申込證ニ記載スヘキモノトス。

第百二十六條ノ二　第百七十二條ノ二ノ規定ハ株式申込人又ハ株式引受人ニ對スル通知及ヒ催告ニ之ヲ準用ス

株式申込人ノ住所

本條ハ改正法律ニ於テ新ニ加ヘタルモノニシテ株式申込人ニ對スル通知催告ヲ爲スニハ申込證記載ノ住所ニ宛ツ可キモノトセリ是レ申込證記載ノ住所ト引受人ノ事實上ノ住所ト異ナルコトアルヨリ生スル捜査ノ煩勞ヲ避ケンカ爲メ申込證記載ノ住所ヲ以テ株式引受人ノ住所ト爲シタルナリ。

第百二十七條　株式ノ申込ヲ爲シタル者ハ其引受クヘキ株式ノ數ニ應シテ拂込ヲ爲ス義務ヲ負フ

株式申込人ノ責任

本條ハ株式引受人ノ責任ヲ定メタルモノナリ株式引受人ハ引受株式ノ數ニ應シテ拂込ヲ爲ス義務ヲ負フモノトシ有限責任タルコトヲ示セリ從ツテ引受人ノ責任ハ引受株數ニ限定セラレ其以上ニ出ツルコトナシ然レトモ必スシモ申込ミタル株式數ニヨリ拂込ヲ爲ス義務ヲ負フモノニハアラス蓋シ引受申込ニ對シ幾

株式發行額

何ノ株式ヲ割當ツヘキカハ一ニ發起人ノ判斷ニヨレハナリ故ニ實際割當テラレタル株式數ニ應シテ拂込ヲナス義務ヲ負フモノト謂ハサルヘカラス。

第百二十八條　株式發行ノ價額ハ券面額ヲ下ルコトヲ得ス
第一回拂込ノ金額ハ株金ノ四分ノ一ヲ下ルコトヲ得ス

本條ハ株式ノ發行價格及ヒ第一回拂込金額ヲ定メタルモノナリ卽チ第一項ニ於テハ株式ノ發行額ヲ定メテ券面額以下ニ下ルコトヲ得ストセリ蓋シ券面額ハ會社ノ資本ヲ代表ス可キモノナルニ券面額以下ニテ發行スルトキハ實際會社ノ資本ヲ代表セサルニ至リ資本ハ將來會社ノ營業基金タルノミナラス債權者ノ擔保力ナルニ之ヲ減少シ其效力ヲ薄弱ナラシムヘシ然レトモ券面額以上ノ發行ハ敢テ妨ケサルナリ蓋シ第百九十四條ニヨリ券面額以上ノ額ハ之ヲ準備金ニ組入ルルコトヲ要スルカ故ニ會社ノ財産ヲ增加シ會社自身及ヒ債權者ニトリテ利益アレハナリ。

第二項ハ第一回拂込高ヲ定メテ株金ノ四分ノ一ヲ下ルコトヲ得ストセリ先ツ說明ス可キハ第一回ノ拂込ヲ四分ノ一ト爲セルコト是ナリ既ニ株式申込ヲ爲シタルモノニ其引受數カ割當テラレタルトキハ會社ニ對スル確定債務ヲ負擔スル

カ故ニ引受人ヲシテ當然其全額ヲ拂込マシムルモ不可ナシ然レトモ會社ハ未タ完成セス從テ營業基金ノ必要モナク他方ニ於テハ一時ニ全部ヲ拂込マシムルハ引受人ニ取リテ苦痛トスル所ナリ茲ニ於テ法律ハ實益ヲ鑑ミテ四分ノ一トシタルモノトス既ニ四分ノ一トシタル所以斯ノ如シトセハ其以下ニ下スハ引受人ノ拂込額ハ輕易トナルカ故ニ之ヲ認ムルモ敢テ不可ナキカ如シト雖斯クテハ無資少產ノ徒ヲシテ株式轉賣ニヨリテ一時ヲ僥倖セシムルノ弊害ヲ生セシムルト共ニ會社ノ基礎ヲ薄弱ナラシムルカ故ニ之ヲ許サヽルコトトセリ而シテ第一回拂込額タル四分ノ一ハ最小限度ヲ示スモノナルカ故ニ其以上ヲ第一回ノ拂込額ト爲スモ不可ナシ茲ニ所謂四分ノ一ト謂ハ各株ニ就テノ謂ヒニシテ總株數ノ四分ノ一ト謂フニアラス

第一回ノ拂込

第百二十九條　株式總數ノ引受アリタルトキハ發起人ハ遲滯ナク各株ニ付キ第一回ノ拂込ヲ爲サシムルコトヲ要ス

額面以上ノ價額ヲ以テ株式ヲ發行シタルトキハ其額面ヲ超ユル金額ハ第一回ノ拂込ト同時ニ之ヲ拂込マシムルコトヲ要ス

本條ハ株式總數ノ引受アリテ會社ノ資本ニ對スル引受人ノ債務カ確定シタルトキハ發起人ハ遲滯ナク各株ニ付キ第一回ノ拂込ヲ爲サシム可キコトヲ定メタ

リ而シテ第一回ノ拂込額ハ幾何ナリヤハ前條ノ示ス所ニヨル可ク額面以上ノ價額ハ第一回拂込ト同時ニ之ヲ拂込マシメサル可カラス。

第百三十條　株式引受人カ前條ノ拂込ヲ爲ササルトキハ發起人ハ一定ノ期間内ニ其拂込ヲ爲スヘキ旨及ヒ其期間内ニ之ヲ爲ササルトキハ其權利ヲ失フヘキ旨ヲ其株式引受人ニ通知スルコトヲ得但其期間ハ二週間ヲ下ルコトヲ得ス

發起人カ前項ノ通知ヲ爲シタルモ株式引受人カ拂込ヲ爲ササルトキハ其權利ヲ失フ此場合ニ於テ發起人ハ其者カ引受ケタル株式ニ付キ更ニ株主ヲ募集スルコトヲ得

前二項ノ規定ハ株式引受人ニ對スル損害賠償ノ請求ヲ妨ケス

株式引受人ノ失權

本條ハ株式引受人ノ失權手續ヲ定メタルモノナリ卽チ若シ株式引受人ニシテ第一回ノ拂込ニ應セサルトキハ强制執行ノ方法ニヨリ拂込マシムルコトヲ得サルニアラサレトモ其手續困難ナルカ故ニ本條ハ特別ノ便法ヲ設ケ發起人ヲシテ第一回ノ拂込ヲ爲ササルモノニ一定ノ期間内ニ拂込ヲ爲ス可キ旨及ヒ若シ其期間内ニ拂込マサルトキハ其權利ヲ失フ可キコトヲ通知ス可キモノトセリ此期間ハ二週間ヲ下ルコトヲ得ス而シテ右期間ハ引受人ノ利益ノ爲メニ設ケタルモノナルカ故ニ之ヲ延長スルモ可ナリト雖モ之ヲ短縮スルコトヲ得ス。

既ニ權利ヲ失フ可キコトヲ通知スルカ故ニ右二週間經過後ハ引受人タル權利

ヲ失フヤ明カナリ斯ル場合ニハ引受人ナキ株式ヲ生スルカ故ニ更ニ募集スルコトヲ得可ク又ハ發起人ニ於テ自ラ引受クルモ妨ケサルモノトス。

第百三十一條　各株ニ付キ第百二十九條ノ拂込アリタルトキハ發起人ハ遲滯ナク創立總會ヲ招集スルコトヲ要ス

創立總會ニハ株式引受人ノ半數以上ニシテ資本ノ半額以上ヲ引受ケタル者出席シ其議決權ノ過半數ヲ以テ一切ノ決議ヲ爲ス

第百五十六條第一項、第二項、第百六十一條第三項、第四項及ヒ第百六十二條乃至第百六十三條ノ四ノ規定ハ創立總會ニ之ヲ準用ス

株式引受人ハ將來會社ノ株主トナルヘキ者ナリ然レトモ會社ノ設立タルヤ專ラ發起人ノ行爲ニ依ルモノナルカ故ニ果シテ其設立ハ適法ナリヤ設立行爲ハ株式引受人ヲ詐害スル事ナキカヲ調査セシムル必要アリ茲ニ於テカ創立總會ノ制度ヲ見ルニ至ル本條ハ右創立總會ハ何人カ招集スヘキモノナルヤニ付キ其手續ヲ定メタリ。

卽チ招集スヘキ人ハ發起人ナルコトヲ示シ創立總會カ議事ヲ決スルニハ會社資本額ノ半數以上ニシテ引受人ノ半數以上出席シテ決ス可ク其權限ハ會社設立ニ關スル一切ノ事項ニ及フモノトス而シテ右招集ハ會期日ヨリ二週間前ニ通知

スヘク決議ニハ代理人ヲ出ス事ヲ得ヘク決議ニ利害關係ヲ有スル者ハ其決議ニ加ハルコトヲ得サル等株主總會ニ於ケル規定ヲ準用ス。

第百三十二條　發起人ハ會社ノ創立ニ關スル事項ヲ創立總會ニ報告スルコトヲ要ス

前條ニ依リ發起人カ創立總會ヲ招集シタルトキハ會社設立ニ關スル事項ヲ報告スヘキモノトス蓋シ發起人ハ設立ニ關與シタルモノナルカ故ニ其經過ヲ報告シ創立總會ヲシテ設立經過ノ調査判斷ノ材料ニ供スルカ爲メナリ。

第百三十三條　創立總會ニ於テハ取締役及ヒ監査役ヲ選任スルコトヲ要ス

創立總會ニ於テハ取締役及ヒ監査役ヲ選任セサルヘカラス蓋シ此等ノ者ハ會社設立後ニ於テハ會社ノ常設機關トナリ前者ハ會社ノ業務ヲ執行シ會社ヲ代表スル任ニ當リ後者ハ會社ノ監督ノ任ニ當ルヘキ者ナルハ勿論兩者ニ對シ次條ノ調査事務ノ存スル在レハナリ。

第百三十四條　取締役及ヒ監査役ハ左ニ掲ケタル事項ヲ調査シ之ヲ創立總會ニ報告スルコトヲ要ス

一　株式總數ノ引受アリタルヤ否ヤ

二　株式ニ付キ第百二十九條ノ拂込アリタルヤ否ヤ

三　第百二十二條第三號乃至第五號ニ掲ケタル事項ノ正當ナルヤ否ヤ

取締役又ハ監査役中發起人ヨリ選任セラレタル者アルトキハ創立總會ハ特ニ檢査役ヲ選任シ其者ニ代ハリテ前項ノ調査及ヒ報告ヲ爲サシムルコトヲ得

創立總會ニテ選任セラレタル取締役監査役ハ株式總數ノ引受ケアリタリヤ否ヤ各株ニ付キ第一回ノ拂込ミアリタルヤ否ヤ定款記載ノ相對的事項ノ正當ナリヤ否ヤヲ調査シ之レカ認否ヲ決セシムルカ爲メ創立總會ニ報告セサルヘカラス然レトモ若シ發起人カ取締役又ハ監査役ニ選任セラレタルトキハ往々假裝ノ報告ヲ爲スコトナキヲ保シ難シ茲ニ於テカ右ノ調査報告事項ヲ特ニ選任シタル檢査役ヲシテ調査報告セシムルコトヲ得ルコトト爲セリ。

第百三十五條　創立總會ニ於テ第百二十二條第三號乃至第五號ニ掲ケタル事項ヲ不當ト認メタルトキハ之ヲ變更スルコトヲ得但金錢以外ノ財產ヲ以テ出資ノ目的ト爲ス者アル場合ニ於テ之ニ對シテ與フル株式ノ數ヲ減シタルトキハ其者ハ金錢ヲ以テ拂込ヲ爲スコトヲ得

發起人ノ報告ニ基キ取締役監査役又ハ檢査役ノ創立總會ニ調査報告スヘキ事項ハ一トシテ會社設立當時ニ於テ通常不正ナル發起人等ノ私腹ヲ肥ヤス爲メニ利用セラルルモノニ非ルハナシ一度ヒ此等ノ事項ヲ看過スルトキハ意外ノ損失ヲ蒙ルモノハ株式引受人タルハ勿論延テ企業界ニ恐怖ノ念ヲ抱カシムルニ至ル茲ニ於テカ最後ニ利害關係ノ最モ痛切ナル創立總會ヲシテ更ニ之ヲ調査セシメ

引受ケ又ハ第一回ノ拂込ミナキ株式ニ對スル發起人ノ責任

サルヘカラス就中第百二十二條第三號乃至第五號ハ設立當時ニ於テ偶々發起人等ノ好餌トナルコトアルカ故ニ此等ニ對シ嚴格ナル調査ヲ必要トス故ニ若シ總會ニテ發起人ニ對スル報酬又ハ金錢以外ノ出資ニ對シ割當テタル株數等ニシテ不當ト認ムルトキハ其割當テヲ減少シ又ハ否認スルモ差支ナシ例ヘハ五十圓價格ノ不動産ヲ出資トシタルモノニ對シテ二株ノ割當テアリタルトキニ其一株ヲ減スルカ如シ。

第百三十六條　引受ナキ株式又ハ第百二十九條ノ拂込ノ未濟ナル株式アルトキハ發起人ハ連帶シテ其株式ヲ引受ケ又ハ其拂込ヲ爲ス義務ヲ負フ株式ノ申込カ取消サレタルトキ亦同シ

創立總會カ前條ノ設立調査ヲ爲シタルニ引受ナキ株式アリ又ハ第一回ノ拂込ミ未濟ナル株式アルトキハ如何ニスヘキカ本條ハ斯ル場合ニ於ケル善後策ヲ規定シテ發起人ニ引受ケ又ハ拂込ムヘキ連帶責任アルコトヲ命シ株式申込ノ取消アルモ尚ホ引受ナキ株式ノ生シタルトキ亦同然ナリトセリ元來株式ノ引受確定セス又ハ株式ノ引受確定スト雖第一回ノ拂込未濟ナル場合ニハ未タ創立總會ヲ招集スルコトヲ許サヽルモノナルニ之ヲ招集シタリトセハ創立總會ハ招集無效ノ結果其成立ナキニ至リ會社設立ノ希望モ水泡ニ歸スルヤ論ナシ然レトモ法律ハ創立總會招集ヲ無效ニ終ラシムルヲ以テ實益ニ反スト爲シ發起人ノ責任ヲ擴

張スルコトト爲シタリ。

前條以外ノ損害ニ對スル發起人ノ責任

第百三十七條　前二條ノ規定ハ發起人ニ對スル損害賠償ノ請求ヲ妨ケス

引受ナキ株式アリ又ハ引受アリト雖モ第一回ノ拂込未濟ナル株式アルトキハ前條ニ示スカ如ク發起人ハ連帶ノ責任ヲ負擔セサルヘカラス然レトモ右二個ノ場合ニ於テ尙ホ損害ヲ生スルコトナシトセス斯ル場合ニハ更ニ發起人ヲシテ賠償セシメ得ルモノトセリ。

株式總數ノ引受アリテ第一回ノ拂込アリト雖モ第百三十五條ニヨリ創立總會ニテ金錢以外ノ出資ニ對シ割當テタル株數ヲ過當ナリトシテ其一部ヲ否認シタルカ爲メ引受ナキ株式ヲ生スルコトナシトセス斯ル場合ニハ第百三十六條ニヨリ發起人カ連帶シテ引受ケサルヘカラサルハ勿論ナリト雖モ其引受ケアリタルニ不拘尙ホ損害ノ生スルコトアリ故ニ本條ニ於テ事實引受ナキ場合ト同樣ニ發起人カ其損害ヲ賠償スヘキモノトセリ。

創立總會ノ消極的權限

第百三十八條　創立總會ニ於テハ定款ノ變更又ハ設立ノ廢止ノ決議ヲモ爲スコトヲ得

創立總會ニ於テハ會社設立ニ關スル一切ノ調査ヲナス權限アルコトハ既ニ述ヘタリ然レトモ此權限ハ會社ノ成立ノ爲メ積極的ニノミ行使セラルルモノニア

ラス若シ設立行爲ノ基本タル定款ノ記載事項ニシテ不當ト認メタルトキハ之ヲ變更シ又ハ將來會社トシテ設立スル見込ナキモノト認メタルトキハ會社設立ノ廢止ヲ決議スル消極的行爲ニモ及フモノトス是レ本條ノ規定スル所ナリ。

第百三十九條　發起人カ株式ノ總數ヲ引受ケサリシトキハ會社ハ創立總會ノ終結ニ因リテ成立ス

發起設立

本條ハ所謂募集設立ノ場合ニ於テ會社ハ孰レノ時ニ成立スルヤヲ規定シタルモノナリ即チ株式會社ハ創立總會ノ終了ニ因リテ成立スト規定セラレタリ何故ニ株式會社ハ合名會社ノ如ク定款ノ作成ニヨリテ會社ノ成立アリトナササルカ蓋シ株式會社ニ於テハ發起人ノミ設立行爲ヲ爲シ廣ク株主タルヘキ者ヲ求メテ資本吸收ノ道ヲ講スルモノナルカ故ニ果シテ其設立行爲カ正當ナリヤ否ヤハ株式引受人等ノ與リ知ラサル所ナリ故ニ株式引受人等ヲシテ之ヲ調査セシメサレハ株式引受人ハ發起人ノ爲メニ詐害セラルル恐レアルノミナラス設立セラルヘキ會社カ果シテ將來經營スルニ足ルヤ否ヲモ不明ナルカ故ニ創立總會終了ノ時ヲ以テ株式會社ノ成立アルモノトナセリ。

第百四十條　削除

本條ハ改正商法ニ於テ削除シタルモノナリ蓋シ第百二十六條第五號ヲ新設シタルニ依ル然レトモ削除セラレタル本條ト右第五號トハ主旨ニ於テ同一ナリ。

第百四十一條　會社ハ發起人カ株式ノ總數ヲ引受ケタルトキハ第百二十四條ニ定メタル調査終了ノ日ヨリ又發起人カ株式ノ總數ヲ引受ケサリシトキハ創立總會終結ノ日ヨリ二週間內ニ其本店及ヒ支店ノ所在地ニ於テ左ノ事項ヲ登記スルコトヲ要ス

一　第百二十條第一號乃至第四號及ヒ第七號ニ掲ケタル事項
二　本店及ヒ支店
三　設立ノ年月日
四　存立時期又ハ解散ノ事由ヲ定メタルトキハ其時期又ハ事由
五　各株ニ付キ拂込ミタル株金額
六　開業前ニ利息ヲ配當スヘキコトヲ定メタルトキハ其利率
七　取締役及ヒ監査役ノ氏名、住所
八　會社ヲ代表スヘキ取締役ヲ定メタルトキハ其氏名
九　數人ノ取締役カ共同シ又ハ取締役カ支配人ト共同シテ會社ヲ代表スヘキコトヲ定メタルトキハ其代表ニ關スル規定

第五十一條第二項、第三項、第五十二條及ヒ第五十三條ノ規定ハ株式會社ニ之ヲ準用ス

株式會社カ第百二十三條前段ニヨリ成立シタルトキハ第百九十四條ニ定メタル調査終了ノ日ヨリ又第百三十九條ニヨリテ成立シタルトキハ創立總會終結ノ

日ヨリ二週間内ニ其本店及ヒ支店ノ所在地ニ於テ登記ヲ爲サヽルヘカラス然ラサレハ第三者ニ對抗スルコトヲ得サルハ勿論會社ハ成立シタリト雖モ開業ノ準備タニ爲ス能ハサルコト商事會社一般ノ原則ナリ而シテ登記スヘキ事項ハ本條所定ノ如ク(一)目的、商號、資本ノ總額、一株ノ金額、會社ノ公告方法(二)本店支店、登記スヘキハ本店支店ノ所在地ニアラスシテ所在ノ場所ナルコト合名會社ノ場合ト同樣ナリ(三)設立ノ年月日(四)存立ノ時期又ハ解散ノ事由(五)各株ニ付キ拂込ミタル株金額各株ニ付キ金額ノ拂込ミナキ時ハ拂込ミアル毎ニ登記ヲ爲サヽルヘカラス(六)開業前ニ利息ヲ配當スヘキ時ハ其利息是レ卽チ建設利息ト稱スルモノナリ詳細ハ後述スヘシ(七)取締役監査役ノ氏名住所(八)會社ヲ代表スヘキ取締役ヲ定メタルトキハ其氏名蓋シ取締役ハ原則トシテ各自會社ヲ代表スヘキモノナレトモ亦特定ノ取締役ヲ以テ會社ヲ代表セシムルコトモ許サル然レトモ是レ原則ニ對スル例外ナルカ故ニ登記スヘキモノトセラレタルナリ(九)共同代表、本號ハ第五十一條第七號ト同斷ナリ。

而シテ右設立登記後支店ヲ設ケタルトキハ第五十一條第二項ノ規定ニヨリ登記セサル可ラサルハ勿論會社カ本店又ハ支店ヲ移轉シタル時ハ第五十二條ニヨ

リ登記スヘク登記事項ニ變更ヲ生シタルトキハ第五十三條ニヨリ登記セサルヘカラサル等合名會社ノ規定ヲ準用ス(非手一八七以下)

株式引受ハ詐欺強迫ニヨルモ取消スヲ得ス

第百四十二條　會社カ前條第一項ノ規定ニ從ヒ本店ノ所在地ニ於テ登記ヲ爲シタル後ハ株式引受人ハ詐欺又ハ强迫ニ因リテ其申込ヲ取消スコトヲ得ス

株式會社カ本店支店ノ所在地ニテ設立ノ登記ヲ爲シタル後株式引受人カ株式引受ヲ爲シタルハ詐欺及ヒ强迫ニ原因スルモノナリトシテ其引受ヲ取消スコトヲ得ヘキカ、元來取消ノ原因アル法律行爲ハ時效ニ罹カラサル間ハ取消權者ニ於テ取消ノ原因止ミタル後之ヲ取消シ得ヘキコト民法ノ原則ナリ詐欺强迫モ取消原因ノ一種ナル以上ハ此等ニ因レル株式引受ケモ亦取消權カ時效ニ罹カラサル間ハ之ヲ取消シ得ヘキハ勿論ナリ然レトモ會社カ既ニ設立ノ登記ヲ爲シタル後其取消ヲ主張セシメテ株式引受ヲ無效ナラシムルニ於テハ引受ナキ株式ヲ生シ第一回ノ拂込モ亦完了セサルコトトナリ會社ノ成立無效トナル結果ヲ生スルノミナラス會社ヲ經營セント欲セハ更ニ設立行爲ヲ更新セサルヘカラサルノ煩勞アリ本條ハ斯ル實益ニ反スル結果ノ生スルコトヲ防カンカ爲メ設立登記後ハ株式引受人ハ取消ノ原因タル詐欺强迫ニ因リ株式ノ引受ヲナシタルトキト雖モ其

引受ヲ取消スコトヲ得サルモノトセリ。

第百四十二條ノ二　發起人カ會社ノ設立ニ關シ其任務ヲ怠リタルトキハ其發起人ハ會社ニ對シ連帶シテ損害賠償ノ責ニ任ス

發起人ニ惡意又ハ重大ナル過失アリタルトキハ其發起人ハ第三者ニ對シテモ連帶シテ損害賠償ノ責ニ任ス

發起人ニ對スル制裁

發起人カ會社ヲ設立スルニハ商法上定款ヲ作成シ株式ヲ自カラ引受ケ或ハ募集シ第一回ノ拂込ヲ爲サシムル職責アリ此職責ヲ全フスルニハ誠實ヲ以テセサルヘカラサル任務アルヤ當然ナリ然ルニ此任務ヲ怠リ或ハ拂込ミタル金錢ヲ私消シ或ハ會社設立ヲ名トシテ第三者ヲ詐害スルコトナシトセス斯ル場合ニハ民法ノ不法行爲ノ原則ニヨリテ發起人ハ會社又ハ第三者ニ其損害ヲ賠償セサルヘカラサルハ論ナシ然レトモ民法ノ不法行爲ニ對スル責任ハ個別的ニシテ未タ不正ナル發起人等ニ對スル制裁ト爲スニ足ラス故ニ本條ハ背任發起人カ連帶シテ損害賠償ノ責ニ任スヘキモノトセリ。

第百四十二條ノ三　會社カ成立セサル場合ニ於テハ發起人ハ會社ノ設立ニ關シテ爲シタル行爲ニ付キ連帶シテ其責ニ任ス

前項ノ場合ニ於テ會社ノ設立ニ關シテ支出シタル費用ハ發起人ノ負擔トス

會社不成立ノ場合ニ於ケル發起人ノ責任

本條ハ會社不成立ノ場合ニ於ケル發起人ノ責任ヲ定メタルモノナリ第一項ハ會社設立ニ關シテ爲シタル行爲ニシテ第二項ハ會社設立ニ關シテ支出シタル費用ナリ此等ノ行爲及ヒ費用ハ會社成立セハ會社ノ負擔トナルモノナリ然レトモ若シ會社カ成立セサルトキハ共ニ發起人ニ於テ連帶シテ負擔セサル可ラサルモノトセリ蓋シ會社ノ設立ハ發起人ノ行爲ニ出ツルモノナルカ故ニ會社カ成立セサルトキハ其設立ニ伴フ行爲並ニ支出費用ニ對シテ會社カ責任ヲ負ハサルハ勿論株式引受人ニ於テモ他人ノ行爲ニ付キ責任ヲ負ハサルハ當然ナリトス。

第百四十二條ノ四　取締役又ハ監査役カ第百三十四條第一項ニ定メタル任務ヲ怠リタルニ因リ會社又ハ第三者ニ對シテ損害賠償ノ責ニ任ス可キ場合ニ於テ發起人モ亦其責ニ任ス可キトキハ其取締役監査役及ヒ發起人ハ之ヲ連帶債務者トス

取締役及ヒ監査役ハ創立總會ニ調査報告スヘキ第百三十四條第一項ノ事項ヲ調査セス又ハ報告セス爲ニ發起人ノ乘スル所トナリ會社ノ負擔ヲ大ナラシメ會社ノ擔保力ヲ減少シ第三者ヲ詐害セシムルニ至ルコト無ナシトセス茲ニ於テカ本條ハ斯ル背任行爲カ原因トナリ會社又ハ第三者ニ損害ヲ及ホシタルトキハ取締役監査役ハ共同シテ連帶責任ヲ負擔スヘキハ勿論發起人ニモ亦之ニ付キ責任アルトキハ取締役及ヒ監査役ト共同シテ連帶責任ヲ負フヘキモノトセリ。

株式ノ意味

第二節　株式

第百四十三條　株式會社ノ資本ハ之ヲ株式ニ分ツコトヲ要ス

株式會社ノ資本ハ株式ニ分割セサルヘカラス其之ヲ分割セシムル所以ハ株式ハ會社ノ資本ヲ構成スル單位タルコトヲ示スカ爲メナリ從テ各株式ノ合算額ハ會社ノ資本ト相一致スルモノトス。

第百四十四條　株主ノ責任ハ其引受ケ又ハ讓受ケタル株式ノ金額ヲ限度トス

株主ハ株金ノ拂込ニ付キ相殺ヲ以テ會社ニ對抗スルコトヲ得ス

株式會社ノ特色カ有限責任社員ヲ以テ構成セラルルコトハ既ニ述ヘタルカ如シ本條ハ右有限責任ノ限界ヲ定メタルモノナリ何人ト雖モ自己ノ意思ニ反シテ責任ヲ負ハサルコトヲ原則トス株主ニ於テモ亦然リ故ニ株主ノ責任ノ生スルハ其引受ケ又ハ讓受ケニアリト謂フヘク其責任ノ限界モ亦引受ケ又ハ讓受ケタル株金額ニアルヤ蓋シ當然ナリト謂フヘシ從テ引受ケ又ハ讓受ケ以外ニ其責任ヲ請求セラルルコトナシ而シテ此責任ハ株主カ會社債權者ニ對シテ負擔スルモノニアラスシテ會社自身ニ對スル出資ノ義務ナルコトハ既ニ述ヘタルカ如シ。

株主ハ右ノ有限責任ヲ以テ會社ニ對シ拂込ミヲ爲ス債務ヲ負擔ス然ルニ株主ハ他方ニ於テ會社ニ對シ債權ヲ有スルコトアリ斯ル場合ニハ民法第五百五條ニ依リ株主ハ相殺ヲ對抗シテ自己ノ會社ニ對スル拂込ノ義務ヲ免カレ得サルヘカラス然レトモ若シ此ノ如キ相殺ヲ許スモノトセハ會社ハ資本ノ充實ヲ計リ難キハ勿論會社ハ自己ノ債權者ニ對シテ平等ノ辨濟ヲ爲ササルヘカラサルニ特定ノ債權者タル株主ニ優先的辨濟ヲ爲スト同一ナル結果ヲ來タスカ故ニ本條ニ於テハ株主ハ株金ノ拂込ミニ付キ相殺ヲ以テ會社ニ對抗スルコトヲ得サルモノナリトセリ。

株金ハ均一ナリ

第百四十五條　株式ノ金額ハ均一ナルコトヲ要ス

株式ノ金額ハ五十圓ヲ下ルコトヲ得ス但一時ニ株金ノ全額ヲ拂込ムヘキ場合ニ限リ之ヲ二十圓マテニ下スコトヲ得

本條ハ株式ハ金額株ニシテ且ツ株式ノ金額ハ平等均一ナルヘキコトヲ明定シタルナリ凡株式ニハ金額株ト部分株ナルモノトアリ金額株トハ金錢ヲ以テ表ハシ部分株トハ會社資本ノ何分ノ一ト爲ス株式ヲ謂フ又株式ニハ各株式共ニ均一ナルモノト不均一ナルモノトアリ我商法ハ金額株ニシテ而カモ各株均一平等ナルコトヲ認メタリ蓋シ部分株不均一株ハ計算ニ不便ナルノミナラス各株主ハ共

同シテ會社事業ニ參與スヘキ權利アルニ一部ノ株主ヲシテ過大ノ權利ヲ行ハシメ他ノ株主ヲシテ常ニ彼等ノ爲メニ其權利行使ヲ阻止セラルルカ如キ不合理ナル結果ヲ生スル恐レアレハナリ。

然ラハ幾何ノ金額ヲ以テ株金額ト爲スヘキカ若シ株金額ニシテ大ニ失セハ資本ノ吸收ヲ計ルニ困難ナルハ勿論少ニ失セハ小產ノ徒ヲ誘惑シ株式ノ賣買ニヨリ一時ヲ僥倖セシムルノ弊害ヲ生セシムル憂アリ玆ニ於テカ我商法ハ經濟界ノ狀況ニ鑑ミテ原則トシテ株金額ハ五十圓ヲ下ルコトヲ得ストシ若シ一時ニ金額ヲ拂込マシムルトキハ二十圓迄ニ下スコトヲ得ルモノトセリ。

株券ノ共有

第百四十六條　株式カ數人ノ共有ニ屬スルトキハ共有者ハ株主ノ權利ヲ行フヘキ者一人ヲ定ムルコトヲ要ス

共有者ハ會社ニ對シテ連帶シテ株金ノ拂込ヲ爲ス義務ヲ負フ

資本ハ株式ニ分割セサルヘカラス然レトモ各株式ハ各々之ヲ分割スルコトヲ得ス蓋シ各株式ハ資本ノ單位ニシテ且ツ株主權ノ標準ヲ示スモノナレハナリ然リト雖モ數人ニテ株式ヲ共有スルコトハ之ヲ認メラル然ルニ共有ハ民法第二百四十九條ニヨリ各共有者ハ其持分ニ應シテ權利ヲ行フノ不便アルカ故ニ本條第一項ハ株主トシテノ權利ヲ行フニハ共有者中ノ一人ヲ以テスヘシト規定シタリ

株主權ヲ行使スルニハ共有者中ノ一人ヲ以テスト雖モ各共有者ノ株金額拂込ハ如何ニスヘキカ若シ何等ノ明文ナクンハ民法ノ規定ニヨリ各共有者ハ其持分ニ應シテ拂込ヲ爲ササルヘカラス然レトモ共有者ノ一人ニ付キ拂込ヲ爲ササルトキハ會社ハ資本ノ充實ヲ計リ難ク共有者ハ株主權ヲ行使スルコト能ハサルノ不便アルカ故ニ本條第二項ハ各自連帶責任ヲ以テ株金ノ拂込ミヲ爲スヘキモノトセリ。

株券ヲ發行スヘキ時期

第百四十七條　株券ハ第百四十一條第一項ノ規定ニ從ヒ本店ノ所在地ニ於テ登記ヲ爲シタル後ニ非サレハ之ヲ發行スルコトヲ得ス

前項ノ規定ニ反シテ發行シタル株券ハ無效トス但株券ヲ發行シタル者ニ對スル損害賠償ノ請求ヲ妨ケス

本條ハ株券ヲ發行スヘキ時期ヲ定メタルモノナリ案スルニ會社ハ設立ノ登記ヲ爲ササレハ完全ナル成立ヲ見ルニ至ラサルコト第四十五條ニ示スカ如シ完全ナル人格ナキモノニ株券ヲ發行セシメ而シテ之ヲ讓渡シ得ヘキモノトセハ一朝會社ノ設立セサル場合ニハ幾多ノ右株券ノ讓受人ヲシテ被害セシムルニ至ル故ニ本條ニ於テハ發起設立ノ場合ニハ第百二十四條ニ定メタル調査結了ノ日ヨリ募集設立ノ場合ニハ創立總會終結ノ日ヨリ二週間内ニ本店及ヒ支店ノ所在地ニ

於テ設立ノ登記ヲ爲シ會社カ完全ニ成立シタル後ニアラサレハ株券ノ發行ヲ許ササルコトトセリ從テ設立登記前ニ發行シタル株券ハ其效力ナキヤ勿論ナリ。若シ斯ノ如キ株券ヲ取得シタル者アルカ爲メニ損害ヲ蒙ルコトナシトセス故ニ本條第二項末段ニ於テ被害者ハ發行者ニ對シテ損害賠償ヲ請求スルコトヲ得ルモノトセリ。

第百四十八條　株券ニハ左ノ事項及ヒ番號ヲ記載シ取締役之ニ署名スルコトヲ要ス

一　會社ノ商號

二　第百四十一條第一項ノ規定ニ從ヒ本店ノ所在地ニ於テ登記ヲ爲シタル年月日

三　資本ノ總額

四　一株ノ金額

一時ニ株金ノ全額ヲ拂込マシメサル場合ニ於テハ拂込アル毎ニ其金額ヲ株券ニ記載スルコトヲ要ス

株券ノ形式

本條ハ株券ノ何物タルカヲ明カニシ併セテ其形式ヲ規定シタルモノナリ株券トハ株主權ノ存在ヲ證明スルノ書面ナリ從テ株式ナケレハ株券ノアルヘキ筈ナシ然レトモ株式アレハトテ必スシモ株券ヲ發行セサル可ラサルモノニアラス其發行スルト否トハ會社ノ自由ナリ而シテ株券ノ經濟的效用ニ付キテハ一種ノ有價證券トシテ取扱ハル有價證券トハ證券上ノ權利行使カ證券ノ占有ヲ必要トス

ルモノナリ然レトモ記名株券ノ場合ハ株主ハ株券ナシト雖モ株主名簿ニ基キ其權利ヲ行使スルコトヲ得ルカ故ニ純然タル有價證券ナリト謂フコトヲ得ス之ニ反シテ無記名株券ニアリテハ其權利行使ハ株券ノ占有ヲ必要トスルカ故ニ有價證券タル性質ヲ具備スルモノナリ。

株券ハ株主權ノ存在ヲ證明スルト共ニ株主權移動ノ用ニ供セラルルモノナリ從テ自カラ之ニ一定ノ形式ヲ定メ株券ノ取得者ヲシテ株主權ノ存在並ニ其内容ヲ知ラシムル必要アリ本條ハ株券ノ形式トシテ記載スヘキ事項ヲ擧ケタリ即チ(一)會社ノ商號、商號ヲ記載セシムルハ株式會社タルコトヲ知ラシムル爲メナリ(二)第百四十一條ニヨリ設立ノ登記ヲ爲シタル年月日、之ヲ記載セシムルハ設立登記前ノ株券ハ無效ナルコトヲ知ラシムルニ依ル(三)資本ノ總額(四)一株ノ金額等ト爲ス而シテ一時ニ株金額ヲ拂込マシメサル時ハ其拂込額ヲ記載セシメサルヘカラス是レ未拂込額ヲ知ラシムルニアリ以上ノ形式ヲ充實シタル外ニ各株券ニ番號ヲ附シ取締役之ニ署名セサルヘカラス番號ヲ附記セシムル所以ハ計算ノ便宜ノ爲メニナスモノトス。

第百四十九條　株式ハ定款ニ別段ノ定ナキトキハ會社ノ承諾ナクシテ之ヲ他人ニ讓渡スコト

チ得但第百四十一條第一項ノ規定ニ從ヒ本店ノ所在地ニ於テ登記ヲ爲スマテハ之チ讓渡シ又ハ其讓渡ノ豫約チ爲スコトチ得ス

株式讓渡自由ノ原則

本條ハ株式讓渡ノ原則ヲ定メタリ即チ株式ハ會社ノ承諾ナクシテ之ヲ他人ニ讓渡スコトヲ得ルモノトセリ蓋シ株式ナルモノハ合名會社社員ノ持分トハ異ナリ專ラ財產的效用ヲ目的トスル權利ナルカ故ニ株主ノ何人タルカハ之ヲ擇ハサルニ依ル然レトモ會社ノ利害其他ノ事由ニヨリ任意ニ讓渡ジヲ禁止スルコトハ自由ナリ但シ之ヲ定款ニ記載セスンハ株主其他株式ノ取得者ハ不慮ノ損失ヲ蒙ルコトナシトセス故ニ株式讓渡ノ禁止ハ定款ニ記載スヘキモノトセリ。

株式ノ讓渡ハ原則トシテ許サルルモ時ノ如何ニ拘ラス之ヲ許スヘキモノナリヤ本條ハ第百四十一條第一項ノ規定ニヨリ本店ノ所在地ニテ設立ノ登記ヲ爲シタル後ニアラサレハ之ヲ許サザルコトトナセリ蓋シ株式ノ讓渡ハ株劵ニヨリテ行ハル然ルニ株劵ハ設立登記後ニアラサレハ之ヲ發行スルコトヲ得ス株劵ヲ發行スルコトヲ得サルモノトセハ株式ヲ讓渡シ得サルハ勿論ナルニ依ル同一ノ觀念ニヨリテ株式讓渡ノ豫約モ亦タ無效ナリト謂フ可シ。

第百五十條　記名株式ノ移轉ハ取得者ノ氏名、住所チ株主名簿ニ記載シ且其氏名チ株劵ニ記載スルニ非サレハ之チ以テ會社其他ノ第三者ニ對抗スルコトチ得ス

株券讓渡ノ會社第三者ニ對抗スル要件

本條ハ株式讓渡シノ會社其他ノ第三者ニ對抗スル要件ヲ定メタルモノニシテ其主旨ニ於テ物權債權ヲ讓渡スルニ付キ第三者ニ對抗スル要件ノ存スルト同一ノ主旨ニ出ツ株式ニハ記名式ト無記名式トアリ前者ハ株主ノ氏名ヲ明記スルモノニシテ後者ハ其氏名ヲ明記セサルモノナリ其形式ノ異ナルヨリ各々會社其他ノ第三者ニ對抗スル要件ノ異ナラサルコトヲ得ス無記名式ノ株式ヲ讓渡スニハ無記名ノ株券ヲ以テス無記名株券ハ民法第七十八條ニヨリ動產ト看做サルルカ故ニ民法第百七十八條ニヨリ其讓渡ノ對抗要件ハ證券ノ引渡ニアリト謂フヘシ之ニ反シテ記名株式ニアリテハ其取得者ハ氏名住所ヲ株主名簿ニ記載シ且株券ニ其氏名ヲ記載セスンハ會社其他ノ第三者ニ對抗スルコトヲ得サルモノトス蓋シ記名株式ニアリテハ株主ハ株主名簿並ニ株券ニ明定セラレ居ルカ故ニ會社ハ株主名簿ニ基ツキテ株主權ヲ行使セシムルモノナリ從テ若シ株式ノ取得者ニシテ其氏名ヲ株主名簿ニ記載セシメサルニ於テハ會社ハ取得者ノ何人ナルカヲ知ルコトヲ得サルカ故ニ依然舊株主ヲ以テ株主權ヲ行使セシムルハ當然ナリ爲メニ取得者ハ實際株主權ヲ取得スルモ之ヲ行使スルコトヲ得サル危險アレハナリ而シテ株主名簿ノ外株券ニモ取得者ノ氏名ヲ記載セシムル所以ノモノハ株券ハ

記名株式ヲ表現スルモノナルカ故ナリ。

會社ハ自己ノ株式ヲ取得スルコトヲ得ス

第百五十一條　會社ハ自己ノ株式ヲ取得シ又ハ質權ノ目的トシテ之ヲ受クルコトヲ得ス
株式ハ資本減少ノ規定ニ從フニ非サレハ之ヲ消却スルコトヲ得ス但定款ノ定ムル所ニ從ヒ株主ニ配當スヘキ利益ヲ以テスルハ此限ニ在ラス

本條ハ會社カ自己ノ株式ヲ取得シ又ハ質權ノ目的トシテ受クルコトヲ得サル旨ヲ規定セリ若シ會社カ自己ノ株式ヲ取得シ得ルモノトセハ株式ハ混同ニヨリテ消滅シ會社ノ資本ハ減少スルニ至ルカ故ニ會社債權者ニ對スル擔保力ヲ減殺スルノ結果ヲ生セシムルハ勿論會社ハ自己ノ株式ヲ賣買シ不當ナル投機ヲ爲ス等ノ弊アレハナリ而シテ會社カ自己ノ株式ヲ質權ノ目的トシテ受クルコトヲ得サルハ質權實行ノ結果ハ株式ヲ會社カ取得スルニ至リ前段ト同樣ノ弊害ヲ釀ス恐レアルカ故ナリ。

既ニ會社ハ自己ノ株式ヲ取得シ又ハ質權ノ目的トスルハ會社ノ資本ヲ減少スルノ恐レアルカ故ニ之ヲ禁止スルモノナリトセハ會社ハ株式ノ消却ヲ自由ニ爲シ得ヘカラサルハ勿論ナリト謂フヘシ蓋シ株式ノ消却トハ株式ヲ消滅スルモノナルカ故ニ株式ノ消却ハ自カラ會社資本ノ減少ヲ來タセハナリ然レトモ其消却ニシテ資本減少ノ規定ニ從ヒ又ハ定款ニ定ムル所ニ依リ株主ニ配當スヘキ利益

株金拂込手續

ヲ以テ株式ヲ消却スルトキハ會社債權者ヲ害スルコトナキカ故ニ之ヲ認ムモ敢テ差支ナキモノトセラレタリ。

第百五十二條　株金ノ拂込ハ二週間前ニ之ヲ各株主ニ催告スルコトヲ要ス

株主カ期日ニ拂込ヲ爲ササルトキハ會社ハ更ニ一定ノ期間內ニ其拂込ヲ爲スヘキ旨及ヒ其期間內ニ之ヲ爲ササルトキハ株主ノ權利ヲ失フヘキ旨ヲ其株主ニ通知スルコトヲ得但其期間ハ二週間ヲ下ルコトヲ得ス

前項ノ規定ニ依リ會社カ株主ニ對シ其權利ヲ失フヘキ旨ヲ通知スルトキハ會社ハ其通知スヘキ事項ヲ公告スルコトヲ要ス

本條ハ株金拂込ミノ手續ヲ規定シタルモノニシテ先ツ二週間前ニ拂込ミノ催告ヲ爲スヘク其期間ハ二週間以下ニ短縮スルコトヲ得サルモノトス若シ二週間內ニ拂込ミヲ爲ササルトキハ更ニ二週間以上ノ猶豫ヲ與ヘテ更ニ催告スヘク若シ此期間內ニ拂込ヲ爲ササルトキハ株主權ヲ失フヘキ旨ヲモ通知スヘキモノトス而シテ右失權スヘキ通知ハ公告セサルヘカラス公告方法ヲ定款ニ定メタルトキハ此方法ニ依ルヘキモノトス此公示方法ヲ認メタルハ右失權セラルヘキ株券ニ付キ權利ヲ有スル第三者例ヘハ質權者等ヲ保護スルカ爲メナリトス。

第百五十三條　會社カ前條ニ定メタル手續ヲ踐ミタルモ株主カ拂込ヲ爲ササルトキハ其權利ヲ失フ

失權手續

前項ノ場合ニ於テハ會社ハ株式ノ各讓渡人ニ對シ二週間ヲ下ラサル期間內ニ拂込ヲ爲スヘキ旨ノ催告ヲ發スルコトヲ要ス此場合ニ於テハ最モ先ニ滯納金額ノ拂込ヲ爲シタル讓渡人株式ヲ取得ス

讓渡人カ拂込ヲ爲ササルトキハ會社ハ株式ヲ競賣スルコトヲ要ス此場合ニ於テ競賣ニ依リテ得タル金額カ滯納金額ニ滿タサルトキハ從前ノ株主ヲシテ其不足額ヲ辨濟セシムルコトヲ得若シ從前ノ株主カ二週間內ニ之ヲ辨濟セサルトキハ會社ハ讓渡人ニ對シテ其辨濟ヲ請求スルコトヲ得

前三項ノ規定ハ會社カ損害賠償及ヒ定款ヲ以テ定メタル違約金ノ請求ヲ爲スコトヲ妨ケス

本條ハ株主ノ失權手續ヲ規定シタルモノナリ會社カ前條ニ由リ再催告ノ手續ヲ踐ミタルモ株主ニ於テ株金ヲ拂込マサルトキハ何等ノ明文ナキトキハ會社ハ一般ノ原則ニヨリ株主ニ對シテ强制執行ヲ爲シ其拂込ミノ義務ヲ履行セシメ得ヘシ然レトモ此手續タルヤ繁ニシテ無益ノ時ト費用ヲ要スルコト少ナシトセス故ニ商法ハ本條ニ於テ特別規定ヲ設ケ再催告アルモ株主カ拂込ミヲ爲ササルトキハ當然株主權ヲ失フヘキモノトセリ。

株主カ右ノ規定ニヨリ株主權ヲ失フトキハ茲ニ株主ナキ株式ヲ生ス而カモ會社ハ自己ノ株式ヲ取得スルコト能ハサルカ故ニ株主タルヘキ者ヲ求メサル可ラス茲ニ於テカ本條第二項ハ若シ失權株式ニシテ讓渡サレタルモノナルトキハ會

社ハ其株式ノ讓渡人ニ對シテ拂込ヲ催告スヘキモノトセリ蓋シ再ヒ株主タルヘキ機會ヲ與フルノ主旨ニ出ツルモノナリ然ルニ右讓渡人ニ於テモ拂込ヲ爲サス又ハ右失權株式ニシテ讓渡サレタルモノニ非サルトキハ會社ハ資本ノ充實ヲ計ルカ爲メニ之ヲ競賣法ニ從ヒ競賣セサルヘカラス。

競賣ノ結果賣得金額カ滯納金ヲ超過スルコトアラハ其超過部分ハ會社ノ利得トナリ失權株主ハ之ヲ請求スルコトヲ得ス若シ失權株主ハ失權手續ニヨリテ其株式ニ伴フ權利ヲ喪失スレハナリ之ニ反シテ右賣得金カ滯納金ニ及ハサルトキハ失權株主ニ對シテ其不足額ヲ辨濟セシムヘク若シ失權株主カ辨濟セサルトキハ讓渡人ニ請求スルコトヲ得ルモノトス蓋シ株主ハ失權手續ニヨリ權利ヲ失フハ勿論義務ヲモ免ルルニ至ルト雖モ法律カ失權株主及ヒ讓渡人ニ特ニ附與シタル義務ナルニ依ル。

以上ノ手續ヲ終了シタルモ尙ホ會社ニ損害ノ生シタルトキハ失權株主又ハ讓渡人ハ會社ニ對シ其損害ヲ賠償スヘキハ勿論定款ニ株金ヲ拂込マサル場合ニ違約金ヲ支拂フヘキコトヲ定メタルトキハ之ヲ支拂フヘキモノトス。

第百五十三條ノ二　前條第一項ノ規定ニ依リ株主カ其權利ヲ失ヒタルトキハ會社ハ遲滯ナク

其株主ノ氏名、住所及ヒ株券ノ番號ヲ公告スルコトヲ要ス

前條ニヨリ株主カ失權セシメラレタル事ハ會社內部ニ於テハ明カナリト雖モ外部第三者ニ於テハ之ヲ知ラサルコトナシトセス其不知ニヨリ第三者カ不利益ヲ蒙ルコトヲ無カラシメンカ爲メ本條ニ於テハ會社ハ遲滯ナク失權株主ノ氏名住所株券ノ番號ヲ公告スヘキモノトセリ。

譲渡人ノ責任消滅期間

第百五十四條　第百五十三條ニ定メタル讓渡人ノ責任ハ讓渡ヲ株主名簿ニ記載シタル後二年ヲ經過シタルトキ消滅ス

株主カ株金滯納ノ爲メ失權セラレタルトキニハ其株式ノ讓渡人モ亦拂込ミヲ爲シ又ハ競賣價格カ滯納金ニ滿タサルトキハ其不足額ヲ辨濟シ尙ホ損害ノ生シタルトキハ會社ニ對シテ賠償セサル可ラサル責任アリ然レトモ之ヲ永遠ニ拘束スルハ過酷ナリトシ株式讓渡ヲ株主名簿ニ記載シタル後二ケ年ノ經過ニヨリテ其責任消滅スヘキモノトセリ右二ケ年ハ時效ニアラサルカ故ニ時效中斷又ハ時效停止ニ關スル民法ノ適用ナシ二ケ年經過ニヨリテ當然其責任ヲ消滅スルモノトス。

第百五十五條　株金全額ノ拂込アリタルトキハ株主ハ其株券ヲ無記名式ト爲スコトヲ請求スルコトヲ得

無記名株券發行ノ時期

株主ハ何時ニテモ其無記名式ノ株券ヲ記名式ト爲スコトヲ請求スルコトヲ得

株券ニハ記名式ト無記名式トノ二種アリテ其經濟的效用ノ異ナルコトハ既ニ述ヘタルカ如シ本條ハ如何ナル場合ニ無記名式ノ株券ヲ發行スヘキモノナリヤヲ定メタルモノナリ即チ無記名式株券ハ株金全額ノ拂込ミアリタル後ニアラサレハ之ヲ發行スヘキモノニ非サルコトヲ規定セリ蓋シ株金全額ノ拂込ミナキトキハ隨時拂込ヲ催告シ拂込ミナキトキハ第百五十三條ニヨリ損害ノ賠償ヲ爲サシメサル可ラス然ルニ無記名株券ニアリテハ株主ノ何人ナルカハ會社ノ豫知スルコト能ハサル所ナルカ故ニ此等ノ手續ヲ爲スニハ前後ノ所持人ヲ見出ササルヘカラサルノ煩勞アレハナリ。

無記名式株券ハ其占有ノ移轉ニヨリテ株主權ノ移動ヲ來タスカ故ニ其經濟的效用ハ記名式ノ如ク不便ナラス然レトモ其移轉輕易ナルカ故ニ之ニ伴フ紛失盜失等ノ危險アリ故ニ株主ハ何時ニテモ無記名式ヲ記名式トナシ株主權ノ存在ヲ株券ノミナラス株主名簿ニ明記セシムルコトヲ得ルモノトセリ。

第百五十五條ノ二　無記名式ノ株券ヲ有スル者カ株主ノ權利ヲ行ハントスルトキハ其權利ノ行使ニ必要ナル員數ノ株券ヲ會社ニ供託スルコトヲ要ス

無記名式ノ株券ハ其占有ノ移動ニヨリ株主權ノ變動ヲ來タスモノナルカ故ニ何人カ現在株主タルカ會社ノ知ラサルコトヲ通常トス從テ株主權ヲ行ハント セハ定款ノ株券ヲ會社ニ供託シ株主タルコトヲ證明セサルヘカラス故ニ本條ノ規定アリ。

会社機關

第三章　會社ノ機關

會社ハ社團法人ナリ而シテ法人カ實在スルモノナリヤ擬制ナルモノナリヤハ措テ論セス只法人ハ無形人ナルカ故ニ之カ活動ヲ爲スニハ自然人ノ力ニ俟タサルヘカラス其意思及ヒ其業務執行ニ於テ皆ナ然リ故ニ本節ニ於テ株主總會ヲ初メトシテ取締役、監査役ヲ規定スルモ亦其趣旨ヲ明カニスルモノナリ總稱シテ之ヲ會社ノ機關ト謂フ

株主總會

第一款　株主總會

株式會社ハ法人ナルカ故ニ之ニ其意思ヲ供給スルモノアルヲ要ス之ヲ稱シテ株主總會ト謂フ株主總會ノ所謂決議ナルモノハ卽チ會社ノ意思ナリ。

株主總會カ會社ニ其意思ヲ供給スルハ自由ナリ而カモ其意思卽チ決議ノ效力ハ最高ノ力ヲ有スルモノニシテ取締役タリ監査役タリ將タ亦社員タル者皆ナ之ニ服從セサル可ラス然レトモ會社ニハ一定ノ目的及ヒ本質アリ從テ其意思ヲ供給スルモ亦其目的及ヒ本質ニ反スヘカラサルヤ勿論ナリ故ニ會社ノ目的外ノ事ヲ決議シ株主權ヲ剝奪スルカ如キハ共ニ株主總會ノ爲スヘカラサル所ナリトス而シテ株主總會ノ權限トシテ我商法ノ認ムル所ハ悉ク會社ニ取リ重大ナル事項ナラサルハナシ如何ナル事項カ其權限トシテ認メラルルヤハ各本條ニ於テ說明ス可シ株主總會ハ多數ノ株主ヨリ組織セラル從テ總會ニ於テ其意思ヲ發表セシムルニハ各株主ヲ招集セサルヘカラス其招集方法如何ハ次條ニ述ヘン。

第百五十六條　總會ヲ招集スルニハ會日ヨリ二週間前ニ各株主ニ對シテ其通知ヲ發スルコトヲ要ス

前項ノ通知ニハ會議ノ目的タル事項ヲ記載スルコトヲ要ス

會社カ無記名式ノ株券ヲ發行シタル場合ニ於テハ會日ヨリ三週間前ニ總會ヲ開クヘキ旨及ヒ前項ニ揭ケタル事項ヲ公告スルコトヲ要ス

總會招集ノ手續

本條ハ株主總會招集ノ手續ヲ規定シタルモノナリ先ツ株主總會ヲ招集スルニハ會期日ヨリ二週間前ニ各株主ニ對シテ總會招集ノ事實ヲ通知セサルヘカラス

通知ハ二週間以前ニ發スルコトヲ要シ二週間以下ニ短縮スルコトヲ得ス而シテ通知ハ單獨行爲ナルカ故ニ民法ノ規定ニヨリ其通知到達ノ時ヨリ其效力ヲ發生スヘキモノナレトモ若シ各株主ニ到達スルコトヲ俟ツニ於テハ遂ニ株主總會ヲ適當ノ時期ニ招集シ得サルノ不便アルカ故ニ通知ハ發信スレハ足リ到達スルコトヲ要セサルモノトセリ。

株主總會招集ノ通知ニハ更ニ會議ノ目的タル事項ヲ記載セサルヘカラス蓋シ各株主ヲシテ其意ノ在ル所ヲ熟考セシメ總會ニ於テ陳述セシムル爲メニアリ從テ若シ會議ノ目的タル事項ヲ通知セサルニ於テハ株主總會ノ決議事項ナキカ故ニ總會ノ招集ハ無效トナルモノトス然レトモ會議ノ目的ハ之ヲ明確ニ記載スルコトヲ要セス概括的ニ通知スルモ可ナリ故ニ例ヘハ會議ノ目的ハ取締役ノ選任ニアル場合ニ於テ其目的ハ取締役選任ニアリトスヘキヲ單ニ役員ノ選擧トナスモ亦不當ニアラサルカ如シ。

記名株券ノ場合ハ株主ハ株主名簿ニ明定セラルルカ故ニ之ニ對シテ通知ヲ發スルモ容易ナリト雖モ無記名株券ヲ發行シタルトキハ總會ノ招集ヲ通知スルニハ其最後ノ所持人ニ發セサル可ラス然レトモ最後ノ所持人ハ會社ニ取リテ不明

ナルコト常態ナルカ故ニ無記名株券ヲ發行シタルトキハ之ニ對シテ總會ニ於テ株主權ヲ行ハシメントセハ總會ヲ開クヘキ旨及ヒ會議ノ目的タル事項ヲ公告シテ知ラシメサル可ラス。

若シ右ノ招集手續ニ依ラサルトキハ縱令株主總會トシテ決議スル所アルモ其決議ハ無效ナリ其無效ニ對スル善後策ハ第百六十三條ノ説明ヲ一讀スヘシ。

第百五十七條　定時總會ハ毎年一回一定ノ時期ニ於テ取締役之ヲ招集スルコトヲ要ス
年二回以上利益ノ配當ヲ爲ス會社ニ在リテハ毎當期ニ總會ヲ招集スルコトヲ要ス

株主總會ニハ定時總會、臨時總會ノ二種アリ定時總會トハ法律又ハ定款ノ定ムル時期ニ招集セラルルモノヲ謂フ臨時總會トハ時ノ如何ニ不拘必要ニ應シテ招集スルモノヲ謂フ本條ハ定款ニ招集時期ヲ定メ置カサル場合ニ準據スヘキ法定ノ定時總會招集ニ關スル規定ナリ卽チ定時總會ハ毎年一回一定ノ時期ニ於テ取締役之ヲ招集セサルヘカラス毎年孰レノ時期ニ招集スヘキカハ取締役ノ任意ニ決スヘキ所ナリト雖モ少クトモ毎年一回ノ招集ハ必ラス之ヲ行ハ爲サルヘカラサルモノトス。

若シ一年二回以上利益ノ配當ヲ爲ス會社ハ其回數ニ應シテ株主總會ヲ招集セ

サルヘカラス蓋シ毎配當期ニ招集セシムルハ營業ノ狀況、損益配當等ニ付キテノ成績ニ變動アルカ故ニ之ヲ調査決議セシムルカ爲ナリ。

第百五十八條　削除

舊商法第百五十八條ニヨレハ定時總會ハ取締役カ提出シタル書類及ヒ監査役ノ報告書ヲ調書シ且ツ利益又ハ利息ノ配當ヲ決議シ必要アリト認メタルトキハ右ノ書類ヲ調査セシムル爲メ特ニ檢査役ヲ選任シ得ヘキコトヲ規定シ恰モ定時總會ノ權限ハ右ノ事項以外ニ出テサルカ如キ觀念アリ然レトモ定時總會ハ決議事項ニヨリテ定マルニ非スシテ招集セラルヘキ時期ノ特定ナルニアリ故ニ其決議事項ハ法令又ハ定款ニ反セサル限リハ如何ナルコトヲモ決議スルヲ得ルモノト謂ハサル可ラス又檢査役ハ定時總會ニ於テノミ選任スヘキ必要アルニアラス故ニ改正商法ハ本條ヲ削除シタルモノナリ。

臨時總會

第百五十九條　臨時總會ハ必要アル毎ニ取締役之ヲ招集ス

本條ハ臨時總會ノ招集ヲ規定シタルモノナリ臨時總會ハ其名ノ示スカ如ク必要ノ生シタル場合ハ時ノ如何ニ不拘取締役之ヲ招集スヘキモノトス然レトモ臨時總會ナリト雖其招集規定タル第百五十六條ノ手續ハ、之ヲ省略スルコト能ハサ

ルナリ蓋シ招集方法カ命令的ノ規定ナル法ノ精神ヨリ判斷スルトキハ當然ナリト謂ハザルヘカラス。

第百六十條　資本ノ十分ノ一以上ニ當タル株主ハ會議ノ目的タル事項及ヒ其招集ノ理由ヲ記載シタル書面ヲ取締役ニ提出シテ總會ノ招集ヲ請求スルコトヲ得

取締役カ前項ノ請求アリタル後二週間内ニ總會ノ手續ヲ爲サヽルトキハ其請求ヲ爲シタル株主ハ裁判所ノ許可ヲ得テ其招集ヲ爲スコトヲ得

小數株主ノ臨時總會ヲ招集スル場合

臨時總會ハ必要アル毎ニ取締役之ヲ招集スルコトヲ原則トス然レトモ取締役カ臨時總會ヲ招集スルニ足ル必要アルニ拘ラス之ヲ招集スルコトヲ拒ミ又ハ總會ノ招集ヲ取締役ニ一任ス可ラサル事情アルコト等アリ斯ル場合ニハ資本ノ十分ノ一以上ニ當ル株主ニ臨時總會招集ノ請求權アルコトヲ認メタリ本條ノ明言スルカ如ク右ノ請求權ヲ有スル者ハ資本ノ十分ノ一以上ニ當ル株主團體ニシテ株主ノ十分ノ一以上ニハアラサルナリ而シテ十分ノ一ナル條件ハ定款ヲ以テ其數ヲ減少スルコトヲ得レトモ其數ヲ增大セシムルコトヲ得ス蓋シ法文ノ精神ハ出來得ル限リ持株多キ者ノ爲メニ持株少ナキ者カ其株主權ノ行使ヲ阻止セシメラレサルコトヲ豫防スルニアレハナリ。

右資本ノ十分ノ一以上ニ當ル株主カ臨時總會招集ノ請求ヲナスニハ會議ノ目

的タル事項及ヒ招集ノ理由ヲ示シタル書面ヲ取締役ニ提出スヘシ若シ取締役カ右請求後二週間內ニ總會招集ノ手續ヲ爲サヽルトキハ右株主ハ裁判所ノ許可ヲ得テ總會ヲ招集スヘキモノトス若シ此手續ヲ爲サスシテ爲シタル招集手續ハ無効ナリ從テ株主總會トシテノ決議モ亦無効ナルハ勿論ナリ而シテ裁判所ノ許可ニヨリ招集シタル總會ハ會社ノ總會ナルハ勿論其招集手續及ヒ其ノ他決議方法モ亦通常ノ場合ト同樣ナリ（非手一三一二三）。

第百六十條ノ二　總會ハ取締役ノ提出シタル書類及ヒ監査役ノ報告書ヲ調査セシムル爲メ特ニ檢査役ヲ選任スルコトヲ得

檢査役ノ選任

本條ハ舊商法第百五十八條削除ノ結果新設セラレタルモノニシテ檢査役ハ定時タリ臨時タルヲ問ハス選任スルコトヲ得ルモノトセリ蓋シ檢査役ナルモノハ本條ノ規定スルカ如ク取締役ノ總會ニ提出スル書類及ヒ監査役ノ報告書等ヲ公正ニ調査スル任ニ當ルモノニシテ敢テ定時總會ニ於テノミ其必要ヲ見ルモノニアラサルカ故ナリ。

第百六十一條　總會ノ決議ハ本法又ハ定款ニ別段ノ定アル場合ヲ除クノ外出席シタル株主ノ議決權ノ過半數ヲ以テ之ヲ爲ス

無記名式ノ株券ヲ有スル者ハ會日ヨリ一週間前ニ其株券ヲ會社ニ供託スルコトヲ要ス

總會ノ決議方法

株主ハ代理人ヲ以テ其議決權ヲ行フコトヲ得但其代理人ハ代理權ヲ證スル書面ヲ會社ニ差出タスコトヲ要ス
總會ノ決議ニ付特別ノ利害關係ヲ有スル者ハ其議決權ヲ行フコトヲ得ス

本條ハ株主總會ニ於ケル決議方法ノ原則ヲ規定シタルモノナリ即チ本法又ハ定款ニ別段ノ定メアル場合ノ外ハ總會ニ出席シタル株主ノ議決權ノ過半數ニヨリテ決議スヘキモノトセリ卽チ決議權ノ多數決ニシテ株主頭數ノ多數決ニアラス故ニ株主頭數ニ於テ過半數ヲ占ムルト雖モ若シ議決權ニ於テ過半數ニ及ハサルトキハ其主張ヲ貫徹スルコトヲ得サルヤ勿論ナリ。

株主總會ニ於テ其議決ヲ行使スルモノハ株主ニ限ル然ルニ會社カ無記名式株券ヲ發行シタル時ハ其株券ノ占有者ハ轉轉シテ何人カ其株主タルヤ不明ナルヲ常態トス故ニ總會招集ノ際ニハ第百五十六條第三項ニヨリ總會招集ノ旨及ヒ會議ノ目的タル事項ヲ公告スヘキモノトス此公告ニ付キ株主權ヲ行ハントスル者ハ會日ヨリ一週間前ニ其株券ヲ會社ニ供託シテ株主タルコトヲ表明スヘキモノトス若シ株券ヲ供託セサルトキハ會議ヨリ除斥セラルルモノトス。

總會ノ議決ニハ株主自身ニ參與スルヲ以テ通常トスルモ取引關係ノ頻繁ナル必スシモ之ヲ望ムヘカラス故ニ代理人ヲシテ議決權ヲ行ハシムルモ可ナリトセ

リ而シテ代理人タル資格ニハ何等ノ制限ナシト雖モ代理人ハ其代理權ヲ證明スル書面ヲ會社ニ差出スヘキモノトス例令委任狀ヲ差出スカ如シ蓋シ無限代理ノ弊害ヲ避ケシメンカ爲メナリ。

次ニ總會ノ議決事項ニ付キ特別ノ利害關係アル株主ハ議決權ヲ行フコトヲ得サルモノトス例ヘハ會社カ或株主ノ土地ヲ買收スル場合ニ其株主ハ買收ノ議決ニ加ハルコトヲ得サルカ如キ或株主カ取締役ニ選任セラルル場合ニ其株主カ議決權ヲ行フコトヲ得サルカ如シ若シ特別ノ利害アル株主ヲシテ議決ニ加ハラシムルニ於テハ自己ノ利益トスル所ヲ犧牲ニ供セサレハ自己ニ不利益ナル議決ヲ行ハサル可ラサル不條理ナル結果ヲ生スレハナリ。

株主權ノ算數

第百六十二條　各株主ハ一株ニ付キ一箇ノ議決權ヲ有ス但十一株以上ヲ有スル株主ノ議決權ハ定款ヲ以テ之ヲ制限スルコトヲ得

本條ハ株主ノ議決權ノ算數ヲ定メタルモノナリ商法ハ第百四十五條ヲ以テ各株均一平等ナリトセリ株主權ハ各株式ニ相伴フモノナリトスル以上ハ各株主權モ亦均一平等ナルヘキハ蓋シ怪シムニ足ラス從テ本條ニ於テハ各株主ハ一株式ニ付キ一個ノ議決權ヲ有スト規定セラレタリ。

若シ夫レ各株皆ナ別個ノ人ノ有ナリトセハ敢テ右ノ原則ヲ維持スルモ不當ニアラスト雖モ株式ノ引受ハ勿論株式ノ讓受數ニハ制限ナキカ故ニ一人又ハ數人ニテ會社ノ株式ノ大部分ヲ取得スルコトナシトセス斯ル場合ニ尙ホ原則ヲ維持シテ一株一票ナリトセハ此等ノ持株多キ者ハ自ラ會社業務ノ運用ヲ專斷シテ持株少ナキ者ヲ壓倒スルニ至ルヤ事實上當然ノ理ナリ玆ニ於テカ本條ハ共同目的ニ參與セシムルノ根本精神ニ鑑ミ定款ヲ以テ十一株以上ヲ有スル株主ノ議決權ヲ制限シ十一株一票又ハ二十株一票ト制限スルコトヲ得ルモノトセリ此制限タルヤ持株少ナキ者ノ議決權ノ行使ヲ圓滿ナラシムルカ爲メニ存スルカ故ニ十株以下ノ株式ニ付テハ右ノ制限ヲ爲スコトヲ得スシテ十一株以上ニ對シテハ百株一票トナスモ不當ニアラサルモノト信ス要ハ小株主ト大株主トノ議決權ヲ調和スルニアリ然レトモ此等ノ觀念ハ大ニ道德ノ欠缺セル我株式會社ニハ望ムヘキモノナリヤ疑ヒナキ能ハス。

第百六十三條　總會招集ノ手續又ハ其決議ノ方法カ法令又ハ定款ニ反スルトキハ株主、取締役又ハ監査役ハ訴ヲ以テノミ其決議ノ無效ヲ主張スルコトヲ得

株主ハ總會ニ於テ決議ニ對シ異議ヲ述ヘタルトキ又ハ正當ノ理由ナクシテ總會ニ出席スルコトヲ拒マレタルトキニ限リ又株主カ總會ニ出席セサル場合ニ於テハ自己ニ對スル總會招

集ノ手續カ法令又ハ定款ニ反スルコトヲ理由トスルトキニ限リ前項ノ訴ヲ提起スルコトヲ得

第九十九條ノ三第九十九條ノ四ノ規定ハ前二項ノ場合ニ之ヲ準用ス

株主總會ノ決議方法ハ法律及ヒ定款ノ規定ニ依ラサルヘカラス然ルニ其規定ニ違反シタル時ハ其決議ハ無効タルヘキハ論ナシ然レトモ其決議ヲ絶對ニ無效ナラシムルニ於テハ會社ノ行動ヲ澁滯セシムルノ不都合ヲ生ス玆ニ於テカ本條ハ總會ノ決議事項ヲ會社ノ目的本質ニ關スルトキト總會ノ招集及ヒ決議方法等專ラ形式手續ノ點ニ關スル場合トニ二分シ前者ニ反スルトキハ其決議ハ當然無效ニシテ動カスコトヲ得サルモノトシ後者ニ反スルトキハ一定ノ時日後ハ有效トナルモノトセリ。

本條ハ專ラ形式手續ニ反スル場合ニシテ總會招集手續違反トハ第百五十六條ニ違反スルコトヲ示シ決議方法違反トハ第百六十一條ニ違反スルヲ謂フ此等ノ場合ニハ株主及ヒ取締役監査役ハ決議無效ヲ訴訟ノ形式ヲ以テノミ主張スヘキモノトセリ訴ノ形式ニ依ラシムルハ株主等ノ偏見私情ニヨッテ其有效無效ノ判斷ヲ誤ルノ弊害ヲ避ケシメンカ爲メナリ而シテ訴訟當事者ヲ株主及取締役監査役ニ限リタルハ事會社ノ内部關係ニ屬スルモノニシテ會社ノ外部第三者ニ關係

ナキカ故ナリ。

右決議無效ノ訴ヲ提起スルニハ取締役、監査役ニハ何等ノ條件ナシト雖モ株主ニハ一定ノ條件アリ蓋シ前者ハ會社ノ代表、業務執行或ハ監視ノ任ニ當ルモノナルカ故ニ若シ總會ノ決議ニシテ法令又ハ定款ニ違反スルトキハ之ニ適從シテ會社行動ノ局ニ當リ得サルカ故ニ會社ノ機關トシテ當然訴ヲ提起シ得ヘキモノナルニヨルモ之ニ反シテ株主ニアリテハ其株主權ヲ侵害セラレタリトノ事實アルコトヲ要スルカ故ニ自カラ條件ナキコトヲ得サルナリ卽チ左ノ如シ。

一　株主カ總會ニテ異議ヲ述ヘタルコトヲ要ス

決議ニ異議ヲ述ヘサルハ株主トシテ總會ニ於テ其意見ノアル所ヲ述ヘキ權利アルニ不拘之ヲ述ヘサルハ其決議ニ對シテ異議ナキカ或ハ同意シタルモノト見ルヘキヲ以テ後日決議無效ノ訴ヲ爲スコトヲ得サルモノトス。

二　正當ノ理由ナク總會ニ出席スルコトヲ拒マレタルコトヲ要ス

從ツテ第百六十一條第四項ノ場合ニハ當然決議ヨリ除斥セラルルモノナルカ故ニ招集ヲ拒マレタリト謂フコトヲ得ス從ツテ決議無效ヲ主張スルコトヲ得サルモノトス。

合ノ如シ。

三　第百五十六條ノ總會招集ノ通知ヲ受ケサルコトヲ要ス例ヘハ株主カ招集ノ通知ヲ受ケスシテ總會ニ出席スルコトアルモ其出席ハ法律ノ規定ニ依レルモノニアラサルカ故ニ法律上株主權ノ行使ヲ阻害シタル場合ノ如シ。

右決議無效ノ訴訟ヲ提起スヘキ管轄裁判所ハ本店所在地ノ地方裁判所ノ專屬トス故ニ合意管轄ヲ認ムルノ餘地ナシ又數個ノ決議無效ノ訴カ同時ニ繫屬シタルトキハ煩雜矛盾ヲ避クルカ爲メ其辯論裁判ヲ併合スヘク分離スルコトヲ得ス又無效トスル判決ノ效力カ訴訟當事者以外ノ者ニモ影響シ又原告タル株主敗訴シタルトキハ連帶シテ會社ニ損害賠償ヲ爲ササルヘカラサル等第九十九條ノ三及ヒ四ノ準用アリ。

決議無效ノ訴ノ手續

第百六十三條ノ二　決議無效ノ訴ハ決議ノ日ヨリ一个月内ニ之ヲ提起スルコトヲ要ス

口頭辯論ハ前項ノ期間經過シタル後ニ非サレハ之ヲ開始スルコトヲ得ス

訴ノ提起及ヒ口頭辯論ノ期日ハ取締役遲滯ナク之ヲ公告スルコトヲ要ス

本條ハ改正法律ノ新設シタル規定ナリ曰ク前條ノ決議無效ノ訴ハ決議ノ日ヨリ一ケ月内ニ提起セサルヘカラストシ以テ無效ノ決議ヲ永久ニ不確定ナラシムルコトヲ止メ訴ノ口頭辨論ハ右訴ノ提起期間後ニ爲ス可シトシ相次ク訴ヲ數度

ニ判決スルノ繁勞ヲ避ケシメ且ツ株主ト取締役ト相通謀シテ他株主ノ不知ノ間ニ判決セシムルノ弊害ヲ避ケシメンカ爲メ訴ノ提起ト口頭辯論トノ期日トハ取締役カ遲滯ナク之ヲ公告スヘキモノトセリ蓋シ正當ノ規定ナリト謂フヘシ。

決議無效ノ訴ニ對スル株主ノ擔保供與

第百六十三條ノ三　株主カ決議無效ノ訴ヲ提起シタルトキハ會社ノ請求ニ因リ相當ノ擔保ヲ供スルコトヲ要ス但其株主カ取締役又ハ監査役ナルトキハ此限ニ在ラス

本條モ亦改正法律ノ新設シタルモノナリ株主カ第百六十三條ニヨリ決議無效ノ訴ヲ提起スルトキハ或ハ生スルコトアルヘキ損害ヲ賠償スルカ爲メ相當ノ擔保ヲ提供スヘキモノトセリ擔保ノ相當ナリヤ否ヤニ付キ爭アルトキハ裁判所之ヲ決定ス而シテ取締役、監査役カ右決議無效ノ訴ヲ提起スルニ當リ株主ニ擔保提供ノ義務ナキハ此等ノ者ハ會社ノ不利益ニ訴訟ヲ爲サヽルカ故ナリ。

決議無效ノ登記

第百六十三條ノ四、決議シタル事項ノ登記アリタル場合ニ於テハ其決議ヲ無效トスル判決カ確定シタルトキハ本店及ヒ支店ノ所在地ニ於テ其登記ヲ爲スコトヲ要ス

總會ニ於ケル決議事項登記後其決議無效ノ判決アリタルトキハ自カラ登記事項ノ變更ヲ來タスモノナルカ故ニ本店及ヒ支店ノ所在地ニテ決議無效ノ登記ヲ爲サヽルヘカラス（非手一九五ノ二）

第二款　取締役

株式會社ハ無形ノ法人ナリ故ニ活動スルニハ會社ヲ代表シ會社ノ業務ヲ執行スル機關ナカルヘカラス商法カ取締役ナルモノヲ設ケタルハ蓋シ之カ爲メナリ而シテ商法ノ規定スル取締役ナル文字ハ一方ニ於テ會社ノ機關ヲ示シ他方ニ於テ此機關ヲ運轉スル任ニ當ル自然人ヲ示スモノナリ取締役ハ會社ノ機關ナリト謂ヘハ會社ノ代表業務執行ヲ爲スモノナリトノ説明ノミニテ足ルヘシ然レトモ取締役ナル機關ヲ組織スルニハ如何ナル自然人ヲ以テスヘキカ又ハ其自然人ト會社及ヒ第三者トノ間ノ法律關係如何ハ特ニ規定セサル可ラサルノ必要アリ。

第百六十四條　取締役ハ株主總會ニ於テ株主中ヨリ之チ選任ス會社ト取締役トノ間ノ關係ハ委任ニ關スル規定ニ從フ

取締役タルヘキ資格

何人ヲ以テ取締役ヲ選定セシムヘキカ本條ニ於テハ株主中ヨリ選任スヘキモノトセリ案スルニ取締役ノ地位ニ當ルヘキ者ハ會社ヲ代表シ其業務ヲ執行スル能力アレハ郎チ足ルモノニシテ敢テ株主タルト其他ノ第三者タルトヲ問フノ必要ナシト謂フヘシ然レトモ何人ト雖モ自己ニ利害ノ關係ナキ事務ニ付キテハ冷

淡ナルコトヲ常態ト爲ス故ニ商法ハ會社ノ利害ト運命トヲ共ニスヘキ株主中ヨリ適格者ヲ選任シテ取締役ノ局ニ當タラシムルコトトセリ而シテ其選任ハ會社ノ事業ト密接ノ關係アルカ故ニ發起設立ノ場合ニ於テハ發起人ヲ以テシ募集設立ノ場合ニ於テハ創立總會ニテ選任シ既ニ設立シタル會社ニ於テハ株主總會ノ決議ヲ以テ選任スヘキモノトス。

株主中ヨリ選任セラレタル取締役ハ會社ニ對シテ如何ナル法律關係ニ立ツヘキカ元來商法ニハ何等ノ明文ナカリシカ故ニ民法上法人ニ對スル理事ノ法律關係タル法定代理ヲ以テ論スヘキモノナリヤ將又タ委任代理ヲ以テ説明スヘキカ疑ヒアリタリ若シ前者ナリトセハ取締役ノ選任ニハ其承諾ヲ得ルノ必要ナク後者ナリトセハ其承諾ヲ必要トスル等種々ノ點ニ於テ差ヲ生ス然レトモ營利會社ニ於テ取締役タルヘキ者ヲ選任スルニ其意思ヲ問ハサルニ於テハ會社業務ノ執行ニ眞面目ナルコトヲ期シ難シ故ニ改正商法ハ本條ヲ以テ取締役ト會社トノ關係ハ委任ニ關スル規定ニ從フヘキモノトシ取締役ハ委任代理人ナルコトヲ明定セリ從テ其選任ニハ取締役ニ當選シタル株主ノ承諾ヲ得ヘク取締役ハ選任ノ本旨ニ從ヒテ善良ナル管理者ノ注意ヲ以テ會社ノ業務ヲ行ハサル可カラサルモノ

トス（民六四三、民五四四）

取締役ノ員數

第百六十五條　取締役ハ三人以上タルコトヲ要ス。

本條ハ取締役ノ員數ヲ定メテ三人以上ト爲セリ蓋シ株式會社ノ事務ハ複雜多事ナルカ故ニ一人ヲ以テ足レリトセス而シテ其二人ト爲サヽルハ業務執行ニ付キ其意見相一致セサルニ於テハ會社ノ行動ヲ澁滯ナヲシムル弊アルカ故ナリ卽チ取締役ハ三人以上タルコトヲ要スルカ故ニ三人以下ニ減少スルコトヲ得ス然レトモ三人以上ノ取締役アリタルトキニ三人ニ減少スルコトアルモ定款ニ其員數定メナクンハ更ニ缺員ヲ補充セサルモ法律違反ニハアラサルナリ。

取締役ノ任期

第百六十六條　取締役ノ任期ハ三年ヲ超ユルコトヲ得ス但定款ヲ以テ任期中ノ最終ノ配當期ニ關スル定時總會ノ終結ニ至ルマテ其任期ヲ伸長スルコトヲ妨ケス

本條ハ取締役ノ任期ヲ規定シテ三年ヲ越ユルコトヲ得サルモノトセリ任期長キニ失セハ會社ノ內外ノ事情ニ精通スルノ結果專橫ノ所爲アルニ至ルノ恐レアリ短キニ失セハ會社ノ事務ヲ運用スル餘地ナキニ至ルノ憂アリ故ニ三年ヲ以テ適當ノ任期ト爲シタルナリ然レトモ商法ハ再選ヲ否認セサルカ故ニ其任期ノ終了ト共ニ再選シテ依然其任ニ當タラシムルコトヲ得ルモノトス。

若シ取締役ニシテ營業年度ノ中途ニ選ハレタル者ナルトキハ其任期ノ終了モ亦營業年度ノ中途ニ當ル可シ斯ル場合ニ總會ヲ招集シテ新タニ取締役ヲ選任セサル可ラサル煩雜ヲ招クカ爲メ本條末段ニ於テハ斯ル場合ニハ毎配當期ニ關スル營業年度ノ定時總會ノ終了ニテ其任期ヲ伸張スルコトヲ得ルモノトセリ元ヨリ本條ハ命令的規定ニアラサルカ故ニ必スシモ其任期ヲ伸張セサル可ラサルモノニハ非サルナリ。

第百六十七條　取締役ハ何時ニテモ株主總會ノ決議ヲ以テ之ヲ解任スルコトヲ得但任期ノ定アル場合ニ於テ正當ノ理由ナクシテ其任期前ニ之ヲ解任シタルトキハ其取締役ハ會社ニ對シ解任ニ因リテ生シタル損害ノ賠償ヲ請求スルコトヲ得

本條ハ取締役ノ解任ヲ規定シタルモノナリ前條ニヨリ取締役ハ任期終了ニヨリ解任スルハ論ナシ任期未タ去ラサルトキハ取締役ノ承諾ナキトキハ解任スルコトヲ得ス是蓋シ取締役ト會社トノ間ノ關係ハ委任ニ關スル規定ニ從フカ故ナリ然レトモ取締役ニ對スル不信任其他ノ理由アルトキハ其任期ヲ俟タス取締役ヲ解任スルノ必要アルコトナキニシモアラス茲ニ於テ本條ハ株主總會ノ決議ヲ以テ何時ニテモ解任スルコトヲ得ヘキコトヲ定メタリ然レトモ正當ノ理由ナクシテ任期前ニ解任シタルカ爲メニ取締役ニ損害ヲ生セシメタル時ハ會社ハ之ニ

對シテ賠償ヲ爲サヽルヘカラス。

第百六十七條ノ二　取締役ノ任務カ終了シタル場合ニ於テ法律又ハ定款ニ定メタル員數ノ取締役ナキニ至リタルトキハ退任シタル取締役ノ破產及ヒ禁治產ノ場合ヲ除ク外新ニ選任セラレタル取締役カ就職スルマテ仍ホ取締役ノ權利義務ヲ有ス

解任後ノ留任

本條ハ改正法律ノ新設シタル所ナリ取締役カ解任シタル結果取締役カ法定ノ三人以下ニ減シ又ハ定款ニ七八ト定メラレタル時ニ七人以下ニ減シタル場合ニハ之ヲ補充スルニアラサレハ會社ノ代表業務執行ハ中止セサルヘカラス斯ル不都合ヲ防カンカ爲メニ解任セラレタル取締役ハ新任取締役カ就職スルマテ取締役トシテノ權利義務ヲ行フモノトセリ然レトモ其者カ破產シタル者ナル時ハ自己ノ財產上ニ付キテスラ信用ナキモノナルカ故ニ他人ノ財產ヲ處理スルノ信用ナキハ勿論又禁治產ノ宣告ヲ受ケタル者ナルトキハ自己ノ行爲サヘ有效ニ行フコトヲ得サルカ故ニ他人ノ行爲ヲ代表スルコト能ハサルハ勿論ナリト謂フヘシ故ニ取締役ニシテ破產シ又ハ禁治產ノ宣告ヲ受ケタルトキハ留任スルコトヲ得サルモノトセリ。

第百六十八條　取締役ハ定款ニ定メタル員數ノ株券ヲ監查役ニ供託スルコトヲ要ス

取締役ノ株券供託

取締役ハ法律又ハ定款ニ定マレル職責アリ此職責ヲ全クセシムル必要上取締

役ハ定款所定ノ株券ヲ監査役ニ供託セサルヘカラス若シ然ラサレハ株式譲渡シ自由ノ原則ニヨリ取締役ハ自己ノ株券ヲ譲渡シ以テ其職責ヲ怠ルノ恐レアレハナリ。

取締役ノ事務執行方法

第百六十九條　會社ノ業務執行ハ定款ニ別段ノ定ナキトキハ取締役ノ過半數ヲ以テ之ヲ決ス

支配人ノ選任及ヒ解任亦同シ

本條ハ取締役カ會社ノ業務ヲ如何ナル方法ニテ執行スヘキモノナリヤヲ規定シタルモノナリ卽チ會社ノ業務ハ取締役ノ過半數ニテ決行スヘキモノトセリ而シテ會社ノ支配人ノ選任及ヒ解任モ亦會社事務ノ一ナリ故ニ同シク取締役ノ過半數ニテ決定スヘキモノトス。

取締役ノ會社代表ノ方法

第百七十條　定款又ハ株主總會ノ決議ヲ以テ取締役中會社ヲ代表スヘキ者ヲ定メス又ハ數人ノ取締役カ共同シ若クハ取締役カ支配人ト共同シテ會社ヲ代表スヘキコトヲ定メサルトキハ取締役ハ各自會社ヲ代表ス

第三十條ノ二第二項及ヒ第六十二條ノ規定ハ取締役ニ之ヲ準用ス

本條ハ取締役ノ會社代表權ヲ規定シタルモノナリ取締役ハ少ナクトモ三人タルコトヲ要スルハ既ニ述ヘタルカ如シ此等ノ取締役ハ如何ニシテ會社ヲ代表スヘキカ本條ハ取締役各自獨立シテ會社ヲ代表スヘキモノトセリ然レトモ本條ハ

命令的規定ニアラナルカ故ニ定款又ハ株主總會ノ決議ニヨリ或取締役ニノミ其代表權ヲ認メ又ハ數人共同シテ會社ヲ代表スヘキコトヲ認メ、又ハ取締役ト支配人ト共同シテ代表スヘキコトヲモ認メ得ヘキモノトセリ然レトモ、コハ原則ニ對スル例外ナルカ故ニ登記セスンハ第三者ニ對抗スルコトヲ得サルコトハ既ニ述ヘタル所ナリ又共同代理ヲ認メタルトキハ其一人ニ對スル意思表示ハ當然會社ニ對シテ効力ヲ生スルコトモ明カナリ而シテ會社ヲ代表スル取締役ノ權限如何ハ會社事務ニ付キ一切ノ裁判上又ハ裁判外ノ行爲ニ及フコト第六十二條ノ如シ」

取締役ノ義務

第百七十一條　取締役ハ定款及ヒ總會ノ決議ヲ本店及ヒ支店ニ備ヘ置キ且株主名簿及ヒ社債原簿ヲ本店ニ備ヘ置クコトヲ要ス

株主及ヒ會社ノ債權者ハ營業時間内何時ニテモ前項ニ掲ケタル書類ノ閲覽ヲ求ムルコトヲ得

本條ハ取締役ノ義務ヲ規定シタルモノナリ卽チ取締役ハ定款及ヒ總會ノ決議錄ハ會社ノ本店及ヒ支店ニ株主名簿社債原簿等ヲ本店ニ備ヘ置クヘキ事是レナリ蓋シ會社ノ内容方針、株主ノ移動、社債權ノ内容及ヒ社債權者ノ移動ヲ明確ナラシムル必要アルニ依ル而シテ右ノ書類ハ株主及ヒ會社債權者ノ請求アルトキハ營業時間内何時ニテモ閲覽セシメサル可ラス蓋シ取締役ハ誠實ニ右ノ書類ヲ整

會社ノ通知催告ヲナスヘキ住所

頓シ居ルヤ否ヤヲ調査セシメ兼ネテ取締役ノ職務執行ヲ勵行セシムル爲メニナリトス。

第百七十二條　株主名簿ニハ左ノ事項ヲ記載スルコトヲ要ス

一　株主ノ氏名、住所

二　各株主ノ株式ノ數及ヒ株券ノ番號

三　各株ニ付キ拂込ミタル株金額及ヒ拂込ノ年月日

四　各株式ノ取得ノ年月日

五　無記名式ノ株券ヲ發行シタルトキハ其數、番號及ヒ發行ノ年月日

本條ハ株主名簿ニ關スル規定ナリ株主名簿ハ株主ノ有スル株數及ヒ其移動ヲ明確ニスルカ爲メ設ケラレタルモノナリ而シテ株主名簿ニテ記載スヘキ事項ハ本條ノ列擧スル所ニシテ一讀セハ明白ナルカ故ニ茲ニハ其說明ヲ略ス。

第百七十二條ノ二　會社ノ株主ニ對スル通知又ハ催告ハ株主名簿ニ記載シタル株主ノ住所又ハ其者カ會社ニ通知シタル住所ニ宛ツルヲ以テ足ル

前項ノ通知又ハ催告ハ通常其到達スヘカリシ時ニ到達シタルモノト看做ス

本條ハ改正法律ノ新設シタル規定ナリ往々株主ニシテ實際ノ住所ト異ナル所ヲ住所トシテ株主名簿ニ記載セシムルコトナシトセス斯ル場合ニ實際ノ住所ヲ探査スルノ煩勞ヲ避ケシメンカ爲メ株主名簿ニ記載シタル住所又ハ株主カ會社

ニ通知シタル住所ヲ以テ會社ヨリ株主ニ對スル通知又ハ催告ヲ受クヘキ住所ト
ナスコトトセリ而カモ此等ノ通知催告ハ到達スヘカリシ時ニ到達シタルモノト
看做シ到達セサリシコトノ抗辨ヲ防止スルコトトセリ。

第百七十三條　社債原簿ニハ左ノ事項ヲ記載スルコトヲ要ス

一　社債權者ノ名、住所
二　社債ノ番號
三　社債ノ總額
四　各社債ノ金額
五　社債ノ利率
六　社債償還ノ方法及ヒ期限
七　數回ニ分チテ社債ノ拂込ヲ爲サシムルトキハ其拂込ノ金額及ヒ時期
八　各社債ニ付キ拂込ミタル金額及ヒ拂込ノ年月日
九　債券發行ノ年月日
十　各社債ノ取得ノ年月日
十一　無記名式ノ債券ヲ發行シタルトキハ其數番號及ヒ發行ノ年月日

本條ハ社債原簿ニ記載スヘキ事項ヲ定メタリ社債ノ何物タルカ及ヒ社債原簿
ニ記載スヘキ事項ノ說明如何ハ後述スル社債ノ部ヲ一讀セハ自カラ其意味ヲ知
得シ得ルカ故ニ詳細ノ說明ハ茲ニ略ス。

第百七十四條　會社カ其資本ノ半額ヲ失ヒタルトキハ取締役ハ遲滯ナク株主總會ヲ招集シテ之ヲ報告スルコトヲ要ス
會社財産ヲ以テ會社ノ債務ヲ完濟スルコト能ハサルニ至リタルトキハ取締役ハ直チニ破産宣告ノ請求ヲ爲スコトヲ要ス

本條モ亦取締役ノ義務ヲ規定シタルモノナリ卽チ會社カ資本ノ半額ヲ失ヒタルトキハ株主總會ヲ招集シテ之ヲ報告シ資本ヲ增加シテ其缺損ヲ塡充スヘキカ資本ヲ減少スヘキカ將タ又會社ヲ解散スヘキカ此等ノ善後策ヲモ講セシメサルヘカラス其果シテ資本ノ半額ヲ失ヒタリヤ否ヤハ貸借對照表ニヨリテ判斷スヘキモノナレトモ若シ會社財産ヲ貸借對照表ニ過少ニ見積リ置キタル時ハ之ヲ標準トセス其實價ヲ以テ標準トシテ之ヲ判斷スヘキモノトス。

若シ會社ノ財産ヲ以テ會社債務ヲ完濟スルコト能ハサルトキハ直チニ破産ノ宣告ヲ請求シ破産法ニヨリテ會社債權者ヲシテ最モ公平ナル辨濟ヲ得セシメサルヘカラス。

第百七十五條　取締役ハ株主總會ノ認許アルニ非サレハ自己又ハ第三者ノ爲メニ會社ノ營業ノ部類ニ屬スル商行爲ヲ爲シ又ハ同種ノ營業ヲ目的トスル他ノ會社ノ無限責任社員ト爲ルコトヲ得ス
取締役カ前項ノ規定ニ反シテ自己ノ爲メニ商行爲ヲ爲シタルトキハ株主總會ハ之ヲ以テ會

社ノ爲メニ爲シタルモノト看做スコトヲ得
前項ニ定メタル權利ハ監査役ノ一人カ其行爲ヲ知リタル時ヨリ二个月間之ヲ行ハサルトキハ消滅ス行爲ノ時ヨリ一年ヲ經過シタルトキ亦同シ

取締役ノ競業禁止

本條モ亦取締役ノ義務ヲ規定シタルモノナリ卽チ取締役ハ會社ノ營業部類ニ屬スル商行爲ヲ爲シ又ハ同業ヲ目的トスル他ノ會社ノ無限責任責任トナルコトヲ得サル競業禁止ノ義務ヲ負擔スルモノトス蓋シ取締役ハ全力ヲ擧ケテ會社ノ利益ヲ計ラサルヘカラサル廣汎ナル權限アルニ若シ競業ヲ許スモノトセハ會社ノ利益ヲ無視スルニ至ル恐レアレハナリ故ニ取締役ニシテ此禁止ヲ犯カセハ會社ハ取締役ニ對スル制裁トシテ右反禁行爲ノ成果ヲ自己ニ歸屬セシムルコトヲ得ルモノトセリ然レトモ會社カ反禁行爲ノ成果ヲ永久ニ自己ニ歸屬セシメサルトキハ之ニ伴フ法律關係ヲ不確定ナラシムル弊害アルカ故ニ會社カ自己ノ爲メニナシタルモノナリトスル其權利ハ監査役カ其反禁行爲ヲ知リタル時ヨリ二ケ月其行爲ノアリタル時ヨリ一年經過後ハ消滅スヘキモノトセリ。

第百七十六條　取締役ハ監査役ノ承認ヲ得タルトキニ限リ自己又ハ第三者ノ爲メニ會社ト取引ヲ爲スコトヲ得此場合ニ於テハ民法第百八條ノ規定ヲ適用セス

取締役ト會社トハ相互ニ取

取締役ハ委任代理人ナリ故ニ民法第百八條ニヨリ何人モ同一ノ法律行爲ニ付

キ其相手方ノ代理人トナリ又ハ當事者雙方ノ代理人トナルコトヲ得サルヤ明ナリ然レトモ民法第百八條ハ同一人ニシテ同一行爲ノ當事者トナルトキハ自己ノ利益ヲ犧牲ニ供セサレハ相手方ノ利益ヲ計ルコト能ハサル結果ヲ避クルカ爲メニ設ケラレタル規定ナルカ故ニ此利害相反スルノ憂ナクンハ同一行爲ニ付キ當事者ト爲リ又ハ當事者雙方ノ代理人タルコトヲ認ムルモ敢テ不當ニアラサルナリ會社ニハ取締役ノ行爲ヲ公正ニ判斷スル監査役アルカ故ニ其承認ヲ得タルトキハ取締役カ會社ノ相手方トナルモ會社ニ不利益ヲ蒙ラシムルコトナカルヘシ故ニ本條ヲ以テ取締役ハ監査役ノ承認ヲ得テ自己又ハ第三者ノ爲メニ會社ト取引ヲナスコトヲ得ルモノトセリ。

引ヲナスコトヲ得

取締役ノ責任

行爲ニ對スル制裁

第百七十七條　取締役カ其任務ヲ怠リタルトキハ其取締役ハ會社ニ對シ連帶シテ損害賠償ノ責ニ任ス

取締役カ法令又ハ定款ニ反スル行爲ヲ爲シタルトキハ株主總會ノ決議ニ依リタル場合ト雖モ其取締役ハ第三者ニ對シ連帶シテ損害賠償ノ責ニ任ス

本條ハ舊商法第百七十七條ヲ改訂シタルモノナリ前述ノ如ク取締役ハ會社ニ對シテ委任關係ヲ有スルモノナルが故ニ民法委任ノ規定ニヨリテ會社ノ事務ニ付キ其職責ヲ盡ササル可カラス然ルニ其委任ノ本旨ニ反シ爲メニ會社ニ損害ヲ

生セシメタル時ハ民法ノ原則ニヨリテ賠償スル責任アリ然レトモ本條ハ未タ之ヲ以テ足レリトセス其責任アル取締役ハ會社ニ對シテ連帶シテ賠償スル責任アルモノトセリ。

取締役カ其任務ニ反スルノ外法律又ハ定款違反ノ行爲ヲ爲シタルトキハ自ラ連帶シテ其責ニ任スヘキハ勿論例ヘ株主總會ノ決議ニヨリテ各違反ノ行爲ヲ爲シタルモノナリト雖モ其責任ヲ會社ニ歸セシムルコトヲ得ス自カラ會社又ハ第三者ニ對シテ連帶シテ其責ニ任スヘキモノトセリ蓋シ取締役ハ法律又ハ定款違反ノ決議ニ服從スル義務ナキニ不拘其決議ニヨリ違法ノ行爲ヲ爲シタルカ爲メナリトス。

小數株主權

第百七十八條　株主總會ニ於テ取締役ニ對シテ訴ヲ提起スルコトヲ決議シタルトキ又ハ之ヲ否決シタル場合ニ於テ資本ノ十分ノ一以上ニ當タル株主カ之ヲ監査役ニ請求シタルトキハ會社ハ決議又ハ請求ノ日ヨリ一个月內ニ訴ヲ提起スルコトヲ要ス

前項ノ請求ヲ爲シタル株主ハ監査役ノ請求ニ因リ相當ノ擔保ヲ供スルコトヲ要ス

會社カ敗訴シタルトキハ右ノ株主ハ會社ニ對シテノミ損害賠償ノ責ニ任ス

本條ハ第百六十三條以下ノ規定ト其趣旨ニ於テ同一ナリトス蓋シ株主總會ニ於テハ多數株主カ小數株主ヲ壓倒シテ會社ノ事業ヲ專斷スルノ通弊アリ就中取

締役カ違法又ハ定款違反ノ行爲ヲナシタル場合ニ之ニ對シ訴ヲ提起セサルヘカラサルニ或ハ之ヲ否決シ或ハ違法ナラサルニ訴ヲ提起スルカ如キ横暴ノ決議ヲ爲スコトアリ斯カル場合ニ之ヲ放任スルニ於テハ會社ハ多數株主ノ玩弄物トナリ會社ハ各株主ノ共同事業タルノ本質ニ反スルニ至ル茲ニ於テ法律ハ小數株主カ多數株主ニ對抗スルノ權利ヲ認メタリ卽チ資本ノ十分ノ一ニ當ル株主カ右取締役ノ行爲ヲ是認シ又ハ否認スル決議ニ對シ訴ヲ提起スヘキコトヲ監査役ニ請求スルノ權利是ナリ右ノ請求アリタルトキハ會社ハ請求ノ日ヨリ一ケ月內ニ訴ヲ提起セサル可ラス而シテ右ノ請求ヲ爲シタル株主ハ監査役ノ請求ニヨリ原告タル株主ノ敗訴ニヨリテ會社ニ生スルコトアルヘキ損害ヲ賠償スルカ爲メ相當ノ擔保ヲ提供スヘク若シ會社カ敗訴シタルトキハ訴ヲ請求シタル株主ハ會社ニ對シテ損害ヲ賠償スヘキモノトス。

取締役ノ報酬

第百七十九條　取締役カ受クヘキ報酬ハ定款ニ其額ヲ定メサリシトキハ株主總會ノ決議ヲ以テ之ヲ定ム

取締役ハ委任代理人ナルカ故ニ民法第六百四十八條ニヨリ報酬ヲ受クル權利ナキコトヲ原則トス然レトモ取締役ハ專ラ會社ノ代表、業務ノ執行ニ付キテ全力

ヲ擧ケテ行動セサルヘカラサルハ勿論他方ニ於テ競爭禁止ノ義務ヲ負擔スルカ故ニ之ニ對シテ報酬ヲ與フルナクンハ何人カ能ク斯ノ如キ重任ヲ擔當スルコトヲ甘ンスヘケンヤ茲ニ於テ本條ニハ取締役ニ報酬ヲ與フヘキモノトシ若シ定款ニ定ムル所ナキトキハ株主總會ノ決議ヲ以テ定ムヘキモノトセリ。

第三款　監査役

株式會社ニハ取締役ナル機關アリ其權限廣汎ニシテ會社事務ニ付キ裁判上及ヒ裁判外ノ行爲ニ及フ從テ其權限ヲ濫用シ法律定款ニ違反スルノ恐レアリ茲ニ於テカ會社事務ノ運行ヲ監督シ會社、株主、及ヒ會社債權者ニ損害ノ生スルコトナキヲ保留スル制度ノ必要ヲ生ス監査役ナルモノノ設ケラレタルハ蓋シ之カ爲ナリ世俗往々監査役ヲ以テ無用ノ機關ナリトスルモ是レ機關ノ罪ニアラスシテ監査役ノ局ニ當ル者ハ單ニ會社ノ裝飾ナルカ如キ觀念ヲ以テ迎ヘラルル人ノ、罪ナリ監査役ハ取締役以上ノ識見ト技能トヲ具備スル者ヲ要ス然ラサレハ法律ニ如何ナル詳細ナル規定ヲ爲スモ監査役ハ取締役ノ使用物タルニ終ルヘシ。

第百八十條　監査役ノ任期ハ二年ヲ超ユルコトヲ得ス

職權

監査役モ亦株主中ヨリ選任スヘキモノトス其理由ニ至リテハ第百六十四條ト異ナルナシ而シテ其任期如何ハ本條ノ規定スル所ナリ舊商法第百八十條ニ於テハ監査役ノ任期ハ之ヲ一年トシ任期終了後再選スルコトヲ得トシ任期ハ一年ニシテ伸縮ノ餘地ナキ欠點アルノ外再選ハ反對規定ナキ以上ハ當然之ヲ認メラレ得ルニ拘ラス之ヲ規定シタルハ駄足ノ嫌アルカ故ニ改正商法ハ本條ニ於テ監査役ノ任期ハ二ケ年ヲ超ユルコトヲ得ストシ其任期ノ最大限ヲ定メテ伸縮シ得ルノ餘地ヲ認メ任期滿了ノ後再選スルコトヲ妨ケスト見テ削除セルモ此任期二年ハ長キニ失セリ蓋シ取締役ト通謀シテ不正ノ行爲ヲナシ易キ危險アルカ故ナリ

第百八十一條　監査役ハ何時ニテモ取締役ニ對シテ營業ノ報告ヲ求メ又ハ會社財產ノ狀況ヲ調査スルコトヲ得

本條ハ監査役ノ職權ヲ示シタルモノナリ監査役ハ監督ノ實ヲ擧ケサルヘカラス故ニ常ニ會社ノ業務及ヒ會社財產ノ狀況ヲ知ラサルヘカラス從テ以上ノ事實ヲ調査スルノ必要アリ其之ヲ調査スルニハ時ノ如何ニ不拘取締役ヲシテ營業ノ報告ヲ爲サシメ果シテ會社ノ業務ハ正當ニ行ハレ居ルヤ否ヤ會社財產ハ適當ニ所理セラレ居ルヤ否ヤヲ調査スルコトヲ得ルモノトス調査スルニ付キ時ノ制限

ナキハ監督ノ實ヲ擧ケシムルカ爲メナリ而シテ此調査權ハ監査役ノ本質ナルカ故ニ定款又ハ總會ノ決議ヲ以テモ剝奪スルコトヲ得サルモノトス。

第百八十二條　監査役ハ株主總會ヲ招集スル必要アリト認メタルトキハ其招集ヲ爲スコトヲ得此總會ニ於テハ會社ノ業務及ヒ會社財産ノ狀況ヲ調査セシムル爲メ特ニ檢査役ヲ選任スルコトヲ得

臨時總會招集權

本條ハ監査役カ株主總會ヲ招集スル權限アルコトヲ規定セリ元來株主總會ハ取締役カ招集スヘキヲ原則トス然レトモ取締役ニシテ不正ノコトアリ又ハ取締役ニ於テ總會招集ヲ拒絶スルコトアリ斯ル場合ニハ監査役ハ自カラ進ンテ總會ヲ招集スルコトヲ得ヘキモノトセリ斯ル招集ヲ爲スハ多ク取締役カ會社財産會社ノ業務ニ付キ異常ノ行爲アル事ヲ常トスルカ故ニ招集セラレタル總會ニテハ特ニ檢査役ヲ選任シテ調査セシムルコトヲ得ルモノトセリ。

第百八十三條　監査役ハ取締役カ株主總會ニ提出セントスル書類ヲ調査シ株主總會ニ其意見ヲ報告スルコトヲ要ス

本條モ亦監査役ノ職權ヲ規定シタルモノナリ取締役ハ株主總會ニ書類ヲ提出シテ其調査決議ヲ求ムヘキコトハ第百六十條ノ二ニ規定スル所ナリ然ルニ此等ノ書類ニハ虛僞不正ノ事實ヲ記載スルコトナシトセス故ニ監査役ハ監査權ノ行

監査役ハ取締役ヲ兼ヌルコトヲ得ス但シ例外アリ

使トシテ先ツ豫メ右ノ書類ヲ調査シ其書類ニ付キテノ意見ヲ報告スヘキモノトセリ。

第百八十四條　監査役ハ取締役又ハ支配人ヲ兼ヌルコトヲ得ス但取締役中ニ缺員アルトキハ取締役及ヒ監査役ノ協議ヲ以テ監査役中ヨリ一時取締役ノ職務ヲ行フヘキ者ヲ定ムルコトヲ得
前項ノ規定ニ依リテ取締役ノ職務ヲ行フ監査役ハ第百九十二條第一項ノ規定ニ從ヒ株主總會ノ承認ヲ得ルマテハ監査役ノ職務ヲ行フコトヲ得ス

監査役ハ監督ヲ爲スヲ職權トス故ニ取締役又ハ支配人ヲ兼ヌルコトヲ得ルモノトセハ監査ト被監督ト一人ニ歸シ監督ノ實ヲ擧クルコトヲ得サルヤ蓋シ疑ナシ故ニ本條ニ於テハ之ヲ禁止シタリ。

然レトモ取締役ノ員數法定又ハ定款ノ規定以下ニ減スルトキハ會社ハ其事業執行ヲ休止セサル可ラス斯ル場合ニ於テモ尙監査役ヲシテ其職ヲ行ハシムルニ於テハ營利會社ノ本質ト相反スルモノナルカ故ニ本條ニテハ斯ル場合ニハ取締役、監査役ノ協議ヲ以テ監査役中ヨリ一時取締役ノ職務ヲ行ヘキ者ヲ定メ會社ノ業務ヲ休止セサルコトトセリ一時的ナルヲ以テ缺員取締役ノ任期ヨリ長カルヘカラサルハ補充ノ性質ヨリ明カナリ。

而シテ監査役ヲシテ取締役ノ職務ヲ行ハシムルモノナルカ故ニ被監督者タル取締役ト相反スル監査役ノ權限ヲ行フコトヲ得サルハ勿論ナリ故ニ本條ニ於テハ第百九十二條第一項ノ規定ニヨリ株主總會ノ承諾アルマテハ監査役ノ職務ヲ行フコトヲ得ルモノトセリ。

第百八十五條　會社カ取締役ニ對シ又ハ取締役カ會社ニ對シ訴ヲ提起スル場合ニ於テハ其訴ニ付テハ監査役會社ヲ代表ス但株主總會ハ他人ヲシテ之ヲ代表セシムルコトヲ得

資本ノ十分ノ一以上ニ當タル株主カ取締役ニ對シテ訴ヲ提起スルコトヲ請求シタルトキハ特ニ代表者ヲ指定スルコトヲ得

監査役カ會社ヲ代表スル場合

監査役ハ其監督ト相反スル會社ノ代表及會社ノ業務ヲ執行シ得サルヤ論ナシ然レトモ會社カ取締役ニ對シテ訴ヲ起シ又ハ取締役カ會社ニ對シ訴ヲ起ス場合ニ於テハ會社ヲ代表シ訴訟當事者ト爲ルモノナキカ故ニ監査役ヲ以テ會社ヲ代表セシムルコトトセリ。

然レトモ監査役ニシテ取締役トノ關係上又ハ監査役ニシテ訴訟不適任等ノ理由アル時ハ監査役ニシテ會社ヲ代表セシムルコトヲ得ス斯ル場合ニハ株主總會ニ代表者ヲ指定スルコトヲ得ヘク又資本ノ十分ノ一以上ニ當ル株主カ取締役ニ對シテ訴ヲ提起シタルトキモ亦此等小數株主ノ自衞上會社代表者ヲ自ラ指定シ

得ヘキモノトセリ。

第百八十六條　監査役カ會社又ハ第三者ニ對シテ損害賠償ノ責ニ任スヘキ場合ニ於テ取締役モ亦其責ニ任スヘキトキハ其監査役及ヒ取締役ハ之ヲ連帶債務者トス

監査役カ法律定款ニ反シ會社又ハ第三者ニ損害ヲ及ホシタル時ハ連帶シテ其責ニ任スヘキハ當然ナリ然レトモ若シ其行爲ニシテ取締役ニモ關係アルモノナル以上ハ取締役監査役ハ連帶責任ヲ負フモノトス蓋シ取締役監査役ノ通謀ニヨル不法行爲ニヨリテ損害ヲ受ケサラシメンカ爲メナリ。

第百八十七條　株主總會ニ於テ監査役ニ對シテ訴ヲ提起スルコトヲ決議シタルトキ又ハ之ヲ否決シタル場合ニ於テ資本ノ十分ノ一以上ニ當タル株主カ之ヲ取締役ニ請求シタルトキハ會社ハ決議又ハ請求ノ日ヨリ一个月内ニ訴ヲ提起スルコトヲ要ス此場合ニ於テハ第百八十五條第一項但書及ヒ第二項ノ規定ヲ準用ス

前項ノ請求ヲ爲シタル株主ハ取締役ノ請求ニ因リ相當ノ擔保ヲ供スルコトヲ要ス

會社カ敗訴シタルトキハ右ノ株主ハ會社ニ對シテノミ損害賠償ノ責ニ任ス

本條ハ第百七十八條ト第百八十五條トノ調和セルモノナルカ故ニ更ニ説明ヲ加フルノ必要ナルカヘシ。

第百八十八條　削除

本條ニ於テハ監査役ハ破産又ハ禁治産ニ因リテ退任スト規定シタルモ改正法

律ニテハ監査役ハ會社ニ對シテ委任ノ關係ニ立ツモノトナシタルカ故ニ特ニ本法ヲ以テ舊法ノ如キ規定ヲ爲ス必要ナキカ故ニ削除シタルモノナリ。

第百八十九條　第百六十四條、第百六十六條但書、第百六十七條、第百六十七條ノ二、第百七十七條及ヒ第百七十九條ノ規定ハ監査役ニ之ヲ準用ス

本條ハ修正規定ニシテ監査役ニ取締役ニ關スル規定ノ準用セラルヘキモノヲ掲ケタルモノナリ今便宜ノ爲メ準用セラルル規定ヲ列擧スレハ。

一　監査役ハ株主中ヨリ選任スヘキコト但シ其人員ニハ取締役ノ制限ナシ會社ト監査役トノ關係ハ委任ノ關係ナルコト
二　任期終了カ利益配當前ナル時ハ利益配當期マテ其任期ヲ伸張スルコト
三　任務終了後新監査役就任マテ監査役ノ權利義務ヲ行フヘキコト
四　監査役ハ株主總會ノ決議ヲ以テ何時ニテモ解任スルヲ得ルコト
五　任務ヲ懈怠シタルトキハ監査役ハ連帶責任ヲ負擔スルコト
六　監査役ニハ一定ノ報酬ヲ與フヘキコト

等是レナリ。

会社計算ノ必要

第四節　會社ノ計算

株式會社ハ資本團體ニシテ多數人ノ出資ヲ以テ其存立ノ中心トナス然ルニ此等多數人ノ出資ハ特定ノ小數ナル取締役ノ全權ヲ以テ運用セラレ僅少ナル監査役ニヨリテ其運用ヲ監視セラルルニ過キス從テ取締役、監査役ニシテ不正ノ徒ナル以上ハ自己ノ私腹ヲ肥ヤスカ爲メ會社財産ノ狀況ヲ紛雜ナラシメ其間ニ當リ橫領行爲ヲ爲スノ危險アリ故ニ此等ノ危險ヲ阻止センカ爲メ會社財産ノ出入損益等ヲ一目瞭然ナラシムルコトヲ要ス本節ニ於テ會社ノ計算ノ制度ヲ設ケテ取締役、監査役ニ之ニ伴フ種々ナル義務ヲ負擔セシメタルハ蓋シ是レカ爲メナリ。

第百九十條　取締役ハ定時總會ノ會日ヨリ一週間前ニ左ノ書類ヲ監査役ニ提出スルコトヲ要ス

一　財産目錄
二　貸借對照表
三　營業報告書
四　損益計算書
五　準備金及ヒ利益又ハ利息ノ配當ニ關スル議案

株式會社ハ自然人ニアラサル商人ナルカ故ニ第二十五條以下ニ規定スル商業

帳簿ヲ整頓シ置カサル可ラサルハ勿論更ニ本條ニ規定スル書類ヲ作成シ定時總會會日ヨリ一週間前ニ監査役ニ提出シ其意見ヲ附セシメサルヘカラス。

一　財産目錄トハ會社財産ノ明細書ヲ謂フ玆ニ一言スヘキコトハ會社ノ資本ト會社ノ財産トノ區別是レナリ前者ハ定款ニ定マレル一定不易ノ額ニシテ後者ハ會社ニ現實存在スル財産ヲ謂フモノニシテ會社事業ノ發展ニヨリテ常ニ移動スルノ額ナリトス故ニ會社ニ事實上財産皆無ナリト雖會社ノ資本ハ定款所定ノ額ヲ有スルモノナリトス。

二　貸借對照表ハ會社事業ノ成果タル貸方借方ノ要領書ナリ。

三　營業報告書トハ會社事業ノ有望ナリヤ否ヤ本店支店ノ出入如何ニ關スル報告書ナリ。

四　損益計算書トハ其名ノ示スカ如ク別ニ説明ヲ要セサルヘシ。

五　準備金、利益、利息ノ配當ノ議案準備金ニハ法定ノモノト任意ノモノトアリ法定準備金ハ利益ノ二十分一ヲ資本ノ四分ノ一ニ至ルマテ積立テサル可ラス然レトモ夫レ以上積立ルコトヲ認メラルルカ故ニ夫レ以上積立ツヘキヤ否ヤ任意積立ヲ爲スヘキヤ否ヤ利益ノ配當率ハ如何ニスヘキカ等ニ關スル議案ノ如

シ。

第百九十一條　取締役ハ定時總會ノ會日前ニ前條ニ揭ケタル書類及ヒ監査役ノ報告書ヲ本店ニ備フルコトヲ要ス

株主及ヒ會社ノ債權者ハ營業時間內何時ニテモ前項ニ揭ケタル書類ノ閱覽ヲ求ムルコトヲ得

前條ニヨリ監査役ノ調査ヲ經タル書類ハ監査役ノ意見書ト共ニ定時總會會日前ニ其本店ニ備付ケサルヘカラス是レ株主等ニ閱覽セシメ其意見ノ在アル所ヲ株主總會ニ於テ述ヘシムル爲メナリ。又株主及ヒ會社債權者ハ營業時間內何時ニテモ前述ノ書類ヲ閱覽スルノ權利アルモノトス蓋シ株主及ヒ債權者ヲシテ會社財產ノ狀況ヲ監視セシムルカ爲メナリ。

第百九十二條　取締役ハ第百九十條ニ揭ケタル書類ヲ定時總會ニ提出シテ其承認ヲ求ムルコトヲ要ス

取締役ハ前項ノ承認ヲ得タル後貸借對照表ヲ公告スルコトヲ要ス

取締役ハ右ノ手續ヲ終リタル時ハ定時總會ニ第百九十條ノ書類ヲ提出シ其調査決議ヲ經テ承認ヲ求メサルヘカラス此承認アリテ初メテ其書類ハ確定スルニ至ルモノトス右承認ヲ得タルトキハ貸借對照表ヲ公告セサルヘカラス蓋シ會社

ト取引關係ヲ有スル者ニ會社財產ノ狀況ヲ知ラシムルカ爲メナリ。

第百九十三條　定時總會ニ於テ前條第一項ノ承認ヲ爲シタルトキハ會社ハ取締役及ヒ監查役ニ對シテ其責任ヲ解除シタルモノト看做ス但シ取締役又ハ監查役ニ不正ノ行爲アリタルトキハ此限ニ在ラス

第百九十一條ノ書類カ總會ノ承認ヲ得テ確定スレハ取締役、監查役ノ其業務執行及其監查ニ付キテノ責任ハ解除セラルルモノトス然レトモ若シ取締役監查役ニ不正ノ行爲アラハ右書類ハ確定スト雖其責任ハ解除セラルルモノニ非サルヤ蓋シ明白ナリ。

法定準備金

第百九十四條　會社ハ其資本ノ四分ノ一ニ達スルマテハ利益ヲ配當スル每ニ準備金トシテ其利益ノ二十分ノ一以上ヲ積立ツルコトヲ要ス

額面以上ノ價額ヲ以テ株式ヲ發行シタルトキハ其額面ヲ超ユル金額ハ前項ノ額ニ達スルマテ之ヲ準備金ニ組入ルルコトヲ要ス

會社カ營業ノ結果利益ヲ得タルトキハ之ヲ株主ニ分配セサル可ラス是レ共同事業ニ參與スル株主ノ當然ノ賜ナリ然レトモ會社事業ハ時ニ損失ナキコトヲ期シ難シ故ニ平素ヨリ之カ塡補ニ備フルノ制度ナカルヘカラス準備金又ハ積立金卽チ是レナリ。

準備金ニハ法定ノモノト任意ノモノトアリ後者ハ定款又ハ株主總會ノ決議ニ

ヨリテ準備スルモノヲ稱シ前者ハ法律ノ命スル所ノモノニシテ本條ノ規定スル所ナリ卽チ會社ハ利益ヲ配當スル毎ニ其利益ノ二十分ノ一以上ヲ資本金ノ四分ノ一ニ至ル迄積立ツヘキモノトセリ會社ノ利益トハ貸借對照表ニ表ハレタル貸方ヲ指スモノナリ貸方利益ナクンハ之ヲ積立ツルコトヲ要セス利益アルトキハ二十分ノ一ヲ最小額トシテ積立ツヘシ而シテ其總額ハ資本ノ四分ノ一ナリトナセトモ夫レ以上積立ツルモ亦可ナリ。

本條第二項ハ積立金ハ會社ノ利益ヲ以テスルノ外更ニ券面額以上ノ株式ヲ發行シタルキトニ其超過額ヲモ積立ツヘキコトヲ命シタリ蓋シ超過額ハ會社營業ノ結果ニヨリテ得タルモノニアラサルカ故ニ配當スヘキモノニ非ストナス趣旨ヨリ來リタルモノナリ。

利益配當

第百九十五條　會社ハ損失ヲ塡補シ且前條第一項ニ定メタル準備金ヲ控除シタル後ニ非サレハ利益ノ配當ヲ爲スコトヲ得ス

前項ノ規定ニ違反シテ配當ヲ爲シタルトキハ會社ノ債權者ハ之ヲ返還セシムルコトヲ得

株式會社ニハ資本維持ノ原則幷ニ法定ノ準備金ヲ積立テサルヘカラサル義務アリ故ニ會社ニ利益アリト雖當然其利益ノ全部ヲ株主間ニ分割セサルヘカラサルニアラス故ニ本條ニ於テモ株主ニ配當スヘキ利益ハ損失ヲ塡補シ尙前條第一

項ノ準備金ヲ控除シタル後ニアラサレハ配當スルコトヲ得サルモノトセリ。株主ニ對スル利益ノ配當ハ前述ノ順序ニ依ラサルヘカラス然ルニ右ノ順序ニ反シ違法ノ配當ヲナストキハ會社債權者ヲ害スルコトアルカ故ニ債權者ハ其配當ヲ返還セシムルノ權利ナカルヘカラス是レ第二項ノ規定アル所ナリ。

建設利息

第百九十六條　會社ノ目的タル事業ノ性質ニ依リ第百四十一條第一項ノ規定ニ從ヒ本店ノ所在地ニ於テ登記ヲ爲シタル後二年以上開業ヲ爲スコト能ハサルモノト認ムルトキハ會社ハ定款ヲ以テ開業ヲ爲スニ至ルマテ一定ノ利息ヲ株主ニ配當スヘキコトヲ定ムルコトヲ得但其利率ハ法定利率ニ超ユルコトヲ得ス

前項ニ揭ケタル定款ノ規定ハ裁判所ノ認可ヲ得ルコトヲ要ス

本條ハ所謂建設利息ニ關スル規定ナリ(一四一ノ一項六號)來株主ニ配當スヘキモノハ前條ニ示シタル利益ヲ以テ爲ササルヘカラス然ルニ會社ニ利益ナキノミナラズ未タ開業セサルニ資本ノ一部ヲ削リテ株主ニ配當スルモノアリ稱シテ建設利息ト謂フ蓋シ此制度ノ認メラレタルハ會社事業ノ性質ニヨリ其準備經營ニスラ數年ヲ要スルモノアリテ開業スルコトヲ得ス之カ爲メ株主ニ配當スヘキモノナシトセハ株主タラント欲シテ放資スル者ナキニ至ルカ故ニ一種ノ政策トシテ利益ヲ前拂スルモノナリ斯ノ如キ制度ナルカ故ニ自カラ遵據スヘキ要件ナカルヘカラス

配當ノ割合

本條ノ規定スル所ヲ掲クレハ(一)本店ノ所在地ニテ登記ヲナシタルコトヲ要ス(二)二ケ年以上開業スルコト不能ナルコトヲ要ス從テ一ケ年ニシテ開業シ得ルモノニハ建設利息ヲ認ムルコトヲ得ス(三)定款ニ此配當ヲ定ムルコトヲ要ス(四)其利率ハ法定利率即チ年六分タルコトヲ要ス而シテ右定款ノ規定ハ裁判所ノ認可ヲ經ルコトヲ必要トスル等是レナリ。

第百九十七條　利益又ハ利息ノ配當ハ定款ニ依リテ拂込ミタル株金額ノ割合ニ應シテ之ヲ爲ス但會社カ優先株ヲ發行シタル場合ニ於テ之ニ異ナリタル定アルトキハ此限ニ在ラス

會社ニ利益アレハ第百九十五條ニ依リテ配當セサルヘカラス配當スルニハ一定ノ標準ニ依ルコトヲ要ス本條ハ即チ其標準ヲ定メ利益(建設利息ヲ含ム)ノ配當ハ定款ニ依リテ拂込ミタル株金額ノ割合ニ應シテ之ヲ爲ストセリ蓋シ株金額ハ均一平等ナリ其拂込ミヲナスヤ各株ニ付キテ爲ササルヘカラス從テ利益ノ配當モ其拂込ミニ應スヘキハ勿論其配當ハ各株平等ナリト謂フヘシ拂込ミタル株金額ニ依ルトスルカ故ニ額面以上ノ發行ヲナシタル場合ニハ其超過部分ニ對スル配當ハ之ヲ認ムルコトヲ得ス

利益配當ノ割合ハ拂込ミタル株金額ニ應スト雖トモ會社カ優先株ヲ發行シタ

ル時ハ右ノ原則ヲ適用スルコトヲ得ス蓋シ優先株ナルモノハ或株主ニ利益ノ配當又ハ殘餘財産ノ分配ニ付キ他ノ株主ヨリモ多クノ利益分配ニ與ルモノナレハナリ。

第百九十八條　裁判所ハ資本ノ十分ノ一以上ニ當タル株主ノ請求ニ因リ會社ノ業務及ヒ會社財産ノ狀況ヲ調査セシムル爲メ檢査役ヲ選任スルコトヲ得

檢査役ハ其調査ノ結果ヲ裁判所ニ報告スルコトヲ要ス此場合ニ於テ裁判所ハ必要アリト認ムルトキハ監査役ヲシテ株主總會ヲ招集セシムルコトヲ得此總會ニ於テハ前項ノ調査ヲ爲サシムル爲メ特ニ檢査役ヲ選任スルコトヲ得

會社ノ營業及會社財産ニ關スル書類ハ定時總會會日前ニ整頓シテ株主及ヒ債權者ニ閲覽セシムル爲メ本店ニ備付ク可キモノトセルハ既述ノ如シ然レトモ是レ單ニ會日前數日ヲ出ラサル間ニ爲スモノナルカ故ニ株主ノ調査ハ充分ナリト謂フ可ラス茲ニ於テカ法律ハ更ニ時ノ如何ニ不拘株主ヲシテ會社財産及ヒ業務ヲ調査セシムル爲メ裁判所ニ檢査役ノ選任ヲ請求スルノ權利ヲ認メタリ然レトモ各株主個人ヲシテ此權利ヲ行ハシムル時ハ偏見輕擧アルコトヲ免レサルカ故ニ資本ノ十分ノ一以上ニ當タル株主ヲシテ此權利ヲ行ハシムルコトトセリ所謂小數株主權ノ一ナリ。

選任セラレタル檢查役ハ調査ノ結果ヲ裁判所ニ報告スヘク裁判所ハ其報告ニ基キ必要アリト認ムルトキハ監査役ヲシテ株主總會ヲ招集セシムルコトヲ得ヘク此總會ニ於テハ特ニ檢查役ヲ選任シテ事實調査ノ任ニ當ラシムルコトヲ得ルモノトス（非手一二六、以下）

第五節 社債

社債ノ本質

社債トハ廣ク世人ヨリ會社ノ資金ヲ吸收スル方法ナリ其性質ハ通常ノ債權ト異ナルナシ只其異ナル所ハ會社カ社債券ナルモノヲ發行シテ資金吸收ノ手段トナス點ニアリ。

第百九十九條 社債ハ第二百九條ニ定メタル決議ニ依ルニ非サルハ之ヲ募集スルコトヲ得ス

社債ハ債權ナリ故ニ通常民法上ノ貸借ニ於ケルカ如ク取締役ハ其職權ニヨリテ社債ヲ募集シ得サルヘカラス然レトモ社債ノ方法ニヨリテ吸收セントスル金額ハ多額ナルカ故ニ會社ノ利害ニ關係スルコト痛切ナリ故ニ取締役ノ專斷決行ヲ以テ危險ナリト爲ササルヘカラス故ニ本條ニ於テハ株主總會ノ決議スヘキ專屬事項トナシタリ而シテ其之ヲ決議スル方法モ定足數ニ依ルヘキコトヲ原則ト

社債券

セリ若シ定足數ヲ得サルトキハ假決議ヲナシ第二回ノ株主總會ニ於テ其承認ヲ得ヘキモノトセリ。

第二百條　社債ノ總額ハ拂込ミタル株金額ニ超ユルコトヲ得ス
最終ノ貸借對照表ニ會社ニ依リ現存スル財産カ前項ノ金額ニ滿タサルトキハ社債ノ總額ハ其財産ノ額ニ超ユルコトヲ得ス

本條ハ社債ノ總額ハ如何ナル限度マテ認許スヘキモノナリヤヲ規定シタルモノナリ社債ハ債權ナリ債權ヲ確保セントセハ擔保ナカルヘカラス株式會社ニ於テ債權ノ擔保トナルヘキ物ハ單ニ株主ノ出資ヨリ成ル會社ノ資本アルノミ故ニ社債權者ノ權利ヲ確保スルニハ會社ノ資本ト相對應セシメスンハ債權ノ效力薄弱ナルヤ論ナシ然レトモ會社ノ資本ト株主ノ拂込ミ金額トハ常ニ相一致スルモノニアラス株式ノ拂込額未タ資本額ニ及ハサルノ遠キ場合ニ於テ資本額ニ對應スル社債ヲ起ストキハ社債權者ノ權利ハ薄弱トナルヤ蓋シ怪シムニ足ラス故ニ本條ニテハ社債ノ總額ハ拂込ミタル株金額ニ應スト規定シ資本ニ應スト謂ハサルナリ。

然ルニ右拂込ミタル株金額ハ會社營業ニ供セラルルカ故ニ社債募集ノ當時現存セサルコトナシトセス然ルニモ不拘拂込額ニ應シテ社債額ヲ決定セシムルモ

ノトセハ社債權者ヲ害スル恐レナシトセス故ニ本條ニ於テハ會社カ現在所有スル財產ヲ標準トシテ社債總額ヲ定ムヘキモノトセリ而シテ拂込額カ會社ニ現存スルヤ否ヤハ社債募集ノ當時ニ於ケル貸借對照表ニヨリテ決定スヘキモノトセリ。

第二百條ノ二　會社ハ前ニ募集シタル社債總額ノ拂込ヲ爲サシメタル後ニ非サレハ更ニ社債ヲ募集スルコトヲ得ス

本條ハ社債ノ再募集ハ前ノ社債總額ノ拂込ミナキ場合ト雖モ之ヲ許スヘキモノナリヤヲ定メタルモノナリ前ノ社債カ未タ全部ノ拂込ミナキ時ハ會社ニ取リテ資金ノ必要ナキコトヲ證明スルノミナラス若シ全部ノ拂込ミナキニ妄リニ再募集ヲ爲サハ株主ノ負擔ヲ重カラシメ會社ノ基礎ヲ危キニ置ク恐レアリ故ニ本條ニ於テハ再募集ハ前社債ノ總額ノ拂込ミアリタル後ニ非サレハ之ヲ許ササルモノトセリ。

第二百一條　各社債ノ金額ハ二十圓ヲ下ルコトヲ得ス

本條ハ各社債ノ金額ヲ定メテ二十圓ヲ下ル事ヲ得ストセリ蓋シ過少ニ失セハ小產者ヲ誘惑シ易ク過大ニ失セハ資金募集ニ困難ナルカ故ニ我經濟界ノ現狀ニ

鑑ミテ二十圓トナシタルナリ而シテ二十圓トハ劵面額ニ付キテ謂フモノニシテ發行スル場合ニ付テノ謂ヒニアラス故ニ發行額ヲ其以下ニ下スコトハ自由ナリ。

第二百二條　社債權者ニ償還スヘキ金額カ劵面額ニ超エヘキコトヲ定メタルトキハ其金額ハ各社債ニ付キ同一ナルコトヲ要ス

本條ハ社債償還ニ付キテノ規定ナリ社債ヲ償還スルノ方法ハ總テ社債申込證ニ記載スヘキモノナルカ故ニ其償還ノ條件期間等皆ナ之ニ依リテ決スヘキモノトス只社債償還金額カ社債劵面額以上ニ超過スヘキコトヲ定メタルトキハ其償還額ハ各社債ニ對シ同一ノ割合ヲ以テセサルヘカラス蓋シ劵面額同一ナル各社債ニ對シテ異ナリタル償還ヲ爲スモノトセハ其大少金額ノ分擔不明ナル結果種々ノ弊害ヲ生スレハナリ。

第二百三條　社債ノ募集ニ應セントスル者ハ社債申込證二通ニ其引受クヘキ社債ノ數及ヒ住所ヲ記載シ之ニ署名スルコトヲ要ス

社債申込證ハ取締役之ヲ作リ之ニ左ノ事項ヲ記載スルコトヲ要ス

一　會社ノ商號
二　第百七十三條第三號乃至第七號ニ掲ケタル事項
三　社債發行ノ價額又ハ其最低價額
四　會社ノ資本及拂込ミタル株金ノ總額

五　最終ノ貸借對照表ニ依リ會社ニ現存スル財産ノ額
六　前ニ社債ヲ募集シタルトキハ其償還ヲ了ヘサル總額
社債發行ノ最低價額ヲ定メタル場合ニ於テハ社債應募者ハ社債申込證ニ應募價額ヲ記載スルコトヲ要ス

本條ハ社債募集ノ方法ヲ定メタルモノナリ即チ社債ノ募集ハ社債申込證ニ依リテナスヘキモノトス蓋シ應募者ヲシテ社債ノ內容ヲ知ラシメ果シテ應募スルモ利益アリヤ否ヤヲ判斷セシムルカ爲メナリ從テ自カラ記載セサルヘカラサル事項ナカルヘカラス便宜ノ爲メ之ヲ列擧セハ(一)會社ノ商號(二)社債ノ總額、各社債ノ金額、社債ノ利率、社債償還ノ方法及ヒ期限、數回ニ分ッテ社債ノ拂込ヲナシタル時ハ其拂込ノ金額時期(三)社債發行ノ價額又ハ最低格(四)會社ノ資本及ヒ拂込ミタル株金ノ總額(五)最終ノ貸借對照表ニヨリテ會社ニ現存スル財産ノ額(六)前社債ノ償還ノ了ヘサル總額等ニシテ各項目ノ說明ハ當該本條ニテ盡タセリ而シテ社債ニ應セント欲スル者ハ右申込證二通ニ引受クヘキ社債數ヲ記載シ之ニ署名スヘキモノトス。

第二百三條ノ二　前條ノ規定ハ契約ニ依リ社債ノ總額ヲ引取クル場合ニハ之ヲ適用セス社債募集ノ委託ヲ受ケタル者カ自ラ社債ノ一部ヲ引受クル場合ニ於テ其一部ニ付キ亦同シ

社債申込證ヲ必要トセサル場合

本條ハ前條ノ如ク廣ク世人ノ社債引受ケヲ俟タス契約ニ依リ特定人カ一手ニ社債總額ヲ引受クル場合及ヒ社債募集ノ委託ヲ受ケタル者カ自ラ社債ノ一部ヲ引受クル場合ニハ社債申込證ニ依ルコトヲ必要トセストセリ蓋シ社債申込證ハ社債ノ內容ヲ知ラシムルニアルカ故ニ特ニ契約ヲ結フトキハ社債ノ內容條件等ハ契約ノ內容ニヨリ之ヲ了知スルコトヲ得ヘク又社債募集ノ委託ヲ受ケタルモノモ其委託ニヨリ社債ノ內容ヲ知ルコトヲ得ルカ爲メナリ（擔保附社債信託法二五、二九）。

第二百四條　社債ノ募集カ完了シタルトキハ取締役ハ遲滯ナク各社債ニ付キ其全額又ハ第一回ノ拂込ヲ爲サシムルコトヲ要ス

社債ノ募集完了シタルトキハ取締役ハ遲滯ナク各社債ニ付キ拂込ミヲ爲サシメサル可ラス其拂込ミノ方法ハ各社債ニ付キ全部タリ一部タルモ可ナリ取締役ニ於テ必要ト認ムル所ニヨリテ決スヘキモノトス本條ハ舊商法カ社債ノ分轄拂込ミヲ認メサルヲ實益ニ反ストシテ分轄拂込ミヲ認メタリ玆ニ注意ス。

第二百四條ノ二　社債募集ノ委託ヲ受ケタル者ハ自己ノ名ヲ以テ會社ノ爲メニ第二百三條第二項及ヒ前條ニ定メタル行爲ヲ爲スコトヲ得

社債募集ノ委託ヲ受ケタルモノハ自己ノ名ヲ以テ社債申込證ヲ作成シ又募集

完了シタルトキハ遲滯ナク全部又ハ一部ノ拂込ヲ爲サシムルコトヲ得ヘキモノトセリ蓋シ委託ヲ受ケタルモノハ受任者ナルカ故ニ民法ノ規定ニヨリ自己ノ名ヲ以テ受任事務ヲ行ハサル可ラサルモ自己ノ名ヲ以テ社債申込證ヲ作成スルカ如キ行爲ハ特別ノ明文アラサレハ爲スコトヲ得サルモノトス故ニ本條ノ規定アルナリ。

社債登記

第二百四條ノ三　取締役ハ第二百四條ノ拂込アルタル日ヨリ二週間內ニ本店及ヒ支店ノ所在地ニ於テ左ノ事項ヲ登記スルコトヲ要ス

一　第百七十三條第三號乃至第六號ニ揭ケタル事項

二　各社債ニ付キ拂込ミタル金額

第五十三條ノ規定ハ前項ノ場合ニ之ヲ準用ス

外國ニ於テ社債ヲ募集シタル場合ニ於テ登記スヘキ事項カ外國ニ於テ生シタルトキハ登記ノ期間ハ其通知ノ到達シタル時ヨリ之ヲ起算ス

社債カ全部又ハ一部ノ拂込ミアリタル時ハ取締役ハ其拂込ノアリタル日ヨリ二週間內ニ本店支店ノ所在地ニテ登記ヲ爲サヽルヘカラス蓋シ社債ノ存在ヲ公示スル爲メナリ而シテ其登記スヘキ事項ハ(一)第百七十三條第三號乃至第六號ノ事項(二)各社債ニ付キ拂込ミタル金額是ナリ而シテ社債ヲ外國ニテ募集シタル時

ニ其拂込モ亦外國ニ於テ爲ス場合ニハ右二週間內ニ登記スルコト能ハサル事情アルコトアリ之ニ於テ右登記期間ハ其通知ノ到達シタル時ヨリ起算スヘキモノト爲セリ(非手一九一、一九二)。

社債券ノ發行

第二百五條　債券ハ社債全額ノ拂込アリタル後ニ非サレハ之ヲ發行スルコトヲ得ス

債券ニハ會社ノ商號及ヒ第百七十三條第二號乃至第六號ニ揭ケタル事項ヲ記載シ取締役之ニ署名スルコトヲ要ス

社債ハ債權ナリ故ニ讓渡スルコトヲ得ヘシ然レトモ元來無形ノモノナルカ故ニ社債權ノ存在ヲ證明シ且ツ讓渡ノ用ニ供スヘキ具ナカルヘカラス玆ニ於テカ社債券ノ必要ヲ生ス然レトモ社債ノ全部ヲ拂込マシメサルニ社債券ヲ發行スル時ハ拂込アル每ニ其額ヲ記載スル爲メ返還ヲ請求セサルヘカラサルノ煩累アルノ外第三者ヲ詐害スルノ用ニ供セラルル恐レアルカ故ニ社債全額ノ拂込ミアリタル後發行ス可キモノト爲ササルラ可ス故ニ本條第一項ノ規定アル所以ナリ。

社債券ハ社債讓渡シノ具タリ從ツテ讓受人ニ其內容ヲ知ラシムルノ必要アリ故ニ社債券ニハ記載スヘキ事項ナカルヘカラス玆ニ於テ本條第二項ノ規定アリ卽チ會社ノ商號及ヒ第百七十三條第二號乃至第六號是レナリ前者ハ株式會社タルコトヲ知ラシメ後者ハ社債ノ內容ヲ知ラシムルニアリ。

社債讓渡ノ對抗要件

第二百六條　記名社債ノ移轉ハ取得者ノ氏名、住所ヲ社債原簿ニ記載シ且其氏名ヲ債券ニ記載スルニ非サレハ之ヲ以テ會社其他ノ第三者ニ對抗スルコトヲ得ス

本條ハ社債券取得者ノ會社及第三者ニ對抗スル要件ヲ掲ケタリ社債券ニハ記名式ト無記名式トアリ無記名社債券ノ取得ハ引渡ニヨリ會社其他ノ第三者ニ對抗シ得ルコトハ他ノ無記名債權ノ取得ト異ナルナシ之ニ反シテ記名式ニアリテハ債權者カ特定スルカ故ニ指名債權讓渡ノ對抗要件タル會社ノ承諾ヲ得ルカ讓渡ノ通知ヲナスカ其一途ヲ取ラサルヘカラサルヲ原則トスレトモ本條ニ於テハ右通知承諾ト相應スヘキ方法ヲ認メテ會社其他ノ第三者ニ對抗スル要件トナシタリ卽チ社債券ノ取得ハ其氏名住所ヲ社債原簿ニ記載シ且ツ其氏名ヲ債券證ニ記載スルコト是レナリ只本條ニテ注意スヘキハ社債券ノ取得者ト明定シ讓受人ト規定セサルコト是レナリ取得者ナルカ故ニ讓受人ノ外合併又ハ相續ニヨリテ債券ヲ取得シタル者モ亦右對抗手續ヲ踏マサル可ラサルモノトス。

第二百七條　第百五十五條ノ規定ハ債券ニ之ヲ準用ス

本條ハ記名式債券ヲ無記名式ト無シ無記式債券ハ之ヲ記名式ト爲スコトヲ請求スル權利アルコトヲ社債權者ニ認メタル規定ナリ蓋シ債權者ノ便宜トスル書

式ヲ選ハシムルニアリ只無記名ノ債劵ハ社債ノ全部ヲ拂込ミアリタル後ニアラサレハ之カ發行ヲ許サヽルコト無記名式債劵ノ場合ト同一ナリ。

第二百七條ノ二　第百七十二條ノ二ノ規定ハ社債應募者又ハ社債權者ニ對スル通知及ヒ催告ニ之ヲ準用ス

社債應募者ハ社債申込證ニ社債權者ハ社債原薄ニ其住所ヲ記載セサルヘカラサル事ハ既ニ述ヘタルカ如シ然レトモ右記載シタル住所ト事實上ノ住所トハ相一致セサルコトアルカ爲メ會社ヨリ右應募者又ハ社債權者ニ對スル通知催告ヲナスニ少ナカラサル煩勞ヲ爲スコトアリ本條ハ斯ル煩勞ヲナカラシメンカ爲メ右書類記載ノ住所ニ通知催告セハ足ルトシ事實上ノ住所ニ通知催告スルヲ要セストセリ而シテ右通知催告ハ通常到達スヘカリシ時ニ到達シタリシモノト看做サルヽコト第百七十二條ノ二ト同シ。

第六節　定款ノ變更

第二百八條　定款ハ株主總會ノ決議ニ依リテノミ之ヲ變更スルコトヲ得
定款ノ變更ニ關スル議案ノ要領ハ第百五十六條ニ定メタル通知及ヒ公告ニ之ヲ記載スルコトヲ要ス

定款ハ會社ノ組織行動ヲ定ムル書面ナリ之ヲ變更スルハ理ニ於テ會社ノ解散ヲ來スモノナリ然レトモ法律ハ實際ノ便宜ヲ鑑ミテ定款ノ變更アリト雖モ會社ノ存續ニハ影響ナキモノトセリ定款ノ變更ハ之ヲ許ストセハ如何ナル方法ニ依ラサルヘカラサルカ本條ハ株主總會ノ決議ニ依リテノミ爲シ得ヘキモノトセリ蓋シ定款ノ變更ハ會社全體ニ關係スルモノナレハナリ株主總會ノ決議ノミニ依リ定款ノ變更ヲ許ストスルモ會社ノ本質並ニ公益ニ違反スル變更ハ爲シ得ヘカラサルハ當然ナリ而シテ定款ヲ變更スルニハ豫メ各株主ヲシテ熟慮セシムル必要アリ茲ニ於テ議案ノ要領ヲ通知又ハ公告スルモノトス通知公告ノ手續ハ第百五十六條ノ規定ニ依ルヘキモノトス。

第二百九條　定款ノ變更ハ總株主ノ半數以上ニシテ資本ノ半額以上ニ當タル株主出席シ其議決權ノ過半數ヲ以テ之ヲ決ス但第百六十一條第二項ノ規定ニ依リテ株券ヲ供託セサル者ハ總株主ノ員數ニ之ヲ算入セス

前項ニ定メタル員數ノ株主カ出席セサルトキハ出席シタル株主ノ議決權ノ過半數ヲ以テ假決議ヲ爲スコトヲ得此場合ニ於テハ各株主ニ對シテ其假決議ノ趣旨ノ通知ヲ發シ且無記名式ノ株式ノ株券ヲ發行シタルトキハ其趣旨ヲ公告シ更ニ一个月内ニ第二回ノ株主總會ヲ招集スルコトヲ要ス

第二回ノ株主總會ニ於テハ出席シタル株主ノ議決權ノ過半數ヲ以テ假決議ノ認否ヲ決ス

前二項ノ規定ハ會社ノ目的タル事業ヲ變更スル場合ニハ之ヲ適用セス

本條ハ定款ノ變更ヲナス決議方法ヲ規定セリ株主總會ニテ決議ヲ爲スニハ出席株主ノ議決權ノ過半數ヲ以テスルヲ通則トナスコトハ第百六十一條ノ示ス所ナリ然レトモ定款ノ變更ハ會社ニ取リ重大事項ナルカ故ニ單純ナル多數決ヲ許スヘキニアラス故ニ本條ニ於テハ所謂定足數ノ決議ニ依ルヘキモノトセリ定足數トハ總株主ノ半數以上ニシテ資本ノ半額以上ニ當ル株主出席シテ其過半數ニテ決議スルヲ謂フ定足數タルニハ總株主ノ半數以上ノ出席アルコトヲ要スルカ故ニ記名株主無記名株主ノ全員ノ過半數ナルコトヲ要ス然ルニ無記名株主カ議決權ヲ行フニハ定數ノ株券ヲ會社ニ供託セサルヘカラサルコトハ既ニ述ヘタル所ナリ若シ無記名株主カ株券ヲ供託セス爲メニ總株ノ過半數ヲ得サル時ハ如何ニスヘキカ本條末段ハ第百六十一條第二項ノ規定ニヨリ株券ヲ供託セサル株主ハ總株主中ニ算入セサルコトトセリ蓋シ此等ノ者ノ爲メニ定款ノ變更ヲ不能ナラシメ會社ノ需要ヲ充タスコトヲ得サルノ不便ヲ避ケンカ爲ナリ。

若シ定足數ヲ得サル時ハ如何ニスヘキカハ第二項以下ノ規定スル所ナリ卽チ

出席株主ノ過半數ニテ假決議ヲ爲シ其趣旨ヲ記名株主ニハ各自ニ通知シ無記名株主ノ爲メニハ公告スヘク更ニ一ケ月以內ニ第二回ノ總會ヲ招集シテ右假決議ノ承認ヲ得ヘキモノトス承認ヲ得ルニハ出席株主ノ過半數ニテ決スルヲ以テ足リ定足數ニヨルコトヲ要セス然レトモ會社ノ目的タル事業ヲ變更スルハ右假決議方法ニ依ルコトヲ得ス常ニ定足數ニヨリテ決スヘキモノトス蓋シ目的タル事業ノ變更ハ會社ノ存立ト關係スルコト甚タ大ナルニ依ル。

資本增加

第二百十條　會社ノ資本ハ株金全額拂込ノ後ニ非サレハ之ヲ增加スルコトヲ得ス

本條ハ資本增加ニ關スル規定ナリ資本ノ增加ハ定款變更ノ一ノ場合ナリ若シ從來ノ定款ニ定メタル會社資本額ヲ增加スルニアレハナリ故ニ資本ヲ增加スルモ前條ノ規定ニヨリテ決議セサルヘカラサルハ勿論ナリ而シテ資本ノ增加ハ如何ナル場合ニ許スヘキモノナリヤ本條ハ株金全額ノ拂込ミアリタル後ニアラサレハ爲スコトヲ得サルモノトセリ若シ未タ株金全額ノ拂込ナキ時ハ資本ヲ增加スルノ必要ヲ認ムヘカラサルハ勿論徒ラニ會社ノ資本ヲ大ナラシメテ世人ヲ誤ラシムルノ弊害アルニ依ル。

第二百十一條　會社ハ其資本ヲ增加スル場合ニ限リ優先株ヲ發行スルコトヲ得此場合ニ於テ

ハ其旨ヲ定款ニ記載スルコトヲ要ス

本條ハ優先株ヲ發行スヘキ場合ヲ規定セリ商法ハ第百四十五條ニ於テ株式ノ金額ハ均一ナルコトヲ要ストシ株式ノ平等ヲ原則トセリ從テ株主權モ亦平等ナルヤ論ナシ然ルニ本條ニ於テ此原則ニ對シテ一例外ヲ設ケ他ノ株主ヨリモ優待セラルル株ヲ認メタリ優先株即チ是レナリ優先株ハ他ノ株主ヨリモ其待遇厚シト雖モ會社事業ニ參與シ決議權ヲ行フニ付キテハ特別ノ權利アルニアラス只利益ノ配當殘餘財產ノ分配等專ラ財產上ノ利益ニ付キテ他ノ株主ヨリモ優待セラルルニ過キス若シ然ラストセハ不均一ノ株ヲ發行スルト同一ノ結果ヲ來タセハナリ然ラハ優先株ハ如何ナル場合ニ發行スヘキカ商法ハ資本增加カ即チ新株發行ノ場合ニ於テノミ之ヲ許スモノトセリ若シ他ノ株主ト同等ノ待遇ヲ受ケシムルモノトセハ資產增加ニ應セサル不利益アルニ依ル而シテ優先株ノ發行ハ株主平等ノ原則ニ對スル例外ナルカ故ニ之ヲ定款ニ揭ケサルヘカラス。

第二百十二條　會社カ優先株ヲ發行シタル場合ニ於テ定款ノ變更カ優先株主ニ損害ヲ及ホスヘキトキハ株主總會ノ決議ノ外優先株主ノ總會ノ決議アルコトヲ要ス

優先株主ノ總會ニハ株主總會ニ關スル規定ヲ準用ス

優先株ハ會社ノ財產的關係ニ付キ他ノ株主ヨリモ厚遇セラルルコト前述ノ如

シ然ルニ定款ノ變更ニヨリテ優先株主ノ權利ヲ害スルコトナシトセス斯ル定款ノ變更ヲナス時ハ株主總會ノ決議ノミニ依ルコトヲ得ス更ニ優先株主總會ノ決議ヲ經ベキモノトセリ若シ然ラストセハ會社カ優先株ヲ發行シタル本旨ニ反スレハナリ而シテ優先株主總會モ亦株主總會ノ一種ナルカ故ニ株主總會ノ規定ニヨルヘキコトヲ規定セラレタリ。

第二百十二條ノ二　會社カ其資本ヲ增加スル場合ニ於テ金錢以外ノ財産ヲ以テ出資ノ目的ト爲ス者アルトキハ其者、其財産ノ種類、價格及ヒ之ニ對シテ與フル株式ノ數ハ資本增加ノ決議ト同時ニ之ヲ決議スルコトヲ要ス

舊商法ニアリテハ金錢以外ノ物的出資ヲナシタル者ニ與フル株式數ノ相當ナリヤ否ヤハ資本增加ノ實行後株主總會ニテ其可否ヲ決スヘキモノトセルカ故ニ若シ調査ノ結果右株式數ヲ以テ不當ナリトシテ減少セシムル等ノコトアルトキハ更ニ引受ケナキ株式ヲ生スル等種々ノ不都合ヲ生スルカ故ニ改正法律ニ於テハ資本增加ノ決議ヲ爲スト同時ニ金錢以外ノ出資ニ對シテ與フル株式數ヲ決スヘキモノトセリ。

第二百十二條ノ三　株式申込證ハ取締役之ヲ作リ之ニ左ノ事項ヲ記載スルコトヲ要ス

一　會社ノ商號

二　増加スヘキ資本ノ總額
三　資本増加ノ決議ノ年月日
四　第一回拂込ノ金額
五　額面以上ノ價額ヲ以テ株式ヲ發行スル場合ニ於テハ其旨
六　前條ノ規定ニ依リテ決議シタル事項
七　優先株ヲ發行スル場合ニ於テハ其種類及ヒ其各種ノ株式ノ數
八　一定ノ時期マテニ資本増加ノ登記ヲ爲サヽルトキハ株式ノ申込ヲ取消スコトヲ得ヘキコト

數種ノ優先株ヲ發行スル場合ニ於テハ株式申込人ハ株式申込證ニ其引受クヘキ株式ノ種類及ヒ各種ノ株式ノ數ヲ記載スルコトヲ要ス

新株申込證

本條ハ新株募集ニ付テノ株式申込證ノ形式ヲ定メタルモノナリ其要旨ハ會社設立募集ノ場合ト異ナル無キカ故ニ茲ニ説明ヲ略ス唯本條第二項ニ於テ優先株ノ發行ハ必スシモ一種ニ限ラス同時ニ發行スルトキト雖モ數種ノ優先株ヲ發行スルコトヲ得ルモノトセリ故ニ株式申込人ハ孰レノ優先株ヲ引受クヘキカ及ヒ其株數ヲ申込證ニ記載ス可キモノトセラレタリ。

第二百十三條　會社カ其資本ヲ増加シタル場合ニ於テ各新株ニ付キ第百二十九條ノ拂込アリタルトキハ取締役ハ遲滯ナク株主總會ヲ招集シテ之ニ新株ノ募集ニ關スル事項ヲ報告スルコトヲ要ス

新株總數ノ引受ケアリタルトキハ第一回ノ拂込ヲ爲スヘキモノトス第一回ノ拂込ハ各株ニ付キ四分ノ一ヲ下ルコトヲ得サルコトハ既ニ述ヘタルカ如シ而シテ第一回ノ拂込ヲ終リタルトキハ取締役ハ遲滯ナク株主總會ヲ招集シ新株募集ニ關スル事項ヲ報告スヘキモノトス而シテ此株主總會ニハ新株引受人モ株主ト同一資格ヲ以テ參與シ總會ノ決議ニ加入スルモノニシテ其議決權モ他ノ株主ト平等ナリ。

第二百十四條　監査役ハ左ニ掲ケタル事項ヲ調査シ之ヲ株主總會ニ報告スルコトヲ要ス

一　新株總數ノ引受アリタルヤ否ヤ

二　各新株ニ付キ第百二十九條ノ拂込アリタルヤ否ヤ

株主總會ハ前項ノ調査及ヒ報告ヲ爲サシムル爲メ特ニ檢査役ヲ選任スルコトヲ得

本條ハ新株募集ノ場合ニ於ケル監査役ノ義務ヲ規定シタルモノナリ卽チ監査役ハ新株總數ノ引受ケアリタルヤ否ヤ各新株ニ付キ第百二十九條ノ第一回ノ拂込アリタルヤ否ヤヲ調査シ之ヲ株主總會ニ報告スヘキモノトス蓋シ新株募集ノ權限ハ取締役ニアルカ故ニ其募集ノ正當ニ行ハレタリヤヲ監査セシムル爲ナリ然レトモ以上ノ事項ヲ調査スルニ監査役ヲ以テ當タラシムルヲ不利ナリトナスコトアルヘク又ハ監査役カ其局ニ當タルコトノ不能ナル場合アリ斯ル場合ニハ

株主總會ヲシテ檢查役ヲ選任シテ其調査ニ當タラシムルコトヲ得ルモノトス。

第二百十五條　削除

本條ハ第二百十二條ノ二ヲ新設シタルカ故ニ削除セラレタルモノナリ第二百十二條ノ二ノ說明ハ既ニ盡クセルヲ以テ一讀スヘシ。

第二百十六條　引受ナキ株式又ハ第百二十九條ノ拂込ノ未濟ナル株式アルトキハ取締役ハ連帶シテ其株式ヲ引受ケ又ハ其拂込ヲ爲ス義務ヲ負フ株式ノ申込カ取消サレタルトキハ亦同シ

新株募集ノ際引受ナキ株式アリ又ハ第一回ノ拂込ミ未濟ナル株式アリタルトキハ株主總會ニテ發見シタルト否トニ不拘取締役ハ連帶シテ引受ケ又ハ拂込ムヘキモノトス取締役ヲシテ此責任ヲ負擔セシムル所以ハ第百三十六條ト同主旨ナリトス。

第二百十七條　會社ハ第二百十三條ノ規定ニ依リテ招集シタル株主總會終結ノ日ヨリ二週間內ニ本店及ヒ支店ノ所在地ニ於テ左ノ事項ヲ登記スルコトヲ要ス

一　增加シタル資本ノ總額

二　資本增加ノ決議ノ年月日

三　各新株ニ付拂込ミタル株金額

四　優先株ヲ發行シタルトキハ其種類及ヒ其各種ノ株式ノ數

第五十三條ノ規定ハ前項ノ場合ニ之ヲ準用ス

第一項ノ規定ニ從ヒ本店ノ所在地ニ於テ登記ヲ爲スマテハ新株券ノ發行及ヒ新株ノ讓渡又ハ其豫約ヲ爲スコトヲ得ス

資本ノ增加ハ定款ノ變更ナリ故ニ商業登記一般ノ原則ニヨリテ更ニ登記ヲ爲ササルヘカラス而シテ登記スヘキ事項ハ(一)增加シタル資本總額單ニ增加額ヲ登記スルモノニ非サルコトヲ示スモノトス(二)資本增加ノ決議ノ年月日、此日付以前ニ新株引受ノ事實ナキコトヲ示スモノトス(三)各新株ニ付キ拂込ミタル株金額、全額ノ拂込ミアリタリヤ將タ又タ未拂込額幾干ナリヤヲ示スモノトス而シテ本號ハ將來會社カ社債ヲ募集スルニ當リテ社債總額ノ標準トナリ又會社カ資本ヲ更ニ增加スル場合ニ之ヲ許スヘキヤ否ヤノ標準トナルモノナリ(四)優先株ヲ發行シタルトキハ其種類及ヒ其各種ノ株式數、コハ株主平等ノ例外ナルカ故ニ登記スヘキモノトス而シテ登記スヘキ期間ハ株主總會終結ノ日ヨリ二週間ニシテ登記スヘキ所ハ本店支店ノ所在地ナリ若シ本店ノ所在地ニテ右ノ登記ヲ爲ササルトキハ新株券ノ發行ハ勿論新株ヲ讓渡シ又ハ讓渡ノ豫約ヲ爲スコトヲ得ス蓋シ會社カ登記ヲ爲ササル以上ハ第三者ニ對抗スルコトヲ得サルコトヨリ生スル結果ナリトス故ニ右登記前ノ新株發行ハ無効ナリ從テ其讓渡シ及ヒ豫約モ亦無效タラ

サルコトヲ得ス而シテ無効ニ伴フ効果ハ類推シテ第百四十七條第二項末段ニヨリテ決スヘキモノト謂フヘシ。

第二百十八條　新株ヲ發行シタルトキハ前條第一項ノ規定ニ從ヒ本店ノ所在地ニ於テ登記ヲ爲シタル年月日ヲ株券ニ記載スルコトヲ要ス
優先株ヲ發行シタルトキハ其株主ノ權利ヲ株券ニ記載スルコトヲ要ス

株主權ヲ表明シ且ツ讓渡ノ手段トシテ株券ヲ發行スルト否トハ會社ノ自由ナルコトハ既ニ述ヘタルカ如シ新株ニ付テモ亦同一ナリト云ハサルヘカラス而シテ株券ヲ發行スルニハ自カラ記載スヘキ事項アルコトモ既ニ述ヘタルカ如ク新株券ニ對シテモ亦記載事項アリ卽チ本條ハ前條第一項ノ各事項及ヒ資本增加ノ登記ヲナシタル年月日及ヒ優先株ヲ發行シタル時ハ其權利等是ナリ右登記ノ年月日ヲ記載セシムルハ其日付以前ニハ新株券ナキコトヲ知ラシムル爲メニシテ優先權ヲ記載セシムルハ其權利行使ノ範圍ヲ知ラシムルニアリ。

第二百十九條　第百二十六條第一項、第三項、第百二十六條ノ二乃至第百三十條、第百四十二條及ヒ第百四十七條第二項ノ規定ハ新株發行ノ場合ニ之ヲ準用ス

本條ハ新株發行ノ場合ニ準用セラルヘキ規定ヲ揭ケタルモノトス便宜ノ爲メ列擧スレハ(一)株式申込證ハ二通作成スヘキ事、券面以上ノ發行ヲ爲ス場合ニ於テ

ハ株式申込人ハ株式申込證ニ引受額ヲ記載スヘキ事(二)株式申込證記載ノ住所ト事實上ノ住所ト異ナル時ハ株式申込證記載ノ住所ニ依ルヘキ事(三)株式申込人ハ其引受株數ニ應シテ拂込ヲ爲スヘキ義務ヲ負フヘキコト(四)新株發行ノ價格ハ券面額ヲ下ルコトヲ得サル事及ヒ第一回ノ拂込ハ各株ニ付キ四分ノ一以上タル事(五)株主ノ失權手續(六)設立登記後ハ詐欺强迫ニヨリ株式ノ引受ヲ取消シ得サル事(七)設立登記前ノ株式ハ無効タルヘキ事是レナリ。

資本減少

第二百二十條　株主總會ニ於テ資本減少ノ決議ヲ爲ストキハ同時ニ其減少ノ方法ヲ決議スルコトヲ要ス

第七十八條乃至第八十條ノ規定ハ資本減少ノ場合ニ之ヲ準用ス

本條ハ定款ノ變更ヲ來タスヘキ資本減少ニ關スル規定ナリ會社ハ損失ヲ生シタルカ爲メ又ハ資本過大ニ失スル場合ニハ資本ヲ減少スル必要生スル事アリ茲ニ於テ本條ハ株主總會ノ決議ニヨリテ資本ヲ減少シ得ヘキ事ヲ定メタリ而シテ其之ヲ爲スヤ單ニ資本ヲ減少スヘキ事ヲ決議スルノミヲ以テ足レリトセス如何ナル方法ニヨリテ資本ヲ減少スヘキカヲ定メサルヘカラス即チ未タ拂込ミヲ爲ササル株金額ヲ免除シテ資本ヲ減少スルモノトナスヘキカ又ハ既ニ拂込ミタル株金ヲ拂戻シテ資本ヲ減少スルモノトスルカ將タ又會社ノ損失ヲ頭割ニスルカ

又ハ二株ノ株式ヲ併合シテ一株トナシ以テ資本ヲ減少スル等何レカノ途ヲ講セサルヘカラス。

資本ノ減少ハ株主總會ノ決議ニヨリテ之ヲ行フコトヲ得レトモ資本減少ノ結果ハ會社債權者ヲ害スルコトナシトセス茲ニ於テ資本ノ減少ヲ爲スヘキ時ハ知レタル債權者ニハ各別ニ通知シ知レサル債權者ノ爲メニハ公告ヲナシ右資本減少ノ決議ニ付キ異議アリヤ否ヤヲ催告セサル可ラサルモノトセリ而シテ異議アル債權者ニハ辨濟ヲ爲スカ又ハ相當ノ擔保ヲ供スル等ノ處置ヲ取ラサル可ラス然ラスンハ資本ノ減少ハ會社債權者ニ對抗スルコトヲ得サルモノトス是レ本條第二項カ會社合併ノ場合ニ於ケル規定ヲ準用シタル結果ヨリ生スル效果ナリ。

第二百二十條ノ二　資本減少ノ爲メ株式ヲ併合スヘキ場合ニ於テハ會社ハ株主ニ對シ一定ノ期間内ニ株券ヲ會社ニ提供スヘキ旨及ヒ其期間内ニ之ヲ提供セサルトキハ株主ノ權利ヲ失フヘキ旨ヲ通知スルコトヲ得但其期間ハ三月ヲ下ルコトヲ得ス

株式併合

本條ハ資本減少ノ一方法タル株式併合ニ關スル規定ナリ株式ノ併合トハ二株又ハ夫レ以上ヲ合シテ一株トナシ株式ヲ減少スルニヨリテ會社ノ資本ヲ減少スルヲ謂フ株式ノ劵面額カ五十圓ナル時ハ之ヲ減少スル方法ハ他ニ非サルカ故ニ株式ノ併合ハ此場合ニ於ケル資本減少ノ唯一ノ方法ナリト謂フヘシ而シテ株式

ヲ併合スルニハ株主ヲシテ一定ノ期間内ニ株券ヲ會社ニ提供セシムヘク若シ其期間内ニ提供セサル時ハ株主權ヲ失フヘキ旨ヲ通知スヘキモノトス但シ其期間ハ三ケ月ヲ下ルコトヲ得サルモノトス。

第二百二十條ノ三　會社カ前條ニ定メタル手續ヲ踐ミタルモ株主カ株券ヲ提供セサルトキハ其權利ヲ失フ株主カ株券ヲ提供シタル場合ニ於テ併合ニ適セサル株アルトキハ其株ニ付キ亦同シ

前項ノ場合ニ於テ會社ハ新ニ發行シタル株式ヲ競賣シ且株數ニ應シテ其代金ヲ從前ノ株主ニ交付スルコトヲ要ス

會社カ前條ノ手續ヲ踏ミタルモ株主カ株券ヲ提供セサル時ハ其權利ヲ失フヘキモノトス蓋シ無益ニ會社ノ資本減少ヲ遲滯セシメ會社ヲ不利益ナラシムルカ爲ナリ又前條ノ手續ニヨリ株券ノ提供アリト雖其株券ニシテ併合ニ適セサルコトナシトセス斯ル場合ニハ之カ處分甚タ困難ナルカ故ニ等シク株主權ヲ失フモノトセリ例ヘハ端株ノ如キ二株ヲ合併シテ一株トナス場合ニ一株ヲ有スルカ如キ是レナリ

右孰レノ場合ニ於テモ株主ノ意思ニ反シテ株主タル權利ヲ消滅セシムルモノナルカ故ニ之ニ對スル救濟方法ナカル可ラス本條第二項ノ規定ハ之カ爲メニ生

ス即チ會社ハ併合シタル新株ヲ競賣シ其賣得金ヲ以テ失權株數ニ應シテ分配交付スヘキモノトス。

第二百二十條ノ四　第百五十二條第三項及ヒ第百五十三條ノ二ノ規定ハ前二條ノ場合ニ之ヲ準用ス

本條ハ前二條ニヨリ株主ニ對シ其權利ヲ失フヘキ旨ヲ通知シタルトキハ會社ハ其通知事項ヲ公告スヘク若シ株主ニシテ失權セシメタルトキハ株主ノ氏名住所及ヒ株劵ノ番號ヲ公告スルコトヲ定メタリ。

第二百二十條ノ五　株式併合ノ場合ニ於テ從前ノ株式ヲ目的トスル質權ハ併合ニ因リテ株主カ受クヘキ株式及ヒ金錢ノ上ニ存在ス

株式併合ト質權

株式ヲ併合スル時ハ新株式ヲ發行スルカ故ニ舊株式上ニ存在セシ從タル權利卽チ質權ハ當然消滅スヘキモノトス茲ニ於テカ本條ハ質權者ヲ保護スルカ爲メ以後質權ハ併合ニ因リテ株主カ受クヘキ株式及ヒ失權株主ノ受クヘキ金錢上ニ存在スヘキモノトナセリ。

第七節　會社ノ解散

株式會社解散ノ觀念解散ノ效果等皆ナ合名會社ニ於ケルト異ナルコトナシ唯僅カニ解散事項ニ付キ株式會社ニ特有ノモノアルカ故ニ次ニ説明スヘシ。

第二百二十一條　會社ハ左ノ事由ニ因リテ解散ス

一　第七十四條第一號、第二號、第四號、第六號及ヒ第七號ニ揭ケタル事由

二　株主總會ノ決議

三　株主カ七人未滿ニ減シタルコト

本條ハ株式會社ノ解散事由ヲ規定セリ卽チ株式會社ハ合名會社解散ノ事由タル存立時期ノ滿了其他定款ニ定メタル事由ノ發生、會社目的ノ成功又ハ成功ノ不能、會社ノ合併、會社ノ破產、裁判所ノ命令等ニ依リテ解散スルハ勿論株主總會ノ決議ニ因リテモ亦解散ス而シテ株式會社ニ特有ノ解散事由ハ株主カ七人未滿ニ減シタルコト是レナリ蓋シ株式會社ノ設立ニハ七人以上ノ發起人アルコトヲ必要トシ(一九一)會社ノ設立ニハ發起設立ナルモノアリテ最少限度タル七人ノ發起人カ株主トナルヘキヲ推知セシムルカ故ニ七人ノ株主ハ株式會社成立ノ要件タルノミナラス又其存續ノ要件ナリ故ニ株主カ七人未滿ニ減少シタルトキハ會社ハ當然解散ストナシタルモノナリ。

第二百二十二條　前條第二號及ヒ合併ノ決議ハ第二百九條ノ規定ニ從フニ非サレハ之ヲ爲ス

コトヲ得ス

本條ハ株主總會ノ決議ニ由ル解散及ヒ合併ニ因ル解散ヲ爲スニハ第二百九條ノ規定ニヨリ定足數ノ決議ヲ以テ爲スヘク定足數ヲ得サル時ハ出席株主ニ於テ假決議ヲナシ第二回ノ株主總會ノ承認ヲ得ヘク單純ナル多數決ニ由ルヘカラサルコトヲ定メタリ蓋シ會社ノ利害ニ重大ナル關係アレハナリ。

第二百二十三條　削除

本條ハ改正法律ニテ削除シタルモノナリ元來本法第二百二十三條ニハ會社カ合併ヲ爲サント欲スル時ハ其旨ヲ公告シテ株主總會ノ會日前一ケ月ヲ超エサル期間及ヒ開會中記名株ノ讓渡ヲ停止スルコトヲ得株主總會ニ於テ合併ノ決議ヲ爲シタル時ハ其決議ノ日ヨリ第八十一條ノ規定ニ從ヒ本店ノ所在地ニテ登記ヲ爲ス迄株主ハ其記名株ヲ讓渡スコトヲ得スト規定セリ然レトモ何故ニ記名株ニ付キテノミ此制限ヲ爲スヘキカ株主權平等ノ原則ヨリセハ無記名株ノミ以上ノ制限ヲ免ルヘキ理由ナキハ勿論合併ノ決議前後ニ於テ株式ノ讓渡ヲ認ムルハ會社ニ取リ不利益ナルヘシト雖モ此不利益ハ定款其他ノ方法ニヨリテ阻止スルコトヲ得ルカ故ニ敢テ法律ノ關渉スヘキ所ニアラストナセルカ故ニ削除セラレタ

ルモノナリ。

第二百二十四條　會社カ解散シタルトキハ破產ノ場合ヲ除ク外取締役ハ遲滯ナク株主ニ對シテ其通知ヲ發シ且無記名式ノ株券ヲ發行シタル場合ニ於テハ之ヲ公告スルコトヲ要ス

本條ハ會社カ解散シタル時ハ破產ノ場合ヲ除ク外取締役ハ遲滯ナク株主ニ其通知ヲ發シ且ツ無記名式ノ株券ニ對シテハ解散シタル事ヲ公告セサルヘカラス破產ノ場合ヲ除キタルハ破產法ノ規定ニ依ラシムル爲メナリ而シテ株主ニ對スル通知ハ受信主義ニアラスシテ發信主義ヲ採用スルカ故ニ通知ノ株主ニ到達スルト否トハ之ヲ問ハサルモノトス次ニ公告ニ付キ定款ニ定ムル機關アルトキハ此ノ機關ニヨリ公告スヘキモノトス。

第二百二十五條　第七十六條及ヒ第七十八條乃至第八十二條ノ規定ハ株式會社ニ之ヲ準用ス

第二百二十條ノ二乃至第二百二十條ノ五ノ規定ハ會社ノ合併ニ因ル株式併合ノ場合ニ之ヲ準用ス

第二百二十條ノ五ノ規定ハ株式ヲ併合セサル場合ニ於テ合併ニ因リ消滅スル會社ノ株式ヲ目的トスル質權ニ之ヲ準用ス

本條ハ株式會社ノ解散ニ準用セラルヘキ規定ヲ揭ケタルモノナリ即チ第一項ハ會社カ解散シタル時ハ二週間內ニ本店支店ノ所在地ニテ解散登記ヲナスヘキ

事、會社カ合併スル時ハ會社債權者ニ異議ノ有無ヲ催告スル事、合併ノ登記ニ關スル事、合併ニヨル權利義務ノ承繼ニ關スルコト第二項ハ資本減少ノ規定ハ會社合併ニヨリ株式ノ併合ヲナス場合ニ準用アル事第三項ハ合併ニヨリ消滅シタル株式ニ付キ質權ハ以後合併會社ヨリ株主カ受クヘキ株式又ハ金錢ノ上ニ存スヘキコト等皆ナ株式會社ニ準用セラルルモノトス

第八節　清算

會社カ解散シタルトキハ會社財産ノ清算ヲナササル可ラス唯會社カ破産シタルトキ及ヒ合併シタルトキハ共ニ特別規定ニヨリテ取扱ハルルカ故ニ清算スルニ及ハス會社ハ解散スト雖モ清算ノ範圍內ニテハ尙ホ人格ノ存續アリ然レトモ解散ニ因リ會社ハ營業能力ヲ失フカ故ニ營業ヲ前提トスル規定ハ其適用ヲ見サルニ至ルコト會社解散ノ一般的通則ナリ而シテ清算ニハ任意ノモノト法定ノモノトアルコトハ既ニ述ヘタルカ如シ株式會社ノ清算ハ單ニ法定清算ノミ許サレ任意清算ヲ許サス蓋シ株式會社ハ會社債權者ニ對シ其全財産ヲ以テ債務ヲ辨濟スル義務アルノ外ニ義務ノ負擔者ナキカ故ニ任意ニ會社財産ヲ處分セシムルニ

於テハ社會ノ債權者等ハ損害ヲ蒙ル恐レアレハナリ。

第二百二十六條　會社カ解散シタルトキハ合併及ヒ破產ノ場合ヲ除ク外取締役其清算人ト爲ル但定款ニ別段ノ定アルトキ又ハ株主總會ニ於テ他人ヲ選任シタルトキハ此限ニ在ラス
前項ノ規定ニ依リテ清算人タル者ナキトキハ裁判所ハ利害關係人ノ請求ニ因リ清算人ヲ選任ス

本條ハ株式會社カ解散シタルトキハ何人カ清算人タルヘキカヲ定メタリ凡清算人タルヘキ者ハ會社財產ノ狀況ニ精通シ且ツ迅速ニ清算スルコトヲ要ス故ニ其適任者ハ取締役ナリトス是レ本條前段ノ規定アル所以ナリ然レトモ定款ニ豫メ清算人タルヘキ者ヲ定メ置キタルトキ又ハ株主總會ニテ選任シタル者アルトキハ其者ヲ以テ清算人ト爲スヘキハ當然ナリ若シ定款又ハ總會ニ於テ清算人タル者ヲ定メス又ハ取締役アリト雖モ不適任等ノ理由ニヨリ清算人タルコト能ハサルトキハ裁判所ハ利害關係人ノ請求ニヨリ清算人ヲ選任ス。

第二百二十七條　清算人ハ就職ノ後遲滯ナク會社財產ノ現況ヲ調査シ財產目錄及ヒ貸借對照表ヲ作リ之ヲ株主總會ニ提出シテ其承認ヲ求ムルコトヲ要ス

本條ハ清算人ノ義務ヲ定メタリ即チ清算人ハ會社財產ノ最後ノ處分ヲ爲スモノナルカ故ニ就職後遲滯ナク會社財產ノ現況ヲ調査シ財產目錄貸借對照表ヲ作

リ株主總會ニ提出シテ其承認ヲ求メサル可ラサルコト第九十四條ト同一ノ趣旨ナリトス。

第二百二十七條ノ二　清算人ハ財産目錄、貸借對照表及ヒ事務報告書ヲ作リ定時總會ノ日ヨリ一週間前ニ之ヲ監査役ニ提出スルコトヲ要ス

清算人ハ財産目錄貸借對照表ヲ作リ株主總會ノ承認ヲ求メサル可ラス然レトモ右書類ヲ株主總會ニ提出スル前其書類ヲ監査役ニ提出シテ其意見ノアル所ヲ附セシメサル可ラス蓋シ監視ノ任務ヲ實現セシムル爲メナリ。

第二百二十八條　株主總會ニ於テ選任シタル清算人ハ何時ニテモ株主總會ノ決議ヲ以テ之ヲ解任スルコトヲ得

重要ナル事由アルトキハ裁判所ハ監査役又ハ資本ノ十分ノ一以上ニ當タル株主ノ請求ニ因リ清算人ヲ解任スルコトヲ得

清算人ノ解任

本條ハ清算人ノ解任ニ付キ規定セリ清算人ノ解任方法ハ其選任ノ原因異ナルニヨリテ自ラ異ナルヲ原則トス故ニ株主總會ニテ選任シタル清算人ハ何時ニテモ株主總會ノ決議ニ由リテ解任シ得ヘシ蓋シ株主總會ニテ信用セサル清算人ノ清算行爲ハ株主ヲシテ滿足セシムルコト能ハサレハナリ次ニ取締役カ當然清算人ト爲ル場合ハ法律カ株主等ノ意思ヲ推シテ選任セシメタルモノナルカ故ニ法

律ノ明文ナシト雖モ株主總會ノ決議ニヨリテ解任シ得ヘキモノトス次ニ利害關係人ノ請求ニヨリ淸算人ヲ選任シタルトキハ利害關係人ノ請求ニヨリテ解任シ得ルモノト謂ハサルヘカラス而シテ本條第二項ハ更ニ特殊ノ淸算人解任ノ方法ヲ定メタリ卽チ重要ノ事由アルトキハ監査役又ハ資本ノ十分ノ一以上ニ當タル株主ノ請求ニヨリテ裁判所カ解任スル場合ナリ蓋シ前者ノ解任請求權ヲ認メタルハ監督權ノ作用ニシテ後者ノ解任請求權ハ大株主ノ專制ヲ防止スルニアリ。

残餘財產ノ分配率

第二百二十九條　殘餘財產ハ定款ニ依リテ拂込ミタル株金額ノ割合ニ應シテ之ヲ株主ニ分配スルコトヲ要ス但會社カ優先株ヲ發行シタル場合ニ於テ之ニ異ナリタル定アルトキハ此限ニ在ラス

本條ハ殘餘財產分配ニ關スル規定ナリ若シ淸算ノ結果會社財產ヲ以テ會社債務ヲ完濟スルコト能ハサルトキハ淸算人ハ破產ノ宣告ヲ請求セサル可ラサルハ論ナシ之ニ反シテ淸算ノ結果會社ニ殘餘財產アルトキハ之ヲ分配セサル可ラス其分配ノ標準如何ハ定款ニヨリ拂込ミタル株金額ノ割合ニヨルヘキモノトス而シテ我商法ハ各株平等ノ原則ヲ採ルカ故ニ殘餘財產ノ分配モ亦平等タルヘシ然レトモ會社カ優先株ヲ發行シタルトキハ右ノ原則ニヨルコトヲ得サルヤ勿論ナリトス。

第二百三十條　清算事務カ終ハリタルトキハ清算人ハ遲滯ナク決算報告書ヲ作リ之ヲ株主總會ニ提出シテ其承認ヲ求ムルコトヲ要ス

殘餘財產ノ分配終レハ淸算終了ス淸算終了シタル時ハ淸算人ハ遲滯ナク淸算報告書ヲ作リテ株主總會ノ承認ヲ受クヘシ而シテ承認ヲ得タル時ハ解散會社カ人格ノ存續ヲ認メラルル基礎ナキニ至ルカ故ニ株式會社ハ全ク消滅ス而シテ淸算終了シタル時ハ登記ヲ爲ササル可ラサルコト商事會社一般ノ通則ナリ。

第二百三十一條　削除

本條ハ第二百三十四條ノ改正ニヨリテ削除セラレタルモノナリ就テ同條ヲ一讀スヘシ。

第二百三十二條　會社カ事業ニ著手シタル後株主、取締役又ハ監査役カ其設立ノ無效ナルコトヲ發見シタルトキハ訴ヲ以テノミ其無效ヲ主張スルコトヲ得

第九十九條ノ三乃至第九十九條ノ六及ヒ第百六十三條ノ二第三項ノ規定ハ前項ノ場合ニ之ヲ準用ス

本條ハ合名會社設立無效ノ訴ニ關スル第九十九條ノ二以下ノ場合ト同趣旨ナリトス唯訴ヲ提起スヘキ者ハ本條ニ於テ株主、取締役又ハ監査役トナシタル點ニ於テ異ナル所アルノミ就テ第九十九條ノ二以下ノ設立無效ノ訴ヲ一讀スヘシ。

會社書類ノ保存

第二百三十三條　會社ノ帳簿、其營業ニ關スル信書及ヒ清算ニ關スル一切ノ書類ハ本店ノ所在地ニ於テ清算結了ノ登記ヲ爲シタル後十年間之ヲ保存スルコトヲ要ス其保存者ハ清算人其他ノ利害關係人ノ請求ニ因リ裁判所之ヲ選任ス

會社ノ帳簿其他營業ニ關スル一切ノ書類ハ本店所在地ニ於テ清算終了ノ登記ヲ爲シタル後十ケ年間保存スルコトヲ要ス蓋シ後日ノ紛爭ヲ絶ツヘキ證據トナサンカ爲メナリ而シテ其保存者ハ清算人其他ノ利害關係人ノ請求ニ依リ裁判所之ヲ選任スヘキモノトス。

第二百三十四條　第八十四條、第八十九條乃至第九十三條、第九十三條ノ二第二項、第九十五條、第九十七條、第九十九條、第百五十七條乃至第百六十條ノ二、第百六十三條乃至第百六十三條ノ四、第百六十四條第二項、第百六十七條ノ二、第百七十條、第百七十一條、第百七十六條乃至第百七十九條、第百八十一條、第百八十三條乃至第百八十七條、第百九十一條乃至第百九十三條及ヒ民法第七十九條、第八十條ノ規定ハ株式會社清算ノ場合ニ之ヲ準用ス

本條ハ株式會社ノ清算ニ付キテ準用セラルヘキ規定ヲ列擧シタルナリ今便宜ノ爲メ説明スレハ解散會社ハ清算ノ範圍內ニテ尙ホ存續スルコトヲ初メトシテ（三八）會社カ裁判所ノ命令ニヨリテ解散シタル場合ニ於ケル清算人ノ選任方法、清算人ノ登記スヘキ事項、清算人ノ職務權限ノコト、辨濟期限ノ會社債務ノ辨濟ノコト會社カ現存財產ヲ以テ會社債務ヲ完濟スルニ不足ナル場合ニ於ケル社員ノ出資

義務ニ付キテノ期限ノ利益ヲ失フ事、淸算人數人アル時ハ淸算事務ハ其過半數ニテ決行スル事、何等ノ明言ナクンハ淸算人ハ各自會社ヲ代表スル事、殘餘財産ノ分配ハ會社債務ヲ辨濟後ニ爲スヘキ事、第九十條ノ變更登記ノ事、會社ノ設立無效ノ訴ノ事、株主總會招集ノ事、株主總會招集ノ手續又ハ其決議ノ方法カ定款法令ニ違反スル場合ニ於ケル訴訟ノ事、會社ト取締役トノ關係ハ委任關係ナル事、取締役解任後ノ會社業務ノ執行權ノ事、第七十條第七十一條ノ件、取締役ト會社トノ取引ノ事、取締役ノ背任行爲ニ對スル制裁ノ事、小數株主權ノ事、取締役ノ報酬ノ事、第百八十一條第百八十三條乃至第百八十七條ノ事、第百九十一條乃至第百九十三條ノ件及ヒ民法第七十九條ノ會社債權者ニ對スル債權申出テノ催告及ヒ公告ノ件、民法第八十條ノ債權申出テ期間後ノ債權申出テニ對スル殘餘財産ノ給付ノ件等是レナリ。

第五章　株式合資會社

第二百三十五條　株式合資會社ハ無限責任社員ト株主トヲ以テ之ヲ組織ス

本條ハ株式合資會社ノ定義ヲ下セルナリ株式合資會社ハ無限責任社員ト有限

責任社員トヲ以テ組織セラレ有限責任社員ノ責任ハ株式ヲ以テ限定セラルル商事會社ヲ謂フ同シク有限責任社員ヲ會社構成組織ノ一部ト爲スモ其有限責任カ株式ニヨリテ限ラルル點ニ於テ合資會社ト異ナルナリ。

第二百三十六條　左ノ事項ニ付テハ合資會社ニ關スル規定ヲ準用ス

一　無限責任社員相互間ノ關係

二　無限責任社員ト株主及ヒ第三者トノ關係

三　無限責任社員ノ退社

此他株式合資會社ニハ本章ニ別段ノ定アル場合ヲ除ク外株式會社ニ關スル規定ヲ準用ス

株式合資會社ノ內部ニハ無限責任社員ト有限責任社員トアル點ニ於テ合資會社ト相類似スルカ故ニ本條ニ於テハ(一)無限責任社員相互ノ關係(例令會社ノ代表權及ヒ業務ノ執行權カ無限責任社員各自ニ存スルカ如キ(二)無限責任社員ト株主及ヒ第三者トノ關係(卽チ第三者ニ對シテハ無限責任ヲ負フカ如キ株主ニハ持分ノ讓渡ヲ許スモ無限責任社員ニハ原則トシテ許サレサル事及ヒ競業禁止ノ前者ニ許サレ後者ニハ原則トシテ許サレサルカ如キ(三)無限責任社員ノ退社等ニ付キテハ皆ナ合資會社ノ規定カ準用セラルルモノトセリ然ルニ合資會社ノ無限責任社員ニハ合名會社ノ無限責任ニ關スル規定カ準用セラルルカ故ニ株式合資會社ニ

モ合名會社ノ規定カ準用セラルルコトトナルナリ然レトモ株式合資會社ハ無限責任社員ノ外株主ヲ以テ組織セラルルカ故ニ以上無限責任社員ニ關スル規定ノ外ハ株式會社ノ規定ヲ準用スヘキモノトセリ然レトモ本章ニ特別ノ規定アル場合ハ之ニ依ラサルヘカラス。

無限責任社員ノ義務

第二百三十七條　無限責任社員ハ發起人ト爲リテ定款ヲ作リ之ニ左ノ事項ヲ記載シテ署名スルコトヲ要ス

一　第百二十條第一號、第二號、第四號、第六號及ヒ第七號ニ掲ケタル事項
二　株金ノ總額
三　無限責任社員ノ氏名住所
四　無限責任社員ノ株金以外ノ出資ノ種類及ヒ價格又ハ評價ノ標準

本條ハ株式合資會社ノ設立ニ關スル規定ナリ卽チ無限責任社員タルヘキ者ハ設立ノ主唱者トナリ定款ヲ作成セサルヘカラス無限責任社員タルヘキ者ニアラサレハ發起人タルコトヲ得ス然レトモ株式會社設立ノ場合ニ於ケルカ如ク七人以上ノ發起人アルコトヲ必要トセス。

而シテ定款ニ記載スヘキ事項ハ(一)目的、商號(商號ニハ株式合資會社ノ文字ヲ加フルコトヲ要ス)株金額本店支店及會社ノ公告ヲ爲ス方法(二)株金ノ總額之ハ株主

ノ出資ヨリ成ル資本ナリ無限責任社員モ亦、金錢勞力マタハ信用等ノ出資ヲ爲ササルヘカラサルハ勿論ナリト雖モ右株主ノ出資總額以外ニ於テ會社財産ヲナスモノナリ(三)無限責任社員ノ氏名住所(四)無限責任社員カ株金以外ノ出資ノ種類及ヒ價額又ハ評價ノ標準ハ合資會社ノ場合ト同一ナリ。

第二百三十八條　無限責任社員ハ株主ヲ募集スルコトヲ要ス

株式申込證ニハ左ノ事項ヲ記載スルコトヲ要ス

一　第百二十二條、第百二十六條第二項第一號、第四號、第五號及ヒ前條ニ掲ケタル事項

二　無限責任社員カ株式ヲ引受ケタルトキハ其各自カ引受ケタル株式ノ數

定款ヲ作成シタル後發起人タル無限責任社員ハ資本ヲ分轄シテ株主タルヘキ者ヲ募集セサルヘカラス其之ヲ募集スルニハ株式申込證ニ依ラサルヘカラス株式申込證ノ性質ハ既ニ述ヘタルカ如シ而シテ右申込證ニ記載スヘキ事項ハ(一)第百二十三條ニ掲クル相對的事項及ヒ第百二十六條第二項中ノ定款作成ノ年月日第一回ノ拂込額竝ニ引受取消ノ件(二)無限責任社員カ株式ヲ引受ケタルトキハ其各自カ引受ケタル株式ノ數等是レナリ。

第二百三十九條　創立總會ニ於テハ監査役ヲ選任スルコトヲ要ス無限責任社員ハ監査役ト爲

ルコトヲ要ス

株式總數ノ引受ケアリテ第一回ノ拂込ミアリタルトキハ發起人ハ創立總會ヲ招集セサル可ラス創立總會ニテハ設立ノ經過ニ付キ調査討議スヘキコト他ノ會社ノ創立總會ニ於ケルト異ナルナシ唯株式合資會社設立ノ場合ニ於ケル創立總會ニ特有ナルハ監査役ヲ選任スルコトニアリ是レ他ナシ株式合資會社ニアリテハ無限責任社員カ當然取締役ト同一ノ權限ヲ有スルカ故ニ株主一同ノ利益ヲ代表シテ會社ノ業務ヲ監視セシムルカ爲メナリ。

而シテ無限責任社員ハ監査役トナルコトヲ得ス是レ無限責任社員ハ會社ノ業務ヲ執行シ會社ヲ代表スヘキ地位ニアルカ故ニ監査役ノ地位ト相兩立スヘカラサルニアリ。

第二百四十條　無限責任社員ハ創立總會ニ出席シテ其意見ヲ述フルコトヲ得但株式ヲ引受ケタルトキト雖モ議決ノ數ニ加ハルコトヲ得ス

無限責任社員カ引受ケタル株式其他ノ出資ハ議決權ニ關シテハ之ヲ算入セス前二項ノ規定ハ株主總會ニ之ヲ準用ス

無限責任社員モ亦株式ヲ引受クルコトヲ得ルハ前既ニ述ヘタル所ナリ其之ヲ引受ケタルトキト雖創立總會ノ決議ノ數ニ加ハルコトヲ得ス唯右ノ總會ニ出席

シテ其意見ヲ述フルコトヲ得ルノミナリ蓋シ無限責任社員タルヘキ發起人ノ權力亂用ヲ防クカ爲メナリ故ニ創立總會ニ於テハ無限責任社員ノ株式其他ノ出資ニ伴フ議決權ハ之レナキモノト同一ナリ以上無限責任社員ノ議決權ナキコトハ會社設立後ノ株主總會ニ於テモ亦同樣ナリ。

第二百四十一條　監査役ハ第百三十四條第一項及ヒ第二百三十七條第四號ニ揭ケタル事項ヲ調査シ之ヲ創立總會ニ報告スルコトヲ要ス

創立總會ニテ選任セラレタル監査役ハ株式總數ノ引受ケアリヤ第一回ノ拂込ミアリヤ發起人ニ對スル特別利益報酬金錢以外ノ財産出資ニ對シテ與フル株式數ノ正當ナリヤ否ヤ及ヒ無限責任社員ノ株金以外ノ出資ノ價額及ヒ評價ノ標準ハ正當ナリヤ否ヤ等ヲ調査シテ創立總會ニ報告スルコトヲ要ス株主ハ之ニ對シテ更ニ調査討議シ必要ナリト認メタル時ハ檢査役ノ選任ヲ請求スルコトヲ得ヘシ而シテ創立總會ニテ右ノ各事項ヲ正當ナリト決議シタル時ハ創立總會ハ玆ニ終了ス此終了アリタルトキハ株式合資會社ノ成立アリタルナリ。

第二百四十二條　會社ハ創立總會終結ノ日ヨリ二週間內ニ其本店及ヒ支店ノ所在地ニ於テ左ノ事項ヲ登記スルコトヲ要ス

一　第百二十條第一號、第二號、第四號、第七號及ヒ第百四十一條第一項第二號乃至第

六號ニ掲ケタル事項
二　株金ノ總額
三　無限責任社員ノ氏名、住所
四　無限責任社員ノ株金以外ノ出資ノ種類及ヒ財産ヲ目的トスル出資ノ價格
五　會社ヲ代表スヘキ無限責任社員ヲ定メタルトキハ其氏名
六　監査役ノ氏名、住所
七　數人ノ無限責任社員カ共同シ又ハ無限責任社員カ支配人ト共同シテ會社ヲ代表スヘキコトヲ定メタルトキハ其代表ニ關スル規定

會社カ成立シタルトキハ創立總會終了ノ日ヨリ二週間内ニ其本店及支店ノ所在地ニ於テ登記ヲナササル可ラス然ラサレハ以テ第三者ニ對抗スルコトヲ得サルハ勿論開業ノ準備タニ爲スコトヲ得サルハ商事會社一般ノ通例ナリ而シテ本條登記事項ヲ掲クレトモ別ニ説明スルノ點ナシ。

第二百四十三條　會社ヲ代表スヘキ無限責任社員ニハ株式會社ノ取締役ニ關スル規定ヲ準用ス但第百六十四條乃至第百六十八條、第百七十五條及ヒ第百七十九條ノ規定ハ此限ニ在ラス

無限責任社員ハ會社ヲ代表シ業務ヲ執行スル任ニ當ルト雖モ取締役ニアラス然レトモ會社ニ對スル關係相類似スルカ故ニ本條ニ於テハ會社ヲ代表スル無限

責任社員ニハ取締役ニ關スル規定ヲ準用スヘキモノトセリ然レトモ取締役ハ株主中ヨリ選任スルコト、取締役ハ三人以上タルコト、取締役ノ任期ハ三年以下タルコト取締役ハ何時ニテモ株式總會ニテ解任スルコトヲ得ルコト、後任者ノ選任セラルルマテハ解任取締役カ取締役ニ供託スルコト、競業禁止アルコト、監査役ノ報酬ハ株主總會ニテ動カスコトヲ得ルコト等ハ株式合資會社ノ無限責任社員ニハ適用ナシ。

決議方法

第二百四十四條　合資會社ニ於テ總社員ノ同意ヲ要スル事項ニ付テハ株主總會ノ決議ノ外無限責任社員ノ一致アルコトヲ要ス

第二百九條ノ規定ハ前項ノ決議ニ之ヲ準用ス

合資會社ニ於テ總社員ノ同意ヲ要スル事項ニ付テハ株主總會ノ決議ノ外無限責任社員ノ同意ヲ得ヘキモノトス例令定款ノ變更ノ如キ事項ハ會社全體ニ關係スル重大ナル事項ナルカ故ニ一部社員ノ決議ヲ以テ足レリトスヘキニアラサレハナリ而シテ無限責任社員ノ同意ハ其社員全體ノ一致ヲ要シ株主總會ノ決議ハ第二百九條ノ特別決議ニヨルヘキモノトス。

監査役ノ責任

第二百四十五條　監査役ハ無限責任社員ヲシテ株主總會ノ決議ヲ執行セシムル責ニ任ス

株式合資會社ニアリテハ株主ハ營業資金ノ供給者トナリ無限責任社員ハ營業

解散事由

執行者トナリ各々相對立スル關係アルカ故ニ株主總會ノ決議スル所ニシテ無限責任社員カ之ヲ執行セサル事アルモ之ヲ強要セシムルコトヲ得ス而カモ之ヲ放任スル時ハ會社ノ經營圓滿ナルコトヲ得サルヤ勿論ナリ之ニ於テカ兩者ノ意思ヲ調和セシムルカ爲メ本條ハ監査役ハ會社監督ノ事務ヲ行フノ外株主一同ノ利益ヲ代表シテ其決議ヲ執行セシムヘキ責任アルコトヲ規定セリ。

第二百四十六條　株式合資會社ハ合資會社ト同一ノ事由ニ由リテ解散ス但第八十三條ノ場合ハ此限ニ在ラス

本條ハ株式合資會社ノ解散事由ヲ規定シタリ其事由ハ合資會社ノ解散事由ニ依ルヘキモノトセリ從テ定款ニ定メタル事由ノ發生、會社業務ノ成功、成功ノ不能、總社員ノ同意、會社ノ合併、社員ノ缺乏、會社ノ破產、裁判所ノ命令、無限責任社員總員ノ退社及株主全員ノ退社等ニヨリ解散ス唯第八十三條ノ社員個人ノ解散請求權ハ株式合資會社ニハ適用スルコトヲ得サルモノトセリ蓋シ株式合資會社ノ組織ハ單純一樣ノ社員ヲ以テ構成セラルルモノニアラサルカ故ナリ。

第二百四十七條　無限責任社員ノ全員カ退社シタル場合ニ於テハ株主ハ第二百九條ニ定メタル決議ニ依リ株式會社ヲ繼續スルコトヲ得此場合ニ於テハ株式會社ノ組織ニ必要ナル事項ヲ決議スルコトヲ要ス

第百十八條第二項ノ規定ハ前項ノ場合ニ之ヲ準用ス

無限責任社員カ全部退社シタルトキハ會社ハ解散セサル可ラス然レトモ法律ハ從來ノ會社經營ヲ無益ニ歸セシムルヲ遺憾トナシ殘員タル株主ハ定足數ノ決議ニヨリ株式會社トシテ會社ヲ繼續スルコトヲ得ルモノトセリ。

株式會社ト爲スニハ株主ハ七人以上アルコトヲ必要トシ商號ハ株式會社ト爲シ取締役ノ選任ヲ爲ササルヘカラス故ニ株主ハ株式會社ニ必要ナル右事項ヲ決議スルコトヲ必要トス右決議終リタルトキハ株式會社ニ付キテハ設立ノ登記ヲ爲スヘク株式合資會社ニ付キテハ解散ノ登記ヲ爲ササルヘカラス

第二百四十八條　會社カ解散シタルトキハ合併、破産又ハ裁判所ノ命令ニ因リテ解散シタル場合ヲ除ク外清算ハ無限責任社員ノ全員又ハ其選任シタル者及ヒ株式總會ニ於テ選任シタル者之ヲ爲ス但定款ニ別段ノ定アルトキハ此限ニ在ラス

無限責任社員カ清算人ヲ選任スルトキハ其過半數ヲ以テ之ヲ決ス

株主總會ニ於テ選任スル清算人ハ無限責任社員ノ全員若クハ其相續人又ハ其選任スル者ト同數ナルコトヲ要ス

會社カ解散シタルトキハ清算ヲ爲ササルヘカラス清算中尚會社カ存續スルコトハ會社法一般ノ原則ナリ然ラハ何人カ清算人タルヘキカ本條ハ合併、破産、裁判

所ノ命令等ニヨリテ解散シタル場合ノ外無限責任社員ノ全員又ハ無限責任社員カ過半數ノ決議ニヨリテ選任シタル者ハ株主總會ニテ選任シタル者ト共同シテ清算ノ任ニ當ルヘキモノトセリ然レトモ定款ニ特別規定アル時ハ此規定ニ依ルヘキハ勿論ナリ而シテ右選任清算人ハ無限責任社員ノ側ヨリモ亦株主側ト同數ヲ出スコトヲ要ス蓋シ本條ハ社員ノ種類異ナルヨリ生スル利害ヲ調和センカ爲メ設ケラレタル規定ナルニ依ル。

第二百四十九條　無限責任社員ハ何時ニテモ其選任シタル清算人ヲ解任スルコトヲ得

前條第二項ノ規定ハ清算人ノ解任ニ之ヲ準用ス

清算人ト會社トノ關係ハ委任關係ナルカ故ニ之ヲ解任スルニハ清算人ノ同意アルコトヲ要ス然レトモ選任者ニ於テ信用セサル清算行爲ハ選任者ヲ滿足セシムルコト能ハス故ニ無限責任社員ノ選任シタル清算人ハ過半數ノ決議ニヨリテ何時ニテモ解任スルコトヲ得ルモノトセリ之ニ反シ株主總會ニテ選任シタル清算人ハ株式會社ノ規定ニヨリテ解任スヘキハ勿論ナリ。

第二百五十條　第百二條ノ規定ハ株式合資會社ノ無限責任社員ニ之ヲ準用ス

第百二條ノ社員カ死亡シタル場合ニ其相續人數人アルトキハ清算ニ關シテ社員

ノ權利ヲ行フヘキ者一人ヲ定ムルコトヲ要ストノ規定ハ株式合資會社ニモ準用スヘキモノトセリ蓋シ數人ノ相續人ヲ清算ニ當ラシムル時ハ紛雜不一致ヲ招ク弊アレハナリ。

第二百五十一條　清算人ハ第二百二十七條、第二百二十七條ノ二及ヒ第二百三十條ニ定メタル計算ニ付キ株主總會ノ承認ノ外無限責任社員全員ノ承認ヲ得ルコトヲ要ス

清算人ハ財產目錄、貸借對照表及ヒ事務報告書、決算報告書等ニ付キ株主總會及ヒ無限責任社員ノ承認ヲ得ルコトヲ必要トス此承認アレハ清算人ノ責任ハ解除セラルルニ至ルナリ。

第二百五十二條　株式合資會社ハ第二百四十四條ノ規定ニ從ヒ其組織ヲ變更シテ之ヲ株式會社ト爲スコトヲ得

本條ハ株式合資會社ノ組織變更ノ規定ナリ卽チ會社タル人格ニハ何等ノ影響ナク唯單ニ其內部組織ヨリ無限責任社員ヲ消滅セシメテ株主ノミノ組織トナシ株式會社ト爲スコトヲ得ルモノトセリ但シ第二百四十四條ニヨル社員ノ一致アルコトヲ要ス。

第二百五十三條　前條ノ場合ニ於テハ株主總會ハ直チニ株式會社ノ組織ニ必要ナル事項ヲ決議スルコトヲ要ス此總會ニ於テハ無限責任社員モ亦其引受クヘキ株式ノ數ニ應シテ議決權

ヲ行フコトヲ得

第七十八條、第七十九條第一項、第二項及ヒ第八十三條ノ三ノ規定ハ前項ノ場合ニ之ヲ準用ス

右組織ヲ變更スル場合ニハ株主總會ハ直チニ株式會社トシテ存續スルノ必要ナル事由ヲ決議セサルヘカラス此總會ニ於テハ無限責任社員モ亦其引受ケタル株數ニ應シテ議決權ヲ行フコトヲ得ルモノトス蓋シ將來株主ト同等ノ地位ニ立ツカ故ナリ然レトモ此等會社ノ內部決議ニヨリテ會社債權者ヲ害スルコトナシトセス故ニ右決議ノ日ヨリ二週間內ニ異議ノ有無ニ付キ會社債權者ニ催告セサルヘカラス異議アルモノニハ辨濟シ又ハ相當ノ擔保ヲ供スヘク異議ナキ者ハ組織變更ヲ承認シタル者トシ而シテ後株式會社ニ付キテハ設立ノ登記ヲナシ株式合資會社ニ付キテハ解散ノ登記ヲ爲スヘキモノトス。

第二百五十四條　削除

本條ハ合名會社ノ組織變更ニ關スル手續ヲ前條ニ援用シタルカ爲メ削除セラレタルモノナリ。

人ニ內外人ノ區別アルカ如ク會社ニモ亦內國會社外國會社ノ區別アリ然ラハ內外會社ノ區別ハ何ニヨリテ決スヘキカ通說ハ何レノ國法ニヨリテ設立シタルカニヨリテ決シ吾國法ニ據レハ內國會社ニシテ外國法ニ據レルハ外國會社ナリトナス。

第六章　外國會社

第二百五十五條　外國會社カ日本ニ支店ヲ設ケタルトキハ日本ニ成立スル同種ノモノ又ハ最モ之ニ類似セルモノト同一ノ登記及ヒ公告ヲ爲スコトヲ要ス

右ノ外日本ニ支店ヲ設ケタル外國會社ハ其日本ニ於ケル代表者ヲ定メ且支店設立ノ登記ト同時ニ其氏名、住所ヲ登記スルコトヲ要ス

第六十二條ノ規定ハ外國會社ノ代表者ニ之ヲ準用ス

外國商事會社カ我國法上其目的ノ範圍內ニテ人格ヲ認許セラルルコトハ民法第三十六條ノ明言スル所ナリ然レトモ其設立、存續、解散等ハ各其準據法ニヨリテ定マリ敢テ我國法ノ規則スヘキ所ニアラス然レトモ外國會社カ其支店ヲ設ケタル時ハ日本ニ成立スル同種ノ會社又ハ最モ類似ノモノト同一ノ登記及ヒ公告ヲ爲サヽルヘカラス蓋シ我國法上會社ノ設立、存續、解散ノ有效ニ第三者ニ對抗シ得

ル登記ヲ以テ必要要件トナセハナリ加之右支店ノ登記ト共ニ支店ノ代表者ヲ定メテ其氏名ヲ登記シ其代表ニ付キ共同ノ關係アルトキハ是亦登記ヲ爲サヽルヘカラス蓋シ其支店トノ取引關係ヲ圓滿安全ナラシムルニ依ル。

第二百五十六條　前條第一項及ヒ第二項ノ規定ニ依リ登記スヘキ事項カ外國ニ於テ生シタルトキハ登記ノ期間ハ其通知ノ到達シタル時ヨリ之ヲ起算ス

登記期間ハ登記スヘキ事項ノ發生シタル時ヨリ起算スルヲ我商法ノ原則トス然レトモ國ノ遠近交通機關ノ便否ニヨリテハ右起算點ヨリ特定セル短期間ニ登記シ得サル事アルヤ明カナリ故ニ本條ニ於テハ前條ニヨリ登記スヘキ事項カ外國ニ於テ生シタル時ハ其登記期間ハ其通知ノ到達シタル時ヨリ起算スヘキモノトセリ。

第二百五十七條　外國會社カ始メテ日本ニ支店ヲ設ケタルトキハ其支店ノ所在地ニ於テ登記ヲ爲スマテハ第三者ハ其會社ノ設立ヲ否認スルコトヲ得

本條ハ日本會社ナル時ハ第四十五條ニヨリ本店ノ所在地ニテ登記ヲ爲サシムルモ外國會社ハ日本ニ本店ヲ有セサルカ故ニ之ヲ爲サシムルコトヲ得ス從テ之ニ伴フ法律關係ヲ不安ナラシムル恐レアリ故ニ特別規定ヲナシタルナリ。

第二百五十八條　日本ニ支店ヲ設ケ又ハ日本ニ於テ商業ヲ營ムヲ以テ主タル目的トスル會社ハ外國ニ於テ設立スルモノト雖モ日本ニ於テ設立スル會社ト同一ノ規定ニ從フコトヲ要ス

表面外國法ニ準據シテ設立シタル會社ニシテ內實其本店又ハ營業ノ中心ヲ日本ニ置ク時ハ例ヘ其設立ハ外國法ニ依リタリト雖モ日本會社ト同一ノ規定ニ從ハサルヘカラス從テ斯ノ如キ會社ハ總テ日本會社ノ一種トシテ取扱ハルルニ至ルイナリ蓋シ公課ノ負擔ヲ免レ監督ヲ脫シ違法ノ事アルモ之ヲ所罰スルコト能ハサル等ノ不都合ヲ生スルコトヲ防止センカ爲メナリ。

第二百五十九條　第百四十七條、第百四十九條、第百五十條、第百五十五條第一項、第二百五條第一項、第二百六條、第二百七條及ヒ第二百十七條第二項ノ規定ハ日本ニ於テスル外國會社ノ株券又ハ債券ノ發行及ヒ其株式又ハ社債ノ移轉ニ之ヲ準用ス此場合ニ於テハ始メテ日本ニ設ケタル支店ヲ以テ本店ト看做ス

本條ハ本店ノ所在地ニテ設立ノ登記ヲナシタル後ニアラサレハ株券ノ發行ヲ許ササル事、株式讓渡ハ設立登記後ニアラサレハ讓渡スコトヲ得サル事、記名株券取得者ノ會社幷ニ第三者ニ對抗スルニハ株主名簿ニ取得者ノ氏名住所ヲ記載スル事、株金全額ノ拂込後ニ無記名株ヲ發行スル事、社債券ハ社債全額ノ拂込後ニアラサレハ發行スルヲ得サル事、記名社債券取得者ノ會社及ヒ第三者ニ對抗スル要

件及ヒ資本増加ノ場合ニ於テ新株券ノ發行ハ本店所在地ニテ資本増加ノ登記後ニアラサレハ發行スルコトヲ得サル等ハ外國會社ノ株券社債券及ヒ此等ノ移轉ニ準用スヘキモノトナセリ而カモ此等ノ行爲ニ付キテハ支店ヲ以テ本店ト看做スコトトセリ。

第二百六十條　外國會社カ日本ニ支店ヲ設ケタル場合ニ於テ其代表者カ會社ノ業務ニ付キ公ノ秩序又ハ善良ノ風俗ニ反スル行爲ヲ爲シタルトキハ裁判所ハ檢事ノ請求ニ因リ又ハ職權ヲ以テ其支店ノ閉鎖ヲ命スルコトヲ得

日本ニ設ケラレタル外國會社支店ノ代表者カ會社ノ業務ニ付キ我國ノ公ノ秩序又ハ善良ノ風俗ニ反スル行爲ヲ爲スコトアリ斯ル場合ハ公益保全ノ爲メ其會社ヲ解散スル必要アリ然レトモ法權渉外セサルカ故ニ其支店ヲ閉鎖セシムル事トナシタルナリ。

第七章　罰則

第二百六十一條　發起人、取締役、株式合資會社ノ業務ヲ執行スル社員、監査役、檢査役又ハ株式會社若クハ株式合資會社ノ支配人ハ左ノ場合ニ於テハ一年以下ノ懲役若クハ禁錮又ハ千圓以下ノ罰金ニ處ス

一 會社ノ設立若クハ資本ノ增加又ハ其登記ヲ爲シ若クハ之ヲ爲サシムル目的ヲ以テ株式總數ノ引受又ハ資本ニ對スル拂込額ニ付キ裁判所又ハ總會ヲ欺罔シタルトキ

二 何人ノ名義ヲ以テスルヲ問ハス會社ノ計算ニ於テ不正ニ其株式ヲ取得シ又ハ質權ノ目的トシテ之ヲ受ケタルトキ

三 法令又ハ定款ノ規定ニ違反シテ利益又ハ利息ノ配當ヲ爲シタルトキ

四 會社ノ營業ノ範圍外ニ於テ投機取引ノ爲メニ會社財產ヲ處分シタルトキ

前項ノ規定ハ刑法ニ正條アル場合ニハ之ヲ適用セス

體刑ヲ科セラルル場合

本條ハ罰トシテ一箇年以下ノ懲役若クハ禁錮又ハ千圓以下ノ罰金ニ處セラルル場合ヲ規定ス懲役、禁錮、罰金ノ何物タリヤハ刑法ニ定ムル所ニシテ前者ハ自由刑ノ一ニシテ定役アルモノ後者ハ定役ナキモノナリ次ニ罰金ハ宣告セラレタル金錢其他ノ有價證劵ヲ以テ納メサルヘカラサルモ若シ完納セサルトキハ罰金額ニ應シ相當ノ期間勞役場ニ留置セラルルコトアルハ刑法所定ノ如シ今便宜ノ爲メ本條ヲ分析シテ說明スレハ、

第一 本條ノ適用ヲ受クヘキ者

發起人、取締役、株式合資會社ノ業務執行社員、監查役、檢查役又ハ株式會社株式合資會社ノ支配人ニ限リ其他ニ及ハス。

第二　本條ノ適用セラルヘキ行爲

一　會社ノ設立若クハ資本增加ノ名目ノ下ニ裁判所又ハ總會ヲ欺罔シタル事欺罔トハ未タ株式總數ノ引受ナキニ引受アリトシ資本ニ對スル全部ノ拂込ナキニ是レアリトスルカ如キ裁判所又ハ總會ヲ錯誤ニ陷ラシメタル行爲ヲ謂フ。

二　會社ノ計算ニ於テ不正ニ其株式ヲ取得シ又ハ質權ノ目的トシテ受ケタル事卽チ第百五十一條ノ禁止違反ノ行爲。

三　違法配當ノ行爲。

四　投機取引ニ會社財產ヲ處分シタル行爲。

以上ノ各行爲ハ法ノ禁スル所ナルハ論ヲ俟タサル所ニシテ而カモ之カ爲メ多數ノ債權者ト多數ノ株主トニ非常ナル損害ヲ加フヘキ危險アル行爲ナリトス故ニ會社重役又ハ支配人カ故意ニ斯ノ如キ背任ノ行爲ニ因リ會社ノ財產上ニ損害ヲ加ヘタル時ハ之ニ相當ノ制裁ヲ科スヘキ必要アルハ多言ヲ要セサルヘシ故ニ本條ノ規定アルナリ然レトモ以上ノ行爲ニ付キ刑法ニ處罰スヘキ正條アル時ハ刑法ニヨルヘキモノトス蓋シ本條ハ補充法ナルカ故ナリ。

第二百六十二條　發起人、會社ノ業務ヲ執行スル社員、取締役、外國會社ノ代表者、監査役

又ハ淸算人ハ左ノ場合ニ於テハ十圓以上千圓以下ノ過料ニ處ス但其行爲ニ付キ刑ヲ科スヘキトキハ此限ニ在ラス

一　官廳又ハ總會ニ對シ不實ノ申述ヲ爲シ又ハ事實ヲ隱蔽シタルトキ

二　第七十八條乃至第八十條ノ規定ニ違反シテ合併、會社財産ノ處分、資本ノ減少又ハ組織ノ變更ヲ爲シタルトキ

三　檢査役ノ調査ヲ妨ケタルトキ

四　第百　十一條第二項ノ規定ニ違反シテ株式ヲ消却シタルトキ

五　第百五十五條第一項ノ規定ニ違反シテ株劵ヲ無記名式ト爲シタルトキ

六　第百七十四條第二項又ハ民法第八十一條ノ規定ニ違反シ破産宣告ノ請求ヲ爲スコトヲ怠リタルトキ

七　第百九十四條ノ規定ニ違反シ準備金ヲ積立テサルトキ

八　第二百條ノ規定ニ違反シテ社債ヲ募集シ又ハ第二百五條第一項ノ規定ニ違反シテ債劵ヲ發行シタルトキ

九　第二百六十條ノ規定ニ依ル裁判所ノ命令ニ違反シタルトキ

十　會社カ裁判所ノ命令ニ因リテ解散シタル場合ニ於テ淸算人ニ事務ノ引渡ヲ爲ササルトキ

十一　淸算ノ結了ヲ遲延セシムル目的ヲ以テ民法第七十九條ノ期間ヲ不當ニ定メタルトキ

十二　民法第七十九條ノ期間內ニ或債權者ニ辨濟ヲ爲シ又ハ第九十五條ノ規定ニ違反シテ會社財産ヲ分配シタルトキ

本條ハ十圓以上千圓以下ノ過料ニ處スル行爲ヲ定メタリ而シテ其如何ナル行爲ナルヤハ右ニ示シタル當該各本條ニテ説明シタルカ故ニ玆ニ之ヲ略ス。

第二百六十二條ノ二　發起人、會社ノ業務ヲ執行スル社員、取締役、外國會社ノ代表者、監査役又ハ淸算人ハ左ノ場合ニ於テハ五圓以上五百圓以下ノ過料ニ處ス但其行爲ニ付キ刑ヲ科スヘキトキハ此限ニ在ラス

一　本編ニ定メタル登記ヲ爲スコトヲ怠リタルトキ
二　本編ニ定メタル公告若クハ通知ヲ爲スコトヲ怠リ又ハ不正ノ公告若クハ通知ヲ爲シタルトキ
三　本編ノ規定ニ依リ閲覽ヲ許スヘキ書類ヲ正當ノ理由ナクシテ閲覽セシメサリシトキ
四　本編ノ規定ニ依ル檢査又ハ調査ヲ妨ケタルトキ
五　第四十六條ノ規定ニ違反シテ開業ノ準備ニ著手シタルトキ
六　第百二十六條第二項第二百三條第二項、第二百十二條ノ三第一項及ヒ第二百三十八條第二項ノ規定ニ違反シ株式申込證又ハ社債申込證ヲ作ラス、之ニ記載スヘキ事項ヲ記載セス又ハ不正ノ記載ヲ爲シタルトキ
七　第百四十七條第一項又ハ第二百十七條第三項ノ規定ニ違反シテ株券ヲ發行シタルトキ
八　株券又ハ債券ニ記載スヘキ事項ヲ記載セス又ハ不正ノ記載ヲ爲シタルトキ
九　定款、株主名簿、社債原簿、總會ノ決議錄、財產目錄、貸借對照表、營業報告書、事務報告書、損益計算書及ヒ準備金並ニ利益又ハ利息ノ配當ニ關スル議案ヲ本店若

リハ支店ニ備ヘ置カス、之ニ記載スヘキ事項ヲ記載セス又ハ之ニ不正ノ記載ヲ為シタルトキ

十　第百七十四條第一項又ハ第百九十八條第二項ノ規定ニ違反シ株主總會ヲ招集セサルトキ

本條ハ五圓以上五百圓以下ノ過料ニ處スル場合ナリ但其行為ニ付キ刑罰ヲ科セラレサル場合タルヲ要ス若刑罰ヲ科セラルルトキハ過料ニ處スルコトナキモノトス。

第二百六十二條ノ三　第四十四條ノ三第二項ノ規定ニ依リテ選任セラレタル者ハ本章ノ適用ニ付テハ之ヲ發起人ト看做ス

第四十四條ノ三第二項ノ規定ニヨリ選任セラレタル共同行為者ハ發起人ニアラサルカ故ニ本章ノ適用ナシト雖モ本條ニ於テハ發起人ト類似ノ行為アリトシ本章ノ適用ニ付キテハ發起人ト同一視スルコトトセリ。

第三編　商行爲

商行爲チ定ムルノ必要

商行爲ノ規定ハ本法中ノ骨子タル規定ナリ蓋商法ノ規定ハ商行爲ヲ基トシテ制定セラレタルモノニシテ第一編總則第二編會社第四編手形第五編海商ノ規定ハ皆商行爲ヲ前提トシ特ニ民法ヨリ分離シテ規定サレタルモノトス即チ商行爲ハ普通ノ民事行爲ト異ナリ敏活ト信用ヲ重ンスルノ必要アルヲ以テ一般ノ商行爲ニ付キ迂遠ナル民法ノ規定ヲ適用セントスルハ其性質及ヒ目的ニ適合セサルモノアレハナリ我商法ハ商行爲ノ規定ヲ第三編ニ置キタリト雖モ商行爲ヲ基本トシテ規定シ次テ商人ノ意義ヲ定メタルモノナルコトハ學説ニ於テモ異論ナク又法典上(四)ニ於テモ疑ヲ容レサル所タリ。

夫レ此ノ如ク商法ノ規定ハ商行爲ヲ中樞トシテ規定セラレタルモノナルカ故ニ商行爲ノ何ダルヤヲ定ムルハ至重至要ノコトタルト同時ニ又至難ノ業ニ屬シ古來各國ノ商法典ニ於テ之ヲ定メントスルニ當リテ立法者ノ苦心セシ痕跡歷々タルモノアリテ其或モノハ例示的ニ之ヲ定メ其或モノハ定義的ニ之ヲ定メ或モノハ之ヲ列擧的ニ定メタリ而シテ各主義トモニ各一長一短アリテ商行爲ノ種類

ヲ例示的ニ定ムルトキハ商行爲ヲ限局セサルカ故ニ多少適用ノ餘裕ヲ存スルモ例示外ノ事項カ果シテ商行爲タリヤ否ヤノ認定ハ裁判官ニ一任セサル可カラサルノ不便アリ次ニ商行爲ノ種類ヲ定義的ニ定ムルトキハ能ク一切ノ場合ヲ網羅シ得ヘキカ如シト雖モ所謂定義ナルモノハ片言隻語ヲ以テ百般ノ場合ヲ包含セシメサル可ラサルヲ以テ完全ナル定義ハ到底之ヲ望ムヲ得ス現ニ古來學者ノ下シタル定義カ一モ完全ナルモノナクシテ批難攻擊ノ燒點タルニ徵スルモ思ヒ半ニ過クルモノアラン然ラハ最後ノ列擧主義ハ如何ト云フニ例示主義ノ缺點ナク定義主義ノ通弊ナシト雖モ而モ列擧以外ノ事項ハ之ヲ商行爲ト爲スヲ得サルカ故ニ他日社會事物ノ進化發展アルニ際シ商行爲ノ範圍ヲ擴張スルニ當リ一一立法手續ヲ經サルヘカラサルノ缺點アリ然レトモ各主義各一得一失アリトセハ比較的弊害ノ少キモノヲ選ハサルヘカラス我立法者ハ最後ノ列擧主義ヲ以テ短少クシテ長多キモノトシ第二百六十三條及第二百六十四條ニ於テ列擧主義ヲ採リ尙ホ第二百六十五條ニ於テ「商人カ其營業ノ爲メニスル行爲ハ之ヲ商行爲トス」ト規定シ其第二項ニ於テ「商人ノ行爲ハ其營業ノ爲メニスルモノト推定ス」ト規定シ列擧主義ヨリ生スル弊害ヲ除去スルコトニ努メタリ商法改正ノ際ニ於テモ此等

ノ規定ニ付テハ一指ヲモ加ヘサリキ蓋間然スルトコロナキニ由ル。

商行爲ニ關スル規定ハ敏活ト信用ヲ重ンスル商事ノ性質及目的ニ適合セシムル爲メ設ケラレタルモノタルコトハ多言ヲ要セス然レトモ斯ル便益規定ハ獨リ商行爲ニ適用セラルルノミナラス一般ノ民事行爲ニ付テモ亦要求セラルルモノナルヲ以テ古來商行爲ノミニ適用アル規定トシテ存置セラレタルモノニシテ民法ニ採用セラレ從テ民事行爲タルト商行爲タルトニ論ナク適用セラルルニ至リ漸次商行爲ノ特別規定ノ領域縮小セラルル傾向アリ現今商行爲編ニ規定セラルルモノハ未タ民事行爲商行爲共通ノモノニアラスシテ單ニ商行爲ニノミ適用セラルヘキモノトス但商行爲モ亦民事行爲ノ一種タルヲ以テ商法ニ規定ナキ事項ニ付テハ民法ヲ適用セラルルコト既ニ第一編ニ於テ説述セル如シ故ニ茲ニ再説ノ勞ヲ省ク。

第一章　總則

本章ニハ商行爲全體ニ通スル規定ヲ收ム卽チ第一ニ商行爲ノ意義及區別ヲ明カニシ第二ニ商行爲ニ關スル代理ヲ規定シ第三ニ商行爲ニ關スル契約第四ニ商

行爲ニ付テノ報酬及利息第五ニ商行爲ニ因リ生スル債權ノ擔保第六ニ商行爲ヨリ生シタル債務ノ履行第七ニ時效ヲ規定シタルモノトス。

第二百六十三條　左ニ揭ケタル行爲ハ之ヲ商行爲トス

一　利益ヲ得テ讓渡ス意思ヲ以テスル動產、不動產若クハ有價證券ノ有償取得又ハ其取得シタルモノノ讓渡ヲ目的トスル行爲

二　他人ヨリ取得スヘキ動產又ハ有價證券ノ供給契約及ヒ其履行ノ爲メニスル有償取得ヲ目的トスル行爲

三　取引所ニ於テスル取引

四　手形其他ノ商業證券ニ關スル行爲

本條及次條ハ本章劈頭ニ於テ說述シタル如ク商行爲ノ種類ヲ列擧的ニ揭ケタルモノニシテ本條ニハ單ニ「左ニ揭ケタル行爲ハ之ヲ商行爲トス」ト規定サレタリ從テ本條ニ揭クル一乃至四ノ行爲ヲ爲ストキハ其行爲ハ絶對ニ商行爲ニシテ其營業ノ爲メニ爲シタルモノナルヤ否ヤ將タ商人ノ爲シタルモノナルヤ否ヤヲ問ハス常ニ商行爲タルモノトス故ニ之ニ絶對的商行爲又ハ客觀的商行爲ノ名稱ヲ付ス。

一ノ甲　利益ヲ得テ讓渡ス意思ヲ以テスル動產不動產若クハ有價證券ノ有償取

得トハ學者ノ所謂投機購買ニシテ特定ノ動產不動產若クハ有價證券ヲ買得スルハ他日利益ヲ得テ讓渡ス意思タルコトヲ要スルモノトス之ヲ投機購買ノ主觀的要素ト謂フ從テ此意思ヲ缺クトキ卽チ或動產若クハ不動產ヲ買得スルモ之ヲ自家ノ用ニ供セムト欲シテ買得シタルモノタルトキハ縱令之ヲ自家ノ用ニ使用セス利益ヲ得テ他人ニ讓渡シタリトスルモ商行爲タルモノニアラス又茲ニ利益トアルハ財產上ノ利益ヲ意味シ社交上ノ利益又ハ其ノ他ノ利益ヲ含マサルモノトス。

又取得ノ目的物カ動產、不動產若クハ有價證券タルコトヲ要シ且其取得タルヤ有償的ニ取得シタルモノナルコトヲ要スルモノニシテ之ヲ投機購買ノ客觀的要素ト謂フ有償的ニ取得スルヲ要ストハ代金ヲ支拂フカ又ハ之ニ代ハルヘキ出捐ヲ爲シテ取得スルヲ要スルノ意ニシテ換言スレハ贈與ニ因テ取得スルカ又ハ時效ニ因テ取得スルカ如ク無償ニテ取得セサルコトヲ要スル意ナリ從テ利益ヲ得テ讓渡サントスル意思ヲ以テ動產不動產若クハ有價證券ヲ取得スルモ其取得カ無償取得タルトキハ其取得行爲ハ茲ニ所謂絕對的商行爲タラサルモノトス。

目的物ノ中動產、不動產ノ意義ハ今茲ニ說述ヲ省キ有價證券ノ意義ニ付テ一言セムトス通說ニ從ヘハ有價證券トハ權利ノ行使ニ證券ノ所持ヲ必要トスルモノニシテ證券卽チ權利タリ權利卽チ證券タルモノヲ謂フト云ヒ手形ノ如キ有價證券ノ好適例タリト說ク之ニ反スル者ハ曰ク所謂有價證券トハ權利ノ行使ニ證券ノ所持ヲ必要トスル外其證券カ取引市場ニ於テ公定相場ヲ有スルモノタラサルヘカラス從テ株劵ノ如キ社債券ノ如キ同種類ノ證券カ多數ニ發行セラルルモノタルヲ要スト爲シ後ノ要件ヲ缺ク手形ノ如キハ有價證券タルモノニアラスト論ス法律上ノ通說ハ前說ニ在ルモ實際上ノ觀察ハ後者ヲ正シトセンカ。

一ノ乙　利益ヲ得テ讓渡ス意思ヲ以テスル動產、不動產若ハ有價證券ノ有償取得卽チ投機購買ノ商行爲タルコトハ前ニ說述シタル如シ次ニ其取得シタルモノノ讓渡ヲ目的トスル行爲卽チ實行行爲ハ之ヲ投機賣却ト謂ヒ本條第一號前段ト同シク絕對的商行爲タルモノトス蓋投機購買カ商行爲タル以上ハ之カ實行行爲タル投機賣却ノ商行爲タルハ當然ニシテ疑ヒヲ挿ムノ餘地ナカルヘシ唯茲ニ注意ヲ要スルハ其投機賣却ニ因テ現實ニ利益ヲ得タルコトヲ要セサル

コト是ナリ詳言スレハ本條第一號前段ノ商行爲ト後段ノ商行爲トハ二個ノ商行爲ニシテ利益ヲ得テ讓渡セントスルノ意思ヲ以テ前述ノモノヲ有償的ニ取得シタルハ一ノ獨立ノ商行爲ニシテ後ニ之ヲ賣却スルノ行爲亦一ノ獨立ノ商行爲タリ從テ後ノ賣却行爲カ現實ニ利益ヲ得タルヤ否ヤハ其絕對的商行爲タルコトニ少シモ影響セサルモノトス例ヘハ一ノ不動產ヲ取得當時ニハ千五百圓ニ讓渡セントノ意思ヲ以テ千二百圓ニ購ヒタリシモ賣却當時ニハ千圓ノ價値ヲ有スルニ止マリ尙低落スルノ懼アルヲ以テ遂ニ千圓ニ賣却シタリトセムニ其賣却行爲ニ因リテ二百圓ノ損失ヲ被ムルモノナルモ其賣却行爲ノ商行爲タル點ニ於テ妨ナキモノトス。

二ノ甲　他人ヨリ取得スヘキ動產又ハ有價證券ノ供給契約　之レ本條第二號前段ニ規定セラルルトコロニシテ供給契約ノ絕對的商行爲タルコトヲ明示シタルモノトス供給契約トハ將來ニ於テ財產權(本號ノ場合ニ於テハ動產又ハ有價證券)ヲ移轉スルコトヲ約スル契約ナリ卽チ賣主ニ於テ現實ニ動產又ハ有價證券ヲ所有セサルモ買主ノ要求スル所ノ動產又ハ有價證券ヲ他人ヨリ取得シテ之ヲ買主ニ交付スヘキコトヲ約スル契約ニシテ一ノ賣買契約トス而シテ斯ル

契約ハ本條第一號後段ニ依リ絶對的ニ商行爲タルモノトス。

二ノ乙　他人ヨリ取得スヘキ動産又ハ有價證券ノ供給契約ノ商行爲タルコト前述ノ如シ從テ其ノ契約ヲ履行セムカ爲メニ動産又ハ有價證券ヲ有償的ニ取得スルヲ目的トスル行爲モ亦絶對的商行爲タルコトハ敢テ多言ヲ要セサルヘシ。

三　取引所ニ於テスル取引　取引所トハ株式、米穀、又ハ其他ノ商品ノ類ヲ取引セシムル爲メ法律ノ規定ニ依リ認メラレタル商業機關ヲ謂ヒ其取引ニハ定期取引ト延取引トアリ而シテ定期取引ハ更ニ當限《トウキ》リ(一ケ月限リ)中《ナ》限《カギ》リ(二ケ月限リ)先《サ》キ物《モノ》(三ケ月限リ)ノ三種ニ分タル詳細ハ取引所法ニ付テ研究ヲ要スルモ取引所ニ於ケル取引ハ凡テ絶對的商行爲ニ屬スルモノトス。

四　手形其他ノ商業證券ニ關スル行爲　トハ手形ヲ振出シ又ハ手形ニ裏書シ其他手形行爲ニ關スル事項ヲ包含スルモノトス而シテ手形行爲ノ何タルヤハ本書第四編手形ノ説述ニ之ヲ讓リ次ニ商業證券トハ專ラ商業ノ目的ト爲リ得ル證券ニシテ船荷證券、倉荷證券、貨物引換證ノ如キヲ謂フ此等各種ノ證券ニ付テハ後ニ之ヲ講述スヘキモ要スルニ手形其他ノ商業證券ニ關スル行爲ハ絶對的ニ商行爲タルモノトス。

以上ハ商法カ認メタル絶對的商行爲ニシテ此以外ニ絶對的商行爲タルモノナシ」

第二百六十四條　左ニ掲ケタル行爲ハ營業トシテ之ヲ爲ストキハ之ヲ商行爲トス但專ラ賃金ヲ得ル目的ヲ以テ物ヲ製造シ又ハ勞務ニ服スル者ノ行爲ハ此限ニ在ラス

一　賃貸スル意思ヲ以テスル動産若クハ不動産ノ有償取得若クハ賃借又ハ其取得若クハ賃借シタルモノノ賃貸ヲ目的トスル行爲
二　他人ノ爲メニスル製造又ハ加工ニ關スル行爲
三　電氣又ハ瓦斯ノ供給ニ關スル行爲
四　運送ニ關スル行爲
五　作業又ハ勞務ノ請負
六　出版、印刷又ハ撮影ニ關スル行爲
七　客ノ來集ヲ目的トスル場屋ノ取引
八　兩替其他ノ銀行取引
九　保險
十　寄託ノ引受
十一　仲立又ハ取次ニ關スル行爲
十二　商行爲ノ代理ノ引受

本條ハ即チ相對的商行爲ノ種類ヲ列擧シタルモノトス詳言スレハ本條掲クル所ノ一乃至十二ノ行爲ハ營業トシテ之ヲ行フニ由リ商行爲タルモノニシテ營業

トシテ之ヲ行ハサルトキハ幾回之ヲ行フモ商行爲タラス前條ノ絶對的商行爲ヲ客觀的商行爲ト名ツクルニ對シ本條ノ相對的商行爲ヲ主觀的商行爲ト謂フ蓋行爲者ニ營業ト云フ條件ヲ要スレハナリ。

一ノ甲　賃貸スル意思ヲ以テスル動産若クハ不動産ノ有償取得若クハ賃借　賃貸スル意思ト云フハ賃料ヲ得テ貸與セントスルノ意思ヲ謂ヒ此ノ意思ヲ以テ動産若クハ不動産ヲ買取ルカ若クハ賃借スルトキ(此ノ場合ハ安ク借リテ高ク貸サントスルナリ)其買取ルコト若クハ借リル行爲カ營業トシテ爲サルルトキニ限リ商行爲タルモノトス。

一ノ乙　又ハ其取得若クハ賃借シタルモノノ賃貸ヲ目的トスル行爲　即チ前段ノ意思ヲ以テ取得シタルモノノ賃貸ヲ目的トスル行爲。

二　他人ノ爲メニスル製造又ハ加工ニ關スル行爲　トハ或動産ヲ(直接ニ他人ノ爲メニ製造スルカ又ハ加工スルヲ謂フ不動産ニ付テハ製造又ハ加工ナルコトヲ想像スルヲ得ス但疑義ヲ挿ム學者モアリ)又專ラ賃金ヲ得ルヲ以テ目的トスル製造若クハ加工行爲ハ商行爲タラス。

三　電氣又ハ瓦斯ノ供給ニ關スル行爲　彼ノ電氣會社、瓦斯會社ノ行爲ノ如キ是

ナリ但必シモ會社トシテ供給スルヲ要セス供給トハ需要ニ對スルノ意ナリ供給契約ト異ナレリ。

四　運送ニ關スル行爲　旅客運送タルト貨物運送タルトヲ問ハス。

五　作業又ハ勞務ノ請負　作業ノ請負トハ或工事ヲ請負フコトヲ意味シ勞務ノ請負トハ人夫ノ供給契約ヲ指スモノトス。

六　出版、印刷又ハ撮影ニ關スル行爲　出版業、印刷業又ハ撮影トハ寫眞師ノ行爲ノ如キヲ謂フ。

七　客ノ來集ヲ目的トスル場屋ノ取引　湯屋、理髪店、劇場、寄席、玉突場ノ如ク一定ノ設備ヲ爲シテ客ヲ來集セシメ料金ヲ取得スル行爲ヲ謂フ。

八　兩替其他ノ銀行取引　兩替トハ異種類ノ通貨ノ交換ヲ謂フハ明カナリ而シテ本號ニハ兩替其他ノ銀行取引トアリテ所謂銀行取引ノ意義ニ付テハ議論アルモ平常銀行ニテ爲サル可キ行爲ヲ銀行取引ト解スルノ外ナク更ニ銀行ニテハ如何ナル行爲ヲ爲サルルヤト云ヘハ「公ニ開キタル店舗ニ於テ營業トシテ證券ノ割引ヲ爲シ又ハ爲替事業ヲ爲シ又ハ諸預リ及貸付ヲ併セ爲ス者ハ何等ノ名義ヲ用キルニ拘ハラス總テ銀行トス」トアリ之レ銀行ノ意義ヲ定メタルモノ

ナルモ同時ニ銀行ノ行爲ヲ知リ得ヘク從テ銀行取引ナルモノノ意義ヲ推知シ得ヘシ彼ノ金貸業ノ如キハ金錢ノ貸付ヲ業トスルモ諸預リヲ併セ行ハサルカ故ニ銀行取引ト云フヲ得サルカ如シ裁判所ハ此見解ヲ採レルモ之ニ反スル學者アリ解釋一定セス。

九　保險　保險ニ付テハ本編第十章ニ至リテ詳說スヘシ。

十　寄託ノ引受　寄託ノ引受ト言ヘハ受託者ト爲ルノ意ナリ倉庫營業者カ動產(無記名證券モ含ム)ノ保管ヲ爲スカ如シ。

十一　仲立又ハ取次ニ關スル行爲　仲立ト取次トハ相似タルカ如シト雖モ仲立ナルモノハ單ニ他人ノ爲メニ事實上商行爲ノ媒介ヲ爲スニ止マルモ取次ハ他人ノ委任ニ基キ自己ノ名義ニ依リ第三者ト法律行爲ヲ爲スモノナルカ故ニ行爲ノ實質ハ法律行爲ナリ兩者ノ差異茲ニ存ス。

十二　商行爲ノ代理ノ引受　商行爲ニ限リタル代理ノ引受ヲ爲スヲ業トスルトキハ本號ニ依リ商行爲タリ此點ニ於テ取次ト其範圍ヲ異ニス代理商ノ爲ス行爲ハ其顯著ナルモノナリ。

以上列擧ノ行爲ハ之ヲ業トシテ爲ス場合ニ限リ商行爲タルモノトス但專ラ賃

金ヲ得ル目的ヲ以テ物ヲ製造シ又ハ勞務ニ服スル者ノ行爲ハ此限ニ在ラストセラル此但書ノ適用アルハ前揭(二)ノ他人ノ爲メニスル製造ノ場合ト(五)勞務ノ請負ノ場合ニアラン要スルニ勞働者ノ行爲ノ如キ又ハ小職人ノ行爲ノ如キヲ商行爲ヨリ除外シタルモノニ外ナラス。

推定的商行爲

第二百六十五條　商人カ其營業ノ爲メニスル行爲ハ之ヲ商行爲トス
商人ノ行爲ハ其營業ノ爲メニスルモノト推定ス

本條ハ前ニ緒言ニ於テ述ヘタル如ク商法カ商行爲ノ種類ヲ列擧的ニ揭ケタルヲ以テ商行爲タルヘキ行爲モ非商行爲タラシムルニ至ル粗漏ナキヲ期セン爲メ設ケラレタル規定ニシテ「卽チ商人カ其營業ノ爲メニスル行爲ハ之ヲ商行爲トス」トアリテ前述二百六十三條二百六十四條ノ行爲ハ或ハ絕對的ニ商行爲タリ或ハ相對的ニ商行爲タリ本條規定ノ行爲ハ之レ以外ノ行爲ニシテ而モ商人カ其營業ノ爲メニスル行爲ニ限リ商行爲ト爲ルモノトス而シテ第二項ノ規定ハ箇箇ノ行爲ニ付キ果シテ營業ノ爲メニ爲シタルモノナリヤ否ヤノ疑義ヲ排除スル爲メ商人ノ行爲ハ其營業ノ爲メニスルモノト推定セラレタルモノトス勿論商人ノ行爲ト雖モ悉ク其營業ノ爲メニスルモノニ非サルヘク從テ斯ル場合ニハ其商人ニ於

テ營業ノ爲メニスルモノニ非サルコトヲ立證スルヲ要ス學者本條第一項ノ規定ヲ附屬的商行爲ト謂フ而シテ第二項ヲ推定的商行爲ト稱スルモノアルモ其推定ノ結果附屬的商行爲ト爲ルモノニシテ別ニ推定的商行爲ナルモノアルヘキ理ナシ。

第二百六十六條　商行爲ノ代理人カ本人ノ爲メニスルコトヲ示サヽルトキト雖モ其行爲ハ本人ニ對シテ其效力ヲ生ス但相手方カ本人ノ爲メニスルコトヲ知ラサリシトキハ代理人ニ對シテ履行ノ請求ヲ爲スコトヲ妨ケス

本條ハ民法第九十九條ニ對スル例外規定ヲ設ケタルモノトス民法ノ規定ニ依レハ凡ソ「代理人カ其權限内ニ於テ本人ノ爲メニスルコトヲ示シテ爲シタル意思表示ハ直接ニ本人ニ對シテ其效力ヲ生ス」ルモ之ニ反シ本人ノ爲メニスルコトヲ示サスシテ意思表示ヲ爲スモ其ノ意思表示ノ效果カ本人ニ對シテ生セス然レトモ商行爲ハ迅速ヲ要シ且場合ニ依リ本人ノ何人タルヲ知ラシメサルヲ必要トスル事情アルヲ以テ一一本人ノ爲メニスルモノナルコトヲ示サストモ(例ヘハ何某ノ代理人何某トセストモ其代理人ノ行爲カ本人ニ對シテ效力ヲ生スルモノトス換言スレハ本人ハ之ニ因リ權利ヲ得義務ヲ負フモ)ノトス斯クノ如ク商行爲ノ代理ハ本人ノ爲メニスルコトヲ告クルノ必要ナキヲ以テ其相手方ハ本人ノ爲メニスル意思表示タルコトヲ知ラサル場合アルヘク却テ代理人其人ヲ本人ナリト信

シ他ノ者カ本人タルコトヲ知ラハ其ノ行爲ヲ爲サヽリシコトアルヤモ知ルヘカラス從テ相手方ハ不測ノ損害ヲ被ムルコトナシトセス本條後段ノ規定ハ即チ相手方保護ノ規定ニシテ斯ル場合ニ於テハ其相手方ハ代理人ニ對シテ契約履行ノ請求ヲ爲スコトヲ妨ケサルモノトセリ。

第二百六十七條　商行爲ノ受任者ハ委任ノ本旨ニ反セサル範圍内ニ於テ委任ヲ受ケサル行爲ヲ爲スコトヲ得

本條モ亦民法代理ノ觀念ニ對シテ一ノ例外的規定ヲ設ケタルモノトス但民法代理ノ規定ハ前掲ノ如ク其代理權內ノ行爲ヲ爲シ得ルニ止マリ委任ヲ受ケサル事項ニ付テハ縱令委任ノ本旨ニ反セサル範圍內ノ事項タルモ之ヲ爲スヲ得サルモノトス然レトモ商行爲ノ代理ニ在テハ本條所定ノ如ク委任ノ本旨ニ反セサル範圍內ナルトキハ例ヘハ委任ノ本旨ニ從ヒ委任セラレタルヨリモ利益多キ行爲ヲ爲ス場合ノ如キ損失ヲ少カラシムルトキノ如キハ代理人ニ於テ代理行爲トシテ之ヲ爲スコトヲ得ルモノニシテ商行爲ノ本質ニ適シ且本人ニ對シテモ利益タルヲ失ハス。

第二百六十八條　商行爲ノ委任ニ因ル代理權ハ本人ノ死亡ニ因リテ消滅セス

商行爲ノ委任代理人ノ權限ハ本人死亡スルモ消滅セス

本條モ亦民法第百十一條第一號ニ對スル例外規定トス卽チ民法ノ規定ニ依レハ代理權ハ本人ノ死亡ニ因リテ當然消滅スルモノトセリ蓋代理權ハ委任ニ依リテ發生シ此委任ハ本人及代理人相互ノ信用ニ基クモノナルヲ以テ委任契約ノ當事者ノ一方タル本人死亡スルトキハ代理權モ當然ニ消滅スルモノト爲スヘキカ如シ然レトモ商行爲ノ代理ハ多クハ繼續スルヲ必要トシ且本人死亡スルモ相續人等ニ於テ從前ノ代理關係ヲ保續スルヲ便益トスル場合多カルヘキヲ以テ民法ノ規定ノ如ク單ニ本人死亡ノ一事ヲ以テ代理權モ當然ニ消滅スルモノトセス代理人ハ依然トシテ相續人若ハ之ニ當ル者ノ爲ニ代理關係ヲ持續スルモノトス而シテ若シ其相續人若ハ之ニ當ル者ニ於テ其代理人ヲ不適任トセハ委任契約ヲ解除スルモ可ナリ本條ハ唯商行爲ノ委任ニ因ル代理人ハ本人ノ死亡ノミニ因リテ當然ニ消滅スルモノニ非サルコトヲ規定セルニ止マル。

對話者間ノ契約

第二百六十九條　對話者間ニ於テ契約ノ申込ヲ受ケタル者カ直チニ承諾ヲ爲ササルトキハ申込ハ其效力ヲ失フ

契約ハ當事者二人以上ノ意思ノ合致ニシテ申込及承諾ナル意思表示アルヲ要スルモノトス而シテ其申込ハ對話者間ニ於テ爲ス場合アリ隔地者間ニ於テ爲ス

場合アリ本條ハ對話者間ニ於テ契約ノ申込ヲ爲シタル場合ニ其申込ノ效力ニ關シテ民法ニ對スル例外規定ヲ設ケタルモノトス卽チ民法ノ規定ニ依レハ對話者間ニ於ケル契約ノ申込ニ付テモ承諾ノ期間ヲ定メテ爲シタルトキハ其期間內ハ之ヲ取消スコトヲ得サルハ勿論(此點ハ商法モ同一ナリ)申込ノ期間ヲ定メスシテ爲シタル申込ハ相手方ニ於テ承諾ヲ爲ササル間ハ何時ニテモ之ヲ取消スコトヲ得ルト同時ニ之ヲ取消ササルトキハ申込ノ效力ハ依然トシテ存在シ當然ニ無效トナルカ如キコトナシ(民五二一)然レトモ契約ノ申込ニ斯ノ如キ效力ヲ存セシムルハ信用ト迅速ヲ尙フ商行爲ノ本質ニ適セス殊ニ對話者間ニ於ケル民法ノ申込ケタルノ規定ハ稍漠然タルノ嫌アルヲ以テ本條ニ於テ「對話者間ニ於テ契約ノ申込ヲ受者カ直チニ承諾ヲ爲ササルトキハ申込ハ其效力ヲ失フ」ト規定シタルモノトス法文ニ直チニトアルハ之ヲ時間的ニ說明スルコトヲ得ス之ヲ社會的通念ニ依リテ判斷シ「其場ニ於テ」又ハ「卽座」ニト解スヘキモノナラム又對話者間ト云ヘル意義モ場所的ニ說明スルハ不可ナリ彼ノ電話ニテ對話スル如キ場合ニハ距離非常ニ遠隔セルトキモ之ヲ對話者間ト謂フヲ得ヘシ要スルニ對話者間タリヤ否ヤハ直接且卽時ニ意思表示ヲ相通シ得ヘキ狀態ニ在リヤ否ヤニ據テ判斷スルノ外ナシト

ス。

隔地者間ノ契約

第二百七十條　隔地者間ニ於テ承諾期間ノ定ナクシテ契約ノ申込ヲ受ケタル者カ相當ノ期間内ニ承諾通知ヲ發セサルトキハ申込ハ其效力ヲ失フ
民法第五百二十三條ノ規定ハ前項ノ場合ニ之ヲ準用ス

本條ハ隔地者間ニ於テ承諾期間ノ定ナクシテ契約ノ申込ヲ爲シタル場合ニ其申込ノ效力カ何時マテ持續スルモノナルヤヲ決定シタルモノトス換言スレハ隔地者間ニ於ケル契約ノ申込ノ效力ニ付民法ニ對スル例外規定ヲ設ケタルモノトス民法ノ規定ニ依レハ承諾ノ期間ヲ定メスシテ隔地者ニ爲シタル申込ハ申込者カ承諾ノ通知ヲ受クルニ相當ナル期間之ヲ取消スコトヲ得ストシ承諾ノ通知ヲ受クルニ相當ナル期間經過後ト雖申込人カ其申込ノ效力ヲ消滅セシムルニハ更ニ取消ナル意思表示ヲ必要トシ其取消ナキ以上ハ申込ノ效力カ依然トシテ持續スル如キ規定ナルモ前條ノ理由ト同シク斯ノ如キハ商行爲ノ本質ニ適セス故ニ本條ノ規定ヲ設ケ隔地者ニ於テ承諾期間ノ定ナクシテ契約ノ申込ヲ受ケタル者カ相當ノ期間内ニ承諾ノ通知ヲ發セスシテ其期間ヲ徒過スレハ申込人ノ申込カ當然ニ其效力ヲ失フモノトシ民法ノ如ク更ニ取消ヲ爲スヲ必要トセサリシナリ

契約成立ノ特例

而シテ如何ナル期間ヲ以テ相當ナル期間ト爲スヘキヤハ抽象的ニ論斷スルヲ得ス要スルニ契約ノ内容ノ輕重大小等ヲ酌量シ箇箇ノ場合ニ於テ具體的ニ決定スヘキ問題ナリトス。

申込ノ效力ノ消滅後卽チ承諾ノ通知ヲ發スルニ相當ナル期間ヲ經過シタル後ノ承諾ト雖モ申込人ニ於テ之ヲ有效ナラシメムトスルノ意思ヲ有スルコトアルヘク又承諾ノ通知ヲ發シタル者ハ固ヨリ契約ノ成立ヲ望ムモノナルヘキヲ以テ本條第二項ハ此等ノ場合ヲ慮リ民法第五百二十三條ノ規定ヲ準用スルヲ妨ケサルモノトセリ卽チ斯ル場合ニハ既ニ申込カ效力ヲ失ヒタルモノナルヲ以テ之ヲ復活セシムルニ由ナキモ申込者ニ於テ其承諾ノ通知ヲ以テ新ナル申込ト看做スコトヲ得ルモノトス從テ申込人ニ於テ承諾ノ通知ヲ發スルコトヲ得ヘク其通知ヲ發スルニ依テ契約ハ直チニ成立スルモノトナル（民五二六第一項）

第二百七十一條　商人カ平常取引ヲ爲ス者ヨリ其營業ノ部類ニ屬スル契約ノ申込ヲ受ケタルトキハ遲滯ナク諾否ノ通知ヲ發スルコトヲ要ス若シ之ヲ發スルコトヲ怠リタルトキハ申込ヲ承諾シタルモノト看做ス

民法ノ規定ニ依レハ契約ノ申込ヲ受クルモ之ニ對シテ一一諾否ノ通知ヲ發ス

ルヲ要セス卽チ承諾ノ通知ヲ發セサルトキ(沈默セルトキ)ハ其申込ヲ承諾セサルモノト見ルハ當然ナリ唯申込者ノ意思表示又ハ取引上ノ慣習ニ依リ承諾ノ通知ヲ必要トセサル場合ニ於テ其申込ヲ受ケタル者カ承諾ノ意思表示ヲ爲シタルモノト認ムヘキ事實アリタル時ニ契約成立スルモノトス(民五二六第二項)トノ例外規定アルモ斯ノ如キ根據モナク單純ナル沈默ヲ以テ承諾アリタルモノト見做スカ如キハ絶無ナリトス然レトモ取引ノ迅速ヲ以テ旨トスル商行爲ニ在テハ沈默ヲ以テ承諾ト見做スコトノ却テ實際ニ便益ナル場合アリ故ニ前掲法文ノ如ク一般私法ノ大原則ニ對スル例外規定ヲ設ケタルモノトス但沈默ヲ以テ承諾ト見做サルルニハ其申込ヲ受ケタル者カ(イ)商人タルコトヲ要シ(ロ)申込先カ平常取引ヲ爲ス者タルヲ要シ(ハ)申込ノ内容ハ申込ヲ受ケタル者ノ營業ノ部類ニ屬スルモノタルヲ要シ(ニ)遲滯ナク諾否ノ通知ヲ發セサルコト卽チ諾否ノ通知ヲ發スルヲ怠リタルヲ要ス。

玆ニ問題トナルハ若申込人カ承諾ニ付期間ヲ定メテ申込ヲ爲シタルトキハ如何詳言スレハ其期間内ニ承諾ノ通知ヲ發セサルトキニモ本條ニ依リテ承諾アリタルモノト見做ルルヤ否ヤ法文ニハ「……遲滯ナク諾否ノ通知ヲ發スルコト

ヲ要ス……」トアリ又第二百六十九條ノ場合ト比照シテ本條モ亦同條ノ場合ト共ニ期間ノ定ナキ場合ニノミ適用セラルルモノト解スルヲ正當ナリト思考ス。

第二百七十二條　商人カ其營業ノ部類ニ屬スル契約ノ申込ヲ受ケタル場合ニ於テ申込ト共ニ受取リタル物品アルトキハ其申込ヲ拒絶シタルトキト雖モ申込者ノ費用ヲ以テ其物品ヲ保管スルコトヲ要ス但其物品ノ價額カ其費用ヲ償フニ足ラサルトキ又ハ商人カ其保管ニ因リテ損害ヲ受クヘキトキハ此限ニ在ラス。

物品保管ノ義務

本條ハ商人カ其營業ノ部類ニ屬スル契約ノ申込ト共ニ其營業ノ部類ニ屬スル物品ヲ受取リタル場合ノ規定ナリトス斯ル場合ニ於テ若本條ノ如キ規定ナシトセハ其商人ハ物品ヲ保管スヘキ義務ヲ有セサルモノニシテ事實之ヲ保管スルモ法律上ノ義務ニ基ク保管ニアラス民法上ノ事務管理ナリ(民六九七乃至七〇二)然レトモ本條ノ規定アルニ依リ物品ヲ受取リタル商人ニ之カ保管ノ義務ヲ生スルモノトス但申込ノ物品ト受取リタル物品ト種類ヲ異ニスル場合例ヘハ炭千俵ノ賣却申込ナルニ受取リタル物品カ米千俵ナリシ場合ノ如キハ之カ保管義務ナシト解スルヲ正當トス品質若ハ數量ノ相違ハ保管義務ニ影響ナキモノトス又法文ニハ申込ト共ニトアルモ必シモ同時タルヲ要セス其他(イ)保管費用ノ如キ(ロ)物品ノ價格カ保管費用ヲ償フニ足ラサル場合ノ如キ(ハ)或ハ其商人カ保管ニ因リテ損害ヲ受ク

ヘキトキノ如キ(二)法文ヲ一讀スレハ明瞭ナルヘシ。

第二百七十三條　數人カ其一人又ハ全員ノ爲メニ商行爲タル行爲ニ因リテ債務ヲ負擔シタルトキハ其債務ハ各自連帶シテ之ヲ負擔ス
保證人アル場合ニ於テ債務カ主タル債務者ノ商行爲ニ因リテ生シタルトキ又ハ保證カ商行爲ナルトキハ主タル債務者及ヒ保證人カ各別ノ行爲ヲ以テ債務ヲ負擔シタルトキト雖モ其債務ハ各自連帶シテ之ヲ負擔ス

商行爲ニヨル債務ハ連帶責任ヲ生ス

凡ソ債權債務ニ付キ多數當事者在ルトキハ其債權債務ハ各當事者ニ於テ平等ニ負擔スルモノトス之レ民法上ノ原則ナリ然レトモ商事債務ニ在リテハ殊ニ其履行ヲ確實ニスルノ必要アルヲ以テ民法ノ規定ニ例外ヲ設ケタルモノトス詳言スレハ民法ハ連帶責任ヲ以テ例外トシ特別ノ意思表示ナケレハ原則ニ從テ當事者ノ數ニ應シテ其債務ニ付キ各自平等ノ責任在ルモノトスルモ商事債務ニ在テハ當然ニ連帶責任ヲ生スルモノトセリ然レトモ此連帶責任ヲ生スルニハ左ノ條件ヲ具備スルヲ要スルモノニシテ其條件ノ一ヲ缺クトキハ連帶ノ責任ヲ生セス

イ　數人ノ債務者在ルヲ要ス　一人ノ債務者タルトキハ連帶ノ問題ヲ生セス然レトモ數人ノ債務者アルトキハ其債務カ一人ノ爲メニ商行爲タルト將タ數人ノ爲メニ商行爲タルトヲ問ハサルモノトス。

ロ　其債務カ商行爲タル行爲ニ因リテ生シタルヲ要ス　本條ハ商事債務ノ履行ヲ確保シ商取引ノ敏活ヲ期スル爲メ設ケタル規定ナルヲ以テ其債務カ商行爲タル行爲ニ因リテ生シタルモノナルヲ要スルハ勿論ナリ而シテ商行爲タル以上ハ絶對的タルト相對的タルト將タ附屬的商行爲タルトハ之ヲ問ハサルナリ。本條第一項ノ說明ヲ終ルニ臨ミ本條ト第三條トノ關係ニ付キテ一言スルノ必要アリ第三條ニ依レハ「當事者ノ一方ノ爲ニ商行爲タル行爲ニ付テハ本法ノ規定ヲ雙方ニ適用ス」トアリ此規定ヨリ推セハ債權者ノ爲ニノミ商行爲タル行爲ニ付テハ債務者ノ爲ニ商行爲タラストモ本法ノ規定ヲ雙方ニ適用セラルル結果債務ノ連帶責任ヲ生スルカ如キモ本條ハ特ニ「數人カ其全員又ハ一人ノ爲ニ商行爲タル行爲ニ因リテ債務ヲ負擔シタルトキハ……」ト云ヘルカ故ニ本條ニ依リ債務者カ連帶責任ヲ負フニハ其債務發生ノ原因カ債務者ノ全員又ハ一人ノ爲ニ商行爲タル行爲ナラサル可ラサルモノトス從テ第三條ヲ援用シテ本條ノ連帶責任ヲ生スル如ク解ス可ラサルモノトス。

債務ニハ主タル債務者ノ外保證人アル場合アリ否ラサル場合アリ今保證人アル場合ニ於テ。

イ　其債務カ主タル債務者ノ商行爲ニ因リテ生スルコトアリ　此場合ニ於テハ保證人ハ主タル債務者ト連帶ノ責任アルモノニシテ主タル債務前キニ發生シ保證債務後ニ發生スルモ卽チ各別ノ行爲ヲ以テ債務ヲ負擔スルモ其債務ニ付テハ各自連帶シテ其責ニ任スルモノニシテ債權者ヨリ觀レハ連帶債務者二人以上アルコトト爲リ所謂主タル債務者又ハ保證人ナルモノアルコトナシ其主タル債務者ト云ヒ保證人ト云フハ債務者ト保證人トノ關係ニ過キサルモノトス換言スレハ商行爲ニ因リテ生シタル債務ヲ保證スルトキハ當然ニ連帶責任ヲ生スルモノニシテ保證人トシテ署名スルモ連帶責任アルモノトス。

ロ　前段ハ主タル債務カ商行爲タル場合ナルモ之ニ反シ主タル債務カ非商行爲ニシテ保證行爲自身カ商行爲タルコトアリ保證行爲カ商行爲タルトハ例ヘハ銀行ノ爲ス保證ノ如キヲ謂ヒ銀行カ保證ヲ爲シタルトキハ其保證行爲ハ商行爲タルヲ以テ主タル債務カ非商行爲タルモ其保證ヲ爲シタル銀行ハ主タル債務者ト共ニ連帶責任アルモノトス而シテ此場合ニ於ケル連帶責任モ主タル債務者ノ行爲ト保證人ノ行爲トノ別箇ニ爲サレタル故ヲ以テ免ルルヲ得ス但主タル債務者ト保證人トノ間ニハ主從ノ別アリ從テ保證人其債務ヲ完濟シタル

トキハ主タル債務者ニ對シテ求償權アルハ勿論ナリ。

斯クノ如ク本條ハ商取引ノ安全ト信用トヲ圖ル目的ヲ以テ連帶責任ヲ負フヘキ特別ノ意思表示ナキモ當然ニ連帶責任ヲ負ハシメタリ然レトモ當事者間ニ於ケル意思表示アレハ(連帶責任ヲ負ハスト云フ)本條ノ規定ヲ强要スル理由存セス。

商人カ營業ノ範圍內ニテナシタル行爲ニハ報酬ヲ伴フ

第二百七十四條　商人カ其營業ノ範圍內ニ於テ他人ノ爲メニ或行爲ヲ爲シタルトキハ相當ノ報酬ヲ請求スルコトヲ得

第二百七十五條　商人間ニ於テ金錢ノ消費貸借ヲ爲シタルトキハ貸主ハ法定利息ヲ請求スルコトヲ得

商人カ其營業ノ範圍內ニ於テ他人ノ爲メニ金錢ノ立替ヲ爲シタルトキハ其立替ノ日以後ノ法定利息ヲ請求スルコトヲ得

第二百七十四條ハ商人ノ營業範圍內ノ行爲カ有償ナルヲ原則トスル旨ヲ規定シ次條ハ商人間ノ金錢ノ消費貸借ニハ法定利息ヲ附スルモノナルコト及商人カ其營業ノ範圍內ニ於テ他人ノ爲ニ金錢ノ立替ヲ爲シタルトキハ其立替ノ日以後ノ法定利息ヲ付スルモノナルコトヲ規定ス而シテ皆之レ民法ニ對スル例外規定タリ民法ノ規定ニ依レハ(六四八ノ一、六五六、六六五)他人ノ爲ニスル行爲ニ付テハ特約ナキ限ハ無報酬ヲ原則トスト雖モ商行爲ハ本來營利行爲ナリ故ニ商人カ其營業ノ範圍

内ニ於テ他人ノ爲ニ或行爲ヲ爲シタルトキハ相當ノ報酬ヲ要求スルノ權利ヲ認ムルノ要アリ之レ第二百七十四條ノ規定アル所以ナリ而シテ如何ナル額ヲ以テ相當トスヘキヤハ事實問題ニシテ抽象的ニ論斷スルヲ得ス。

次ニ民法ノ規定ニ依レハ金錢ノ消費貸借ヲ爲スモ特約ナキ限リハ無利子ヲ原則トス然レトモ商人ハ常ニ金錢ヲ利用シ之ニ因テ利益ヲ得ルモノナレハ商人ト商人トノ間ニ於テ金錢ノ消費貸借ヲ爲シタルトキハ特約ナキモ貸主ニ於テハ法定利息ヲ受取ルヘキ權利ヲ有シ借主ニ於テハ之ヲ支拂フヘキモノトス而シテ其利息ハ法定利息トセルモ特約アルトキハ法定利息(年利六分)ヲ超過スルモ利息制限法ニ反セサル範圍内ニ於テハ支障ナキモノトス又特約ナキトキハ消費貸借契約成立後ノ利息ヲ支拂ヘハ可ナルモノトス。

消費貸借契約ハ當事者ノ一方カ種類、品等、數量ノ同シキモノヲ返還スルコトヲ約シ相手方ヨリ金錢其他ノ物ヲ受取ルニ因リテ其效力ヲ生ス(民五八七)ル契約ナルモ斯ル契約ヲ爲サスシテ商人カ自己ノ營業ノ範圍内ニ於テ他人ノ爲ニ金錢ノ立替ヲ爲スコトアリ斯ル場合ニ於テハ其商人ハ其取替ノ日以後ノ法定利息ヲ請求スルコトヲ得ルモノトス其理由ハ前述ノ如キヲ以テ再說セス。

商事利息

第二百七十六條　商行爲ニ因リテ生シタル債務ニ關シテハ法定利率ハ年六分トス

本條ハ商行爲ニ因リテ生シタル債務ノ法定利率ヲ定メタルモノトス凡法定利率ナルモノハ債務者カ利息ヲ支拂フヘキ場合ニ其利率ニ關シテ合意ナキ場合ニ適用セラルルモノニシテ商行爲ニ因リテ生シタル債務ノ利率ハ年六分トシ民法ノ五分ニ比シテ高シ之レ商行爲ノ本質ヨリ生スル差異ニシテ別ニ怪ムニ足ラス唯我國ノ法定利率カ歐洲ニ比シ高率タルハ經濟狀態ノ相異ナレルヨリ生スルモノトス。

流質契約ハ有效ナリ

第二百七十七條　民法第三百四十九條ノ規定ハ商行爲ニ因リテ生シタル債權ヲ擔保スル爲メニ設定シタル質權ニハ之ヲ適用セス

民法ノ規定(民三四九)ニ依レハ質權ヲ設定シタルモノハ其設定行爲又ハ債務ノ辨濟期前ノ契約ヲ以テ質權者ニ辨濟トシテ質物ノ所有權ヲ取得セシメ其他法律ニ定メタル方法(競賣法)ニ依ラスシテ質物ヲ處分セシムルコトヲ約スルコトヲ得サルモノトセリ此民法ノ規定ハ利息制限法ト同一ノ趣意モ基キ債務者保護ノ爲メニ設ケタルモノトス蓋シ債務者カ債務負擔ノ當時往往ニシテ債權者ノ提出スル貪慾不當ノ條件ヲ承諾スルコトアリ而シテ此等ノ契約ニ付キ法律ノ保護ヲ與フル

トキハ不幸ナル債務者ヲ不當ニ窮地ニ陷ヰルルモノタリ故ニ金錢ノ消費貸借ニ於ケル利息ニ付テハ債權者ノ要求スル利息ニ一定ノ制限ヲ付スルト同シク質物ヲ提供シテ債務ノ擔保ニ供スル場合ニ於テモ其質權設定行爲又ハ債務ノ辨濟期前ノ契約ヲ以テ債務辨濟トシテ質物ノ所有權ヲ債權者ニ取得セシムルコト其他法律ニ定メタル方法(競賣法)ニ依ラスシテ質物ヲ處分セシムルコトヲ得サラシムルモノトシタリ學者或ハ利息制限法ノ規定ヲ無用トシテ攻擊スルト同時ニ民法ノコノ規定ヲモ批難スルモノアリト雖モ其理由タルヤ所謂法律上ノ意思ノ自由ト經濟上ノ自由トヲ混同シ偏狹ノ見解ニ陷レルカ或ハ又斯ル規定ヲ設クルモ到底狡獪貪慾ナル債權者ノ行動ヲ制止シ能ハストスル理由タルニ止マリ偏狹ノ見解ニ非スンハ則チ自暴自棄的ノ薄弱ナル議論タルニ過キス本書之ヲ詳細ニ論駁スルノ餘裕ナキモ少クトモ非商行爲債務ニ付テハ民法第三百四十九條ノ規定ハ利息制限法ノ規定ト共ニ必要タリト云フヘシ(唯本書ニ於テ詳細論述スルノ暇ナキヲ憾ム)然レトモ商行爲ニ因テ生シタル債務ニ付テハ自《オ》ラ事情ヲ異ニスルモノアリ卽チ債務者カ商行爲ニ因リテ負ヒタル債務ハ營利行爲ノ爲ニ負ヒタル債務ナルヲ以テ其債務ヲ擔保スル爲メ質權ヲ設定シ之ト同時ニ若ハ後ニ至リ債務ノ

辨濟ニ更ヘ流質契約ヲ爲スモ之ヲ無效トスルヲ得ス然レトモ之レ非商行爲ニ因リテ生シタル債務ト商行爲ニ因リテ生シタル債務ト其事情ヲ異ニスルヨリ本條ノ如キ例外規定ヲ設ケラレタルニ過キスシテ民法ノ規定自體ヲ理由ナシトシテ本條ノ規定ヲ設ケラレタルニ非サルナリ。

債務履行ノ場所

第二百七十八條　商行爲ニ因リテ生シタル債務ノ履行ヲ爲スヘキ場所カ其行爲ノ性質又ハ當事者ノ意思表示ニ因リテ定マラサルトキハ特定物ノ引渡ハ行爲ノ當時其物ノ存在セシ場所ニ於テ之ヲ爲シ其他ノ履行ハ債權者ノ現時ノ營業所、若シ營業所ナキトキハ其住所ニ於テ之ヲ爲スコトヲ要ス

指圖債權及ヒ無記名債權ノ辨濟ハ債務者ノ現時ノ營業所、若シ營業所ナキトキハ其住所ニ於テ之ヲ爲スコトヲ要ス

支店ニ於テ爲シタル取引ニ付テハ其支店ヲ以テ營業所ト看做ス

本條第一項ハ商行爲ニ因リテ生シタル債務ノ履行ノ場所ヲ規定シタルモノトス民法ノ規定ニ依レハ辨濟ヲ爲スヘキ場所ニ付キ別段ノ意思表示ナキトキハ特定物ノ引渡ハ債權發生ノ當時其物ノ存在セシ場所ニ於テ之ヲ爲シ其他ノ辨濟ハ債權者ノ現時ノ住所ニ於テ之ヲ爲スコトヲ要スルモノトス（民四八四）此ノ規定ハ債務ノ履行ハ債務者ノ行爲ナルヲ以テ債務者カ債權者ノ住所ニ就テ之ヲ爲スヘキモ

ノトストノ理論ヨリ生セシモノニシテ本條第一項ハ敢テ此原則ニ對スル例外ヲ定メタルモノニ非サルモ商人ニハ住所ノ外營業所ヲ有スルヲ常トスルヲ以テ商行爲ニ因リテ生シタル債務履行ノ場所ニ付キ特約ナキ限リ又ハ其行爲ノ性質ニ因リテ定マラサルトキハ特定物ノ引渡ハ行爲ノ當時(債權發生ノ當時)其物ノ存在セシ場所ニ於テ之ヲ爲シ(此點ハ民法商法相同シ)其他ノ履行ハ債權者ノ現時ノ營業所若シ營業所ナキトキハ其住所ニ於テ之ヲ爲スコトヲ要スルモノトシ營業所ヲ住所ヨリモ前ニ置キタルニ過キス。

本條第二項ハ民法ノ規定セサル所ニシテ而モ頻繁ニ發生シ消滅スル債權ノ履行ノ場所ニ付テ規定シタルモノトス。

凡ソ債權ヲ證明スル證券上ノ權利者ヲ指定スル形式ニヨリ指名債權、指圖債權、無記名債權ノ三者ニ區別スルコトヲ得卽チ證券ニ示ス權利者ハ特定ノ人ニ限定セラルルトキハ之ヲ指名債權ト云ヒ其特定人ハ權利者タルト同時ニ特定人ノ指圖人ニモ亦權利アルコトヲ示ストキハ指圖債權ト云ヒ證券ノ所持人カ權利者タルコトヲ得ヘキ形式ヲ有スルトキハ之ヲ無記名債權ト云フナリ而シテ取引上數見ル右金額甲殿又ハ此手形所持人ニ御支拂可申候也」ト云ヘル文句アル證券ハ從

來種々ノ解釋ヲ生シ議論一定セサルヲ以テ改正法律ハ之ヲ以テ無記名式ノモノト同一ノ效力ヲ有スルモノト爲シ以テ其性質ヲ確定セリ蓋指圖債權、無記名債權ニ在リテハ債權ハ債權者ノ指圖又ハ證劵ノ交付ニヨリ甲ヨリ乙ニ乙ヨリ丙ト輾轉スルモノナルヲ以テ債務者ニ於テ其債權者ノ何人タルヤヲ知ル能ハス從テ其債務ノ履行ヲ債權者ノ營業所又ハ住所ニ於テ爲サシムルハ不可能事ニ屬ス依テ本條第二項ノ如キ規定ヲ設ケ「指圖債權及ヒ無記名債權ノ辨濟ハ債務者ノ營業所若シ營業所ナキトキハ其住所ニ於テ之ヲ爲スコトヲ要ス」トシタリ故ニ之ヲ取付債權ニシテ催告債權ナリト稱スルモノアリ。

第三項ハ支店ニ於テ爲シタル取引ニ付テハ其支店ヲ以テ營業所ト看做ス旨ヲ規定シタルモノトス別ニ細說ヲ要セサルヘシ。

本條第二項ニハ單ニ「指圖債權及ヒ無記名債權ノ辨濟ハ云々」トアリテ其債權カ商行爲ニ因リテ生シタルト否トヲ區別セサルカ故ニ非商行爲ニ因リ生シタル債權タルト否トヲ問ハス本條第二項ノ適用アルヘキモノト解スヘシトノ學說ト商行爲ヨリ生シタル債權タルヲ要ストノ說アルコトヲ注意スヘシ。

第二百七十九條　指圖債權又ハ無記名債權ノ債務者ハ其履行ニ付キ期限ノ定アルトキト雖モ

債務者ノ遲滯

其期限カ到來シタル後所持人カ其證劵ヲ呈示シテ履行ノ請求ヲ爲シタル時ヨリ遲滯ノ責ニ任ス

第二百八十條　削除

第二百七十九條ハ指圖債權又ハ無記名債權ニ付遲滯ノ責任時期ヲ規定シタルモノトス前述ノ如ク指圖債權又ハ無記名債權ハ取付債權且呈示債權ト稱シ債務者ハ其證劵ノ提出アル迄ハ債權者ノ誰タルヤヲ知ラサルヲ常トスルヲ以テ債務履行ノ期限到來スルモ何人ニ對シテ之カ履行ヲ爲ス可キヤ知ルニ由ナク又債權者ニ於テモ其履行ヲ求メントスルニハ證劵ヲ呈示スルヲ要シ又其呈示ヲ以テ足ルモノナレハ速ニ之カ履行ヲ受ケント欲セハ證劵ヲ呈示スヘシ故ニ此等ノ債權ニ付テハ所持人カ其證劵ヲ呈示シテ履行ノ請求ヲ爲スマテハ債務者ハ債務履行ノ期限到來スルモ遲滯ノ責ニ任セサルモノトス。

第二百八十條ハ改正ノ際削除セラレタルモノナルカ改正前ニ在テハ「第二百七十八條第二項及ヒ前條ノ規定ハ民法第四百七十一條ニ揭ケタル債權ニ之ヲ準用ス」トアリタリ而シテ民法第四百七十一條ニ揭ケタル債權トハ「證書ニ債權者ヲ指名シタルモ其證書ノ所持人ニ辨濟スヘキ旨ヲ附記シタル」モノニシテ本法第四百

四十九條ノ二ノ二項ノ指名持參人手形ニ當リ此等手形ハ無記名式ノモノト見做サルルモノニシテ（同條）此規定ハ更ニ第二百八十二條ニ依リ金錢其他ノ物又ハ有價證券ノ給付ヲ目的トスル有價證券ニ付キ一般ニ準用セラルルニ至リ此種ノ形式卽チ指名持參人證券ハ殆ト無記名式ノモノト見做サルルカ故ニ第二百七十八第二項及第二百七十九條ニ所謂無記名債權タルヘク從テ第二百八十條ノ規定ハ蛇足タリトシテ削除セラレタルモノトス。

第二百八十一條　金錢其他ノ物又ハ有價證券ノ給付ヲ目的トスル有價證券ノ所持人カ其證券ヲ喪失シタル場合ニ於テ公示催告ノ申立ヲ爲シタルトキハ債務者ヲシテ其債務ノ目的物ヲ供託セシメ又ハ相當ノ擔保ヲ供シテ其證券ノ趣旨ニ從ヒ履行ヲ爲サシムルコトヲ得

公示催告ノ申立ト其效果

本條ハ金錢其他ノ物又ハ有價證券ノ給付ヲ目的トスル有價證券ノ所持人カ其證券ヲ喪失シタル場合ニ於ケル救濟方法ヲ規定シタルモノトス有價證券ノ意義ニ付テハ前ニ第二百六十三條ヲ說明スルニ當リ一言セシ如ク權利ノ行使ニ證券ノ所持ヲ必要トスルモノニシテ證券ナケレハ權利ヲ行使スルヲ得ス然レトモ絕對ニ此理論ヲ認ムルトキハ有價證券ニ依テ表明セラレタル債權ハ其證券ノ喪失ニ因テ消滅スルニ至リ債權者ノ爲ニ不利タルヲ免レス故ニ斯ル場合ニ於テハ其

喪失者ハ民法施行法第五十七條ニ依リ公示催告ノ手續ニ依リテ之ヲ無効ト爲ス申立ヲ爲シタル後債務者ヲシテ其債務ノ目的物ヲ供託セシメ又ハ相當ノ擔保ヲ供シテ其證券ノ趣旨ニ從ヒ履行ヲ爲サシムルコトヲ得ルモノトス而シテ本條ハ改正前ニ在リテハ「金錢其他ノ物ノ給付ヲ目的トスル指圖證券又ハ無記名證券ノ所持人カ」云々トアリシヲ「金錢其他ノ物又ハ有價證券ノ給付ヲ目的トスル有價證券ノ所持人カ」ト改メタルモノトス是レ次條ニ於テ「金錢其他ノ物ノ給付ヲ目的トスル指圖債權」トアリシヲ「金錢其他ノ物又ハ有價證券ノ給付ヲ目的トスル有價證券ト改メタルト相符合セシムル爲メ改メタルニ過キス。

第二百八十二條　第四百四十一條、第四百四十九條ノ二、第四百五十七條、第四百六十一條及ヒ第四百六十四條ノ規定ハ金錢其他ノ物又ハ有價證券ノ給付ヲ目的トスル有價證券ニ之ヲ準用ス

本條ハ手形ニ關スル規定ヲ金錢其他ノ物又ハ有價證券ノ給付ヲ目的トスル有價證券ニ之ヲ準用スル旨ヲ規定シタルモノトス詳細ハ本書第四編手形法講義ニ於テ之ヲ知リ得ヘキモ簡單ニ説明セムニ。

イ第四百四十一條ハ「何人ト雖モ惡意又ハ重大ナル過失ナクシテ手形ヲ取得シタ

ル者ニ對シ其手形ノ返還ヲ請求スルコトヲ得ス」トノ規定ニシテ本條ニ依リ準用スルトキハ「何人ト雖惡意又ハ重大ナル過失ナクシテ金錢其他ノ物又ハ有價證券ノ給付ヲ目的トスル有價證券ヲ取得シタル者ニ對シ其有價證券ノ返還ヲ請求スルコトヲ得ス」トナル。

ロ四百四十九條ノ二ハ「振出人ハ爲替手形ニ受取人ノ氏名又ハ商號ト共ニ其爲替手形ノ所持人カ支拂ヲ受クルコトヲ得ヘキ旨ヲ記載スルコトヲ得」前項ノ爲替手形ハ無記名式ノモノト同一ノ効力ヲ有ス」トアリテ改正法律ニ於テ設ケラレタル所謂指名持參人拂手形(指名持參人債權)ナリトス之ヲ本條ニ依リ金錢其他ノ物又ハ有價證券ノ給付ヲ目的トスル有價證券ニ準用セラレタル結果「金錢其他ノ物又ハ有價證券ノ給付ヲ目的トスル有價證券ノ發行人ハ有價證券ニ受取人ノ氏名又ハ商號ト共ニ其有價證券ノ所持人カ支拂ヲ受クルコトヲ得ヘキ旨ヲ記載スルコトヲ得」トナル。

ハ其他第四百五十七條、第四百六十一條及第四百六十四條ノ規定ハ手形ノ裏書ニ關スル規定ニシテ前述ノ有價、證券ニ準用セラルルモノタリ一一例解スルマテモナク本書手形編ノ講義ト相比照考察スルトキハ容易ニ會得スルヲ得ヘシ。

債務履行ノ時間

商事留置權

第二百八十三條　法令又ハ慣習ニ依リ取引時間ノ定アルトキハ其取引時間内ニ限リ債務ノ履行ヲ爲シ又ハ其履行ノ請求ヲ爲スコトヲ得

本條ハ註釋ヲ俟タスシテ意義明カナリ。

第二百八十四條　商人間ニ於テ其雙方ノ爲メニ商行爲タル行爲ニ因リテ生シタル債權カ辨濟期ニ在ルトキハ債權者ハ辨濟ヲ受クルマテ其債務者トノ間ニ於ケル商行爲ニ因リテ自己ノ占有ニ歸シタル債務者所有ノ物又ハ有價證券ヲ留置スルコトヲ得但別段ノ意思表示アリタルトキハ此限ニ在ラス

本條ハ商人間ニ於ケル留置權ヲ規定シタルモノトス卽チ商人間ニ於テ當事者雙方ノ爲ニ商行爲タル行爲ヲ爲シ其一方カ債權者ト爲リ一方カ債務者ト爲リ而モ其債權カ辨濟期ニ在ルトキハ債權者ハ其債務者トノ間ニ於テ商行爲タル行爲ニ因リテ自己ノ占有ニ歸シタル債務者ノ物又ハ有價證券ヲ留置スルコトヲ得ルモノトス民法ノ留置權ハ留置物ト債權トノ間ニ關連アルヲ要シ留置物ニ關シテ生シタル債權ヲ有スル場合ニ非サレハ留置權ヲ行フヲ得サルモ本條ハ斯ル條件ヲ必要トセス唯當事者雙方ノ爲ニ商行爲タル行爲ニ因リ債權關係ヲ生シタルヲ要スルモノトス然レトモ債務者ノ物又ハ有價證券カ債權者ノ占有ニ歸シタル原

商事債權ノ時效

因ノ商行爲カ雙方的商行爲タルヲ要セス一方的商行爲タルモ妨ナキモノトス本法ハ元ト單ニ「債務者ノ所有物ヲ留置スルコトヲ得」トアリシヲ「債務者ノ物又ハ有價證券ヲ留置スルコトヲ得」ト廣ク改正シタリ尚ホ本條ノ留置權ハ特約ヲ以テ發生セシメサルコトヲ得ルモノトス是レ亦民法ニ無キ規定トス。

第二百八十五條　商行爲ニ因リテ生シタル債權ハ本法ニ別段ノ定アル場合ヲ除ク外五年間之ヲ行ハサルトキハ時效ニ因リテ消滅ス但他ノ法令ニ之ヨリ短キ時效期間ノ定アルトキハ其規定ニ從フ

本條ハ商事債權ノ消滅時効ヲ規定シタルモノトス民法ノ規定ニ依レハ債權ハ十年間行ハサルトキハ時效ニ因リ消滅スルモノトセルモ（民一六七ノ一）商事債權ハ速ニ履行セラルルヲ尚フヲ以テ五年ニ短縮シタルモノトス然レトモ他ノ法令ニ之ヨリ短キ期間ノ定アルトキ（民一七〇乃至一七四）及ヒ本條ニ特別ノ定アル場合ハ無論之ニ依ルモノトス（三二八、三二九、三四九、三五六、三七四、三八三、四一七、四四三、六一八、六一九）。

第二百八十五條ノ二　第四十二條第二項ニ定メタル會社ノ行爲ニハ商行爲ニ關スル規定ヲ準用ス

本條ニ所謂第四十二條第二項ニ定メタル會社ト云フハ營利ヲ目的トスル社團ニシテ會社法ノ規定ニ依リテ設立シタル法人ナリ此法人ハ從來民法上ノ營利法

人トシテ存在セシモノナリシヲ本法改正ノ際之ヲ會社ト看做シタルト同時ニ此會社ノ行爲ニ付テハ商行爲ニ關スル規定ヲ準用スルコトトナシタリ但準用ナルカ故ニ悉ク商行爲ノ規定ヲ適用スルニ非ス性質ノ許ス限リ之カ準用アルモノトシ以テ首尾相對應セシメタルモノトス。

第二章　賣買

賣買ノ觀念及ヒ其性質

本章ハ商行爲タル賣買ニ付テ規定ヲ爲シタルモノトス賣買ハ多クハ商人ノ爲スモノナルヲ以テ非商行爲タル賣買ハ事實稀ナルヘシ而シテ此非商行爲タル賣買ニ付テハ專ラ民法第五百五十五條乃至五百五十九條ノ規定ノ適用アルニ止マルモノナルモ(其他民法債權總則及契約總則ノ規定ノ適用アルコトハ勿論ナリ)商行爲タル賣買ニ付テハ更ニ幾多ノ特別規定ヲ設クルノ必要アルモノトシ本章第二百八十六條乃至第二百九十條ノ規定ヲ設ケラレタリ。

然レトモ商行爲タル賣買モ非商行爲タル賣買モ其本質ニ於テ敢テ異ナレルモノニ非ス唯商行爲タル賣買ハ特ニ敏速ニ行爲ノ效果ヲ完了セシムル必要アルヲ以テ民法ノ規定ヲ補足シタルニ過キス卽チ民法上ノ賣買ハ當事者ノ一方カ或財

產權ヲ相手方ニ移轉スルコトヲ約シ相手方カ之ニ其代金ヲ拂フコトヲ約スルニ因リテ其效力ヲ生シ(民五五五)商行爲タル賣買モ亦然リ換言スレハ兩者ノ賣買ハ共ニ諾成契約ニシテ且有償契約ナリ又雙務契約ナリ故ニ民法ノ契約ノ成立ニ關スル規定ハ當然ニ適用セラルルモノトス然レトモ商行爲タル賣買ハ民法ノ契約ノ規定ノ外更ニ前章ニ述ヘタル契約ノ特別規定ノ適用アルヲ以テ注意ヲ要ス。

賣主ノ權利

第二百八十六條　商人間ノ賣買ニ於テ買主カ其目的物ヲ受取ルコトヲ拒ミ又ハ之ヲ受取ルコト能ハサルトキハ賣主ハ其物ヲ供託シ又ハ相當ノ期間ヲ定メテ催告ヲ爲シタル後之ヲ競賣スルコトヲ得此場合ニ於テハ遲滯ナク買主ニ對シテ其通知ヲ發スルコトヲ要ス

損敗シ易キ物ハ前項ノ催告ヲ爲サスシテ之ヲ競賣スルコトヲ得

前二項ノ規定ニ依リ賣主カ賣買ノ目的物ヲ競賣シタルトキハ其代價ヲ供託スルコトヲ要ス但其全部又ハ一部ヲ代金ニ充當スルコトヲ妨ケス

本條ハ商人間ノ賣買ニ於ケル賣主ノ供託權並ニ競賣權等ヲ規定シタルモノトス本條ニハ單ニ商人間ノ賣買ニ於テトアルモ本法第三條トノ比較解釋上其賣買カ當事者雙方ノ爲ニ商行爲タルカ或ハ少クトモ一方ノ爲ニ商行爲タルヲ要ス然ラサレハ商法ノ適用ナク從テ本條ノ適用ナケレハナリ而シテ賣主ノ供託權トハ賣買契約ニ依リ賣買ノ目的物ヲ提供スルモ買主ニ於テ故ナク其目的物ヲ受取ル

コトヲ拒ムカ又ハ之ヲ受取ルコト能ハサルトキニ於テ供託法ノ規定ニ依リ供託シ得ルヲ謂ヒ(三二年二月法律第一五號)又競賣權トハ競賣法ノ規定ニ依リ賣買ノ目的物ヲ競賣シ得ルヲ謂フ供託ト競賣トハ賣主ノ有スル選擇權ナルヲ以テ其孰レヲ擇フモ賣主ノ隨意タルモ競賣ヲ爲サントスル場合ニハ賣主ニ於テ相當ノ期間ヲ定メテ受取方ヲ催告シタル後ナラサルヘカラス唯損敗シ易キ物ニ付テハ催告ヲ爲スヲ要セサルノミ賣主カ供託ヲ爲シ又ハ競賣ヲ爲シタルトキハ遲滯ナク其通知ヲ發スルコトヲ要ス。

賣主カ競賣權ヲ行使シテ賣買ノ目的物ヲ競賣シタルトキハ其代價ハ之ヲ供託スルヲ要スルモノナレトモ未タ代金ヲ受取ラサルトキハ其競賣代金ノ全部又ハ一部ヲ代金ニ充當スルコトヲ得ルモノトス而シテ賣主カ一旦賣買ノ目的物ヲ供託スルモ更ニ之ヲ競賣スルコトヲ妨ケス且本條ノ規定ハ民法第四百九十四條後段ノ規定ノ適用ヲ妨ケサルモノトス。

第二百八十七條　賣買ノ性質又ハ當事者ノ意思表示ニ依リ一定ノ日時又ハ一定ノ期間內ニ履行ヲ爲スニ非サレハ契約ノ目的ヲ達スルコト能ハサル場合ニ於テ當事者ノ一方カ履行ヲ爲サスシテ其時期ヲ經過シタルトキハ相手方ハ直チニ其履行ヲ請求スルニ非サレハ契約ノ解除ヲ爲シタルモノト看做ス

定時賣買ノ効力

本條ハ所謂定期賣買契約ノ解除ニ付テ規定シタルモノトス即チ賣買ノ性質又ハ當事者ノ意思表示ニ依リ一定ノ日時又ハ一定ノ期間內ニ履行ヲ爲サヽレハ其契約ノ目的ヲ達スルコト能ハサル場合ニ於テ賣主若クハ買主カ履行ヲ爲サスシテ其時期ヲ經過シタルニ拘ハラス相手方カ直チニ其履行ノ請求ヲモ爲サヽルトキハ當然ニ契約ノ解除ヲ爲シタルモノト看做サヽルモノトス民法ノ規定(民五四二)ニ依レハ斯ル場合ニ於テハ單ニ相手方カ直チニ其履行ノ請求ヲ爲サヽル一事ニ由リ當然契約ノ解除アルモノトセス之ヲ解除セムトセハ更ニ解除ノ意思表示ヲ爲スヲ要スルモノトセリ。

買主ノ權利

第二百八十八條　商人間ノ賣買ニ於テ買主カ其目的物ヲ受取リタルトキハ遲滯ナク之ヲ檢査シ若シ之ニ瑕疵アルコト又ハ其數量ニ不足アルコトヲ發見シタルトキハ直チニ賣主ニ對シテ其通知ヲ發スルニ非サレハ其瑕疵又ハ不足ニ因リテ契約ノ解除又ハ代金減額若クハ損害賠償ノ請求ヲ爲スコトヲ得ス賣買ノ目的物ニ直チニ發見スルコト能ハサル瑕疵アリタル場合ニ於テ買主カ六个月內ニ之ヲ發見シタルトキ亦同シ

前項ノ規定ハ賣主ニ惡意アリタル場合ニハ之ヲ適用セス

本條ハ商人間ノ取引ヲ成ルヘク速ニ完了セシムルノ趣意ヲ以テ民法ノ規定(民五六三、五六四、五六五、五六六)ニ對シテ例外的規定ヲ設ケタルモノトス卽チ買主カ賣買ノ目的物ヲ受

取リタルトキニハ之ヲ檢查シ其瑕疵又ハ數量ニ付通知ヲ發スルヲ要シ此通知ヲ發スルコトヲ怠リタルトキハ契約解除、減額請求又ハ損害要償ノ權利ナキモノトス而シテ其檢查及通知ハ遲滯ナク之ヲ爲スヲ要スルモ隱レタル瑕疵アリテ直チニ發見シ難キトキハ六ケ月內ニ之ヲ發見シ通知スルヲ以テ可トス但賣主ニ惡意アリタルトキハ本條ノ規定ノ適用ナシ又損害要償權ハ何レノ場合ニ於テモ之ヲ認ムルモ契約ノ解除ハ其目的物ノ瑕疵若クハ數量不足ノ爲メ契約ノ目的ヲ達スルコト能ハサル場合ニ限リ又減額要償權ハ數量不足ノ場合ニ於テ之ヲ認ムルヲ普通トス蓋商法ト民法トハ別箇ノ效果ヲ發生セシムルノ趣意ニ非ス唯商行爲タル賣買ノ效果ヲ速ニ完結セシメムトスルニ外ナラサレハナリ。

買主ノ義務

第二百八十九條　前條ノ場合ニ於テ買主ハ契約ノ解除ヲ爲シタルトキト雖モ賣主ノ費用ヲ以テ賣買ノ目的物ヲ保管又ハ供託スルコトヲ要ス但其物ニ付キ滅失又ハ毀損ノ虞アルトキハ裁判所ノ許可ヲ得テ之ヲ競賣シ其代價ヲ保管又ハ供託スルコトヲ要ス

前項ノ規定ニ依リ買主カ競賣ヲ爲シタルトキハ遲滯ナク賣主ニ對シテ其通知ヲ發スルコトヲ要ス

前二項ノ規定ハ賣主及ヒ買主ノ營業所、若シ營業所ナキトキハ其住所カ同市町村內ニ在ル場合ニハ之ヲ適用セス

本條ハ買主ノ供託權並ニ競賣權ヲ認メタルモノトス即チ前條ノ場合ニ於テハ

買主ハ其目的物ヲ保管スルカ又保管ヲ好マサルカ或ハ其ノ物カ滅失若クハ毀損ノ虞アルトキハ裁判所ノ許可ヲ得テ之ヲ競賣シ其代價ヲ保管又ハ供託スヘキモノトス第二項及第三項ハ意義明了ニシテ說明ノ要ナカルヘシ。

第二百九十條　前條ノ規定ハ賣主ヨリ買主ニ引渡シタル物品カ注文シタル物品ト異ナリタル場合ニ之ヲ準用ス其物品カ注文シタル數量ヲ超過シタル場合ニ於テ其超過額ニ付キ亦同シ

他物引渡ノ效果

本條ハ商人間ノ賣買ニ於テ賣主ヨリ買主ニ引渡シタル物品ト注文シタル物品トカ相異セル場合並ニ引渡物品カ注文物品ヨリ數量ヲ超過シタル場合ニ關シ買主ニ供託權又ハ競賣權ヲ認ムル必要アリトシ前條ノ規定ヲ準用シタルモノトス。

第三章　交互計算

交互計算ノ觀念

交互計算トハ商人ト商人トノ間又ハ商人ト非商人トノ間ニ於テ平常取引ヲ爲シ相互ニ債權債務ヲ生スル關係ヲ有スル場合ニ一定ノ期間內ノ取引ヨリ生スル債權債務ノ總額ニ付キ相殺ヲ爲シ其殘額ノ支拂ヲ爲スヘキコトヲ約スルニ因リテ效力ヲ生スル契約ナリ故ニ交互計算ハ諾成契約ニシテ雙務契約タリ且有償契約タルコトハ疑ナキモ其私法上果シテ如何ナル性質ヲ有スル契約ナリヤニ付キ

學者間異說ナキニ非ス或ハ交互計算ヲ以テ消費貸借契約ナリト爲ス者アルモ消費貸借契約ハ物ニ關スル契約タルモ交互計算ニ組入レラルヘキ債權債務ハ必シモ物ニ關シテ生シタル債權債務タルヲ要セス或ハ交互計算ハ信用契約ナリト云フモ唯信用ヨリ生シタル契約タルヲ言明セルマテニシテ其信用ヨリ生シタル契約カ果シテ如何ナル性質ヲ有スル契約タルヤヲ說述セス或ハ交互計算ヲ以テ一種ノ猶豫契約ナリト云フ者アルモ交互計算ニ組入レラルル債權ハ始メヨリ單獨ニ行使スルヲ得サルモノニシテ一旦請求權ヲ生シテ後其請求權ヲ猶豫セシムルモノニアラス其他交互計算ハ信用契約及委任契約ノ混合契約ナリト解ク者アルモ交互計算ハ畢竟相殺ノ豫約ナリト說明スルヲ以テ正鵠ヲ得タル說ト信ス。

交互計算ノ要件

第二百九十一條　交互計算ハ商人間又ハ商人ト商人ニ非サルモノトノ間ニ平常取引ヲ爲ス場合ニ於テ一定ノ期間內ノ取引ヨリ生スル債權債務ノ總額ニ付キ相殺ヲ爲シ其殘額ノ支拂ヲ爲スヘキコトヲ約スルニ因リテ其效力ヲ生ス

本條ハ交互計算ノ定義ヲ示シタルモノトス卽チ交互計算ハ商人ト商人間又ハ商人ト非商人トノ間ニ於テモ契約ヲ成立セシメ得ルモノタルコトヲ知ルヲ得ン然レトモソレ等ノ者ノ間ニ於テ平常取引ヲ爲スモノナルヲ要ス詳言スレハ平常取引關係アルコトヲ要シ其取引關係ニ因リ雙方ニ債權債務ノ關係ヲ生スルモノ

タルヲ要ス單ニ一方ニノミ債權ヲ取得スル關係ニアル場合ニハ交互計算ヲ成立セシメス又交互計算ヲ成立セシムルニハ一定ノ期間アルヲ要シ此期間ハ當事者ノ特約ヲ以テ之ヲ定ムルコトヲ得本條ニハ單ニ債權債務トアルモ其債權債務タルヤ金錢債權タラサルヘカラス民法ノ債權債務ハ同種類ノ目的ヲ有スル債權ヲ各自ニ有シ而モ其債權ノ辨濟期ノ到來シタルモノタルヲ要スルニ過キサルモ交互計算ハ多數ノ債權ヲ一團トシテ殘額ニ付キ相殺ヲ爲スモノナルヲ以テ自ラ金錢債權タラサルヲ得ス而シテ金錢債權タル以上ハ不當利得又ハ不法行爲ヨリ金錢債權ニ變シタルモノト雖モ妨ナキモノトス又擔保附債權モ其儘交互計算ニ組入ルルコトヲ得ルモノトス。

茲ニ問題トナルハ交互計算ニ組入レラルヘキ債權債務ノ範圍如何是ナリ交互計算ハ當事者ノ便益ノ爲メ設ケタルモノナルヲ以テ其範圍ハ當事者ニ於テ自由ニ之ヲ定メ得ヘキハ勿論其特約ナキ場合ニ於テハ通常ノ取引關係ヨリ生シタルモノノミニ限ルト解スヘキナリ。

第二百九十二條　手形其他ノ商業證券ヨリ生シタル債權債務ヲ交互計算ニ組入レタル場合ニ於テ證券ノ債務者カ辨濟ヲ爲ササリシトキハ當事者ハ其債務ニ關スル項目ヲ交互計算ヨリ除去スルコトヲ得

交互計算ヨリ除去セラルヘキモノ

本條ハ手形其他ノ商業證劵ヨリ生シタル債權債務ヲ交互計算ニ組入レタル場合ニ關スル規定ナリトス即チ交互計算ノ當事者ノ一方カ例ヘハ千圓ノ約束手形ヲ相手方ヨリ受取リタル爲メ千圓ノ債務ヲ交互計算ニ入レシモ此約束手形ノ振出人カ支拂ヲ爲ササル爲メ其手形カ無價値ノモノトナリタルトキハ千圓ノ債務ノ記載カ無意義ノモノト爲ルヲ以テ其債務ニ關スル項目ヲ交互計算ヨリ除去スルコトヲ得ルモノトス。

本章ノ首ニ於テ記述シタル如ク交互計算ニ組入レタル債權債務ハ單獨ニ處分スルヲ得ス各種ノ債權債務ヲ一團トシテ相殺ヲ爲シ其殘額ニ付キ支拂ヲ爲スモノナルモ本條ハ之カ例外規定タルモノトス或ハ本條ヲ解シテ手形債權ハ交互計算ノ當事者ヨリ觀ルトキハ第三者ニ對スル債權ニ外ナラサルヲ以テ縱令交互計算ノ當事者間ニ手形ノ交換アリトスルモ性質上交互計算ニ組入ルヘキモノニ非ス故ニ此ニ手形其他ノ商業證劵ヨリ生シタル債權債務トハ手形其他ノ商業證劵ノ振出又ハ裏書等ノ行爲ニ對スル對價ニ關スル債權債務ナリト言ハサルヘカラス而モ此種ノ債權債務ハ畢竟手形其他ノ商業證劵ニ關スル行爲アリタル原因ナルヲ以テ手形金額ハ一千圓タルモ其當事者ノ對價ハ一千二百圓又ハ九百圓ト云

フカ如キコトアルヘシト云ヘリ前例ト少シク其趣ヲ異ニスルモ一説トシテ掲ク。

相殺ノ期間

第二百九十三條　當事者カ相殺ヲ爲スヘキ期間ヲ定メサリシトキハ其期間ハ之ヲ六个月トス

本條ハ交互計算ニハ相殺ヲ爲スヘキ期間ヲ定ムルヲ必要トスルモ若シ當事者ニ於テ之ヲ定メサリシ場合ニハ其期間ハ之ヲ六ケ月トスル旨ヲ規定セシナリ。

交互計算事項承認ノ效果

第二百九十四條　當事者カ債權債務ノ各項目ヲ記載シタル計算書ノ承認ヲ爲シタルトキハ其各項目ニ付キ異議ヲ述フルコトヲ得ス但錯誤又ハ脱漏アリタルトキハ此限ニ在ラス

本條ハ承認ノ效果ニ付キ規定シタルモノトス即チ債權債務ノ總額ニ付キ相殺ヲ爲スニハ計算書ヲ作成スルヲ要シ此計算書ヲ承認スルニ因テ茲ニ債務ノ更改ヲ生スルモノトス前ニ一言シタル如ク交互計算ニ組入レタルノミニテハ債權債務ハ舊ノ儘ナルモ計算書ノ承認ヲ爲スニ因テ舊債權債務ハ消滅シ計算上殘額トシテ存スルモノニ付テハ當事者ノ一方ニ債權發生シ一方ニ債務ヲ負フニ至ルモノトス其結果各項目ニ組入レタル債權債務ニ付テハ復タ異議ヲ述フルコトヲ得サルモノトス然レトモ計算書ニ錯誤アリタルカ又ハ脱漏アリタルトキニ限リ例外トシテ異議ノ申立ヲ爲スヲ得ルモノトセリ盖計算ニ錯誤アリ又ハ脱漏アルコト明瞭ナルニ拘ハラス尚異議ノ申立ヲ爲スヲ許サストスル如キハ事理ヲ沒却ス

ルノ甚タシキモノナレハナリ。
交互計算ノ承認ハ一ノ法律行爲ナリ從テ承認ヲ爲スニ付キ一般法律行爲ノ取消又ハ無效原因ノ存スルトキハ場合ニ依リ其承認ハ無效タルヘク又取消シ得ヘキモノトス本條但書ニ錯誤又ハ脱漏アリタルトキハ此限ニ在ラストアル錯誤ハ計算書ノ錯誤ニシテ一般法律行爲トシテノ錯誤ニ付テハ民法總則ノ規定ノ存スルアリ豈茲ニ再言スルノ要アランヤ。

相殺ニヨリ生シタル殘額ノ處分

第二百九十五條　相殺ニ因リテ生シタル殘額ニ付テハ債權者ハ計算閉鎖ノ日以後ノ法定利息ヲ請求スルコトヲ得
前項ノ規定ハ各項目ヲ交互計算ニ組入レタル日ヨリ之ニ利息ヲ附スルコトヲ妨ケス

本條ハ相殺ニ因リテ生シタル債權ニ付テハ債權者ハ當然法定利息ヲ請求スルヲ得ルモノニシテ其始期ハ計算閉鎖ノ日トス然レトモ之レカ爲ニ交互計算ニ組入レタル日ヨリ計算閉鎖ノ日マテ利息ヲ附スルコトヲ許ササルモノニアラス即チ各項目ヲ交互計算ニ組入レタル日ヨリ閉鎖マテニ利息ヲ附スルヲ得ルハ勿論閉鎖後ノ利息モ隨意ニ其利率ヲ定ムルコトヲ得ヘシ要スルニ本條ハ當事者ノ意思表示ナキ場合ニ於ケル補充的規定タルニ過キス。

第二百九十六條　各當事者ハ何時ニテモ交互計算ノ解除ヲ爲スコトヲ得此場合ニ於テハ直チ

ニ計算ヲ閉鎖シテ殘額ノ支拂ヲ請求スルコトヲ得

交互計算契約ノ解除

本條ハ交互計算ノ解除ヲ規定シタルモノトス即チ交互計算ハ一ノ契約トシテ一般契約解除ノ原因アルトキハ無論之ヲ解除シ得ルモノナルモ本條ニ依テ更ニ法定ノ解除原因ヲ定メタリ故ニ解除權ヲ留保シ置カサル場合ニ於テモ各當事者ハ何時ニテモ之カ解除ヲ爲スコトヲ得ルモノトス然レトモ此解除ハ一般契約ノ解除ノ如ク遡及效ヲ有セス唯將來ニ向テ其效果ヲ失ハシムルコトヲ得ルニ止マル之レ本條後段ノ規定アル所以ニシテ斯ル場合ニハ直チニ計算ヲ閉鎖シテ殘額ノ支拂ヲ請求スルコトヲ得ルモノトス但一般契約解除ノ原因ニ基キテ解除シタルトキハ遡及效アルハ勿論ナリ。

第四章　匿名組合

匿名組合ノ觀念

匿名組合ハ名ハ組合ナリト雖之ヲ民法ノ組合ト同視スルヲ得ス即チ民法ノ組合ハ組合員各自出資ヲ爲スモノナルモ匿名組合ニ在リテハ當事者ノ一方ノミ出資ヲ爲シ他ハ出資ヲ爲サス又民法ノ組合ハ組合員各自共同ノ事業ヲ爲スモノナルモ匿名組合ニ在リテハ當事者ノ一方ノミ營業ヲ爲シ他ハ之ヲ爲サス蓋匿名組

合ノ起源ハ民法ノ組合ト異ナリ當事者ノ一方技倆信用アルモ資力ナク他ノ一方ニハ資力アルモ技倆信用ナキ場合ニ於テ資力者之レカ出資者ト爲リ技倆家之カ營業者ト爲リテ相互ニ利益ノ分配ヲ爲スモノナレハナリ外國ニ於テハ夙ニ發達シ來リシ沿革アリ我國ニ於テモ今後之カ發達ヲ見ルヘシ。

匿名組合ノ契約

第二百九十七條　匿名組合契約ハ當事者ノ一方カ相手方ノ營業ノ爲メニ出資ヲ爲シ其營業ヨリ生スル利益ヲ分配スヘキコトヲ約スルニ因リテ其效力ヲ生ス

本條ハ匿名組合契約ノ定義ヲ示シタルモノトス卽チ匿名組合契約ハ當事者ノ一方カ相手方ノ爲メニ出資ヲ爲シ其營業ヨリ生スル利益ヲ分配スヘキコトヲ約スルニ因リテ其効力ヲ生ス故ニ匿名組合ハ一ノ諾成契約ニシテ有償契約タリ且雙務契約タルコト疑ヲ容レス而シテ其出資者ハ卽チ匿名組合員ニシテ商人タルト非商人タルト將タ法人タルトヲ問ハサルモ他ノ一方ハ既ニ商人タルカ又ハ商人タラントスル者ナラサルヘカラス玆ニ問題トナルハ一人ノ營業者ニ數人ノ匿名組合員アリ得ルヤ此ノ場合ニハ數人ノ出資者カ共同行爲ニ依リ一人ノ一箇ノ營業ノ爲ニ出資スル場合ト數人ノ出資者カ各別ノ行爲ニ因リテ一人ノ一箇ノ營業ニ出資スル場合トアラム前ノ場合ニ於テハ一箇ノ匿名組合ヲ成立セシムルヤ

疑ナシ後ノ場合ニ於テハ議論アルモ之ヲ認メサル理由ナキカ如シ。

匿名組合員ノ權利義務

第二百九十八條　匿名組合員ノ出資ハ營業者ノ財產ニ歸ス

匿名組合員ハ營業者ノ行爲ニ付キ第三者ニ對シテ權利義務ヲ有セス

本條第一項ハ匿名組合員ノ出資ハ營業者ノ財產ニ歸スル旨ヲ規定シタルモノトス卽チ匿名組合員ノ出資ハ營業者ノ財產ニ歸ストアルカ故ニ其出資タルヤ財產的出資タルヲ要スルハ勿論トス多クノ場合ニ於テハ金錢出資タラムモ必シモ金錢ノミニ限ラス家屋ノ使用權ノ如キモ出資タルヲ失ハス但信用又ハ勞務ノ如キハ財產出資タラサルカ故ニ斯ル出資ヲ爲スヲ得ス法文ニ營業者ノ財產ニ歸ストアルモ前述ノ使用權ノ如キ出資アルヲ以テ其出資ハ必シモ營業者ノ所有權ノ目的タリ得ルモノニ限ルト解スヘカラス。

本條第二項ハ匿名組合員ト第三者トノ關係ヲ規定シタルモノトス先ツ匿名組合員ト營業者トノ間ニハ匿名組合契約關係アルハ疑ヲ容レサルモ匿名組合員ハ第三者ニ對シテハ無關係ナリ詳言スレハ匿名組合員ハ營業者ノ行爲ニ付キ第三者ニ對シテハ權利ヲ取得セス又義務ヲモ負擔セサルモノトス卽チ營業ハ營業者ノ營業ニシテ第三者ニ對シテハ匿名組合員ノ關知スルトコロニ非サルナリ然レ

トモ匿名組合員ト營業者トノ間ニハ法律上及ヒ經濟上ノ關係ヲ存スルモノナルヲ以テ次條ノ場合ニ於テハ匿名組合員ハ其責任ヲ免ルルヲ得サルモノトス。

匿名組合員ノ責任

第二百九十九條　匿名組合員カ其氏若クハ氏名ヲ營業者ノ商號中ニ用ヰ又ハ其商號ヲ營業者ノ商號トシテ用ヰルコトヲ許諾シタルトキハ其使用以後ニ生シタル債務ニ付テハ營業者ト連帶シテ其責ニ任ス

本條ハ前條第二項ニ對スル例外規定ト見ルヲ得ヘシ即チ匿名組合員ト第三者トハ無關係ナルヲ原則トスト雖モ匿名組合員カ其氏若クハ氏名ヲ營業者ノ商號中ニ用ヰ又自己ノ題號ヲ營業者ノ商號トシテ用ユルコトヲ許諾シタルトキニ於テハ匿名組合員ハ此等自己ノ氏若クハ氏名又ハ商號ヲ用ヒタル後ノ債務ニ付テハ營業者ト連帶シテ其責ニ任スルモノトセリ蓋シ第三者ハ商號中ノ氏名ヲ信賴シテ取引ヲ爲シタルニモ不拘其商號中ニ氏名ヲ揭ケタル匿名組合員カ其責任ニ任セストセハ第三者ハ意外ノ損失ヲ蒙ルコトナシトセス故ニ本條ノ規定アルナリ。

匿名組合員ノ利益配當ノ請求權ナキ場合

第三百條　出資カ損失ニ因リテ減シタルトキハ其塡補ノ後ニ非サレハ匿名組合員ハ利益ノ配當ヲ請求スルコトヲ得ス

本條ハ匿名組合員ノ利益配當ニ關スル規定ナリトス抑匿名組合員ノ目的トス

ル所ハ匿名組合ニ依リテ生スル利益ヲ獲得セムトスルニ在リ從テ之ニ因リ利益ヲ生シタルトキハ相當ノ利益ノ分配ヲ請求スルヲ得ルモ匿名組合員ノ出資カ其ノ事業ノ失敗ニ因リテ損失ヲ生シタルトキハ匿名組合員ハ其損失ヲ塡補シタル後ニ非サレハ利益ノ配當ヲ要求スルヲ得サルモノトス換言スレハ匿名組合員モ損失ノ分擔ヲ爲スヘキモノトス然レトモ之レ唯通常ノ場合ヲ推測シテ規定シタルモノナルヲ以テ匿名組合員ニ於テ損失ヲ分擔セサルコトヲ欲セハ豫メ特約ヲ結ヒ之ヲ免ルルコトヲ得ルモノトス何トナレハ匿名組合員カ損失ヲ分擔スルコトハ匿名組合ノ要素ニ非サレハナリ又匿名組合員ノ請求スルコトヲ得ル相當ノ利益トハ必シモ出資ノ額ヲ標準トスヘキニ非ス單ニ相當ノ割合ト解スルノ外ナキヲ以テ之レ亦豫メ定メ置クヲ要ス但損失分擔ノ割合ヲ定メタルトキハ利益分配ノ割合モ之ニ依ルノ意思ナリト解セラルヘシ。

茲ニ研究ヲ要スルハ匿名組合員カ自己ノ出資ニ對シ利息ヲ請求スルコトヲ得ルヤ否ヤ是ナリ若特約ナキトキハ之ヲ請求シ得スト解スルヲ以テ正當トスルモ特約アリタルトキハ之ヲ請求スルヲ得ト解スルヲ可トス而シテ若其出資ニ付キ利息ヲ請求スルコトヲ認ムトセハ匿名組合ノ特質ニ反スルコトナキヤ否ヤ或ハ

消費貸借契約ニアラサルカノ問題ヲ生スルモ前問ニ付テハ匿名組合ノ性質ニ反セスト解シ後問ニ付テハ消費貸借契約ニ非ト解スルヲ正シトス。

組合契約ノ解除及ヒ終了

第三百一條　組合契約ヲ以テ組合ノ存續期間ヲ定メサリシトキ又ハ或當事者ノ終身間組合ノ存續スヘキコトヲ定メタルトキハ各當事者ハ營業年度ノ終ニ於テ契約解除ヲ爲スコトヲ得但六月前ニ其豫告ヲ爲スコトヲ要ス

組合ノ存續期間ヲ定メタルト否トヲ問ハス已ムコトヲ得サル事由アルトキハ各當事者ハ何時ニテモ契約ノ解除ヲ爲スコトヲ得

第三百二條　前條ニ掲ケタル場合ノ外組合契約ハ左ノ事由ニ因リテ終了ス

一　組合ノ目的タル事業ノ成功又ハ其成功ノ不能

二　營業者ノ死亡又ハ禁治産

三　營業者又ハ匿名組合員ノ破産

第三百一條及第三百二條ハ匿名組合契約ノ終了ヲ規定シタルモノトス其趣意ハ第六十八條第六十九條第七十四條ノ説明ヲ見レハ自カラ明白ナルヘシ。

營業者ノ義務

第三百三條　組合契約カ終了シタルトキハ營業者ハ匿名組合員ニ其出資ノ價額ヲ返還スルコトヲ要ス但出資カ損失ニ因リテ減シタルトキハ其殘額ヲ返還スルヲ以テ足ル

本條ハ匿名組合終了ノ場合ニ於テ匿名組合員タリシ者カ營業者ニ對シ出資價格返還ノ請求權ヲ有スルコトヲ規定シタルモノニシテ營業者ハ匿名組合員ニ對

シ其出資ノ價格ヲ返還スル義務ヲ有スルモノトス唯出資カ損失ニ因リテ滅シタルトキハ其殘額ノミヲ返還スレハ足ルモノナルモ匿名組合員ニ於テ損失ヲ塡補シ出資全部現存スルトキハ其全部ノ返還ヲ爲サヽルヘカラス換言スレハ匿名組合終了ノ場合ニ於テハ出資額ニ付キ匿名組合員ト營業者トハ通常ノ債權者タリ債務者タル關係ニ立ツモノトス。

本法第二百九十八條ノ規定ニ依レハ「匿名組合員ノ出資ハ營業者ノ財産ニ歸ストアリ而シテ匿名組合契約終了後之ヲ復ヒ匿名組合員ニ返還セシムルハ一見矛盾ノ感ナキ能ハス然レトモ本法第二百九十八條ノ規定ハ畢竟匿名組合事業ヲ經營スル爲メニ匿名組合員ノ出資ヲ營業者ノ財産ニ歸セシメタルモノナレハ匿名組合契約終了シタル後ハ其出資ヲ匿名組合員ニ返還スヘキモノトスルハ事理ニ適シ夫ノ合資會社ノ解散シタルトキ社員カ殘餘財産ヲ分配スルト其理由ヲ同ウスルモノト云フ可シ。

第三百四條　第百八條第百十一條及ヒ第百十五條ノ規定ハ匿名組合員ニ之ヲ準用ス

本條ハ匿名組合員ニ付キ合資會社ノ有限責任社員ノ權利義務ヲ準用シタルモノトス卽チ

一　合資會社ノ有限責任社員ハ金錢其他ノ財産ノミヲ以テ其出資ノ目的ト爲スコトヲ得ルモノナルヲ以テ(八一〇)匿名組合員ノ出資モ亦金錢其他ノ財産出資ニ限ルコトハ既ニ第二百九十八條ノ説明ニ一言セリ。

二　匿名組合員ハ出資ヲ爲スノ義務アルト同時ニ利益ノ分配ニ與ルノ權利ヲ有シ又事業カ損失ヲ被ムリタルトキハ出資額ヲ塡補スルノ義務ヲ有スルモノナルヲ以テ夫ノ合資會社ノ有限責任社員カ營業年度ノ終ニ於テ營業時間內ニ會社ノ財産目錄及ヒ貸借對照表ノ閲覽ヲ求メ且會社ノ業務及ヒ會社財産ノ狀況ヲ檢査スルコトヲ得ルト同シク匿名組合員モ營業者ノ財産目錄及ヒ貸借對照表ノ閲覽ヲ求メ且營業者ノ業務及ヒ財産ノ狀況ヲ檢査スルコトヲ得ルモノトス其他營業年度ノ終若クハ營業時間內タラストモ重要ナル事由アルトキハ裁判所ノ許可ヲ得テ有限責任社員カ會社ノ業務及財産ノ狀況ヲ檢査スルコトヲ得ルノ權利モ同シク匿名組合員ニ於テ之ヲ有スルモノトス(一一一)但此等ノ規定ヲ準用スルモノナルヲ以テ性質ノ許ス限リ匿名組合員カ營業者ニ付キ閲覽及檢査ノ權利アルモノトス。

三　匿名組合員ハ業務ヲ執行シ又ハ匿名組合ヲ代表スルコトヲ得サルモノトス

合資會社ノ有限責任社員ニ付テモ同樣ノ規定アリ（參照一五）蓋シ匿名組合員ニ此等ノ權利ナキハ匿名組合契約ノ性質上當然ナリ。

第五章　仲立營業

仲立業トハ他人間ノ商行爲ノ媒介ヲ爲スヲ業トスル者ヲ謂ヒ歐洲諸國ニ於テ往古ニ在リテハ公設制度ヲ採リ後世公設私設並ヒ行ハレ私設ニ付テハ認許ヲ要スルモノトシ而シテ之ニ多クノ特權ヲ附與シテ公吏ノ一種ノ如ク待遇シ同時ニ仲立營業者タラムトスル者ニハ多クノ調査ヲ遂ケ之ヲ認許スルノ方針ヲ採レリ之レ蓋仲立業ハ他人間ノ商行爲ノ媒介ヲ爲スヲ業トスル者ナルカ故ニ一般商人ヲ保護スル爲メ一定ノ調査項目ヲ設ケ例ヘハ破産者ニ非サルカ破産後復權ヲ得サル者ニ非サルカ或ハ名聞ニ瑕疵アル者ニ非サルカ或ハ一定ノ期間商業ニ從事シタル經驗アル者ナルヤ否ヤ無能力者ニ非サルヤ否ヤ等ヲ調査シタル後仲立人タルノ公認ヲ與ヘ來リシモノナリ而シテ此等ノ調査事項ニ牴觸セス仲立人タルコトヲ公認セラレタルトキハ其仲立人ハ凡テノ商品ノ價額ヲ定メ又其仲立人ノ作製シタル帳簿ハ公ケノ信用ヲ有シタリシナリ然レトモ此ノ如ク仲立人タラム

仲立人トハ何ンソ

トスル者ニ付キ詳細ナル調査ヲ遂クルハ商業ノ自由ニ干渉スルノ嫌アルノミナラス之カ調査ヲ爲スコト又公認スルコトニ付テモ弊害ノ伏在スルモノアルヲ以テ我立法者ハ斷然干渉主義ヲ捨テテ放任主義ヲ採用スルニ至リタルモノトス即チ何人ト雖モ他人間ノ商行爲ノ媒介ヲ爲スヲ業トスルトキハ之ニ由リ仲立業者タリ得ルモノトス。

第三百五條　仲立人トハ他人間ノ商行爲ノ媒介ヲ爲スヲ業トスル者ヲ謂フ

本條ハ仲立人ノ定義ヲ示シタルモノトス即チ

一　仲立人ハ商人ナリ　本法第二百六十四條第十一號ニ依リ營業トシテ之ヲ爲ストキニ限リ商行爲タルモノニシテ仲立人ハ之ヲ營業トスル者ナルカ故ニ商人タルコト敢テ多言ヲ要セサルヘシ。

二　仲立人ノ爲ス行爲ハ媒介行爲ナリ　即チ事實上他人間ノ契約ヲ成立セシムル爲メ周旋ヲ爲ス者ニシテ從テ仲立人ノ爲ス行爲ハ法律行爲ニ非サルナリ換言スレハ仲立人ハ無關係ナル各當事者ヲ連結セシメテ契約ノ成立ヲ媒介スルモノナリ此ノ如ク契約ノ成立ハ各當事者間ニ成立スルモノナルヲ以テ仲立人ハ當事者ノ一方ニ對シ支拂等ノ義務ヲ負擔スルモノニ非サルナリ。

仲立人ノ爲ス媒介行爲自體ハ法律行爲ニ非スシテ事實行爲タルㇷ゚ト上叙ノ如シト雖モ之ヲ以テ仲立人ト委託者トノ間ノ法律關係ヲ否認スルヲ得ス此等ノ間ニハ一種ノ法律關係ヲ存スルモノニシテ學者間多數ノ説アリト雖モ請負契約ナリト解スルヲ可トス今ハ之ヲ詳論スルノ暇ナシ。

三 仲立人ハ商行爲ノ媒介ヲ爲スモノナリ。媒介行爲ハ千差萬別ニシテ一々之ヲ枚擧スルヲ得サルモ媒介行爲ニハ民事ノ媒介例ヘハ下男下女ノ雇傭ノ媒介婚姻ノ媒介ノ如キ等アルモ之レ本條ノ干係スル所ニアラス本條ニ所謂仲立人ノ爲ス媒介ハ商行爲ノ媒介ニ限ルモノトス。

上述ノ如クナルヲ以テ仲立人ハ代理人ニ非ス代理ハ法律行爲ニ付テ認メラルルモ單純ナル事實行爲ニ付テハ代理ナルモノナキナリ。

第三百六條　仲立人ハ其媒介シタル行爲ニ付キ當事者ノ爲メニ支拂其他ノ給付ヲ受クルコトヲ得ス但別段ノ意思表示又ハ慣習アルトキハ此限ニ在ラス

本條ハ仲立人ノ行爲カ媒介行爲タルヨリ生スル當然ノ趣旨ヲ規定シタルモノトス卽チ仲立人ハ其媒介行爲ニ付キ自ラ履行ノ責ニ任セサルモノトス履行ノ責ニ任スルハ當事者ノ相手方ナリトス換言スレハ仲立人ハ契約上ノ義務ヲ負ハス

見本保管ノ義務

又當事者ノ爲メニ支拂其他ノ給付ヲ受クルコトヲ得サルモノトス然レトモ特約又ハ慣習ノ存スルトキハ當事者ノ爲メニ支拂其他ノ給付ヲ受クルヲ妨ケサルモノトス尚ホ仲立人ノ受クル報酬ニ付テハ後ニ規定アリ。

第三百七條　仲立人カ其媒介スル行爲ニ付キ見本ヲ受取リタルトキハ其行爲カ完了スルマテ之ヲ保管スルコトヲ要ス

本條ハ仲立人カ其媒介行爲ヲ爲ス際當事者ノ一方ヨリ見本ヲ受取リタル場合ニ關スル規定ニシテ商人間ノ取引ハ通常見本ヲ以テ契約ヲ成立セシムル場合多シ而シテ實物ト見本トハ往々相違スル場合アリテ各當事者間ニ紛爭ヲ生スルコトモ尠カラス斯ル場合ニハ見本ニ依リテ其紛爭ノ決定ヲ見ルコト多カルヘキカ故ニ苟モ其見本ニ依リテ契約カ成立シタル以上ハ仲立人ニ於テ必ス之ヲ保管スル義務アルモノトス而シテ其保管期間ハ契約ノ成立ヨリ契約ノ履行アルマテニシテ法文ニ行爲カ完了スルマテトアルハ卽チ是ナリ故ニ其契約カ例ヘハ賣買ナリトスレハ所有權カ完全ニ移轉シ之カ代金ノ支拂アルマテヲ謂フ要スルニ契約ノ效果ヲ完クスルマテハ保管スルヲ要スルモノトス。

第三百八條　當事者間ニ於テ行爲カ成立シタルトキハ仲立人ハ遲滯ナク各當事者ノ氏名又ハ

商號、行爲ノ年月日及ヒ其要領ヲ記載シタル書面ヲ作リ署名ノ後之ヲ各當事者ニ交付スルコトヲ要ス
當事者カ直チニ　行ヲ爲スヘキ場所ヲ除ク外仲立人ハ各當事者ヲシテ前項ノ書面ニ署名セシメタル後之ヲ其相手方ニ交付スルコトヲ要ス
前二項ノ場合ニ於テ當事者ノ一方カ書面ヲ受領セス又ハ之ニ署名セサルトキハ仲立人ハ遲滯ナク相手方ニ對シテ其通知ヲ發スルコトヲ要ス

仲立人ノ媒介當事者ノ契約書作成

本條ハ仲立人ニ要領書交付ノ義務アルコトヲ規定シタルモノトス抑仲立人ハ當事者雙方ノ間ニ介在シテ商行爲ヲ媒介スルモノナルヲ以テ其媒介ニ因リテ成立シタル行爲ハ之ヲ明確ナラシムルノ必要アリ要領書交付ノ義務モ是ニ由リテ認メラレタルモノトス卽チ當事者間ニ於テ行爲カ成立シタルトキハ仲立人ハ遲滯ナク右當事者ノ氏名又ハ商號、行爲ノ年月日及其要領ヲ記載シタル書面ヲ作リ署名ノ後之ヲ各當事者ニ交付スルコトヲ要ス而シテ其成立シタル契約カ直チニ履行セラルヘキモノニ非サルトキハ仲立人ハ各當事者ヲシテ要領書ニ署名セシメタル後之ヲ其相手方ニ交付スルコトヲ要スルモノニシテ媒介ニ因リ成立シタル契約カ直チニ履行セラルルモノタルト否トヲ問ハス要領書ハ各當事者ニ於テ之ヲ受領セサルヘカラス而モ當事者ノ一方カ其書面ヲ受領セサルカ又ハ契約カ

直チニ履行セラルルモノニ非サル場合ニ於テ當事者ノ一方カ之ニ署名セサルトキハ仲立人ハ遲滯ナク其相手方ニ對シテ之カ通知ヲ發スルヲ要スルモノトス。

斯ノ如ク本條ハ仲立人ニ要領書ノ交付義務ヲ規定スレトモ契約ノ成立ハ要領書ノ交付前ニ在ルモノニシテ要領書ノ交付ハ契約ノ成立、不成立ニ關係スルトコロナシ換言スレハ要領書ハ成立シタル契約ニ付キ他日ノ紛爭ヲ避クル爲メ作成セラルルモノトス。

帳簿記載及謄本交付ノ義務

第三百九條　仲立人ハ其帳簿ニ前條第一項ニ掲ケタル事項ヲ記載スルコトヲ要ス
當事者ハ何時ニテモ仲立人カ自己ノ爲メニ媒介シタル行爲ニ付キ其帳簿ノ謄本ノ交付ヲ請求スルコトヲ得

本條ハ仲立人ノ帳簿記載義務及謄本交付ノ義務ヲ規定シタルモノトス卽チ仲立人ハ商行爲ヲ媒介シタル各當事者ノ氏名又ハ商號、行爲ノ年月日及ヒ其要領ヲ記載シタル書面ヲ作ルヘキモノニシテ本條ニ前條第一項ニ掲ケタル事項トハ此等ノ事項ヲ指スモノトス此帳簿ニハ要領書ニ記載スヘキ事項ヲ記載スルヲ要スルモノニシテ要領書ニ記載セシ事項ヲ記載スルモノト解スヘカラス換言スレハ當事者カ其氏名又ハ商號ヲ相手方ニ示ササルヘキ旨ヲ仲立人ニ命シタルトキト

雖モ帳簿ニハ必ス之ヲ記載スルヲ要スルモノトス是レ法文ニモ仲立人ハ其帳簿ニ前條第一項ニ掲ケタル事項云云トアル所以ナリ。

本條第二項ハ卽チ仲立人ノ謄本交付ノ義務ヲ規定シタルモノニシテ當事者ハ何時ニテモ仲立人ニ對シ自己ノ爲メニ媒介シタル行爲ニ付キ其帳簿ノ謄本ノ交付ヲ請求スルコトヲ得ルモノトス然レトモ當事者カ自己ノ氏名又ハ商號ヲ相手方ニ示ササルヘキコトヲ仲立人ニ命シタルトキハ次條ノ如キ規定アリ。

第三百十條　當事者カ其氏名又ハ商號ヲ相手方ニ示ササルヘキ旨ヲ仲立人ニ命シタルトキハ仲立人ハ第三百八條第一項ノ書面及ヒ前條第二項ノ謄本ニ其氏名又ハ商號ヲ記載スルコトヲ要ス

本條ハ當事者カ其氏名又ハ商號ヲ相手方ニ示ササルヘキ旨ヲ仲立人ニ命シタルトキハ仲立人ハ其旨ヲ守リ前條第一項ノ要領書ニハ勿論第二項ノ謄本ニモ其氏名又ハ商號ヲ記載スルコトヲ得サルモノトス別ニ說明スヘキモノナシ

仲立人カ履行ノ責ニ任スル場合

第三百十一條　仲立人カ當事者ノ一方ノ氏名又ハ商號ヲ其相手方ニ示ササリシトキハ之ニ對シテ自ラ履行ヲ爲ス責ニ任ス

本條ハ前條ノ規定ノ趣旨ヲ完ウセン爲メ設ケラレタル例外規定ニシテ本條劈頭ニ述ヘタル仲立人ハ自ラ履行ノ責ニ任セストノ原則ニ對スル特例ナリ蓋仲立

行爲ハ媒介行爲ニシテ單ニ當事者雙方ノ商行爲ヲ連結セシムルニ過キストセハ自ラ履行ノ責ニ任スヘキ理由ナシト雖モ當事者ノ一方カ其氏名又ハ商號ヲ其相手方ニ示サヽルヘキコトヲ命シタルトキハ其ノ相手方ハ何人ニ向ツテ履行ヲ請求スヘキヤ卽チ自己ノ義務者ハ何人タルヤヲ知ルニ由ナキヲ以テ勢ヒ仲立人ニ其履行ヲ請求スヘク此場合ニ於テ仲立人亦履行ノ義務ナシトセムカ何人モ仲立人ヲ媒介シテ商行爲ヲ爲スモノナキニ至ラム故ニ本條ノ如キ例外規定ヲ設ケタルモノトス之ヲ以テ仲立人ノ行爲ノ本質ヲ誤ラサルヲ要ス。

仲立人ノ報酬

第三百十二條　仲立人ハ第三百八條ノ手續ヲ終ハリタル後ニ非サレハ報酬ヲ請求スルコトヲ得ス

仲立人ノ報酬ハ當事者雙方平分シテ之ヲ負擔ス

本條ハ仲立人ノ報酬請求時期及仲立人ノ報酬負擔額ヲ定メタルモノトス卽チ仲立人ノ媒介行爲ヲ以テ當事者ニ對スル請負契約トスレハ其報酬ハ仕事ヲ完成シタルトキニ於テ支拂ハルヘキモノトス（民六三二）而シテ余輩ハ仲立人ト當事者トノ法律關係ハ前述セル如ク請負契約ノ一種ト解スルヲ以テ本條ノ如ク仲立人ハ第三百八條ノ手續ヲ終ハルニ由リ始メテ其報酬ヲ請求シ得ヘシト爲スヲ至當ノ規

定ナリト解ス蓋シ仲立人カ第三百八條ノ手續ヲ終ハリタルトキハ媒介行爲ヲ完成シタルモノニシテ民法請負契約ノ仕事ノ結果ヲ告ケタルモノト謂フヘシ。

本條第二項ハ其報酬ハ何人カ負擔スヘキヤ又如何ニ負擔スヘキヤニ關シ特約ナキ場合ニ於ケル規定ニシテ各當事者雙方平分シテ之ヲ負擔スルモノトセリ是レ蓋シ媒介行爲ハ當事者雙方ノ爲メナルカ故ニシテ至當ノコトトス。

第六章　問屋營業

問屋ノ觀念

問屋トハ自己ノ名ヲ以テ他人ノ爲メニ物品ノ販賣又ハ買入ヲ爲スヲ業トスル者ヲ謂フ故ニ問屋ハ第三者ニ對シ自己ノ名ヲ以テ物品ヲ販賣シ又ハ買入ヲ爲ス點ニ於テ其法律關係ノ主體タルト同時ニ委託者ニ對シテハ委任及ヒ代理ニ關スル規定ノ準用ヲ受クルモノトス換言スレハ問屋ノ行爲ハ他人ノ爲メニスルモノナルモ自己ノ名ヲ以テ行爲ヲ爲スカ故ニ純然タル代理ニ非ス獨立ノ商人タリ唯其經濟的效果カ他人(委託者)ニ對シテ生スルモノトス。

問屋營業ハ取次營業ノ一種ニ屬シ貿易事業ノ盛大トナルニ從ヒ問屋營業モ著シク盛大ニ赴キタルハ歐洲諸國ニ於テ見ル所ナリ我國ニ於テハ單純ナル卸賣商ヲ

モ問屋ノ中ニ包含セシムル舊慣アルモ商法ニ所謂問屋ト少シク其趣ヲ異ニスルモノアリ。

第三百十三條　問屋トハ自己ノ名チ以テ他人ノ爲メニ物品ノ販賣又ハ買入チ爲スチ業トスル者チ謂フ

本條ハ前述セル問屋ノ定義ヲ掲ケタルニ過キス即チ法文ニ自己ノ名ヲ以テトアルハ問屋業者カ自ラ權利義務ノ主體ト爲リテト云フノ意ニシテ專ラ第三者ニ對シテ謂ヘルモノトス又他人ノ爲ニト云フハ委託者ノ爲メニト云フノ意ニシテ換言スレハ委託者ノ計算ニ於テト云フニ歸ス而シテ自己ノ名ヲ以テ他人ノ爲メニスルトキハ物品ノ販賣ノミヲ爲スモ將タ買入ノミヲ爲スモ物品ノ販賣ト同時ニ其買入ヲ併セ爲スモ問屋タルニ妨ナキモノトス。

斯ノ如ク問屋ノ行爲ハ取次ニ關スル行爲ナリ(二六四ノ一一號)而シテ之ヲ業トスルモノナルカ故ニ其行爲ハ商行爲タリ之ヲ營ム問屋ハ商人タルコト敢テ疑ヲ容レス他人ノ爲メニスルモノナルヲ以テ代理ト認ムルヲ得サルハ前述ノ如シ然レトモ問屋ト委託者トノ間ノ法律關係ニ付テハ次條第二項ノ如キ規定アリ。

第三百十四條　問屋ハ他人ノ爲メニ爲シタル販賣又ハ買入ニ因リ相手方ニ對シテ自ラ權利チ

ヲ得義務ヲ負フ

問屋ト委託者トノ間ニ於テハ本章ノ規定ノ外委任及ヒ代理ニ關スル規定ヲ準用ス

本條第一項ハ問屋ト第三者トノ間ノ法律關係ヲ規定シタルモノトス既ニ前條ニ於テ問屋ハ自己ノ名ヲ以テスルコトヲ規定シタルカ故ニ問屋ハ他人ノ爲メニ販賣又ハ買入ヲ爲スモ其相手方ニ對シテハ自ラ權利ヲ得義務ヲ負フモノタルコト明カナリ故ニ買入レタル物品ニ付キ問屋ハ其相手方ニ對シテハ其物ノ所有權ヲ取得スルト同時ニ之カ代金ハ自ラ支拂ノ責ニ任セサルヘカラス斯ノ如ク問屋ト相手方トノ間ニ於テハ委託者ノ存在ヲ認メス其相手方ハ問屋ニ對シテ履行ヲ求ムルコトヲ得ルト同時ニ問屋ニ對シテ履行セサルヘカラスト雖モ問屋ト委託者トノ間ノ關係ハ否ラス。

問屋ノ地位

本條第二項ハ卽チ問屋ト委託者トノ關係ヲ定メタルモノニシテ此二者ノ關係ニ付テハ本章ノ規定ニ依ルヘキハ勿論ナルモ本章ニ規定ナキ事項ニ付テハ民法ノ委任及代理ニ關スル規定ヲ準用セラル蓋シ物品ヲ販賣シ又ハ買入ルルコトハ一ノ法律行爲ニシテ委託者ハ此法律行爲ヲ爲スコトヲ問屋ニ委任スルモノナレハナリ又問屋ハ自己ノ名ヲ以テ物品ヲ販賣シ又ハ買入ルルモノナルヲ以テ委託

者ノ代理人タラスト雖モ委託者ト問屋トノ間ニ在リテハ此理論ニ拘泥セス問屋カ委託者ノ爲メニ販賣シタル物又ハ買入レタル物ニ付テハ委託者ハ直チニ權利者ト爲リ義務者ト爲ルヲ以テ便宜ナリトス是レ本項ノ規定アル所以ニシテ立法上ノ便宜ニ從ヒタルモノト解スルノ外ナシ。

第三百十五條　問屋ハ委託者ノ爲メニ爲シタル販賣又ハ買入ニ付キ相手方カ其債務ヲ履行セサル場合ニ於テ自ラ其履行ヲ爲ス責ニ任ス但別段ノ意思表示又ハ慣習アルトキハ此限ニ在ラス

問屋ノ擔保責任

本條ハ問屋ト委託者トノ關係ヲ規定シタルモノトス即チ問屋ハ相手方タル第三者カ其義務ヲ履行セサル場合ニ於テ問屋ハ自ラ其義務ヲ履行セサルヘカラス之ヲ問屋ノ擔保責任ト謂フ斯ノ如ク問屋ニ義務ヲ負ハシムル所以ノモノハ蓋シ問屋カ委託者ノ委託ニ依リ物品ノ販賣又ハ買入ヲ爲スハ委任事務ヲ實行スルモノニシテ之ヲ爲スニハ委任ノ本則ニ從ヒ善良ナル注意ヲ爲ササルヘカラス而モ其相手方タル第三者ニ於テ買入又ハ販賣ニ付キ債務ヲ履行セサルカ如キ場合アルハ畢竟相手方タル第三者ノ信用資力等ノ考察ニ注意ノ欠缺アリシモノト云フ可ク縦令然ラストスルモ斯ノ如キ事實ニ藉口シテ問屋ノ責任ヲ免ルルコトヲ得

ルモノトセハ問屋業者ノ信用一般ニ地ヲ掃ヒ從テ商業ノ發達ヲ阻礙スルノ惧ナシトセス是レ本條ノ規定アル所以ナリ然レトモ此規定ハ特約ヲ以テ之ヲ免ルルコトヲ得ヘク又之ニ異ナリタル慣習アルトキハ其慣習ニ從フモノトス。

第三百十六條　問屋カ委託者ノ指定シタル金額ヨリ廉價ニテ販賣ヲ爲シ又ハ高價ニテ買入ヲ爲シタル場合ニ於テ自ラ其差額ヲ負擔スルトキハ其販賣又ハ買入ハ委託者ニ對シテ其效力ヲ生ス

本條ハ問屋カ委任ノ本旨ニ背キテ販賣シ又ハ買入ヲ爲シタル場合ニ關スル規定ナリトス即チ委託者カ或物品ヲ千五百圓ニテ販賣シ又ハ買入ヲ爲サムコトヲ委任セシニ問屋ハ千三百圓ニテ販賣シ又ハ千七百圓ニテ買入ヲ爲シタルトキノ賣買ノ效果如何ニ付テ規定シタルモノトス勿論賣買ハ問屋ト其相手方タル第三者トノ間ニ成立スルモノナルモ斯ノ如ク委任ノ本旨ニ背キテ爲シタル販賣又ハ買入ノ效果ヲ委託者ニ歸セシムルコトヲ得ルヤ否ヤ今純理ヨリ論スルトキハ委託者ハ斯ル行爲ノ效果ヲ受クヘキ義務ナキモノトスルモ其販賣又ハ買入額ト委託者ノ指定シタル額トノ差額ヲ問屋ニ於テ負擔スルトキハ委託者ニ於テ其販賣又ハ買入ノ效果ヲ受ケサルヘカラス又此ノ效果ヲ受クルニ於テ委託者ニ損害ナ

キ筈ナリ或ハ本條問屋ノ差額負擔ノ義務ハ問屋カ委託者ニ對シテ其損害ヲ賠償スルノ法意ニ非スト說クモノアルモ此他ニ委託者ニ損害ナルモノアリヤ否ヤ疑ナキ能ハス但シ委託者カ問屋ニ示シタル販賣又ハ買入ノ價格カ命令的ノ價額ナリヤ訓示的ノ價額ナリヤ將タ又希望的ノ價額ナリヤハ委託者ト問屋トノ間ノ意思表示ノ內容ヲ考察シテ研究スヘキ事實問題ニシテ價格相違ノ場合ニ於テ直チニ問屋カ本條ノ責任ヲ生スヘシト爲スヲ得ス。

第三百十七條　問屋カ取引ノ相場アル物品ノ販賣又ハ買入ノ委託ヲ受ケタルトキハ自ラ買主又ハ賣主ト爲ルコトヲ得此場合ニ於テハ賣買ノ代價ハ問屋カ買主又ハ賣主ト爲リタルコトノ通知ヲ發シタル時ニ於ケル取引所ノ相場ニ依リテ之ヲ定ム

前項ノ場合ニ於テモ問屋ハ委託者ニ對シテ報酬ヲ請求スルコトヲ得

本條ハ問屋ノ對手權ヲ規定シタルモノトス或ハ本條問屋ノ權利ヲ介入權ト稱シ又ハ自約權ト稱スルモノアルモ本書ニ於テハ暫ク對手權ナル名稱ヲ用フ蓋シ問屋自身カ販賣又ハ買入ニ付キ委託者ノ對手トナルモノナレハナリ本條ハ學者ノ最モ論議スル所ニシテ或ハ問屋ハ委託者ヨリ販賣又ハ買入ノ委託ヲ受クルトキハ相手方タル第三者ヲ發見シ之ト販賣又ハ買入ノ契約ヲ爲スカ然ラサレハ自ラ販賣又ハ買入ノ對手タルヘキ債務ヲ委託者ニ對シテ負フモノニシテ此債務タ

ルヤ問屋ノ選擇債務ナリト說ク學者アリ然レトモ問屋ノ有スル對手權ハ純然タル權利ニシテ債務ニ非ス從テ之ヲ選擇債務ナリト云フハ當ヲ得ス或ハ又對手權ノ行使ハ問屋タル資格ニ於テ之ヲ爲スモノニシテ其對手權ノ行使ハ卽チ委託ノ執行ナリト說明スル學者アリト雖問屋自己カ委託者トナリ同時ニ其販賣人又ハ買入人ト爲ルト說クハ少シク牽强附會ノ說タラストセムヤ要スルニ對手權ハ商法ニ於テ認メラレタル問屋ノ權利ト解スルノ外ナシトス。

凡ソ契約ノ成立ニハ申込ト之ニ對スル承諾トヲ必要トスルモノニシテ賣買契約ニ於テモ亦然リト答ヘサルヘカラス然ルニ本條ニ依リ問屋カ自ラ買主ト爲リ又ハ賣主ト爲ルニハ問屋カ買主ト爲リ又賣主ト爲ルコトノ通知ヲ發スルニ由リテ其效果ヲ生スルモノナルヲ以テ問屋ノ此ノ通知ハ契約ノ申込ニ非ス又承諾ニアラス所謂問屋ノ單獨行爲タルモノトス從テ其通知カ相手方ニ到達スルニ由リテ效果ヲ生スルモノニシテ（民九七）到達以前ニ於テハ未タ其效果ヲ生セス然レトモ一旦通知カ相手方ニ到達シタル後ハ問屋ハ買主又ハ賣主ト爲リ委託者ハ賣主又ハ買主ト爲ルモノトス。

本條ニ依リ問屋カ買主ト爲リ又ハ賣主トナルニハ法文ニモ示シタル如ク其物

品カ取引所ノ相場アルモノタルヲ要ス蓋シ公定相場ナキモノハ其代價ノ標準ヲ定ムルニ由ナケレハナリ尚ホ本條ノ規定ハ反對ノ意思表示ヲ以テ其適用ヲ免ルルコトヲ得ルモノトス即チ委託者ニ於テ豫メ反對ノ意思表示ヲ爲シタルトキハ其適用ナキモノトス。

本條第二項ハ問屋カ對手權ヲ行使シ自ラ買主又ハ賣主ト爲リタル場合ニ於テモ問屋ハ委託者ニ對シテ報酬ヲ請求スルコトヲ得ル旨ヲ規定シタルモノナルモ前述セル如ク此場合ニ於テハ問屋ハ委託ヲ履行シタルモノト謂フヲ得ス故ニ純理上ヨリ論スルトキハ報酬請求權ナキモノト謂ハサルヘカラサルモ其對手權ヲ行使シ自ラ買主又ハ賣主ト爲ルコトニ由テ恰モ委託者ノ委託ヲ履行シタルト同一ノ結果ヲ見ルモノトス故ニ此場合ニ於テモ問屋ニ報酬權アルコトヲ認メタルモノニシテ本條第二項アルニ由リ生スル特權ト解スヘキモノトス換言スレハ當然ニ享有スヘキ權利ト謂フヲ得サルナリ。

問屋ノ供託權及ヒ競賣權

第三百十八條　問屋カ買入ノ委託ヲ受ケタル場合ニ於テ委託者カ買入レタル物品ヲ受取ルコトヲ拒ミ又ハ之ヲ受取ルコト能ハサルトキハ第二百八十六條ノ規定ヲ準用ス

本條ハ問屋ノ供託權並ニ競賣權ヲ規定シタルモノニシテ第二百八十六條ノ賣

買ノ規定ヲ準用シタルモノトス同條ノ解釋ニ詳ナルヲ以テ再說ヲ省ク。

第三百十九條　第三十七條及ヒ第四十一條ノ規定ハ問屋ニ之ヲ準用ス

本條ハ問屋ニ代理商ノ或規定ヲ準用シタルモノニシテ卽チ代理商カ商行爲ノ代理又ハ媒介ヲ爲シタルトキハ遲滯ナク本人ニ對シテ其通知ヲ發スルコトヲ要スルモノニシテ此通知義務カ問屋ニ準用セラルル結果問屋ハ販賣又ハ買入ヲ爲シタルトキハ其旨ヲ委託者ニ通知スルヲ要スルモノトス。

又代理商ハ商行爲ノ代理又ハ媒介ヲ爲シタルニ因リテ生シタル債權ニ付キ本人ノ爲メニ占有スル物又ハ有價證券ヲ留置スルコトヲ得ルモノニシテ問屋ニ於テモ代理商ト同一ノ留置權ヲ有スルモノトス但此留置權ハ民法ノ留置權ト異ナリ特約ヲ以テ發生セシメサルヲ得ルモノトス。

第三百二十條　本章ノ規定ハ自己ノ名チ以テ他人ノ爲メニ販賣又ハ買入ニ非サル行爲チ爲スチ業トスル者ニ之チ準用ス

本條ハ所謂準問屋ニ付テ規定シタルモノトス卽チ自己ノ名ヲ以テ他人ノ爲メニ販賣又ハ買入ヲ爲ストキハ問屋タレトモ同シク自己ノ名ヲ以テ他人ノ爲メニ取次營業ヲ爲スモ其行爲カ販賣又ハ買入ニ非サルトキハ問屋タラス然レトモ斯

ル行爲ハ問屋營業ニ類似スルモノナルヲ以テ問屋營業ニ關スル本章ノ規定ヲ之ニ準用スルモノト爲シタリ但本法ニ他ニ規定アルモノ例ヘハ次章ニ於ケル運送取扱營業ノ如キハ自己ノ名ヲ以テ他人ノ爲メニ販賣又ハ買入ニ非サル行爲ヲ爲スヲ業トスルモ次章ノ規定ヲ適用シ本章ヲ準用スヘキモノニアラサルハ勿論ナリトス。

第七章　運送取扱營業

運送取扱人トハ自己ノ名ヲ以テ物品運送ノ取次ヲ爲スヲ業トスル者ヲ謂ヒ本法第二百六十四條第十一號ニ揭クル取次ニ關スル行爲ナリ即チ之ヲ業トスルニ依テ商行爲トナリ之ヲ業トスル者ハ運送取扱人ニシテ獨立ノ商人タリ昔時ハ荷送人ト運送人ト直接ニ運送契約ヲ爲シタリシモ運送ノ事業益頻繁トナルニ從ヒ荷送人ト運送人トノ間ニ運送取扱人ナル介在者ヲ生スルニ至リ相互ノ便益ヲ稗補スルニ至レリ即チ取次行爲タル點ニ付テハ問屋ト同シク又自己ノ名ヲ以テスル點ニ於テモ問屋ト同シト雖モ運送取扱營業ハ物品ノ運送ヲ爲ス點ニ於テ問屋ト異ナレリ。

運送取扱人ハ荷送人ノ爲メニ自己ノ名ヲ以テ物品ノ運送ヲ運送人ニ爲サシムルモノナルヲ以テ運送取扱人ハ荷送人タル委託者ニ對シテハ受託者ノ地位ニ立チ又運送人ニ對シテハ荷主タル地位卽チ運送契約ノ當事者ノ地位ニ立ツモノトス斯ノ如ク運送取扱契約ト運送契約ハ別箇ノ契約ニシテ二者ヲ混同セサルヲ要ス從テ委託者タル荷送人ト運送人トハ何等ノ契約關係ニ立ツモノニ非サルコトニ注意スヘシ唯運送取扱人ハ委託者ニ對シテ受任者ノ地位ニ立ツヲ以テ此點ハ又問屋ニ同シ故ニ本章ニ於テ問屋ニ關係スル規定ヲ準用シタリ。

第三百二十一條　運送取扱人トハ自己ノ名ヲ以テ物品運送ノ取次ヲ爲スヲ業トスル者ヲ謂フ

運送取扱人ニハ本章ニ別段ノ定アル場合ヲ除ク外問屋ニ關スル規定ヲ準用ス

運送取扱人ノ定義

本條ハ運送取扱人ノ定義ヲ揭ケタルモノトス卽チ運送取扱人トハ自己ノ名ヲ以テ物品運送ノ取次ヲ爲スヲ業トスル者ヲ謂ヒ自己ノ名ヲ以テト云フハ既ニ前章問屋ノ說明ニ於テ之ヲ述ヘシヲ以テ再說セサルモ運送取扱營業ハ物品ノ運送ニ限リ旅客ノ運送ヲ含マス蓋シ旅客ハ隨意運送人ト契約ヲ結フヘク運送取扱人ヲ介在セシムルノ必要ヲ認メサルナリ又法文ニ自己ノ名ヲ以テトアルモ他人ノ爲メナル文字ヲ使用セサリシハ取次ナル語ニハ當然ニ他人ノ爲タルコトヲ含ム

カ故ナリ又本條第二項ニハ運送取扱人ニハ本章ニ別段ノ定アル場合ヲ除ク外問屋ニ關スル規定ヲ準用スル旨ヲ定メタルハ本章ノ首メニ述ヘシ如ク荷送人ト運送取扱人トハ委任關係ニ立ツモノナルヲ以テナリ。

運送取扱ノ義務

第三百二十二條　運送取扱人ハ自己又ハ其使用人カ運送品ノ受取、引渡、保管、運送人又ハ他ノ運送取扱人ノ選擇其他運送ニ關スル注意ヲ怠ラサリシコトヲ證明スルニ非サレハ運送品ノ滅失、毀損又ハ延著ニ付キ損害賠償ノ責ヲ免ルルコトヲ得ス

本條ハ運送取扱人ノ損害賠償ノ責任ヲ規定シタルモノトス詳言スレハ運送取扱人ハ運送品ノ滅失毀損又ハ延著及其他ノ事故ニ付キ損害賠償ノ責任ヲ負フモノナルモ特ニ運送品ノ滅失、毀損又ハ延著ニ付キテハ自己又ハ其使用人カ運送品ノ受取、引渡、保管、運送人又ハ他ノ運送取扱人ノ選擇其他運送ニ關スル注意ヲ怠ラサリシコトヲ證明スルニ非サレハ之カ損害賠償ノ責ヲ免ルルコトヲ得サルモノトス民法ノ原則ニ從ヘハ凡ソ損害ノ賠償ヲ要求スル者ハ之カ損害及ヒ損害ノ原因ヲ證明セサルヘカラサルモ本條ニ依リ擧證ノ責任ヲ運送取扱人即チ損害賠償ヲ要求セラルルモノニ轉嫁シタルモノトス蓋シ荷送人ハ運送取扱契約ヲ爲シタル後ハ運送品ヲ運送取扱人ノ手ニ委シ了ハルモノナレハ民法ノ原則ニ從ヒ荷送人ニ損害ノ原因ノ證明ヲ爲サシメムトスルハ不可能ノコトタリ是レ本條ニ於テ

例外規定ヲ設ケタル所以ナリトス。

斯ノ如ク本條ハ損害賠償ニ付キ擧證ノ責任者ヲ定メタルモノニシテ運送取扱人ノ損害賠償ノ範圍ヲ定メタルモノニ非ス詳言スレハ運送取扱人ノ損害賠償ハ單ニ運送品ノ滅失、毀損及延著ニノミ限ルニ非ス其他ノ事項ニ付テモ運送取扱人ハ民法ノ原則ニ從ヒ損害賠償ノ責任アルモノナレトモ此場合ニ於テハ損害賠償請求者ニ於テ其損害及損害ノ原因ヲ證明セサルヘカラサルモノトス。

報酬請求權ノ發生時期

第三百二十三條　運送取扱人カ運送品ヲ運送人ニ引渡シタルトキハ直チニ其報酬ヲ請求スルコトヲ得

運送取扱契約ヲ以テ運送賃ノ額ヲ定メタルトキハ運送人ハ特約アルニ非サレハ別ニ報酬ヲ請求スルコトヲ得ス

本條ハ運送取扱人ノ報酬請求權ヲ規定シタルモノトス卽チ運送取扱契約ハ一ノ委任契約ナルヲ以テ其委任事務ヲ處理シタル後卽チ運送人ニ對シテ運送契約ヲ爲スカ又ハ第二ノ運送取扱人ニ運送取扱契約ヲ爲シタル後ハ所定ノ報酬ヲ請求スルコトヲ得ルモノナルモ單ニ此等ノ契約ヲ爲シタルノ一事ヲ以テ直チニ其報酬ヲ請求スルコトヲ得セシムルハ不可ナルヲ以テ本條第一項ニ依リ運送人カ運送品ヲ運送人ニ引渡シタル後ニ非サレハ其ノ報酬ヲ請求スルコトヲ得セシ

運送取扱人ノ留置權

メサルモノトス然レトモ運送取扱人カ運送品ヲ運送人ニ渡シタル上ハ其運送カ終了セルト否ト將タ運送人カ運送ニ著手シタルト否トヲ問ハサルモノトス。

本條第二項ハ運送取扱契約ヲ以テ運送賃ノ額ヲ定メタル場合ニ關スル規定ナリ即チ運送取扱人カ運送賃ノ額ヲ定メ此範圍內ニ於テ運送品ノ運送ヲ約シタルトキハ實際ノ運送賃ノ如何ニ拘ハラス特約アルニ非サレハ夫レ以外ニ報酬ヲ請求スルヲ得ス。

第三百二十四條　運送取扱人ハ運送品ニ關シ受取ルヘキ報酬、運送賃其他委託者ノ爲メニ爲シタル立替又ハ前貸ニ付テノミ其運送品ヲ留置スルコトヲ得

本條ハ運送取扱人ノ有スル留置權ヲ規定シタルモノトス條文ヲ一讀スレハ意義了然タラムモ運送品ト債權トノ間ニ關係ヲ有スル點ニ於テ民法ノ留置權ト相似タル點アリ尙本條ハ反對ノ意思表示ヲ許ササル點ニ於テモ民法ノ規定（民二九五）ト酷似シ商人間ノ留置權（二八四）及問屋、代理商ノ留置權（三一九、四一）ト相異ナルモノアリ注意スルヲ要ス。

第三百二十五條　數人相次テ運送ノ取次ヲ爲ス場合ニ於テハ後者ハ前者ニ代ハリテ其權利ヲ行使スル義務ヲ負フ

前項ノ場合ニ於テ後者カ前者ニ辨濟ヲ爲シタルトキハ前者ノ權利ヲ取得ス

本條ハ所謂相次運送ニ付テ規定シタルモノトス即チ運送取扱人カ運送品ヲ運送人ニ引渡スニ當リ他ノ運送取扱人ヲ以テスル場合アリ而シテ此場合ニモ其運送取扱人カ自己ノ使用人トシテ他ノ運送取扱人ヲ使用スル場合ト獨立シタル運送取扱人ヲ以テスル場合トアリ運送取扱人カ自己ノ使用人トシテ他ノ運送取扱人ヲ使用スル場合ニハ相次運送ノ問題ヲ生セサルモ獨立シタル他ノ運送取扱人ヲ使用スルトキハ法文ニ所謂數人相次テ運送取扱ヲ爲ス場合即チ相次運送ノ問題ヲ生スルモノトス約言スレハ數人相次テ運送ヲ爲ストハ兩取扱人ノ中間ニ在ル者ハ勿論其取扱人ト運送人トノ中間ニ在ル者ヲモ併稱スルモノトス斯ル場合ニ於テハ荷送人ト第一ノ運送取扱人トハ委任關係ニ立ツモノタルコト勿論ナルモ第二以下ノ運送取扱人ハ畢竟第一ノ運送取扱人ノ權利ヲ代行スルニ過キス而シテ此代行ハ第二以下ノ運送取扱人ノ義務ニシテ法文ニ數人相次テ運送取扱ヲ爲ス場合ニ於テハ後者ハ前者ニ代ハリテ其權利ヲ行使スル義務ヲ負フトアルハ是ナリ。

斯ノ如ク本條第一項ノ規定ニ依リテ後者カ前者ノ權利ヲ代行スル義務アルヲ以テ前者ノ運送賃、報酬其他立替、前貸等ノ債權カ未タ辨濟セラレサルニ後者其ノ

運送品ヲ受取リタルトキハ後者ハ前者ノ有スル權利ヲ行使スルノ權利ヲ有スルモノトス蓋前述ノ債權ニ付テハ前者タル運送人ハ運送品ニ付キ留置權ヲ行フコトヲ得ルモノナルモ運送品ハ後者タル第二以下ノ運送人ノ手裡ニ存スルヲ以テ其後者ヲシテ留置權ヲ行使セシムルノ外ナケレハナリ。

上述ノ如ク後者ノ行フ權利ハ前者ノ權利ニシテ後者カ取次ヲ爲スコトハ前者ノ義務ヲ履行スルモノナリ然レトモ後者カ前者ニ對シテ辨濟ヲ爲シタルトキハ當然ニ前者ノ權利ヲ取得スルモノニシテ當事者ノ意思如何ヲ問ハサルモノトス詳言スレハ後者ハ前者ノ權利ヲ當然ニ取得スルモノトス。

運送取扱人ノ權利繼承

第三百二十六條　運送取扱人カ運送人ニ辨濟ヲ爲シタルトキハ運送人ノ權利ヲ取得ス

本條ハ運送取扱人カ運送人ニ辨濟ヲ爲シタルトキハ運送人ノ權利ヲ當然ニ承繼スル旨ヲ規定シタルモノトス卽チ前條第二項ニ依レハ後者タル運送取扱人カ前者タル運送取扱人ニ辨濟ヲ爲シタルトキハ當然ニ前者ノ權利ヲ取得スル旨ヲ規定シタルニ止マルモ斯ノ如キ規定ハ運送取扱人カ運送人ニ辨濟ヲ爲シタル場合ニモ必要アルモノトス蓋運送品カ到達地ニ於テ運送人ヨリ運送取扱人ノ手ニ渡リタル場合ニ於テ運送賃、報酬等ニ付キ債權ヲ有スルトキハ其運送取扱人モ亦

留置權ヲ行使スルノ必要アルモノナレハナリ。

第三百二十七條　運般取扱人ハ特約ナキトキハ自ラ運送ヲ爲スコトヲ得此場合ニ於テハ運送取扱人ハ運送人ト同一ノ權利義務ヲ有ス

運送取扱人カ委託者ノ請求ニ因リテ貨物引換證ヲ作リタルトキハ自ラ運送ヲ爲スモノト看做ス

運送取扱人ノ對手權

本條ハ運送取扱人ノ對手權ヲ規定シタルモノトス卽チ運送取扱人ハ委託者ニ對シ運送品ヲ運送人ニ引渡スヘキ義務ヲ有スルモノニシテ自ラ運送ヲ爲スノ義務ヲ有スルモノニ非スト雖モ委託者ニアリテハ運送品カ到達地ニ至リテ荷受人ノ手ニ歸スルヲ目的トスルモノニシテ運送人ノ甲タリ乙タルコトハ關知スルトコロニ非ス又運送取扱人ニ在リテモ場合ニ依リ運送人ヲ經スシテ自ラ運送ヲ爲スノ便益アルコトアルヘシ斯ル場合ニ於テハ運送取扱人ハ特約ナキ限リハ自ラ運送人タルコトヲ得ルモノニシテ卽チ運送取扱人ノ一種ノ權利ト謂フヘク本法第三百十七條ノ場合ニ於テ問屋カ販賣又ハ買入ノ委託ヲ受ケタル際ニ自ラ賣主ト爲リ又ハ買主ト爲ルト敢テ異ナルコトナシ然レトモ運送取扱人カ對手權ヲ行使シタルノ一事ヲ以テ運送取扱人ト委託者トノ間ニ運送契約ノ成立シタルモノト速了スルハ不可ナリ運送取扱人ト委託者トノ關係ハ依然運送取扱契約アルノ

ミ唯運送取扱人カ對手權行使ノ結果自ラ運送人ノ地位ニ立ツモノナルヲ以テ此場合ニ於テハ運送取扱人ハ運送人ト同一ノ權利義務ヲ有スルニ過キサルナリ從テ此場合ニ於テ運送取扱人ノ運賃以外ニ報酬請求權ヲ有スルモノトス而シテ此報酬請求權ハ本法第三百二十三條ノ解釋上運送取扱人自ラ運送ニ著手シタルトキニ生スルモノト解スヘシ。

本條第二項ハ商法改正ノ際追加セラレタル規定トス即チ運送取扱人ハ本條第一項ニ依リ對手權ヲ有スルモノナルモ委託者ニ於テハ對手權ヲ行使シタルヤ否ヤヲ知ルニ由ナキヲ以テ運送取扱人カ委託者ノ請求ニ因リテ貨物引換證ヲ作リタルトキハ自ラ運送ヲ爲スモノト看做サルルモノトス。

運送取扱人ノ責任繼續期間

第三百二十八條　運送人ノ責任ハ荷受人カ運送品ヲ受取リタル日ヨリ一年ヲ經過シタルトキハ時效ニ因リテ消滅ス

前項ノ期間ハ運送品ノ全滅失ノ場合ニ於テハ其引渡アルヘカリシ日ヨリ之ヲ起算ス

前二項ノ規定ハ運送取扱人ニ惡意アリタル場合ニハ之ヲ適用セス

本條ハ運送取扱人ノ責任ノ消滅時效ヲ規定シタルモノトス即チ運送取扱人ハ本法第三百二十二條ニ掲クルカ如キ重大ナル責任ヲ有スルモノナルヲ以テ其消滅時效モ民法ノ時效ヨリ速カナラシメ之カ調和ヲ圖リタルモノトス即チ運送人

運送取扱人ノ債權ト時效

ノ責任ハ荷受人カ運送品ヲ受取リタル日ヨリ起算シテ一年ヲ經過シタルトキハ時效ニ因リテ消滅スルモノトス然レトモ若シ運送品カ全部滅失シタル場合ニハ所謂荷受人カ運送品ヲ受取リタル日ナルモノナキヲ以テ其運送品カ全部消滅セサル場合ニ於テ運送取扱人ヨリ荷受人ニ其引渡アルヘカリシ日ヨリ起算シ以テ一年ヲ經過シタリヤ否ヤヲ定ムルモノトス。

本條ハ善意ノ運送取扱人ヲ保護スル規定ナルヲ以テ若シ運送取扱人カ惡意ヲ以テ運送品ヲ全部滅失セシメタルカ又ハ毀損シタルカ或ハ延著セシメタル場合ニハ普通ノ消滅時效ニ依ルニ非サレハ其責任ヲ消滅セシメサルモノトス本條第三項ハ卽チ之ヲ明定セルモノトス。

第三百二十九條　運送取扱人ノ委託者又ハ荷受人ニ對スル債權ハ一年ヲ經過シタルトキハ時效ニ因リテ消滅ス

本條ハ運送取扱人ノ委託者又ハ荷受人ニ對スル債權ノ消滅時效ヲ規定シタルモノニシテ此等ノ債權ハ債權發生ノ時ヨリ一年ヲ經過スルニ因リ消滅スルモノトス蓋商行爲ニ因リテ生シタル債權債務ハ成ルヘク速ニ終了セシムルノ趣旨ニ出テタル規定ナリ。

第三百三十條　第三百三十八條及ヒ第三百四十三條ノ規定ハ運送取扱營業ニ之ヲ準用ス

本條ハ次章運送營業ニ關スル規定ヲ運送取扱營業ニ準用シタルモノトス即チ第三百三十八條ニハ「貨幣、有價證券其他ノ高價品ニ付テハ荷送人カ運送ヲ委託スルニ當リ其種類及ヒ價格ヲ明告シタルニ非サレハ運送人ハ損害賠償ノ責ニ任セス」トノ規定ニシテ第三百四十三條ハ「運送品カ到達地ニ達シタル後ハ荷受人ハ運送契約ニ因リテ生シタル荷送人ノ權利ヲ取得ス」「荷受人カ運送品ヲ受取リタルトキハ運送人ニ對シ運送賃其他ノ費用ヲ支拂フ義務ヲ負フ」トアリ此等ノ規定ハ次章ニ於テ詳述スヘキヲ以テ茲ニハ唯其法文ヲ掲クルニ止ム。

第八章　運送營業

運送契約トハ當事者ノ一方カ物品又ハ身體ヲ一定ノ場所ヨリ他ノ場所ニ移轉スルコトヲ約シ相手方ハ之ニ對シテ報酬ヲ支拂フコトヲ約スル契約ニシテ其諾成契約タルコト雙務契約タルコト且有價契約タルコトハ上述ノ各商行爲ト異ナルコトナシ而シテ運送營業トハ斯ル契約ヲ爲スヲ業トスルヲ謂ヒ本法第二百六十四條第四號ニ依リ相對的商行爲タルモノトス然レトモ單ニ賃金ヲ得ル目的ヲ

以テ勞務ニ服スルモノハ商行爲タラサルカ故ニ夫ノ渡船場ニ於ケル舟夫ノ行爲ノ如キ運送契約タラス從テ運送營業ヲ以テ目スヘカラサルヤ勿論ナリトス要スルニ運送契約ヲ業トスルトキハ運送營業トナリ運送營業ニ從フ者ハ卽チ運送人ニシテ約言スレハ運送人トハ陸上又ハ湖川、港灣ニ於テ物品又ハ旅客ノ運送ヲ爲スヲ業トスル者ヲ謂フ。

運送營業ノ觀念ハ其源ヲ海上運送ニ發シ尋テ陸上運送ニ及ホシタルモノトス從テ海上運送ニ關スル規定ハ各國皆統一的ニ規定セラレタルモノアルモ陸上運送ニ關スル規定ハ斷片的タリシヲ免レス我商法ハ海上運送ニ關シテハ之ヲ第五編海商法ニ收メ陸上運送ニ關シテ之ヲ本編商行爲編中ニ收ム蓋斯ノ如ク陸上運送ト海上運送トヲ分チテ規定シタルハ海上運送ノ要具タルヘキモノハ船舶ナルト且海上運送ハ之ヲ陸上運送ニ比シテ危險多ク到底二者同一ニ規律スルヲ得サルモノアレハナリ。

斯ノ如ク商法ニ於テハ陸上運送ト海上運送トヲ劃然區別シテ陸上運送ニ付テハ本法第三百三十一條ニ於テ定義的規定ヲ示シ以テ消極的ニ海上運送ノ何タルヤヲ明カニシタリ。

又單ニ運送營業ト云フモ物品運送アリ旅客運送アリ從テ本編ニハ第一節ニ於テ物品運送ヲ規定シ第二節ニ於テ旅客運送ヲ規定シタリ而シテ先ツ運送人ノ定義ヲ示シ陸上運送ノ何タルヤヲ示スコト次條ノ如シ。

運送人トハ何ソ

第三百三十一條　運送人トハ陸上又ハ湖川、港灣ニ於テ物品又ハ旅客ノ運送ヲ爲スヲ業トスル者ヲ謂フ

本條ハ運送人ノ定義ヲ示シタルモノナリト雖モ同時ニ海商法ノ適用ヲ受クル海上運送ト本編ノ適用ヲ受クル陸上運送トノ區劃ヲ定メタルモノト謂フ可シ卽チ運送人トハ陸上又ハ湖川、港灣ニ於テ物品又ハ旅客ノ運送ヲ爲スヲ業トスル者ヲ謂フコトヲ示スト同時ニ陸上運送ハ單ニ陸地ノ運送ノミヲ指稱セス湖川、港灣ノ運送ヲモ含ムモノトセリ今法文ノ順序ニ從ヒテ說明セムカ運送トハ或一定ノ地ヨリ他ノ一定ノ地ニ物品又ハ旅客ヲ移轉セシムルヲ謂ヒ距離ノ遠近ヲ問ハス又其方法、機具ノ如何ヲ問ハサルモノトス然レトモ陸上運送タルニハ必スヤ陸地又ハ湖川、港灣ニ於テ爲サルルモノタルヲ要ス而シテ陸地又ハ湖川ト海上トハ地理上明確ニ區劃スルコトヲ得ルモ港灣ト海上トハ法律ノ規定ヲ俟ツニ非サレハ的確ニ區別シ難ク之ヲ區別シ得ルトスルモ多少ノ紛爭ナキヲ保セサルヲ以テ商

法施行法第百二十二條ハ遞信大臣ノ定ムル所ニ依ルト規定シタリ而シテ此區別ハ明治三十二年遞信省令第二十號、三十三年同第八十七號船舶檢査法施行細則等ヲ以テ明確ニ指示セラレタルヲ以テ詳細ニ知ラムト欲セハ同令ノ參照ヲ要ス次ニ法文ニハ運送ノ目的ヲ物品又ハ旅客ト爲シタリ物品トハ運送ニ適スル一切ノ動產ハ勿論貨幣、有價證券等ヲモ含ムモノトス旅客トハ甲地ヨリ乙地ニ移動セムトスル自然人ニシテ距離ノ遠近ハ之ヲ問ハサルモ少クトモ旅行ト謂ヒ得ヘキ程度ノ移動タルヲ要ス而シテ運送人トハ此等ノ行爲ヲ業トスル者ヲ指稱ス。

第一節　物品運送

第三百三十二條　荷送人ハ運送人ノ請求ニ因リ運送狀ヲ交付スルコトヲ要ス
運送狀ニハ左ノ事項ヲ記載シ荷送人之ニ署名スルコトヲ要ス
一　運送品ノ種類、數量又ハ容積及ヒ其荷造ノ種類、個數竝ニ記號
二　到達地
三　荷受人ノ氏名又ハ商號
四　運送狀ノ作成地及ヒ其作成ノ年月日

本條ハ運送狀ニ付テ規定シタルモノトス卽チ荷送人ハ運送人ノ請求アリタル

トキハ運送狀ヲ作成シ之ヲ運送人ニ交付スヘキ義務ヲ有スルモノニシテ之カ定義ヲ示ストキハ運送狀トハ運送人ノ請求ニ基キ荷送人ノ作成スル運送契約ニ關スル證據證劵タリト謂フヲ得ヘシ故ニ運送狀ハ運送人ノ請求ヲ俟テ作成スルモノニシテ其請求ナキトキハ之ヲ作成スルヲ要セスト雖モ運送狀ノ作成ハ運送契約ニ關係セサル荷受人ヲシテ其契約ノ要項ヲ知ルヲ得セシムル便利アルノミナラス運送人ヲシテ其運送狀ニ依リ直チニ運賃、到達地、物品ノ如何等契約ノ內容ト運送狀ト合致セルヤ否ヤヲ知ラシムルニ便利ナル證據證劵タリ然レトモ運送狀ハ單純ナル證據劵タルヲ以テ此證劵ヲ以テ契約ノ實質ヲ左右スルヲ得サルモノトス此運送狀ト次條ニ述フル所ノ貨物引換證トハ其作用効力等異ナルモノアルヲ以テ同視スル勿レ而シテ荷送人カ運送人ノ請求ニ因リテ運送狀ヲ交付スル場合ニハ法文所揭ノ事項ヲ記載スルコトヲ要スルモノトス此等ノ事項ニ付テハ別ニ說明ヲ要スヘキモノナキヲ以テ略ス。

第三百三十三條　運送人ハ荷送人ノ請求ニ因リ貨物引換證ヲ交付スルコトヲ要ス
貨物引換證ニハ左ノ事項ヲ記載シ運送人之ニ署名スルコトヲ要ス
一　前條第二項第一號乃至第三號ニ揭ケタル事項
二　荷送人ノ氏名又ハ商號

三　運送貨

四　貨物引換證ノ作成地及ヒ其作成ノ年月日

本條ハ運送人カ荷送人ノ請求アリタルトキハ貨物引換證ヲ交付スルコトヲ要スル旨及其貨物引換證ニ記載スヘキ事項ヲ掲ケタルモノトス抑貨物引換證ハ倉荷證券、手形、船荷證券等ト同シク商業證券トシテ商人間ニ盛ニ通用セラルル證券ナルヲ以テ玆ニ其ノ性質ヲ一言スルノ必要アリ即チ貨物引換證トハ運送人カ荷送人ノ請求ニ因リ交付スル物權的效力ヲ有スル有價證券ニシテ一定ノ形式ヲ要スル證券ナリ之ヲ因求證券ナリト云フハ荷送人ノ求ニ因リテ交付スル證券タルカ故ニシテ商業證券ナリト云フハ商業上商品トノ轉換ノ目的トナルカ故ニシテ流通證券ト云フモ可ナリ又其作成ニ一定ノ形式ヲ具備スルヲ要スルヲ以テ要式證券ト云ヒ權利ノ行使即チ運送品ノ處分等ニ付テハ其證券ノ所持ヲ必要トスルヲ以テ有價證券ナリトモ云ヒ得ヘシ斯ク種々ナル名稱ヲ生スルハ畢竟其ノ證券ニ對スル觀察ヲ異ニスルヨリ生スルモノニシテ證券カ多樣ノ性質ヲ有スレハ有スル程其名稱モ種々生スルモノトス而シテ上如諸種ノ名稱ニ付テハ意義明了ナルヲ以テ別ニ説明ヲ要セス其何故ニ物權的有價證券タルヤニ付テハ第三百三十

四條ノ說明ニ讓ル唯玆ニ一言スヘキハ貨物引換證ハ設權證券ニ非サルコト是ナリ設權證券トハ證券ヲ作成スルニ因リテ權利ヲ創設スルモノニシテ證券ハ權利ヲ發生セシメ權利ハ證券ニ因テ創設セラルル證券ナリ手形ノ如キハ之ニ屬ス然レトモ貨物引換證ハ之ヲ作成發行セストモ荷送人ハ運送品ニ付キ權利ヲ有スルモノニシテ證券有テ始メテ權利發生スルニ非ス此點ニ付テハ倉荷證券(後ニ說述ス)ト其性質ヲ同ウスルモノトス從テ貨物引換證ハ證據證券ニシテ設權證券ニ非ス。

又貨物引換證ハ運送人ニ於テ唯一通ヲ作成スルニ止マリ夫レ以上作成スルモノニ非ス。

貨物引換證ニ記載スヘキ要件ハ本條第二項第一號乃至第四號ニ定ムル法文ヲ一讀スレハ明了ナルヲ以テ說明ヲ加ヘス唯注意スヘキハ貨物引換證ハ要式證券ナルヲ以テ記載要件ノ一ヲ缺クトキハ貨物引換證タルノ效力ナキモノトス。

第三百三十四條　貨物引換證ヲ作リタルトキハ運送ニ關スル事項ハ運送人ト所持人トノ間ニ於テハ貨物引換證ノ定ムル所ニ依ル

第三百三十四條ノ二　貨物引換證ヲ作リタルトキハ運送品ニ關スル處分ハ貨物引換證ヲ以テスルニ非サレハ之ヲ爲スコトヲ得ス

第三百三十四條ノ三　貨物引換證ハ其記名式ナルトキト雖モ裏書ニ依リテ之ヲ讓渡スコトヲ得但シ貨物引換證ニ裏書ヲ禁スル旨ヲ記載シタルトキハ此限ニ在ラス

貨物引換證ノ效力

本條ノ一ハ貨物引換證ノ効力ヲ規定シタルモノニシテ實際ノ場合ニ於テ種々ナル疑義ヲ生スヘク學者亦本條ニ付キ極力説明スルヲ以テ少シク詳細ニ之ヲ説述セントス。

抑貨物引換證券ノ性質ハ前條ニ於テ説述シタルカ如ク其觀察ノ方法如何ニ依リ種種ナル名稱ヲ付スルコトヲ得ルモノナルモ尚ホ本條ニ於テ説明スヘキ名稱アリ他ナシ即チ貨物引換證ハ要因證券ルタコト是ナリ凡ソ證券ニハ要因證券ト不要因證券トアリ要因證券トハ其證券ノ作成ニ付キ他ニ法律上ノ原因アルコトヲ要スル證券ヲ謂フ例ヘハ貨物引換證ノ交付セラルル原因ハ荷送人カ運送品ヲ運送人ニ渡スニ因リ倉庫營業者カ倉荷證券ヲ發行スルハ物品ノ寄託ヲ受クルニ因ル其他船荷證券ノ發行ニ付テモ皆夫夫交付シ發行シ作成セラルル原因ノ存スル在リテ交付、作成セラルルモノニシテ此原因存在セサランカ其證券タルヤ原因ナキ證券ニシテ法律上ノ効力ヲ有スヘキ理由存セス斯ノ如ク證券ヲ發行スルニハ或原因ヲ要スル證券アリ之ヲ要因證券ト謂フ從テ斯ル證券ニ在リテハ原因タル

法律行為無效ナルトキハ其證券モ無效ノモノトナルヘキ理ナリ之ニ反シテ不要因證券トハ其證券ヲ發行スルニ付法律上ノ原因アルコトヲ必要トセサルモノヲ謂フ例ヘハ甲者乙者ニ對シテ金若干ノ約束手形ヲ振出シタリトセムカ甲者ハ其手形ノ振出行為其モノニ因テ直ニ手形上ノ債務ヲ負フモノニシテ其約束手形ヲ振出シタルコトカ甲者カ乙者ニ物品ノ代價ヲ支拂フ為メナリシカ或ハ贈與スル為メナリシカ或ハ又甲者乙者ニ貸金ノ目的ヲ以テ振出シタルモノナリシヤ否ヤハ敢テ問フトコロニ非ス約言スレハ手形振出行為以外ニ他ニ法律上ノ原因アルコトヲ要セサルモノトス之ヲ不要因ノ證券ト云フ。

今貨物引換證ニ付テ考フルニ其要因證券タルヤ蓋疑ヲ容レス從テ其證券ノ效力モ不要因證券的ノ效力ナキモノト斷セサルヘカラス詳言スレハ運送人カ貨物引換證ヲ發行シタリトスルモ運送品ノ受取前ニ發行シタルモノニシテ運送スヘキ物品ハ終ニ受取ラサリシ場合ノ如キ無論其證券ハ貨物引換證トシテ何等ノ效力ナキモノト云ハサルヘカラス其他貨物引換證記載ノ事項ト荷送人ト運送人トノ間ニ於ケル契約ノ內容ト相違セル場合ニ於テハ契約ノ內容ニ從フヘキモノニシテ貨物引換證ノ記載事項ニ依ルヘキモノニアラス是レ貨物引換證ノ要因證券

ナルヨリ生スル當然ノ論理ニシテ敢テ疑ヲ容レス。

斯ノ如ク貨物引換證ノ要因證劵タルコトヲ根據トシテ純理ヨリ論スルトキハ荷送人ト運送人トノ間ニ於ケル運送契約ノ實質ヲ根據トスルヲ正當ナリトスルモ少シク實際ノ場合ニ付テ考察スルニ今荷送人カ貨物引換證ノ交付ヲ請求スルハ之ヲ利用セムトスル爲ニシテ卽チ之ヲ質權設定ノ用ニ供セムトスルカ或ハ問屋ニ付キテ其物品ヲ販賣セムトスルカ或ハ又其他ノ第三者ニ賣買讓渡セムトスル等其利用種種アル可シト雖モ要スルニ貨物引換證カ第三者ノ手裡ニ歸スルコトヲ忠ハサルヘカラス而シテ受取リタル第三者ハ一ニ貨物引換證記載ノ文言ヲ信頼シ荷送人ト運送人トノ契約ノ内容カ貨物引換證記載ノ文言ト一致スルモノト信スヘシ本條ノ一ハ卽第三者保護ノ爲メ規定セラレタルモノニシテ貨物引換證ヲ作リタルトキハ運送ニ關スル事項ハ運送人ト所持人トノ間ニ於テハ貨物引換證ノ定ムル所ニ依ルトアリテ廣ク運送ニ關スル事項ト規定セラルルカ故ニ運送品ノ種類、數量又ハ容積及ヒ荷造ノ種類、個數其他運送賃ノ如何等ハ皆貨物引換證ニ依ルヘキモノトス卽チ法文ニ所持人トアルハ貨物引換證ノ所持人ヲ指シ荷送人ハ此所持人ノ中ニ包含セス。

斯ノ如ク運送契約ノ效果ニ付テハ之ヲ當事者間ニ於ケル效果ト第三者タル所持人ト運送人トノ間トノ效果ニ分チ其荷送人ト運送人トノ契約ノ效果ニ付テハ契約ノ内容ニ依テ決定スヘク運送人ト第三者トノ關係ニ付テハ本條ノ一ニ依リ貨物引換證ノ定ムル所ニ依リテ決定スルモノトス。

本條二ノ規定モ即チ第三者保護ノ目的ヲ以テ設ケラレタルモノトス即チ貨物引換證ヲ作リタルトキハ運送品ニ關スル處分ハ貨物引換證ヲ以テスルニ非サレハ之ヲ爲スコトヲ得サルモノトス蓋運送人カ貨物引換證ヲ作リタルニ拘ハラス荷送人カ之ニ依ラスシテ自由ニ運送品ノ處分ヲ爲スヲ得ルモノトセハ第三者タル證券取得者ノ權利ハ蹂躙セラルルニ至ルモノナレハナリ斯ノ如ク本條ノ規定ハ重且大ナルニモ拘ハラス改正前ニ在リテハ唯船荷證券ニ付テ規定シタルノミニシテ貨物引換證及船荷證券ニ付テ何等規定セラレサリシモ改正ニ依リ本條ヲ設ケテ之ヲ倉荷證券及船荷證券ニ準用シタルモノトス。

本條ノ三ハ貨物引換證ハ其記名式ナルトキト雖モ裏書ニ依リテ之ヲ讓渡スコトヲ得ル旨ヲ規定シ唯貨物引換證ニ裏書ヲ禁スル旨ヲ記載シタルトキノミ之ヲ裏書讓渡スルヲ得サル旨ヲ定メタルモノトス是レ亦改正法律ニ依リ追加セラレ

タル規定トス改正前ニ在リテハ倉庫證券及ヒ船荷證券ハ裏書讓渡ヲ許スモノ卽チ法律上當然ノ指圖證券トセラレシニモ拘ハラス貨物引換證ノミ之カ例外タリシモ改正ニ依リ本條ヲ設ケ法律上當然ノ指圖證券ト爲シタルモノトス換言スレハ貨物引換證ニ讓渡禁止ノ記載ナキ以上ハ當然ニ指圖證券トシテ流通セラルルモノトス蓋シ至當ノ改正ト謂フ可シ。

貨物引換證ノ效力ノ二

第三百三十五條　貨物引換證ニ依リ運送品ヲ受取ルコトヲ得ヘキ者ニ貨物引換證ヲ引渡シタルトキハ其引渡ハ運送品ノ上ニ行使スル權利ノ取得ニ付キ運送品ノ引渡ト同一ノ効力ヲ有ス

本條ハモト「裏書ニ依リテ貨物引換證ヲ讓渡シタルトキハ運送品ノ讓渡ト同一ノ効力ヲ有ス」トアリシヲ法文ノ如ク改メタルモノトス前ニ一言シタル如ク貨物引換證ハ物權的效力ヲ有スル有價證券ナルモ其物權的有價證券タルノ效果ハ證券ノ取得者ハ物品ノ占有ヲ取得シ證券ヲ讓渡シタルトキハ物品ヲ引渡シタルト同一ノ效力ヲ有スト謂フノ意ニシテ舊規定ノ如ク貨物引換證ヲ讓渡スルモ必シモ運送品ヲ讓渡シタルト同一ノ效力ヲ生スルモノニ非ス再言スレハ貨物引換證ヲ讓渡シタルトキハ運送品ヲ引渡シタルノ效力ヲ生スルモノタルモ其引渡タルヤ必シモ讓渡ニ因ル引渡ニノミ限ラス或ハ問屋ニ物品ノ販賣ヲ委託スル場合ノ

如ク單ニ處分權ノミヲ與フル爲メタルヘク或ハ質權ヲ設定センカ爲タルヘク要スルニ證劵ノ讓渡卽チ物品ノ引渡ヲ爲スハ何ノ爲メナリシカハ是等當事者間ニ於ケル實質的法律關係ヲ探究スヘキ問題タリ從テ舊規定ノ如ク裏書ニ依リテ貨物引換證ヲ讓渡シタルトキハ運送品ノ讓渡ト同一ノ效力ヲ有スト規定スル能ハス從テ改正條文ノ如ク貨物引換證ニ依リ運送品ヲ受取ルコトヲ得ヘキ者ニ貨物引換證ヲ引渡シタルトキ其引渡ハ運送品ノ上ニ行使スル權利ノ取得ニ付キ運送品ノ引渡ト同一ノ効力ヲ有スト規定セサルヘカラス而シテ改正規定ノ意ヲ說述スレハ左ノ如シ。

運送品ヲ受取ルコトヲ得ヘキ者ノ何人ナルヤハ貨物引換證ニ依リテ知ルヲ得ヘク今其者ニ貨物引換證ヲ引渡シタルトキ例ヘハ讓渡裏書ニ依リテ甲ヨリ乙ニ引渡シタルトキハ乙ハ之ニ因リ所有權ヲ得タルモノナルヲ以テ其所有權ノ取得ニ付キ運送品ノ引渡ヲ受ケタルト同一ノ效果ヲ得ヘク又甲ハ質入裏書ニ依リテ乙ニ引渡シタルトキハ乙ハ之ニ因リ質權ヲ得ルモノナルヲ以テ其質權ノ取得ニ付キ運送品ノ引渡ヲ受ケタルト同一ノ效果ヲ得ルモノトス。

本條ニ牽連シテ說明ヲ要スルハ貨物引換證ニ依リテ運送品其他ヲ質權ノ目的

ト爲スコトヲ得ルヤ否ヤ舊規定ノ下ニ於ケル從來ノ解釋トシテハ之ヲ消極ニ決シ質權ノ目的ト爲スヲ得スト云ヒ或ハ積極ニ解シテ其目的タリ得ト解ク者アリテ一定セサリシモ本規定ニ依リテ積極ニ解スルニ付テ復タ疑ヲ容ルルノ餘地ナカル可シ。

運送賃

第三百三十六條　運送品ノ全部又ハ一部カ不可抗力ニ因リテ滅失シタルトキハ運送人ハ其運送賃ヲ請求スルコトヲ得ス若シ運送人カ既ニ其運送賃ノ全部又ハ一部ヲ受取リタルトキハ之ヲ返還スルコトヲ要ス

運送品ノ全部又ハ一部カ其性質若クハ瑕疵又ハ荷送人ノ過失ニ因リテ滅失シタルトキハ運送人ハ運送賃ノ全額ヲ請求スルコトヲ得

本條ハ運送人ノ運送賃請求權ニ關シテ規定シタルモノトス抑運送契約ハ一種ノ請負契約ナルヲ以テ運送ヲ結了シタル後ハ之カ請求ヲ爲シ得ルヲ當然トスルモ其運送品ノ全部又ハ一部カ不可抗力ニ依リテ滅失シタルトキハ運送人ハ其運送賃ヲ請求スルコトヲ得サルモノトス蓋不可抗力ニ因ル運送ノ不能ニ付テハ荷送人運送人トモニ責任ナキモノナレハ荷送人之ニ因リテ如何ナル權利ヲモ主張シ得サルト同時ニ運送人モ亦運送賃ノ請求ヲ爲スヲ得ストスルハ當然ナレハナリ

然レトモ運送ノ全部又ハ一部カ其性質若クハ瑕疵又ハ荷送人ノ過失ニ因リテ滅失シタルトキハ運送人ノ運送賃ノ金額ヲ請求スルコトヲ得ルモノトセリ蓋斯ル場合ニ於テハ其滅失ハ畢竟荷送人ノ責ニシテ運送人ノ關知スルトコロニ非サレハナリ是レ本條第二項ノ規定ノ存スル所以ナリ又運送人カ其運送賃ヲ請求スルコト能ハサル場合ニ於テ既ニ運送賃ノ全部又ハ一部ヲ受取リタルトキハ之ヲ返還スルヲ要スルモノトス。

第三百三十七條　運送人ハ自己若クハ運送取扱人又ハ其使用人其他運送ノ爲メ使用シタル者カ運送品ノ受取、引渡、保管及ヒ運送ニ關シ注意ヲ怠ラサリシコトヲ證明スルニ非サレハ運送品ノ滅失、毀損又ハ延著ニ付キ損害賠償ノ責ヲ免ルルコトヲ得ス

本條ハ本法第三百三十二條ノ規定ト同シク運送人ノ責任ヲ規定シタルモノトス即チ運送人ハ自己若クハ運送取扱人又ハ其使用人其他運送ノ爲メ使用シタル者カ運送品ノ受取、引渡、保管及運送ニ關シ注意ヲ怠ラサリシコトヲ證明スルニ非レハ運送品ノ滅失毀損又ハ延著ニ付キ損害賠償ノ責ヲ免ルコトヲ得サルモノトシ注意ヲ怠ラサリシヤ否ヤノ擧證ノ責任ハ運送人ニ存スルモノトシタリ然レトモ其責任ノ範圍タルヤ滅失毀損又ハ延著ニ關シ運送ヲ實行セサル如キ義務違反ヲ理由トシテ損害ノ賠償ヲ求ムルカ如キ場合ニ付テハ擧證ノ責ハ荷送人ニ存スル

シ自己若クハ運送取扱人又ハ其使用人其他運送ノ爲メ使用シタル者ノ行爲ニ止マルモノトス又其不注意ナキコトノ證明範圍ハ運送品ノ受取、引渡、保管及運送ニ關シ自己若クハ運送取扱人又ハ其使用人其他運送ノ爲メ使用シタル者ノ行爲ニ止マルモノトス。

上述ノ如ク運送人ノ責任ハ甚タ重大ナルカ如シト雖モ昔時歐洲諸國ニ於ケル運送人ノ責任殊ニ自己ノ計算ヲ以テ船舶ノ運送ヲ營業トスル者ニ在リテハ自己及ヒ使用人ノ不注意ノ責任ノ外不可抗力ニ因ル損害ニ付テモ亦其責ニ任シタリシモノトス其後運送人ノ責任ヲ輕減シ陸上運送ニ付テハ竟ニ上述法文ノ如キ責任ヲ負ハシムルニ止メタリ。

高價品ニ對スル責任

第三百三十八條　貨幣、有價證券其他ノ高價品ニ付テハ荷送人カ運送ヲ委託スルニ當タリ其種類及價額ヲ明告シタルニ非サレハ運送人ハ損害賠償ノ責ニ任セス

本條ハ貨幣、有價證券其他ノ高價品ニ付テ運送人ノ負ヘル責任ヲ規定シタルモノトス卽チ荷送人カ斯ル貴金品ヲ運送セントスルニハ其種類及價額ヲ明告スルヲ要スルモノニシテ之ヲ明告シタルニ非サレハ運送人ハ損害賠償ノ責ニ任セサルモノトス。

第三百三十九條　數人相次テ運送ヲ爲ス場合ニ於テハ各運送人ハ運送品ノ滅失毀損又ハ延著

相次運送者ノ責任

ニ付キ連帶シテ損害賠償ノ責ニ任ス

本條ハ相次運送ニ關シテ各運送人ノ責任ヲ規定シタルモノトス單ニ相次運送ト云フモ(一)部分運送ノ場合アリ(二)下請運送ノ場合アリ(三)共同運送ノ場合アリ商法ハ如何ナル場合ニ付テ規定シタルモノナルカ左ニ詳說スヘシ。

一　部分運送人トハ數人ノ運送人カ各其運送地域ヲ區別シテ荷送人ニ對シ運送契約ヲ結フ場合ニシテ數個ノ運送アルモノナリ此場合ニ於テハ各運送人カ連帶責任ヲ負フヘキ理由ナシ蓋各運送人カ各自己ノ運送地域ノ運送ヲ履行シタルトキハ卽チ自己ノ債務ヲ履行シタルモノニシテ他ノ運送契約ノ效果ヲ受クヘキモノニアラス。

二　下請運送トハ一人ノ運送人カ運送ノ全部ヲ引受ケ更ニ之ヲ他ノ運送人ニ委託シタル場合ノ運送ニシテ此場合ニ於テハ所謂下請運送契約ヲ爲シタル一人ノミ運送上ノ責任ヲ負フモノニシテ他ノ運送人カ荷送人ニ對シテ契約上ノ責任ナキハ明カナリトス。

三　共同運送人トハ數人ノ運送人共通シ運送狀ヲ以テ運送ノ全部ヲ引受ケタル場合ノ規定ニシテ本條ノ規定ニ依リ各運送人ノ連帶責任アルハ此場合ニ於ケ

ルカ如クナルモ此場合ニ付テハ既ニ本法第二百七十三條第一項ニ於テ「數人カ其一人又ハ全員ノ爲メニ商行爲タル行爲ニ因テ債務ヲ負擔シタルトキハ其債務ハ各自連帶シテ之ヲ負擔ス」ト規定セルヲ以テ所謂共同運送人ノ場合ニハ此規定ノ適用アルニヨリ本條ヲ竢タスシテ連帶責任アルコト明瞭ナリ或ハ左ノ規定ハ債務ノ連帶ヲ規定シタルモノニシテ責任ノ連帶ヲ規定シタルモノニ非ス從テ本條ハ此共同運送人ノ場合ヲ規定シタルモノナリト云フト雖モ凡ソ債務ニ付キ責任ヲ負ヒタルモノハ其債務ノ不履行ヨリ生スル責任ニ付テモ亦連帶セルモノナルヲ以テ所謂共同運送ノ場合ニ付テハ本法第二百七十三條ノ規定アルヲ以テ之ヲ適用スレハ足レハ復タ本條ヲ設クル必要ヲ認メス。

上述ノ如ク本條ハ部分運送及下請運送ノ場合ニハ其適用ナク又共同運送ノ場合ニハ本法第二百七十三條ノ規定アリテ本條ノ規定ヲ要セストセハ本條ハ果シテ如何ナル場合ヲ豫想シテ規定シタルモノナリヤト云フニ所謂部分運送ニ似テ然ラサル場合ヲ規定シタルモノナリト信ス

抑部分運送トハ數人ノ運送人カ各其運送地域ヲ限リ荷送人ニ對シ運送契約ヲ爲スモノニシテ數個ノ運送アリ從テ此場合ニ於テ各運送人ニ連帶責任ナキコト

ハ既ニ說明セリ然レトモ今一個ノ大運送ヲ爲スニ當リ各運送人カ各別ニ契約ヲ以テ各自其運送ノ一部ヲ履行スルコトヲ約シタルトキハ部分運送ノ如ク各自各別ノ運送ヲ爲ス義務アル場合ト異ナルモノアリ又無論下請運送ニモ非ス又契約ハ數個アルヲ以テ共同運送ニモ非ス而シテ斯ル場合ニハ第一區ノ運送人ノ運送ハ荷送人ニ對シテ契約ノ一部ヲ履行シタルニ過キス第二區ノ運送人ノ運送亦然リ約言スレハ數個ノ契約ニ依リ一箇ノ運送ヲ爲スモノニシテ斯ル場合ニ於テ運送品カ滅失シタルカ又ハ毀損若クハ延著シタルトキハ各自連帶シテ損害賠償ノ責ニ任スルモノトシ第一區ノ運送人カ自己ノ運送ヲ完了シタルヲ理由トシテ第二區ノ運送人ノ責任ヲ免ルルヲ得ス第三第四ノ運送人亦然リトス然レトモ各運送人ノ連帶責任ハ運送品ノ滅失毀損又ハ延著ニノミ限ルモノニシテ其他ノ責任ニ付テハ連帶責任ヲ負ハサルモノトス。

以上述フル所ニ依リテ所謂相次運送ニハ部分運送アリ下請運送アリ共同運送アリ又數個ノ運送契約ヲ以テ一個ノ運送契約ヲ爲ス場合アリ本條ハ其最後ノ場合ニ適用アル規定ナリトス。

第三百四十條　運送品ノ全部滅失ノ場合ニ於ケル損害賠償ノ額ハ其引渡アルヘカリシ日ニ於

ケル到達地ノ價格ニ依リテ之ヲ定ム
運送品ノ一部滅失又ハ毀損ノ場合ニ於ケル損害賠償ノ額ハ其引渡アリタル日ニ於ケル到達地ノ價格ニ依リテ之ヲ定ム但延著ノ場合ニ於テハ前項ノ規定ヲ準用ス
運送品ノ滅失又ハ毀損ノ爲メ支拂フコトヲ要セサル運送賃其他ノ費用ハ前二項ノ賠償額ヨリ之ヲ控除ス

運送品ニ對スル損害賠償算定方法

本條ハ運送品ノ滅失毀損又ハ延著ニ付キ損害賠償ノ額ヲ規定シタルモノトス卽チ運送品カ全部滅失シタル場合ニ於テハ損害賠償ノ額ハ其引渡アルヘカリシ日ニ於ケル到達地ノ價格ニ依リテ之ヲ定メ運送品ノ一部滅失又ハ毀損ノ場合ニ於ケル損害賠償ノ額ハ其引渡アリタル日ニ於ケル到達地ノ價格ニ依リテ之ヲ定メ延著ノ場合ニハ延著セスシテ到達スヘカリシ日卽チ引渡アルヘカリシ日ニ於ケル到達地ノ價格ニ依リテ定ムルモノトス。

運送品カ滅失シ又ハ毀損シタルトキハ運送賃其他ノ費用ハ之ヲ支拂フコトヲ要セサルモノナルモ而モ損害賠償ノ額ヲ到達地ニ於ケル價額ニ依リテ定メ且其引渡アルヘカリシ日ヲ以テ標準トストセハ損害賠償價格ノ中ニハ運送賃其他ノ費用カ包含セラレタルモノナリ而モ荷受人其他ノ權利者ニ於テ之ヲ支拂フヲ要セストセハ(卽チ損害賠償額全部ヲ受取リ得ルモノトセハ)運送賃其他ノ費用ヲ不

當ニ利得スルノ結果ヲ生ス是レ本條第三項ノ規定アル所以ナリトス。

第三百四十一條　運送品カ運送人ノ惡意又ハ重大ナル過失ニ因リテ滅失、毀損又ハ延著シタルトキハ運送人ハ一切ノ損害ヲ賠償スル責ニ任ス

本條ハ運送人ニ惡意又ハ重大ナル過失アリタル場合ノ損害賠償ノ責任規定ニシテ此場合ニハ前條ノ如ク運送人ヲ保護スルノ必要ナシ故ニ運送人ハ滅失毀損又ハ延著ニ付キ一切ノ損害ヲ賠償セサルヘカラサルナリ。

荷送人及ヒ貨物引換證所持人ノ權利

第三百四十二條　荷送人又ハ貨物引換證ノ所持人ハ運送人ニ對シ運送ノ中止、運送品ノ返還其他ノ處分ヲ請求スルコトヲ得此場合ニ於テハ運送人ハ既ニ爲シタル運送ノ割合ニ應スル運送賃、立替金及ヒ其處分ニ因リテ生シタル費用ノ辨濟ヲ請求スルコトヲ得

前項ニ定メタル荷送人ノ權利ハ運送品カ到達地ニ達シタル後荷受人カ引渡ヲ請求シタルトキハ消滅ス

本條第一項ハ荷送人又ハ貨物引換證ノ所持人カ運送人ニ對シ運送ノ中止運送品ノ返還其他ノ處分ヲ請求シタル場合ニ運送人ハ既ニ爲シタル運送ノ割合ニ應スル運送賃、立替金及ヒ其處分ニ因リ生シタル費用ノ辨濟ヲ請求スルコトヲ得ル旨ヲ規定シタリ元來此場合ニ於テハ運送人ハ運送契約ノ目的タル運送ヲ完了セサルモノナルヲ以テ單ニ請負契約ノ法理ニノミ依ルトキハ運送人ハ運送賃ノ請

求ヲ爲スヲ得サルモノナルモ而モ其運送ヲ完了セサルハ畢竟荷送人又ハ貨物引換證ノ所持人ノ處分權ニ從ヒタルモノナルヲ以テ全然請求ノ權利ナキモノト爲スヲ得ス故ニ本條第一項ノ如キ規定ヲ設ケタルモノトス。

本條第一項ニハ荷送人又ハ貨物引換證ノ所持人ハ云云トアルモ本法第三百三十四條ノ二ノ追加規定ヲ設ケラレタルヲ以テ貨物引換證ヲ作リタルトキハ運送品ニ關スル處分ハ貨物引換證ヲ以テスルニ非サレハ之ヲ爲スヲ得サルヲ以テ荷送人ト貨物引換證ノ所持人ト同時ニ本條ノ處分ヲ求ムルカ如キ場合ナシ本條第二項ハ本條第一項ノ荷送人ノ權利ハ運送品カ到達地ニ達シタル後荷受人カ其引渡ヲ請求シタルトキハ消滅スルモノトセリ蓋荷受人ハ運送品カ到達地ニ達シタルトキハ荷送人ノ權利ヲ取得スルハ次條ニ示ス如クナルヲ以テ之ト相調和セシムル爲メ本項ノ規定ヲ置キタルモノトス若夫レ貨物引換證ノ所持人ニ至リテハ第三百四十四條ノ規定アルヲ以テ本條第二項ノ如キ規定ナキハ當然ナリトス

荷受人ノ權利

第三百四十三條　運送品カ到達地ニ達シタル後ハ荷受人ハ運送契約ニ因リテ生シタル荷送人ノ權利ヲ取得ス

荷受人カ運送品ヲ受取リタルトキハ運送人ニ對シ運送賃其他ノ費用ヲ支拂フ義務ヲ負フ

本條ハ荷受人ノ權利義務ヲ規定シタルモノトス抑運送契約ナルモノハ荷送人ト運送人トノ間ニ成立スル契約ニシテ荷受人ハ此契約ニ付キ第三者タル地位ニ立ツモノトス卽チ契約ハ當事者ヲ拘束スルノ效力ヲ有スルモノナルモ之ニ由リテ第三者ヲ羈束セス然レトモ斯ノ如キ理論ヲ一貫センカ荷受人ハ運送品カ到達地ニ達シタル後ニ於テモ如何ナル權利ヲモ取得シ能ハサルノ結果ヲ生シ實際上不便ナルヲ以テ本條ニ依リ運送品カ到達地ニ達シタル後ハ荷受人ハ運送契約ニ因リテ生シタル荷送人ノ權利ヲ取得スルモノトセリ而シテ此權利取得ノ法理上ノ説明ニ付テハ種種ノ説アルモ荷受人ハ法律ノ規定ニ依リ荷送人カ運送契約ニ因リテ取得シタル權利ト均シキ權利ヲ取得スルモノナリト解スルノ外ナシ。

荷受人カ運送品ヲ受取リタルトキハ運送人ニ對シ運送賃其他ノ費用ヲ支拂フ義務ヲ負フハ本條第二項ノ規定スル所ニシテ此義務發生ノ法理上ノ説明ニ付テモ種種ナル説ヲ爲スモノアルモ本條第一項ノ規定ト同シク法律ノ規定ニ依リテ發生スル義務ナリト解スルヲ至當トス。

運送品ノ引渡ハ貨物引換ト交換ニス

第三百四十四條　貨物引換證ヲ作リタル場合ニ於テハ之ト引換ニ非サレハ運送品ノ引渡ヲ請求スルコトヲ得ス

本條ハ運送人カ荷受人ノ請求ニ因リテ貨物引換證ヲ作リタル場合ニハ運送品ノ引渡請求ハ其貨物引換證ヲ以テ爲サヽルヘカラサル旨ヲ規定シタルモノニシテ蓋當然ノ規定ト謂フヘシ本法第三百三十四條ノ二ニハ貨物引換證ヲ作リタルトキハ運送品ニ關スル處分ハ貨物引換證ヲ以テスルニ非サレハ之ヲ爲スコトヲ得ストアリテ一見本條ノ規定ト重複セルカ如キモ運送品ニ關スル處分ト運送品ノ引渡請求トハ同一視スルヲ得ス蓋第三百三十四條ノ二ハ法律上ノ處分ヲ規定シタルニ止マリ本條ノ如ク運送品ノ引渡請求ト云フカ如キ事實上ノ行爲ヲ包含セサルモノト解スヘキナリ。

運送人ノ供託權競賣權

第三百四十五條　荷受人ヲ確知スルコト能ハサルトキハ運送品ヲ供託スルコトヲ得

前項ノ場合ニ於テ運送人ニ對シ相當ノ期間ヲ定メ運送品ノ處分ニ付キ指圖ヲ爲スヘキ旨ヲ催告スルモ荷送人カ其指圖ヲ爲サヽルトキハ運送品ヲ競賣スルコトヲ得

運送人カ前二項ノ規定ニ從ヒテ運送品ノ供託又ハ競賣ヲ爲シタルトキハ遲滯ナク荷送人ニ其通知ヲ發スルコトヲ要ス

本條ハ荷受人ヲ確知スルコト能ハサル場合ニ於ケル運送人ノ權利ヲ規定シタルモノニシテ斯ル場合ニ於テハ荷送人ハ其運送品ヲ供託スルコトヲ得ルモノトス而シテ之カ供託ヲ爲シタル後ハ運送人ハ荷送人ニ對シ相當ノ期間ヲ定メ其運

送品ヲ如何ニ處分スヘキヤニ付キ指圖ヲ爲スヘキ旨ヲ荷送人ニ催告シ而モ荷送人尙之カ指圖ヲ爲サヽルトキハ運送人ハ之ヲ競賣スルヲ得ルモノトス。

運送人カ運送品ヲ供託シタルトキ及ヒ競賣シタルトキハ遲滯ナク之ヲ荷送人ニ通知スルヲ要ス之レ荷送人ヲシテ運送品カ如何ニ取扱ハレタルカヲ知ラシムル爲ニ外ナラス。

第三百四十六條　前條ノ規定ハ運送品ノ引渡ニ關シテ爭アル場合ニ之ヲ準用ス

運送人カ競賣ヲ爲スニハ豫メ荷受人ニ對シ相當ノ期間ヲ定メテ運送品ノ受取ヲ催告シ其期間經過ノ後更ニ荷送人ニ對スル催告ヲ爲スコトヲ要ス

運送人ハ遲滯ナク荷受人ニ對シテモ運送品ノ供託又ハ競賣ノ通知ヲ發スルコトヲ要ス

本條ハ運送人カ荷受人ヲ確知スルモ其運送品ノ引渡ニ關シテ爭アル場合例ヘハ運送品カ相違セリトカ或ハ延著セルカ故ニ受取ラストカ云ヘル場合ニ運送人ハ前條ト同シク供託競賣ノ權利アル旨ヲ規定シタルモノトス然レトモ運送人ノ供託又ハ競賣權ハ選擇的權利ニ非スシテ斯ル場合ニ於テハ運送人ハ先ツ其運送品ヲ供託シ次ニ競賣ヲ爲サントスルニハ豫メ荷受人ニ對シ相當ノ期間ヲ定メテ運送品ノ受取ヲ催告セサルヘカラス而モ荷受人尙其催告ニ應セサルトキ卽チ荷受人ニ對スル受取期間經過ノ後更ニ荷受人ニ對スル處分指圖ノ催告ヲ爲スヲ要

スルモノトス而シテ荷送人亦如何ナル指圖ヲモ爲サヽルトキ茲ニ始メテ運送品ノ競賣ヲ爲スコトヲ得ルモノトス。

本條ノ場合ニ於テ運送品ノ供託又ハ競賣ヲ爲シタルトキハ荷送人及荷受人ニ對シテ遲滯ナク其通知ヲ發スルヲ要スルモノスト蓋運送人ノ運送品ニ對スル處分如何ハ荷送人及荷受人共ニ利害關係ヲ有スルモノナレハナリ。

第三百四十七條　第二百八十六條第二項及ヒ第三項ノ規定ハ前二條ノ場合ニ之ヲ準用ス

本條ハ前二條ノ場合ニ於テ運送人カ運送品ヲ供託セントスル場合ニ若其物カ損敗シ易キ物ナルトキ直チニ競賣シ得ヘカラシムル爲メ商人間ノ賣買ニ關スル本法第二百八十六條第二項ノ規定ヲ準用シタリ尙運送人カ運送品ヲ競賣シタルキハ其代價ヲ供託スルコトヲ要スルモノタルコト但其代金ノ全部又ハ一部ヲ運ト送賃ニ充當セシムル爲メ同條第三項ヲ準用シタルモノトス。

第三百四十八條　運送人ノ責任ハ荷受人カ留保ヲ爲サスシテ運送品ヲ受取リ且運送賃其他ノ費用ヲ支拂ヒタルトキハ消滅ス但運送品ニ直チニ發見スルコト能ハサル毀損又ハ一部滅失アリタル場合ニ於テ荷受人カ引渡ノ日ヨリ二週間内ニ運送人ニ對シテ其通知ヲ發シタルトキハ此限ニ在ラス

前項ノ規定ハ運送人ニ惡意アリタル場合ニハ之ヲ適用セス

運送人責任ノ消滅

本條ハ運送人ノ責任ノ即時消滅スル場合ヲ規定シタルモノトス即チ本法第三百三十七條乃至第三百四十一條ノ規定ノ如ク運送人ノ責任ハ重大ナルモノナル代リ其運送ヲ終リタル後ハ成ルヘク速ニ之ヲ消滅セシメテ之カ調和ヲ圖ラサル可ラス而シテ荷受人カ留保ヲ爲サスシテ運送品ヲ受取リ且運送賃其他ノ費用ヲ支拂タルトキハ運送ニ故障ナカリシト認ムヘキモノナルヲ以テ運送人ノ責任ハ即時ニ消滅スルモノトス然レトモ荷受人カ留保即チ異議ヲ留メテ運送品ヲ受取リタルカ又ハ留保ヲ爲サスシテ運送品ヲ受取リタリトスルモ未タ運送賃其他ノ費用ヲ支拂ハサルトキハ運送人ノ責任ヲ消滅セシメサルノミナラス若シ其運送品ニ直ニ發見スルコト能ハサル毀損又ハ一部滅失アリタル場合ニ於テハ縱令荷受人カ留保ヲ爲サスシテ運送品ヲ受取リ且運送賃其他ノ費用ヲ支拂ヒタリトスルモ其引渡ヲ受ケタル日ヨリ二週間内ニ運送人ニ對シテ其旨ノ通知ヲ發シタルトキハ運送人ノ責任ハ即時ニ消滅セシメス次條ノ規定ニ依ルヘキモノトス。

本條第二項ハ上述ノ外運送人ニ惡意アリタル場合ニモ尙本條第一項ノ規定ノ適用ナキモノトセリ蓋至當ノ規定ト云フヘシ。

第三百四十九條　第三百二十四條、第三百二十五條、第三百二十八條及ヒ第三百二十九條ノ規定

ハ運送人ニ之ヲ準用ス

本條ハ運送人ニモ運送取扱人ト同シク運送品ニ付留置權ヲ行ハシメンカ爲メ第三百二十四條ノ規定ヲ運送人ニモ準用シ次ニ相次運送取扱ノ場合ニ後者カ前者ノ權利ヲ代リ行フ義務アルコト及後者カ前者ニ辨濟ヲ爲シタルトキ前者ノ權利ヲ取得スル規定ヲ運送人ニモ準用アルモノトシ次ニ運送人ノ責任ノ消滅カ前條ニ依リ即時ニ消滅セサルトキハ運送取扱人ノ責任ト同シカラシメン爲メニ第三百二十八條ヲ準用スル旨ヲ定メ次ニ運送人ノ荷送人又ハ荷受人ニ對スル債權ノ消滅時效ヲ運送取扱人ノ委託者又ハ荷受人ニ對スル債權ノ消滅時效ト等シカラシメン爲メカ第三百二十九條ノ規定ヲ運送人ニ準用シタルモノトス。

第二節　旅客運送

旅客運送

第三百五十條　旅客ノ運送人ハ自己又ハ其使用人カ運送ニ關シ注意ヲ怠ラサリシコトヲ證明スルニ非サレハ旅客カ運送ノ爲メニ受ケタル損害ヲ賠償スル責ヲ免ルルコトヲ得ス

損害賠償ノ額ヲ定ムルニ付テハ裁判所ハ被害者及ヒ其家族ノ情況ヲ斟酌スルコトヲ要ス

本條以下三條ハ旅客運送ニ付テ規定シタルモノトス多クハ當然言フヲ俟タサル規定ナルモ其法律上ノ性質ヲ一言スレハ旅客運送契約ハ請負契約ノ一種ニシ

テ諸成且有償契約タリ其雙務契約タルコトモ亦明カナリトス又旅客運送行爲ハ相對的商行爲タルコトハ本法第二百六十四條第四號ノ解釋上明カナリ而シテ茲ニ所謂旅客運送トハ旅客ノ陸上運送ヲ指シ海上ノ旅客運送ニ付テハ海商法ノ定ムル所タリ又陸上ノ旅客運送ト雖モ鐵道ニ因ル旅客ノ運送ニ付テハ特別規定ノ存スルアリ從テ陸上旅客運送ニ付テハ本條ノ外二ケ條アルニ過キス。

本條第一項ノ規定ハ本法第三百二十二條第三百三十七條ノ規定ト其趣旨ヲ同ウスルモノニシテ本條第一項ノ規定タルヤ畢竟第二項ヲ喚起セシカ爲メニ規定サレタルノ觀アリ即チ運送人カ旅客ニ對シテ損害ヲ賠償スル場合ニハ其賠償ノ額ヲ定ムルニ付テハ裁判所ハ被害者及ヒ其家族ノ情況ヲ斟酌スルコトヲ要スルモノトス蓋旅客カ其生命又ハ身體ニ對シテ危害ヲ受ケタル場合ノ如キハ旅客其人ノ社會上ノ地位財産ノ如何ニ依リ被害者及ヒ家族ノ被ムル損害ハ各異ナラサルヲ得サルモノトス換言スレハ損害賠償ナル觀念ハ實際ニ生シタル損失ヲ塡補スルヲ目的トシテ生シタルモノナルヲ以テ第二項ノ規定タルヤ畢竟此原則ヲ注意的ニ法文ニ示シタルニ過キス。

第三百五十一條　旅客ノ運送人ハ旅客ヨリ引渡ヲ受ケタル手荷物ニ付テハ特ニ運送賃ヲ請求

旅客運送人責任

セサルトキト雖モ物品ノ運送人ト同一ノ責任ヲ負フ

手荷物カ到達地ニ達シタル日ヨリ一週間内ニ旅客カ其引渡ヲ請求セサルトキハ第二百八十六條ノ規定ヲ準用ス但シ住所ノ知レサル旅客ニハ催告及ヒ通知ヲ為スコトヲ要セス

本條第一項ハ旅客ノ運送人カ旅客ヨリ手荷物ノ引渡ヲ受ケタルトキハ運送賃ヲ請求セサル場合ト雖モ物品ノ運送人ト同一ノ責任ヲ負フ旨ヲ規定シタルモノトス今何故ニ運送人カ手荷物ニ付キ斯ル責任ヲ負擔スルヤト云フニ法理上ノ説明トシテ旅客カ運送人ニ手荷物ヲ引渡シタルトキハ旅客運送契約ノ外物品ノ運送契約モ成立スルモノナリト説ク者アルモ之ヲ獨立シタル一箇ノ物品運送契約ト解スヘカラス寧ロ此場合ニハ物品運送契約ナルモノナク旅客運送ノ延長ニ過キストスルヲ可トセンカ而シテ此規定タルヤ旅客カ運送人ニ手荷物ヲ引渡シタル場合ニ適用アルモノニシテ之ヲ引渡サス自ラ携帶シタルトキハ運送人ハ本條第一項ノ責ヲ負フヘキモノニ非ス。

本條第二項ハ手荷物カ到達地ニ達シタル日ヨリ一週間内ニ旅客カ其引渡ヲ請求セサルトキハ本法第二百八十六條ノ商人間ノ賣買ノ場合ニ於ケル賣主ノ供託權及競賣權ヲ運送人ニ認ムルモノトス然レトモ其旅客ノ住所又ハ居所ノ知レサ

引受ケサル手荷物ニ付キテノ責任

ル場合ニハ催告及通知ヲ發スルコトヲ要セストセリ是レ亦當然言フヲ俟タサルナリ。

第三百五十二條　旅客ノ運送人ハ旅客ヨリ引渡ヲ受ケサル手荷物ノ滅失又ハ毀損ニ付テハ自己又ハ其使用人ニ過失アル場合ヲ除ク外損害賠償ノ責ニ任セス

本條ハ第三百五十條ノ反對ノ場合卽チ運送人カ旅客ヨリ引渡ヲ受ケサル手荷物ノ滅失又ハ毀損アリタル場合ノ規定ニシテ斯ル場合ニ於テハ運送人ハ運送人自身又ハ其使用人ノ過失アル場合ノ外其滅失又ハ毀損ニ付キ損害賠償ノ責ニ任セサルモノトシ且其擧證ノ責任モ旅客ヨリ之ヲ證明セサル可カラサルモノトス。

寄託

第九章　寄託

本章ハ寄託ニ付キ特ニ一章ヲ設ケタルモノトス卽チ寄託トハ當事者ノ一方カ相手方ノ爲メニ保管ヲ爲スコトヲ約シテ或物ヲ受取ルニ因リテ其ノ效力ヲ生ス(民六五七)ル契約ニシテ商法ノ寄託モ亦之ト其意義ヲ異ニセス然レトモ商人カ其營業ノ範圍內ニ於テ寄託ヲ受ケタル場合ニハ民法ノ受託者ト同一ニ律スルヲ得サルモノアリ且商法ニハ單ニ寄託ヲ受クルコトノミヲ營業トスル所謂倉庫營業ナル

モノアルヲ以テ特ニ本章ヲ設ケタルモノトス乃チ本章第一節ニハ寄託ノ總則規定ヲ置キ第二節ニハ倉庫營業ノ規定ヲ置キタリ從テ本章第一節ノ規定ハ寄託ノ總則トアルモ彼問屋運送、運送取扱ノ規定ノ前ニ置カルヘキモノタリ詳言スレハ問屋カ其營業ノ範圍内ニテ寄託ヲ受ケタルトキノ如キ又運送人若ハ運送取扱人カ同シク營業ノ範圍内ニ於テ物品ヲ受取リタル場合ノ如キ凡テ本章第一節ノ規定ノ適用アルモノトス其倉庫營業ニ關シ本節ノ適用アル復タ言ヲ俟タス。

第一節　總則

第三百五十三條　商人カ其營業ノ範圍内ニ於テ寄託ヲ受ケタルトキハ報酬ヲ受ケサルトキト雖モ善良ナル管理者ノ注意ヲ爲スコトヲ要ス

本條ハ商人カ其營業ノ範圍内ニ於テ寄託ヲ受ケタルトキ例ヘハ問屋、運送取扱人、運送人ノ如キハ其報酬ヲ受ケサルトキト雖モ卽チ寄託料ヲ請求セサル場合ニ於テモ其物品ノ保管ニ付キ善良ナル管理者ノ注意ヲ爲スコトヲ要スル旨ヲ規定シタルモノトス蓋商人カ其營業ノ範圍内ニ於テ寄託ヲ受ケタルトキハ縱令寄託料ヲ請求セストスルモ之ニ因リテ相當ノ利益ヲ得ヘキモノタルヲ以テ其物品保

管ニ關スル注意ノ程度タルヤ民法ノ無償寄託ノ場合ト異ナラサルヲ得ス而シテ本條ニ所謂善良ナル管理者ノ注意トハ所謂抽象的ノ注意ヲ要求シタルモノトス抑等シク注意ト云フモ注意深キ人ノ注意アリ輕忽ナル人ノ注意アリ其ノ程度タルヤ人ニ因リテ異ナルヘシ換言スレハ各箇人ニ各固有ノ注意アルヘシ之ヲ具體的注意ト云フ而シテ本條ニ所謂善良ナル管理者ノ注意トハ羅馬法ニ所謂良家父ノ注意ニ該當シ各箇人ニ固有ノ注意即チ具體的ノ注意ニ非ス抽象的ニ一般人カ用フヘキ注意ヲ指シタルモノトス之ヲ以テ善良ナル管理者ノ注意ハ平生注意深キ人ニ在リテハ即チ其程度ヲ輕減セラルル場合アルヘキト同時ニ輕忽ナル人ニ在リテハ平生ノ注意ニ最大ノ注意ヲ加フルヲ要スルコトトナル約言スレハ本條ノ規定タルヤ商人カ其營業ノ範圍內ニ於テ寄託ヲ受ケタルトキハ報酬ヲ受ケサルトキト雖モ必ズヤ一般人カ用フヘキ注意ヲ以テ其物品ノ保管ヲ爲スヲ要スルモノナリト云フニアリ。

第三百五十四條　旅店、飲食店、浴場其他客ノ來集ヲ目的トスル場屋ノ主人ハ客ヨリ寄託ヲ受ケタル物品ノ滅失又ハ毀損ニ付キ其不可抗力ニ因リタルコトヲ證明スルニ非サレハ損害賠償ノ責ヲ免ルルコトヲ得ス

客カ特ニ寄託セサル物品ト雖モ場屋中ニ携帶シタル物品カ場屋ノ主人又ハ其使用人ノ不注意ニ因リテ滅失又ハ毀損シタルトキハ場屋ノ主人ハ損害賠償ノ責ニ任ス

客ノ携帶品ニ付キ責任ヲ負ハサル旨ヲ告示シタルトキト雖モ場屋ノ主人ハ前二項ノ責任ヲ免ルルコトヲ得ス

客ノ來集ヲ目的トスル場屋主人ノ責任

本條第一項ハ旅店、飲食店、浴場其他客ノ來集ヲ目的トスル場屋ノ主人カ客ヨリ寄託ヲ受ケタル物品ノ保管ニ關スル責任ヲ規定シタルモノニシテ第二項ハ特ニ寄託ヲ受ケサル物品ノ保管責任ヲ規定シタルモノトス又本條第三項ハ第一項及第二項ノ責任ヲ負ハサル旨ヲ告示シタルトキト雖モ場屋ノ主人之カ責任ヲ免ルルコトヲ得サル旨ヲ規定シタルモノトス。

第一項ニ所謂客ノ來集ヲ目的トスル場屋トハ旅店、飲食店、浴場、其他理髮店、寄席等ノ如ク一定ノ設備ヲ爲シテ公衆ヲ來集セシメ之ニ因リテ利益ヲ得ルヲ目的トスル場所ヲ謂ヒ此等ノ場所ニハ常ニ多數人來集スルヲ以テ客ノ携帶品ヲ滅失シ又ハ毀損スルコト少ナシトセス故ニ此等ノ場屋ノ主人ヲシテ客ノ寄託物ニ付キ保管ノ責ニ任セシムヘキハ勿論若其物品カ毀損又ハ滅失シタル場合ニ於テハ不可抗力ニ因ル場合ノ外一切損害賠償ノ責ニ任セシメサルヘカラス換言スレハ單

高價品ニ對スル責任

ニ場屋ノ主人若クハ其使用人カ其物品ノ保管ニ付キ注意ヲ怠ラサリシコトヲ證明スルノミヲ以テ之カ損害賠償ノ責ヲ免レシム可ラス然レトモ不可抗力ニ因リテ物品ヲ滅失シ又ハ毀損シタルトキ即チ天災事變ニ際シ到底其物品ノ滅失又ハ毀損ヲ免ルルヲ得サル場合ニ於テハ之カ責任ナキモノトス。

又寄託ヲ受ケサル物品ニ付テハ場屋ノ主人自身若クハ使用人ノ不注意ニ因リテ滅失又ハ毀損シタル場合ノ外損害賠償ノ責任ナキモノトス蓋場屋ノ主人ヲシテ寄託ヲ受ケサル物ニ付キ尚第一項ノ責任ヲ負ハシムルノ理由ナケレハナリ。

本條ハ公益的規定タルヲ以テ單ニ場屋ノ主人カ客ノ携帶品ニ付キ責任ヲ負ハサル旨ノ告示ノミヲ以テ其責ヲ免レシムルヲ得ス。

第三百五十五條　貨幣、有價證券其他ノ高價品ニ付テハ客カ其種類及ヒ價額ヲ明告シテ之ヲ前條ノ場屋ノ主人ニ寄託シタルニ非サレハ其場屋ノ主人ハ其物品ノ滅失又ハ毀損ニ因リテ生シタル損害ヲ賠償スル責ニ任セス

本條ハ本法第三百三十八條ノ規定ト其趣旨ヲ同ウスルモノトス但本條ノ場合ニアリテハ貨幣有價證券其他ノ高價品タルコトヲ明告スルノ外之ヲ場屋ノ主人ニ寄託スルヲ要ス然ラサレハ場屋ノ主人ハ其物品ノ滅失又ハ毀損ニ因リテ生シタル損害ヲ賠償スル責ニ任セサルモノトス。

第三百五十六條　前二條ノ責任ハ場屋ノ主人カ寄託物ヲ返還シ又ハ携帶品ヲ持去リタル後一年ヲ經過シタルトキハ時效ニ因リテ消滅ス
前項ノ期間ハ物品ノ全部滅失ノ場合ニ於テハ客カ場屋ヲ去リタル時ヨリ之ヲ起算ス
前二項ノ規定ハ場屋ノ主人ニ惡意アリタル場合ニハ之ヲ適用セス

本條ハ場屋ノ主人ノ責任ノ消滅時效ニ付キ規定シタルモノトス即チ場屋ノ主人ハ前二條ニ述ヘタルカ如キ重大ナル責任ヲ負フモノナルヲ以テ普通ノ消滅時效ヨリ大ニ短縮シ一年ヲ經過シタルトキハ消滅スルモノトシ唯場屋ノ主人ニ惡意アリシ場合ニ於テハ民法ノ規定ニ從ヒ十年ヲ經過スルニ非サレハ其責任消滅セサルモノトセリ其他ハ條文ヲ一讀スレハ意義明了ナルヲ以テ贅説ヲ爲サス

第二節　倉庫營業

第三百五十七條　倉庫營業者トハ他人ノ爲メニ物品ヲ倉庫ニ保管スルヲ業トスル者ヲ謂フ

本條ハ倉庫營業ノ定義ヲ示シタルモノトス條文ヲ一見スレハ意義了然タルカ如キモ多少説明ヲ要スル點アリ即チ倉庫營業者トハ他人ノ爲メニ物品ヲ倉庫ニ保管スルヲ業トスル者ヲ謂フモノナルモ法文ニ所謂物品トハ如何ナルモノヲ謂フヤ汎ク物品ト稱スルトキハ動産、不動産ヲ包含スルカ如キモ保管ノ場所ハ倉庫

タルヲ以テ不動産ヲ包含セサルヤ勿論ナリ即チ動産ノミニ限ルモノト解セサルヘカラス而シテ其保管タルヤ他人ノ爲メニスルヲ要シ自己ノ所有物ヲ保管スル場合ヲ含マス然レトモ唯他人ノ爲メニスレハ足ル必スシモ寄託品カ寄託者其人ノ所有物タルヲ要セス又其保管タルヤ單純ナル保管ニ止マルヲ以テ倉業營業者ハ其物ニ付キ處分權ヲ有セス從テ彼ノ不規則寄託ハ倉業營業者之ヲ受クルコトヲ得サルモノトス又倉庫營業者ノ保管ハ單純ナル保管タルヲ以テ彼ノ問屋、運送取扱人、運送人カ其營業ノ範圍內ニ於テ保管スルハ本條ニ所謂物品ヲ倉庫ニ保管スト云フニ該當セサルモノトス又如何ナル設備ヲ以テ倉庫ト認ムヘキヤハ事實問題ナレトモ通常ハ建築物ヲ以テシ之ニ鎖鑰ヲ施シ水、火、盜難ノ危難少キモノヲ以テ充ツルヲ常トス之ヲ要スルニ本條ハ單純ニ他人ノ爲メニ物品ヲ倉庫ニ保管スルヲ業トスル者ヲ倉庫營業者トシテ規定シ之ニ第三百五十八條乃至第三百八十三條ノ規定ヲ適用スヘキモノタルヲ以テ商人カ其營業ノ範圍內ニテ寄託ヲ受ケタル場合(三三五)及ヒ問屋、運送取扱人、運送人カ物品ノ委託ヲ受ケタル場合ト異ナルモノトス但是等ノ規定ヲ倉庫營業者ニ準用セラレタルモノアリ後ニ説明スヘシ。

預證券質入證券

第三百五十八條　倉庫營業者ハ寄託者ノ請求ニ因リ寄託物ノ預證券及ヒ質入證券ヲ交付スルコトヲ要ス

本條ハ倉庫營業者カ寄託者ノ請求アリタルトキハ其寄託物ノ預證券及ヒ質入證券ヲ交付スルコトヲ要スル旨ヲ規定シタルモノニシテ之ヲ倉庫證券ト謂フ元來倉庫證券ノ發行ニ付テハ古來三箇ノ主義アリ一券主義(單券主義トモ云フ)二券主義(複券主義トモ云フ)及ヒ併用主義(折衷主義)是レナリ一券主義トハ單ニ寄託物ノ預證券ノミヲ認メテ他ヲ發行セサルヲ謂ヒ二券主義トハ預證券ノ外質入證券ヲモ認ムルモノナリ又併用主義即チ折衷主義ニ依レハ倉庫營業者カ寄託者ノ請求ニ因リ或ハ預證券及ヒ質入證券ヲ發行シ或ハ單ニ預證券ノミヲ發行スルヲ謂フ而シテ預證券ノミヲ發行シタルトキハ之ヲ倉荷證券ト謂フ本條ハ倉庫營業者カ寄託者ノ請求ニ因リ預證券及ヒ質入證券ヲ發行スル場合ヲ規定シタルモノナルモ我商法ハ第三百八十三條ノ二ノ追加規定ニ依リテ併用主義ヲ採用シタルコトハ明カナリ。

今何故ニ寄託者ハ寄託物ニ付キ預證券及ヒ質入證券ノ二券ヲ請求スルヤヲ考フルニ預證券ヲ以テ所有權移轉ノ具ニ供シ質入證券ヲ以テ質權設定ノ具ニ供セ

シトスルニ在リ蓋寄託者カ斯ル目的ヲ有スル場合ニ於テ單ニ預證券ノミヲ所持スルニ止マルトキハ質權設定ノ場合ニ於テハ其預證券ヲ質權者ニ交付セサルヘカラス而モ一旦質權者ニ之ヲ交付セシカ其預證券ハ債權ヲ辨濟スルニ非サレハ取戻スヲ得ス從テ質權ヲ設定シタル儘之ヲ讓渡セントスルニ當リ不便ヲ感スヘシ然ルニ今預證券ノ外質入證券ヲ發行セシメ置クトキハ質權設定ノ場合ニ於テハ質權者ニ質入證券ヲ交付シ置キ預證券ハ自ラ保管スルカ故ニ質權設定ノ儘倉荷ヲ讓渡セントスルニ當リテ不便ヲ感スルコトナシ例ヘハ五千圓ノ價格ヲ有スル倉荷ニ付キ三千圓ノ質權ヲ設定シタルトキハ其預證券ヲ以テ表示セラルル倉荷ノ價格ハ尚二千圓存スルヲ以テ其所有權ヲ讓渡スルニハ預證券ヲ交付スヘキヲ以テ便利ナリト云フニ在リ然レトモ是レ理論上ノ談ニシテ實際上ニ於テハ質權者タラントスル者ハ同時ニ質入證券ト預證券トノ占有ヲ希望シ質權設定者此希望ヲ容ルルニ非サレハ金錢ノ貸付ヲ爲ササルヲ以テ從來二券主義ヲ便トセシハ唯法理上ノ便利タルニ止マリ實際上ノ便利タラサリシノミナラス一箇ノ倉荷ニ付キ二券ヲ發行スルハ事實上弊害ヲ百出スルニ至ルヘシトシ之ヲ批難セル學者實業家少カラサリキ幸ニ本法改正ノ際第三百八十三條ノ二ヲ設ケラルルニ至

リシヲ以テ各當事者其便利トスル所ニ從テ之ヲ應用シテ可ナリ。

本條ノ説明ヲ終ハルニ當リ一言スヘキモノアリ卽チ倉庫證券(預證券、質入證券、倉荷證券)ハ學者ノ所謂因求證券ナリ蓋寄託者ノ請求ニ因リテ倉庫營業者之ヲ發行スルモノナレハナリ又不要因的權利(前ニ貨物引換證ニ説明シタル點參照)ヲ發生スル證券ニ非サルナリ其他此證券ノ性質ハ次條以下ヲ説明スルニ當リテ釋明スヘシ。

第三百五十九條　預證券及ヒ質入證券ニハ左ノ事項及ヒ番號ヲ記載シ倉庫營業者之ニ署名スルコトヲ要ス

預證券質入證券ノ記載事項

一　受寄物ノ種類、品質、數量及ヒ其荷造ノ種類、個數並ニ記號
二　寄託者ノ氏名又ハ商號
三　保管ノ場所
四　保管料
五　保管ノ期間ヲ定メタルトキハ其期間
六　受寄物ヲ保險ニ付シタルトキハ保險金額保險期間及ヒ保險者ノ氏名又ハ商號
七　證券ノ作成地及ヒ其作成ノ年月日

本條ハ倉庫營業者カ預證券及質入證券ヲ作成シタル時之ニ記入スヘキ事項ヲ掲載シタルモノトス其記載事項ニ付テハ今茲ニ一一説明スルノ要ナキモ之ヲ以

テ預證劵及ヒ質入證劵カ一ノ形式的證劵(要式的證劵)タルヲ知ルニ足ラン然レトモ本條第五第六ハ保管期間ヲ定メタル場合又ハ受寄物ヲ保險ニ付シタル場合ニ記載スルヲ要スル事項卽チ相對的記載事項ナルカ故ニ此等ノ事項ナキ場合ニ之ヲ記載セルハ當然ニシテ證劵ノ效力ニ影響アルコトナシ而シテ絕對的ノ記載要件ヲ缺キタルトキハ之ヲ無效トスルヲ通說トス。

第三百六十條　倉庫營業者カ預證劵及ヒ質入證劵ヲ寄託者ニ交付シタルトキハ其帳簿ニ左ノ事項ヲ記載スルコトヲ要ス

一　前條第一號、第二號及ヒ第四號乃至第六號ニ掲ケタル事項

二　證劵ノ番號及ヒ其作成ノ年月日

本條ノ規定ノ理由及ヒ記載事項ニ付テハ別ニ說明ヲ要スヘキモノナシ。

寄託物ノ分割請求

第三百六十一條　預證劵及ヒ質入證劵ノ所持人ハ倉庫營業者ニ對シ寄託物ヲ分割シ且其各部分ニ對スル預證劵及ヒ質入證劵ノ交付ヲ請求スルコトヲ得此場合ニ於テハ所持人ハ前ノ預證劵及ヒ質入證劵ヲ倉庫營業者ニ返還スルコトヲ要ス

前項ニ定メタル寄託物ノ分割及ヒ證劵ノ交付ニ關スル費用ハ所持人之ヲ負擔ス

本條ハ預證劵及ヒ質入證劵ノ所持人ハ時トシテ寄託物ノ一部ヲ分割スルヲ利益トスヘキ場合アルヲ慮リ規定シタルモノトス卽チ斯ル場合ニ於テハ預證劵及ヒ質入證劵ヲ所持スル者ハ倉庫營業者ニ對シ寄託物ノ分割ヲ請求シ且其各部分

ニ對スル預證券及質入證券ノ交付ヲ請求スルコトヲ得ルモノニシテ倉庫營業者ハ之ヲ交付スルノ義務ヲ有ス而シテ此場合ニ於テハ前ノ證券ハ所持人ニ於テ不用ニ屬スヘキヲ以テ倉庫營業者ニ之ヲ返還スルヲ要スルモノトシ且此費用タルヤ畢竟預證券及質入證券ノ所持人ノ爲メニ生シタルモノナルヲ以テ請求者ニ於テ之ヲ支拂ハサルヘカラス。

茲ニ注意ヲ要スルハ本條ニハ「預證券及ヒ質入證券ノ所持人ハ」トアリテ「預證券又ハ質入證券ノ所持人ハ」トアラス乃チ本條ノ規定ニ依リテ寄託物ヲ分割シ其各部分ニ對スル證券ノ交付ヲ請求スルニハ必スヤ預證券ト質入證券トヲ所持セサルヘカラス單ニ預證券ノ所持人タルノミ又ハ質入證券ノ所持人タルノミニテハ本條ノ權利ヲ有セス蓋預證券ニ依リテ數個ノ寄託物トナシ之ニ對スル新預證券ヲ發行セシメ質入證券カ依然一個ノ寄託物トナル場合ノ如キ或ハ之ト反對ノ場合ヲ生スル如キコトアラハ之ニ因リテ大ナル弊害ヲ釀生スルニ至ルヘケレハナリ例證スルマテモナク實際ノ場合ヲ想像スルトキハ思半ニ過クルモノアラン。

第三百六十二條　預證券及ヒ質入證券ヲ作リタルトキハ寄託ニ關スル事項ハ倉庫營業者ト所持人トノ間ニ於テハ其證券ノ定ムル所ニ依ル

預證券質入證券ノ効力

本條ノ規定ハ前ニ説明シタル第三百三十四條ノ規定卽チ運送契約ニ於テ貨物引換證ヲ作リタル場合ト同一ノ趣意ニ基ク故ニ前説明ヲ參照スルトキハ本條ノ意義從テ明了ナラム。

第三百六十三條　削除

本條ハ改正前ニ在リテハ「預證券及ヒ質入證券ヲ作リタルトキハ寄託物ニ關スル處分ハ其證券ヲ以テスルニ非サレハ之ヲ爲スコトヲ得ス」トアリシモ本法ノ改正ニ依リ貨物引換證ノ下ニ(三三四ノ二)「貨物引換證ヲ作リタルトキハ運送品ニ關スル處分ハ貨物引換證ヲ以テスルニ非サレハ之ヲ爲スコトヲ得ス」ト規定シ之ヲ本章第三百六十五條ヲ以テ倉荷證券ニ準用シタルヲ以テ本條ノ規定ハ畢竟必用ナキモノトナリ茲ニ其ノ削除ヲ見ルニ至リシモノトス。

預證券質入證券ノ效果

第三百六十四條　預證券及ヒ質入證券ハ其記名式ナルトキト雖モ裏書ニ依リテ之ヲ讓渡シ又ハ之ヲ質入スルコトヲ得但證券ニ裏書ヲ禁スル旨ヲ記載シタルトキハ此限ニ在ラス

預證券ノ所持人カ未タ質入ヲ爲ササル間ハ預證券及ヒ質入證券ハ各別ニ之ヲ讓渡スコトヲ得ス

本條第一項ハ預證券及ヒ質入證券ハ當然ノ指圖證券タルコトヲ規定シタルモノトス卽チ此等ノ證券カ記名式ナルトキト雖モ其所持人ハ裏書ニ依リテ當然ニ

之ヲ讓渡シ又ハ質入ヲ爲スコトヲ得ルモノトシ唯證劵ニ裏書ヲ禁スル旨ヲ記載シタル場合ニ限リ裏書ニ依リテ之ヲ讓渡シ又ハ質入スルヲ得サルモノトス。

第二項ハ預證劵ノ所持人カ未タ質入ヲ爲ササル間ハ預證劵及質入證劵ハ各別ニ之ヲ讓渡スコトヲ得サル旨ヲ規定シタルモノトス蓋預證劵ノ所持人カ未タ質入ヲ爲ササル間ハ二劵ヲ所持スルモノニシテ此場合ニ若シ預證劵ヲ先ニ讓渡シ後ニ質入證劵ヲ以テ寄託品ノ質入ヲ爲ストキハ預證劵ノ讓受人ハ損害ヲ受クルニ至ルヘケレハナリ。

第三百六十五條　第三百三十四條ノ二及ヒ第三百三十五條ノ規定ハ預證劵及ヒ質入證劵ニ之ヲ準用ス

本條ハ貨物引換證ニ關スル第三百三十四條ノ二及ヒ第三百三十五條ノ規定ヲ預證劵ニ準用シタルモノニシテ此等法文ノ意義ニ付テハ前ニ詳說シタルヲ以テ再說ヲ省クト雖モ第三百三十四條ノ二ヲ預證劵及ヒ質入證劵ニ準用スルノ結果預證劵及ヒ質入證劵ヲ作リタルトキハ寄託品ニ關スル處分ハ預證劵及ヒ質入證劵ヲ以テスルニ非サレハ之ヲ爲スコトヲ得ス」トナリ又第三百三十五條ヲ準用スルノ結果「預證劵及ヒ質入證劵ニ依リ寄託品ヲ受取ルコトヲ得ヘキ者ニ預證劵及

ヒ質入證券ヲ引渡シタルトキハ其ノ引渡ハ寄託品ノ上ニ行使スル權利ノ取得ニ付キ寄託品ノ引渡ト同一ノ效力ヲ有ス」トナル本條ハ改正前ニアリテハ單ニ第三百三十五條ノ規定ノミ準用セラレタルニ過キサリシモ本法ノ改正ニ依リ第三百三十四條ノ二ノ規定ヲ設ケラレタルヲ以テ之ヲモ預證券及ヒ質入證券ニ準用シタルモノトス而シテ第三百三十五條ノ規定ノ改正セラレタルコトハ前ニ説明セル如シ。

預證券質入證券滅失ニ對スル救濟

第三百六十六條　預證券又ハ質入證券カ滅失シタルトキハ其所持人ハ相當ノ擔保ヲ供シテ更ニ其證券ノ交付ヲ請求スルコトヲ得此場合ニ於テハ倉庫營業者ハ其旨ヲ帳簿ニ記載スルコトヲ要ス

本條ハ預證券又ハ質入證券ノ所持人カ其證券ヲ滅失シタル場合ニ關スル規定ナリトス證券ノ滅失トハ其證券ヲ燒盡シタルカ或ハ毀滅シタル場合ノ如ク證券ヲ絕對ニ存在セサラシムルニ至リタル場合ヲ指シ喪失ノ場合ト區別スルヲ要ス卽チ喪失トハ甲ノ手ニ存在セサルニ至リシモ乙ノ手ニ存在セルカ或ハ路傍其他ノ場所ニ遺棄セラレタルカ要スルニ未タ絕對ニ存在ヲ失ハサル場合ナルモ滅失トハ物ノ絕對的不存在ヲ意味ス而シテ預證券又ハ質入證券ノ所持者カ之ヲ滅失シタルトキハ倉庫營業者ニ對シ更ニ證券ノ交付ヲ請求スルコトヲ得ルモノナル

モ之ヲ請求セムニハ所持人(所持人ト云フモ所持人タリシ者ト云フノ意ナリ)ニ於テ相當ノ擔保ヲ供スルヲ要スルモノトス蓋寄託物ノ處分ハ證券ヲ以テセラルルモノタルヲ以テ更ニ證券ヲ交付スルハ倉庫營業者ニトリテ危險ナシトセサルヲ以テナリ而シテ倉庫營業者其請求ニ應シタルトキハ其旨ヲ帳簿ニ記載スルヲ要スルモノトス。

又證券カ喪失シタル場合ニアリテハ本法第二百八十一條ニ依リ公示催告手續ニ依リ其喪失シタル證券ヲ無效タラシムルヲ得ルヲ以テ之ヲ無効タラシメタル後更ニ證券交付ヲ請求スルヲ得ヘク此場合ニハ擔保ヲ供スルノ必要ナシ。

第三百六十七條　質入證券ニ第一ノ質入裏書ヲ爲スニハ債權額、其利息及ヒ辨濟期ヲ記載スルコトヲ要ス

第一ノ質權者カ前項ニ掲ケタル事項ヲ預證券ニ記載シテ之ニ署名スルニ非サレハ質權ヲ以テ第三者ニ對抗スルコトヲ得ス

第三百六十七條ノ二　預證券ノ所持人ハ寄託物ヲ以テ預證券ニ記載シタル債權額及ヒ利息ヲ辨濟スル義務ヲ負フ

第三百六十七條ノ三　質入證券所持人ノ債權ノ辨濟ハ倉庫營業者ノ營業所ニ於テ之ヲ爲スコトヲ要ス

質入證券ノ裏書事項

第三百六十七條ハ質入證券ニ第一ノ質入裏書ヲ爲ス場合ノ規定ニシテ即チ質

入證券ニ債權額其利息及ヒ辨濟期ヲ記載スルヲ要スルモノトス然レトモ之ヲ以テ第三者卽チ質權設定者及質權者以外ノ者ニ對抗セムニハ單ニ質入證券ニノミ債權額其利息及ヒ辨濟期ヲ記載スルヲ以テ足レリトセス預證券ニモ之ヲ記載スルヲ要スルモノニシテ殊ニ預證券ニハ第一ノ質權者カ上述ノ事項ヲ記載スルノ外之ニ署名スルヲ要スルモノトス蓋預證券ニ何等ノ記載ナキトキハ預證券ノ取得者ハ寄託物ニ付キ質權ノ設定アルコトヲ知ルニ由ナク從テ預證券ノ裏書ニ依リ完全ナル寄託物ノ所有權ヲ得タリト信シタリシニ突然質入證券ノ所持者現ハレ其質權ヲ對抗セラルルモノトセハ預證券ノ取得者ヲシテ不慮ノ損失ヲ被ムラシムルモノタリ之レ本條第二項ノ規定アルモノトス。

次ニ第三百六十七條ノ二ハ質入證券所持人ノ債務者ノ何人タルヤヲ規定シタルモノニシテ「預證券ノ所持人ハ寄託物ヲ以テ預證券ニ記載シタル債權額及ヒ利息ヲ辨濟スル義務ヲ負フ」トアリ蓋預證券所持人ニ對シ何人カ債務者タルヤハ從來學者間ニモ異說アリテ第一ノ質入裏書ヲ爲シタル者ヲ以テ債務者トスルハ通說タリシモ本條ノ追加ニ依リ預證券ノ所持人ハ其證券ニ記載シタル債權額及ヒ利息ヲ辨濟スル義務ヲ負フモノトセリ之レ預證券ノ所持人ヲ以テ第一ノ債務者

トスルノ趣旨ヲ明定シタルモノトス然レトモ預證券ノ所持人ノ此義務タルヤ物的有限責任ナリトス之レ法文ニモ寄託物ヲ以テトアル所以ナリ詳言スレハ預證券ノ所持人カ寄託物ノ價格ヲ超エテ債權ヲ辨濟スルヲ要セサルモノトス蓋預證券所持人ハ元來質權ヲ設定シタル者ニ非ス唯預證券ヲ所持スルニヨリ債務者トナリシ者ナルヲ以テ其責任ヲ物的有限ニ止メ不足額ハ第三百七十二條ノ如ク其裏書人ニ辨濟セシムルモノトスルヲ至當トスヘケレハナリ。

第三百六十七條ノ三ハ質入證券所持人ノ債權ノ辨濟ハ如何ナル場所ニ於テ爲スヘキヤニ付キ規定シタルモノトス民法ノ規定ニ依レハ債權ハ債權者ノ住所ニ於テ辨濟スヘク本法ノ規定ニ依ルモ債權ハ債權者ノ營業所ヲ第一次トシ若シ營業所ナキトキハ其住所ニ於テ爲スヘキモノナルモ若此規定ヲ適用セムカ預證券所持人ニ變更アル毎ニ質入證券所持人ニ之ヲ知ラシムルヲ要スル等ノ不便アリ且手數ヲ要スルヲ以テ本條ノ如ク質入證券所持人ノ債權ニ付テハ倉庫營業者ノ營業所ニ於テ之ヲ爲スヲ要スルモノトセルナリ。

第三百六十八條　質入證券ノ所持人カ辨濟期ニ至リ支拂ヲ受ケサルトキハ手形ニ關スル規定ニ從ヒテ拒絶證書ヲ作ラシムルコトヲ要ス

質入證券所持人カ手形法ニヨリ拒絶證書ヲ作ラシムル場合

本條ハ質入證券ノ所持人カ債權ノ辨濟期到來シタルニ因リ倉庫營業者ノ營業所ニ至ルモ其辨濟ヲ受ケサルトキニ關スル規定ニシテ斯ル場合ニハ其所持人ハ手形編ニ規定スル場合ノ如ク支拂拒絶證書ヲ作成スヘキモノトス此支拂拒絶證書作成ニ付テハ手形編ノ説明ヲ參照スルヲ要ス。

第三百六十九條　質入證券ノ所持人ハ拒絶證書作成ノ日ヨリ一週間ヲ經過シタル後ニ非サレハ寄託物ノ競賣ヲ請求スルコトヲ得ス

本條ハ質入證券所持人カ前條ノ規定ニ依リ支拂拒絶證書ヲ作製シタル日ヨリ七日ヲ經過シテ始メテ寄託物ノ競賣ヲ請求スルコトヲ得ル旨ヲ定メタルモノニシテ換言スレハ支拂拒絶證書ヲ作成スルモ其作成ノ日ヨリ七日內ニ債權ノ辨濟アリタルトキハ質入證券所持人ハ其辨濟ノ受領ヲ拒ムヲ得ス從テ寄託物ノ競賣ヲ請求スルヲ得サルモノタルコトヲ明カニシタルニ止マル。

第三百七十條　倉庫營業者ハ競賣代金ノ中ヨリ競賣ニ關スル費用、受寄物ニ課スヘキ租稅、保管料其他保管ニ關スル費用及ヒ立替金ヲ控除シタル後其殘額ヲ質入證券ト引換ニ其所持人ニ支拂フコトヲ要ス

競賣代金ノ內ヨリ前項ニ揭ケタル費用、租稅、保管料、立替金及ヒ質入證券所持人ノ債權額、利息、拒絶證書作成ノ費用ヲ控除シタル後餘剩アルトキハ倉庫營業者ハ之ヲ預證券ト引換ニ其所

持人ニ支拂フコトヲ要ス

本條ハ質入證券所持人カ前條ニ依リ寄託物ヲ競賣シタル後倉庫營業者カ其競賣金ノ處分ヲ如何ニスヘキヤヲ規定シタルモノトス即チ倉庫營業者ハ其競賣代金ノ中ヨリ競賣費用、受寄物ノ租税、保管料其他保管ニ關スル費用及ヒ立替金ヲ控除シタル後其殘額ヲ質入證券所持人ニ支拂フヘキモノニシテ之ヲ支拂フ場合ニハ質債權全部ヲ支拂フ場合ト一部ヲ支拂フ場合トアルヘク其全部ヲ支拂フ場合ニハ質入證券ト引換ニ其所持人ニ支拂ヘハ可ナリ其殘額ノミニテハ質債權全部ヲ支拂フ能ハサルトキハ次條ノ規定ニ依ル而シテ又場合ニ依リテハ上述ノ諸費用及質債權ヲ辨濟シ尚ホ競賣代金ニ剩餘ヲ生スルコトアルヘシ斯ル場合ニハ倉庫營業者ハ預證券ノ所持人ニ對シ預證券ト引換ニ之レカ返還ヲ爲スヲ要スルモノトス法文ニ支拂ヲ爲スヲ要ストアルモ返還スルヲ要スルノ意ナリ。

第三百七十一條　競賣代金ヲ以テ質入證券ニ記載シタル債權ノ全部ヲ辨濟スルコト能ハサリシトキハ倉庫營業者ハ其支拂ヒタル金額ヲ質入證券ニ記載シテ其證券ヲ返還シ且其旨ヲ帳簿ニ記載スルコトヲ要ス

本條ハ競賣代金ヲ以テ質入證券ニ記載シタル債權ノ全部ヲ辨濟スルコト能ハサリシ場合ノ規定ニシテ斯ル場合ニ於テハ倉庫營業者ハ其支拂ヒタル金額ヲ質

入證券ニ記載シタル上之ヲ質入證券所持人ニ返還スヘキモノトス蓋此場合ニ於テハ質入證券ノ所持人ハ未タ債權ノ全部ノ辨濟ヲ受ケタルモノニ非サルヲ以テ質入證券ヲ倉庫營業者ニ引渡シ了ルヲ得サレハナリ又倉庫營業者ハ此場合ニハ競賣代金ヲ以テ質權者ノ債權ヲ全部辨濟シ得サリシ旨ヲ其帳簿ニ記載スルヲ要スルモノトス。

質入證券所持人ノ權利

第三百七十二條　質入證券ノ所持人ハ先ツ寄託物ニ付キ辨濟ヲ受ケ尙ホ不足アルトキハ其裏書人ニ對シテ不足額ヲ請求スルコトヲ得

第四百八十七條ノ二乃至第四百八十八條ノ四、第四百九十一條、第四百九十二條及ヒ第四百九十五條ノ規定ハ前項ニ定メタル不足額ノ請求ニ之ヲ準用ス

本條ハ前旣ニ述ヘタル如ク質入證券ノ所持人ハ先ツ寄託物ニ付キ辨濟ヲ受クルモノナルモ尙之ヲ以テ全部ノ辨濟ヲ受クルコト能ハサル場合ニハ前條ニ依リ倉庫營業者ヨリ返還ヲ受ケタル質入證券ヲ以テ其裏書ヲ爲シタル者ニ對シ不足額ヲ請求スルコトヲ得ルモノトス。

本條第二項ハ不足額ノ請求ヲ受ケタル裏書人ハ自己ノ前者即チ自己ニ裏書ヲ爲シタル者ニ對シテ更ニ償還ノ請求ヲ爲スヲ得ヘキコト及ヒ其償還請求ノ方法償還額等ニ付キ手形ニ關スル規定ヲ準用シタルモノトス茲ニ之ヲ詳說スルトキ

ハ手形法ノ說明ト重複スルニ至ルヲ以テ此等ノ事項ニ付テハ手形法ノ講義ヲ參照ヲ要ス。

質入證券所持人ノ請求權

第三百七十三條　質入證券ノ所持人カ辨濟期ニ至リ支拂ヲ受ケサリシ場合ニ於テ拒絕證書ヲ作ラシメサリシトキ又ハ拒絕證書作成ノ日ヨリ二週間內ニ寄託物ノ競賣ヲ請求セサリシトキハ裏書人ニ對スル請求權ヲ失フ

本條ノ規定ハ前ニ說明シタル第三百六十八條及第三百六十九條ノ規定ノ效果ヲ定メタルモノトス卽チ質入證券ノ所持人カ辨濟期ニ至リテ支拂ヲ受ケサルトキハ手形ニ關スル規定ニ從ヒテ拒絕證書ヲ作ラシムルヲ要シ又其拒絕證書作成ノ日ヨリ一週間ヲ經過シタル後ハ寄託物ノ競賣ヲ請求スヘキモノトス然レトモ此等ノ規定タルヤ質入證券所持人ノ權利ヲ規定シタルモノニシテ義務ヲ規定シタルモノニ非ス從テ質入證券所持人ハ此等ノ手續ヲ爲スト否トノ自由ヲ有スルモノタルモ而モ質入證券所持人カ裏書人ニ對シテ請求ヲ爲サムトスルニハ必ス上述ノ手續ヲ履行シタルコトヲ要ス蓋シ質入證券所持人カ寄託物ヨリ多少ノ辨濟ヲ受クルコトヲ得ルニ拘ハラス之ヲ受クル手續ヲ盡サスシテ裏書人ニ對シテ質債權額全部ノ償還ヲ請求セムトスルハ質入證券所持人ニ在リテハ便利ナラムモ裏書人ニ於テ不利益ヲ被ムルモノナレハナリ是レ本條ノ規定ノ存スル所以ナ

リトス。

質入證券所持人ノ權利行使ノ期間

第三百七十四條　質入證券所持人ノ預證券所持人ニ對スル請求權ハ辨濟期ヨリ一年質入證券裏書人ニ對スル請求權ハ寄託物ニ付キ辨濟ヲ受ケタル日ヨリ六个月質入證券裏書人ノ其前者ニ對スル請求權ハ償還ヲ爲シタル日ヨリ六个月ヲ經過シタルトキハ時效ニ因リテ消滅ス

本條ハ改正前ニアリテハ「債務者其他ノ裏書人ニ對スル質入證券所持人ノ請求權ハ辨濟期ヨリ一年間之ヲ行ハサルトキハ時效ニ因リテ消滅ス」トアリシナリ然レトモ本法ノ改正ニヨリテ第三百六十七條ノ二ノ追加セラレタルアリ次テ第三百七十二條ノ改正アリタルヲ以テ質入證券所持人ハ其債權ニ付キ第一次ニ預證券所持人ニ對シテ請求權ヲ有シ第二次ニ證券裏書人ニ對シテ請求權ヲ有スルコトトナリ又其證券裏書人ハ前者ニ對シテ償還請求權ヲ有ス(最後ノ場合ハ新舊法ニ相違ナシ)故ニ改正前ノ規定ノ如ク單ニ「債務者其他ノ裏書人ニ對スル質入證券所持人ノ請求權」トアルノミニテハ完カラス且各債權ニ付キ同一ノ時效ヲ適用スルハ不可ナリトシ本文ノ如ク改正セラレタルモノトス。

第三百七十五條　寄託者又ハ預證券ノ所持人ハ營業時間内何時ニテモ倉庫營業者ニ對シテ寄託物ノ點檢若クハ其見本ノ摘出ヲ求メ又ハ其保存ニ必要ナル處分ヲ爲スコトヲ得

質入證券ノ所持人ハ營業時間内何時ニテモ倉庫營業者ニ對シテ寄託物ノ點檢ヲ求ムルコトヲ得

寄託物點檢見本摘出其他ノ處分

本條ハ法文所揭ノ如ク寄託者又ハ預證券ノ所持人ハ寄託物ノ點檢若クハ見本ノ摘出權其他寄託物ノ保存ニ必要ナル處分權アルコトヲ認メ倉庫營業者ノ營業時間內ニ之ヲ行使スルヲ要スト規定シタルニ止マリ他ハ說明ヲ要スヘキモノナシ而シテ質入證券ノ所持人ニ對シテハ單ニ寄託物ノ點檢ヲ求ムルコトヲ得ルノミニ止メタリ蓋前二者ト後者トハ寄託物ニ對スル利害關係ニ付キ厚薄アルヲ以テノ故ナラム。

倉庫營業者ノ責任

第三百七十六條　倉庫營業者ハ自己又ハ其使用人カ受寄物ノ保管ニ關シ注意ヲ怠ラサリシコトヲ證明スルニ非サレハ其滅失又ハ毀損ニ付キ損害賠償ノ責ヲ免ルルコトヲ得ス

本條ハ倉庫營業者ノ責任ヲ規定シタルモノニシテ即チ倉庫營業者カ自己又ハ其使用人カ受寄物ノ保管ニ關シ注意ヲ怠ラサリシコトヲ立證セサル限ハ其滅失又ハ毀損ニ付キ損害賠償ノ責ヲ免ルルコトヲ得サルモノトス此等ノ規定ノ趣旨ハ既ニ屢說明シタルヲ以テ再說ヲ省ク。

保管料請求權ノ發生時期

第三百七十七條　倉庫營業者ハ受寄物出庫ノ時ニ非サレハ保管料及ヒ立替金其他受寄物ニ關スル費用ノ支拂ヲ請求スルコトヲ得ス但受寄物ノ一部出庫ノ場合ニ於テハ割合ニ應シテ其支拂ヲ請求スルコトヲ得

本條ハ倉庫營業者ノ保管料及ヒ立替金其他受寄物ニ關スル費用ノ支拂ヲ請求

シ得ル時期ヲ定メタルモノニシテ出庫ノ時ヲ以テ之カ請求ヲ為シ得ヘキモノトス出庫ノ時トハ多クハ保管期間ノ満了シタル時カ或ハ保管期間ノ定メナキ場合ニ於テハ寄託者又ハ預證券ノ所持者等ヨリ寄託物ノ返還ヲ請求シタルトキトス然レトモ一部出庫ノ場合ニ於テハ上述ノ諸費用ハ其受寄物ノ出庫ノ割合ニ應シテ請求スルコトヲ得ルモノトセリ又本條ノ規定タルヤ強行的性質ヲ有セサルヲ以テ當事者ノ契約ヲ以テ自由ニ之ヲ定ムルコトヲ得ヘキヤ論ヲ俟タス又本條保管料トアルハ改正前ニハ報酬トアリシナリ但單ニ字句ヲ修正シタルニ過キス。

受寄物保管ノ期間

第三百七十八條　當事者カ保管ノ期間ヲ定メサリシトキハ倉庫營業者ハ受寄物入庫ノ日ヨリ六个月ヲ經過シタル後ニ非サレハ其返還ヲ爲スコトヲ得ス但已ムコトヲ得サル事由アルトキハ此限ニ在ラス

本條ハ倉庫營業者カ保管期間ヲ定メスシテ寄託ヲ受ケタル場合ノ規定ナリ卽チ保管ノ目的タル寄託物ノ性質、種類、數量等ノ如何又ハ寄託物ノ價格ノ高低ニ依リ當事者間ニ於テ豫メ保管期間ヲ定メ難キ場合アリ斯ル場合ニ於テハ倉庫營業者ハ何時ニテモ受寄物ノ返還ヲ請求シ得ルモノノ如キモ斯クテハ寄託者ノ爲メ不利益タルヲ以テ倉庫營業者ハ受寄物入庫ノ日ヨリ六ケ月ヲ經過シタル後ニ非

サレハ之カ返還ヲ為スコトヲ得サルモノトス但倉庫營業者ニ於テ已ムヲ得サル事由アリタルトキハ六ケ月經過前ニアリテモ其返還ヲ請求スルコトヲ得ルモノトス而シテ如何ナル事由ヲ以テ已ムヲ得サル事由ト認ムルヤハ事實問題ニシテ玆ニ概言スルヲ得ス。

寄託物ノ返還ハ預證券及ヒ質入證券ト引換ニス

第三百七十九條　預證券及ヒ質入證券ヲ作リタル場合ニ於テハ之ト引換ニ非サレハ寄託物ノ返還ヲ請求スルコトヲ得ス

本條ノ規定ハ預證券及ヒ質入證券ノ引換證券タルヨリ生スル當然ノ規定ナリトス卽チ倉庫營業者カ預證券及ヒ質入證券ヲ作リタル場合ニハ之ト引換ニ非サレハ寄託物返還ノ請求ニ應スルノ義務ナキモノトス本條ノ規定ハ運送人カ貨物引換證ヲ作リタル場合ニ於ケル第三百四十四條ノ規定ト全ク同一ノ趣旨ニ基クモノトス。

第三百八十條　預證券ノ所持人ハ質入證券ニ記載シタル債權ノ辨濟期前ト雖モ其債權ノ全額及ヒ辨濟期マテノ利息ヲ倉庫營業者ニ供託シテ寄託物ノ返還ヲ請求スルコトヲ得

本條ハ預證券所持人ノ權利ヲ規定シタルモノトス卽チ預證券所持人ハ質入證券ニ記載シタル質權ノ辨濟期前ニ在リテモ其債權ノ全額及ヒ辨濟期マテノ利息

寄託物ノ分割返還

ヲ倉庫營業者ニ供託スルトキハ寄託物全部ノ返還ヲ請求スルコトヲ得ルモノトセリ蓋預證券所持人ハ寄託物ノ價格騰貴セル場合ニ於テハ寄託物ヲ出庫シテ賣却スルニ付大ナル利益ヲ有スルコトアルヘシ斯ル場合ニ於テハ質入證券所持人ヲ害セサル限ハ之カ出庫ヲ許ササルヘカラス即チ其債權ノ全額及ヒ辨濟期マテノ利息ヲ倉庫營業者ニ供託セシムレハ預證券所持人ハ毫モ質入證券所持人ヲ害セサルモノナルヲ以テ本條ノ規定ヲ設ケ債權ノ辨濟期前ニ於テモ寄託物全部ノ返還請求權ヲ認メタリ。

本法改正前ニ在リテハ本條第二項ニ「前項ノ規定ニ從ヒテ供託シタル金額ハ質入證券ト引換ニ之ヲ其所持人ニ支拂フコトヲ要ス」トアリシモ軈テ説明セムトスル第三百八十條ノ三第一項ノ規定ノ追加セラレシ結果之ヲ削除シタルナリ。

第三百八十條ノ二　寄託物カ同種類ニシテ同一ノ品質ヲ有シ且分割スルコトヲ得ヘキ物ナルトキハ預證券ノ所持人ハ債權額ノ一部及ヒ其辨濟期マテノ利息ヲ供託シ其割合ニ應シテ寄託物ノ一部ノ返還ヲ請求スルコトヲ得此場合ニ於テ倉庫營業者ハ供託ヲ受ケタル金額及ヒ返還シタル寄託物ノ數量ヲ預證券ニ記載シ且其旨ヲ帳簿ニ記載スルコトヲ要ス

前項ニ定メタル寄託物ノ一部出庫ニ關スル費用ハ預證券ノ所持人之ヲ負擔ス

本條ハ本法ノ改正ニ依リ追加セラレタル規定ナリ舊規定ニ依レハ質入證券ニ

依リ寄託物ヲ質入シタル後ハ絶對ニ一部ノ出庫ヲ認メサリシモ之レ大ニ實業家ノ不便ヲ感シタリシ點ニシテ法理上亦之ヲ許スヘカラサル理由ナカリシヲ以テ本條ノ規定ヲ追加セラレタルモノトス然レトモ寄託物ノ一部出庫ニ付テハ次ノ條件ヲ要ス即チ(一)寄託物カ同種類ノモノタルコト(二)同一ノ品質ヲ有シ且分割シ得ヘキモノタルコト(三)預證券ノ所持人カ出庫ノ割合ニ應シテ債權ノ一部及ヒ其辨濟期迄ノ利息ヲ供託スルコトヲ要スルモノトシ預證券所持人カ此條件ヲ充タストキハ寄託物ノ一部ノ返還即チ一部出庫ヲ請求スルコトヲ得ルモノトス而シテ一部出庫ヲ爲シタルトキハ倉庫營業者ハ其供託ヲ受ケタル金額及ヒ返還シタル寄託物ノ數量ヲ預證券ニ記載シ且其旨ヲ帳簿ニ記載スルヲ要スルコト法文所揭ノ如シ。

寄託物ノ一部出庫タルヤ單ニ預證券ノ所持人ノ爲メニ之ヲ爲スモノナルヲ以テ出庫費用ハ請求者タル預證券所持人ノ負擔タルコト明カナリ本條第二項ハ注意的ニ規定シタルニ過キス。

第三百八十條ノ三　前二條ノ場合ニ於テ質入證券ノ所持人ノ權利ハ供託金ノ上ニ存在ス
第三百七十一條ノ規定ハ前條第一項ノ供託金ヲ以テ質入證券ニ記載シタル債權ノ一部ヲ辨

濟シタル場合ニ之ヲ準用ス

本條ハ一部出庫ノ場合及ヒ質債權辨濟前ノ出庫ノ場合ニ於ケル質入證券所持人ノ權利ヲ規定シタルモノトス即チ第三百八十條及第三百八十條ノ二ノ場合ノ供託金ハ寄託物ノ變形ニ過キサルヲ以テ質入證券所持人ハ寄託物ノ一部又ハ全部ニ付キ質權ヲ失フ代リ倉庫營業者カ占有スル供託金ノ上ニ付キ權利ヲ有セサルヘカラス本條ハ即チ之ヲ明言セルモノニシテ當然ノ規定ト云ハサル可ラス。

又本條第二項ヲ以テ第三百十一條ノ規定ヲ準用スル旨ヲ規定シタルヲ以テ倉庫營業者カ供託金ヲ以テ質入證券ニ記載シタル債權ノ一部ヲ辨濟シタルトキハ其支拂ヒタル金額ヲ質入證券ニ記載シテ其證券ヲ返還シ且其旨ヲ帳簿ニ記載スルコトヲ要スルモノトス。

受託者ノ競賣權

第三百八十一條　第二百八十六條第一項及ヒ第二項ノ規定ハ寄託者又ハ預證券ノ所持人カ寄託物ヲ受取ルコトヲ拒ミ又ハ之ヲ受取ルコト能ハサル場合ニ之ヲ準用ス此場合ニ於テ質入證券ノ所持人ノ權利ハ競賣代金ノ上ニ存在ス

第三百七十條及ヒ第三百七十一條ノ規定ハ前項ノ場合ニ之ヲ準用ス

本條ハ改正前ニ至リテハ第二百八十六條ノ規定ハ寄託者又ハ預證券ノ所持人カ寄託物ヲ受取ルコトヲ拒ミ又ハ之ヲ受取ルコト能ハサル場合ニ之ヲ準用スト

アリシヲ改メタルモノトス即チ同條ニ在リテハ寄託者又ハ預證券ノ所持人カ寄託物ヲ受取ルコトヲ拒ミ又ハ之ヲ受取ルコト能ハサル場合ニ於テ第二百八十六條ニ規定セル商人間ノ賣買ニ關スル規定ヲ準用シ之ヲ競賣スルコトヲ得ル旨ヲ定メタルニ過キスシテ斯ル場合ニ於テ質入證券所持人ハ如何ナル權利ヲ有スルヤニ付キ規定セス殊ニ倉庫營業者カ競賣ニ要シタル費用受寄物ニ課スヘキ租税保管料等ニ付キテモ規定ヲ置カス從テ質入證券所持人ノ權利ト此等ノ費用トノ關係ハ勿論規定スル所ナカリシヲ以テ本條第二項ニ於テ第三百七十條及ヒ第三百七十一條ノ規定ヲ本條第一項ノ場合ニ準用シタリ詳細ハ既ニ前ニ説述シタルシタルヲ以テ再説セス。

第三百八十二條　第三百四十八條ノ規定ハ倉庫營業者ニ之ヲ準用ス

本條ハ倉庫營業者ノ責任ノ消滅時效ヲ規定シタルモノトス即チ倉庫營業者ノ責任ハ運送人ノ責任ト異ナルヘキ理由ナキヲ以テ之ニ第三百四十八條ノ規定ヲ準用シタルモノトス而シテ第三百四十八條亦前ニ説明セル所ナルヲ以テ再説ヲ省ク。

第三百八十三條　寄託物ノ滅失又ハ毀損ニ因リテ生シタル倉庫營業者ノ責任ハ出庫ノ日ヨリ

受寄者ノ責任繼續期間

一年ヲ經過シタルトキハ時效ニ因リテ消滅ス
前項ノ期間ハ寄託物ノ全部滅失ノ場合ニ於テハ倉庫營業者カ預證券ノ所持人若シ其所持人カ知レサルトキハ寄託者ニ對シテ其滅失ノ通知ヲ發シタル日ヨリ之ヲ起算ス
前二項ノ規定ハ倉庫營業者ニ惡意アリタル場合ニハ之ヲ適用セス

本條ハ倉庫營業者ノ損害賠償責任ノ消滅時效ヲ規定シタルモノトス即チ倉庫營業者カ前條ノ規定ニ依リテ寄託物ノ滅失又ハ毀損ニ付キ損害賠償ノ責ニ任スヘキ場合ニ於テ寄託物ヲ出庫シタル日ヨリ一年ヲ經過シタルモ尚其損害要償ノ請求ヲ受ケサルトキハ其責任ハ時效ニ因リテ消滅スルモノトス但寄託物全部滅失シタルトキハ之レカ出庫ノ日ナルモノアルヘキ理ナキヲ以テ一年ノ期間ハ倉庫營業者カ預證券ノ所持人若シ其所持人カ知レサルトキハ寄託者ニ對シテ其滅失ノ通知ヲ發シタル日ヨリ起算スルモノトス是レ本條第二項ノ規定アル所以ナリ。

本條ノ規定ハ倉庫營業者ノ責任ヲ輕減シタル恩惠的規定ナルヲ以テ若シ倉庫營業者ニ惡意アリタルトキハ之ヲ保護スヘキ理由ナク普通債權ノ消滅時效ノ規定ニ基キ十年間ハ消滅セサルモノトス。

第三百八十三條ノ二　倉庫營業者ハ寄託者ノ請求アルトキハ預證券及ヒ質入證券ニ代ヘテ倉

倉荷證券

荷證券ヲ交付スルコトヲ要ス
倉荷證券ニハ預證券ニ關スル規定ヲ準用ス

本條ハ倉庫營業者カ寄託者ノ請求ニ因リテ預證券及ヒ質入證券ヲ交付スル代リニ一通ノ倉荷證券ヲ交付スルコトヲ得ル旨ヲ規定シタルモノニシテ前ニ第三百五十八條ヲ說明スルニ當リ說述シタル如ク倉庫證券ノ發行ニ付キ所謂併用主義(折衷主義)ヲ採用シタルモノトス蓋一個ノ寄託品ニ付キ預證券ト質入證券トヲ發行スレハ理論ニ於テ間然スル所ナシトスルモ實際ノ取扱上却テ複雜ナル手續ヲ履行セサルヘカラサルノ煩アリ殊ニ何事モ簡便ヲ旨トスルハ商行爲ノ本則ナルニモ拘ハラス强テ當事者ノ好マサル二券預證券及質入證券ヲ發行スヘシトスルハ慥ニ事理ニ迂ナルノ譏ヲ免レス一券主義ト二券主義トノ利害得失ニ付テハ學者間是非ノ議論喧シキモ此點ニ於テハ寧ロ折衷主義ヲ採用シ寄託者ノ請求ニ因リ倉庫營業者ハ或ハ預證券及質入證券ノ二券ヲ發行スヘク或ハ倉荷證券一券ノミヲ發行スルコトヲ得ト改正セラレタルハ事理ニ適シタルモノト言フヘシ。

本條第二項ハ倉荷證券ニハ預證券ニ關スル規定ヲ準用スル旨ヲ定メタリ蓋倉荷證券ノ性質ハ預證券ト同シク寄託物ノ所有權ヲ表彰シタルモノト云フヲ得ヘ

ケレハナリ從テ預證券ニ付テ規定シタル所ハ倉荷證券ニ準用セラレ第三百五十九條第三百六十條第三百六十一條第三百六十二條以下其他多數ノ規定ハ皆倉荷證券ニ付テモ性質ノ許ス限リ準用セラルルモノトス其證券ノ學理上ノ性質ニ付テモ亦同シ。

第三百八十三條ノ三　倉荷證券ヲ以テ質權ノ目的ト爲シタル場合ニ於テ質權者ノ承諾アルトキハ寄託者ハ債權ノ辨濟期前ト雖モ寄託物ノ一部ノ返還ヲ請求スルコトヲ得此場合ニ於テ倉庫營業者ハ返還シタル寄託物ノ種類品質及ヒ數量ヲ倉荷證券ニ記載シ且其旨ヲ帳簿ニ記載スルコトヲ要ス

本條ハ倉荷證券ヲ以テ質權ノ目的ト爲シタル場合ニ關スル規定ニシテ政府提出ノ改正案ニ於テ見サリシモノナルモノナルモ議會ニ於テ挿入シ確定法文ト爲リタルモノトス即チ倉荷證券ノ所持人ハ寄託物ニ付キ處分權ヲ有スルヲ以テ寄託物ノ一部又ハ全部ノ出庫ヲ請求シ其他一般ノ處分ヲ爲スヲ得ルハ勿論ナルモ若シ倉荷證券ヲ以テ質權ノ目的ト爲シタル場合ニ寄託物ヲ出庫セムトスルニハ先ツ質權者ニ對シテ之カ辨濟ヲ爲スヲ要シ若シ其債權カ辨濟期前ナルトキハ債權額及ヒ利息ヲ供託シタル後ニ非サレハ之カ出庫ノ請求ヲ爲スヲ得ス然レトモ質權者ニ於テ寄託物ノ一部出庫ヲ承諾シタルトキハ寄託者ハ其債權ノ辨濟期前

ト雖モ倉庫營業者ニ對シ之カ請求ヲ爲スコトヲ得ルハ勿論ナリ此ノ場合ニ於テハ質權ハ殘存セル寄託物ノ上ニ存スルモノトス之レ法文ニ規定ナキモ物上擔保ノ性質上疑ヲ容ルルノ餘地ナシ（民二九六、三五〇）然レトモ倉庫營業者ハ殘存セル寄託物ヲ明カナラシムルノ必要アルヲ以テ其ノ寄託物ノ種類、品質及ヒ數量ヲ倉荷證券ニ記載シ且其旨ヲ帳簿ニ記載スルコトヲ要スルモノニシテ倉荷證券ハ之ヲ質權者ニ返還スルヲ要ス。

第十章　保險

保險ハ本法第二百六十四條第九號ヲ以テ相對的商行爲ノ一トシテ列擧セラルル從テ本章ニ於テ說述セムトスル保險ハ當事者ノ一方カ營業トシテ爲ス場合ニ適用セラルル規定ニシテ彼ノ相互保險ノ如キハ本書說述ノ範圍外ニ屬ス但性質ノ許ス範圍內ニ於テ本章ノ規定カ相互保險ニ準用セラルルコトアリ。

一　保險ノ意義　抑保險トハ偶然ナル事故ノ發生ニ因リテ生スルコトアルヘキ人類相互ノ不幸及損害ヲ救濟塡補セムトスルニ在リテ此等ノ不幸及損害ヲ相互ニ救濟シ塡補スルヲ目的トシ營利ノ觀念ナクシテ行ハルルモノ之ヲ相互保險

保險ノ意義

ト謂ヒ被保險者ハ同時ニ保險者タリ又此等ノ不幸損害ヲ救濟シ塡補スルコトヲ約スル者之ヲ營利保險ト謂ヒ保險者同時ニ被保險者タル性質ヲ有スルコトナシ。

斯ノ如ク保險ハ偶然ナル事故卽チ危險ノ發生ニ因リテ襲擊セラルル人類ノ不幸及損害ヲ救濟塡補スルニ在ルヲ以テ其襲擊ヲ受クル客體ノ存スルコトヲ要ス而シテ此客體ハ損害保險ニ在リテハ卽チ被保險利益ニシテ生命保險ニ在リテハ卽チ生命ナリトス約言スレハ危險ノ發生ト危險ノ發生ニ因リ襲擊セラルル客體トハ保險ノ觀念ヲ構成スル成分ナリ。

二　保險ノ種類　保險ノ種類ハ多々アルヘキモ茲ニ揭クル所ノモノハ我商法上ノ保險ノ種類ニ止ム卽チ保險ニハ損害保險ト生命保險トアリ前者ハ危險ノ發生ニ因リテ生シタル物質的損害ヲ塡補スル保險ニシテ後者ハ危險ノ發生ニ因リテ生スル人ノ生死ニ關スル保險ナリ由來保險ノ法理ニ付テ最モ學者ノ頭腦ヲ惱マスハ生命保險(殊ニ終身保險)ニ在リトス卽チ生命保險ニ付テハ如何ナル被保險利益アリヤ否ヤヲ問題トシ或ハ生命保險ハ眞ノ保險ニ非スト言ヒ或ハ生命保險モ亦一ノ損害保險ナリト論ス然レトモ學理上ノ議論ハ暫ク措キ我商法

ハ第三編商行爲中第十章ヲ以テ保險ヲ規定シ保險ニハ損害保險ト生命保險トノ存スルコトヲ認ムル以上ハ生命保險ヲ以テ保險ニ非スト認ムルノ不理ナルハ敢テ論ヲ竢タス亦之ヲ一ノ損害保險ナリト論スルモ商法ニ所謂損害保險ニ非ス從テ强テ之ヲ損害保險ノ一種ナリト極論スルノ必要ナシ但人ノ生存ヲ以テ一ノ利益トシ死亡卽チ此生存ヲ失フハ損害タリ故ニ生命保險ハ一ノ損害保險ナリト云フヲ得ムモ本書ニ於テハ之ヲ詳述スルヲ許サス。

三　本章ノ規定　本章ハ第一節ヲ損害保險トシ第一款ニ之カ總則ヲ掲ケ第二款ニ於テ火災保險ヲ規定シ第三款ニ於テ運送保險ヲ規定シ第二節ニ於テ生命保險ヲ規定ス從テ總則ノ規定ハ卽チ單ニ損害保險ノ總則タルモ之カ規定中生命保險ニ準用セラレタルモノ甚タ多シ之レ損害保險ト生命保險トノ同一總則ノ下ニ規定スルハ困難ナルヲ以テ立法上ノ便宜ニ從ヒタルモノトス。

第一節　損害保險

第一款　總則

第三百八十四條　損害保險契約ハ當事者ノ一方カ偶然ナル一定ノ事故ニ因リテ生スルコトア

ルヘキ損害ヲ塡補スルコトヲ約シ相手方カ之ニ其報酬ヲ與フルコトヲ約スルニ因リテ其效力ヲ生ス

第三百八十五條　保險契約ハ金錢ニ見積ルコトヲ得ヘキ利益ニ限リ之ヲ以テ其目的ト爲スコトヲ得

前條ハ損害保險契約ノ定義ヲ示シタルモノトス卽チ損害保險契約ハ諾成契約タルコト及ヒ雙務契約タルコト且有償契約タルコトハ既ニ前ニ説明シタル諸種ノ契約ト異ナルコトナキヲ以テ詳説セサルモ損害保險契約ノ特質トシテ偶然ナル一定ノ事故卽チ危險ノ發生ノ豫期セラルヘキコトト此危險ノ發生ニ因リテ損害ヲ被ムルヘキ被保險利益アルコトヲ要スルモノニシテ尚法文ニ相手方トアル者卽チ被保險者ニ於テ報酬ヲ支拂フヲ要スルモノトス以下少シク詳説セム。

一　危險ハ保險契約ノ要素ニシテ危險ナケレハ保險ナルモノ存セス然ラハ危險トハ如何ナル意義ヲ有スル語ナルヤ之ニ付キ學者ノ解説及法文ノ用語同シカラス從テ危險ナル語ノ解釋モ其法文ノ用語ニ從テ之ヲ異ニセサルヲ得サルモ今大體ノ意義ヲ説述セムニ(一)法文ニ危險カ被保險者ノ行爲ニ因リテ增加シタルトキハ云云トアル場合ノ危險ノ意義ハ事故ノ發生スヘキ機會ヲ謂ヘルモノニシテ卽チ事故ノ發生スヘキ機會カ被保險者ノ行爲ニ因リテ增加シタルトキ

ハトノ意ニ解スヘキモノトス(二)又法文ニ保險者ノ負擔ニ歸スヘキ危險カ生セサルニ至リシトキト云ヘル場合ノ危險ノ意義ハ之レト少シク意義ヲ異ニシ直チニ事故其モノヲ指セルモノト解スヘク(三)其他危險ノ意義ヲ(一)及ヒ(二)ノ意義兩樣ヲ包含セシメタル場合アリ一例ヲ擧クレハ保險契約ノ當事者カ特別ノ危險ヲ斟酌シテ保險料ヲ定メタル場合ニ其危險カ消滅シタルトキハ保險料ノ減額ヲ請求スルコトヲ得ト云ヘル法文ノ如キハ危險ノ意義ヲ兩樣ニ用ヒタルモノト謂フ可シ。

危險ノ意義前述ノ如シ而シテ保險契約ノ基礎ヲ爲スモノハ(一)ノ意義ニ於ケル危險ノ率ヲ知ルニ在リ今本條文ニ付テ言ヘハ所謂偶然ナル一定ノ事故ノ發生ノ機會ヲ精知スルヲ要ス詳言スレハ統計ノ示ス所其他一般科學ノ力ヲ藉リテ如何ナル被保險利益ニ對シ如何ナル事故カ如何ナル割合ヲ以テ發生スヘキ機會存スルヤヲ精知スルヲ要ス本條ニ偶然ナル一定ノ事故トアル偶然ノ意ハ蓋豫知スヘカラサル一定ノ事故ト謂フノ意ニ外ナラス之ヲ漠然タル意義ニ解スルヲ許サス又一定ノ事故トアルカ故ニ火災トカ運送トカ其保險ニ付セムトスル事故ヲ定ムルヲ要ス。

斯ノ如ク保險契約ハ事故發生ノ機會(危險)ノ率ノ定マリタル後保險者ト保險契約者トノ間ニ結ハルル契約ナルヲ以テ射倖契約ニ非ス勿論箇々ノ契約ニ付テ觀察スレハ保險者ノ利トナルカ被保險者ノ利トナルカ圖ラレサルヲ以テ射倖又ハ委運的契約タラムモ保險者カ締結スル保險契約全體ヨリ觀察スレハ決シテ射倖又ハ委運的契約ニ非サルナリ。

二 被保險利益危險ノ客體タルヘキモノハ即チ被保險利益ナリトス前ニ一言シタル如ク危險ナケレハ保險ナキト同時ニ利益ナケレハ保險ナキノ理ナリ蓋損害ノ塡補ハ利益ノ損失ヲ前提トス從テ被保險利益ナク單ニ偶然ナル一定ノ事故ノ發生ニ因リテ或給付ヲ爲スコトヲ約スルハ賭事若ハ博戲ニシテ刑法上ノ責任ヲ免レス唯被保險利益ノ存スルアリテ之レカ損害補塡ノ問題ヲ生シ保險契約ノ觀念ヲ生スルモノトス然ラハ如何ナル利益ハ保險契約ニ於ケル被保險利益タルヤ第三百八十五條ニハ「保險契約ハ金錢ニ見積ルコトヲ得ヘキ利益ニ限リ之ヲ以テ其目的ト爲スコトヲ得トアリテ消極的ニ金錢ニ見積リ得ヘカラサル利益ハ保險契約ノ被保險利益タルヲ得サルコトヲ示スト同時ニ積極的ニ金錢ニ見積リ得ヘキ利益タルトキハ凡テ其目的タリ得ヘキカ如シ。

抑損害保險契約ハ損害塡補ノ契約ナルヲ以テ金錢ニ見ルコトヲ得サル利益ヲ以テ被保險利益ト爲スヘカラサルハ勿論ナルモ同時ニ金錢ニ見積リ得ヘキ利益タルトキハ凡テ損害保險ノ目的ト爲リ得ルヤ今法文ノ字義ヲ反面的ニ解釋セハ積極的ニ答フヘキカ如シト雖モ我商法上損害保險トシテ認メラルルモノハ火災保險ト運送保險トニ止マルヲ以テ必シモ積極的ニ答フルヲ得ス換言スレハ損害保險ノ目的タリ得ル被保險利益ハ金錢ニ見積ルコトヲ得ヘキ利益タルト同時ニ火災保險並ニ運送保險ノ目的ニ適スルモノタルヲ要スルモノトス。

三　保險料トハ第三百八十四條ニ所謂報酬ニ當ルモノトス蓋保險者ハ一朝被保險利益ニ付キ危險發生セシトキハ之カ損害ヲ塡補セサルヘカラサルカ故ニ此損害ヲ塡補スル爲メ之カ對價トシテ法文ニ所謂報酬卽チ保險料ヲ徵收シ置クヲ要スルモノニシテ此保險料カ合シテ損害塡補額ヲナスモノトシ之ヲ保險金額ト謂フ從テ保險金額ハ箇々多數ノ保險料ノ集合シタルモノナリト謂フヲ得ヘシ但シ保險者ハ營業トシテ保險契約ヲ爲スモノナレハ營業費用ヲ要シ此等ノ費用モ亦保險料ノ中ニ包含セラルルカ故ニ保險契約者カ支拂フ保險料ノ中ニハ純保險料ノ外營業費用等ヲモ包含スルモノトス。

超過保險ノ效力

上述ノ說述ヲ以テ略々保險契約ノ意義及性質ヲ明カニシタリ其他保險契約ハ誠意ヲ要スル契約ナリトシテ說クモノアルモ法律的說明トシテハ採ルヲ得ス蓋契約ハ凡テ誠意ヲ以テ爲スヘキモノニシテ之ヲ保險契約ノ特質ノ如ク言フハ不可ナリ或ハ保險契約者ニ告知義務アルヲ見テ誠意ヲ要スル契約タルノ證ト爲サムトスルモ保險契約者ノ告知義務ノ根底ヲ誠意ヲ要スル契約タルカ故ナリト解クハ學者ノ獨斷ニ過キサルナリ。

第三百八十六條　保險金額カ保險契約ノ目的ノ價額ニ超過シタルトキハ其超過シタル部分ニ付テハ保險契約ハ無效トス

本條ハ超過保險ニ付テ規定シタルモノトス保險金額トハ前ニ說明シタル如ク危險發生ノ場合ニ於テ保險契約者カ保險者ヨリ受取ルヘキ金額ニシテ此金額タルヤ即チ損害塡補ノ性質ヲ有スルモノタリ換言スレハ保險契約者カ保險金額ヲ受領スルハ損害ヲ塡補セムカ爲メニシテ之ニ由リテ利益ヲ得ルカ爲メニ非ス之レ保險契約ノ本質ニシテ保險契約ハ消極的契約ナリト云フモ是ニ胚胎ス今保險金額カ保險契約ノ目的ノ價格即チ被保險利益ヲ超過シタル場合ニ於テ其超過シタル部分ニ付テノ保險契約ヲ無效トセサランカ一朝危險發生シタル場合ニ於テ

ハ保險者ハ保險契約者ニ對シテ保險金額全部ノ支拂ヲ爲サヽルヘカラス從テ保險契約者ハ危險ノ發生ニ因リテ啻ニ損失ヲ塡補シ得ルノミナラス併セテ之カ爲メ利益ヲ得ルノ結果ヲ生ス之レ豈保險ノ本旨ナラムヤ本條ノ規定アル敢テ怪シムニ足ラサルナリ。

第三百八十七條　同一ノ目的ニ付キ同時ニ數箇ノ保險契約ヲ爲シタル場合ニ於テ其保險金額カ保險價額ニ超過シタルトキハ各保險者ノ負擔額ハ其各自ノ保險金額ノ割合ニ依リテ之ヲ定ム

數箇ノ保險契約ノ日附カ同一ナルトキハ其契約ハ同時ニ爲シタルモノト推定ス

同時保險

本條ハ所謂同時保險ノ規定ニシテ亦前條ト同一ノ趣旨ニ基キ規定セラレタルモノトス即超過保險ノ一場合ニシテ法文ニ同一ノ目的ニ付キトアルハ同一ノ被保險利益ニ付キノ意ニシテ同時ニ之ニ數個ノ保險契約ヲ爲シ而モ其保險金額カ保險價格ニ超過シタルトキハ各保險者ハ如何ニシテ其各自ノ負擔額ヲ定ムヘキヤ又同時トハ如何ナル時間ノ關係ニアル場合ヲ指シタルヤヲ決定シタルモノトス例ヘハ一萬圓ノ價格ヲ有スル家屋ニ甲ナル保險者ノ保險價格カ五千圓乙丙ナル保險者亦各五千圓ノ保險價格ヲ以テ契約ヲ爲シタリシニ危險發生シテ各自保險金額ヲ提供スルニ當リ甲乙丙各五千圓ヲ提供スルモノトセハ保險契約者ハ危

相次保險

險ノ發生ニ因リテ五千圓ヲ利得スルニ至リ前條ノ場合ト同シク保險ノ本旨ニ悖ルニ至ル乃チ斯ル場合ニ於テハ各保險者ノ負擔額ハ其各自ノ保險金額ノ割合ニ依リテ定マルカ故ニ甲乙丙各三分ノ一ノ負擔額ヲ有スルヲ以テ保險價格ノ三分ノ一卽チ各自三千三百三十三圓餘ツツ負擔スルニ至ルモノトス又同時ナリヤ否ヤハ事實問題ナルモ數箇ノ保險契約ノ日附カ同一ナルトキハ其契約ハ同時ニ爲シタルモノト推定セラルルモノトス。

第三百八十八條　相次テ數箇ノ保險契約ヲ爲シタルトキハ前ノ保險者先ツ損害ヲ負擔シ若シ其負擔額カ損害ノ全部ヲ塡補スルニ足ラサルトキハ後ノ保險者之ヲ負擔ス

本條ハ時ヲ異ニシテ數個ノ保險契約ヲ爲シ而モ其保險金額カ保險價格ニ超過シタル場合ニ關スル規定ナルヲ以テ前二條ト同一ノ趣旨ニ基キ超過保險ニ付キ保險者ノ責任ヲ規定シタルモノトス此場合ニ於テハ前ノ保險者先ツ損害ヲ負擔シ而シテ其負擔額カ保險價格ト同シキトキハ後ノ保險者ニ於テ負擔スベキモノナキモ若シ前ノ保險者ノ負擔額カ保險價格ニ充タサルトキ卽チ保險契約者ノ損害ノ全部ヲ塡補スルニ足ラサルトキハ後ノ保險者ニ於テ唯其不足部分タケヲ負擔スヘキモノトス例ヘハ保險價額一萬圓ノ家屋ニ付キ甲ナル保險者七千圓ノ保

險金額ヲ以テ火災保險契約ヲ爲シ乙ナル保險者五千圓ノ保險金額ヲ以テ同シク火災保險契約ヲ爲シタリシニ其家屋類燒シタリトセンニ甲ハ七千圓ノ負擔乙ハ三千圓ノ負擔ヲ負フヘキカ如シ。

再保險

第三百八十九條　保險價額ノ全部ヲ保險ニ付シタル後ト雖モ左ノ場合ニ限リ更ニ保險契約ヲ爲スコトヲ得

一　前ノ保險者ニ對スル權利ヲ後ノ保險者ニ讓渡スコトヲ約シタルトキ

二　前ノ保險者ニ對スル權利ノ全部又ハ一部ヲ抛棄スヘキコトヲ後ノ保險者ニ約シタルトキ

三　前ノ保險者カ損害ノ塡補ヲ爲ササルコトヲ條件トシタルトキ

本條ハ保險價格ノ全部ヲ保險ニ付シタル後ニ於テモ一定ノ條件ノ下ニ更ニ同一ノ被保險利益ニ付キ保險ヲ付スルコトヲ得ル旨ヲ定メタルモノトス抑保險價格ノ全部ヲ保險ニ付シタル後ハ最早保險ニ付スヘキ被保險利益ナキモノナルヲ以テ前ニ説明シタル第三百八十六條ニ於テ「保險金額カ保險契約ノ目的ノ價格ヲ超過シタルトキハ其ノ超過シタル部分ニ付テハ保險契約ハ無效トス」ト云ヒ所謂超過保險ノ無效ナル旨ヲ明カニシ次テ同時ノ超過保險及ヒ異時ノ超過保險(三八七、三八八)ニ付キテ各保險者ノ責任ヲ規定シタリ(學者或ハ同時ノ超過保險及異時ノ超過

保險ヲ重複保險ト稱ス其超過保險ノ一場合タルハ固ヨリナリ)本條ハ既ニ保險價格ノ全部ヲ保險ニ付シタル後更ニ之ヲ保險ニ付セントスルモノナルヲ以テ學者或ハ本條ノ場合モ亦第三百八十七條、第三百八十八條ノ場合ト同シク重複保險ノ一場合トシテ說明スルハ理論上敢テ不可ナキモ其原理ニ至テハ超過保險ニ關スルモノナルコト明カナリ左ニ保險價格ノ全部ヲ保險ニ付シ殘存セル被保險利益ナキ場合ニ付テ說明ス可シ。

一 保險契約者カ前ノ保險者ニ對スル權利ヲ後ノ保險者ニ讓渡スコトヲ約シタルトキ　此場合ニ於テハ保險契約者カ後ノ保險者ト保險契約ヲ爲スニ當リ前ノ保險者ニ對スル權利ヲ後ノ保險者ニ讓渡スモノナルカ故ニ一朝被保險事故發生スルモ保險契約者ハ保險價格ニ超過シタル利益ヲ取得スルコトナシ換言スレハ二重ノ損害塡補ヲ受クルコトナシ既ニ此憂ナシトセハ保險契約者ヲシテ更ニ保險契約ヲ爲スコトヲ得セシムルモ支障ナキナリ是レ本號ノ規定アル所以ナリ。

二 保險契約者カ前ノ保險者ニ對スル權利ノ全部又ハ一部ヲ拋棄スヘキコトヲ後ノ保險者ニ約シタルトキ　此場合ニ於テモ亦保險契約者カ保險價格ニ超過

シタル利益ヲ取得スルコトナシ故ニ之ヲ許シタリ。

三　前ノ保險者カ損害ノ塡補ヲ爲サヽルコトヲ條件トシタルトキ　此場合ハ被保險事故發生シタル場合ニ於テ前ノ保險者カ塡補ヲ爲サヽルコト即チ義務ヲ履行セサルコトヲ條件トシタルモノナルカ故ニ若シ前ノ保險者ニ於テ損害ノ塡補ヲ爲シタルトキハ保險契約者ハ後ノ保險者ヨリ損害ノ塡補ヲ受ケサルモノナルカ故ニ保險契約者ニ於テ保險價額ニ超過シタル利益ヲ收ムルコトナシ故ニ之ヲ許シタルモノトス。

上述ノ如ク本條ノ規定ハ保險契約者カ保險價格ニ超過シタル契約ヲ爲スニ當リ後ノ保險者ニ對シ其超過シタル利益ヲ取得セサルヘキコトヲ約スルモノナルヲ以テ後ノ契約ハ有效トナリ當事者各其所定ノ權利義務アルモノナリ然レトモ次條ノ如キ場合ハ少シク趣ヲ異ニスルモノアリ。

同時保險

第三百九十條　同時ニ又ハ相次テ數箇ノ保險契約ヲ爲シタル場合ニ於テ保險者ノ一人ニ對スル權利ノ拋棄ハ他ノ保險者ノ權利義務ニ影響ヲ及ホサス

本條ノ規定ハ前ニ說明シタル第三百八十七條第三百八十八條ノ規定ト牽連スルモノトス即チ第三百八十七條ニ依レハ「同一ノ目的ニ付キ同時ニ數箇ノ保險契

約ヲ爲シタル場合ニ於テ其保險金額カ保險價格ニ超過シタルトキハ各保險者ノ負擔額ハ其各自ノ保險金額ノ割合ニ依リテ之ヲ定ムルモノタリ又第三百八十八條ニ依レハ「相次テ數箇ノ保險契約ヲ爲シタルトキハ前ノ保險者先ツ損害ヲ塡補シ若シ其負擔額カ損害ノ全部ヲ塡補スルニ足ラサルトキハ後ノ保險者之ヲ負擔ス」ルモノトス是レ保險契約者ヲシテ超過利益ヲ收メサラシムルト同時ニ各保險者ノ義務ノ範圍ヲ定メタルモノトス從テ各保險者ハ此義務ノ範圍ヲ超エテ義務ヲ負擔スヘキ理由ナシ詳言スレハ保險契約者カ或一ノ保險者ニ對スル權利ヲ拋棄シタルノ理由ヲ以テ他ノ保險者ニ對シテ第三百八十七條第三百八十八條所定ノ義務以外ノ請求ヲ爲スヲ得ス例ヘハ價格一萬圓ノ家屋ヲ火災保險ニ付スルニ當リ同時ニ甲ニ五千圓乙ニ五千圓丙ニ五千圓ノ保險ヲ付シタリトセンニ事故發生ノ場合ニ於テハ甲乙丙ノ責任額ハ各三千三百三十三圓餘タリ然ルニ今保險契約者カ甲ニ對スル損害塡補請求權ヲ拋棄シタルノ故ヲ以テ乙丙ニ對シテ五千圓宛ノ損害塡補請求權ヲ有スルニ至ルコトナシ本條ハ即チ之ヲ明言シタルモノトス蓋何人ト雖モ自己ノ權利ヲ拋棄スルノ結果他人ノ義務ヲ重カラシムルコト能ハサルヤ當然ナレハナリ本例ハ唯義務ニ影響セサル一例タルモ權利ニ影響セサ

ルノ理モ亦同一ナリトス。

第三百九十一條　保險價額ノ一部ヲ保險ニ付シタル場合ニ於テハ保險者ノ負擔ハ保險金額ノ保險價額ニ對スル割合ニ依リテ之ヲ定ム

一部保險

本條ハ所謂一部保險ニ付テ規定シタルモノトス之ヲ一部保險ト云フハ保險金額カ保險價格ニ達セサルヲ以テナリ例ヘハ一萬圓ノ價格アル家屋ヲ五千圓ノ火災保險ニ付スル場合ノ如シ此場合ニ於テ若シ被保險物全部燒失シタルトキハ保險者ノ負擔ハ保險金額ノ保險價格ニ對スル割合ニ依リテ之ヲ定ムルヲ以テ卽チ保險金額ハ其價格ノ二分ノ一ニ當ルヲ以テ一萬圓ノ二分ノ一卽チ五千圓ヲ負擔スルモノトス若シ本條ノ規定ヲ以テ保險ノ目的全部事故ニ罹リタル場合ノミニ適用アリタルモノトセハ本條ハ殆ト言フヲ俟タサルカ如キモ保險ノ目的ノ一部カ事故ニ罹リタル場合卽チ前例ニ依レハ一萬圓ノ家屋カ半燒セシ場合ハ保險者ハ保險金額ノ保險價格ニ對スル割合ヲ以テ負擔スルカ故ニ假リニ一萬圓ノ家屋カ五千圓ノ價格ヲ有スルニ至リタルトキハ保險者ノ負擔額ハ二千五百圓ニ止マルカ如シ然レトモ本條ノ規定ハ特約ヲ以テ左右シ得ヘカラサルモノニアラサルヲ以テ保險契約ノ際特約ヲ爲シ置クヲ要ス例ヘハ一萬圓ノ家屋カ半燒スルモ三

分ノ一燒クルモ保險金額全部ノ支拂ヲ受クルモノナリト爲シ置クカ如シ。

本條ハ保險價格ヲ全部保險ニ付セス其一部ハ事故發生ノ場合ニ於テ保險契約者自己ニ於テ其危險ヲ負擔スルヲ以テ學者或ハ之ニ自己保險ノ名ヲ付スルモノアリ蓋殘存價格ヲ自ラ保險ストノ謂ナルモ法律上ノ語ニ非ス一ノ形容詞タルニ過キス。

保險契約者ノ權利

第三百九十二條　保險價額カ保險期間中著シク減少シタルトキハ保險契約者ハ保險者ニ對シテ保險金額及ヒ保險料ノ減額ヲ請求スルコトヲ得但保險料ノ減額ハ將來ニ向テノミ其效力ヲ生ス

本條ハ保險價格カ保險期間中著シク減少シタル場合ニ於ケル保險契約者ノ保險者ニ對シテ有スル保險金額及ヒ保險料減額ノ請求權ヲ規定シタルモノトス法文ヲ一讀スレハ意義明瞭ナルヲ以テ詳說セサルモ保險料ノ減額請求ハ保險金額ノ減額請求ト不可分ナルモノトス換言スレハ保險料ノミノ減額ヲ請求スルヲ得ス又減額請求ノ效力ハ將來ニ向テ生スルモノニシテ既往ニ遡及スル效力ナシ蓋シ保險契約ハ之ニ因リテ新ニ成立スルモノニ非ス唯既ニ生シタル契約ノ內容ヲ變更スルニ過キサレハナリ又保險價格カ果シテ著シク減少シタルヤ否ヤハ事實問題ナリ抽象的ニ說明スルヲ得ス。

損害塡補ノ價格

第三百九十三條　保險者カ塡補スヘキ損害ノ額ハ其損害カ生シタル地ニ於ケル其時ノ價額ニ依リテ之ヲ定ム
前項ノ損害額ヲ計算スルニ必要ナル費用ハ保險者之ヲ負擔ス

本條ハ保險者カ事故發生ノ場合ニ於テ損害ノ額ヲ定ムルニ當リ如何ナル地及ヒ時ヲ標準トシテ其損害額ヲ定ムヘキヤ及ヒ其損害額計算ノ費用ハ何人カ負擔スヘキモノナリヤヲ定メタルモノトス而シテ前者ニ付テハ保險金ハ實害塡補ヲ目的トスルモノナリトノ觀念ニ基キテ其損害カ生シタル地及ヒ其損害ノ發生シタル時ノ價格ヲ標準トシテ定ムヘシト規定シ又後者ニ付テハ損害計算ハ保險者カ自己ノ支拂フヘキ金額ヲ算出スルモノナルヲ以テ之カ費用モ亦保險者ノ負擔スヘキモノトセラル蓋シ至當ノ規定ナリ。

第三百九十四條　當事者カ保險價額ヲ定メタルトキハ保險者ハ其價額ノ著シク過當ナルコトヲ證明スルニ非サレハ其塡補額ノ減少ヲ請求スルコトヲ得ス

本條ハ保險者保險契約者間ニ於テ一度保險價格ヲ定メタル後ハ漫ニ之ヲ變更セシメサルヲ趣旨トシテ規定シタルモノニシテ殊ニ事故發生シタル後ニ於テ保險價格カ著シク過當ナリシト云フカ如キハ保險契約者ニ取リテ非常ナル迷惑タラサルヲ得ス然レトモ事實保險價格カ著シク過當ナリシニモ拘ハラス其過當ナ

戰爭其他ノ變亂ニヨル損害ハ塡補スルコトヲ要セス

ル價格ヲ基礎トシテ保險者ニ損害ヲ塡補セシムルハ保險ノ趣旨ニ非サルノミナラス保險者ノ忍ヒサル所ナリ故ニ本條ハ斯ル場合ニ於テハ保險者ニ立證ノ責アルモノトシ保險者其過當ナリシコトヲ證明シ得タルトキニ限リ其塡補額ノ減少ヲ請求スルコトヲ得ルモノトセリ。

第三百九十五條　戰爭其他ノ變亂ニ因リテ生シタル損害ハ特約アルニ非サレハ保險者之チ塡補スル責ニ任セス

第三百九十六條　保險ノ目的ノ性質若クハ瑕疵、其自然ノ消耗又ハ保險契約者若クハ被保險者ノ惡意若クハ重大ナル過失ニ因リテ生シタル損害ハ保險者之チ塡補スル責ニ任セス

此兩條ハ保險者ノ責任ノ範圍外タル事項ヲ定メタルモノトス即チ前條ハ戰爭其他ノ變亂ニ因リテ生シタル損害ニ付テハ特約アルニ非サレハ保險者之カ損害ヲ塡補セサルヘキヲ規定シタルモノトス蓋戰爭其他ノ變亂ニ付テハ其災害ノ波及スル所甚大ナルノミナラス此等ノ危險ニ付テハ未タ精確ナル數字ヲ得サルヲ以テ通常ノ危險ノ場合ト區別シ保險者ハ特約アルニ非サレハ其責ニ任セサルモノトス。

次ニ後條ハ保險ノ目的ニ付キ事故發生スルモ其事故ノ發生タルヤ被保險物ノ性質若ハ瑕疵其他自然ノ消耗ニ因リタルカ或ハ被保險者ノ惡意若クハ重大ナル

過失ニ因リタルトキハ保險者其責ニ任セサルモノニシテ一一例說スルマテモナク意義明白ナルヘシ。

保險契約ノ無效ナル場合

第三百九十七條　保險契約ノ當時當事者ノ一方又ハ被保險者カ事故ノ生セサルヘキコト又ハ既ニ生シタルコトヲ知レルトキハ其契約ハ無效トス

本條ハ保險契約ノ當時當事者ノ一方又ハ被保險者ニ惡意アリシ場合ニ於テ其保險契約ヲ無效ナラシムル旨ヲ規定シタルモノトス詳言スレハ保險者保險契約者又ハ被保險者カ將來保險ノ目的ニ付キ事故ノ發生スヘカラサルコトヲ知レルカ又ハ其事故既ニ生シテ復タ發生スヘカラサルコトヲ知レルトキハ此契約ニ依リテ保險者カ不當ニ保險料ヲ得ルカ又ハ保險契約者若ハ被保險者ニ於テ不當ニ保險金ヲ得ントスルモノニシテ所謂詐僞保險ノ一ナリトス立法者カ斯ル契約ニ效果ヲ與ヘス其契約ヲ以テ無效ノモノトナシタルハ當然ナリトス然レトモ各當事者又ハ被保險者ノ惡意カ保險契約ノ當時ニ存スルコトヲ要スルモノニシテ保險契約ノ成立後ニ之ヲ知ルニ至ルモ本條ニ依リテ當然ニ無效ナリト云フヲ得ス但此場合ト雖モ保險事項タル危險カ既ニ發生シ又ハ發生セサルヘキコト明白ナルヲ以テ契約ヲ解除スルモノトスヘキカ或ハ此場合ト雖モ民法法律行爲ノ原則

ニ從ヒ當然ニ無效ナルヘキカ要スルニ保險契約ノ繼續セラルヘキ理由ヲ缺クモノト云ハサルヘカラス尙ホ本問ハ後ニ說述スル第三百九十九條ノ二ト牽連スルヲ以テ同條ノ說明ヲ參照スルコトヲ要ス。

第三百九十八條　削除

本條ハ改正ニ依リ削除セラレタルモノナルカ本條規定ノ趣旨ハ第三百九十九條ノ二ニ於テ多少改メテ存置セラレタリ同條ノ說明ニ於テ述ヘン。

第三百九十九條　保險契約ノ全部又ハ一部カ無效ナル場合ニ於テ保險契約者及ヒ被保險者カ善意ニシテ且重大ナル過失ナキトキハ保險者ニ對シテ保險料ノ全部又ハ一部ノ返還ヲ請求スルコトヲ得

本條ハ保險契約ノ無效ノ場合ニ於ケル保險料返還ニ付テ規定シタルモノトス元來契約無效ノ場合ニ於テハ契約ノナカリシト同一ノ狀態ニ在ルモノナルヲ以テ之ニ基キテ給付シタルモノアルトキハ各當事者ハ之カ返還ヲ求ムルヲ得ルモノト云ハサルヘカラス然ラサレハ其相手方ハ不當ニ利得スルノ結果ヲ生スレハナリ然レトモ保險契約ノ無效ノ場合ニ常ニ此純理ヲ以テ保險料ノ返還ヲ請求シ得ヘシトスルトキハ保險者ハ保險契約者又ハ被保險者ノ惡意ナリシ場合又ハ重大ナル過失アリシ場合ニ契約ノ無效ヲ來タセシ場合ニ於テモ之ヲ返還セサルヘ

カラサルニ至リ到底其煩ニ堪エサルノミナラス之カ為メ無用ノ手數ト時間トヲ費ササルヘカラサルヲ以テ本條ノ如キ規定ヲ設ケ唯保險契約者又ハ被保險者カ善意ニシテ且重大ナル過失ナキニ拘ハラス保險契約ノ無效ヲ來タセシ場合ニ於テノミ保險料ノ全部又ハ一部ノ返還請求權ヲ認メタルモノトス。

誠意義務

第三百九十九條ノ二　保險契約ノ當時保險契約者カ惡意又ハ重大ナル過失ニ因リ重要ナル事實ヲ告ケス又ハ重要ナル事項ニ付キ不實ノ事ヲ告ケタルトキハ保險者ハ契約ノ解除ヲ為スコトヲ得但保險者カ其事實ヲ知リ又ハ過失ニ因リテ之ヲ知ラサリシトキハ此限ニ在ラス

前項ノ解除權ハ保險者カ解除ノ原因ヲ知リタル時ヨリ一个月間之ヲ行ハサルトキハ消滅ス契約ノ時ヨリ五年ヲ經過シタルトキ亦同シ

本條ハ改正前第三百九十八條ニ規定セラレタルモノニシテ所謂保險契約者ノ告知義務ニ付テ規定シタルモノトス即チ保險契約ノ當時保險契約者カ惡意又ハ重大ナル過失ニ因リ重要ナル事實ヲ告ケサルカ又ハ重要ナル事項ニ付テ不實ノ事ヲ告ケタリシトキハ其契約ノ效果如何商法改正以前ニ在リテハ斯ル場合ハ保險契約ハ當然無效ナルモノトセリ然レトモ當然無效ナラシムルハ却テ實際ノ場合ニ適合セサルコトアルヘキヲ以テ保險者ハ其契約ノ解除ヲ為スコトヲ得ルモノトシ之ヲ解除スルト否トハ保險者ノ權利ニ在ルモノトス但保險者ニ於テ契約

當時保險契約者カ重要ナル事實ヲ告ケサルコト又ハ重要ナル事實ニ付キ不實ノ事ヲ告クルコトヲ知レルカ又ハ之ヲ知リ得ヘキニモ拘ハラス過失ニ因テ知ルヲ得サリシトキハ此解除權ナキモノトス。

保險者カ解除權ヲ有スル場合ニハ其解除ノ原因ヲ知リタルトキヨリ一ケ月間內ニ之ヲ行ハサルトキハ其解除權ハ消滅スルモノトス又契約ノ時ヨリ五年ヲ經過シタル後ハ絕對ニ其解除權ヲ失フモノトス。

保險契約解除ノ效力

第三百九十九條ノ三　前條ノ規定ニ依リ保險者カ契約ノ解除ヲ爲シタルトキハ其解除ハ將來ニ向テノミ其效力ヲ生ス

保險者ハ危險發生ノ後解除ヲ爲シタル場合ニ於テモ損害ヲ塡補スル責ニ任セス若シ既ニ保險金額ノ支拂ヲ爲シタルトキハ其返還ヲ請求スルコトヲ得但保險契約者ニ於テ危險ノ發生カ其告ケ又ハ告ケサリシ事實ニ基カサルコトヲ證明シタルトキハ此限ニ在ラス

本條モ亦前條ト同一ノ趣旨ニ基キ保險契約者カ告知義務ニ違背シタル場合ニ於ケル契約解除ノ效果ヲ規定シタルモノナリ先ツ第一ニ此場合ニ於ケル契約ノ解除ハ將來ニ向テノミ效力アルモノトシ一般契約解除ノ場合ノ如ク其效力ハ既往ニ遡及セサルモノトセリ故ニ保險者ハ既ニ受取リタル保險料ヲ返還スルヲ要セス次ニ保險者カ危險發生シタル後ニ解除ヲ爲スモ尙ホ損害ヲ塡補スル責ニ任

セス此規定タルヤ聊カ酷ニ過クルカ如クナルモ保險契約者ノ告知義務ヲ完全ニ履行セシムルニハ此ノ如キ制裁規定モ亦已ムヲ得サルヘシ而モ法律ハ稍之ヲ調和セシムル爲メ本條第二項但書ニ於テ保險契約者ニ於テ危險ノ發生カ其告ケ又ハ告ケサリシ事實ニ基カサルコトノ證明ヲ許シ此證明十分ナルトキハ保險者ニ於テ損害塡補ノ責アルモノトセリ。

保險料減額

第四百條　保險契約ノ當事者カ特別ノ危險ヲ斟酌シテ保險料ノ額ヲ定メタル場合ニ於テ保險期間中其危險カ消滅シタルトキハ保險契約者ハ將來ニ向テ保險料ノ減額ヲ請求スルコトヲ得

本條ハ保險契約ノ當時當事者カ特別ノ危險即チ事故ノ發生スヘキ程度ヲ斟酌シテ保險料ヲ定メタリシニ其保險期間中其危險即チ斟酌セラレタル特別ノ危險カ消滅シタルトキハ保險契約者ハ將來ニ向テ保險料ノ減額ヲ請求シ得ルモノナルコトヲ規定シタルモノトス蓋當然ノ規定ナリ。

他人ノ爲メニスル保險契約

第四百一條　保險契約ハ他人ノ爲メニモ之ヲ爲スコトヲ得此場合ニ於テハ保險契約者ハ保險者ニ對シ保險料ヲ支拂フ義務ヲ負フ

本條ハ第三者ノ爲メニスル保險契約ヲ規定セルモノトス換言スレハ保險利益ヲ享有スル被保險者カ保險契約當事者以外ノ第三者ナル場合ニシテ詳言セハ保

委任ヲ受ケスシテ他人ノタメニスル保險契約

險契約ニハ保險者アリ之ト契約ヲ爲ス保險契約者アリ又此外ニ被保險者ノ存スルコトアリ今保險契約者カ自己ノ物品又ハ自巳ノ生命ニ付キ保險契約ヲ爲シタルトキハ保險契約者ハ同時ニ被保險者タレトモ他人ノ物品又ハ他人ノ生命ニ付キ保險契約ヲ爲シタルトキハ保險契約者ト被保險者ト相異ナルノ理ナリ本條ハ卽チ保險契約ハ他人ノ爲メニモ之ヲ爲スコトヲ得ルコトヲ明カニシ此場合ニ於テハ保險料ハ保險契約者ヨリ保險者ニ對シテ支拂ハルルモノタルコトヲモ明カニシタリ從テ他人卽チ第三者ハ保險契約上ノ利益ヲ得ルモ義務ヲ負擔スルコトナシ本條ノ法理ハ民法ニ所謂第三者ノ爲ニスル契約ト同一ナリトス（民五三七、五三八、五三九）但次條ノ如キ特別ノ規定存ス。

第四百二條　保險契約者カ委任ヲ受ケスシテ他人ノ爲メニ契約ヲ爲シタル場合ニ於テ其旨ヲ保險者ニ告ケサルトキハ其契約ハ無效トス若シ之ヲ告ケタルトキハ被保險者ハ當然其契約ノ利益ヲ享受ス

本條ノ規定ハ前條ノ規定ヲ受ケテ之ヲ完成シタルモノトス卽チ他人ノ爲メニスル契約ナルカ故ニ其旨ヲ保險者ニ告クルヲ要ス生命保險ノ場合ニ在リテハ被保險者ノ體格ヲ檢査スルカ故ニ被保險者ノ何人ナルヤ又保險契約者ノ何人ナルヤハ容易ニ之ヲ知ルヲ得ルモノナルヲ以テ其旨ヲ保險者ニ告クヘク之ヲ告ケサ

ル爲メ保險契約無效トナル場合ノ如キハ稀有ナルヘキモ物品保險ノ場合ニ於テハ其旨ヲ保險者ニ告ケスシテ契約ヲ爲スコトアラン此ノ如キ場合ニハ其契約ハ無效トナルヘシ然レトモ之ヲ告ケタルトキハ其第三者ハ當然ニ其契約ノ利益ヲ享受スルモノニシテ更ニ第三者ヨリ保險者ニ對シテ保險契約上ノ利益ヲ受クル意思表示ヲ爲スヲ要セサルモノトス此點ハ民法ト少シク異ナリテ簡便ナリ。

保險證券ニ記載スヘキ事項

第四百三條　保險者ハ保險契約者ノ請求ニ因リ保險證券ヲ交付スルコトヲ要ス

保險證券ニハ左ノ事項ヲ記載シ保險者之ニ署名スルコトヲ要ス

一　保險ノ目的
二　保險者ノ負擔シタル危險
三　保險價額ヲ定メタルトキハ其價額
四　保險金額
五　保險料及ヒ其支拂ノ方法
六　保險期間ヲ定メタルトキハ其始期及ヒ終期
七　保險契約者ノ氏名又ハ商號
八　保險契約ノ年月日
九　保險證券ノ作成地及ヒ其作成ノ年月日

本條ハ保險證券ニ付テ規定シタルモノナルモ多ク說明ヲ要セス唯保險證券ハ

契約成立シタル後保險契約者ノ請求ニ因テ交付セラルルモノタルコト即チ因求證券タルコト又保險證券ニハ法文ニ記載シタル一定ノ形式ヲ記載スルヲ要スルヲ以テ形式證券(要式證券)タルコト又ハ手形ノ如ク不要因證券タラサルコト及ヒ有價證券ニ非サルコト其他法定ノ證據證券タル效力ナキコト引換證券ニ非サルコト當然ノ指圖證券ニ非サルコト等ヲ知レハ足レリ唯當事者間ニ於ケル保險契約ノ内容ヲ明カニシタルモノニ過キス。

被保險利益讓渡ノ效力

第四百四條　被保險者カ保險ノ目的ヲ讓渡シタルトキハ同時ニ保險契約ニ因リテ生シタル權利ヲ讓渡シタルモノト推定ス

前項ノ場合ニ於テ保險ノ目的ノ讓渡カ著シク危險ヲ變更又ハ增加シタルトキハ保險契約ハ其效力ヲ失フ

本條ハ被保險利益ト保險契約上ノ權利ト相離ル可ラサルヨリ生シタル規定ナリトス即チ被保險者カ保險ノ目的タル被保險利益ヲ讓渡シタルトキハ單ニ保險契約ニ因リテ生シタル權利ノミヲ留保シ得ヘカラス從テ其權利モ同時ニ讓渡セラレタルモノト推定セラルルモノトス玆ニ所謂保險契約ニ因リテ生シタル權利ト謂ヘルモ第二項トノ比較解釋上純然タル權利ニ非ス希望若ハ利益ノ意ニ解スルヲ可トス蓋第二項ニハ「前項ノ場合ニ於テ保險ノ目的ノ讓渡カ著シク危險ヲ變

更又ハ増加シタルトキハ保險契約ハ其效力ヲ失フ」トアリテ第一項ノ場合ニハ危險未タ發生セス從テ被保險者ハ未タ保險者ニ對シテ損害塡補請求權ノ如キ純然タル權利ヲ取得セサレハナリ第三百八十九條ニ所謂權利ノ意亦本條ト同一ナルヘシ。

保險者破産ノ效果

第四百五條　保險者カ破産ノ宣告ヲ受ケタルトキハ保險契約者ハ相當ノ擔保ヲ供セシメ又ハ契約ノ解除ヲ爲スコトヲ得

前項ノ場合ニ於テ保險契約者カ契約ノ解除ヲ爲シタルトキハ其解除ハ將來ニ向テノミ其效力ヲ生ス

前二項ノ規定ハ保險契約者カ破産ノ宣告ヲ受ケタル場合ニ之ヲ準用ス保險契約者カ既ニ保險料ノ全部ヲ支拂ヒタルトキハ此限ニ在ラス

本條ハ保險者又ハ保險契約者カ破産ノ宣告ヲ受ケタル場合ニ關スル規定ニシテ法文ヲ一讀スレハ意義明白ナルヲ以テ贅説ヲ加ヘス。

保險契約者破産ノ效果

第四百六條　他人ノ爲メニ保險契約ヲ爲シタル場合ニ於テ保險契約者カ破産ノ宣告ヲ受ケタルトキハ保險者ハ被保險者ニ對シテ保險料ヲ請求スルコトヲ得但被保險者カ其權利ヲ抛棄シタルトキハ此限ニ在ラス

本條ハ他人ノ爲メニ保險契約ヲ爲シタル者カ破産ノ宣告ヲ受ケタル場合ニ關ス此場合ニハ保險者ハ第三者タル被保險者ニ對シテ保險料ヲ請求スルコトヲ得

ルモノニシテ第三者タル被保險者其保險料ヲ支拂フトキハ保險契約者ノ破產シタルニ拘ハラス保險契約ヲ繼續スルコトヲ得ルモ第三者ハ元來自己カ爲シタル契約ニ非サルヲ以テ契約上ノ權利(此權利ノ意モ前々條ニ述ヘタルト同意ナリ)ヲ拋棄シテ保險料ノ支拂ヲ免ルルコトヲ得ルモノトス此場合ニ於ケル拋棄ノ意思表示ハ保險契約ヲ解除シタルト同一ノ效力アルモノトス。

保險者ノ責任開始前ノ效力

第四百七條　保險者ノ責任カ始マル前ニ於テハ保險契約者ハ契約ノ全部又ハ一部ノ解除ヲ爲スコトヲ得

第四百八條　保險者ノ責任カ始マル前ニ於テ保險契約者又ハ被保險者ノ行爲ニ因ラスシテ保險ノ目的ノ全部又ハ一部ニ付キ保險者ノ負擔ニ歸スヘキ危險カ生セサルニ至リタルトキハ保險者ハ保險料ノ全部又ハ一部ヲ返還スルコトヲ要ス

第四百九條　前二條ノ場合ニ於テハ保險者ハ其返還スヘキ保險料ノ半額ニ相當スル金額ヲ請求スルコトヲ得

上揭三箇條ハ保險者ノ責任ノ始マル前ニ於テ契約ノ解除ヲ爲シタル場合及保險者ノ責任ノ始マル前ニ保險者ノ負擔ニ歸スヘキ危險カ生セサルニ至リタル場合ニ關スル規定トス即チ第四百七條ノ場合ニ於テハ保險契約者ハ契約ノ解除ヲ爲スコトヲ得ルモノニシテ所謂保險者ノ責任ノ始マル前トハ保險期間ノ開始前

ヲ謂ヘルモノトス抑保險ニハ一定ノ期間アルモノニシテ保險者ノ受取ルヘキ報酬卽チ保險料ハ此期間及保險金額ヲ基礎トシテ定ムルモノトス而シテ一度此保險期間カ開始シタル後ハ危險ハ何時發生スルヤモ圖ラレサルカ故ニ期間開始シタル後保險契約者一方ノ意思表示ヲ以テ契約ノ全部又ハ一部ヲ解除セシムルカ如キハ不可ナリト雖モ期間開始前ニ在リテハ單ニ契約カ成立シタルノミニシテ其契約ノ效果ヲ發生セサモノナルヲ以テ其契約ノ全部又ハ一部ノ解除ヲ許スモ不可ナカルヘシ次ニ第四百八條ハ同シク保險者ノ責任ノ始マル前卽チ保險期間開始前ニ保險契約者又ハ被保險者ノ行爲ニ因ラスシテ保險ノ目的ノ全部又ハ一部ニ付キ保險者ノ責ニ歸スヘキ危險カ生セサルニ至リタルトキハ保險契約ハ其目的ヲ失フニ至ルモノナリ從テ保險契約ハ其存立ヲ失フニ至ルヘシト雖モ之カ爲メ保險者ハ其受取リタル保險料ヲ利得スヘキニ非ス蓋保險料ハ保險者ノ危險負擔ニ對スル對價タル性質ヲ有スルモノナルヲ以テ未タ保險期間開始セス又其危險モ發生セサルニ至リタルトキハ保險者ハ保險料ノ全部又ハ一部ヲ返還スルヲ要スルモノトス。

然レトモ保險者ハ保險契約ヲ營業トシテ爲スモノナルカ故ニ之カ爲メ損失ヲ

被ムルコトアルヘカラス故ニ保險者カ保險料ヲ返還スル場合ニ於テハ其半額ニ相當スル金額ヲ請求スルコトヲ得ルモノトス是レ第四百九條ノ規定ノ存スル所以ナリ。

危險增加ノ效果

第四百十條　保險期間中危險カ保險契約者又ハ被保險者ノ責ニ歸スヘキ事由ニ因リテ著シク變更又ハ增加シタルトキハ保險契約ハ其效力ヲ失フ

本條ハ保險期間中郎チ保險者ノ責任ノ開始シタル後ト雖モ保險契約者又ハ被保險者ノ責ニ歸スヘキ事由ニ因リテ危險カ著シク變更又ハ增加シタルトキハ保險契約ハ當然其效力ヲ失フヘキ旨ヲ規定シタルモノナリ蓋保險者保護ノ規定ニシテ間接ニ保險契約者又ハ被保險者ヲシテ危險ヲ著シク變更シ又ハ增加セシメサルコトヲ促シタルモノトス。

第四百十一條　保險期間中危險カ保險契約者又ハ被保險者ノ責ニ歸スヘカラサル事由ニ因リテ著シク變更又ハ增加シタルトキハ保險者ハ契約ノ解除ヲ爲スコトヲ得但其解除ハ將來ニ向テノミ其効力ヲ生ス

前項ノ場合ニ於テ保險契約者又ハ被保險者カ危險ノ著シク變更又ハ增加シタルコトヲ知リタルトキハ遲滯ナク之ヲ保險者ニ通知スルコトヲ要ス若シ其通知ヲ怠リタルトキハ保險者ハ危險ノ變更又ハ增加ノ時ヨリ保險契約カ其效力ヲ失ヒタルモノト看做スコトヲ得

保險者カ通知ヲ受ケ又ハ危險ノ變更若クハ增加ヲ知リタル後遲滯ナク契約ノ解除ヲ爲ササルトキハ其契約ヲ承認シタルモノト看做ス

不可抗力ニヨル保險契約ノ解除

本條ハ前條ト異ナリ保險期間中危險カ保險契約者又ハ被保險者ノ責ニ歸スヘカラサル事由ニ因リテ著シク變更又ハ增加シタル場合ニ關スルモノニシテ一讀其意義明白ナルヲ以テ敢テ贅說ヲ加ヘス。

第四百十二條　保險者ノ負擔シタル危險ノ發生ニ因リテ損害カ生シタル場合ニ於テ保險契約者又ハ被保險者カ其損害ノ生シタルコトヲ知リタルトキハ遲滯ナク保險者ニ對シテ其通知ヲ發スルコトヲ要ス

通知ノ義務

本條ハ保險契約者又ハ被保險者ニ對シテ損害ノ生シタルコトヲ保險者ニ通知スヘキ旨ヲ規定シタルモノニシテ單ニ之ヲ損害通知義務トモ稱ス即チ保險契約者又ハ被保險者ノ孰レカ一人ヨリ唯其通知ヲ發スレハ可ナルモノニシテ彼ノ告知義務ノ如ク之ヲ怠リシ場合ニ付テ別ニ制裁的規定ヲ存セス蓋義務ノ性質ニ輕重アルニ因ル。

第四百十三條　保險ノ目的ニ付キ保險者ノ負擔スヘキ損害カ生シタルトキハ其後ニ至リ其目的カ保險者ノ負擔セサル危險ノ發生ニ因リテ滅失シタルトキト雖モ保險者ハ其損害ヲ塡補スル責ヲ免ルルコトヲ得ス

本條ハ保險ノ目的ニ付キ事故發生シ保險者其損害ヲ塡補スル責ヲ生シタル後

再ヒ其保險ノ目的カ他ノ事由即チ保險者ノ負擔セサル危險ノ發生ニ因リテ滅失シタルトキト雖モ保險者ハ前ニ生シタル損害ヲ塡補セサルヘカラサル旨ヲ規定シタルモノトス例ヘハ或家屋ヲ火災保險ニ付シタルニ類燒ニ因リテ半燒シ其翌日洪水ノ爲メ其家屋流失シタリトセムニ此場合ニ於テ保險者ハ其家屋カ到底流失ノ災厄ヲ免ルヘカラサリシモノナリトノ理由ヲ以テ火災ニ因ル損害塡補ノ責ナシト云フヲ得スト爲スニ在リ是レ當然ノ事理ニシテ注意的ニ規定シタルニ過キス。

被保險者ノ義務

第四百十四條　被保險者ハ損害ノ防止ニ力ムルコトヲ要ス但之カ爲メニ必要又ハ有益ナリシ費用及ヒ塡補額カ保險金額ニ超過スルトキト雖モ保險者之ヲ負擔ス
第三百九十一條ノ規定ハ前項但書ノ場合ニ之ヲ準用ス

本條ハ被保險者ニ損害防止ノ義務アルコトヲ規定シタルモノトス蓋保險ノ目的カ危險ノ發生ニ遇ヒテ滅失又ハ毀損セムトスルモ被保險者ハ保險者ヨリ保險金ヲ受取リ得ヘキヲ以テ其事故ヲ袖手傍觀スルコトアルヘシ此ノ如キハ單ニ保險者ノ損害タルニ止マラス延イテ國家社會ノ損害タリ本條ノ規定ハ斯ル公益上ノ理由ニ基キ設ケラレタルモノトス。

第二項ニ於テ第一項但書ノ本法第三百九十一條ノ規定ヲ準用シタリ之ヲ例解セハ保險價格ハ一萬圓ニシテ保險金額ハ五千圓損害防止費用亦五千圓ト假定シ而モ其家屋全部燒毀シタリトセハ保險者ハ保險金額ノ五千圓ト損害防止費用ノ二千五百圓トヲ負擔スルコトトナルカ如シ。

第四百十五條　保險ノ目的ノ全部カ滅失シタル場合ニ於テ保險者カ保險金額ノ全部ヲ支拂ヒタルトキハ被保險者カ其目的ニ付キ有セル權利ヲ取得ス但保險價額ノ一部ヲ保險ニ付シタル場合ニ於テハ保險者ノ權利ハ保險金額ノ保險價額ニ對スル割合ニ依リテ之ヲ定ム

保險者ノ代位權

本條ハ保險金額ヲ支拂ヒタル場合ニ於テ保險者カ保險ノ目的ニ付キ有スル權利ヲ規定シタルモノトス即チ保險價格ノ全部ヲ保險ニ付シタル場合ニ於テ保險者其保險金額ヲ支拂ヒタルトキハ被保險者カ其目的ニ付キ有セル權利ヲ取得スルモノトス蓋此場合ニ於テハ被保險者ハ保險價格全部ニ相當スル保險金額ヲ受取リタルモノナルヲ以テ從來自己カ保險ノ目的ニ付キ有セシ權利ヲ保險者ニ取得セシムルハ至當ニシテ若シ然ラサレハ一方ニ於テ損害全部ノ塡補ヲ受ケ一方ニ於テ尙ホ從來有セシ權利(縱令從來有セシ權利全體存セストスルモ)ヲ保有スルコトトナリ保險ヲ付セシ爲メ却テ利益ヲ得ルノ奇觀ヲ呈スヘケレハナリ而シテ被保險者カ保險價格ノ一部ヲ保險ニ付シタリシ場合ニ於テハ保險者ノ權利ハ保

險金額ノ保險價格ニ對スル割合ニ依リテ定マルモノト爲サザルヘカラス是レ本條但書ノ規定ノ存スル所以トス。

第四百十六條　損害カ第三者ノ行爲ニ因リテ生シタル場合ニ於テ保險者カ被保險者ニ對シ其負擔額ヲ支拂ヒタルトキハ其支拂ヒタル金額ノ限度ニ於テ保險契約者又ハ被保險者カ第三者ニ對シテ有セル權利ヲ取得ス

保險者カ被保險者ニ對シ其負擔額ノ一部ヲ支拂ヒタルトキハ保險契約者又ハ被保險者ノ權利ヲ害セサル範圍内ニ於テノミ前項ニ定メタル權利ヲ行フコトヲ得

本條モ亦前條ト同一ノ趣旨ニ基キ規定セラレタルモノトス即チ損害カ第三者ノ行爲ニ因リテ發生シタルトキハ保險契約者又ハ被保險者ハ一方ニ於テ第三者ニ對スル損害要償權ト一方ニ於テ保險者ニ對スル損害塡補ノ請求權トヲ有スルモノナルモ斯クテハ保險契約者又ハ被保險者ハ保險ヲ付シタル爲メ却テ利得ヲ爲スニ至ル故ニ保險者既ニ其負擔額ヲ支拂ヒタルトキハ保險契約者又ハ被保險者カ其第三者ニ對シテ有シタリシ權利ヲ取得スルモノトセリ而シテ保險者カ被保險者ニ對シテ其負擔額ノ一部ヲ支拂ヒタルトキハ保險契約者又ハ被保險者ノ權利ヲ害セサル範圍内ニ於テノミ上述ノ權利ヲ行フコトヲ得ルモノトス蓋保險者ハ自己ノ負擔額ノ全部ノ支拂ヲ爲ササルニモ拘ラス保險契約者又ハ被保險者

カ第三者ニ對シテ有スル權利全部ヲ取得スルノ理由ナケレハナリ。

第四百十七條　保險金額支拂ノ義務及保險料返還ノ義務ハ二年保險料支拂ノ義務ハ一年ヲ經過シタルトキハ時效ニ因リテ消滅ス

本條ハ保險金額支拂ノ義務及ヒ保險料返還ノ義務又ハ保險料支拂ノ義務ノ消滅時效ヲ規定シタルモノトス即チ前二者ニ付テハ二年後者ニ付テハ一年ヲ經過シタルトキハ其義務ハ時效ニ因リテ消滅スルモノトス商法改正前ニ在リテハ保險料返還ノ義務ニ關シテ規定ナカリシモ之ヲ除外スヘキ理由ナキヲ以テ追加規定シタルモノトス。

相互保險

第四百十八條　本節ノ規定ハ相互保險ニ之ヲ準用ス但其性質カ之ヲ許ササルトキハ此限ニ在ラス

本條ハ損害保險ニ關スル總則ノ規定ハ之ヲ相互保險ニ準用スヘキ旨ヲ定メタリ蓋相互保險ト營業保險トハ單ニ營利ヲ目的トスルト否ラサルトノ差異アルニ止マリ其保險契約ノ性質ニ至リテハ彼此區別スヘキ理由ナキヲ以テ本款ノ規定ニシテ性質ノ許ス限リハ之ヲ相互保險ニ關シテ準用セラルルモノトス其如何ナル條文カ相互保險ニ準用セラレ如何ナルモノカ準用セラレサルヤハ玆ニ列擧セスト雖モ要スルニ各條文ニ付キ營利ヲ目的トセサル場合ニモ準用セラルヘキモノナリヤ否ヤヲ標準トシテ定ムルコトヲ要ス。

第二款　火災保険

第四百十九條　火災ニ因リテ生シタル損害ハ其火災ノ原因如何ヲ問ハス保險者之ヲ塡補スル責ニ任ス但第三百九十五條及ヒ第三百九十六條ノ場合ハ此限ニ在ラス

本條乃至第四百二十二條ハ火災保險ニ關スル規定トス今火災トハ如何ナルモノヲ謂フヤヲ研究スルハ多少ノ趣味ナキニ非ス例ヘハ落雷ノ爲メ家屋ノ一部ヲ燒キタル場合モ火災ト謂ヒ得ルヤ又漏電ニ因リテ發火シタル場合ハ如何等火災ナルモノハ其原因ト相竢テ研究ノ價値ナキニ非スト雖モ本條ハ其火災ノ原因如何ヲ問ハサルヲ以テ深ク攻究ヲ費スノ要ヲ見ス。

前述ノ如ク火災ニ因リテ生シタル損害ハ其火災ノ原因如何ヲ問ハス保險者之ヲ塡補スル責ニ任スルモノナルモ戰爭其他ノ變亂ニ因リテ生シタル損害ハ特約アル場合ノ外保險者之ヲ塡補スル責ニ任セス(三九五)又保險ノ目的ノ性質若クハ瑕疵其自然ノ消耗又ハ保險契約者若クハ被保險者ノ惡意又ハ重大ナル過失ニ因リテ生シタル損害ハ保險者之ヲ塡補スル責ニ任セス又其任セシムルヲ許サヾルモノトス是レ本條但書ノ規定アル所以ナリ。

第百二十條　消防又ハ避難ニ必要ナル處分ニ因リ保險ノ目的ニ付キ生シタル損害ハ保險者之

ヲ塡補スル責ニ任ス

消防避難處分ニ因ル損害ト塡補

本條ハ火災保險ノ保險者ハ火災以外ノ原因ニ付テモ火災ニ關連シテ生シタル事故ナルトキ例ヘハ火ヲ鎭壓スル爲メ警察權ノ處分ニ基キ消防又ハ避難ノ爲メ保險ノ目的ヲ毀壞シタル場合ニ於テモ之カ損害ヲ塡補スル責アル旨ヲ規定シタルモノトス蓋シ斯ル場合ニ於ケル被保險者ノ損害ハ之ヲ火災ニ罹リテ生シタルモノト同視セラルヘキモノナレハナリ其他別ニ説明ヲ要スヘキ點ナシ。

第四百二十一條　賃借人其他他人ノ物ヲ保管スル者カ其支拂フコトアルヘキ損害ノ賠償ノ爲メ其物ヲ保險ニ付シタルトキハ所有者ハ保險者ニ對シテ直接ニ其損害ノ塡補ヲ請求スルコトヲ得

本條ハ便宜的ニ規定セラレタルモノトス即チ他人ノ物ヲ賃借スル者又ハ他人ノ物ヲ保管スル者ハ其物ノ滅失毀損ニ因リテ他人即チ所有者ニ對シテ支拂ヲ爲サザル可ラサル場合ナシトセス今此等ノ場合ヲ慮リテ其賃借物又ハ保管物ヲ保險ニ付シタリシニ危險發生シタリトセハ賃借人ハ先ツ保險者ニ對シテ損害ノ塡補ヲ請求シ保險者之ニ支拂ヲ爲シタル後其賃借人ハ更ニ之ヲ所有者ニ支拂フ順序トナルヘキモ此ノ如キハ畢竟無用ノ手續ヲ履行スルニ過キス故ニ本條ノ規定ヲ設ケ此場合ニ所有者ハ保險者ニ對シテ直接ニ其損害ノ塡補ヲ請求スルコトヲ

得トシ保險者ハ有效ニ其支拂ヲ爲スコトヲ得ルモノトセリ本條ハ卽チ斯ル便宜的理由ニ依リ規定セラレタルモノトス。

第四百二十二條　火災保險證券ニハ第四百三條第二項ニ揭ケタル事項ノ外左ノ事項ヲ記載スルコトヲ要ス

一　保險ニ付シタル建物ノ所在、構造及ヒ用方

二　動產ヲ保險ニ付シタルトキハ之ヲ納ルル建物ノ所在構造及ヒ用方

本條ハ火災保險證券ニ付キ第四百三條第二項ニ揭ケタル形式ノ外更ニ保險ニ付シタル建物ノ所在其他ヲ記載スルヲ要スト爲シタルニ過キス。

第三款　運送保險

第四百二十三條　保險者ハ特約ナキトキハ運送人カ運送品ヲ受取リタル時ヨリ之ヲ荷受人ニ引渡ス時マテニ生スルコトアルヘキ損害ヲ塡補スル責ニ任ス

本條以下第四百二十六條ニ至ルマテハ運送保險ニ關スル規定ナリトス運送保險ノ性質ニ付テハ法文別ニ之ヲ示サスト雖モ要スルニ運送品ノ滅失、毀損、延著等ニ付キ運送人カ荷送人、荷受人等ニ支拂フコトアルヘキ損害ヲ塡補セシムル爲メ結ハルル契約ニシテ陸上運送保險ト海上運送保險トノ別アルモ後者ニ付テハ第

五編海商法ノ規定スル所タリ。
本條ハ運送保險ニ付キ保險者ノ責任ノ始期及ヒ終期ヲ規定シタルモノトス卽チ特約ナキトキハ運送人カ運送品ヲ受取リタル時ヲ以テ責任ノ始期トシ運送品ヲ荷受人ニ引渡シタル時ヲ以テ終期トス從テ其間ニ生シタル損害ハ保險者之ヲ塡補スルノ義務アリ蓋運送保險契約ニ付テハ普通保險ノ場合ノ如ク保險期間ヲ定ムルニ一定ノ日時ヲ以テスルヲ得サル事情アルカ故ナリ。

運送品ノ保險價格

第四百二十四條　運送品ノ保險ニ付テハ發送ノ地及ヒ時ニ於ケル其價額及ヒ到達地マテノ運送賃其他ノ費用ヲ以テ保險價額トス
運送品ノ到達ニ因リテ得ヘキ利益ハ特約アルトキニ限リ之ヲ保險價額中ニ算入ス

本條ハ運送品ノ保險價格算定方法ヲ規定シタルモノニシテ條文ヲ一讀スレハ意義瞭然タルヲ以テ説明ヲ省ク。

第四百二十五條　運送保險證券ニハ第四百三條第二項ニ揭ケタル事項ノ外左ノ事項ヲ記載スルコトヲ要ス
一　運送ノ道筋及ヒ方法
二　運送人ノ氏名又ハ商號
三　運送品ノ受取及ヒ引渡ノ場所
四　運送期間ノ定アルトキハ其期間

本條ハ運送保險證劵ノ形式ニ付キ第四百三條第二項所揭ノ外記載スヘキ事項ヲ列擧シタルニ止マル他ニ說明ヲ要スヘキモノナシ第四號ノ如キハ運送期間ノ特約アル場合ニノミ揭クヘキハ勿論ニシテ其他ノ場合ニハ第四百二十三條ノ規定ニ從フ。

第四百二十六條　保險契約ハ特約アルニ非サレハ運送上ノ必要ニ因リ一時運送ヲ中止シ又ハ運送ノ道筋若クハ方法ヲ變更シタルトキト雖モ其效力ヲ失ハス

本條ハ運送契約ニ關スル特例ヲ規定シタルモノトス卽チ保險者ハ其契約ヲ爲スニ當リ特別ノ危險ヲ斟酌シテ之ヲ爲スモノニシテ其危險カ保險契約者又ハ被保險者ノ責ニ歸スヘキ事由ニ因リテ著シク變更又ハ增加シタルトキハ保險契約ハ其效力ヲ失フモノトシ若シ其責ニ歸スヘカラサルトキハ保險者ハ契約ノ解除ヲ爲スコトヲ得ルモソナレトモ運送ニ在リテハ種々ナル事由ノ下ニ一時運送ヲ中止シ又ハ運送ノ道筋若ハ方法ヲ變更スルコトアルヲ免レス斯ル場合ニハ從テ危險ノ增加又ハ變更ナシトセサルモ是レ運送行爲ノ性質上巳ムヲ得サルモノタルカ故ニ特約アルニ非サレハ保險契約ハ其效力ヲ失ハサルモノトストノ特例ヲ設ケタルモノトス。

第二節　生命保險

第四百二十七條　生命保險契約ハ當事者ノ一方カ相手方又ハ第三者ノ生死ニ關シ一定ノ金額ヲ支拂フヘキコトヲ約シ相手方カ之ニ其報酬ヲ與フルコトヲ約スルニ因リテ其效力ヲ生ス

本條以下第四百三十三條ハ生命保險ニ關シテ規定シタルモノナリ。

生命保險契約ノ性質ニ付テハ本章ノ劈頭ニ於テ一言シタルカ如ク學者間最モ異説ノ在ル所ニシテ其燒點ハ生命保險ノ被保險利益如何ノ問題ナリトス即チ多クノ學者ハ生命保險契約ニモ被保險利益アリト言フモ其所謂被保險利益ノ説明タルヤ區區ニシテ未タ定説ナク又或學者ハ生命保險ニハ被保險利益ナシト言ヘリ案スルニ生命保險ニ被保險利益ナシトセハ生命保險契約ハ保險ニ非スシテ其性質ハ貯金若ハ貸借契約ナリト説明セサルヲ得サルニ至ラム蓋利益ナケレハ保險ナシトノ格言ハ不可動ノ原理タレハナリ故ニ通説ニ從ヒ生命保險ニ付テモ被保險利益ノ在在ヲ認ムルヲ可トスルモ損害保險ニ於ケル被保險利益(三八五)ト同樣ニ解シ去ルヲ得ス何トナレハ生命ノ利益ハ之ヲ金錢ニ見積ルコトヲ得ヘキ利益ニ非サレハナリ換言スレハ生命保險契約ニハ損害保險契約ニ於ケルト同一ノ意義

ニ於ケル被保險利益ナシト雖モ被保險者ハ其生存ニ付キ利益ヲ有スルモノニシテ此利益タルヤ被保險者ノ有スル法律上ノ利益ニ外ナラス而シテ生命保險契約ハ此被保險者ノ有スル法律上ノ利益ニ付キ當事者間ニ結ハルル契約タルカ故ニ之ヲ保險ニ非スト云フル得サルヤ論ナシ。

生命保險ニハ保險者ノ外保險契約者、被保險者、保險金受取人ノ三資格者アルモノニシテ此三資格ハ時トシテハ別異ノ人タルコトアリ又同一ノ人タルコトアリ一人ニシテ一資格ヲ有スルニ止マルトキハ三資格者各別異ノ人トナリ一人ニシテ二資格ヲ有スルトキハ三資格者ハ二人ニ歸シ一人ニシテ三資格ヲ具有スルトキハ三資格ハ一人之ヲ有スルニ至ル。

又生命保險契約ハ本編ニ於テ說明シタル各種ノ契約ト等シク諾成契約タリ有償契約タリ雙務契約タルコトハ言ヲ竢タス。

本條ハ生命保險契約ノ定義ヲ示シタルモノニシテ卽チ當事者ノ一方カ相手方タル保險契約者自身又ハ第三者ノ生死ニ關シテ一定ノ金額ヲ支拂フヘキコトヲ約シ相手方卽チ保險契約者カ之ニ報酬卽チ保險料ヲ支拂フコトヲ約スルニ因リテ效力ヲ生スル契約ナリ生死ニ關シトハ生存又ハ死亡ニ關シト謂フノ意ナリ此

ノ如ク生命保險契約ハ自己又ハ他人ノ生死ニ關シテ事故發生ノ場合ニ一定ノ金額ヲ支拂フ契約ナルカ故ニ若シ保險ヲ以テ誠意ヲ要スル契約ナリトセハ生命保險契約ハ一層ノ誠意ヲ要スル契約ナリ又損害保險ノ場合ニ於ケル告知義務ノ如キモ生命保險ニ在リテハ一層重要ノモノトナル學者或ハ生命保險契約ニハ偶然ノ事故ナルモノナシト說明シテ曰ク人ノ死亡ハ之ヲ偶然ト謂フヲ得ス初メヨリ確定シタル事實ナリト然レトモ其死亡タル何時到來スルヤ何人モ知ルヲ得ス故ニ此意味ニ於テ死亡ヲ偶然ナル事故ト見ルコトヲ得ヘク從テ本條ニ所謂生死ニ關シナル語ハ損害保險ノ場合ニ於ケル偶然ナル事故ニ當ルモノト見ルヲ得ヘシ要スルニ生命保險ハ一ノ獨立契約タルヲ失ハサルモノニシテ本條ノ規定ニ依ルモ一般保險ノ性質ヲ有スト解スルヲ得ヘキナリ。

他人ノ爲メニスル生命保險

第四百二十八條　他人ノ死亡ニ因リテ保險金額ノ支拂ヲ爲スヘキコトヲ定ムル保險契約ニハ其者ノ同意アルコトヲ要ス但被保險者カ保險金額ヲ受取ルヘキ者ナルトキハ此限ニ在ラス

前項ノ保險契約ニ因リテ生シタル權利ノ讓渡ニハ被保險者ノ同意アルコトヲ要ス

保險契約者カ被保險者ナル場合ニ於テ保險金額ヲ受取ルヘキ者カ其權利ヲ讓渡ストキ又ハ第一項但書ノ場合ニ於テ權利ヲ讓受ケタル者カ更ニ之ヲ讓渡ストキ亦同シ

本條ハ今回ノ改正ニ依リ一大改正ヲ加ヘラレタル規定ナリトス卽チ他人ノ生

命ヲ保險ニ付スルニハ從來ハ親族主義ヲ採リ親族タル他人(茲ニ所謂他人トハ自己以外ノ者ヲ指ス)タルヲ要ストシタリシモ本條ノ改正ニ依リ親族タラサル他人ニテモ其者ノ同意アレハ其生命ヲ保險ニ付スルモ敢テ妨ケストシ尚ホ保險金額ヲ受取ルヘキ者カ被保險者自身タルトキハ其者ノ同意ヲモ要セサルコトト爲シタリ蓋被保險者ニ何等ノ義務ヲモ負擔セシメスシテ單ニ權利ヲ得セシムルモノナルカ故ニ其同意ヲ要セストシタルナリ舊規定ノ如キ親族以外ノ他人ノ生命ハ一切之ヲ保險ニ付スルヲ得ストスルハ狹キニ失スルカ故ニ本條ノ改正規定ハ宜シキヲ得タルモノナラン然レトモ保險金額ノ受取人ヲ其被保險者ト爲ストキハ其者ノ同意ヲモ得ルコトヲ要セストスルハ聊カ廣キニ失セサルカ。

本條第二項ハ他人ノ生命ヲ保險ニ付シタル場合ニ保險契約者カ其保險契約上ノ權利ヲ讓渡スル場合ニ關スル規定ニシテ卽チ被保險者ノ同意ヲ要スルモノトシタリ蓋至當ノ規定ト云フヘシ又保險契約者カ同時ニ被保險者タルトキニ於テ保險金額ヲ受取ルヘキ者カ其權利ヲ讓渡サントスルカ又ハ保險契約者カ他ニ存シテ被保險者カ同時ニ保險金額受取人タリシモ之ヲ他人ニ讓渡シ其他人カ更ニ之ヲ他人ニ讓渡サントスルニハ總テ被保險者ノ同意アルヲ要スルモノトス蓋被

保險者ト保險金額受取人ト異ナル場合ニ於テハ被保險者ハ自己カ死亡シタル場合ニ果シテ何人カ保險金ヲ受取ルヘキ者タルヤヲ知ルヲ要シ其人物ノ如何ハ被保險者ニ於テ大ニ注意ヲ要スヘキモノナレハナリ是レ本條第三項ノ規定ノ存スル所以ナリ。

第三者カ保險金額ヲ受取ル契約ノ效力

第四百二十八條ノ二　保險金額ヲ受取ルヘキ者カ第三者ナルトキハ其第三者ハ當然保險契約ノ利益ヲ享受ス但保險契約者カ別段ノ意思ヲ表示シタルトキハ其意思ニ從フ

前項但書ノ規定ニ依リ保險契約者カ保險金額ヲ受取ルヘキ者ヲ指定又ハ保險金額ヲ受取ルヘキ者ノ權利ハ之ニ因リテ確定ス

本條ハ保險金額ヲ受取ルヘキ者カ保險契約者以外ノ第三者ナルトキハ其保險金請求權ハ何時發生スルカヲ定メタル規定ニシテ此場合ニハ其第三者カ意思表示ヲ爲スコトナキモ保險契約成立ト同時ニ當然ニ保險契約ノ利益ヲ受クルモノトシ唯保險契約者カ前段ノ意思表示ヲ爲シタルトキニ限リ其意思ニ從フモノトシ民法第三者ノ爲メニスル契約ニ關シテ特例ヲ設ケタルモノトス。

本條第二項ハ保險契約者カ本條第一項ノ權利ヲ行ハスシヲ死亡シタル場合ニ關スル規定ニシテ別ニ說明ヲ俟タスシテ意義明瞭ナラン。

第四百二十八條ノ三　保險金額ヲ受取ルヘキ者カ被保險者ニ非サル第三者ナル場合ニ於テ其者カ死シタルトキハ保險契約者ハ更ニ保險金額ヲ受取ルヘキ者ヲ指定スルコトヲ得

保險契約者カ前項ニ定メタル權利ヲ行ハスシテ死亡シタルトキハ保險金額ヲ受取ルヘキ者ノ相續人ヲ以テ保險金額ヲ受取ルヘキ者トス

本條ハ保險契約者ノ意思ヲ重ンシタル規定ニシテ他ニ説明ヲ要セス。

第四百二十八條ノ四　保險契約者カ契約後保險金額ヲ受取ルヘキ者ヲ指定又ハ變更シタルトキハ保險者ニ其指定又ハ變更ヲ通知スルニ非サレハ之ヲ以テ保險者ニ對抗スルコトヲ得ス

第四百二十八條第一項ノ規定ハ前項ノ指定及ヒ變更ニ之ヲ準用ス

保險金請取人ノ指定通知

本條第一項ハ保險契約者カ契約成立後保險金ヲ受取ルヘキ者ヲ指定シ又ハ變更シタル場合ニ之ヲ保險者ニ通知スルヲ要スルモノトシ若此通知ヲ爲ササルトキハ之ヲ以テ保險者ニ對抗スルヲ得サル旨ヲ定ム是レ民法ニ於テモ債權ノ讓渡ヲ第三者ニ通知シ若クハ承諾ヲ求ムルト同シク當然ノ規定ト云フヘシ。

第二項ハ第四百二十八條第一項ノ場合ト同シク被保險者ノ同意ヲ要ストノ趣意ヨリ設ケラレタル規定ニシテ其理由ハ既ニ第四百二十八條ニ於テ説述シタル如シ。

第四百二十九條　保險契約ノ當時保險契約者又ハ被保險者カ惡意又ハ重大ナル過失ニ因リ重要ナル事實ヲ告ケス又ハ重要ナル事項ニ付キ不實ノ事ヲ告ケタルトキハ保險者ハ契約ノ解

除チ爲スコトヲ得但保險者カ其事實ヲ知リ又ハ過失ニ因リテ之ヲ知ラサリシトキハ此限ニ在ラス

第三百九十九條ノ二第二項及ヒ第三百九十九條ノ三ノ規定ハ前項ノ場合ニ之ヲ準用ス

本條ハ生命保險契約ノ告知義務ニ違反シタル場合ニ關スル規定ニシテ既ニ損害保險ノ所ニ於テ詳述シタルヲ以テ再説セス舊規定ニ依レハ告知義務違反ノ場合ニ於テ其保險契約ヲ當然無效トシタルモ損害保險ノ場合ト同シク保險者ニ契約ノ解除ヲ爲スコトヲ得セシメタルモノトス。

第二項ニ於テ第三百九十九條ノ二及ヒ第三百九十九條ノ三ヲ第一項ノ場合ニ準用シタルハ當然ナリ同條ノ説明ヲ參照スルヲ要ス。

第四百三十條　生命保險證券ニハ第四百三條第二項ニ掲ケタル事項ノ外左ノ事項ヲ記載スルコトヲ要ス

一　保險契約ノ種類
二　被保險者ノ氏名
三　保險金額ヲ受取ルヘキ者ヲ定メタルトキハ其者ノ氏名

本條ハ保險證券ニ記載スヘキ事項ヲ第四百三條第二項ニ掲ケタル事項以外ニ追加シタルモノニシテ詳説ヲ要セサルヘシ。

第四百三十一條　左ノ場合ニ於テハ保險者ハ保險金額ヲ支拂フ責ニ任セス

保險者ニ保險金額支拂義務ナキ場合

一　被保險者カ自殺、決鬪其他ノ犯罪又ハ死刑ノ執行ニ因リテ死亡シタルトキ

二　保險金額ヲ受取ルヘキ者カ故意ニテ被保險者ヲ死ニ致シタルトキ但其者カ保險金額ノ一部ヲ受取ルヘキ場合ニ於テハ保險者ハ其殘額ヲ支拂フ責ヲ免ルルコトヲ得ス

三　保險契約者カ故意ニテ被保險者ヲ死ニ致シタルトキ

前項第一號及ヒ第二號ノ場合ニ於テハ保險者ハ被保險者ノ爲メニ積立テタル金額ヲ保險契約者ニ拂戻スコトヲ要ス

本條ハ保險者カ保險金額ヲ支拂フコトヲ要セサル場合及ヒ積立金額返還ノ場合ヲ規定シタリ即チ法文所定ノ第一項第一號乃至第三號ノ場合ニハ保險者ハ保險金額ヲ支拂フコトヲ要セス蓋法文所揭ノ場合ノ被保險者ノ死亡ハ保險者ノ豫期セサル死亡ニシテ斯ル事故ヨリ生シタル死亡ノ場合ハ保險金額ノ支拂ヲ爲スヲ許スヘキモノトセハ斯ル不法行爲ヲ誘發セシムル恐レアレハナリ第一號及第二號ノ場合ニ於テハ保險契約者ノ關知セサル事項ニシテ保險者ハ保險契約者ニ對シテハ其積立テタル金額ヲ利得スヘキ理由ナシ故ニ之ヲ返還スルモノトセリ舊規定ニハ第二號ノ場合遺脫シタリシモ改正ニ依リ加ヘラレタリ。

通知義務

第四百三十二條　保險契約者又ハ保險金額ヲ受取ルベキ者カ被保險者ノ死亡シタルコトヲ知リタルトキハ遲滯ナク保險者ニ對シテ其通知ヲ發スルコトヲ要ス

本條ハ損害保險ニ於ケル損害通知義務ト同シク保險契約者又ハ保險金額ヲ受

取ルヘキ者ニ被保險者ノ死亡ヲ通知スヘキ義務ヲ規定シタルニ止マリ他ニ説明ヲ要スル點ナシ。

第四百三十二條ノ二　被保險者ノ爲メニ積立テタル金額ヲ拂戻ス義務ハ二年ヲ經過シタルトキハ時效ニ因リテ消滅ス

本條ハ積立金額返還ニ關スル義務ノ消滅時效ヲ規定シタルモノトス法文一讀スレハ意義明白ナラン。

第四百三十三條　第三百九十五條、第三百九十七條、第三百九十九條、第四百條、第四百一條、第四百三條第一項、第四百五條乃至第四百七條、第四百十條、第四百十一條、第四百十七條及ヒ第四百十八條ノ規定ハ生命保險ニ之ヲ準用ス

第三百九十五條、第四百五條、第四百七條、第四百十條及ヒ第四百十一條ノ場合ニ於テ保險者カ保險金額ヲ支拂フコトヲ要セサルトキハ被保險者ノ爲メニ積立テタル金額ヲ保險契約者ニ拂戻スコトヲ要ス

本條第一項ハ損害保險ニ關スル規定ヲ生命保險ニ準用シタルニ止マル今一一之ヲ列擧スルハ再説ニ渉ルヲ以テ省略ス宜シク各條ニ付テ彼此參照スルヲ要ス別ニ難解ノ點若ハ疑義ニ渉ルノ點ナシト信ス。

本條第二項ハ保險者ガ第三百九十五條第四百五條、第四百七條、第四百十條及ヒ第四百十一條ノ場合ニ於テ保險金額ヲ支拂フコトヲ要セサルトキニハ被保險者

ノ爲メニ積立テタル金額ヲ保險契約者ニ拂戻スコトヲ要スル旨ヲ定メタルニ止マル舊規定ニハ單ニ「金額ヲ拂戻スコトヲ要ス」トアリシヲ「保險契約者ニ拂戻スコトヲ要ス」ト改メタリ當然ノ補正ト謂フヘシ。

第四編　手形

手形法ノ意義

本編ニ於テハ手形ノ取引ニ關スル法律關係ヲ規定シタルモノニシテ之ヲ狹義ノ手形法又ハ單ニ手形法ト稱ス然レトモ手形ニ關スル總テノ法律關係ハ單ニ本編ノ規定ノミヲ以テ足レリトセス民法及ヒ商法中手形ニ關スル法律關係ニ適用セラルヘキ規定尠カラス例ヘハ手形行爲ノ能力、資金關係、對價關係等ニ付テハ本編中何等ノ規定ナク又手形行爲ノ代理及ヒ手形債務ノ消滅等ニ關シテハ本編中僅ニ其一二ヲ規定シタルニ過キス從ツテ此等ノ法律關係ニ付テハ總テ民法商法等ノ規定スル一般ノ原則ニ遵據スヘキコト言ヲ俟タス故ニ手形關係ニ適用セラルヘキ民法商法等ノ規定ヲ指シテ民法的手形法ト稱シ又本編ノ規定ト民法的手形法ヲ總括シヲ之ヲ廣義ノ手形法ト稱ス。

本編ノ規定ハ手形ノ取引ニ關スル一種ノ特別法ナルカ故ニ本編ニ特別ノ規定アル事項ニ付テハ第一ニ之ヲ適用スヘキハ勿論ナレトモ手形ニ關スル行爲ニ屬スルヲ以テ本編ニ其特別規定ナキ事項ニ付テハ本法中ノ他ノ規定ニ依ルヘク本法中他ニ規定ナキトキハ商慣習法ニ依ルヘク最後ニ民法ノ規定ニ依ルヘキコト

ハ既ニ說明シタル所ナリ（一、二六、三ノ四）

第一章　總則

本章ノ規定ハ各種ノ手形ニ共通ノ原則ヲ定メタルモノナリ然レトモ手形及ヒ手形行爲ノ性質ニ付テハ全ク其規定ヲ省略シ一ニ之ヲ學者ノ解說ニ任セタルカ故ニ以下此點ニ付キ一言スヘシ。

第一　手形ノ性質。

手形ノ定義

手形トハ法定ノ形式ヲ具備スル證券ニシテ其證券ヲ發行シタル者カ一定ノ時期及ヒ場所ニ於テ一定ノ金額ヲ自ラ支拂ヒ又ハ第三者ヲシテ之ヲ支拂ハシムル債務ヲ負ヒ又爾後其證券ニ署名シタル者カ其文言ニ從ヒ一定ノ債務ヲ負擔スル有價證券ニシテ其特質ヲ擧クレハ下ノ如シ。

手形ノ特質

一　手形ハ有價證券ナリ卽チ手形ハ手形行爲ヲ證明スル文書ニ非スシテ其行爲ノ成立及ヒ效力ニ關スル具體的ノ要件タルモノナリ故ニ手形上ノ權利ノ發生ニハ其證券ノ作成ヲ要シ手形上ノ權利ノ處分ニハ其證券ノ處分ヲ要シ又手形上ノ權利ノ實行ニハ其證券ヲ以テスルヲ必要トス換言スレハ手形上

ノ權利ノ利用ニ付キ常ニ證券ノ所持ヲ要件トスルカ故ニ手形ハ一ノ有價證券ニ屬ス。

二　手形ハ要式證券ナリ　即チ手形ニハ法律ノ定ムル一定ノ事項ヲ記載スルコトヲ要件トシ此要件ヲ缺クトキハ手形トシテ成立セス從テ他ノ事實又ハ意思表示ヲ以テ之ヲ補充スルコト能ハサルナリ。

三　手形ハ流通證券ナリ　即チ手形上ノ權利ハ其裏書又ハ交付ニ依リ自由ニ之ヲ處分スルコトヲ得ルモノトス故ニ手形カ記名式ナルト指圖式ナルト又持參人式ナルトヲ問ハス裏書又ハ交付ニ依リ之ヲ他人ニ流通スルコトヲ得ヘシ只記名式ノ手形ニ付キ振出人カ特ニ裏書禁止ノ記載ヲ爲シタルトキハ其手形ハ流通證券タル性質ヲ失フ(四五五)手形ハ流通證券ナル結果其證券上ノ權利義務ハ證券ニ記載セラレタル文言ニ依リテノミ其效力ヲ決スヘク其他ノ證據ニ依リ其權利義務ヲ判斷スルコト能ハサルナリ此意味ニ於テ手形ハ之ヲ文言證券ナリト稱スルコトヲ得ヘシ。

四　手形ハ呈示證券ナリ　即チ手形上ノ權利ヲ行使スルニハ其證券ノ呈示ヲ

必要トシ債務者ハ單ニ滿期日ノ到來ノミニ依リテ遲滯ニ付セラルルモノニ非ス(二九七)換言スレハ手形債權者ハ債務者方ニ出張シ其手形ヲ呈示シテ債權ノ取立ヲ爲スコトヲ要スルカ故ニ手形債權ハ一種ノ取立債務ニ屬ス。

五 手形ハ不要因的有價證券ナリ卽チ手形債務ノ發生ニハ其原因ノ存在ヲ必要トセス蓋債權債務ノ發生ニハ種々ナル原因ノ存スルコトヲ通常トシ其原因ノ有無ハ債務ノ成否ニ多大ノ影響ヲ及ホスモノナレトモ手形關係ニ在リテハ其原因ノ有無ヲ問ハス又其原因ト分離獨立シテ發生シ債權者ハ全ク原因ヲ證明セスシテ其權利ヲ主張スルコトヲ得ルナリ(四〇四)。

第二 手形行爲ノ性質。

手形行爲ハ法律上如何ナル性質ヲ有スルヤ卽チ手形理論ハ之ヲ如何ニ解スヘキヤニ付テハ古來學說紛糺シテ未タ歸一スル所ヲ知ラスト雖モ之ヲ大別シテ契約說及ヒ一方行爲說ノ二種ト爲スコトヲ得ヘシ而シテ兩說共ニ其說明ノ方法ニ至リテハ種々ニ分岐シ容易ニ其可否ヲ論定スルコト能ハスト雖モ手形行爲ハ債務者カ其債務ヲ負擔スル意思ヲ以テ手形ニ署名スルニ因リテ完了シ之ヲ他人ニ交付スルニ因リテ債務ノ負擔カ確定スルニ過キス從テ手形行爲其物

ノ性質ハ一方行爲ニシテ相手方ノ承諾ヲ俟テ成立スル契約ニ非スト謂ハサル(ヘ)カラス然レトモ手形債務モ亦其相手方ナクシテ成立スルコト能ハサルカ故ニ手形上ノ法律關係ハ債權者カ惡意又ハ重大ナル過失ナクシテ其手形ヲ取得シタルトキニ於テ完成スルハ勿論ナリ(四四一)。

手形ノ種類

第四百三十四條　本法ニ於テ手形トハ爲替手形、約束手形及ヒ小切手ヲ謂フ

本條ハ手形ノ種類ヲ定メ本法ニ於テ手形ト稱スルハ爲替手形、約束手形及ヒ小切手ノ三種ニ限レリ而シテ其各手形ノ特質ハ第二章以下ニ至リテ之ヲ詳述スルノ機會アルヲ以テ茲ニハ只各手形ノ差異ノミヲ述フレハ約束手形ハ其發行者カ自ラ其支拂ヲ爲スヘキコトヲ約スル手形ニシテ爲替手形及ヒ小切手ハ其發行者カ他人ニ委託シテ其支拂ヲ爲サシムルコトヲ約スル手形ナリ次ニ爲替手形ト小切手トハ其法律上ノ性質ニ於テハ二者全ク同一ナレトモ經濟上ノ作用ニ至リテハ前者ハ信用證券トシテ金融ノ具ニ供セラルルモ後者ハ單ニ支拂證券トシテ金錢ノ支拂ニ代用セラルルヲ主眼トス從テ爲替手形ト小切手トハ其適用法規ニ種種ナル差點アリ。

第四百三十五條　手形ニ署名シタル者ハ其手形ノ文言ニ從ヒテ責任ヲ負フ

本條ハ手形ニ署名シタル者ノ責任ヲ定ム既ニ述ヘタル如ク手形ハ流通證券ニシテ裏書又ハ交付ニ依リ數人ニ轉輾スルモノナルカ故ニ其所持人ノ權利ヲ確實ニシテ手形取引ヲ安全ナラシムルニハ其手形ノ文言ニ從ヒテ署名者ノ責任ヲ定ムルノ必要アリ若シ否ラスシテ文言以外ノ事由ヲ以テ署名者カ其所持人ニ對抗スルコトヲ得ルモノトセハ所持人ノ權利ハ容易ニ蹂躙セラルルニ至リ何人モ安ンシテ手形取引ヲ爲スコト能ハサルニ至ルヘシ故ニ本條ハ第四百四十條ノ規定ト相俟テ善意ノ所持人ヲ保護スルモノトセリ。

本條ハ一般的ニ手形署名者ノ證券上ノ責任範圍ヲ定メラレタルニ過キサレハ其責任ノ性質如何ハ各署名者ノ手形行爲ノ如何ニ依リテ定ムヘキコト勿論ナリ例ヘハ振出人ハ振出人タル責任ヲ負ヒ裏書人ハ裏書人タル責任ヲ負ヒ其他引受參加又ハ保證等手形行爲ノ種類ニ依リ其署名者ノ責任ノ性質ヲ異ニスルカ如シ但本條ハ手形債權者ノ確定シタル後ニ於ケル署名者ノ責任ヲ定メタルモノナルカ故ニ振出人又ハ差出人カ手形ニ署名スルモ未タ其手形ヲ受取人又ハ被裏書人ニ交付セサル如キ場合ニ於テハ署名者ノ責任ハ未タ發生セサルヲ以テ固ヨリ本條ノ適用ナキコト明カナリ。

署名ノ意義

尙署名トハ自己ノ氏名ヲ自書スルノ義ナリ然レトモ實際上ノ便宜ヲ圖リ本法ニ依リ署名スヘキ場合ニ於テハ記名捺印ヲ以テ署名ニ代フルコトヲ得ルモノトセリ（明治三十三年法律第十七號）。

第四百三十六條　代理人カ本人ノ爲メニスルコトヲ記載セスシテ手形ニ署名シタルトキハ本人ハ手形上ノ責任ヲ負フコトナシ

代理署名ノ方式

本條ハ代理人ニ依ル手形行爲ノ方式ヲ規定ス蓋シ手形行爲モ亦一ノ法律行爲ナルカ故ニ民法ノ代理ニ關スル規定ニ從ヒ代理人ヲシテ手形行爲ヲ爲スコトヲ得ルハ勿論ナリ故ニ代理人カ本人ノ爲メニスルコトヲ記載シ手形ニ自己ノ署名ヲ爲シタルトキハ之ニ依リテ其手形行爲ハ本人ニ對シ直接ニ其効力ヲ生シ法律上ニ於テハ本人自ラ之ヲ爲シタルト同一ノ効力ヲ生スルコト疑ヲ容レス（民九九）例ヘハ未成年者何某ノ親權者何某又ハ何何株式會社ノ取締役何某ト署名シテ手形ヲ振出シ又ハ裏書スルカ如シ然ルニ民法ノ規定ニ依レハ代理人カ本人ノ爲メニスルコトヲ示サスシテ爲シタル行爲ハ自己ノ爲メニ之ヲ爲シタルモノト看做サレ本人ニ對シ直接ニ其効力ヲ生セサルニ反シ（民一〇〇）本法ハ商行爲ノ代理ニ關シテハ代理人カ本人ノ爲メニスルコトヲ示ササルトキト雖モ其行爲ハ本人ニ對シテ

効力ヲ生スルモノトセルカ故ニ(六二六)若シ何等ノ規定ナキトキハ手形行爲モ亦一ノ商行爲タル結果(六二六)代理人カ本人ノ爲メニスルコトヲ記載セスシテ手形ニ自己ノ署名ノミヲ爲シタルトキハ本人ニ對シ其効力ヲ生スルニ至ルヘシト雖モ是レ手形ノ文言證券タル性質ニ反シ善意ノ第三者ハ不測ノ損害ヲ蒙ルニ至ルヘキヲ以テ本條ハ更ニ例外ノ規定ヲ設ケ斯ル場合ニ於テハ其代理人ノ行爲ハ本人ニ對シ何等ノ効力ヲ生セサルモノトセリ從テ其署名者タル代理人ノミカ手形上ノ當事者トシテ手形上ノ責任ヲ負フヘキコト勿論ナリ。

僞造手形變造手形

第四百三十七條　僞造又ハ變造シタル手形ニ署名シタル者ハ其僞造又ハ變造シタル手形ノ文言ニ從ヒテ責任ヲ負フ

變造シタル手形ニ署名シタル者ハ變造前ニ署名シタルモノト推定ス

僞造者、變造者及ヒ惡意又ハ重大ナル過失ニ因リ僞造又ハ變造シタル手形ヲ取得シタル者ハ手形上ノ權利ヲ有セス

振出以外ノ手形行爲ノ僞造

本條ハ僞造又ハ變造ノ手形ニ署名シタル者ノ責任ヲ規定ス卽チ僞造手形トハ振出人ノ署名カ其意思ニ基カサル場合卽チ署名ヲ僞リタル手形ヲ謂フ故ニ振出人以外ノ者ノ署名ヲ僞ル時ハ其手形ハ僞造手形ニ非スシテ各手形行爲ノ僞造タルニ過キス例ヘハ眞正ナル手形ニ裏書人又ハ引受人等ノ署名ヲ僞ルカ如キハ單

ニ裏書又ハ引受カ僞造タルニ止リ手形其物ハ固ヨリ僞造ニ非サルナリ只本條ハ振出人以外ノ僞造ニ付キ何等ノ規定ヲ爲ササルモ之ヲ除外スルノ理由ナキカ故ニ僞造手形ニ準シ本條中ニ之ヲ包含スルモノト解セサル可カラス又變造手形トハ眞正ニ成立シタル手形ノ記載事項ヲ不法ニ變更シタルモノヲ謂フ例ヘハ金額、振出ノ年月日、滿期日又ハ支拂場所ノ記載ヲ變更スルカ如シ此種ノ僞造又ハ變造手形ニ依リ其被僞造者又ハ變造前ニ署名シタル者ハ手形上ノ責任ヲ負フヘキ理ナキハ明白ナリ何トナレハ被僞造者ハ自己ノ意思ニ基キテ手形ヲ振出シタルモノニ非サルヲ以テ其振出行爲ハ全然無效ニシテ又變造前ニ署名シタル者ハ其當時ニ於ケル文言ニ從ヒ手形上ノ責任ヲ負フノ意思アリタルニ過キサルヲ以テ其後ノ變造ニ固リテ署名者ノ責任ニ增減ヲ生スルノ理ナケレハナリ然レトモ本條第一項ハ僞造手形及ヒ變造手形ニ署名シタル者ヲシテ僞造又ハ變造手形ノ文言ニ從ヒテ其責任ヲ負ハシメタリ抑モ僞造手形ハ其振出行爲カ無效タルコトヲ理由トシ又變造手形ハ其變造前ニ署名シタル者カ變造後ノ文言ニ從ヒテ手形上ノ責任ヲ負フノ理ナキヲ理由トシテ僞造手形及ヒ變造手形ニ爲シタル其後ノ行爲ヲ一切無效トスルトキハ事情ヲ知ラサル手形取得者ハ全ク意外ノ損害ヲ蒙ルニ

變造前後ノ立證

至ルヘキヲ以テ本條ハ其取得者ヲ保護スルノ注意ニ外ナラス故ニ僞造者又ハ變造者ハ勿論僞造變造ノ情ヲ知ル者及ヒ重大ナル過失ニ因リテ之ヲ知ラサリシ者ハ固ヨリ之ヲ保護スルノ理由ナキニ依リ本條第三項ハ是等ノ者ハ何等手形上ノ權利ヲ取得セサルモノトセリ但手形カ形式要件タル記載事項ヲ缺クトキハ手形トシテ成立セス又其無效ナルコトハ一見明瞭ナルカ故ニ之ニ基ク其後ノ手形行爲ヲ絶對無效ナラシムルモ毫モ其取得者ニ不測ノ損失ヲ蒙ラシムルコトナキヲ以テ本條ハ手形ノ形式要件ヲ缺如スル爲メ當然無效タル手形ヲ僞造シ又ハ之ヲ變造シタル場合ニ其適用ナキコト勿論ナリ。

　變造手形ノ署名者ノ責任ニ付テハ尚一言スヘキモノアリ卽チ手形カ變造セラレタル場合ニ於テ之ニ署名シタルモノアルトキハ其署名カ變造ノ前ナルヤ否ヤニ付キ其責任ニ重大ナル差異ヲ生スルコト上述ノ如シト雖モ此事實ハ之レヲ判別スルコト通常困難ナルヲ以テ本條第二項ハ一ノ推定ヲ設ケ其署名ハ變造前ニ之ヲ爲シタルモノトセリ故ニ變造後ノ署名ナリト主張スル者ハ其事實ヲ立證セサル可カラス從テ其反證ナキトキハ署名者ハ變造前ノ文言ニ從ヒテ其責任ヲ負フヘク其變造前ノ文言如何ハ事實問題トシテ爭アルトキハ裁判官ノ判定ニ任ス

ルノ外ナキナリ。

第四百三十八條　無能力者カ手形ヨリ生シタル債務ヲ取消シタルトキト雖モ他ノ手形上ノ權利義務ニ影響ヲ及ホサス

手形行爲ノ取消

本條ハ手形行爲ノ取消ト他ノ手形行爲トノ關係ヲ規定ス無能力者トハ未成年者、禁治産者、準禁治産者及ヒ妻ヲ指シ民法上行爲能力ヲ有セサルモノニシテ手形行爲モ一ノ法律行爲ナルヲ以テ此等ノ無能力者ガ單獨ニテ手形行爲ヲ爲シタルトキハ之ヲ取消シ得ルコトハ民法上明白ナリ（民四、九、一二、一四）而シテ取消シタル行爲ハ初メヨリ無效ナリシモノト看做サルルカ故ニ（民一二、一四）例ヘハ無能力者ノ振出行爲カ取消サルルトキハ振出カ無效トナリ又裏書行爲カ取消サルルトキハ其裏書ハ無效ニ屬シ其無能力者ハ手形上ノ責任ヲ負フコトナシト雖モ元來手形ハ形式證劵ニシテ其形式ニ欠缺ナキ以上ハ其一部ノ手形行爲カ無效トナルモ之カ爲メ他ノ有效ナル手形行爲ノ效力ニ影響ヲ及ホスモノニ非ス本條ノ注意ハ蓋此趣旨ニ外ナラス從テ例ヘハ振出カ取消サルルモ裏書人、引受人其他ノ者ノ權利義務ニ影響ナキカ如キ其一例ナリ。

本條ハ無能力ニ因ル取消ノミヲ規定シ其他ノ原因ニ因ル取消及ヒ當然手形行

爲ノ無效ナル場合ニ言及セストト雖モ手形ノ形式的證劵タル性質ヨリ之ヲ觀ルモ他ノ原因ニ因ル取消及ヒ無效ノ場合ニ於テ本條ノ場合ト反對ニ論定スヘキ理由ナキカ故ニ本條ハ總テノ場合ニ之ヲ類推適用スルコトヲ得ルモノト解セサル可カラス。

手形文言ノ制限

第四百三十九條　本編ニ規定ナキ事項ハ之ヲ手形ニ記載スルモ手形上ノ效力ヲ生セス

本條ハ手形文言ノ制限ニ關スル規定ナリ後ニ述フル如ク手形ニハ各之ニ記載スヘキ要件アリテ之ヲ具備セサルトキハ手形タル效力ヲ生セサルコト言ヲ俟タス然ルニ其手形文言ニ付テ何等ノ制限ヲ加ヘサルトキハ濫ニ種種ナル記載ヲ爲シ爲メニ手形ノ嚴正ナル形式ヲ誤ルノ虞アルノミナラス其記載ニ依リテ一一手形上ノ權利義務ヲ判別スヘキモノトセハ到底圓滑ナル流通ヲ爲スコト能ハサルニ至ルヘキヲ以テ本法ハ一面ニ於テ手形ニ記載スルコトヲ得ル事項ヲ規定シ同時ニ本條ニ於テ本編ニ規定ナキ事項ハ之ヲ手形ニ記載スルモ手形上ノ效力ヲ生セサルモノトセリ然レトモ此制限ハ單ニ手形上ノ效力ヲ生セサルニ止ルカ故ニ此記載アルカ爲他ノ形式要件ニ影響ヲ及ホササルハ勿論又手形以外ノ法律關係ニ於テ如何ナル效力ヲ生スヘキヤハ其記載事項ニ依リテ判別スヘキ別種ノ問題

手形抗辯

ニ屬スルナリ。

第四百四十條　手形ノ債務者ハ本編ニ規定ナキ事由ヲ以テ手形上ノ請求ヲ爲ス者ニ對抗スルコトヲ得ス但直接ニ之ニ對抗スルコトヲ得ヘキ事由ハ此限ニ在ラス

本條ハ手形債務者ノ抗辯ニ關スル規定ナリ即チ手形債務者カ其債務ノ履行ヲ請求セラレタル場合ニ於テ其請求ヲ排斥スル爲メ主張シ得ヘキ事由ニ一ノ制限ヲ設ケタルモノナリ而シテ本編ニ規定スル對抗事由トハ振出人カ手形ノ形式要件ヲ缺クカ爲メ無效ナリト抗辯シ或ハ手形ノ交付ナシト抗辯シ總テノ手形債務者カ其手形行爲ヲ取消シタリト抗辯スルカ如キ其他代理方式ノ欠缺抗辯(四三六)僞造變造ノ抗辯(四三七)無效文言ノ抗辯(四三九)時效ノ抗辯(四四三)手續欠缺ノ抗辯(四八七)又ハ供託ノ抗辯(四五八)等其重ナルモノナリ然レトモ直接ノ當事者間ニ於テハ其相手方ニ特ニ對抗スルコトヲ得ヘキ一切ノ事由ヲ主張シテ其請求ヲ排斥スルコトヲ得ヘキナリ例ヘハ虚僞ノ意思表示、資産又ハ對價ノ欠缺、支拂、捺印、辨濟、更改、相殺等ノ如シ。

第四百四十一條　何人ト雖モ惡意又ハ重大ナル過失ナクシテ手形ヲ取得シタル者ニ對シ其手形ノ返還ヲ請求スルコトヲ得ス

本條ハ手形ノ物上權ニ關スル規定ナリ凡ソ手形上ノ權利ト其手形證券トハ兩者全ク別個ノ觀念ニ屬スルコト勿論ナレトモ其流通證券タル特質ヨリ生スル結果トシテ經濟上ノ價値ニ付テハ全ク商品其他ノ有體物ト同一視セラレ手形證券ト其證券ニ存スル權利トハ實際上之ヲ分離スルコト能ハサルカ故ニ本條ハ手形證券其物ニ對スル所有權其他ノ物上權ヲ認メ之ニ關スル特別規定ヲ爲シタルモノナリ而シテ本條ノ趣旨ハ善意ニシテ且重大ナル過失ナキ手形ノ取得者ハ其手形ノ上ニ行使スル權利ヲ取得シ何人ニ對シテモ其手形ヲ返還スルノ義務ナキコトヲ意味ス即チ所有ノ意思ヲ以テ手形ヲ取得シタル時ハ別ニ眞正ナル手形ノ所有者アリトスルモ其取得者ハ手形ノ所有者トナリ又質權取得ノ意思ヲ以テ手形ヲ取得スレハ其質權ヲ取得スルナリ故ニ之ヲ反面ヨリ總稱スルトキハ惡意又ハ重大ナル過失ニ因リテ手形ヲ取得シタル者ハ其手形ノ上ニ行使スヘキ何等ノ權利ヲ取得セス從テ其手形ノ返還ヲ拒ムコト能ハサルモノト謂フヘシ尙本條ニ惡意トハ讓渡人カ其手形ノ物上權ヲ示ササルコトヲ知ルノ謂ヒナリ例ヘハ盜取シタル手形ナルコトヲ知リ其盜取者ヨリ之ヲ取得シタルカ如シ又重大ナル過失トハ些少ノ注意ヲ加フレハ容易ニ讓渡人カ其手形ノ物上權ヲ有セサルコトヲ知リ得

ヘキ場合ニ過失ニ因リテ之ヲ知ラサルノ謂ヒナリ過失カ重大ナルヤ否ヤハ之カ鑑別ニ困難ナルコト多シト雖モ爭アルトキハ裁判官之ヲ決スルノ外ナシ。

第四百四十二條　手形ノ引受又ハ支拂ヲ求ムル爲メニスル呈示、拒絶證書ノ作成其他手形上ノ權利ノ行使又ハ保全ニ付キ利害關係人ニ對シテ爲スヘキ行爲ハ其營業所、若シ營業所ナキトキハ其住所又ハ居所ニ於テ之ヲ爲スコトヲ要ス但其者ノ承諾アルトキハ他ノ場所ニ於テ之ヲ爲スコトヲ妨ケス

利害關係人ノ營業所、住所又ハ居所カ知レサルトキハ拒絶證書ヲ作ルヘキ公證人又ハ執達吏ハ其地ノ官署又ハ公署ニ問合ヲ爲スコトヲ要ス若シ問合ヲ爲スモ營業所、住所又ハ居所カ知レサルトキハ其役場又ハ官署若クハ公署ニ於テ拒絶證書ヲ作ルコトヲ得

手形ノ權利行使保全ノ場所

本條ハ手形上ノ權利ノ行使又ハ保全行爲ヲ爲スヘキ場所ニ關スル規定ナリ手形上ノ權利トハ手形行爲ニ因リ生シタル權利ノ義ニシテ即チ爲替手形ノ引受人約束手形ノ振出人ニ對スル支拂請求權（四七〇、四七一、五二九）前者ニ對スル償還請求權（四八六、四八八、五二九、五三七）保證人ニ對スル權利（四九七、五二九）主タル債務者及ヒ其前者ニ對スル保證人ノ權利（四九九、五二九）參加引受人ニ對スル支拂請求權（五〇五）爲替手形ノ引受人又ハ約束手形ノ振出人、被參加人及ヒ其ノ前者ニ對スル參加支拂人ノ權利（五一三）其他擔保請求權（四七四、四八〇、五二九）等之ニ屬ス此等ノ權利ヲ行使シ又ハ保全スルニハ特定ノ利害關係

人ニ對シ一定ノ行爲ヲ爲サザル可カラス卽チ引受又ハ支拂ヲ求ムル爲メ若クハ呈示ヲ受ケタル旨ヲ記載セシムル爲メニ手形ヲ呈示シ拒絶證書ヲ作成セシメ通知ヲ發シ其他複本又ハ原本ノ返還ヲ請求スルカ如キ是ナリ（二七九、四六六、四六七、五〇〇、五〇五、四七二、四七五、四八〇、四八二、四八七、四八七ノ二、四八八、四九〇、五〇八、五二一、五二四、五二七、五二八、五二九、五三三、五三七、）而シテ本條ニ依レハ此等ノ行爲ハ其利害關係人ノ營業所若シ營業所ナキトキハ其住所又ハ居所ニ於テ之ヲ爲スヘキモノトスルカ故ニ他ノ場所ニ於テ之ヲ爲スモ其效力ナキコト言ヲ俟タス然レトモ此場所ニ關スル原則ニハ三個ノ例外ヲ認メタリ（一）其利害關係人ノ承諾アルトキハ他ノ場所ニ於テ之ヲ爲スモ有效ナリ（二）利害關係人ノ營業所、住所又ハ居所カ知レサルトキハ事實上手形ノ呈示ヲ爲スコト能ハサルカ故ニ引受又ハ支拂ノ拒絶トナルトキハ事實上手形ノ呈示ヲ爲スコト能ハサルカ故ニ引受又ハ支拂ノ拒絶トナルヘキモ其拒絶證書ハ之ヲ作ルヘキ公證人又ハ執達吏カ其地ノ官署又ハ公署例ヘハ警察署、市町村役場等ニ問合ヲ爲シ之ニ依リ判明シタル場所ニ於テ之ヲ爲スヘク若シ其問合ヲ爲スモ營業所住所、又ハ居所カ知レサルトキハ其公證人又ハ執達吏ノ役所其他問合ヲ爲シタル官署若クハ公署ニ於テ拒絶證書ヲ作成スルコトヲ得ルモノトス但シ爲替手形及ヒ小切手ノ支拂人ノ氏名又ハ商

號ニ附記シタル地及ヒ約束手形ノ振出地ハ其支拂人又ハ振出人ノ營業所又ハ住所地ト看做サル（四五二ノ二、五三七、五二六ノ二）（三）爲替手形及ヒ約束手形ノ振出人又ハ引受人カ支拂地ニ於ケル支拂ノ場所ヲ記載シタルトキハ（四五四、四七三、五二九）其場所ニ於テ手形ノ呈示及ヒ拒絶證書ヲ作成スヘキモノトス故ニ他ノ場所ニ於テ之ヲ爲スモ其效ナキナリ。

手形時效

第四百四十三條　引受人又ハ約束手形ノ振出人ニ對スル債權ハ滿期日ヨリ三年所持人ノ其前者ニ對スル償還請求權ハ支拂拒絶證書作成ノ日ヨリ一年裏書人ノ其前者ニ對スル償還請求權ハ償還ヲ爲シタル日ヨリ一年ヲ經過シタルトキハ時效ニ因リテ消滅ス

本條ハ手形上ノ權利ニ特有ノ消滅時效ヲ規定ス即チ手形取引ハ最モ迅速ヲ貴ヒ永久ニ責任者ノ地位ヲ不定ナラシムルコト能ハサルカ故ニ商取引ノ五年時效（二八五）ニ對スル特別ノ短期時效ヲ設ケ爲替手形ノ引受人及ヒ約束手形ノ振出人ニ對スル債權ノ時效期間ヲ三年ト爲シ其他ノ償還請求權ノ時效期間ヲ一年トセリ而シテ小切手ニハ主タル債務者ナキヲ以テ三年時效ノ適用ナシ又拒絶證書ノ作成免除アル場合ニ於テ（四八九、五二九、五三七）所持人ノ前者ニ對スル償還請求權ノ時效ハ其ノ免除ナキ場合ニ於テ作成スヘカリシ日即チ滿期日ノ後二日ノ末日ヨリ之ヲ

起算スルモノトス其他時效ニ關シテハ民法ノ規定ニ從フヘキコト勿論ナリ

第四百四十四條　手形ヨリ生シタル債權カ時效又ハ手續ノ欠缺ニ因リテ消滅シタルトキト雖モ所持人ハ振出人又ハ引受人ニ對シ其受ケタル利益ノ限度ニ於テ償還ノ請求ヲ爲スコトヲ得

手形利得ノ償還

本條ハ手形利得ノ償還ニ關スル規定ナリ蓋手形ヨリ生シタル債權ノ時效ハ頗ル短期ニシテ其權利ヲ行使スルニハ嚴格ナル手續ヲ要スルカ故ニ所持人ハ往往ニシテ手形上ノ權利ヲ喪失シ振出人又ハ引受人ハ此偶然ナル結果ニ因リ不當ニ利得スルニ至ルヘシ故ニ本條ハ其公平ヲ保ツ爲メ所持人ニ利得償還請求權ヲ付與シタリ然レトモ其限度ハ手形債權ノ消滅ニ因リ振出人又ハ引受人カ利益ヲ受ケタル限度ニ限ラルルモノトス。

第二章　爲替手形

爲替手形ノ意義

爲替手形トハ其發行者カ第三者ニ委託シ一定ノ金額ヲ他人ニ支拂ハシムルコトヲ約スル手形ナルカ故ニ爲替手形ノ成立ニハ必スヤ振出人支拂人及受取人ノ三者アルコトヲ要ス即チ其發行者ヲ振出人ト稱シ支拂ノ委託ヲ受ケタル者ヲ支

拂人ト稱シ支拂ヲ受クヘキ者ヲ受取人ト稱ス今最モ正確ナル爲替手形ノ雛形ヲ示セハ左ノ如シ但收入印紙ハ手形金額以上ノモノニ限リ一通ニ付キ金三錢ナリ」

第　　號

收入印紙

爲替手形

一金何圓也

一滿期日　明治何年何月何日

一支拂地　何市(又ハ何町若クハ何村)

右金額何某殿(受取人)又ハ其指圖人ヘ御支拂相成度候也

明治何年何月何日

何市何區何町何丁目何番地

何　某(振出人)

何市何區何町何番地

何　某　殿(支拂人)

引受

右手形金支拂方引受候也(但其支拂場所ハ何市何町何銀行ト定ム)

明治何年何月何日

何　某(支拂人)

引受人

右ニ示ス如ク爲替手形ニハ三個ノ當事者アルコトヲ要件トシ振出人及ヒ受取人ノ外支拂人アルコトヲ要スルハ實ニ約束手形トノ差異アル點ナリ次章ニ述フル如ク約束手形ハ振出人カ自ラ手形金ノ支拂ヲ約スルモノナルヲ以テ振出人ハ當然其支拂ヲ爲スノ義務ヲ負ヘトモ爲替手形ノ支拂人ハ單ニ支拂ノ委託ヲ受ケタルニ止リ固ヨリ其支拂義務ヲ負フモノニ非ス然レトモ支拂人モ其手形ノ呈示ヲ受ケ之ニ引受ノ旨ヲ記載シタルトキハ其支拂人ハ引受人ト變シ之ニ因リ約束手形ノ振出人ト同シク爲替手形ノ主タル債務者トナリ爾後其所持人ニ對シ第一次ニ手形金ヲ支拂フヘキ義務ヲ負フ故ニ爲替手形ニ引受アルト否トハ其信用力ニ大ナル差異アリト雖モ引受ハ爲替手形ノ成立要件ニ非サルヲ以テ其引受ナキ以前ニ於テモ裏書ニ依リテ之ヲ轉輾スルコトヲ得ヘシ。

第一節　振出

振出ノ意義

第一　振出ノ意義

振出トハ振出人カ一定ノ要件ヲ具備セル手形ヲ作成シ之ニ署名スルコトヲ謂フナリ振出行爲ハ之ニ因リテ完了スレトモ振出人ノ手形上ノ義務ハ其手形カ

善意又ハ重大ナル過失ナキ他人ニ交付セラルルニ因リ確定スルコトハ既ニ述ヘタリ要スルニ振出ハ手形ノ基本タルモノニシテ裏書、引受其他ノ手形行爲ノ基礎タルモノナリ。

振出ノ種類

第二　振出ノ種類

振出ハ其方式ノ如何ニ依リ之ヲ種種ニ分類スルコトヲ得ヘシ普通振出卽チ第四百四十五條ノ要件ヲ具備スル手形ヲ振出ス場合ノ外自己宛振出又ハ自己拂振出（四四七）他地拂振出卽チ支拂人ノ營業所又ハ住所地以外ノ地ヲ支拂地トスル手形ノ振出（四五二ノ二）無記名振出（四四九）其他白地振出卽チ振出人カ手形ニ其要件ヲ記載セス所持人ヲシテ之ヲ補充セシムル意見ヲ以テ振出スモノ等是ナリ詳細ハ各本條ニ至リテ詳說セン。

振出ノ效力

第三　振出ノ效力

爲替手形ノ振出人ハ其手形ノ振出ニ因リテ受取人及ヒ被裏書人ノ總員ニ對シ引受及ヒ支拂アルヘキコトヲ擔保スルノ義務ヲ生ス引受擔保義務トハ手形ノ所持人カ支拂人ニ其手形ヲ呈示シテ引受ヲ求メタルモ其引受ヲ拒絕セラレ又ハ其引受カ單純ナラサルトキ其他支拂人カ引受ヲ爲シタル後破產ノ宣告ヲ受

ケタル場合ニ於テ振出人カ其所持人ノ請求ニ因リ擔保ヲ供スル義務ヲ謂ヒ（四七四以下）又支拂擔保義務トハ滿期日到來後所持人カ支拂人（又ハ引受人）ニ其手形ヲ呈示シテ支拂ヲ求メタルモ其支拂ナキ場合ニ於テ振出人カ其所持人ノ請求ニ因リ償還ヲ爲スヘキ義務ヲ謂フナリ（四八六以下）

振出ノ方式

第四百四十五條　爲替手形ニハ左ノ事項ヲ記載シ振出人之ニ署名スルコトヲ要ス

一　其爲替手形タルコトヲ示スヘキ文字
二　一定ノ金額
三　支拂人ノ氏名又ハ商號
四　受取人ノ氏名又ハ商號
五　單純ナル支拂ノ委託
六　振出ノ年月日
七　一定ノ滿期日
八　支拂地

本條ハ爲替手形振出ノ方式ヲ規定ス本條列記ノ事項ハ爲替手形ニ缺クヘカラサル要件ニシテ其一ヲ缺クトキハ全ク手形トシテノ效力ナク從テ手形上ノ權利義務ノ發生スルコトナキカ故ニ之ニ裏書引受其他ノ手形行爲ヲ爲スモ何等ノ效力ナキコト言ヲ俟タス。

第一號ハ手形ノ表題ナレトモ必スシモ爲替手形ナル文字ヲ用フルコトヲ要セス苟モ爲替手形ナルコトヲ認ムヘキ文字ヲ以テ之ヲ記載スレハ足ル第二號ハ手形金額ノ表示ニシテ最モ主要ナレハ之ヲ表示スルニハ單ニ計算上一定シ得ヘキ記載ヲ以テ足レリトセス必スヤ一定ニシテ且確定シタル金額ナラサル可カラス(四四六)第三號ノ支拂人ハ必シモ一人タルコトヲ要セサルモ支拂地ハ一定スルコトヲ要ス第四號ノ受取人モ亦同シ第五號ノ支拂ノ委託ハ單純ナルコトヲ要スルカ、故ニ條件附又ハ引換的支拂ノ委託ハ不可ナリ第六號ノ振出日附ハ振出人ノ能力代理資格ノ有無ニ關シ又日附後定期拂及ヒ一覽後定期拂ノ手形ニ付テハ滿期日又ハ呈示期間ヲ定ムルニ必要ナルカ故ニ其ノ日附ハ實際振出行爲ヲ爲シタル日附ナラサル可カラス但其日附カ事實ト符合セサルトキト雖モ當然無效タラストノ判例アリ(明治三十七年五月二十四日七月五日大審院判決)第七號ノ滿期日モ亦タ一定セルコトヲ必要トス故ニ例ヘハ何某ノ死亡後何日ト云フカ如キ不定ノモノハ勿論二月三十一日ト云フカ如キ又振出日附以前ノ日ヲ滿期日トスルカ如キハ孰レモ不可ナリ又手形金額ヲ分割シテ數個ノ滿期日ヲ定ムルカ如キモ亦無效ナリ但滿期日ノ定メ方ニ付テハ確定セル日、日附後確定セル期間ヲ經過シタル日、一覽ノ日、一覽後確定

セル日期間ヲ經過シタル日ヲ以テスルコトヲ得ヘシ詳細ハ後ニ述フヘシ第八號ノ支拂地ハ現ニ支拂ヲ爲スヘキ場所ノ謂ヒニ非スシテ其支拂ヒアルヘキ最小獨立ノ行政區劃タル地域ヲ指ス例ヘハ市町村ノ名稱ヲ記載スヘキカ如シ此記載ヲ缺クモ支拂人ノ氏名又ハ商號ニ附記シタル地アルトキハ之ヲ支拂人ト看做サル(四二五)又支拂地ハ單一ナルコトヲ要シ數個ノ支拂地ヲ記載シタルトキハ其手形ハ無效トナル。

爲替手形ニハ以上ノ事項ヲ記載シ振出人之ニ署名スルコトヲ要ス署名及ヒ方法ニ付テハ既ニ述ヘタリ(四三五、四三六說明參照)

第四百四十六條　爲替手形ノ主タル部分ニ記載シタル金額カ他ノ部分ニ記載シタル金額ト異ナルトキハ主タル部分ニ記載シタル金額ヲ以テ手形金額トス

手形金額ノ牴觸

本條ハ手形金額ノ牴觸ニ關スル規定ナリ手形金額ハ其變造ヲ豫防スル爲メニ之ヲ手形面ノ數個所ニ記載スルコトアリ若シ其各記載カ異ルトキハ、其金額カ一定セサル結果之ヲ無效トスヘキニ似タリ然レトモ本條ハ實際ノ便宜ヲ圖リ主タル部分ニ記載シタル金額ヲ以テ手形金額ト看做シ之ヲ有效ト爲セリ。

第四百四十七條　振出人ハ自己ヲ受取人又ハ支拂人ト定ムルコトヲ得

豫備支ノ記載

本條ハ自己宛及ヒ自己拂ノ手形ニ關スル規定ナリ既ニ述ヘタル如ク爲替手形ノ成立ニハ三個ノ當事者アルコトヲ要シ其一ヲ缺クコト能ハサレトモ商人カ本店ノ外支店ヲ有スル場合ニ於テ本店及ヒ支店カ互ニ其經濟ヲ異ニスル爲メ相互ニ爲替手形ヲ振出スコトヲ便トスル場合ナキニ非ス然ルニ支店ハ商人ノ營業場所ニ過キスシテ固ヨリ獨立セル人格ヲ有セサルカ故ニ特ニ明文アルニ非サレハ斯ル手段ヲ以テ之ヲ有效トスルニ由ナシ是レ本條カ振出人ヲシテ同時ニ受取人又ハ支拂人ヲ兼ヌルコトヲ得セシメタル所以ナリ。

第四百四十八條　振出人ハ爲替手形ニ其支拂地ニ於ケル豫備支拂人ヲ記載スルコトヲ得

本條ハ豫備支拂人ニ關スル規定ナリ爲替手形ノ支拂人ハ當然其手形金ヲ支拂フノ義務ヲ負ハサルカ故ニ豫メ振出人ト支拂人トノ間ニ其支拂ノ協定ナキトキハ振出人ト雖モ果シテ支拂人カ其支拂ヲ爲スヤ否ヤ不明ナリ從テ若シ其引受又ハ支拂ヲ拒絶セラルルトキハ取引上ノ信用ヲ失墜スルノ虞アルヲ以テ本條ハ振出人ニ爲替手形ノ支拂地ニ於ケル豫備支拂人ヲ記載スルコトヲ得セシメタリ。

爲替手形ニ豫備支拂人ノ記載アルトキハ所持人ハ其支拂人カ引受又ハ支拂ヲ拒絶スルモ直ニ前者ニ對シ擔保請求又ハ償還請求ヲ爲スコトヲ得ス必スヤ先ツ

豫備支拂人ニ對シ參加引受又ハ參加支拂ヲ求ムルコトヲ要ス(五〇〇、五〇八四八〇)

無記名手形

第四百四十九條　為替手形ハ其金額三十圓以上ノモノニ限リ之ヲ無記名式ト為スコトヲ得ス

本條ハ無記名式手形ニ關スル規定ナリ無記名式手形トハ所持人又ハ持參人ニ支拂フヘキコトヲ記載シタル手形ニシテ其受取人ヲ特定セサルモノナリ從テ殆ント紙幣ト同樣ノ流通ヲ為シ實際上極メテ便利ナルモ若シ其金額少キトキハ之ヲ授受スル者カ手形債務者ノ資力及ヒ信用如何ニ注意セスシテ不測ノ損失ヲ蒙ルヘキヲ以テ本條ハ特ニ其最低金額ヲ制限シ金額三十圓以下ノ手形ハ之ヲ無記名式ト為スコトヲ得サルモノトセリ。

指名持參人拂為替手形

第四百四十九條ノ二　振出人ハ為替手形ニ受取人ノ氏名又ハ商號ト共ニ其為替手形ノ所持人カ支拂ヲ受クルコトヲ得ヘキ旨ヲ記載スルコトヲ得

前項ノ為替手形ハ無記名式ノモノト同一ノ效力ヲ有ス

第四百四十九條ノ三　第四百四十九條ノ規定ハ前條第一項ニ定メタル為替手形ニ之ヲ準用ス

右ノ二條ハ指名持參人拂ノ為替手形ニ關スル規定ナリ指名持參人拂トハ手形ニ記載シタル受取人又ハ其手形ノ持參人ニ支拂ヲ為スヘキ旨ヲ記載シタル手形ニシテ恰モ無記名式ノモノト同一ノ流通ヲ為シ實際上便利ナルモノナリ然ルニ從來此規定ヲ缺如セル為メ其效力ニ付キ疑アリタルヲ以テ今回特ニ此二ケ條ヲ

設ケ其有效ナルコトヲ明定セルト同時ニ其金額ヲ三十圓以上ニ制限シ以テ普通ノ無記名式ノ爲替手形ト其權衡ヲ得セシメタリ。

第四百五十條　滿期日ハ左ニ掲ケタル種類ノ一タルコトヲ要ス

一　確定セル日

二　日附後確定セル期間ヲ經過シタル日

三　一覽ノ日

四　一覽後確定セル期間ヲ經過シタル日

滿期日ノ種類

本條ハ滿期日ノ種類ヲ定ム一定ノ滿期日ハ爲替手形ノ要件ニシテ其滿期日ハ本條ニ掲クル種類ノ一タルコトヲ要スルハ前既ニ述ヘタリ(四四五)而シテ確定セル日トハ明治何年何月何日ト云フカ如ク支拂ヲ爲スヘキ一定ノ日ヲ確定スルヲ謂ヒ之ヲ定日拂ノ手形ト稱ス日附後確定セル期間ヲ經過シタル日トハ振出ノ日附後三十日又ハ六十日ト記載スルカ如シ之ヲ定期拂ノ手形ト稱ス一覽ノ日トハ所持人カ呈示ヲ爲シテ支拂ヲ求メタル日ヲ謂ヒ之ヲ一覽拂ノ手形ト稱ス手形ニ滿期日ヲ記載セサルトキハ一覽拂ノ手形トシテ有效トナル(四五一)但一覽拂ノ爲替手形ハ其日附ヨリ一年振出人カ是ヨリ短キ呈示期間ヲ定メタルトキハ其期間內ニ支拂人ニ呈示スルコトヲ要ス(四八二)最後ニ一覽後確定セル期間ヲ經過シタル日

ハ所持人カ支拂ヲ求ムル爲メ手形ノ呈示ヲ爲シタル後一週間ト云フカ如シ之ヲ一覽後定期拂ノ手形ト稱ス。

第四百五十一條　振出人カ爲替手形ニ滿期日ヲ記載セサリシトキハ一覽ノ日ヲ以テ其爲替手形ノ滿期日トス

滿期日ノ記載ナキ爲替手形

本條ハ滿期日ヲ記載セサル爲替手形ヲ無效トセスシテ特ニ之ヲ一覽拂ノ手形ト看做シタリ蓋滿期日ハ手形ノ要件ナルヲ以テ之ヲ缺如スルトキハ其手形ハ當然無效ニ歸スヘキモ成ル可ク手形ヲ無效ト爲ササル法意ニ基キ一覽ノ日ヲ以テ滿期日ト定メタルモノナリ。

第四百五十二條　振出人カ爲替手形ニ支拂地ヲ記載セサリシトキハ支拂人ノ氏名又ハ商號ニ附記シタル地ヲ以テ其支拂地トス

支拂地ノ記載ナキ爲替手形

本條モ亦支拂地ノ記載ナキ爲替手形ヲ無效ト爲サスシテ支拂人ノ氏名又ハ商號ニ肩書地ノ記載アルトキハ之ヲ以テ支拂地ノ記載ノ缺如ヲ補フコトヲ得ルモノトセリ而シテ其肩書地ハ支拂人ノ住所タルト否トヲ問ハサルナリ。

第四百五十二條ノ二　支拂人ノ氏名又ハ商號ニ附記シタル地ハ之ヲ其營業所又ハ住所ノ所在地ト看做ス

支拂人ノ營業所又ハ住所

本條ハ支拂人ノ營業所又ハ住所ハ爲替手形ニ記載セル支拂人ノ肩書地ニ在ルモノト看做シタリ蓋所持人カ支拂人ニ對スル權利ヲ行使スルニハ其營業所又ハ住所ニ於テ之ヲ爲スヘキコトハ第四百四十二條ノ規定スル所ナレトモ所持人カ支拂人ノ營業所又ハ住所ヲ調査スルコトハ容易ノ業ニ非サルヲ以テ本條ハ其肩書地ヲ以テ營業所又ハ住所ト看做シ所持人ハ其地ニ於テ支拂人ニ對スル總テノ行爲ヲ爲シ得ルモノトセリ。

第四百五十三條　振出人ハ支拂人ニ非サル者ヲ以テ支拂擔當者トシテ爲替手形ニ記載スルコトヲ得

支拂擔當者ノ記載

本條ハ振出人ハ他地拂爲替手形ナルト否トヲ問ハス支拂人ニ非サル者ヲ支拂擔當者トシテ手形ニ記載スルコトヲ得ルモノトセリ蓋支拂擔當者トハ支拂人ノ爲メニ支拂ヲ爲スモノニシテ實際支拂人ト取引アル銀行ヲ支拂擔當者トスルコト多シ而シテ此記載アルトキハ所持人ハ其支拂擔當者ニ就キ支拂ヲ求ムルコトヲ要シ其支拂ナキトキハ支拂人ニ對シテ其支拂ヲ求ムルコトヲ要ス(四九〇)。

第四百五十四條　振出人ハ爲替手形ニ於ケル支拂ノ場所ヲ記載スルコトヲ得

支拂場所ノ記載

本條ハ振出人ハ爲替手形ニ支拂ノ場所ヲ記載スルコトヲ得ルモノトセリ支拂

ノ場所トハ支拂地內ニ於ケル現實ノ支拂ヲ爲スヘキ場所ヲ謂フ例ヘハ東京市ヲ支拂地トシ其市內日本橋區駿河町五番地三井銀行ヲ支拂場所ト定ムルカ如シ然レトモ支拂人カ支拂場所ヲ記載スルハ便利ナレトモ振出人ニハ多ク本條ノ必要ナカルヘシ（四七三）。

第二節　裏書

裏書ノ意義

第一　裏書ノ意義。

裏書トハ手形ノ所持人カ新ニ手形債權者ヲ指圖シ或ハ手形債權取立ノ代理人ヲ指圖スル爲メ一定ノ方式ニ從ヒ爲替手形、其謄本又ハ補箋ニ於テ爲ス署名行爲ナリ蓋爲替手形ハ指圖證券ノ一種ニシテ裏書ニ依リ轉輾スルコトヲ得ルハ勿論ニシテ裏書ハ實ニ流通ノ方法タルモノナリ而シテ所持人カ新ニ手形債權者ヲ指圖スル裏書ヲ讓渡裏書ト稱シ取立ノ爲メ代理人ヲ指圖スル裏書ヲ取立裏書ト稱ス改正法ニ於テハ質入裏書ハ其實用乏シト認メ之ヲ廢止セリ（四六三）

裏書ノ種類

第二　裏書ノ種類。

裏書ハ其方式ニ依リ之ヲ區別スレハ記名裏書及ヒ白地裏書ノ二種トナル記名

裏書トハ被裏書人ノ氏名又ハ商號ヲ記載スル裏書ニシテ白地裏書トハ之ヲ記載セスシテ單ニ裏書人ノ署名ノミヲ以テ爲ス裏書ナリ次ニ裏書ノ效力ニ依リ之ヲ分類スレハ戻裏書、裏書禁止ノ裏書、支拂拒絶證書作成期間經過後ノ裏書、無擔保裏書又ハ取立委任ノ裏書トノ區別アリ詳細ハ各本條ニ至リテ說明セム。

裏書ノ效力

第三　裏書ノ效力

裏書ノ效力ハ裏書ノ種類ニ依リテ同一ナラス即チ讓渡裏書ハ被裏書人ヲシテ手形上ノ權利ヲ取得セシメ同時ニ裏書人ニ擔保義務ヲ生スルノ效力ヲ有ス故ニ後日支拂人カ引受ヲ拒絶シ又ハ引受ヲ爲シタル後破産シタルトキハ所持人ノ爲メニ擔保ヲ供シ又支拂人若クハ引受人カ支拂ヲ拒絶シタルトキハ償還ヲ爲スヘキ義務ヲ負フ次ニ取立裏書ハ被裏書人ヲシテ手形上ノ權利ノ取立ニ付キ代理權限ヲ取得セシムルノ效力ヲ生ス其他各種ノ裏書ニ付キ其效力ニ幾分ノ差異アルコトハ各本條ノ說明ニ依リ自ラ判明セム。

第四百五十五條　爲替手形ハ其記名式ナルトキト雖モ裏書ニ依リテ之ヲ讓渡スコトヲ得但振出人カ裏書ヲ禁スル旨ヲ記載シタルトキハ此限ニ在ラス

手形ノ裏書性

本條ハ爲替手形ノ裏書性ヲ規定ス蓋爲替手形ハ其記名式即チ受取人ノ氏名又

ハ商號ノ記載アル場合ニ於テモ之ヲ裏書ニ依リ他人ニ讓渡スルコトヲ得ルヲ其通性トス然レトモ此裏書性ハ爲替手形ノ要素ニ非サルヲ以テ振出人ハ其裏書ヲ禁止スル旨ヲ記載スルコトヲ妨ケス而シテ此記載アルトキハ其爲替手形ハ裏書性ヲ失ヒ裏書ニ依リ之ヲ流通スルコト能ハサルニ至ルモノトス但裏書禁止ノ爲替手形ト雖モ受取人ハ取立委任ノ裏書ヲ爲スコトヲ得ルハ勿論ナリ。

戻裏書

第四百五十六條　振出人引受人又ハ裏書人カ裏書ニ依リテ爲替手形ヲ讓受ケタルトキハ更ニ裏書ニ依リテ之ヲ讓渡スコトヲ得

本條ハ爲替手形ノ戻裏書ヲ認メリ戻裏書トハ既ニ手形上ノ行爲ヲ爲シ一旦手形上ノ債務ヲ負擔シタル者カ裏書ニ依リテ其手形ヲ讓受ケタル後更ニ裏書ニ依リ之ヲ他人ニ讓渡スルコトヲ謂フナリ蓋爲替手形ノ引受人ハ手形上ノ主タル債務者ニシテ振出人及ヒ裏書人ハ其償還義務者ナルカ故ニ此等ノ債務者カ其手形ノ裏書讓渡ヲ受ケタルトキハ混同ニ因リテ其債權債務ハ消滅スヘシト雖モ之カ爲メ他ノ債務者ノ手形行爲カ消滅シ又ハ其效力ヲ失フノ理ナク又手形ハ流通證券ナルカ故ニ滿期日ノ到來スルマテハ其活動力ヲ具ヘシムルノ必要アルヲ以テ本條ハ此等ノ手形債務者ヲシテ更ニ之ヲ他人ニ裏書讓渡スルコトヲ得セシメタ

リ從テ其被裏書人ハ一切ノ手形債務者ニ對シテ手形上ノ權利ヲ取得シ又之ヲ行使スルコトヲ得ヘシ詳言スレハ振出人カ手形ヲ讓受ケタルトキハ受取人以下ノ後者ニ對シテハ手形上ノ權利ヲ行フヲ得ス又引受人カ之ヲ讓受ケタルトキハ何人ニ對シテモ手形上ノ權利ヲ行フヲ得ス裏書人カ之ヲ讓受ケタルトキハ自己ノ後者ニ對シテハ手形上ノ權利ヲ行フヲ得サルモ更ニ此等ノ者ヨリ裏書ヲ受ケタル被裏書人ハ其前者ノ全員ニ對シ完全ナル手形上ノ權利ヲ取得スルナリ尙本條ハ振出人、引受人及ヒ裏書人ノミヲ別記スレトモ參加引受人、保證人、支[illegible]、豫備支拂人、其他支拂擔當者ノ如キモ亦更ニ裏書讓渡ヲ爲シ得ヘキコト其性[illegible]上疑ヲ容レサルナリ。

第四百五十七條　裏書ハ爲替手形、其謄本又ハ補箋ニ被裏書人ノ氏名又ハ商號及ヒ裏書ノ年月日ヲ記載シ裏書人署名スルニ依リテ之ヲ爲ス

裏書ハ裏書人ノ署名ノミヲ以テ之ヲ爲スコトヲ得此場合ニ於テハ爾後爲替手形ハ引渡ノミニ依リテ之ヲ讓渡スコトヲ得

裏書ノ方式

本條ハ裏書ノ方式ニ關スル規定ナリ卽チ裏書ハ爲替手形其謄本又ハ補箋ニ之ヲ爲シ裏書人之ニ署名スルコトヲ要ス爲替手形及ヒ其謄本ニ裏書スル場合ニ於テモ必シモ其裏面ニ爲スコトヲ要セス表面ニ之ヲ記載スルモ可ナリ署名ノ意義

ニ付テハ既ニ述タリ（五四三）本條ニ依レハ裏書ノ方式ニ二種アルコトヲ知ルヘシ記名裏書及ヒ白地裏書卽チ是ナリ。

記名裏書

第一　記名裏書。

記名裏書トハ被裏書人ノ氏名又ハ商號及ヒ裏書ノ年月日ヲ記載スル裏書ナリ被裏書人ノ氏名又ハ商號ハ特定ノ人タルコトヲ認メ得レハ足リ會社其他ノ法人ナルトキト雖モ其代表者ノ氏名等ヲ記載スルノ要ナシ又年月日ニ付テハ振出ノ年月日ニ付キ説明シタルト同一ナリ但裏書ノ日附カ振出ノ日附ヨリ前ナルトキハ其裏書ハ無效ナリ。

白地裏書

第二　白地裏書。

白地裏書トハ被裏書人ノ氏名又ハ商號ヲ記載セサル裏書ナリ本條ニハ裏書人ノ署名ノミヲ以テ云々トアレトモ裏書ノ年月日ヲ記載スルモ之カ爲メ其裏書カ無效トナルコトナシ而シテ記名裏書ノ場合ニ於テハ被裏書人ハ更ニ其裏書ヲ爲スニ非サレハ他人ニ之ヲ讓渡スルコトヲ得スト雖モ白地裏書ノ場合ニ於テハ其被裏書人ハ爾後裏書ヲ爲サスシテ單ニ引渡ノミニ依リテ之ヲ讓渡スルコトヲ得ルノ便アリ（四六一説明參照）

以上何レノ場合ニ於テモ裏書人ノ營業所又ハ住所及ヒ裏書地ノ記載ハ其要件ニ非サルモ之ヲ記載スルトキハ實際上便利ナリ(四八八ノ三)

第四百五十八條　裏書人ハ裏書ヲ爲スニ當タリ支拂地ニ於ケル豫備支拂人ヲ記載スルコトヲ得

豫備支拂人ノ記載

本條ハ裏書人モ亦振出人ト同ク其裏書ヲ爲スニ當リ支拂地ニ於ケル豫備支拂人ヲ記載スルコトヲ得ルモノトセリ詳細ハ第四百四十八條ノ説明ヲ參照スヘシ。

第四百五十九條　裏書人ハ裏書ヲ爲スニ當タリ手形上ノ責任ヲ負ハサル旨ヲ記載スルコトヲ得

無擔保裏書

本條ハ無擔保裏書ニ關スル規定ナリ裏書人ハ被裏書人及ヒ其後者全員ニ對シ擔保義務ヲ負フコトハ既ニ述ヘタル所ナリ故ニ所持人ハ支拂人引受ヲ拒絶シ又引受人カ破産シタルトキハ擔保請求ヲ爲シ得ヘク支拂人(又ハ引受人)カ支拂ヲ爲ササル場合ニ於テハ其前者ニ對シ償還請求ヲ爲スコトヲ得ヘシ(四七四以下四八六以下)然レトモ裏書人カ此等ノ責任ヲ負ハサル旨ヲ記載シタルトキハ其裏書人ハ何人ニ對シテモ擔保ヲ供シ又償還請求ニ應スルノ義務ナキナリ但手形カ數人ノ裏書ニ依リ轉輾シタル場合ニ於テ其中一人ノ裏書人カ無責任ノ記載ヲ爲スモ之カ爲メ他ノ裏

裏書禁止ノ裏書

書人ノ責任ニ何等ノ影響ナキヲ以テ所持人ハ他ノ裏書人ニ對シテハ手形上ノ權利ヲ行使スルコトヲ得ルハ勿論ナリ。

第四百六十條　裏書人カ裏書ヲ爲スニ當タリ爾後裏書ヲ禁スル旨ヲ記載シタルトキハ其裏書人ハ被裏書人ノ後者ニ對シテ手形上ノ責任ヲ負フコトナシ

本條ハ裏書禁止ノ裏書ニ關ス卽チ裏書人カ裏書ヲ爲スニ當リ爾後裏書ヲ禁スル旨ノ記載ヲ爲シタルトキハ其裏書人ハ被裏書人ニ對シ手形上ノ責任ヲ負フニ止リ其後者ニ對シテハ何等ノ責任ヲ負ハサルナリ是レ前條ノ無擔保裏書ト異ル點ニシテ彼ニ在リテハ被裏書人ニ對シテモ手形上ノ責任ヲ負ハサルニ反シ此ニ在リテハ被裏書人ニ對シテハ手形上ノ責任ヲ負ヒ其後者全員ニ對シ手形上ノ責任ヲ負ハサルモノナリ。

振出人カ裏書ヲ禁スル旨ヲ記載シタルトキハ其手形ハ裏書性ヲ失ヒ全ク裏書ニ依リ之ヲ轉輾スルコト能ハサルニ至ルト雖モ(四五五但書)裏書人カ裏書禁止ノ記載ヲ爲スモ斯ル效力ヲ生スルコトナク被裏書人ハ自由ニ裏書ヲ爲シ以テ之ヲ他人ニ轉輾スルコトヲ得ルモノトス從テ裏書人カ此記載ヲ爲スモ其金額又ハ後者ノ手形上ノ權利義務ニ何等ノ影響ヲ及ホササルコトハ前條ニ於テ説明セルト同一

ナリ。

第四百六十一條　裏書人カ其署名ノミヲ以テ裏書ヲ爲シタルトキハ所持人ハ自己ヲ其被裏書人ト爲スコトヲ得

所持人ノ補充權

本條ハ白地裏書ニ依ル手形所持人ノ補充權ヲ規定ス白地裏書ハ裏書人ノ署名ノミニ依ル裏書ニシテ被裏書人ノ氏名又ハ商號ノ記載ナキモノナレハ（四五七ノ二項）爾後其手形ハ交付ノミニ依リ轉輾スルコトヲ得ルカ故ニ其交付ヲ受ケタル者ハ手形面ニ自己ノ氏名又ハ商號カ現ハレサルニ拘ハラス手形ノ所持人トシテ其權利ヲ行使シ得ルハ勿論ナレトモ紛失盜難等ニ因リ生スル危險ヲ防ク爲メ所持人ハ何時ニテモ自己ヲ其被裏書人トシテ手形ニ記載スルコトヲ得ルモノトス之ヲ所持人ノ補充權ト稱ス而シテ所書人カ此補充ヲ爲シタルトキハ最初ヨリ其所持人カ被裏書人タリシ場合ト同一ニ歸スルヲ以テ爾後引渡ノミニ依リ之ヲ流通スルコト能ハサルニ至ルハ明カナリ。

第四百六十二條　支拂拒絕證書作成ノ期間經過ノ後所持人カ裏書ヲ爲シタルトキハ被裏書人ハ裏書人ノ有シタル權利ノミヲ取得ス此場合ニ於テハ其裏書人ハ手形上ノ責任ヲ負フコトナシ

支拂拒絕證書作成期間後ノ裏書

本條ハ支拂拒絕證書作成期間經過後ノ裏書ニ關スル規定ナリ支拂拒絕證書作

取立委任ノ裏書

成期間トハ滿期日又ハ其後二日内ヲ謂フ蓋手形ハ滿期日ノ到來ト同時ニ其流通力ヲ絶止スヘキコトナレトモ其後二日内ハ所持人ハ支拂ヲ求ムル爲メ呈示ヲ爲シ又支拂拒絶證書ヲ作成シ其前者ニ對シ償還請求ヲ爲スコトヲ得ルカ故ニ

(四八七)本條ハ支拂拒絶證書作成期間内ハ滿期日以前ト同シク所持人ハ完全ニ之ヲ裏書讓渡スルコトヲ得ルモノトシ其以後ニ於ケル裏書ニ付テノミ特別ノ效力ヲ認メタリ即チ支拂拒絶證書作成期間經過後ニ至リ所持人カ裏書ヲ爲シタルトキハ被裏書人ノ有シタル權利ノミヲ取得スルモノトセリ故ニ裏書人カ手形ノ所有權ヲ有セサルトキハ被裏書人モ亦其所有權ヲ取得セス又手形ニ記載ナキ事項ト雖モ前者ヨリ被裏書人ニ對抗スルコトヲ得ヘカリシ事由ハ被裏書人ニモ對抗シ得ヘク又裏書人カ手形上ノ權利ヲ保全セサルカ爲メ其權利ヲ失ヒタルトキハ被裏書人モ亦其權利ヲ有セサルノ效果ヲ生スヘシ。

第四百六十三條　所持人ハ裏書ニ依リテ爲替手形ノ取立ヲ委任スルコトヲ得此場合ニ於テハ裏書ニ其目的ヲ附記スルコトヲ要ス

前項ノ場合ニ於テ被裏書人ハ同一ノ目的ヲ以テ更ニ裏書ヲ爲スコトヲ得

本條ハ取立委任ノ裏書ニ關ス即チ所持人ハ手形金取立ヲ委任スル爲メ之ヲ他ニ裏書スルコトヲ得ヘク此委任ヲ受ケタル被裏書人ハ同一ノ目的ヲ以テ更ニ他

人ニ之ヲ裏書スルコトヲ得ヘシ然レトモ取立委任ノ被裏書人ハ裏書人ノ代理人人タルニ止リ固ヨリ手形上ノ權利ヲ取得スルコトナキカ故ニ更ニ讓渡裏書ヲ爲スコト能ハサルハ勿論ナリ又其被裏書人カ裏書人ニ手形ヲ返還スルトキハ單ニ其手形ヲ裏書人ニ交付スレハ足リ返還ノ裏書ヲ爲スノ要ナシ。

第四百六十四條　裏書アル爲替手形ノ所持人ハ其裏書カ連續スルニ非サレハ其權利ヲ行フコトヲ得ス但署名ノミヲ以テ爲シタル裏書アルトキハ次ノ裏書人ハ其裏書ニ因リテ爲替手形ヲ取得シタルモノト看做ス
抹消シタル裏書ハ裏書ノ連續ニ付テハ其記載ナキモノト看做ス

裏書ノ連續

本條ハ裏書ノ連續ニ關スル規定ナリ裏書ノ連續トハ手形ノ形式上其受取人ヨリ現在ノ所持人ニ至ルマテノ間裏書ニ間斷ナキヲ謂フナリ例ヘハ甲カ受取人ナルトキハ第一ノ裏書ハ甲カ爲シ次ニ其被裏書人タル乙カ爲シ更ニ丙カ爲シ丁カ爲スカ如シ然レトモ白地裏書ノ場合ニ於テハ實際上幾十人ノ手ニ轉輾シタルトキト雖モ次ノ裏書人ハ其白地裏書ニ因リテ手形ヲ取得シタルモノト看做サルルカ故ニ裏書ノ連續アルモノトス（四六一）但抹消シタル裏書ハ其記載ナキモノト看做セルヲ以テ右ノ例ニ於テ乙ノ裏書カ抹消シアルトキハ其裏書ハ間斷ヲ生シ裏書ノ連續ヲ缺クニ至ルヘシ。

裏書ノ連續ハ所持人カ手形上ノ權利ヲ行使スルニ付キ缺クヘカラサル要件タリ故ニ其手形面ニ依リ裏書ニ間斷アルトキハ縱令實際上ノ讓渡アリシコト明白ナリトスルモ其所持人ハ全ク手形上ノ權利ヲ行使スルコト能ハサルナリ。

第三節　引受

第一　引受ノ意義。

引受トハ爲替手形ノ支拂人カ所持人ノ請求ニ因リ滿期日ニ於テ手形金ノ支拂ヲ爲スコトヲ承認スル行爲ニシテ一定ノ方式ニ依リ爲替手形ニ署名シテ之ヲ爲スモノナリ蓋支拂人ハ振出人ヨリ手形金支拂ノ委任ヲ受ケタルモノナルモ當然其支拂ヲ爲スヘキ義務ヲ負フモノニ非サルヲ以テ未タ支拂人カ其引受ヲ爲ササル間ハ滿期日ニ至リ果シテ支拂人カ其支拂ヲ爲スヤ否ヤハ固ヨリ確定セス故ニ所持人カ滿期日以前ニ於テ先ツ支拂人ニ對シ其引受ヲ求メ置クトキハ之ニ因リ其手形ノ主タル債務者カ確定シ一層圓滿ナル流通力ヲ生スヘキナリ然レトモ引受ヲ求ムルコトハ所持人ノ權利ナルヲ以テ所持人カ之ヲ求ムルト否トハ固ヨリ其隨意ナリ。

引受ノ效力

引受ノ呈示

一覽後定期拂手形ノ呈示期間

第二　引受ノ效力。

支拂人カ爲替手形ノ引受ヲ爲シタルトキハ滿期日ニ於テ其引受ケタル金額ヲ支拂フノ義務ヲ負フ(四〇七)引受ノ金額ハ手形金ノ全部ナルト一部ナルトヲ問ハスト雖モ其引受カ單純ナラサルトキハ其引受ヲ拒絕シタルモノト見做サルルナリ而シテ支拂人カ引受ヲ拒絕シタルトキハ所持人ハ其前者ニ對シ豫メ擔保ヲ供スヘキコトヲ請求シ得ルモノトス詳細ハ次節ニ於テ述フヘシ。

第四百六十五條　所持人ハ何時ニテモ爲替手形ヲ支拂人ニ呈示シテ其引受ヲ求ムルコトヲ得

本條ハ爲替手形ノ引受ヲ求ムルハ所持人ノ權利ニ屬スルコトヲ明ニシタルモノニシテ所持人ハ何時ニテモ支拂人ニ對シ其手形ヲ呈示シ其引受ヲ求ムルコトヲ得ヘシ然レトモ滿期日後ニ於テハ直ニ支拂ヲ求ムルコトヲ得ルカ故ニ最早引受ヲ求ムルコトヲ得サルハ勿論ナリ。

第四百六十六條　一覽後定期拂ノ爲替手形ノ所持人ハ其日附ヨリ一年內ニ爲替手形ヲ支拂人ニ呈示シテ其引受ヲ求ムルコトヲ要ス但振出人ハ之ヨリ短キ呈示期間ヲ定ムルコトヲ得

所持人カ拒絕證書ニ依リ前項ニ定メタル呈示ヲ爲シタルコトヲ證明セサルトキハ其前者ニ對スル手形上ノ權利ヲ失フ

本條ハ一覽後定期拂ノ爲替手形ノ引受ニ關スル規定ナリ一覽後定期拂トハ所

持人カ支拂人ニ對シ手形ヲ呈示シタル後確定シタル期間ヲ經過シタル日ヲ以テ其滿期日ト爲ス手形ナリ(四〇五)故ニ所持人カ其手形ノ呈示ヲ爲ササルトキハ永久ニ滿期日カ到來セサル結果トナルヲ以テ本條ハ特ニ所持人ニ對シテ呈示ノ義務ヲ負ハサシメ所持人ハ振出ノ日附ヨリ一年內ニ爲替手形ヲ支拂人ニ呈示シ以テ其引受ヲ求ムルコトヲ要スルモノトセリ但振出人カ之ヨリ短キ呈示期間ヲ定メタルトキハ其期間內ニ呈示スルコトヲ要スルハ勿論ナリ而シテ所持人カ此期間內ニ手形ヲ呈示シ支拂人カ其引受ヲ爲シ且引受ノ日附ヲ記載シタルトキハ其日ヲ以テ滿期日ヲ起算スヘク支拂人カ引受ヲ爲サス又引受ヲ爲シタルモ日附ヲ記載セサルトキハ拒絕證書ニ依リ其事實ヲ證明スヘキコト次條ニ依リ明カナルヲ以テ本條第二項ヲ全ク無用ノ法文ト解スルノ外ナシ。

第四百六十七條　所持人カ一覽後定期拂ノ爲替手形ヲ呈示シタル場合ニ於テ支拂人カ其引受ヲ爲サス又ハ引受ノ日附ヲ爲替手形ニ記載セサリシトキハ所持人ハ呈示期間內ニ拒絕證書ヲ作ラシムルコトヲ要ス此場合ニ於テハ其拒絕證書作成ノ日ヲ以テ呈示ノ日ト看做ス
所持人カ拒絕證書ヲ作ラシメサリシトキハ其前者ニ對スル手形上ノ權利ヲ失フ
引受人カ引受ノ日附ヲ記載セサリシ場合ニ於テ所持人カ拒絕證書ヲ作ラシメサリシトキハ呈示期間ノ末日ヲ以テ呈示ノ日ト看做ス

一覧後定期拂手形ノ引受拒絶

本條ハ一覧後定期拂爲替手形ノ引受拒絶ノ場合ニ關ス蓋所持人カ一覧後定期拂ノ爲替手形ヲ呈示シタル場合ニ於テ支拂人カ引受ヲ拒絶シタルトキ又ハ其引受ヲ爲シタルモ手形ニ引受ノ日附ヲ記載セサルトキハ其手形ニ依リテハ所持人カ呈示ヲ爲シタル日ヲ知ルコト能ハサルカ故ニ其滿期日ヲ起算スルコトヲ得ス故ニ本條ハ所持人ヲシテ拒絶證書ヲ作ラシムルコトヲ要スルモノトセリ然レトモ所持人ハ前條ノ呈示期間内ニ於テハ幾回之ヲ呈示スルモ其自由ナルヲ以テ拒絶證書ハ其呈示期間内ニ之ヲ作ラシムレハ足リ拒絶證書作成ノ日ヲ以テ呈示ノ日ト看做サルルナリ而シテ所持人カ此拒絶證書ヲ作成セシメタルトキハ實際支拂人ニ對シ其呈示ヲ爲シタル場合ニ於テモ前者ニ對スル手形上ノ權利ヲ失ヒ擔保ノ請求ヲ爲スコト能ハサルニ至ル。

支拂人カ其引受ヲ爲シタル場合ニ於テモ日附ノ記載ヲ爲ササルトキハ拒絶證書ヲ作成セサル可カラス然ルニ第三項ハ所持人カ拒絶證書ヲ作成セシメサルトキハ呈示期間ノ末日ヲ以テ呈示ノ日ト看做シ特ニ其引受ヲ有效ナラシメタリ故ニ其末日ヨリ起算シテ滿期日ヲ定ムルコトヲ得ヘシ。

第四百六十八條　引受ハ爲替手形ニ其旨ヲ記載シ支拂人署名スルニ依リテ之ヲ爲ス

引受ノ方式

支拂人カ爲替手形ニ署名シタルトキハ其引受ヲ爲シタルモノト看做ス

本條ハ引受ノ方式ヲ規定ス即チ引受ハ支拂人カ爲替手形ニ其旨ヲ記載シ之ニ署名スルコトヲ要シ謄本又ハ補箋ニ之ヲ爲スモ引受ノ效ナシ然レトモ支拂人カ爲替手形ニ署名シタルトキハ引受ノ旨ヲ記載セサルモ其引受ヲ爲シタルモノト看做サル又引受ハ支拂人之ヲ爲スコトヲ要スルカ故ニ他ノ者ニ於テ之ヲ爲スモ其效ナキノミナラス支拂人ノ署名ハ手形ニ表示セラレタル支拂人ト同一人ナルコトヲ認メ得ルコトヲ要ス。

単純ナラサル引受

第四百六十九條　支拂人ハ手形金額ノ一部ニ付キ引受ヲ爲スコトヲ得

前項ノ場合ヲ除ク外支拂人カ爲替手形ノ單純ナル引受ヲ爲サヽリシトキハ其引受ヲ拒絶シタルモノト看做ス但引受人ハ其引受ノ文言ニ從ヒテ責任ヲ負フ

本條ハ單純ナラサル引受ノ效力ヲ規定ス單純ナラサル引受トハ手形ニ記載セル委託文言ニ變更ヲ加ヘテ引受ヲ爲スコトヲ謂フナリ例ヘハ手形金額ノ一部ヲ引受ケ滿期日ヲ變更シ反對給付其他ノ條件ヲ附シタル引受ノ如シ本條ハ手形金ノ一部引受ハ之ヲ有效ト爲スカ故ニ所持人ハ之ヲ拒ムコトヲ得スト雖モ其引受ナキ金額ニ付テハ前者ニ對シ擔保請求權ヲ行使シ得ルハ勿論ナリ其他ノ單純ナ

ラサル引受ハ其引受ヲ拒絶シタルモノト看做スカ故ニ所持人ハ其引受ニ拘ハラス前者ニ對シ擔保ノ請求ヲ爲シ得ヘシ但單純ナラサル引受ト雖モ引受人ハ其文言ニ從ヒテ責任ヲ負フモノトセルカ故ニ所持人ハ引受人ニ對シ其文言ニ從ヒ履行ノ請求ヲ爲シ得ヘシ。

第四百七十條　支拂人ハ爲替手形ノ引受ニ因リ滿期日ニ於テ其引受ケタル金額ヲ支拂フ義務ヲ負フ

第四百七十一條　引受人カ爲替手形ノ支拂ヲ爲サヽリシ場合ニ於テ其所持人又ハ償還ヲ爲シタル裏書人若クハ振出人ニ對シテ支拂フヘキ金額ハ第四百九十一條又ハ第四百九十二條ノ規定ニ依リテ之ヲ定ム

引受ノ效力

右ノ二條ハ引受ノ效力ヲ規定ス蓋爲替手形ノ支拂人ハ其引受ヲ爲スマテハ何等手形上ノ責任ヲ負ハサルコト屢說明シタル如シ然レトモ支拂人カ一旦其引受ヲ爲シタル以上ハ爾後引受人ト變シ滿期日ニ於テ第一ニ其引受ケタル金額ヲ支拂フノ義務ヲ負フ卽チ手形上ノ主タル義務者トナリ手形ノ所持人ニ對シテハ勿論裏書人及ヒ振出人ニ對シテモ其引受ケタル金額ヲ支拂ハサルヘカラス。

引受人カ滿期日ニ至リ所持人ヨリ手形ノ呈示ヲ受ケタルニ拘ハラス其義務ヲ履行セサルトキハ所持人ハ其前者ニ對シ償還請求ヲ爲ス爲メ拒絶證書ヲ作成シ

且其通知ヲ發スル等種々ナル費用ヲ要シ又其利息ヲ損失スヘク而シテ其償還ヲ爲シタル者カ其前者ニ對シ更ニ償還請求ヲ爲ス場合ニ於テモ亦同一ナリ此等ノ費用及ヒ利息等ハ何レモ引受人ノ不履行ニ因リテ生スルモノナルカ故ニ引受人ハ其所持人又ハ償還ヲ爲シタル裏書人若クハ振出人ニ對シ其金額ヲ支拂ハサルヘカラス尚其金額ノ計算ニ付テハ第四百九十一條及ヒ第四百九十二條ノ説明ヲ看ルヘシ。

支拂擔當者ノ記載

第四百七十二條　振出人カ爲替手形ニ支拂擔當者ヲ記載セサリシトキハ支拂人ハ其引受ヲ爲スニ當タリ之ヲ記載スルコトヲ得若シ支拂人カ之ヲ記載セサリシトキハ支拂地ニ於テ自ラ支拂ヲ爲ス責ニ任ス

前項ノ場合ニ於テ振出人ハ爲替手形ニ其引受ヲ求ムル爲メ之ヲ呈示スヘキ旨ヲ記載スルコトヲ得此場合ニ於テ所持人カ拒絶證書ニ依リ其呈示ヲ爲シタルコトヲ證明セサルトキハ其前者ニ對スル手形上ノ權利ヲ失フ

本條ハ支拂地カ支拂人ノ住所地ト異ナル場合ナルト否トヲ問ハス支拂人モ亦爲替手形ニ支拂擔當者ヲ記載スルコトヲ許シタリ蓋振出人ハ爲替手形ヲ振出スニ當リ之ニ支拂擔當者ヲ記載スルコトヲ得レトモ(四三五)振出人カ此記載ヲ爲サヽル場合ニ於テハ支拂人モ亦其引受ヲ爲スニ當リ支拂擔當者ノ記載ヲ爲スコトヲ

得ルモノトセリ而シテ此記載ナキトキハ支拂人ハ滿期日ニ至リ支拂地ニ於テ自ラ支拂ヲ爲スノ責ニ任スヘキハ勿論ナレトモ若シ之ヲ不便トスルトキハ支拂人ハ其引受ヲ爲スニ當リ特ニ支拂擔當者ヲ記載シ其者ヲシテ支拂事務ヲ辨セシムルコトヲ得ヘク從テ所持人ハ其支拂擔當者ニ對シ支拂ヲ求ムヘキコトハ後ニ述フルカ如シ(四九〇)。

故ニ振出人カ自ラ支拂擔當者ヲ記載セサルトキハ支拂人ヲシテ之ヲ記載セシムルノ機會ヲ與フルノ要アリ從テ振出人ハ爲替手形ニ引受ヲ求ムル爲メ之ヲ支拂人ニ呈示スヘキ旨ヲ記載スルコトヲ得ルモノトス振出人カ此記載ヲ爲シタルトキハ所持人ハ必ス其手形ヲ支拂人ニ呈示シ以テ其引受ヲ求メサルヘカラス而シテ此呈示ニ因リ支拂人カ引受ヲ爲シタルトキハ支拂人ハ引受ト同時ニ支拂擔當者ヲ記載スルコトヲ得ルハ前述ノ如クナルモ若シ此呈示ニ因リ支拂人カ引受ヲ拒絶シタルトキハ所持人ハ拒絶證書ヲ作リ之ニ依リテ其呈示ヲ爲シタルコトヲ證明スルニ非サレハ其前者ニ對スル手形上ノ權利ヲ失フモノトス。

第四百七十三條　支拂人ハ引受ヲ爲スニ當タリ爲替手形ニ其支拂地ニ於ケル支拂ノ場所ヲ記載スルコトヲ得

支拂場所ノ記載

本條ハ支拂人ニモ亦振出人ト同シク爲替手形ノ支拂場所ヲ記載スルコトヲ許シタリ然レトモ既ニ述ヘタル如ク支拂ノ場所トハ支拂地ニ於ケル確定ノ場所ナルカ故ニ一個ノ手形ニ二個ノ支拂場所ヲ記載スルコトヲ得サルハ當然ナリ從テ振出人カ既ニ支拂ノ場所ヲ記載シタルトキハ支拂人ハ更ニ支拂場所ヲ記載スルコト能ハサルモノト解スヘシ(四四五)支拂人カ支拂ノ場所ヲ記載シタルトキハ所持人ハ支拂ノ爲メニスル手形ノ呈示其他拒絶證書ノ作成等一切ノ手形行爲ハ其支拂場所ニ於テ之ヲ爲ササル可カラス。

第四節　擔保ノ請求

擔保請求ノ意義

擔保請求トハ支拂人カ爲替手形ノ引受ヲ拒絶シ又ハ其引受ヲ爲シタル後破産シタル場合ニ於テ滿期日ニ於ケル手形金額及ヒ其他ノ費用ニ付キ前者ニ對シ所持人カ其支拂ノ確保ヲ請求スル權利ナリ蓋爲替手形ノ支拂人ハ引受ニ因リ始メテ手形上ノ主タル義務者トナルモノナレハ支拂人カ其引受ヲ拒絶シ又ハ一旦其引受ヲ爲シタルモ後日破産シタルトキハ所持人ハ殆ント滿期日カ到來スルモ其手形金額ノ支拂ヲ受クヘキ望ヲ失ヒ頗ル危險ナル地位ニ在ルコト明カナリ從テ

斯ル危險狀態ハ法力之ヲ救濟スルニ非サレハ何人モ安シテ其手形ヲ授受スルモノナキニ至ルヘキヲ以テ本法ニ於テハ所持人ニ與フルニ前者ニ對スル擔保請求權ヲ以テシタリ此擔保請求權ト後ニ述フル償還請求權トヲ總稱シテ手形上ノ遡求權ト稱スルナリ。

所持人ヨリ擔保ノ請求ヲ受ケタル前者ハ其所持人ノ爲メニ手形金額及ヒ費用ニ付テ相當ノ擔保ヲ供スルノ義務ヲ負フト雖モ(四七七)無擔保裏書人及ヒ裏書禁止ノ裏書人ハ此義務ヲ負擔セサルコト上述ノ如シ(四五九、四六〇)又裏書ヲ禁止シタル裏書人ニ對シテハ其受取人ノ外擔保請求權ヲ有セサルコト言ヲ俟タス(四五五)。

第四百七十四條　支拂人カ爲替手形ノ引受ヲ爲ササリシトキハ所持人ハ其前者ニ對シ手形金額及ヒ費用ニ付キ相當ノ擔保ヲ請求スルコトヲ得

支拂人カ手形金額ノ一部ニ付キ引受ヲ爲シタルトキハ所持人ハ其殘額及ヒ費用ニ付キ相當ノ擔保ヲ請求スルコトヲ得

引受拒絶ノ擔保請求

本條ハ引受拒絶ノ場合ニ於ケル擔保請求權ニ關スル規定ナリ卽チ爲替手形ノ所持人カ支拂人ニ對シ手形ヲ呈示シタルモ支拂人カ其全部又ハ一部ノ引受ヲ拒絶シタルトキハ其引受ナキ金額及ヒ其費用ニ付キ前者ニ對シ相當ノ擔保ヲ請求スルコトヲ得ルモノトス茲ニ所謂前者トハ直接ノ前者ナルト否トヲ問ハサルヲ

以テ手形カ數人ノ裏書ニ依リ順次轉輾シタル場合ニ於テハ其前者ノ何レニ對シテモ自由ニ擔保ノ請求ヲ爲スコトヲ得ヘシ然レトモ無擔保裏書人及ヒ裏書禁止ノ裏書人ニ對シテハ此權利ナキコト上述ノ如シ。

第四百七十五條　爲替手形ノ所持人カ前條ノ請求ヲ爲サント欲スルトキハ引受拒絶證書ヲ作ラシムルコトヲ要ス

本條ハ擔保請求權行使ノ條件ヲ規定ス卽チ爲替手形ノ所持人カ前者ニ對スル擔保請求權ヲ行使スルニハ先ツ引受拒絶證書ヲ作ラシムルコトヲ要ス又爲替手形ニ豫備支拂人ノ記載アルトキハ其豫備支拂人ニ引受ヲ求メタル後ニ非サレハ前者ニ對シテ擔保請求ヲ爲スコト能ハサルナリ(五〇)然レトモ拒絶證書作成ノ期間ニ付テハ何等ノ制限ナキカ故ニ滿期日前ニ於テハ何時ニテモ之ヲ作成セシムルコトヲ得ヘシ但此手續ヲ履踐スルニ非サレハ絶對ニ擔保請求權ヲ行使スルコト能ハス殊ニ所持人カ支拂人ニ對シ手形ノ呈示ヲ爲スヘキ義務アル場合ニ於テ然リトス(四六七、七四二)元來本條ニ於テハ所持人カ擔保ノ請求ヲ爲スニハ拒絶證書ヲ作成スル外尙ホ擔保ヲ供セシメントスル者ニ對シ遲滯ナク通知ヲ發スルコトヲ要ストセリ是レ擔保義務者ヲシテ擔保設定ノ準備ヲナスコトヲ得セシメンカ爲メ

ニ多少理ナキニアラサルモ擔保ノ請求ヲ受ケタル者ハ卽時ニ之ヲ設定スルヲ必要トスルニアラス只タ遲滯ナク設定スレハ可ナルカ故ニ右ノ通知ヲ以テ擔保請求權行使ノ條件トナスノ要ナシ是レ改正法ニ於テ除外シタル所以ナリ。

第四百七十六條　擔保ノ請求ヲ受ケタル裏書人ハ其前者ニ對シ擔保スヘキ金額及ヒ費用ニ付キ相當ノ擔保ヲ請求スルコトヲ得

裏書人ノ擔保請求

本條ハ裏書人ノ擔保請求權ニ關スル規定ナリ爲替手形ノ所持人ヨリ擔保ノ請求ヲ受ケタル裏書人ハ直ニ相當ノ擔保ヲ供スルノ義務アルコト次條ニ規定スルカ如クナリト雖モ其裏書人ハ又前者ニ對シ相當ノ擔保ヲ請求スルコトヲ得ルナリ蓋擔保ヲ供シタル裏書人ハ將來手形金ノ支拂ナキ場合ニ於テ所持人ニ對シ手形金額其他ノ費用ヲ償還スルノ義務アリ而シテ其償還ヲ爲シタルトキハ更ニ其前者ニ對シ償還請求ヲ爲スノ權利ヲ有スルヲ以テ其權利ヲ確保スル爲メ豫メ其前者ヲシテ擔保ヲ供セシメサルトキハ結局自己獨リ手形金額其他ノ費用ヲ支拂ヒ其前者ヨリ之レカ償還ヲ受クルコト能ハサルニ至ルノ虞アルヲ以テナリ本條モ亦前條ト同一ノ理由ニヨリ擔保請求ノ通知ヲ除外セリ。

第四百七十七條　前三條ノ規定ニ依リテ擔保ノ請求ヲ受ケタル者ハ遲滯ナク引受拒絕證書ト

引換ニ相當ノ擔保ヲ供スルコトヲ要ス但擔保ニ代ヘテ相當ノ金額ヲ供託スルコトヲ得

擔保義務者ノ責任

本條ハ擔保請求ヲ受ケタル前者ノ責任ヲ規定ス卽チ前三條ノ規定ニ依リ所持人ヨリ擔保ノ請求ヲ受ケタル裏書人及ヒ其裏書人ヨリ更ニ擔保ノ請求ヲ受ケタル前者ハ遲滯ナク其請求ヲ爲シタル者ニ對シ相當ノ擔保ヲ供スルコトヲ要ス然レトモ其擔保ノ種類ニ付テハ何等ノ制限ナキヲ以テ質權又ハ抵當權ヲ設定シ保證人ヲ立ツル等手形金額及ヒ費用ノ支拂ヲ確保スルニ相當ナルヲ以テ足ル又相當ノ擔保ヲ供スル代リニ其金額ヲ供託シテ擔保義務ヲ履行スルコトヲ得ヘシ所持人又ハ差出人カ擔保ノ請求ヲ爲スニハ引受拒絶證書ヲ其擔保義務者ニ交付セサルヘカラス從テ前者ハ引受拒絶證書ト引換ニ非サレハ擔保ヲ供スルノ義務ナキカ故ニ後者ヨリ擔保ノ請求ヲ受ケタル裏書人カ更ニ前者ニ對シ同一ノ請求ヲ爲シ其擔保ヲ供セシムルニハ先ツ後者ニ對シ自カラ擔保ヲ供シ引受拒絶證書ヲ受取ルコトヲ必要トスルハ明カナリ。

擔保ノ效力

第四百七十八條　前者カ擔保ヲ供シ又ハ供託ヲ爲シタルトキハ其後者全員ノ爲メ且其後者全員ニ對シテ之ヲ爲シタルモノト看做ス

本條ハ擔保ノ效力ヲ規定ス卽チ前者カ擔保ヲ供シ又ハ金額ノ供託ヲ爲シタル

トキハ二個ノ效力ヲ生ス其一ハ其後者全員ノ爲メニ之ヲ爲シタルモノト看做スモノニシテ換言スレハ後者全員ノ利益ノ爲メニ之ニ代リテ擔保ヲ供シ又ハ供託ヲ爲シタルモノトナリ其後者全員ハ更ニ自己ノ後者ニ對シテ擔保ヲ供シ又ハ供託ヲ爲スノ義務ヲ免ルルモノトス例ヘハ甲乙丙丁ノ裏書人アル場合ニ於テ乙カ擔保ヲ供シ又ハ供託ヲ爲シタルトキハ丙以下ノ者ハ其後者ニ對シ擔保義務ヲ免ルルカ如シ故ニ之ヲ消極的效力ト稱ス其二ハ後者全員ニ對シテ之ヲ爲シタルモノト看做スモノニシテ換言スレハ後者全員ヲシテ其擔保又ハ供託金ニ對シ權利ヲ行使シ得ヘキ地位ニ立タシメ後日手形金ノ支拂ナキ場合ニ於テハ後者全員カ擔保又ハ供託金ノ權利者トナル例ヘハ前例ニ於テ丁カ手形ノ所持人トシテ乙ニ對シ擔保ノ請求ヲ爲シ乙カ其擔保ヲ供シ又ハ供託ヲ爲シタルトキハ丙丁ハ勿論其後丁ヨリ手形ノ裏書ヲ受ケタル戊巳モ亦其擔保又ハ供託金ニ對シ權利ヲ行使シ得ルカ如シ故ニ之ヲ積極的效力ト稱ス。

改正商法カ第二項ヲ削除シタルハ四百七十五條四百七十六條ヲ改正シタル結果ニ外ナラス。

第四百七十九條　左ノ場合ニ於テハ第四百七十七條ノ規定ニ依リ供シタル擔保ハ其效力ヲ失

ヒ又供託シタル金額ハ之ヲ取戻スコトヲ得

一　後日ニ至リ爲替手形ノ單純ナル引受アリタルトキ

二　手形金額及ヒ費用ノ支拂アリタルトキ

三　擔保ヲ供シ若クハ供託ヲ爲シタル者又ハ其前者カ償還ヲ爲シタルトキ

四　手形上ノ權利カ時效又ハ手續ノ欠缺ニ因リテ消滅シタルトキ

五　擔保ヲ供シ又ハ供託ヲ爲シタル者カ滿期日ヨリ一年内ニ償還ノ請求ヲ受ケサリシトキ

本條ハ擔保ノ消滅ヲ規定ス蓋擔保ハ後日ニ於ケル手形金額其他ノ費用ノ支拂ヲ確保スルモノナルヲ以テ其不支拂ナル危險カ存在セサルニ至リタルトキハ其擔保ハ當然消滅スヘキコト勿論ナリ故ニ本條ハ擔保ノ消滅スヘキ五個ノ場合ヲ列記シタリ此場合ニ於テハ既ニ供シタル擔保ハ當然其效力ヲ失ヒ又擔保ニ代ヘテ供託シタル金額ハ供託者ニ於テ之ヲ取戻スコトヲ得ルモノトス。

其一ハ後日ニ至リ爲替手形ノ單純ナル引受アリタル場合ナリ即チ所持人カ爲替手形ヲ支拂人ニ呈示シタルモ支拂人カ引受ヲ拒絶シ又ハ單純ナル引受ヲ爲ササルカ爲メ其前者ニ對シ擔保ヲ供セシメタル後再ヒ所持人カ支拂人ニ手形ヲ呈示シ其單純ナル引受アリタルトキハ其擔保ヲ供セシメタル原因ハ當然消滅ニ歸スルコト明カナリ其二ハ手形金額及ヒ費用ノ支拂アリタル場合ニシテ之ニ因リ

擔保ハ其必要ヲ失フコト言ヲ俟タス其三ハ擔保ヲ供シ若クハ供託ヲ爲シタル者又ハ其前者カ償還ヲ爲シタルトキナリ即チ支拂人カ滿期日ニ至リ手形金額ノ支拂ヲ爲ササル場合ニ於テ所持人カ其前者ニ對シ償還ノ請求ヲ爲シタルニ擔保ヲ供シ又ハ供託ヲ爲シタル者若クハ其前者カ所持人ニ對シ其償還ヲ爲シタルトキハ擔保ノ目的タル償還義務カ消滅スルヲ以テ其擔保ハ當然消滅スヘキコト勿論ナリ然レトモ擔保ヲ供シ又ハ供託ヲ爲シタル者ノ後者カ所持人ニ對シテ償還ヲ爲シタルトキハ其者ハ更ニ前者ニ對シテ償還請求ヲ爲スコトヲ得ヘク其前者ノ擔保又ハ供託金ニ對シ權利ヲ行使スルコトヲ得ルカ故ニ其擔保ヲ消滅スヘキ理ナキハ當然ナリ(前條說明參照)其四ハ手形上ノ權利カ時效又ハ手續ノ欠缺ニ因リテ消滅シタル場合ニシテ即チ所持人ノ支拂人ニ對スル權利及ヒ前者ニ對スル償還請求權カ時效ニ因リ又ハ其保全手形ノ欠缺ニ因リテ消滅シタルトキハ當然其擔保ノ必要ヲ失フコト右ニ掲ケタル其二ノ場合ト同一ナリ其五ハ擔保ヲ供シ又ハ供託ヲ爲シタル者カ滿期日ヨリ一年內ニ償還ノ請求ヲ受ケサリシ場合ナリ蓋永ク擔保又ハ供託金ヲ不定ノ狀態ニ置クハ國家經濟上不利ナルノミナラス之ニ對シ永ク權利ヲ行使セサル者ハ其權利ヲ拋棄シタルモノト看做スハ當然ナルヲ以テ本

條ハ其擔保期間ヲ滿期日後一年ト定メ此期間ヲ經過スルトキハ其者ノ償還義務ハ未タ殘存セルニ拘ハラス其者ノ供シタル擔保ハ當然消滅スルモノトス。

引受人破産ノ擔保

第四百八十條　引受人カ破産ノ宣告ヲ受ケタル場合ニ於テ相當ノ擔保ヲ供セサルトキハ所持人ハ豫備支拂人ノ引受ヲ求ムルコトヲ得但拒絶證書ヲ作ラシムルコトヲ要ス
豫備支拂人ナキトキ又ハ豫備支拂人カ單純ナル引受ヲ爲ササリシトキハ所持人ハ其前者ニ對シテ相當ノ擔保ヲ請求スルコトヲ得此場合ニ於テハ第四百七十四條乃至第四百七十八條ノ規定ヲ準用ス

本條ハ引受人破産ノ場合ニ於ケル擔保請求權ヲ規定ス卽チ支拂人カ一旦爲替手形ノ引受ヲ爲シタルトキハ之ニ因リ手形上ノ主タル義務者トナリ滿期日ノ到來ニ因リ其支拂ヲ受ケ得ルコトハ通常之ヲ豫想スルヲ得ヘシト雖モ引受人カ破産ノ宣告ヲ受ケタルトキハ所持人ハ將來其支拂ヲ受クヘキ望ヲ失フコト初ヨリ引受ナキ場合ト殆ント同一ナリ故ニ所持人ハ先ツ引受人ニ對シ相當ノ擔保ヲ供スルコトヲ請求スルヲ得ルモノトセリ然レトモ引受人カ相當ノ擔保ヲ供セサルトキハ所持人ハ其拒絶證書ヲ作成セシメ豫備支拂人ニ對シ參加引受ヲ求ムルコトヲ得ヘク(五〇)豫備支拂人カ單純ナル引受ヲ爲シタルトキハ之ニ因リ所持人ハ安シテ滿期日ノ到來ヲ待ツコトヲ得ヘシ。

然レトモ其爲替手形ニ豫備支拂人ノ記載ナキトキ又ハ其記載アルモ豫備支拂人カ單純ナル引受ヲ爲サヽルトキハ所持人ハ其前者ニ對シ相當ノ擔保ヲ請求スルコトヲ得ヘシ而シテ其手續及ヒ效力ニ付テハ引受拒絕ノ場合ニ於ケル擔保請求ト同一ナリ故ニ第四百七十四條乃至第四百七十八條ノ說明ヲ參照スヘシ。

改正法律前ハ豫備支拂人ノ引受ヲ求ムルニハ拒絕證書ヲ作成スル外尙豫備支拂人ニ對シ通知ヲ發スルコトヲ要スト爲シタルモ改正法律ハ總テ擔保請求ニ付キ通知ノ制度ヲ廢シタリ。

第四百八十一條　左ノ場合ニ於テハ前條第二項ノ規定ニ依リテ供シタル擔保ハ其效力ヲ失ヒ又供託シタル金額ハ之ヲ取戾スコトヲ得

一　豫備支拂人カ後日ニ至リ單純ナル引受ヲ爲シタルトキ

二　引受人カ後日ニ至リ相當ノ擔保ヲ供シタルトキ

三　第四百七十九條第二號乃至第五號ノ場合

本條ハ引受人破產ノ場合ニ於ケル擔保ノ消滅ヲ規定ス即チ引受ノ拒絕ニ因ル擔保ト同シク其擔保スヘキ危險カ消滅シタルトキハ其擔保ハ當然效力ヲ失ヒ又擔保ニ代ヘテ供託シタル金額ハ之ヲ取戾スコトヲ得ルモノトス。

擔保消滅ノ原因ノ一ハ豫備支拂人カ後日ニ至リ單純ナル引受ヲ爲シタルトキ

ナリ即チ初メ豫備支拂人ニ對シ所持人カ引受ヲ求メタルモ單純ナル引受ヲ爲ササル爲メ其前者ヲシテ擔保ヲ供セシメタル後ニ至リ所持人カ再ヒ豫備支拂人ニ對シ引受ヲ求メ其單純ナル引受アリタル場合ニシテ其二ハ引受人カ後日ニ至リ相當ノ擔保ヲ供シタルトキ即チ破産ノ宣告ヲ受ケタル引受人カ一旦擔保ノ提供ヲ拒絶シタル爲メ所持人カ其前者ヲシテ擔保ヲ供セシメタル後引受人カ相當ノ擔保ヲ供シタル場合ナリ從テ以上二個ノ場合ハ孰レモ前者カ其擔保ヲ供シタル原因ヲ失フニ至ルヲ以テ擔保ハ當然其效力ヲ失ヒ又其供託シタル金額ハ之ヲ取戻スコトヲ得セシメタリ其三ハ第四百七十九條ニ於テ説明シタルト同一ナルヲ以テ之ヲ參照スヘシ

第五節　支拂

支拂トハ爲替手形ノ支拂人又ハ引受人及ヒ支拂擔當者カ手形金額ノ支拂ヲ爲スコトヲ謂ヒ絶對ニ手形關係ヲ消滅セシムル方法ナリ爲替手形ノ保證人、參加引受人、豫備支拂人及ヒ其他ノ參加支拂人モ亦所持人ニ對シ手形金額ノ支拂ヲ爲スコトヲ得ルハ後ニ述フルカ如シト雖モ此等ノ者ノ支拂ハ單ニ所持人ノ權利カ消

滅スルニ止リ其支拂ヲ爲シタル者ハ更ニ所持人ノ有セシ權利ヲ取得スルカ故ニ他ノ手形關係ヲ絶對ニ消滅セシムルモノニ非ス從テ本節ノ規定ハ爲替手形ノ支拂人又ハ引受人其他支拂擔當者ノ爲ス手形金額ノ支拂ニ付テノミ其適用アルモノト知ルヘシ。

第四百八十二條　一覽拂ノ爲替手形ノ所持人ハ其日附ヨリ一年内ニ爲替手形ヲ呈示シテ其支拂ヲ求ムルコトヲ要ス但振出人ハ之ヨリ短キ呈示期間ヲ定ムルコトヲ得

所持人カ拒絶證書ニ依リ前項ニ定メタル呈示ヲ爲シタルコトヲ證明セサルトキハ其前者ニ對スル手形上ノ權利ヲ失フ

一覽拂手形ノ呈示

本條ハ一覽拂ノ爲替手形ノ支拂呈示ニ關スル規定ナリ蓋爲替手形ノ所持人カ其手形金額ノ支拂ヲ得ント欲スルトキハ滿期日又ハ其後二日内ニ支拂人ニ其手形ヲ呈示スルコトヲ要シ其呈示ナキ場合ニ於テハ何人モ其ノ手形金額ノ支拂ヲ爲スコトヲ要スルモノニ非ス（四八七、二七九）然レトモ一覽拂ノ爲替手形ハ所持人カ支拂人ニ對シ支拂ヲ求ムル爲メ其ノ手形ヲ呈示シタル日ヲ以テシ滿期日トスルモノナレハ（四五〇、四五一）所持人カ其呈示ヲ爲ササル以上ハ永久ニ滿期日ノ到來スルコトナク從テ其手形關係ノ消滅スヘキ時期カ不確定ナルヲ以テ本條ハ特ニ其呈示期間ヲ定メ一覽拂ノ爲替手形ノ所持人ハ其振出日附ヨリ一年内ニ手形ヲ呈示シテ

其支拂ヲ求ムルコトヲ要シ此期間内ニ呈示ヲ爲シ且其支拂ナカリシトキト雖モ支拂拒絶證書ヲ作成セシメ之ニ依リ其呈示ノ事實ヲ證明スルニ非サレハ所持人ハ其前者ニ對スル償還請求權ヲ失フモノトセリ尙其呈示期内ハ振出人ニ於テ之ヲ短縮スルコトヲ許シタルヲ以テ一年ヨリ短キ呈示期間ノ定アルトキハ所持人ハ其期間内ニ呈示ヲ爲シ且拒絶證書ヲ作成セシムルコトヲ要ス。

支拂ノ爲メニスル呈示ハ所持人カ第四百四十二條ニ於テ說明シタル場所ニ於テ手形ヲ支拂人ニ閲覽セシメ以テ其支拂ヲ求ムルコトヲ要スト雖モ若シ其場所ニ於テ支拂人ニ出會スルコト能ハサルトキハ其代理人ニ呈示スルコトヲ得ヘク又銀行カ支拂場所ナルトキハ其銀行ニ對シ手形ヲ呈示シテ支拂ヲ求ムルコトヲ得ヘシ。

支拂ノ方法

第四百八十三條　支拂ハ爲替手形ト引換ニ非サレハ之ヲ爲スコトヲ要セス
支拂ヲ爲ス者ハ所持人ヲシテ爲替手形ニ其支拂ヲ受ケタル旨ヲ記載セシメ且之ニ署名セシムルコトヲ得

本條ハ支拂ノ方法ヲ規定ス卽チ支拂人ハ爲替手形ト引換ニ非サレハ其支拂ヲ爲スコトヲ要セサルカ故ニ所持人ハ其手形ヲ交付セスシテ支拂ヲ受クルコトヲ得ス然レトモ所持人カ手形ヲ呈示シテ支拂ヲ求メタル場合ニ於テモ支拂人ハ其

所持人カ實質上手形上ノ權利ヲ有スルヤ否ヤヲ調査スルノ權利ヲ有スルカ故ニ所持人カ惡意又ハ重大ナル過失ニ因リテ無權利者ヨリ其手形ヲ取得セルコト明白ナル場合ニ於テハ支拂人ハ其支拂ヲ拒ムコトヲ得ヘシ然レトモ之レ支拂人ノ權利ニシテ其ノ義務ニ非サルヲ以テ手形ノ形式ニ缺クル所ナク又裏書ニ間斷ナキトキ卽チ形式上其所持人ノ權利ヲ認メ得ルトキハ支拂人ハ之ニ對シ有效ニ支拂ヲ爲スコトヲ得ヘシ支拂ヲ爲ス者ハ所持人ヲシテ爲替手形ニ受取文言ヲ記載セシメ且之ヲ署名セシムルコトヲ得之レ支拂ヲ爲シタル支拂人又ハ支拂擔當者カ後日振出人ニ對シ其支拂ヲ爲シタルコトヲ證明スルニ必要ナルヲ以テナリ。

第四百八十四條　手形金額ノ全部ニ付キ引受アリタルトキト雖モ所持人ハ其一部ノ支拂ヲ拒ムコトヲ得ス

一部ノ支拂アリタルトキハ所持人ハ其旨ヲ爲替手形ニ記載シ且其寫本ヲ作リ署名ノ後之ヲ交付スルコトヲ要ス

一部ノ支拂

本條ハ手形金額ノ一部支拂ニ關ス卽チ手形金額ノ全部ニ付キ引受ケアリタルトキハ支拂人ハ所持人ニ對シ其全額ヲ支拂フヘキ義務ヲ負フコト從來屢々述ヘタル所ナリ然レトモ若シ滿期日ニ至リ其支拂人（卽チ引受人）カ一部ノ支拂ヲ拒絕シタルトキハ所持人ハ他ノ一部ノ支拂ヲ拒ムコトヲ得サルモノトセリ蓋手形金額ノ

一部ニテモ其支拂アルトキハ所持人ハ前者ニ對スル償還請求權ヲ失フカ故ニ本條ハ所持人ニ對シ一部支拂ノ受領ヲ强制シ以テ前者ノ償還義務ヲ輕減スルノ趣旨ニ外ナラス從テ所持人ハ其支拂ナキ他ノ一部ニ付テハ拒絕證書ヲ作成シ前者ニ對シ償還請求ヲ爲スコトヲ得ヘシ一部ノ支拂アリタルトキハ所持人ハ其旨ヲ爲替手形ニ記載スルコトヲ要スルモ其手形ヲ支拂人ニ交付スルノ要ナシ從テ前條ヲ適用スルコト能ハサルカ故ニ所持人ハ一部受領ノ旨ヲ記載シタル爲替手形ノ寫本ヲ作リ之ヲ交付スルコトヲ要スルモノトス元ト本條二項ニハ謄本トアリシモ此場合ハ受取書代用ニ過キサレハ寫ヲ以テ足ルモノトシ改正法ニテ改正セリ。

手形金額ノ供託

第四百八十五條　爲替手形ノ支拂ノ請求ナキトキハ引受人ハ支拂拒絕證書作成ノ期間經過ノ後手形金額ヲ供託シテ其債務ヲ免ルルコトヲ得

本條ハ手形金額ノ供託ヲ規定ス蓋爲替手形ノ引受ヲ爲シタル支拂人即チ引受人ハ手形上主タル義務者ナルモ所持人ヨリ手形ノ呈示ヲ受クルニ非サレハ何人ニ之ヲ支拂フヘキヤヲ知ルニ由ナク又三年ノ時效カ完成シタル場合ノ外滿期日ヲ經過スルモ當然其義務ヲ免ルルモノニ非サルヲ以テ滿期日以後絕ヘス支拂ノ

準備ヲ爲サヽル可カラス之レ引受人ノ爲メ不便タル場合アルヘキニヨリ本條ハ民法第四百九十四條ト同一ノ趣旨ニ依リ引受人カ手形金額ヲ供託スルトキハ恰モ支拂ヲ爲シタルト同シク其債務ヲ免ルヽモノトセリ又其供託ハ拒絶證書作成期間經過後ニ非サレハ之ヲ爲スコトヲ得ス卽チ拒絶證書作成期間トハ滿期日及ヒ其後ノ二日間ヲ謂ヒ(四八七)此期間内ハ手形ハ尙完全ナル活動力ヲ有スルヲ以テ其期間内ニ手形金額ヲ供託スルモ免責ノ效ナシ尙供託ノ方法ニ付テハ民法及ヒ供託法ノ定ムル所ニ依ルヘキコト勿論ナリ(民、四九五、四九六)

第六節　償還ノ請求

償還請求ノ意義

償還ノ請求トハ滿期日カ到來スルモ所持人カ手形金額ノ支拂ヲ受ケサル場合ニ於テ其前者ニ對シ手形金額及ヒ其他ノ費用ノ償還ヲ求メ又其償還ヲ爲シタル裏書人カ更ニ其前者ニ對シ同一ノ償還ヲ求ムルコトヲ謂ヒ所持人又ハ裏書人ノ此權利ヲ償還請求權ト稱シ遡求權ノ一種ニ屬スルコト既ニ擔保請求ノ一部ニ於テ之ヲ述ヘタリ蓋裏書人ハ裏書ヲ爲スト同時ニ其後者ニ對シテ後日手形金額ノ支拂アルヘキコトヲ確保スル責任アリ又此責任アルカ爲メ裏書ハ手形ノ信用ヲ增

加シ其流通ヲ容易ナラシムルモノナルカ故ニ若シ滿期日ニ至リ所持人カ手形金額ノ支拂ヲ受ケサルトキハ其前者タル裏書人ハ其後者ニ對シ手形金額及ヒ支拂拒絕ニ因リ生シタル費用ヲ償還スルノ義務ヲ負フモノトス但無擔保裏書人及ヒ裏書禁止ノ裏書人ハ後者ニ對シ償還義務ヲ負ハサルコト擔保請求ニ付キ說明シタルト同一ナリ。

第四百八十六條　支拂人カ爲替手形ノ支拂ヲ爲ササリシトキハ所持人ハ其前者ニ對シテ償還ノ請求ヲ爲スコトヲ得

本條ハ所持人ノ償還請求權ノ意義ヲ明ニス卽チ所持人ノ前者ニ對スル償還請求ノ權利ハ支拂人カ爲替手形ノ支拂ヲ爲ササル場合ニ發生スルモノトス本條ニ支拂人トハ手形金額ノ引受ヲ爲シタル支拂人ナルト否トヲ問ハスト雖モ所持人ノ償還請求權ハ滿期日又ハ其後二日內ニ一定ノ場所(四二四)ニ於テ支拂人ニ對シ支拂ヲ求ムル爲メ手形ヲ呈示シタルモ其支拂ヲ受ケサリシ場合ニ於テ初メテ發生スルモノナリ但前者カ既ニ引受拒絕又ハ引受人ノ破産ニ因リ擔保ヲ供シタルトキハ所持人ハ其擔保又ハ供託金ニ依リ償還請求權ノ滿足ヲ受ケ得ルコトハ既ニ第四節ニ於テ之ヲ述ヘタリ。

償還請求ノ要件

第四百八十七條　所持人カ前條ノ請求ヲ爲サント欲スルトキハ滿期日又ハ其後二日内ニ支拂ヲ求ムル爲メ爲替手形ヲ支拂人ニ呈示シ、若シ手形金額ノ支拂ナキトキハ同一期間内ニ支拂拒絶證書ヲ作ラシムルコトヲ要ス但此期間ニハ休日ヲ算入セス
所持人カ前項ニ定メタル手續ヲ爲ササリシトキハ其前者ニ對スル手形上ノ權利ヲ失フ

本條ハ所持人ノ償還請求權行使ノ條件ヲ定ム即チ所持人カ前者ニ對シテ償還請求權ヲ行使セントスルニハ二個ノ條件ヲ必要トス其一ニ支拂要求ノ呈示アルコト即チ滿期日又ハ其後二日内ニ支拂ヲ求ムル爲メ爲替手形ヲ支拂人ニ呈示シタルモ支拂人カ手形金額ノ支拂ヲ爲ササルコトヲ要ス其二ハ同一期間内ニ支拂拒絶證書ヲ作ラシムルコトヲ要ス此二個ノ要件ハ必要缺クヘカラサルモノニシテ若シ所持人カ其一ヲ履踐セサルトキハ前者ニ對スル償還請求權ヲ失フニ至ルナリ然レトモ其呈示期間及ヒ拒絶證書作成ノ期間ニハ休日ヲ算入セサルヲ以テ若シ滿期日又ハ其後二日ノ間ニ日曜其他ノ休日アルトキハ當然延長セラルル結果ヲ生ス又呈示及ヒ拒絶證書ノ作成ハ一定ノ場所ニ於テ之ヲ爲スコトヲ要ス(四四二)ルノミナラス拒絶證書ハ公證人又ハ執達吏カ一定ノ方式ニ從ヒ之ヲ作成スルコトヲ要ス(五一四以下)尚爲替手形ニ支拂擔當者ノ記載アルトキハ其支拂擔當者ニ手形ヲ呈示シ其支拂ヲ求ムルコトヲ要スルハ第四百九十條ノ規定スル所ニシテ拒

償還請求ノ通知

絶證書作成ノ免除アリタル場合ニ關シテハ第四百八十九條ニ規定アリ。

第四百八十七條ノ二　前條第二項ノ場合ニ於テハ所持人ハ其直接ノ前者ニ對シ拒絶證書作成ノ日又ハ其後二日內ニ償還請求ノ通知ヲ發スルコトヲ要ス

本條ハ償還請求ノ通知ニ關スル規定ナリ從來ノ規定ニ依レハ償還請求ノ通知ハ償還請求權行使ノ條件ニシテ同時ニ其保全條件ナリシヲ以テ所持人カ其通知ヲ怠ルトキハ前條ニ說明シタル他ノ條件ヲ具備スルモ前者ニ對シ償還請求權ヲ行使スルコト能ハス又其通知期間ヲ徒過スルニ因リ當然前者ニ對スル償還請求權ヲ喪失スルノ結果ヲ生セシモ本條ハ斯ル通知主義ヲ廢シ通知ハ單ニ所持人ノ義務タルニ止ルモノトシ之ヲ怠リタルトキハ前者ニ對スル損害賠償ノ責ヲ負ヒ又利息及ヒ費用ノ償還ヲ請求スルノ權利ヲ失フニ過キス（四八八ノ二）從テ手形金額ニ對スル償還請求權ノ行使及ヒ保全ノ條件タラサルナリ次ニ本條ハ償還請求ノ通知ハ所持人カ其直接ノ前者ニ對シテ之ヲ爲スコトヲ要スルモノトセリ即チ從來ノ規定ハ任意選擇主義ニシテ所持人ハ數人ノ前者中自己カ償還ヲ爲サシメント欲スル者ニ對シ通知ヲ發スルハ可ナリトセルニ反シ本條ハ遞次傳送主義ヲ採リ所持人ハ必ス直接ノ前者ニ對シ其通知ヲ發スルコトヲ要スルモノトセリ茲ニ直

接ノ前者トハ所持人ニ對シ裏書ヲ爲シタル者ヲ意味スルモ其裏書人ノ爲スヘキ通知ノ相手方モ亦直接ノ前者ナルコトハ第四百八十八條ノ規定スル所ナリ故ニ例ヘハ甲カ乙ニ對シ爲替手形ヲ振出シ乙ヨリ丙ニ丙ヨリ丁ニ丁ヨリ戊ニ順次裏書アリタル場合ニ於テハ所持人タル戊ハ丁ニ對シ償還請求ノ通知ヲ發シ丁ハ丙ニ丙ハ乙ニ其通知ヲ發シ最後ニ乙ハ振出人タル甲ニ對シ其通知ヲ發スヘキナリ而シテ此ノ通知ハ前者ヲシテ償還スヘキ資金ノ準備ヲ爲サシムルヲ目的トシ現實ニ其義務ヲ履行セシムルニハ爲替手形、拒絶證書及ヒ償還計算書ヲ交付スルコトヲ要スルモノトス(四九五)償還請求ノ通知ハ拒絶證書作成ノ日又ハ其後二日內ニ之ヲ發スルコトヲ要ス而シテ拒絶證書ハ滿期日又ハ其後ノ二日內ニ之ヲ作成スヘキモノナルヲ以テ其最後ノ日ニ拒絶證書ヲ作成シタルトキハ其後ノ二日內卽チ滿期日ノ翌日ヨリ四日內ニ通知ヲ發スルコトヲ得ヘシ又此通知ハ之ヲ發スレハ足リ必シモ相手方ニ到達シタルコトヲ要セスト雖モ通常相手方ニ到達スヘキ方法ヲ以テ之ヲ爲サヽルヘカラス尙此點ニ付テハ第四百八十八條ノ四ノ說明ヲ參照スヘシ。

第四百八十八條　裏書人カ其後者ヨリ還請ノ通知ヲ受ケタルトキハ其直接ノ前者ニ對シ

通知ヲ受ケタル日又ハ其後二日內ニ償還請求ノ通知ヲ發スルコトヲ要ス

裏書人ノ償還請求

本條ハ裏書人ノ爲スヘキ償還請求ノ通知ニ關スル修正規定ニシテ其趣旨ハ前條ト同シ而シテ裏書人カ其後者タル裏書人又ハ所持人ヨリ償還請求ノ通知ヲ受ケタルトキハ更ニ其前者ニ對シ償還ノ請求ヲ爲スコトヲ得ルハ既ニ述ヘタル所ナリ此場合ニ於テモ其通知ハ直接ノ前者ニ對シテ之ヲ爲スコトヲ要シ又其期間ハ後者ヨリ通知ヲ受ケタル日又ハ其後ノ二日內ナリ詳細ハ前條ノ說明ヲ參照スヘシ。

第四百八十八條ノ二　所持人又ハ裏書人カ其直接ノ前者ニ非サル前者ニ對シテ償還請求ノ通知ヲ發シタルトキハ其者ノ後者ニ對シ之ニ因リテ生シタル損害ヲ賠償スル責ニ任シ且利息及ヒ費用ノ償還ヲ請求スル權利ヲ失フ

所持人又ハ裏書人カ其前者ノ何レニ對シテモ通知ヲ發セサリシトキハ其前者全員ニ對スル權利義務ニ付キ前項ノ規定ヲ準用ス

通知ノ違法及ヒ懈怠

本條ハ通知ノ違法又ハ懈怠ノ效果ヲ定ム蓋償還請求ノ通知ハ償還請求權ノ行使及ヒ保全ノ條件ニ非サルカ故ニ其通知ヲ發セサルモ之カ爲メ所持人又ハ裏書人カ其權利ヲ失フコトナキハ前二條ニ於テ說明シタル所ナリ然レトモ所持人又ハ裏書人カ其通知ヲ爲サヽルトキハ其前者ハ進ンテ償還義務ヲ履行スルニ出ナ

ク又償還スヘキ資金ヲ準備スルノ機會ヲ失フヘキヲ以テ所持人又ハ裏書人ヨリ突然償還義務ノ履行ヲ求メラレタル前者ヲ保護スル爲メ本條ハ所持人又ハ裏書人カ前二條ノ規定ニ違背シテ直接ニ非サル前者ニ對シ償還請求ノ通知ヲ發シタルトキハ其者ノ後者ニ對シ又其前者ノ何レニ對シテモ通知ヲ發セサリシトキハ其前者全員ニ對シ之ニ因リテ生シタル損害ヲ賠償シ且利息及ヒ費用ノ償還ヲ請求スルノ權利ヲ失フモノトセリ例ヘハ甲カ乙ニ宛テ振出シタル爲替手形ヲ乙ヨリ丙ニ丙ヨリ丁ニ丁ヨリ戊ニ順次裏書アリタル場合ニ於テ所持人タル戊カ直接ノ前者タリ丁ニ對シ償還請求ノ通知ヲ發シタルトキハ裏書人タル丁ハ丙ニ丙ハ乙ニ乙ハ振出人タル甲ニ對シ順次同一ノ通知ヲ發スヘク從テ戊ハ單ニ丁ニ對シ其通知ヲ發シタルニ止マルモ丙ヨリ甲ニ至ル前者全員ニ對シ手形金額ノ外利息及ヒ費用ノ償還ヲ求ムルコトヲ得ヘシト雖モ所持人タル戊カ直ニ甲ニ對シ其通知ヲ發シタルトキハ戊ハ乙丙丁ニ對シ之ニ因リテ生シタル損害ヲ賠償スルノ責任ヲ負ヒ且利息及ヒ費用ノ償還ヲ受クル權利ヲ失ヒ又戊カ甲乙丙丁ノ何レニ對シテモ其通知ヲ發セサルトキハ其全員ニ對シ同一ノ損害賠償責任及ヒ失權ノ效果ヲ生ス次ニ戊ハ直接ノ前者タル裏書人丁ニ對シ其通知ヲ發シタルモ丁ハ直接

ノ前者タル丙ニ通知ヲ發セスシテ甲又ハ乙ニ對シ之ヲ發シタルトキ若クハ全然其通知ヲ發セサルトキハ丁ハ其通知ヲ爲ササル前者ニ對シ損害賠償ノ責任ヲ負ヒ又自ラ利息及ヒ費用ノ償還請求權ヲ失フカ如シ但何レノ場合ニ於テモ手形金額ニ對スル償還請求權ヲ失フコトナキナリ。

第四百八十八條ノ三　裏書人カ裏書ヲ爲スニ當タリ裏書地ヲ記載セサリシトキハ償還請求ノ通知ハ其直接ノ前者ニ對シテ之ヲ爲スコトヲ要ス

前條ノ規定ハ裏書地ヲ記載セサリシ裏書人ニ對スル權利義務ニハ之ヲ適用セス振出人カ振出地ヲ記載セサリシトキ亦同シ

前二條ノ例外

本條ハ償還請求ノ通知ニ關スル例外ナリ蓋償還請求ノ通知ハ所持人又ハ裏書人カ必ス其前者ニ對シテ之ヲ爲スコトヲ要シ之ニ違ヒタルトキハ損害賠償ノ責任ヲ生シ又利息及ヒ費用ノ償還請求權ヲ失フコトハ前三條ニ於テ説明シタル如シ然レトモ若シ直接ノ前者タル裏書人カ手形ニ裏書地ヲ記載セリシトキハ後者タル所持人又ハ裏書人ハ其直接ノ前者ニ對シ其通知ヲ發セント欲スルモ其宛テ場所ヲ知ルニ由ナキヲ以テ本條ハ其裏書人ナキモノト看做シ其者ノ直接ノ前者ニ對シ償還請求ノ通知ヲ發スヘキモノトセリ例ヘハ前條ニ掲ケタル例ニ於テ丁カ裏書地ヲ記載セサリシトキハ戊ハ丙ニ對シ其通知ヲ發スヘキカ如シ而シテ此

場合ニ於テハ前條ノ規定ハ裏書地ヲ記載セサリシ裏書人ニ對スル權利義務ニハ其適用ナキヲ以テ戊ハ丁ニ對シ其通知ヲ爲ササルモ之ニ因リ生シタル損害賠償ノ責任ナク又利息及ヒ費用ノ償還請求權ヲ失フコトナキハ勿論其裏書人ハ前者ニ對シ通知ヲ發セサルニ因リ生シタル損害賠償ノ責任ヲ負ヒ又利息及ヒ費用ニ付キ失權スルノ結果ヲ生スルモノトス要スルニ本條ハ裏書地ヲ記載セサリシ裏書人ニ對シテ一定ノ制裁ヲ加ヘ成ル可ク裏書人ヲシテ之ヲ記載セシメントスルノ注意ニ外ナラス。

爲替手形ノ振出地ハ其要件ニ非スト雖モ振出人ハ裏書人ト同シク後者ニ對スル償還義務者ナルヲ以テ振出地ヲ記載セサリシ振出人ニ對スル償還請求ノ通知ニ關シテハ裏書地ヲ記載セサリシ裏書人ト同一ニ之ヲ規定セリ故ニ振出人カ振出地ヲ記載セサリシトキハ其振出人ニ對シテ償還請求ノ通知ヲ發セサルモ後者ハ之ニ因リ生シタル損害賠償ノ責任ナク又利息及ヒ費用ノ償還請求ヲ失フコトナキナリ。

第四百八十八條ノ四　所持人又ハ裏書人カ其前者ニ對シ第四百八十七條ノ二又ハ第四百八十八條ノ期間内ニ書面ヲ發送シタル事實アルトキハ其事實ニ付キ通信官署又ハ公衆通信取扱所ノ證アル場合ニ限リ其書面ハ之ヲ償還請求ノ通知書ト推定ス

通知ノ推定

本條ハ償還請求ノ通知ニ關スル證據問題ヲ規定ス償還請求ノ通知ハ一定ノ期間内ニ之ヲ發スヘキモノナルヲ以テ後日所持人又ハ裏書人カ其前者ニ對シ償還義務ノ履行ヲ求ムルニ當リ爭アルトキハ其事實ヲ立證セサル可カラス然レトモ郵便ニ依リ之ヲ發送シタルトキハ其内容ヲ證明スルコト困難ナルヲ以テ本條ハ一ノ推定ヲ設ケ適法ノ期間内ニ所持人又ハ裏書人カ前者ニ對シテ書面ヲ發送シタル事實ニ付キ郵便日附其其他通信官署又ハ公衆通信取扱所ノ證アルトキハ其發送シタル書面ハ償還請求ノ通知ナリト推定シ反證アルニ非サレハ反對ノ事實ヲ主張スルコトヲ得サルモノトセリ。

拒絶證書作成ノ免除

第四百八十九條　爲替手形ノ所持人ハ支拂拒絶證書ヲ作ラシメサリシト雖モ其作成ヲ免除シタル者ニ對シテハ手形上ノ權利ヲ失フコトナシ

所持人カ支拂拒絶證書ヲ作ラシメタルトキハ其作成ヲ免除シタル者ト雖モ其費用ヲ償還スル義務ヲ免ルルコトヲ得ス

第四百八十九條ノ二　支拂拒絶證書ノ作成ヲ免除シタル者ニ對シテハ所持人ハ支拂拒絶證書作成ノ期間内ニ支拂ヲ求ムル爲メ爲替手形ヲ呈示シタルモノト推定ス

右ノ二條ハ支拂拒絶證書作成ノ免除ニ關スル規定ナリ支拂拒絶證書ノ作成ハ償還請求權ノ行使及ヒ保全ノ條件ナレトモ振出人又ハ裏書人中其作成ヲ免除シ

タル者アルトキハ其者ニ對スル償還請求權ノ行使及ヒ保金ニハ支拂拒絕證書ノ作成ヲ要セサルナリ然レトモ其免除ヲ爲ササル者ニ對シテハ固ヨリ其作成ヲ必要トスルカ故ニ實際上其免除アルニ拘ハラス尙之ヲ作成スルヲ便トスルコトアルヘシ從テ支拂拒絕證書ノ作成ヲ免除シタル者ト雖モ所持人カ其免除ニ拘ハラス之ヲ作成セシメタルトキハ其費用ヲ償還スルノ義務ヲ免ルルコトヲ得サルモノトセリ支拂拒絕證書作成ノ免除ハ手形ニ之ニ記載スルヲ通常トシ手形ニ之ヲ記載シタルトキハ後者全員ノ爲メニ其效力ヲ生スルハ勿論ナレトモ(四九三)手形以外ノ書面又ハ口頭ヲ以テ其免除ヲ爲シタルトキハ免除ノ當事者間ニ於テノミ其效力ヲ有スルモノトス。

然レトモ支拂拒絕證書作成ノ免除ハ支拂ヲ求ムル爲メノ呈示ヲ免除スルモノニ非サルヲ以テ其作成ノ免除アル場合ニ於テモ所持人ハ支拂人ニ對シ滿期日又ハ其後ノ二日內ニ支拂ノ爲メ手形ノ呈示ヲ爲スコトヲ要スルハ勿論ナリト雖モ其支拂呈示ノ事實ヲ證明スヘキ拒絕證書作成ノ免除アリテ之ヲ作成セサル場合ニ於テ其支拂呈示ノ有無ニ付キ爭アルトキハ擧證責任ノ問題生スヘシ改正法律ハ本條ノ二ニヨリ支拂拒絕證書作成ノ免除者ヲシテ支拂ノ爲メニスル呈示ナカ

リシコトヲ證明セシムルコトトシ前文ノ法條ヲ設ケタリ。

第四百九十條　所持人カ償還ノ請求ヲ為サント欲スルトキハ支拂擔當者ニ若シ為替手形ニ支拂擔當者ノ記載ナキトキハ支拂地ニ於テ支拂人ニ為替手形ヲ呈示シテ其支拂ヲ求ムルコトヲ要ス此場合ニ於テ支拂擔當者又ハ支拂人カ支拂ヲ為ササリシトキハ所持人ハ支拂地ニ於テ第四百八十七條第一項ノ規定ニ從ヒ支拂拒絶證書ヲ作ラシムルコトヲ要ス

為替手形ニ支拂擔當者ノ記載アル場合ニ於テ所持人カ前項ニ定メタル手續ヲ為ササリシトキハ引受人ニ對シテモ手形上ノ權利ヲ失フ

支拂擔當者ノ記載アル場合

本條ハ為替手形ニ支拂擔當者ノ記載アル場合ニ於ケル償還請求ノ條件ヲ規定ス改正法律ハ為替手形ノ振出人又ハ支拂人ハ支拂地カ支拂人ノ營業所又ハ住所地ト同一ナルト否トニ拘ハラス即チ同地拂手形ナルト他地拂手形ナルトヲ問ハス支拂擔當者ノ記載ヲ為シ得ルコトハ既ニ述ヘタル所ナリ（四五三、四七二）而シテ為替手形ニ此記載アルトキハ所持人ハ必ス其支拂擔當者ニ對シ手形ヲ呈示シテ支拂ヲ求ムルコトヲ要シ若シ其支拂ナカリシトキハ滿期日又ハ其後二日内ニ支拂拒絶證書ヲ作ラシムルコトヲ要ス所持人カ以上ノ手續ヲ履マサルトキハ前者全員ニ對スル手形上ノ權利ヲ失フカ故ニ其償還請求權ヲ行使スルコト能ハサルハ勿論引受人ニ對シテモ手形上ノ權利ヲ失フ即チ支拂人カ手形金額支拂ノ引受ヲ為

シタルトキハ所謂引受人トナリ手形上ノ主タル義務ヲ負フモノナルカ故ニ所持人ハ滿期日ニ手形ヲ呈示セサルトキ又支拂ナカリシ場合ニ於テ拒絶證書ヲ作成セシメサルトキト雖モ苟モ三年ノ消滅時效(四四三)ニ罹ラサル以上ハ引受人ノ義務ハ絶對ニ消滅スルコトナキヲ原則トス然ルニ本條第二項ハ爲替手形ニ支拂擔當者ノ記載アル場合ニ於テ所持人カ叙上ノ手續ヲ爲ササルトキハ引受人ノ義務モ亦消滅スルモノトセルカ故ニ其結果所持人ハ何人ヨリモ其手形金額ノ支拂ヲ受クルコト能ハス從テ其手形關係ハ絶對ニ消滅ニ歸スルニ至ル是レ引受人ノ義務カ時效以外ノ原因ニ因リテ消滅スル唯一ノ例外ナリ。

第四百九十一條　爲替手形ノ所持人ハ左ノ金額ニ付キ償還ノ請求ヲ爲スコトヲ得

一　支拂アラサリシ手形金額及ヒ滿期日以後ノ法定利息

二　拒絶證書作成ノ手數料其他ノ費用

前項ノ金額ハ償還ノ請求ヲ受クル者ノ營業所又ハ住所ノ所在地カ支拂地ト異ナル場合ニ於テハ支拂地ヨリ償還ノ請求ヲ受クル者ノ營業所又ハ住所ノ所在地ニ宛テ振出シタル一覽拂ノ爲替手形ノ相場ニ依リテ之ヲ計算ス若シ支拂地ニ於テ其相場ナキトキハ償還ノ請求ヲ受クル者ノ營業所又ハ住所ノ所在地ニ最モ近キ地ニ宛テ振出シタル一覽拂ノ爲替手形ノ相場ニ依ル

所持人ノ償還請求金額

本條ハ所持人ノ償還請求金額ニ關スル規定ナリ爲替手形ノ所持人カ支拂人又

爲替相場ノ差額

ハ支拂擔當者ニ對シ手形ヲ呈示シテ支拂ヲ求メタルモ其支拂ナカリシ場合ニ於テハ支拂拒絶證書ヲ作成シ且直接ノ前者ニ對シ償還請求ノ通知ヲ發シタルトキハ總テノ前者ニ對シ償還義務ノ履行ヲ求ムルコトヲ得ヘキハ既ニ述ヘタル所ナリ而シテ本條ニ於テハ所持人カ前者ヨリ償還ヲ受クヘキ金額ヲ(一)支拂アラサリシ手形金額卽チ支拂人又ハ支拂擔當者カ全部ノ支拂ヲ爲ササルトキハ其全額又一部ノ支拂ヲ爲シタルトキハ其殘額(二)滿期日以後ノ法定利息卽チ所持人カ滿期日ニ呈示ヲ爲シタルト其後二日內ニ呈示ヲ爲シタルトニ拘ハラス支拂アラサリシ手形金額ニ對スル滿期日以後ノ年六分ノ利息(三)拒絶證書作成ノ手數料卽チ拒絶證書ヲ作成セシメタル公證人又ハ執達吏ニ支拂フヘキ手數料ノ謂ナリ此手數料ハ拒絶證書ノ作成ヲ免除シタル者ニ對シテモ請求ヲ爲スコトヲ得(四八九)及ヒ(四)其他ノ費用例ヘハ償還請求ノ通知ニ要シタル郵稅送達料償還計算書作成費用官公署ヘ問合ヲ爲シタル費用(四四二)ノ四種トナセリ。

然レトモ右ニ述ヘタル金額ハ償還ノ請求ヲ受クル者ノ營業所又ハ住所ノ所在地カ其爲替手形ノ支拂地ト異ナル場合ニ於テハ支拂地ヨリ償還ノ請求ヲ受クル者ノ營業所又ハ住所ノ所在地ニ宛テ振出シタル一覽拂ノ爲替手形ノ相場ニ依リ

テ之ヲ計算ス。

裏書人ノ償還請求金額

第四百九十二條　償還ノ請求ヲ受ケタル裏書人ハ左ノ金額ニ付キ償還ノ請求ヲ爲スコトヲ得

一　其支拂ヒタル金額及ヒ支拂ノ日以後ノ法定利息

二　其支出シタル費用

前條第二項ノ規定ハ前項ノ場合ニ之ヲ準用ス

本條ハ裏書人ノ償還請求金額ニ關スル規定ナリ即チ裏書人カ其後者タル裏書人又ハ所持人ヨリ償還ノ請求ヲ受ケタルトキハ(一)其支拂ヒタル金額即チ現ニ後者ニ對シ償還ヲ爲シタル金額(二)支拂ノ日以後ノ法定利息即チ其支拂ヒタル金額ニ對スル年六分ノ利息(三)其支出シタル費用(四)爲替相場ノ差額ニ付キ更ニ前者ニ對シ其償還請求ヲ爲スコトヲ得ルモノトセリ從テ償還金額ハ所持人ヨリ漸次前者ニ遡ルニ從ヒテ增加スルコト明カナリ蓋後者ニ對シ償還ヲ爲シタル者ハ其後ノ利息及ヒ費用ノ償還ヲ請求スルコトヲ得レハナリ尙前條ノ說明ヲ參照スヘシ。

第四百九十三條　爲替手形ノ所持人又ハ裏書人ハ償還ノ請求ヲ爲ス爲メ其前者ヲ支拂人トシテ更ニ爲替手形ヲ振出スコトヲ得

第四百九十四條　所持人又ハ裏書人カ前條ノ規定ニ依リテ振出ス爲替手形ハ償還ノ請求ヲ受クル者ノ營業所又ハ住所ノ所在地ヲ以テ其支拂地ト定メタル一覽拂ノモノタルコトヲ要ス

所持人カ振出ス爲替手形ニハ本爲替手形ノ支拂地ヲ以テ振出地ト定メ裏書人カ振出ス爲替

戻手形

手形ニハ其營業所又ハ住所ノ所在地ヲ以テ振出地ト定ムルコトヲ要ス

右ノ二條ハ戻爲替手形ニ關スル規定ナリ蓋所持人又ハ裏書人カ其前者ニ對シ償還義務ノ履行ヲ求ムルニハ或ハ裁判上ノ手續ニ依リ或ハ裁判外ノ方法ニ依リ其金額ノ取立ヲ爲シ得ヘク其方法ニ付テハ何等ノ制限ナシト雖モ若シ償還義務者ノ營業所又ハ住所地カ爲替手形ノ支拂地又ハ償還ヲ爲シタル裏書人ノ營業所又ハ住所地ト異ナルトキハ其取立ニ付キ無益ナル費用ト時間トヲ空費スルノ虞アルヲ以テ本條ハ其償還請求者ノ便益ノ爲メ被請求者ニ宛テ自己又ハ銀行ヲ受取人ト爲シタル爲替手形ヲ振出シ其銀行ヨリ割引ヲ求メ座ナカラニシテ現金ノ償還ヲ得ル方法ニ供スルコトヲ得セシメタリ此爲替手形ヲ戻爲替手形ト稱ス。

戻爲替手形モ亦爲替手形ノ一種ニ屬スルヲ以テ一般ノ要件ヲ具備スヘキコト勿論ナレトモ本條ニ於テハ其要件ニ付キ多少ノ制限ヲ加ヘタリ之ヲ列擧スレハ(一)其振出人ハ償還ヲ請求スル所持人又ハ裏書人ニ限ル(二)其支拂人ハ償還ノ請求ヲ受クル前者ニ限ル(三)其支拂地ハ償還ノ請求ヲ受クル者ノ營業所又ハ住所地ニ限ル(四)其滿期日ハ一覽拂ニ限ル(五)其金額ハ第四百九十一條第二項第四百九十二條第二項ニ依リ算出シタル金額ニ限ル(六)其振出地ハ所持人カ之ヲ振出ス場合ニ

ハ本手形ノ支拂地ナルコトヲ要シ裏書人カ之ヲ振出ス場合ニハ其營業所又ハ住所ノ所在地ナルコトヲ要スル等即チ是ナリ其他本條ニハ明文ナキモ爲替手形ノ支拂地ト償還請求ヲ受クル者ノ營業所又ハ住所ノ所在地トカ異ナル場合即チ他地拂ノ爲替手形ニ非サレハ所持人ハ戻爲替手形ヲ振出スコトヲ得ス又償還ヲ請求スル裏書人ト其請求ヲ受クヘキ者トノ營業所又ハ住所ノ所在地カ互ニ異ナル場合ニ非サレハ裏書人ハ戻爲替手形ヲ振出スコト能ハサルハ寧ロ當然ナリト謂ハサル可カラス何トナレハ若シ否ラサル場合ニ於テハ毫モ戻爲替手形ノ必要存セサレハナリ。

償還ノ手續

第四百九十五條　償還ハ爲替手形、支拂拒絕證書及ヒ償還計算書ト引換ニ非サレハ之ヲ爲スコトヲ要セス

償還ヲ爲ス者ハ之ヲ受クル者ヲシテ償還計算書ニ償還ヲ受ケタル旨ヲ記載セシメ且之ニ署名セシムルコトヲ得

本條ハ償還ノ手續ヲ規定ス卽チ所持人又ハ裏書人カ其前者ニ對シ償還義務ノ履行ヲ求ムルニハ爲替手形、支拂拒絕證書及ヒ償還計算書ヲ提出スルコトヲ要シ又前者ハ之ト引換ニ非サレハ償還金額ノ支拂ヲ爲スコトヲ要セサルナリ而シテ償還ヲ爲ス者ハ之ヲ受クル者ヲシテ償還計算書ニ償還ヲ受ケタル旨ヲ記載セシ

メ且之ニ署名セシムルコトヲ得要スルニ本條ハ支拂ニ關スル第四百八十三條ト其趣旨ヲ同フスルモノナリ。

第四百九十六條　削除

本條ノ削除ハ第四百七十八條第二項ヲ削除シタル當然ノ結果ナリトス。

第七節　保　證

手形保證ノ意義

爲替手形ノ保證トハ爲替手形ヨリ生シタル債務ノ履行ヲ確保スル一ノ手形行爲ニシテ其性質ハ民法上ノ保證ト異ルコトナシ卽チ保證及ヒ振出人、裏書人又ハ引受人カ手形上ノ債務ヲ履行セサル場合ニ於テ之ニ代リ其履行ヲ爲スヘキ從タル債務ニシテ其保證セラルル債務者ヲ主タル債務者ト云フニ對シ保證人ハ之ヲ從タル債務者ト稱ス故ニ保證債務ハ主タル債務ノ存在ヲ前提トシ獨立シテ保證債務ノミ獨リ存在スルコト能ハサルヲ原則トス從テ手形保證ニ付テモ特ニ例外規定ノ存スル場合ノ外ハ一般ニ此原則ニ支配セラルルコト勿論ナリ。

第四百九十七條　爲替手形ヨリ生シタル債務ヲ保證スル爲メ爲替手形其謄本又ハ補箋ニ署名シタル者ハ其債務カ無效ナルトキト雖モ主タル債務者ト同一ノ責任ヲ負フ

手形保證ノ方式

本條ハ手形保證ノ方式及ヒ保證人ノ責任ヲ規定シタルモノナリ即チ爲替手形ノ保證ハ保證人カ爲替手形其謄本又ハ補箋ニ署名スルニ依リテ之ヲ爲スコトヲ要シ此署名ヲ爲サヽルトキハ手形外ノ保證トシテ其當事者ニ於テハ固ヨリ效力ヲ有スレトモ手形保證トナラス又保證人カ此署名ヲ爲スニハ何人ノ債務ヲ保證スルカヲ明記スルヲ要スルコト次條ノ規定ニ依ルモ明白ナリ。

保證人ノ責任

手形ノ保證人ハ一般保證ノ原則ニ反シ最モ强大ナル責任ヲ負フ卽チ主タル債務カ無效ナルトキト雖モ苟クモ形式上備ハレル行爲アル以上ハ主タル債務者ト同一ノ責任ヲ負フモノトス例ヘハ振出人ノ爲メニ保證ヲ爲シタル場合ニ於テ其振出行爲カ僞造ナリシ場合ノ如キ又主タル債務者カ無能力者ニシテ後日其債務ヲ取消シタル場合ノ如キ孰レモ主タル債務ハ無效ニ歸スルモ之カ爲メ保證人ハ其責任ヲ免ルルコトヲ得サルナリ尙此點ニ關シテハ本節冒頭ノ說明ヲ參照スヘシ。

第四百九十八條　何人ノ爲メニ保證ヲ爲シタルカ分明ナラサルトキハ其保證ハ引受人ノ爲メニ之ヲ爲シタルモノト看做ス但未タ引受アラサリシトキハ振出人ノ爲メニ之ヲ爲シタルモノト看做ス

被保證人

本條ハ主タル債務者ノ何人ナルカ分明ナラサルトキハ其保證ハ引受人ノ爲メ

ニ之ヲ爲シタルモノト看做セリ蓋保證人カ其署名ヲ爲スニ當リ何人ノ爲メニ保證ヲ爲スヤヲ明記セサルトキト雖モ其記載ノ位置等ニ依リ其保證ノ目的ヲ知リ得ルトキハ其目的ニ從ヒ保證人ノ責任ヲ判斷スヘキコト言ヲ俟タス然レトモ全ク何人ノ爲メニ保證ヲ爲シタルカ分明ナラサルトキハ最モ多數ノ者ニ對シ債務ヲ負擔スル引受人ノ爲メニ之ヲ爲シタルモノト看做サレ未タ引受アラサリシトキハ最終ノ償還義務者タル振出人ノ爲メニ之ヲ爲シタルモノト看做サルルナリ。

保證人ノ權利

第四百九十九條　保證人カ其債務ヲ履行シタルトキハ所持人カ主タル債務者ニ對シテ有セシ權利及ヒ主タル債務者カ其前者ニ對シテ有スヘキ權利ヲ取得ス

本條ハ保證人ノ權利ヲ規定ス即チ保證人カ主タル債務者ノ爲メニ其債務ヲ履行シタルトキハ其所持人カ主タル債務者ニ對シテ存セシ權利及ヒ主タル債務者カ其前者ニ對シテ有スヘキ權利ヲ取得スルモノトス例ヘハ裏書人ノ保證人カ所持人ニ對シ償還ヲ爲シタルトキハ其裏書人ニ對シ償還義務ノ履行ヲ求ムル權利ヲ取得スルト同時ニ其前者ニ對シテモ償還請求權ヲ取得スルカ如シ。

第八節　參加

参加ノ意義

參加トハ爲替手形ノ支拂人カ引受ヲ爲サス又ハ支拂人カ支拂ヲ拒絶シタル場合ニ於テ第三者カ引受又ハ支拂ヲ爲スコトヲ謂ヒ之ニ依リ手形ノ信用ヲ回復シ同時ニ擔保請求又ハ償還請求ヲ爲スニ因リ生スル無益ノ出費ヲ避クルコトヲ目的トス而シテ其參加ヲ爲ス第三者ヲ參加人ト謂ヒ參加セラルル者ヲ被參加人ト謂ヒ又引受ヲ爲ス參加ヲ參加引受ト稱シ支拂ヲ爲ス參加ヲ參加支拂ト稱ス。

第一款　參加引受

參加引受ノ意義

參加引受トハ支拂人カ滿期日ニ於テ手形金額ノ支拂ヲ爲サヽルトキハ其支拂ヲ爲ス旨ノ意思表示ニシテ一種ノ條件附債務ノ引受ナリ而シテ其意思表示ハ手形所持人ニ對シテ之ヲ爲シ爲替手形ニ其旨ヲ記載シ且署名スルニ依リテ爲ス一ノ手形行爲ナリ尚參加引受ニハ豫備支拂人カ之ヲ爲ス場合ト否ラサル場合トアリ前者ノ場合ハ委託ニ因ル參加引受ニシテ所持人ハ其引受ヲ拒ムコトヲ得サルモ後者ノ場合ニハ隨意ノ參加引受ニシテ所持人ハ其引受ヲ拒ムコトヲ得ルナリ（五一〇）。

第五百條　爲替手形ノ所持人カ引受拒絶證書ヲ作ラシメタル場合ニ於テ豫備支拂人アルトキ

豫備支拂人ノ參加引受

ハ其豫備支拂人ニ引受ヲ求メタル後ニ非サレハ其前者ニ對シテ擔保ヲ請求スルコトヲ得ス
豫備支拂人カ引受ヲ爲ササリシトキハ所持人ハ其旨ヲ引受拒絶證書ニ記載セシムルコトヲ要ス

本條ハ豫備支拂人ノ參加引受ヲ規定ス即チ振出人又ハ裏書人カ爲替手形ニ豫備支拂人ヲ記載シタルトキハ（四五八 四一八）所持人ハ支拂人ニ手形ヲ呈示シ引受ヲ拒絶セラルルモ直ニ前者ニ對シ擔保ノ請求ヲ爲スコトヲ得ス必スヤ先ツ其豫備支拂人ニ對シ引受ヲ求メ其引受拒絶アリタル場合ニ非サレハ前者ニ對シ擔保請求ヲ爲スコト能ハサルモノトス而シテ豫備支拂人カ其引受ヲ爲ササルトキハ所持人ハ既ニ支拂人ニ對シ引受ヲ求メタル際作成セシメタル引受拒絶證書ニ其旨ヲ記載セシムルコトヲ要ス但其記載ハ公證人又ハ執達吏ヲシテ之ヲ爲サシムルコトヲ要スルハ勿論ナリ。

豫備支拂人以外ノ參加引受

第五百一條　爲替手形ノ所持人ハ豫備支拂人ニ非サル者ノ參加引受ヲ拒ムコトヲ得

本條ハ豫備支拂人ニ非サル者ノ參加引受ヲ規定ス豫備支拂人ハ振出人又ハ裏書人ヨリ參加ノ委託ヲ受ケタルモノニシテ手形上其記載アルモノナルカ故ニ所持人ハ其參加引受ヲ拒絶スルコト能ハスト雖モ豫備支拂人以外ノ者カ其參加引受ヲ爲サントスルモ所持人ニ於テハ其資産又ハ信用ノ程度ヲ知ルコト能ハサル

場合アルヲ以テ所持人ハ其參加引受ハ之ヲ拒ムコトヲ得ルモノトセリ而シテ所持人カ之ヲ拒マサルトキハ前者ニ對シ更ニ擔保請求ヲ爲スコト能ハサルナリ

參加引受ノ競合

第五百二條　參加引受ヲ爲サントスル者數人アルトキハ所持人ハ其選擇ニ從ヒ其一人ヲシテ引受ヲ爲サシムルコトヲ得

本條ハ參加引受ノ競合ヲ規定ス卽チ爲替手形ノ支拂人カ其引受ヲ拒絶シタル場合ニ於テ參加引受ヲ爲サントスル者數人アルトキハ所持人ハ自由ニ其中一人ヲ撰擇シテ其參加引受ヲ爲サシムルコトヲ得ルモノトス但本條ニハ豫備支拂人ト其他ノ者トニ付テ區別ヲ爲サスト雖モ豫備支拂人ノ參加引受ハ之ヲ拒ムコト能ハサルカ故ニ豫備支拂人ノ參加引受ト其他ノ者ノ參加引受トカ競合スルトキハ豫備支拂人ヲシテ其引受ヲ爲サシメサルヘカラス。

參加引受ノ方式

第五百三條　參加引受ハ爲替手形ニ其旨ヲ記載シ參加引受人署名スルニ依リテ之ヲ爲ス
參加引受人カ爲替手形ニ被參加人ヲ定メサリシトキハ其引受ハ振出人ノ爲メニ之ヲ爲シタルモノト看做ス

本條ハ參加引受ノ方式ヲ規定ス卽チ參加引受人ハ爲替手形ニ其旨ヲ記載シ且之ニ署名スルコトヲ要ス換言スレハ振出人何某又ハ裏書人何某ノ爲メニ手形金額支拂ノ參加引受ヲ爲ス旨ヲ記載シ且署名スルコトヲ要スルモノニシテ一ノ要

式行爲ナリ。
參加引受人カ爲替手形ニ被參加人ヲ記載スルコトヲ遺脱シタルトキト雖モ本條ハ其參加引受ヲ有效ト爲シ最モ多數ノ者ニ對シ擔保義務ヲ負擔スル振出人ノ爲メニ之ヲ爲シタルモノト看做シタリ故ニ其參加引受人ハ後日ニ至リ反對ノ事實ヲ主張スルコトヲ得ス。

第五百四條　所持人ハ引受拒絶證書ニ參加引受アリタル旨ヲ記載セシメ且其證書作成ノ費用支拂ト引換ニ之ヲ參加引受人ニ交付スルコトヲ要ス
參加引受人ハ遲滯ナク前項ノ拒絶證書ヲ被參加人ニ送付スルコトヲ要ス

本條ハ參加引受後ノ手續ヲ規定ス即チ參加引受アリタルトキハ所持人ハ公證人又ハ執達吏ヲシテ既ニ作成セシメタル引受拒絶證書ニ其參加引受アリタル旨ヲ記載セシメタル上之ヲ參加引受人ニ交付スルコトヲ要シ又參加引受人ニハ遲滯ナク之ヲ被參加人ニ交付スルコトヲ要スルモノトス蓋被參加人ハ自己カ擔保ヲ供シタル場合ト同シク其前者ニ對シ擔保ノ請求ヲ爲スコトヲ得ルヲ以テ之カ爲メ右引受拒絶證書ヲ必要トスルヲ以テナリ(五七〇)但參加引受人カ所持人ヨリ右引受拒絶證書ノ交付ヲ受クルニハ之ト引換ニ其證書作成ノ費用ヲ所持人ニ支拂

フコトヲ要ス。

第五百五條　參加引受人ハ支拂人カ手形金額ノ支拂ヲ爲ササル場合ニ於テ被參加人ノ後者ニ對シ支拂アラサリシ手形金額及ヒ費用ヲ支拂フ義務ヲ負フ但所持人カ支拂拒絶證書作成ノ期間內ニ支拂ヲ求ムル爲メ爲替手形ヲ參加引受人ニ呈示セサルトキハ參加引受人ハ其義務ヲ免ル

第五百六條　爲替手形ノ所持人其他被參加人ノ後者ハ參加引受ニ因リテ擔保ヲ請求スル權利ヲ失フ

參加引受ノ效力

右二條ハ參加引受ノ效力ヲ規定ス既ニ述ヘタル如ク參加引受ハ條件附債務ノ引受ニシテ參加引受人ハ滿期日ニ至リ支拂人カ手形金額ノ支拂ヲ爲ササリシ場合ニ於テ被參加人ノ後者ニ對シ其支拂アラサリシ手形金額及ヒ費用即チ支拂人ノ支拂拒絶證書作成及ヒ參加支拂ヲ求ムル爲メニ生シタル費用ヲ支拂フノ義務ヲ負フモノトス之ヲ參加引受ノ積極的效力ト稱ス然レトモ所持人カ支拂拒絶證書作成ノ期間內ニ支拂ヲ求ムル爲メ爲替手形ヲ參加引受人ニ呈示セサルトキハ當然其義務ヲ免ルルヲ以テ其後ニ至リテ參加支拂ヲ求メラルルモ之ヲ拒絶スルコトヲ得ヘキナリ。

元來第五百五條ハ參加引受人ニ對シ支拂ヲ求ムル爲メニスル呈示期間ハ滿期

被參加人ノ擔保請求權

日又ハ其後二日ト定メアリシモ改正法律ハ第四百八十七條一項ノ改正ニ照應シテ拒絶證書作成ノ期間內ト爲シタリ。

次ニ參加引受ハ被參加人ヲシテ其後者ニ對スル擔保ノ義務ヲ免レシムルヲ目的トスルカ故ニ爲替手形ノ所持人其他被參加人ノ後者ハ參加引受ニ依リテ被參加人ニ對シ擔保ヲ請求スル權利ヲ失フ之ヲ參加引受ノ消極的效力ト稱ス。

第五百七條　被參加人ハ其前者ニ對シテ擔保ヲ請求スルコトヲ得此場合ニ於テハ第四百七十六條乃至第四百七十九條ノ規定ヲ準用ス

本條ハ被參加人ノ擔保請求權ヲ規定ス即チ參加引受ハ被參加人ヲシテ擔保義務ヲ免レシムルノ效力ヲ生スルコト前條ノ規定スル如シト雖モ被參加人ノ其前者ニ對スル關係ニ於テハ全ク引受ナキ場合ト同一ナルノミナラス後日參加支拂アリタルトキハ之ニ對シ償還義務ヲ負フカ故ニ豫メ其前者ニ對シ擔保請求ヲ爲スコトヲ得ルモノトセリ此場合ニ於テハ被參加人ハ參加引受人ヨリ受取リタル引受拒絶證書ヲ利用スヘク(五〇四)其他ノ手續ニ付テハ普通ノ擔保請求ノ場合ト同一ナリ。

改正法律ニテ四百七十五條ノ準用ヲ廢シタルハ同條ノ改正セラレタル當然ノ

結果ナリトス。

第二款　參加支拂

參加支拂ノ意義

參加支拂トハ支拂人及ヒ支拂擔當者カ手形金額ノ支拂ヲ爲サヽル場合ニ於テ其ノ以外ノ者カ手形上ノ債務者ノ爲メニ手形金額ノ支拂ヲ爲スヲ謂ヒ之ニ因リテ所持人ニ對スル前者ノ償還義務ヲ免レシムルモノナリ而シテ參加支拂ヲ爲ス者ハ參加引受人ナルコト多カルヘシト雖モ參加引受ヲ拒絶シタル豫備支拂人其他ノ第三者ニ於テモ參加支拂ヲ爲スコトヲ得ヘシ(九五〇)

第五百八條　爲替手形ノ所持人カ支拂拒絶證書ヲ作ラシメタル場合ニ於テ豫備支拂人又ハ參加引受人アルトキハ所持人ハ支拂拒絶證書作成ノ期間内ニ參加引受人ニ參加引受人ナキトキ又ハ參加引受人カ支拂ヲ爲サヽリシトキハ豫備支拂人ニ爲替手形ヲ呈示シテ其支拂ヲ求メタル後ニ非サレハ其前者ニ對シテ償還ノ請求ヲ爲スコトヲ得ス

參加引受人又ハ豫備支拂人カ支拂ヲ爲サヽリシトキハ所持人ハ其旨ヲ支拂拒絶證書ニ記載セシムルコトヲ要ス

所持人カ前二項ニ定メタル手續ヲ爲サヽリシトキハ豫備支拂人ヲ指定シタル者又ハ被參加人及ヒ其後者ニ對スル手形上ノ權利ヲ失フ

參加支拂ノ請求

本條ハ參加支拂ノ請求ヲ規定ス卽チ爲替手形ノ所持人カ支拂人ニ對シ支拂ヲ求メタルモ之ヲ拒絶セラレタル爲メ支拂拒絶證書ヲ作成セシメタルトキハ直ニ

豫備支拂人及ヒ參加引受人以外ノ參加支拂

其前者ニ對シ償還請求ヲ爲シ得ルコトハ既ニ屢述ヘタル所ナリ然レトモ若シ其手形ニ豫備支拂人又ハ參加引受人アルトキハ其參加支拂ヲ求ムル爲メ所持人ハ先ツ支拂拒絕證書作成期間內ニ參加引受人ニ對シ爲替手形ヲ呈示スルコトヲ要シ次ニ若シ其參加引受人カ參加支拂ヲ爲サヽルトキ又ハ其ノ手形ニ參加引受人ナキトキハ豫備支拂人ニ對シ爲替手形ヲ呈示スルコトヲ要ス尙ホ其ノ參加支拂ナキ場合ニ非サレハ所持人ハ其前者ニ對シ償還ノ請求ヲ爲スコトヲ得サルモノトス而シテ參加引受人又ハ豫備支拂人カ參加支拂ヲ爲サヽリシトキハ所持人ハ公證人又ハ執達吏ヲシテ其ノ旨ヲ支拂拒絕證書ニ記載セシムルコトヲ要スルモノトス。

所持人カ上叙ノ手續ヲ爲サヽリシトキハ豫備支拂人ヲ指定シタル振出人又ハ裏書人及ヒ參加引受アリタル場合ニ於ケル被參加人並ニ其後者ニ對シ爾後償還請求ノ權利ヲ失フモノトス。

第五百九條　爲替手形ノ所持人ハ豫備支拂人又ハ參加引受人ニ非サル者ノ參加支拂ト雖モ之ヲ拒ムコトヲ得ス若シ拒ミタルトキハ被參加人及ヒ其後者ニ對スル手形上ノ權利ヲ失フ

本條ハ爲替手形ノ所持人ハ豫備支拂人又ハ參加引受人ニ非サル者ノ參加支拂

ト雖モ之ヲ拒ムコトヲ得サルモノトセリ蓋所持人ハ何人ヨリ支拂ヲ受クルモ其利害ニ何等ノ影響ナキヲ以テ參加引受ノ場合ト異リ(五〇一)所持人ハ何人ノ參加支拂ト雖モ之ヲ拒ムノ要ナケレハナリ然ルニ若シ所持人カ其參加支拂ヲ拒ミタルトキハ被參加人及ヒ其後者ニ對スル償還請求權ヲ喪失スルモノトス。

第五百十條　參加支拂ヲ爲サントスル者數人アルトキハ所持人ハ最モ多數ノ者ヲシテ債務ヲ免レシムル效力ヲ有スル支拂ヲ受クルコトヲ要ス

參加支拂ノ競合

本條ハ參加支拂ノ競合ヲ規定ス即チ支拂人カ手形金額ノ支拂ヲ拒絶シタル場合ニ於テ同時ニ參加支拂ヲ爲サントスル者數人アルトキハ所持人ハ最モ多數ノ者ヲシテ債務ヲ免レシムル效力ヲ有スル支拂ヲ受クルコトヲ要ス例ヘハ振出人ノ爲メノ參加支拂ト裏書人ノ爲メノ參加支拂カ競合シタルトキハ振出人ノ爲メニスル參加支拂ヲ受クヘキカ如シ。

第五百十一條　豫備支拂人又ハ參加引受人ニ非サル參加支拂人カ被參加人ヲ示ササリシトキハ其支拂ハ支拂人ノ爲メニ之ヲ爲シタルモノト看做ス

本條ハ參加支拂人カ被參加人ヲ示ササリシトキハ其參加支拂人ノ爲メニ之ヲ爲シタルモノト看做セリ但豫備支拂人ハ振出人又ハ裏書人カ之ヲ記載スルモノ

参加支拂ノ手續

参加支拂人ノ權利

ナルヲ以テ其豫備支拂人カ參加支拂ヲ爲シタルトキハ其記載ヲ爲シタル振出人又ハ裏書人カ被參加人タルコト明カナリ又參加引受人カ參加引受ノ當時被參加人ヲ定メサリシトキハ振出人ノ爲メニ參加引受ヲ爲シタルモノト看做サルルカ故ニ(五三〇)此等ノ場合ニ於テハ本條ノ適用ナキコト言ヲ俟タス。

第五百十二條　所持人ハ支拂拒絶證書ニ參加支拂アリタル旨ヲ記載セシメ且手形金額及ヒ費用ノ支拂ト引換ニ其拒絶證書及ヒ爲替手形ヲ參加支拂人ニ交付スルコトヲ要ス

本條ハ參加支拂ノ手續ヲ規定ス即チ所持人ハ公證人又ハ執達吏ヲシテ支拂拒絶證書ニ參加支拂アリタル旨ヲ記載セシメタル上爲替手形ト共ニ之ヲ參加支拂人ニ交付シ參加支拂人ハ之ト引換ニ手形金額及ヒ費用ヲ支拂フコトヲ要スルモノトセリ蓋參加支拂人ハ次條ノ權利ヲ行使スル爲メ支拂拒絶證書及ヒ爲替手形ヲ必要トスルヲ以テナリ。

第五百十三條　參加支拂人カ支拂ヲ爲シタルトキハ引受人、被參加人及ヒ其前者ニ對スル所持人ノ權利ヲ取得ス

本條ハ參加支拂人ノ權利ヲ規定ス即チ參加支拂ヲ爲シタル者ハ豫備支拂人ナルト參加引受人ナルト其他ノ者ナルトヲ問ハス引受人被參加人及ヒ其前者ニ對

シ參加支拂ヲ受ケタル所持人ト同一ノ權利ヲ取得スルナリ故ニ參加支拂人ハ引受人ニ對シ手形金額其他ノ費用ノ支拂ヲ求メ被參加人及ヒ其前者ニ對シ償還請求權ヲ行使スルコトヲ得ヘシ。

第九節　拒絕證書

拒絕證書ノ意義

第一　拒絕證書ノ意義

拒絕證書トハ手形上ノ權利ノ行使又ハ保全ヲ爲スニ必要ナル事實ノ存在ヲ證明スルモノニシテ公證人又ハ執達吏カ手形所持人ノ請求ニ依リテ作成スル公正證書ナリ蓋爲替手形ノ義務者カ完全ニ其義務ヲ履行シ何等ノ危險ナクシテ其終局ヲ告ケタルトキハ所持人ハ其手形ノ外他ニ何等證明ノ具ヲ必要トスル場合ナシト雖モ若シ手形上ノ義務者カ其義務ヲ完全ニ履行セサルトキハ所持人ハ其權利ヲ行使シ又ハ保全スルニ付キ種々ナル手續ヲ履踐スルコトヲ要シ之ヲ履踐シタル事實ハ常ニ正確ナル證明ヲ爲スノ責任ヲ負フコト前數節ニ於テ之ヲ述ヘタル所ナリ而シテ拒絕證書ハ其證明ヲ爲スニ必要缺クヘカラサルモノニシテ又唯一ノ證據方法ナリトス。

拒絶證書ノ種類

拒絶證書ノ作成者

第二　拒絶證書ノ種類

爲替手形ニ關シテハ拒絶證書ヲ作成スル場合頗ル多シ今之ヲ作成スヘキ場合ノ如何ニ依リ其種類ヲ擧クレハ左ノ如シ

一　引受拒絶證書（四七五）

二　日附拒絶證書（四六七）

三　擔保拒絶證書（四八〇）

四　支拂拒絶證書（四八七、四九〇）

五　複本返還拒絶證書（五二一）

六　原本返還拒絶證書（五二四）

尚約束手形及ヒ小切手ニ付テモ拒絶證書ノ作成ヲ必要トスル場合アレトモ後ニ述フヘシ。

第五百十四條　拒絶證書ハ爲替手形ノ所持人ノ請求ニ因リ公證人又ハ執達吏之ヲ作ル

本條ハ拒絶證書ハ公證人又ハ執達吏カ作成スヘキコトヲ明ニセリ即チ爲替手形ノ所持人カ拒絶證書ノ作成ヲ必要トスル場合ニ於テハ公證人又ハ執達吏ニ請求シテ之ヲ作成セシムヘク公證人又ハ執達吏ハ既ニ述ヘタル法定ノ場所ニ於テ

直ニ之ヲ作成セサル可カラス(四二四)但所持人カ此請求ヲ爲スニハ公證人又ハ執達吏ニ對シ一定ノ旅費及ヒ手數料ヲ支拂フコトヲ要ス。

第五百十五條　拒絶證書ニハ左ノ事項ヲ記載シ公證人又ハ執達吏之ニ署名、捺印スルコトヲ要ス

一　拒絶者及被拒絶者ノ氏名又ハ商號

二　拒絶者ニ對スル請求ノ趣旨及ヒ拒絶者カ其請求ニ應セサリシコト、拒絶者ニ面會スルコト能ハサリシコト又ハ其營業所、住所若クハ居所カ知レサリシコト

三　前號ノ請求ヲ爲シ又ハ爲スコト能ハサリシ地及ヒ年月日

四　法定ノ場所外ニ於テ拒絶證書ヲ作ルトキハ拒絶者カ之ヲ承諾シタルコト

五　參加引受又ハ參加支拂アルトキハ參加ノ種類及ヒ參加人並ニ被參加人ノ氏名又ハ商號

六　拒絶證書作成ノ場所及ヒ年月日

第五百十五條ノ二　支拂拒絶證書ノ作成ハ爲替手形又ハ附箋ニ依リテ之ヲ爲ス

第五百十五條ノ三　爲替手形ノ數通ノ複本又ハ原本及ヒ謄本ヲ呈示シタル場合ニ於テ支拂拒絶證書ヲ作ルトキハ其作成ハ一通ノ複本若クハ原本又ハ附箋ニ依リ之ヲ爲スヲ以テ足ル

前項ノ規定ニ依リテ支拂拒絶證書ヲ作リタルトキハ他ノ複本又ハ謄本ニ其旨ヲ記載スルコトヲ要ス

第五百十五條ノ四　支拂拒絶ノ場合ヲ除ク外拒絶證書ノ作成ハ爲替手形若クハ其謄本ノ寫本又ハ附箋ニ依リテ之ヲ爲ス

拒絶證書ノ方式

第五百十五條ノ五　爲替手形、複本、原本又ハ爲替手形若クハ其謄本ノ寫本ニ依リテ拒絶證書ヲ作ル場合ニ於テハ第五百十五條ニ揭ケタル事項ハ其裏面ニ記載シタル事項ニ接續シテ之ヲ記載スルコトヲ要ス

附箋ニ依ル場合ニ於テハ公證人又ハ執達吏ハ其接目ニ契印ヲ爲スコトヲ要ス

右ノ五個條ハ拒絶證書作成ノ方式ヲ規定シタルモノニシテ改正法律ハ拒絶證書作成方法ノ簡易ヲ主トセリ即チ概括シテ左ニ説明セム。

第一　拒絶證書ノ記載事項

拒絶證書ニハ第五百十五條第一號乃至第六號ニ列記スル事項ヲ記載シ之ヲ作成シタル公證人又ハ執達吏カ之ニ署名捺印スルコトヲ要ス而シテ其記載事項ニ付テハ前數節ニ於テ之ヲ説明シタルヲ以テ茲ニハ之ヲ再説セス。

第二　拒絶證書作成ノ方法

拒絶證書ハ其種類ニ依リテ作成ノ方法ヲ異ニス即チ左ノ如シ。

一　支拂拒絶證書

支拂拒絶證書ノ作成ハ爲替手形又ハ附箋ニ依リテ之ヲ爲ス換言スレハ支拂拒絶證書ハ手形ニ第五百十五條列擧ノ事項ヲ記載シ又手形ニ其餘白ナキトキハ附箋ニ其事項ヲ記載シテ之ヲ作成スヘク別證書トシテ之ヲ作ルモノニ

非ス此點ハ改正法ノ骨子トスル所ニシテ之ニ依リ拒絶證書ノ作成ハ頗ル簡便トナリ手形又ハ其附箋ニ掲ケタル事項ヲ拒絶證書ニ轉載スルノ勞ヲ避ケ得ルカ故ニ通常僅ニ十數字ヲ記載スルニ依リ支拂拒絶證書ヲ作成スルコトヲ得ヘシ。

爲替手形ノ複本又ハ謄本ヲ作リタル場合ニ於テ數通ノ複本又ハ原本及ヒ謄本ヲ呈示シタル場合ニ於テ支拂拒絶證書ヲ作成スルトキハ其各通ノ手形又ハ謄本ニ支拂拒絶證書ノ記載ヲ爲スノ要ナク其一通ノ複本若クハ原本又ハ附箋ニ之ヲ記載シテ其拒絶證書ヲ作成スルヲ以テ足リ他ノ複本又ハ謄本ニハ其旨ヲ記載スルコトヲ要スルモノトス。

二　支拂拒絶證書以外ノ拒絶證書。

支拂拒絶證書以外ノ拒絶證書卽チ引受拒絶證書(四七五)日附拒絶證書(四六五二八)擔保拒絶證書(四八〇五二九)等ハ支拂拒絶證書ト異ナリ爲替手形ト分離シテ裏書人ニ交付スヘキモノナレハ手形其物ニ記載シ又ハ手形ノ附箋ニ之ヲ記載シテ作成スルコトヲ得ス故ニ斯ル場合ニ於テハ爲替手形ノ寫本ヲ作リ之ニ第五百十五條列擧ノ事項ヲ記載スヘク又手形ノ謄本ヲ以テスル拒絶證書卽チ原本

ノ返還ヲ拒絶セラレタル場合ニ作成スヘキ拒絶證書（五二四）ニ付テハ手形謄本ノ寫本ヲ作リ之ニ右ノ事項ヲ記載スヘク以上二個ノ場合ニ於テ手形ノ寫本及ヒ謄本ノ寫本ニ餘白ナキトキハ附箋ヲ爲シ之ニ其事項ヲ記載シ以テ其拒絶證書ヲ作成スヘキモノトス。

以上第一第二ノ場合ニ於テ手形ノ原本又ハ複本若クハ此等ノ寫本、手形ノ謄本若クハ謄本ノ寫本ニ拒絶證書ノ記載ヲ爲ストキハ其記載ト手形若クハ其謄本又ハ寫本トノ中間ニ餘白ヲ生セサラシムル爲メ其裏面ノ記載ニ接續シテ之ヲ爲スヘク又裏面ニ餘白ナキ爲メ附箋ヲ爲シテ拒絶證書ヲ作成スルトキハ公證人又ハ執達吏ハ其接目ニ契印ヲ爲スコトヲ要スルモノトス。

拒絶證書ノ數

第五百十六條　數人ニ對シテ手形上ノ請求ヲ爲スヘキトキハ其請求ニ付キ一通ノ拒絶證書ヲ作ラシムルヲ以テ足ル

本條ハ拒絶證書ノ員數ニ關ス即チ拒絶證書ハ常ニ一通ヲ作成スレハ足リ數人ニ對シ手形上ノ請求ヲ爲スヘキトキト雖モ數通ノ拒絶證書ヲ作成セシムルノ要ナシ故ニ例ヘハ所持人カ支拂拒絶證書ヲ作成セシメタルトキハ其拒絶證書ヲ以テ或ハ參加引受人又ハ豫備支拂人ニ支拂ヲ求メ或ハ前者ニ對シ償還ノ請求ヲ爲

スコトヲ得ルカ如シ。

第五百十七條　公證人又ハ執達吏カ拒絶證書ヲ作リタルトキハ其謄本ニ左ノ事項ヲ記載シ之ヲ其役場ニ備フルコトヲ要ス
一　手形金額
二　振出人、支拂人及ヒ受取人ノ氏名又ハ商號
三　振出ノ年月日
四　滿期日及ヒ支拂地
五　支拂擔當者、豫備支拂人又ハ參加引受人アルトキハ其氏名又ハ商號
拒絶證書カ滅失シタルトキハ利害關係人ハ其謄本ノ交付ヲ請求スルコトヲ得此謄本ハ原本ト同一ノ效力ヲ有ス

拒絶證書ノ謄本

本條ハ拒絶證書ノ謄本ニ關スル規定ナリ卽チ公證人又ハ執達吏カ拒絶證書ヲ作成シタルトキハ其原本ハ之ヲ所持人ニ交付スヘキモノナルヲ以テ若シ後日其原本カ滅失シタルトキハ全ク其證明ノ具ヲ失フニ至ルヲ以テ公證人又ハ執達吏カ拒絶證書ヲ作成シタルトキハ必ス其謄本ヲ作成シ且之ニ本條列記ノ事項ヲ記載シタル上自己ノ役場ニ之ヲ備ヘ付クルコトヲ要シ後日拒絶證書ノ原本カ滅失シタル場合ニ於ケル謄本作成ノ資料ニ供スルモノトセリ。

拒絶證書ノ原本カ滅失シタル場合ニ於テ利害關係人ノ請求アルトキハ之ヲ作成シタル公證人又ハ執達吏ハ役場備付ノ謄本ニ依リテ更ニ其謄本ヲ作成シ之ヲ請求者ニ交付スヘク其謄本ハ全ク原本ト同一ノ効力ヲ有スルモノトス。

第十節　爲替手形ノ複本及ヒ謄本

複本ノ意義

爲替手形ノ複本トハ單一ナル手形上ノ權利義務ヲ生セシムル爲メ内容ノ同一ナル數通ノ爲替手形ヲ振出シタルモノヲ謂フ即チ普通ノ場合ニ於テハ手形ハ一通每ニ獨立ノ效用ヲ有シ之ニ依リ手形上ノ權利義務ヲ發生スト雖モ複本トシテ數通ノ爲替手形ヲ振出シタルトキハ其數通ハ合シテ唯一ノ手形トナリ其一通每ニ獨立セル手形上ノ權利義務ヲ生スルモノニ非ス而シテ爲替手形ノ複本ハ通常之ヲ組手形ト稱シ一ハ手形ノ喪失ニ因ル損失ヲ防キ一ハ手形ノ流通ヲ迅速ナラシムルカ爲メニ振出スモノナリ即チ遠隔ノ地ニ在ル者ニ對シ手形ヲ送付スル場合ニ於テ之カ安著ヲ圖ル爲メ同一内容ノ數通ノ手形ヲ各別ニ送付スルトキハ若シ途中ニ於テ其一通カ喪失スルモ他ノ手形ハ安全ニ到著スヘキカ故ニ其喪失ニ因ル種々ナル損失ヲ防クコトヲ得ヘク又支拂人カ遠隔ノ地ニ在ル場合ニ於テ其

謄本ノ意義

引受ヲ求ムル爲メ多クノ日數ヲ要スルトキト雖モ所持人ハ其引受ヲ待ツコトナク複本ヲ他人ニ裏書シ以テ其流通ヲ迅速ナラシムルノ利益アルモノトス。

次ニ爲替手形ノ謄本トハ所持人ノ作成シタル爲替手形ノ寫本ニシテ主トシテ手形ノ流通ヲ容易ナラシムル爲メニ作成スルモノナリ卽チ所持人カ支拂人ニ對シ引受ヲ求ムル爲メ手形ノ原本ヲ送付シ未タ其返還ナキ間ニ於テ謄本ヲ作成シ之ヲ他人ニ裏書讓渡スルノ用ニ供セラルルノ效用ヲ有スルナリ。

複本交付ノ手續

第五百十八條　爲替手形ノ所持人ハ振出人ニ對シテ其爲替手形ノ複本ノ交付ヲ請求スルコトヲ得但所持人カ受取人ニ非サルトキハ順次ニ其前者ヲ經由シテ之ヲ請求スルコトヲ要ス
振出人カ爲替手形ノ複本ヲ作リタルトキハ各裏書人ハ各通ニ其裏書ヲ爲スコトヲ要ス

本條ハ複本交付ノ手續ヲ規定ス卽チ爲替手形ノ所持人ハ振出人ニ對シ其複本ノ交付ヲ請求スルコトヲ得ヘク振出人カ此請求ヲ受ケタルトキハ直ニ同一內容ノ爲替手形ヲ所持人ニ交付セサル可カラス而シテ其所持人カ爲替手形ノ受取人ナルトキハ直ニ其振出人ニ對シ右ノ請求ヲ爲スコトヲ得ヘク振出人ハ直ニ之ニ複本ノ交付ヲ爲スコトヲ得ヘシト雖モ若シ其所持人カ裏書ニ依リ爲替手形ヲ取得シタルモノナルトキハ順次ニ其前者ヲ經由シテ之カ請求ヲ爲スヘク又振出人カ其請求ニ應シテ複本ヲ振出シタルトキハ各裏書人ハ各通ニ其裏出ヲ爲スコト

ヲ要スルモノトス蓋シ為替手形ト其複本トノ内容ヲ全然一致セシメントスルノ法意ニ外ナラス。

第五百十九條　為替手形ノ複本ニ其複本タルコトヲ示ササルトキハ其各通ハ獨立ノ為替手形トシテ其效力ヲ有ス

複本ノ方式

本條ハ複本ノ方式ヲ規定ス蓋シ為替手形ノ複本モ又一ノ為替手形トシテ活動スルモノナレハ普通ノ方式ニ依リ之ヲ作成スヘキコト勿論ナレトモ此外必ス其複本タルコトヲ示スヘキ記載ヲ為ササル可カラス若シ其複本タルコトヲ示ササルトキハ各獨立セル為替手形トシテ其效力ヲ有スルカ故ニ之ニ依リ數個ノ手形關係カ發生スルニ至ル此點ニ關シテハ本節冒頭ノ説明ヲ參照スヘシ。

第五百二十條　為替手形ノ複本ヲ作リタル場合ニ於テ其一通ノ支拂アリタルトキハ他ノ各通ハ其效力ヲ失フ但引受アルモノハ此限ニ在ラス

二人以上ニ各別ニ數通ノ為替手形ノ裏書ヲ為シタル者又ハ數通ノ為替手形ニ引受ヲ為シタル者ハ支拂ノ時ニ於テ返還アラサリシ各通ニ付キ手形上ノ責任ヲ免ルルコトヲ得ス

複本ノ效力

本條ハ複本ノ效力ヲ規定ス蓋シ為替手形ノ複本ハ數通之ヲ振出スモ之ニ因リテ發生スル手形上ノ權利義務ハ單一ナルコトハ既ニ述ヘタル所ナリ故ニ其一通ニ付キ支拂アリタルトキハ其手形關係ハ當然消滅シ他ノ數通ハ全ク廢紙ニ歸スル

モノトス例ヘハ三通ノ複本カ振出サレタル場合ニ於テ所持人カ其一通ヲ支拂人ニ呈示シ其支拂ヲ受ケタルトキハ他ノ二通ハ當然其効力ヲ失フカ故ニ爾後之ニ依リ支拂ヲ求ムルコト能ハサルカ如シ然レトモ其一通ニ付キ引受アリタルトキハ他ノ一通ニ支拂アルモ當然其效力ヲ失フコトナシ例ヘハ右ノ設例ニ於テ支拂人カ最初ニ呈示ヲ受ケタル手形ニ對シ其支拂ヲ爲スモ他ノ一通ニ對シ引受アルトキハ之ニ對シ再ヒ支拂ヲ爲ササル可カラス故ニ引受ハ必ス其一通ニ對シテ之ヲ爲シ又支拂ハ引受ヲ爲シタル手形ト引換ニ之ヲ爲スニ非サレハ引受人ハ二重ニ支拂ヲ爲スヘキ義務ヲ負フノ危險アリ。

複本數通ノ所持人カ全部之ヲ同一人ニ裏書讓渡シタルトキハ固ヨリ一個ノ手形關係ヲ發生スルニ過キスト雖モ若シ其所持人カ各別ニ之ヲ數人ニ裏書讓渡シタルトキハ數人ノ所持人ヲ生スルニ至ルヲ以テ本條ハ斯ル裏書人ニハ一ノ制裁ヲ加ヘ支拂ノ時返還アラサリシ各通ニ付キ手形上ノ責任ヲ免ルルコトヲ得サルモノトセリ例ヘハ複本二通ノ所持人丙カ之ヲ甲乙ノ兩人ニ各別ニ裏書ヲ爲シ甲カ之ヲ支拂人ニ呈示シ其支拂ヲ受ケタルトキハ乙ハ其後ニ至リ支拂ヲ受クルコト能ハスト雖モ丙ハ之ニ對シ償還義務ヲ免ルルコト能ハサルカ如シ此制裁ハ數

通ノ複本ニ引受ヲ為シタル引受人ニ對シテモ亦同樣ナリ例ヘハ二通ノ手形ニ引受ヲ為シタルトキハ其一通ノ支拂ヲ為シタルニモ拘ハラス其他ノ一通ニ付テモ亦支拂ヲ為スヘキ義務アルカ如シ。

複本ニ依ル遡求權

第五百二十一條　為替手形ノ複本ノ所持人カ引受ヲ求ムル為メ其一通ヲ送付シタルトキハ他ノ各通ニ其送付先ヲ記載スルコトヲ要ス

前項ノ記載アル為替手形ノ所持人ハ引受ヲ求ムル為メニ送付シタル一通ノ為替手形ヲ受取リタル者ニ對シテ其返還ヲ請求スルコトヲ得若シ其者カ之ヲ返還セサルトキハ拒絶證書ニ依リ其事實及ヒ他ノ一通又ハ數通ノ為替手形ヲ以テ引受又ハ支拂ヲ受クルコト能ハサリシコトヲ證明スルニ非サレハ其前者ニ對シテ擔保又ハ償還ノ請求ヲ為スコトヲ得ス

本條ハ複本ニ依ル擔保請求及ヒ償還請求ヲ規定ス即チ為替手形ノ複本ハ其引受ヲ求ムル場合ニ於テ特ニ其效用アルコトハ上述セル如クニシテ其複本ノ所持人ハ引受ヲ求メシムル為メ其一通ヲ自己ノ代理人又ハ取引先ニ送付シ其送付ヲ受ケタル者カ支拂人ニ之ヲ呈示スルヲ常トス此場合ニ於テハ所持人ハ他ノ各通ニ其送付先ヲ記載スルコトヲ要シ此記載アル複本ノ所持人ハ其全部ヲ回收シテ之ヲ他人ニ裏書讓渡シ又ハ自ラ滿期日ノ到來ヲ待テ其支拂ヲ受クルヲ通常トス然ルニ若シ引受ヲ求ムル為メ複本ノ送付ヲ受ケル者カ之ヲ返還セサルトキハ他

謄本ノ作成

ノ複本ノ所持人ハ自己ノ所持スル複本ノミヲ以テ支拂人ニ對シ引受又ハ支拂ノ呈示ヲ爲スノ外ナシ而シテ其引受又ハ支拂ナカリシ場合ニ於テ前者ニ對シ擔保請求又ハ償還請求ヲ爲サントスルニハ拒絶證書ヲ作成セシメ之ニ依リ複本ノ返還拒絶及ヒ引受又ハ支拂拒絶ノ事實ヲ證明スルコトヲ要スルモノトス。

第五百二十二條　爲替手形ノ所持人ハ其謄本ヲ作ルコトヲ得

爲替手形ノ謄本ニ或事項ヲ記載シタルトキハ其事項ト原本ニ記載シタル事項ヲ區別スルコトヲ要ス

本條ハ爲替手形ノ謄本ハ所持人ニ於テ之ヲ作成スルコトヲ明ニセリ而シテ所持人カ其謄本ヲ成作スルニハ爲替手形ニ記載セル事項ハ全部之ヲ謄寫スヘキコト勿論ナリ然ルニ其謄本ニ或事項ヲ記載シタルトキ例ヘハ裏書又ハ保證ヲ爲シタルトキハ其事項ト原本ノ事項トヲ區別スルコトヲ必要トス換言スレハ原本ト謄本トノ記載事項ノ境界ヲ明ニスルコトヲ要スルナリ。

第五百二十三條　所持人カ爲替手形ノ引受ヲ求ムル爲メ其原本ヲ送付シタル場合ニ於テ其謄本ヲ作リタルトキハ之ニ其原本ノ送付先ヲ記載スルコトヲ要ス

前項ノ記載アル謄本ノ所持人ハ原本ヲ受取リタル者ニ對シテ其返還ヲ請求スルコトヲ得

第五百二十四條　引受ヲ求ムル爲メニ送付シタル爲替手形ヲ受取リタル者カ之ヲ返還セサル

謄本ニ依ル遡求權

場合ニ於テ其謄本ノ所持人カ拒絶證書ニ依リテ其事實ヲ證明スルトキハ謄本ニ署名シタル者ニ對シテ擔保ノ請求ヲ爲シ又謄本ニ記載シタル滿期日カ到來シタル後ハ償還ノ請求ヲ爲スコトヲ得

右ノ二條ハ謄本ニ依ル擔保又ハ償還ノ請求ニ關スルモノニシテ第五百二十一條ト其趣旨ヲ同フス只同條ノ場合ニ於テハ複本ノ所持人ハ返還拒絶證書ト引受又ハ支拂拒絶證書ヲ作成スルトキハ其前者全員ニ對シ擔保請求又ハ償還請求ヲ爲スコトヲ得レトモ謄本ノ所持人ハ其謄本ノミニ依リテハ謄本作成ノ前者ニ對シテハ擔保又ハ償還ノ請求ヲ爲スコト能ハサルカ故ニ原本返還ノ拒絶證書ヲ作成シタル上其謄本ニ署名シタル裏書人ニ對シ擔保ノ請求ヲ爲シ又謄本ニ記載シタル滿期日カ到來シタル後同一ノ裏出人ニ對シ償還請求ヲ爲スコトヲ得ルナリ是レ複本ト謄本トノ性質上ヨリ生スル差異ニシテ其所持人ノ權利ニモ亦多少ノ優劣アルコト明カナリ詳細ハ第五百二十一條ノ說明ヲ參照スヘシ。

第三章　約束手形

約束手形ノ意義

約束手形トハ其發行者カ他人ニ對シ一定ノ金額ヲ支拂フヘキコトヲ約スル手

形ナルカ故ニ約束手形ノ成立ニハ必スヤ振出人及ヒ受取人ノ二者アルコトヲ要ス卽チ其發行者ヲ振出人ト稱シ其支拂ヲ受クヘキ者ヲ受取人ト稱ス爲替手形ニハ振出人及ヒ受取人ノ外支拂人ナル者アリテ振出人ハ其引受ヲ爲スマテハ何等手形上ノ責任ヲ負ハサルコトハ既ニ前章ニ於テ反覆說明セル所ナリ然ルニ約束手形ニハ振出人ノ外支拂人ナルモノナク其振出人ハ手形上ノ絶對的義務者ニシテ恰モ爲替手形ノ引受人ト同一ノ地位ニ在ルモノトス是レ爲替手形ト約束手形トノ根本上ノ差異アル點ナリ尚最モ正確ナル約束手形ノ雛形ヲ示セハ左ノ如シ。

第　　號

約束手形

收入印紙

一金何圓也

一滿期日　明治何年何月何日

一振出地　何市（又ハ何町若クハ何村）

一支拂場所　何市何區何町何番地何何銀行

右金額貴殿又ハ貴殿ノ指圖人ヘ御支拂可申候也

明治何年何月何日

何市何區何町何丁目何番地

何　某(振出人)

何　某殿(受取人)

印紙ノ貼用額

約束手形ニ貼用スヘキ收入印紙額ハ手形ノ金額ニ依リ異ナル即チ千圓以下五錢五千圓以下十錢一萬圓以下二十錢二萬圓以下五十錢三萬圓以下一圓五萬圓以下二圓十萬圓以下四圓ニシテ十萬圓以上ハ七圓ナリ但金額五圓未滿ノ約束手形ニハ印紙ノ貼用ヲ要セス。

第五百二十五條　約束手形ニハ左ノ事項ヲ記載シ振出人之ニ署名スルコトヲ要ス

一　其約束手形タルコトヲ示スヘキ文字

二　一定ノ金額

三　受取人ノ氏名又ハ商號

四　單純ナル支拂ノ約束

五　振出ノ年月日

六　一定ノ滿期日

振出ノ方式

本條ハ約束手形ノ方式ヲ規定ス即チ本條列記ノ事項ヲ記載シ振出人之ニ署名

スルニ非サレハ約束手形トシテ其效力ニ生セサルコトハ第四百四十五條ニ於テ說明シタルカ如シ尙各事項ノ意義ニ付テモ同條ノ說明ヲ參照スヘシ。

七　振出地

支拂地

第五百二十六條　振出人カ約束手形ニ支拂地ヲ記載セサリシ時ハ振出地ヲ以テ其支拂地トス

本條ハ約束手形ノ支拂地ニ關スル蓋支拂地トハ手形金額ヲ支拂フヘキ地ナルモ支拂地ノ記載ハ約束手形ノ要件ニ非サルヲ以テ之ヲ記載スルト否トハ振出人ノ隨意ナリ然レトモ之ヲ記載シタルトキハ其地ニ於テ手形金額ヲ支拂フヘク又之ヲ記載セサルトキハ振出地ヲ以テ支拂地トシ其地ニ於テ之ヲ支拂フヘキハ勿論ナリ又現ニ支拂ヲ爲スヘキ場所ニ付テハ第四百五十四條ノ說明ヲ參照スルコトヲ要ス。

振出人ノ營業所又ハ住所地

第五百二十六條ノ二　振出地ハ之ヲ振出人ノ營業所又ハ住所ノ所在地ト看做ス

本條ハ所持人カ振出人ニ對シ手形上ノ權利ヲ行使スヘキ場所ヲ知ルノ便ニ供センカ爲メノ規定ニシテ第四百五十二條ノ二ト其法意ヲ同フス。

第五百二十七條　一覽後定期拂ノ約束手形ノ所持人ハ其日附ヨリ一年内ニ振出人ニ約束手形ヲ呈示スルコトヲ要ス但振出人ハ之ヨリ短キ呈示期間ヲ定ムルコトヲ得

所持人カ拒絕證書ニ依リ前項ニ定メタル呈示ヲ爲シタルコトヲ證明セサルトキハ振出人以

外ノ前者ニ對スル手形上ノ權利ヲ失フ

一覽後定期拂手形ノ呈示

本條ハ一覽後定期拂ノ約束手形ニ關ス即チ一覽後定期拂ノ手形ハ所持人カ之ヲ振出人ニ呈示スルニ非サレハ滿期日ヲ起算スルコトヲ得サルカ故ニ(四五〇)所持人ハ必ス其振出日附ヨリ一年內若シ振出人カ之ヨリ短キ呈示期間ヲ定メタルトキハ其期間內ニ振出人ニ對シ之ヲ呈示スルコトヲ要シ尙拒絕證書ヲ以テ呈示ノ事實ヲ證明スルニ非サレハ振出人以外ノ前者ニ對スル償還請求權ヲ失フモノトス詳細ハ第四百六十六條ノ說明ヲ參照スヘシ。

一覽後定期拂手形ノ呈示ノ記載

第五百二十八條　所持人カ一覽後定期拂ノ約束手形ヲ呈示シタル場合ニ於テ振出人カ呈示ヲ受ケタル旨又ハ其日附ヲ約束手形ニ記載セサリシトキハ所持人ハ呈示期間內ニ拒絕證書ヲ作ラシムルコトヲ要ス此場合ニ於テハ其拒絕證書作成ノ日ヲ以テ呈示ノ日ト看做ス
所持人カ拒絕證書ヲ作ラシメサリシトキハ振出人以外ノ前者ニ對スル手形上ノ權利ヲ失フ
振出人カ呈示ノ日附ヲ記載セサリシ場合ニ於テ所持人カ拒絕證書ヲ作ラシメサリシトキハ呈示期間ノ末日ヲ以テ呈示ノ日ト看做ス

本條ハ第四百六十七條ト全ク其趣旨同一ナリ只同條ニ於テハ支拂人ニ對シ引受ヲ求ムル爲メ其呈示ヲ爲スコトヲ要スルニ反シ本條ニ於テハ振出人ニ對シ單ニ一覽セシムル爲メ其呈示ヲ爲スコトヲ要スルノ差アルニ過キス故ニ詳細ハ同條ノ說明ヲ參照スヘシ。

第五百二十九條　第四百四十六條、第四百四十九條乃至第四百五十一條、第四百五十三條乃至第四百六十四條、第四百七十一條、第四百八十條乃至第四百九十九條、第五百八條乃至第五百十七條及ヒ第五百二十二條ノ規定ハ約束手形ニ之チ準用ス

爲替手形ノ規定準用

本條ハ爲替手形ニ關スル規定ヲ約束手形ニ準用シタルモノナリ故ニ詳細ハ各其法條ニ於ケル說明ヲ參照セハ自ラ明瞭ナリ而シテ爰ニ注意スヘキハ一ニ約束手形ノ振出人ハ手形上ノ主タル義務者ニシテ爲替手形ノ引受人ト同一ノ地位ニ在ルコト、同時ニ改正法律ニヨリ第四百八十五條ヲ加入シ從來約束手形ニ豫備支拂人ヲ記載シ得ルヤ否ヤノ疑問ヲ杜絕シタルコトヲ知ルニ在リトス。

第四章　小切手

小切手ノ意義

小切手トハ其發行者カ第三者ニ委託シ一定ノ金額ヲ他人ニ支拂ハシムルコトヲ約スル手形ニシテ其性質ハ爲替手形ト全ク同一ナリ從テ振出人受取人及ヒ支拂人ノ三者アルコトヲ必要トスルハ勿論ナレトモ其經濟上ノ效用ニ至リテハ兩者ノ間ニ大ナル差異アリ即チ爲替手形ハ信用ノ具トシテ金融ノ爲メニ利用セラレ小切手ハ支拂ノ具トシテ金錢支拂ノ代用ニ供セラルルモノナリ換言スレハ小

切手ハ金錢ノ授與ヲ爲スヘキ場合ニ於テ自ラ之ヲ爲サス通常銀行ヲシテ之ヲ爲サシメ以テ現金ノ保管ニ伴フ危險ヲ避ケ現金支拂ノ手數ヲ省略スルモノナリ故ニ小切手ニハ其效用ヲ全カラシムル爲メ特別ノ規定ヲ設ケタリ例ヘハ其滿期日ハ一覽拂ノモノニ限リ資金アルニ非サレハ之ヲ振出スコトヲ得ス又流通期間ヲ十日間ニ限レルカ如シ然レトモ小切手ノ效用ヲ害セサル限リハ爲替手形ニ關スル規定ヲ準用スルモノトセリ(五三七)小切手ノ雛形ヲ示セハ左ノ如シ但収入印紙ノ貼用ヲ要セス。

第何號

小切手

一金何圓也

一支拂地　何市(又ハ何町若クハ何村)

右金額何某又ハ此小切手持參人ヘ御支拂相成度候也

明治何年何月何日

何市何區何町何丁目何番地

何某(振出人)

何市何區何町何番地

株式會社何々銀行殿(支拂人)

第五百三十條　小切手ニハ左ノ事項ヲ記載シ振出人之ニ署名スルコトヲ要ス

一　其小切手タルコトヲ示スヘキ文字
二　一定ノ金額
三　支拂人ノ氏名又ハ商號
四　受取人ノ氏名若クハ商號又ハ所持人ニ支拂フヘキコト
五　單純ナル支拂ノ委託
六　振出ノ年月日
七　支拂地

振出ノ方式

本條ハ小切手振出ノ方式ヲ規定シタルモノニシテ此要件ヲ缺クトキハ小切手タルノ效ナキハ勿論ナリ詳細ハ第四百四十五條ノ説明ヲ參照スヘシ。

第五百三十一條　削除

改正法律ニテ五百三十七條ニヨリ第四百四十七條ヲ準用シタル當然ノ結果削除セラレタルナリ。

第五百三十二條　小切手ハ一覽拂ノモノトス

滿期日

本條ハ小切手ノ滿期日ニ關ス既ニ述ヘタル如ク小切手ハ金錢ノ支拂ニ代用セラルルモノナレハ特ニ其支拂期日ヲ定メスシテ所持人カ之ヲ支拂人ニ呈示シタルトキハ其日ヲ以テ滿期日ト爲シ直ニ支拂ヲ受クルコトヲ得ルモノトス。

第五百三十三條　小切手ノ所持人ハ其日附ヨリ十日内ニ小切手ヲ呈示シテ其支拂ヲ求ムルコトヲ要ス
所持人カ前項ニ定メタル呈示ヲ爲ササリシトキハ其前者ニ對シテ償還ノ請求ヲ爲スコトヲ得ス

流通期間

本條ハ小切手ノ流通期間ニ關ス卽チ小切手ハ必ス一覽拂タルコトヲ要スレトモ其所持人ハ必ヌ振出ノ日附ヨリ十日内ニ支拂人ニ對シ支拂ヲ求ムルコトヲ要シ其後ニ於テハ之ヲ流通轉輾セシムルコトヲ得ス而シテ所持人カ此期間内ニ呈示ヲ爲ササルトキハ前者ニ對スル償還請求權ヲ失フモノトス元小切手ノ支拂呈示期間ハ一周日ナリシカ改正法律ハ銀行業者ノ希望ニ基ツキ十日トシタルナリ。

第五百三十三條ノ二　小切手ノ振出人ハ呈示期間經過前ニハ支拂ノ委託ヲ取消スコトヲ得ス
支拂人ハ呈示期間經過後ト雖モ小切手ノ支拂ヲ爲スコトヲ得

支拂委託ノ取消

本條ハ支拂委託ノ取消ニ關ス蓋小切手ハ振出人カ支拂人ニ對シテ手形金額ノ支拂ヲ委託スルモノナルヲ以テ民法上振出人ハ何時ニテモ其委託ヲ取消スコトヲ得ヘシト雖モ(民六五一)濫ニ之カ取消ヲ許ストキハ小切手ノ信用ヲ害スルコト勿論ナルカ故ニ本條ハ前條所定ノ呈示期間内ハ之カ取消ヲ禁シタリ然レトモ其取消ナキ限リハ其呈示期間經過後ト雖モ支拂人ハ有效ニ其支拂ヲ爲スコトヲ得ルモ

ノトセリ。

第五百三十三條ノ三　小切手ノ所持人カ支拂人ノ加入シタル手形交換所ニ小切手ヲ提出シタルトキハ支拂地ニ於テ支拂ヲ求ムル爲メ之ヲ呈示シタルト同一ノ效力ヲ有ス

呈示方法ノ例外

本條ハ小切手ノ呈示方法ニ關スル特例ナリ小切手ノ所持人カ其支拂ヲ求ムルニハ支拂ニ對シ支拂地ニ於テ之ヲ呈示スルコトヲ要スレトモ若シ支拂人カ手形交換所ニ加入セル場合ニ於テ所持人カ其交換所ニ小切手ヲ提出シタルトキハ之ヲ以テ其呈示ヲ爲シタルト同一ノ效力ヲ有スルモノトス而シテ其交換所ノ所在地カ小切手ノ支拂地ト同一ナルト否トハ之ヲ問ハサルナリ。

第五百三十四條　小切手ノ所持人カ其前者ニ對シテ償還ノ請求ヲ爲スニハ支拂拒絶證書ノ作成ニ代ヘ支拂人ヲシテ呈示期間内ニ支拂拒絶ノ旨及ヒ其年月日ヲ小切手ニ記載セシメ且之ニ署名セシムルヲ以テ足ル

手形交換所ニ於テ呈示期間内ニ小切手ノ提出及ヒ支拂拒絶アリタル旨ヲ證明シタルトキ亦同シ

償還請求ノ要件

本條ハ小切手ノ償還請求ノ要件ヲ規定ス即チ小切手ノ所持人カ支拂人ヨリ支拂ヲ受クルコト能ハサル場合ニ於テ各裏書人及振出人ニ對シ償還請求ヲ爲スニハ支拂拒絶證書ヲ作成スル代ハリニ支拂人ヲシテ日附後十日内ニ支拂拒絶ノ旨

及ヒ其年月日ヲ小切手ニ記載セシメ且之ニ署名セシムルコトヲ得ヘク又前條ニ依リ手形交換所ニ小切手ヲ提出シタル場合ニ於テ其手形交換所ノ證明アルトキハ支拂拒絶證書ノ作成ヲ必要トセサルナリ然レトモ此手續ニ依ルコト能ハサルトキハ通常ノ手續ニ従ヒ拒絶證書ヲ作成セシメサル可カラス。

手形交換所ノ指定

第五百三十四條ノ二　前二條ノ手形交換所ハ司法大臣之ヲ指定ス

本條ハ小切手ノ提出ヲ受ケ且拒絶證書ニ代ハルヘキ證明書ヲ作成スヘキ手形交換所ハ司法大臣ノ指定シタルモノニ限レリ而シテ本條ニ依リ指定セラレタルモノハ東京交換所、京都手形交換所、大阪手形交換所、横濱交換所、神戸交換所、名古屋交換所及ヒ廣島手形交換所ノ七個所ナリ。

線引小切手

第五百三十五條　小切手ノ振出人又ハ所持人カ其表面ニ二條ノ平行線ヲ畫キ其線内ニ銀行又ハ之ト同一ノ意義ヲ有スル文字ヲ記載シタルトキハ支拂人ハ銀行ニ對シテノミ支拂ヲ爲スコトヲ得

振出人又ハ所持人カ平行線内ニ特定セル銀行ノ商號ヲ記載シタルトキハ支拂人ハ其銀行ニ對シテノミ支拂ヲ爲スコトヲ得但其銀行カ其商號ヲ抹消シテ他ノ銀行ノ商號ヲ記載シ之ニ取立ノ委任ヲ爲スコトヲ妨ケス

本條第一項ハ一般線引小切手ニ關ス即チ小切手ノ表面ニ二條ノ平行線ヲ畫キ

其線內ニ銀行又ハ之ト同一ノ意義ヲ有スル文字ノ記載アルトキハ支拂人ハ其銀行ニ對シテノミ支拂ヲ爲スコトヲ得ルモノトス故ニ之ヲ持參スルモ其銀行以外ノ者ハ其支拂ヲ受クルコト能ハス從テ其紛失又ハ盜奪ニ因ル危險ヲ豫防スルコトヲ得ヘシ而シテ此記載ハ振出人又ハ所持人ニ於テ之ヲ爲シ得ルモノトス。

第二項ハ特別ノ線引小切手ニ關ス振出人又ハ所持人カ右ノ平行線內ニ特定セル銀行ノ商號例ヘハ三井銀行又ハ正金銀行ノ如キ記載ヲ爲シタルトキハ支拂人ハ其銀行ニ對シテノミ之カ支拂ヲ爲スコトヲ得ルモノニシテ其他ノ者ハ銀行ナルト否トニ拘ラス其支拂ヲ受クルコト能ハサルナリ然レトモ其特定セラレタル銀行カ自ラ其支拂ヲ受クルヲ不便トスルトキハ其商號ノ記載ヲ抹消シテ更ニ他ノ銀行ノ商號ヲ記載シ之ニ取立ノ委任ヲ爲スコトヲ得例ヘハ三井銀行ト記載アル線引小切手ヲ同銀行カ取得スルモ自ラ其取立ヲ不便トスルトキハ其記載ヲ抹消シ更ニ其線內ニ安田銀行ト記載スヘキカ如シ此場合ニ於テハ支拂人ハ安田銀行ニ對シテノミ支拂ヲ爲スコトヲ得ルナリ。

第五百三十六條　振出人カ支拂人ヲシテ支拂ヲ爲サシムルコトヲ得ル金額ヲ超エテ小切手ヲ振出シタルトキハ五圓以上千圓以下ノ過料ニ處ス

小切手資金

本條ハ小切手ノ資金ニ關ス既ニ述ヘタル如ク小切手ハ金錢支拂ノ具トシテ金錢ノ代用ヲ爲スモノナレハ振出人カ支拂人ニ對シ其金額ニ相當スル資金關係アルコトヲ必要トスルハ勿論ナリ故ニ本條ハ小切手ノ濫發ヲ豫防スル爲メ振出人カ支拂人ヲシテ支拂ヲ爲サシムルコトヲ得ル金額ヲ超過シタル小切手ヲ振出シタルトキハ重キ過料ニ處スルモノトセリ。

爲替手形規定ノ準用

第五百三十七條　第四百四十六條、第四百四十七條、第四百四十九條ノ二、第四百五十二條、第四百五十二條ノ二、第四百五十五條、第四百五十七條、第四百五十九條乃至第四百六十四條、第四百八十三條、第四百八十四條、第四百八十六條乃至第四百八十九條ノ二、第四百九十一條、第四百九十二條、第四百九十五條、第五百十四條乃至第五百十五條ノ二、第五百十五條ノ五及ヒ第五百十七條ノ規定ハ小切手ニ之ヲ準用ス

本條ハ爲替手形ニ關スル多クノ法條ヲ小切手ニ準用セリ蓋シ小切手ハ其性質爲替手形ト同一ナルヲ以テ小切手ニ特有ノ效用ヲ妨ケサル限リハ爲替手形ト同一ノ法則ニ準據スヘキコト當然ナレハナリ詳細ハ各法條ノ說明ヲ參照セハ自ラ明瞭ナルヲ以テ總テ再說セス。

第五編　海商

海商ハ學者ノ所謂海法又ハ海上法ノ一種ナリ海法又ハ海上法トハ海事ニ關スル法律規則ヲ總稱ス凡ソ海事ニ關スル法規ハ其部類甚タ多シト雖モ之ヲ大別シテ海事公法及ヒ海事私法ト爲スコトヲ得海事公法トハ海事ニ關スル公法法規ノ全體ヲ謂ヒ海事私法トハ海事ニ關スル私法法規ノ全體ヲ謂フ海上船舶、海上交通ニ付キ國際間ニ共通ス可キモノ其他海上行政ニ關スル法規ハ所謂海事公法ニ屬シ船舶及ヒ航海上ノ事項ニ付キ私人相互間ノ權利義務ノ關係ヲ定ムルモノハ所謂海事私法ニ屬ス而シテ海商法ハ海事私法中商事ニ特別ナルモノナリ本編ニ規定スル所ノモノ卽チ是ナリ。

第一章　船舶及ヒ船舶所有者

第一　船舶ノ意義性質及ヒ種類

一　船舶ノ意義　汎ク船舶トハ通常水上又ハ水中ノ航行ソ用ニ供スル建設物ヲ謂フ故ニ浮標、浮橋、燈臺船、沈重箱等ハ船舶ニ非ス航行ノ用ニ供セラレサレ

船舶ノ意義

ハナリ然レトモ航行ノ用ニ供スルモノハ悉ク船舶ナリト謂フヲ得ス其構造及ヒ目的ニ依リ或ハ船舶ト稱シ或ハ桴筏ト稱シ或ハ其他ノ建設物ト稱スヘキモノアレハナリ然レトモ其最モ普通ナルモノハ船舶ナリ故ニ船舶ト非船舶トノ區別ニ付キ特ニ規定アルトキハ格別然ラサル以上ハ專ラ造船學其他一般ノ社會的觀念ニ依リ之ヲ定ムルノ外ナシ我船舶法施行細則第一條及ヒ第二條ニ依レハ船舶ノ種類ハ汽船及ヒ帆船ノ二種トシ浚渫船ハ推進器ヲ有セサレハ船舶ト看做サスト規定スルモ浚渫船ノ如キ自力ニ依ラス挽船ノ力ニ依リテ進行スルモノモ亦普通觀念ニ從ヒテ船舶ト稱スルヲ妨ケス而シテ我商法ハ海商編ノ首條（五八三）ニ於テ本法ニ於テ船舶トハ商行爲ヲ爲ス目的ヲ以テ航海ノ用ニ供スルモノヲ謂フト規定セリト雖モ是レ亦商法ニ所謂船舶ノ範圍ヲ限定シタルニ過キス船舶其者ノ觀念ヲ定メタルモノニ非サルナリ。

二 船舶ノ性質 船舶ハ其形體ヨリスルモ亦實質ヨリ謂フモ動産ナリ（民八六）船體動カスンハ航行ノ用ニ供スルヲ得サレハナリ只船舶ハ概ネ其形體ノ大ナルト其價格ノ高貴ナル點ヨリ經濟上、公益上其他特別ノ理由ニ依リ不動産類似ノ取扱ヲ受クルニ過キス（五四〇、五四一、六八六、六八九、五五六、民訴七七以下競三九）又船舶ハ人ニ類似ス

即チ(イ)船舶ハ名稱ヲ有ス是レ尙ホ人カ姓名ヲ有スルカ如シ(船八七)(ロ)船舶ハ國籍ヲ有ス是レ尙ホ人カ國籍(國民分限)ヲ有スルカ如シ(船一)(ハ)船舶ハ船籍港ヲ有ス是レ尙ホ人カ住所ヲ有シ商人カ營業所ヲ有スルカ如シ(船登二、船四ノ一五)

船舶ノ種類

三　船舶ノ種類　船舶ハ其觀察點ヲ異ニスルニ依リ種々ノ分類ヲ爲スコトヲ得其重要ナルモノヲ左ニ掲ク可シ。

私船及ヒ公船

イ　公船及ヒ私船　是レ其占有者ト使用ノ目的トニ依ル區別ナリ卽チ公船トハ國家又ハ其他ノ公法人ノ占有ニ依リ其使用ノ目的カ公用ニ供セラルルモノヲ謂ヒ私船トハ私人ノ占有ニ係リ其使用ノ目的カ專ラ私人ノ用ニ供セラルルモノヲ謂フ例ヘハ軍艦、軍用運送船、稅關監視船、警察船、檢疫船、海底電線架設其他類似ノ目的ノ爲メノミニ使用セラルル幾多ノ船舶ニシテ且其占有カ國家其他ノ公法人ニ屬スルモノノ如キハ前者ニ屬シ商船娛遊船等ノ如キハ後者ニ屬ス。

商船及ヒ非商船

ロ　商船及非商船　是レ其使用ノ目的カ專ラ營利ヲ目的トスルト否トニ依ル區別ナリ公船ハ營利ヲ目的トセサレハ概ネ非商船ニ屬ス私船中營利ヲ目的トスルモノト然ラサルモノトアリ營利ヲ目的トスルモノニハ商行爲

ヲ爲スヲ以テ目的トスルモノト然ラサルモノトニ分ツヲ得私船中商行爲ヲ爲スコトヲ目的トスルモノハ所謂商船ナリ商行爲以外ノ營利ノ目的ヲ以テ使用スル重ナルモノハ漁獵船ナリ。

海船及國內船

ハ　海船及國內船　是レ其航行カ海ナルト否トニ依ル區別ナリ卽チ海船ハ航海ヲ主トシ國內船ハ河川湖沼等ノ如キ國內水ヲ航行スルヲ主トスル船舶ヲ謂フ海商法ノ適用ヲ受クル船舶ハ海ヲ航行スル商船ニ限リ海ヲ航行スル其他ノ私船ニハ之ヲ準用スルニ過キス(船三五)

日本船及ヒ外國船

ニ　日本船及ヒ外國船　是レ船舶ノ國籍ノ內外ニ依ル區別ナリ外國船トハ日本船舶ニ非サルモノヲ謂ヒ日本船舶トハ(イ)日本ノ官廳又ハ公署ノ所有ニ屬スル船舶(ロ)日本臣民ノ所有ニ屬スル船舶(ハ)日本ニ本店ヲ有スル商事會社ニシテ合名會社ニ在テハ社員ノ全員合資會社及ヒ株式合資會社ニ在テハ無限責任社員ノ全員株式會社ニ在テハ取締役ノ全員カ日本臣民ナルモノノ所有ニ屬スル船舶(ニ)日本ニ主タル事務所ヲ有スル法人ニシテ其代表者ノ全員カ日本臣民タルモノノ所有ニ屬スル船舶ヲ謂フ(船一)而シテ船舶ハ日本船ナルト外國船ナルトニ依リテ其取扱ヲ異ニス彼ノ船舶法ノ如キ

ハ全ク日本船舶ノ特權並ニ義務ヲ規定シタルモノナリ日本船舶ノ特權ノ主タルモノハ(一)日本ノ國旗ヲ掲ケ(船二)(二)沿岸貿易又ハ沿岸航行ヲ爲シ(船三)(三)奬勵金ヲ受クルヲ得(航奬一)等ナリ。

本章ノ規定

第二 本章ノ規定　本章ハ(一)海商法ノ適用ヲ受ク可キ船舶ノ範圍(二)船舶所有者ト船舶登記、船舶國籍證書(三)船舶所有權ノ讓渡(四)船舶ノ差押(五)船舶所有者ノ責任(六)船舶ノ共有(七)船舶ノ賃貸借等ニ關スル規定ヲ包含セリ。

海商法ノ適用ヲ受ク可キ船舶ノ範圍

第五百三十八條　本法ニ於テ船舶トハ商行爲ヲ爲ス目的ヲ以テ航海ノ用ニ供スルモノヲ謂フ
本編ノ規定ハ端舟其他櫓櫂ノミヲ以テ運轉シ又ハ主トシテ櫓櫂ヲ以テ運轉スル船ニハ之ヲ適用セス

(註)本條ハ本編卽チ海商法ノ適用ヲ受ク可キ船舶ノ範圍ヲ規定セルモノナリ海商法ノ適用ヲ受クル船舶ハ商行爲ヲ爲ス目的ヲ以テ航海ノ用ニ供スルモノニ限ラルルモノトス依之海商法ノ適用ヲ受クル船舶ハ(一)其使用ノ目的ハ商行爲ナルコト(二)其航行區域ハ海ナルコト(三)其船舶ノ形體ノ大サノコト等ノ制限アルヲ知ルヲ得ヘシ商行爲ノ何タルカハ既ニ之ヲ述ヘタリ(第三編二六三以下說明參照)只夫レ海商ニ重要ノ關係ヲ有スルモノハ運送ト保險ナリ而シテ商行爲ヲ爲ス目的ヲ以テ航海ノ用ニ供スル船舶ヲ實質的ニ例示セハ其重ナルモノハ運送營業人ノ使用スル船舶(運送

海商ニ重要關係ヲ有スル商行爲

航海供用ノ意義及ヒ海上ノ範圍

船）運送取扱人、保險業者、仲立人、問屋業代理商ノ如キ商人カ其營業上ニ使用スル船舶ハ概ネ此範圍ニ屬ス可ク商行爲以外ノ目的ヲ以テ航海ノ用ニ供スル船舶ハ海商法ノ準用ヲ受クル船舶ノ部類ニ屬ス（船三五）可シ航海ノ用ニ供スルトハ海上旅行ノ船舶ニ限ルノ意ナリ海上ノ範圍ハ一般ノ海事交通ノ慣習ニ依リ定マルヲ常トスルモ我國ニ於テハ航海業竝ニ海上保險業等未タ幼稚ニシテ航海ノ範圍ニ付キ確タル慣習ノ存スルモノアルヲ見ス是ヲ以テ商法施行法第百二十二條ニ於テ湖川港灣及ヒ沿岸等ノ小航海ノ範圍ハ遞信大臣ヲシテ之ヲ定メシムルモノトシ以テ間接ニ海上ノ範圍ヲ決定スルコトトシタリ即チ湖川港灣ニ於テスル運送ハ陸上運送トナル可ク（三一三）其以外ニ於テスル運送ハ海上運送トナル可キモノナリ而シテ湖川港灣ノ區域ハ平水航路ノ區域ニ依ル可ク（三二年五月遞信省令二〇號）平水航路トハ船舶檢査ニ關シ遠洋、近海、沿海、平水ノ四航路ヲ區別シ各航海區域ヲ定メタルヲ以テ其標準ニ依ル（三〇三年十二月遞信省令第八七號船舶檢査法細則四八以下）。

商行爲ヲ爲ス目的ヲ以テ航海ノ用ニ供スル船舶ナル以上ハ其大小ハ勿論其運轉方法ノ如何ハ之レヲ問フノ必要ナキカ如シト雖モ端舟其他櫓櫂ノミヲ以テ運轉シ又ハ主トシテ櫓櫂ヲ以テ運轉スル舟ハ通常其形體亦小ナレハ能ク風波ニ堪

船舶ノ屬具

ヱ海上百種ノ事變又ハ危險ヲ凌クノ效用アルモノニ非ス加之此種ノ小舟ハ通常湖川港灣ヲ航行スルニ止マリ遠ク本國ヲ離レ外洋ニ航スルコト稀ナリ偶々航海ノ用ニ供スルコトアリトスルモ之カ爲メニ海商法ノ特別規定ヲ適用スルハ事端繁劇ニ失シ不便ニ堪エサルナリ是レ本條第二項ヲ設ケ海商法ノ適用ヲ受ク可キ船舶中ヨリ此種ノ小舟ヲ除外シタル所以ナリ而シテ此等ノ小舟ニ依ル海上運送又ハ保險ノ如キハ總テ商行爲編ノ一般規定ニ依リ之ヲ支配ス可ク又法文ハ主トシテ櫓櫂ヲ以テ運轉スト規定スルカ故ニ若シ帆ヲ以テ航行スルノ準備アリト雖モ航行力カ主トシテ櫓櫂ニアルトキハ亦海商法ノ適用ナカル可シ。

第五百三十九條　船舶ノ屬具目錄ニ記載シタル物ハ其從物ト推定ス

本條ハ船舶ト其屬具トノ關係ニ付テノ規定ナリ抑モ船舶ハ航海ノ用ニ供スルモノナレハ唯船體其者ノミニテハ其用ヲ爲サス加之船舶トハ船體其者ノミヲ指稱スルニ非スシテ之ニ附著セル其他ノ物ヲモ包含スル名稱ナリ例ヘハ桅檣、帆具、機關、碇錨、綱具、船用器具、端舟等ノ如シ是レ尙ホ家屋ノ名稱中ニ疊建具其他ノ從物ヲモ包含スルカ如シ從物トハ主物ニ對スル觀念ニシテ船舶所有者カ其船舶ノ常用ニ供スル爲メ自己ノ所有ニ屬スル他ノ物ヲ以テ之ニ附著セシメタル物ヲ謂フ

船舶所有權登記及國籍證書

（民八七）而シテ法典ハ船舶ノ屬具目錄ニ記載シタル物ハ從物ト推定スト規定スルカ故ニ船舶ノ常用ニ供セス臨時ノ使用ニ供スル物又ハ他人ノ屬具ヲ備ヘ入レ記載シタル物アリテ法律ニ所謂從物ト稱スルヲ得サル物モ一應船舶屬具目錄ニ記載セル物ナリセハ從物ト推定ス可ク船舶處分ニ際シテハ共ニ處分ノ目的ト爲ル可シ但シ推定ナルヲ以テ假令屬具目錄ニ記載セル物モ眞ノ所有者ハ其事實ヲ證明シ之カ取戻シヲ爲スコトヲ得尙ホ屬具目錄記載ノ書式ハ遞信大臣之ヲ定ム可ク（商施一三〇）屬具目錄ハ常ニ船長ニ於テ之ヲ船中ニ備置カサル可カラス（五六二）。

第五百四十條　船舶所有者ハ特別法ノ定ムル所ニ從ヒ登記ヲ爲シ且船舶國籍證書ヲ請受クルコトヲ要ス

前項ノ規定ハ總噸數二十噸未滿又ハ積石數二百石未滿ノ船舶ニハ之ヲ適用セス

本條ハ船舶ノ登記ト船舶國籍證書ニ關スル規定ナリ卽チ船舶ノ總噸數二十噸以上又ハ積石數二百石以上ノ船舶所有者ハ特別法ノ定ムル所ニ從ヒ船舶所有權ヲ登記シ且其船舶國籍證書ヲ請受クルコトヲ要ス船舶ノ登記ニ關スル特別法トハ船舶登記規則ヲ指ス船舶ノ登記ハ船籍港ヲ管轄スル區裁判所又ハ其出張所ノ管掌ニ屬スルモノニシテ其目的ハ船舶ノ私法的權利關係ヲ公示スルニ在リ是レ船舶ハ其性質動產ナルモ其形體大ナルト共ニ其價格亦高貴ナルヲ以テ普通動產

ト異ナリタル方法ヲ以テ其權利ノ所在ヲ明ニスルノ必要アルニ依ル而シテ其目的ハ毫モ不動產ノ登記ト異ナル所ナシ船舶國籍證書ハ船籍ノ所在ヲ明ニシ船舶ヲ我國籍ニ編入シタル證書ナリ是レ尙ホ人ヲ戶籍ニ編入スルニ類スルモノナリ蓋シ船舶ハ本國ヲ離レ遠ク外洋ニ旅行スルカ故ニ特ニ行政監督ノ必要アルニ依ルモ然レトモ總噸數二十噸未滿又ハ積石數二百石未滿ノ船舶ニ在テハ其形體大ナラス又其價モ高貴ナラス且ツ本國ヲ離レ外洋ニ航スルコト稀ナレハ特ニ行政監督ノ必要ナカル可シ是レ第二項ノ設ケアル所以ナリ。

玆ニ注意ス可キハ本條ハ船舶所有者ハ船舶ノ登記ヲ爲スト共ニ同一官廳ヨリ船籍證書ノ交付ヲ受クルカ如キ觀アルモ既ニ述ヘタル如ク船舶登記ハ權利ノ所在ヲ明確スルニ在ルヲ以テ登記事務ハ司法的事務トシテ司法省ノ管轄スル區裁判所又ハ其出張所ノ管掌スル所ナリ船舶ノ登錄ハ遞信省ノ所管ニ屬スル管海官廳ノ管掌スル所ナリ故ニ船舶所有者ハ船舶登記ヲ受ケタル後管海官廳ニ船舶ノ登錄ヲ申請ス可ク船舶國籍證書ハ其登錄ヲ了リタル後管海官廳ノ交付スルモノタルヲ知ル可シ故ニ登記ト登錄トハ之ヲ區別ス可ク船舶所有者ハ登記ト登錄ノ二者ヲ受ク可キモノトス。

尚ホ船舶國籍證書ハ船籍港ヲ管轄スル管海官廳ニ備付ケタル船舶原簿ニ登錄シタル上管海官廳之ヲ交付ス可ク船籍港ハ通常船舶所有者本籍地ノ港ナリ。

船舶所有權ノ移轉ト第三者ニ對スル對抗要件

第五百四十一條　船舶所有權ノ移轉ハ其登記ヲ爲シ且船舶國籍證書ニ之ヲ記載スルニ非サレハ之ヲ以テ第三者ニ對抗スルコトヲ得ス

本條及ヒ次條ハ船舶所有權ノ移轉ニ關スル規定ナリ抑モ船舶所有權ノ取得ノ方法ニ原始的取得ト移轉的取得ノ二種アリ船舶ノ製造、捕獲ハ原始的取得ニ屬シ讓渡、相續ハ移轉的取得ニ屬ス前條ハ所謂原始的取得ノ場合ニ付テノ規定ニシテ本條及ヒ次條ハ所謂移轉的取得ニ付テノ規定ナリ船舶所有權ノ移轉トハ當事者ノ意思表示ニ依ル場合ハ勿論其ノ他法律上ノ原因ニ依ル一切ノ場合ヲ包含ス夫レ船舶ハ其性質動產ナルヲ以テ動產ノ移轉ニ關スル民法ノ一般規定ハ亦船舶ノ移轉ニ適用セラル可キハ勿論ナリ而シテ民法ノ規定ニ依ルトキハ動產及ヒ不動產ニ關スル物權ノ移轉ハ當事者間ニ於テハ意思表示ノミニ因リ效力ヲ生スルヲ原則トシ(民一七六)唯第三者ニ對抗スルカ爲メニハ動產ニ付テハ引渡不動產ニ付テハ登記ヲ爲スコトヲ要ス是ヲ以テ此規定ノミニ依ルトキハ船舶ハ動產ナルカ故ニ單ニ其引渡ヲ爲スヲ以テ之カ所有權ヲ移轉シ第三者ニ對抗スルコトヲ得ルカ如シ

ト雖モ先ニ述ヘタルカ如ク船舶ハ普通動産ト異リ既ニ登記ノ制度ノ設ケアリテ其所有權ハ登記ヲ爲シ以テ其所在ヲ明確ナラシメ且船舶國籍證書ヲ請受クルコトヲ要スルモノトシ民法ニ對スル特別規定ノ設ケアルヲ以テ其所有權ノ移轉ノ場合ニ於テモ亦其移轉ヲ第三者ニ對抗ルルカ爲メニハ登記ヲ爲シ且船舶國籍證書ニ其旨ヲ記載スルコトヲ要スルモノト爲ス所以ナリ但此規定ハ唯船舶所有權ノ移轉ヲ第三者ニ對抗スルノ要件ニ過キス是レ尚ホ普通動産ノ移轉ハ引渡(民一七八)不動産ノ移轉ハ登記ヲ爲スヲ以テ第三者ニ對抗スルノ要件ト爲スト同一ナリ故ニ其當事者間ニ於テハ移轉カ法律行爲ニ基ク場合ニハ一般物權ノ移轉ニ關スル意思表示ノミニ因テ其效力(民一七六)ヲ生ス可ク他ニ何等ノ手續ヲ要スルモノニ非ス本條ノ移轉ハ從來讓渡トアリタルヲ改正シタルモノナリ是レ讓渡ハ勿論其他ノ原因ニ依ルノ船舶所有權移轉ノ一切ノ場合ヲ包含セシムルカ爲ナリ。

茲ニ注意ス可キハ本條ハ船舶所有權ノ移轉ノ旨ヲ國籍證書ニ記載スルノミヲ以テ足ルカ如キモ船舶法並ニ同施行法ヨリセハ國籍證書ノ書換ヲモ要スルモノト知ル可ク(船一一同施細則三四)又廣ク船舶ノ所有權ト謂フモ船舶中ニハ前條第二項ニ依リ除外シタル船舶ハ之ヲ包含セサルモノト知ル可キコト是ナリ。

航海中ノ船舶ノ讓渡ト損益ノ歸屬

第五百四十二條 航海中ニ在ル船舶ノ所有權ヲ讓渡シタル場合ニ於テ特約ナキトキハ其航海ニ因リテ生スル損益ハ讓受人ニ歸スヘキモノトス

本條ハ航海中ニ在ル船舶所有權ノ讓渡ノ場合ニ於テ航海中船舶ヨリ生スル損益ハ何人ニ歸ス可キカヲ定ム是レ恰モ民法第八九條ニ果實ノ取得者ヲ定ムル必要アリタルト同一ナリ抑モ航海中ノ船舶ノ讓渡ハ其讓渡ノ日ヲ以テ其前後ニ依リ損益ノ歸屬者ヲ定ム可キニ似タリト雖モ航海中ノ損益ハ前後不同ニシテ時ノ前後ヲ以テ之ヲ分割スルカ如キハ不公平ナル結果ヲ生ス可シ例ヘハ航海ノ前半ハ暴風雨多ク爲メニ多額ノ航海費用ヲ要シタルニ其後半ハ平穩無事ニシテ極メテ少額ノ費用ヲ以テ足レルカ如キコト之レアル可シ故ニ今若シ偶然ノ期日ニ依リ其前後ヲ分チ損益ノ歸屬者ヲ定ムルモノトセハ一方ハ多利ヲ得他方ハ寡少ノ利得ヲ爲スニ過キサルコトアル可ク甚シキハ一方ハ利益ヲ得他方ハ損失ノミヲ負擔スルコトアリ此ノ如キハ當事者間ニ於テ何等特約ナキ場合ニ於テハ當事者ノ意思ニ反スルコト多カル可シ蓋シ讓渡人ハ讓渡ニ因リ總テ船舶ニ關スル利害ヲ脱シ讓受人ハ航海中ノ船舶ヲ讓受クルモノナルカ故ニ其航海ニ因ヲ生スル利害ハ總テ之ヲ引受クルノ意思アルモノト推則ス可ク故ニ航海中ノ損益ハ特約ナキ限リ之ヲ一團トシ以テ讓受人ニ歸セシム可キモノト爲スハ亦以テ當事者ノ意

損益ノ意義

思ニ適合スルモノト云フ可シ而シテ所謂航海ニ因リテ生スル損益トハ一航海ニ因リテ生スル損失及ヒ利益ノ意ニシテ畢竟其航海事業ヨリ取得スル總收入ト總支出トノ差異ヨリ生スル結果ヲ謂フニ外ナラス故ニ船舶自體ニ隱レタル瑕疵アリタルカ又ハ船舶自體カ讓渡ノ當時既ニ沈沒セルカ如キ場合ニ於テ讓渡人ノ負擔スル擔保義務ノ如キハ一般規定ニ從フテ解決ス可キモノタルコト勿論ナリ(民五六五、五七〇)

尙ホ本條ハ讓渡人及ヒ讓受人間ノ關係タルニ過キサルカ故ニ讓渡人又ハ讓受人ノ第三者ニ對スル關係ハ之カ爲メニ毫モ變更セラル可キモノニ非ス例ヘハ讓渡人カ該航海ノ爲メ第三者ヨリ石炭ヲ買入レ其代金ノ債務ヲ負擔スルカ如キ場合ニ於テハ其債務ハ依然讓渡人ノ債務ナリ讓受人ハ其第三者ニ對シテ何等ノ義務ヲ負擔スルコトナシ。

發航準備ヲ終ハリタル船舶ニ對スル差押及ヒ假差押

第五百四十三條　差押及ヒ假差押ハ發航ノ準備ヲ終ハリタル船舶ニ　シテハ之ヲ爲スコトヲ得ス

但其船舶カ發航ヲ爲ス爲メニ生シタル債務ニ付テハ此限ニ在ラス

本條ハ發航ノ準備ヲ終ハリタル船舶ニ對シテハ差押及ヒ假差押ヲ爲スコトヲ得サル旨ヲ規定ス夫レ債務者ノ財産ハ債權者ニ於テ便宜ノ時機ニ於テ之ヲ差押

発航ノ準備ノ意義

若クハ假差押ヲ爲スコトヲ得ルヲ以テ原則トス然ルニ發航ノ準備ヲ終ハリタル船舶ニ付テ此ノ如キ制限ヲ爲ス所以ノモノハ何ソヤ蓋シ發航ノ準備ヲ終ハリタル船舶カ差押又ハ假差押ニ因リ出航シ得サルニ至ランカ之カ爲メニ荷主又ハ旅客ハ勿論船舶ニ對スル直接ノ利害ヲ有スル船舶所有者、船長、其他ノ船員若クハ該船舶ノ備船者等ハ非常ナル損害ヲ被ルコトアル可ク且社會公衆ハ豫期シタル交通手段ヲ失ヒ間接ニ幾多ノ不利益ヲ被ルコトアル可ク公益上並ニ私益上ノ關係ハ獨リ船舶債權者ノ爲メニ犧牲ニ供セラルルニ至ルヲ以テナリ然レトモ其船舶カ發航ヲ爲ス爲メニ生シタル債務ニ付テハ發航ノ準備ヲ終ハリタル後ト雖モ其船舶ニ對シ差押又ハ假差押ヲ爲スコトヲ得ヘシ是レ蓋シ其船舶ノ發航ノ準備成レルハ其債權ノ成立スル在テ始メテ生シタルモノナルカ故ニ該債權ハ所謂擔保ノ原因ヲ爲ス可ク隨テ其船舶ハ該債權ノ擔保ノ目的タラサルヲ得サレハナリ是レ此但書ヲ存スル所以ナリ。

所謂發航ノ準備ヲ終ハリタルトハ如何ナル場合ナルカハ法律ノ明定セサル所ナリ故ニ畢竟事實問題トシテ爭ノ生シタル場合ニ於テハ裁判所ノ認定スル所ニ一任スルノ外ナシト雖モ既ニ艤装ヲ終ハリ船長其他ノ船員ノ乘組ハ勿論荷物ノ

發航ノ意義

發航ヲ爲ス爲メニ生シタル債務ノ意義

船積モ亦之ヲ終ハリ其他船內ニ備フ可キ必要ノ書類モ具備シ終ハリタル場合ナリト解ス可ク準備トハ蓋シ發航ノ用意ヲ終了セル場合ナリト謂フコトヲ得レハナリ然レトモ斯ル形式的ノ事柄ノミ整然終了シ盡クスコトヲ必要ナルニ非ス蓋シ斯ル事柄ノ整頓シ終ハルハ通常發航前ノ瞬間時ノコトニ屬スルヲ以テナリ要ハ各場合ノ事情ニ從ヒ認定ス可キノミ又發航ノ準備ヲ終ハリタル船舶トハ最初ノ發航又ハ爾後ノ各發航ノ準備ト解ス可ク最初ノ發航及ヒ爾後ノ發航ト解ス可カラス蓋若シ發航ノ準備トハ最初ノ發航及ヒ爾後ノ發航ノ意ナリトセムカ歐州行ノ船舶ニシテ發航港ヲ橫濱トシ爾後ノ寄港地ヲ神戶長崎トスルニ最初ノ發航港タル橫濱ニ於テハ神戶若クハ長崎ノ寄港地ノ發航準備ハ未タ之ヲ終ハラス又神戶ニ於テハ長崎ニ於ケル發航準備ハ未タ之ヲ終ハラサルナリ故ニ橫濱又ハ神戶ニ於テハ差押ヲ爲スコトヲ得ト解セサルヲ得サルニ至リ差押ヲ禁シタル法文ノ主意ニ反スル結果ヲ生スルニ至ル可キヲ以テナリ又船舶カ發航ヲ爲ス爲メニ生シタル債務トハ例ヘハ航海ノ用ニ供スル石炭、食料ノ代金ノ如キモノヲ謂ヒ其範圍極メテ狹ク航海ノ準備トシテ豫メ石炭又ハ食料ヲ買入レ偶々之ヲ使用スルコトアリタリトスルモ其石炭代又ハ食料代金タル債務ノ如キハ所謂發航ヲ爲ス

爲メニ生シタル債務中ニ包含セシムルヲ得ス。

尙ホ船舶ノ差押又ハ假差押ニ付テハ民事訴訟法ノ規定ヲ參照スルヲ要ス（民訴七一七乃至七二九、七三七、七五三）。

第五百四十四條　船舶所有者ハ船長カ其法定ノ權限內ニ於テ爲シタル行爲又ハ船長其他ノ船員カ其職務ヲ行フニ當タリ他人ニ加ヘタル損害ニ付テハ航海ノ終ニ於テ船舶、運送賃及ヒ船舶所有者カ其船舶ニ付キ有スル損害賠償又ハ報酬ノ請求權ヲ債權者ニ委付シテ其責ヲ免ルルコトヲ得但船舶所有者ニ過失アリタルトキハ此限ニ在ラス

前項ノ規定ハ雇傭契約ニ因リテ生シタル船員ノ權利ニ付テハ之ヲ適用セス

船舶所有者責任ノ制限

本條ハ船長及ヒ海員ノ行爲ヨリ生スル船舶所有者ノ責任ノ制限ニ關スル規定ナリ所謂委付卽チ是ナリ。

凡ソ他人ニ對シテ債務ヲ負擔スルモノハ其全財產ヲ以テ其債務ヲ辨濟ス可キ責任ヲ負フヲ以テ原則トス此原則ハ其債務カ自己ノ行爲ニ依ルト其代理人ノ行爲ニ依ルトニ付キ異ナル處ナシ是レ動カス可カラサルノ原則ナリ然レトモ社會ノ必要ハ往々此原則ニ對シテ例外ヲ認ムヘキ場合アリ船舶所有者カ船員ノ行爲ニ對シテ有限責任ノ債務ヲ負擔スルカ如キハ其一例ナリ蓋船舶所有者カ船員ノ行爲ニ對シテ有限ノ責任ヲ負擔スルニ止マルモノトスル所以ハ其理由一ニシテ

足ラスト雖モ今其重ナルモノヲ擧クレハ(一)船舶カ航海中ニ在ルトキハ船舶所有者ハ陸上ニ於テ船員ノ行爲ニ付キ殆ト之ヲ監督スルヲ得ス(二)船舶ハ本國ヲ離レ遠ク外洋ニ航スルモノナレハ船舶所有者ハ船員ノ選任又ハ解任ノ自由ナク殊ニ船員ノ主ナル者ハ普通ノ勞務者ト異ナリ一定ノ資格ヲ要シ其技術ハ航海堪能ノ公證アルモノナレハ其技術上ノ過失ニ因リ生シタル損害ハ恰モ不可抗力ニ等シ(三)航海ノ便宜ト安全トヲ圖ルカ爲メニ船長ニ與フルニ廣大ナル權限ヲ以テシ船長ハ航海中船舶所有者ノ指揮命令ヲ俟タス重大ノ行爲モ之ヲ爲スコトヲ得(四)航海業ハ頗ル危險ニ富ムカ故ニ船舶所有者ノ責任ヲ輕減スルニ非サレハ航海業ノ發達ヲ阻害シ延ヒテ海運ノ進歩ヲ妨クルノ虞アリ是レ航海奬勵ノ必要ト沿革上ノ理由ニ基クモノナリ此等數多ノ理由ニ依リ船舶所有者ノ責任ハ一般ノ原則ニ例外ヲ設ケ船員ノ行爲ニ對スル船舶所有者ノ責任ハ其全財産ヲ以テスルコトナク其責任ヲ或一定ノ範圍ニ制限シ以テ有限責任ヲ負擔スルニ止ムルハ從來諸國ノ法制ニ於テ採用スル所ナリ唯其制限ノ方法ニ付テハ各國必スシモ其揆ヲ一ニセス之ヲ大別シテ二種ト爲ス卽チ左ノ如シ。

第一　責任額ヲ制限スル主義　是レ債務者カ債務履行ノ責ニ任スル額ニ制限アル主義

ルモノニシテ船舶所有者ハ各場合ニ一定ノ金額ノ割合ヲ以テ船舶ノ噸數ニ比例シテ責任ヲ負擔スルモノト爲スモノナリ故ニ此主義ハ又之ヲ一噸主義トモ謂フ是レ英國ノ採用スル所ナリ而シテ此主義ハ責任ノ最高額一定スルヲ以テ如何ナル場合ト雖モ其最高額ノ範圍ニ於テノミ責任ヲ負フニ過キス然レトモ其責任財産ハ一定セサルカ故ニ海産全部ヲ失フモ陸産ヲ所有スル限リ其責任額ノ限度ニ於テ其陸産ニ付キ責任ヲ負擔セサル可カラス

責任財産ヲ制限スル主義

第二　責任財産ヲ制限スル主義　是レ一ニ海産主義ト謂フ獨乙、佛國ノ採用スル所ナリ此主義ハ船舶所有者ノ財産ヲ海産ト陸産トニ分チ船舶所有者ハ船員ノ行爲ニ對シテハ獨リ海産ニ付テノミ責任アリト爲スモノナリ然レトモ此主義ハ第一主義ト異ナリ責任額ヲ一定セサルヲ以テ海産ノ範圍ノ增減ハ債權者ノ利害ニ非常ナル影響アルヲ免レス是ヲ以テ此主義ヲ採ルモノモ亦其免責方法ヲ異ニセリ細別シテ二トス。

執行主義

甲　執行主義　此主義ハ責任財産タル海産ニ對シ執行ヲ爲シ之ヲ以テ債權者ニ辨濟ヲ得セシメ若シ殘餘ヲ生スレハ債務者ノ有ニ歸シ殘餘ヲ生セサレハ其財産ヲ限度トシテ其責任ヲ免スト爲スモノナリ是レ獨法系ノ採用スル所

ナリ

委付主義

乙　委付主義　此主義ハ責任財產タル海產ヲ債權者ニ委付シテ船舶所有者其義務ヲ免ルト爲スモノナリ是レ佛法系ノ採用スル所ナリ。

以上各主義ノ優劣ハ遽ニ判シ難シ故ニ玆ニハ單ニ我商法ハ佛法系ニ則リ委付主義ヲ採用シタルコトヲ一言スルニ止ム而シテ本條ハ卽チ此主義ヲ認メタル原則ナリ以下左ニ其規定ノ內容ヲ說明ス可シ

有限責任債務ノ範圍

先ツ船舶所有者カ有限責任ヲ以テ其責ニ任スル債權ノ範圍ヲ一言セサル可カラス而シテ船舶所有者カ船員ノ行爲ニ對シテ負擔スル債務ハ船員ノ行爲ヨリ生スル一切ノ債務ニ對スルモノニ非ス卽チ左ノ如シ。

第一　船長カ法定ノ權限內ニ於テ爲シタル行爲ヨリ生スル債務　是レ本條第一項前段ノ規定スル所ニシテ法律行爲ヨリ生スル債務ナリ蓋シ船長ノ法定權限內ニ於テ生スル債務ナレハナリ船長ノ法定權限トハ本編第五百六十六條以下三箇條ニ規定スル所ノモノヲ指ス。

第二　船長其他ノ船員カ其職務ニ行フニ當リ他人ニ加ヘタル損害ヨリ生スル債務　是レ本條第一項後段ノ規定スル所ニシテ船長其他ノ船員ノ不法行爲ヨリ

生スル債務ナリ船長其他ノ船員トハ上ハ船長運轉士機關士ヨリ下ハ水火夫ニ至ル總テノ船員ヲ包含ス可ク其職務トハ船員等カ船舶所有者ノ使用人トシテ行フ所ノ職務行爲ノ範圍ナリト解ス可キナリ

次ニ船舶所有者カ委付シテ責任ヲ免ルルコトヲ得ヘキ財産即チ責任財産タル海産ノ範圍ヲ説明ス可シ而シテ其責任財産(海産)ハ左ノ如シ。

第一　船舶　船舶トハ其債務ノ發生スルニ至リタル船舶其モノヲ謂ヒ即チ船舶所有者ハ常ニ船舶其モノヲ委付ス可ク船舶ニ代ヘ其價格ヲ支拂フコトヲ得ス又其屬具ハ船舶ノ從物ナレハ從物ハ主物ノ處分ニ從フトノ原則ニ依リ共ニ之ヲ委付ス可キモノトス。

第二　運送賃　所謂運送賃トハ其航海ニ於ケル未收入ノ總運賃ナリ費用ヲ控除シタル運送賃ニ非スシテ全運送賃ナリ。

第三　船舶所有者カ其船舶ニ付キ有スル損害賠償請求權　船舶ニ付キ有スル損害賠償請求權トハ例ヘハ船舶ノ衝突其他各種ノ不法行爲ニ因リテ船舶ノ被リタル損害ニ對スル賠償請求權又ハ共同海損ニ於ケル船舶所有者ノ有スル請求權ノ如シ但シ保險契約ニ基ク損害塡補ノ請求權即チ保險金額ヲ受取ル可キ權

利ノ如キハ此請求權中ニ包含セス此點ニ付キ判例（三四年大審院判例）ハ反對ノ解釋ヲ採ルモ元來保險ハ船舶所有者ト保險者トノ間ニ成ル特別ノ契約關係ニ屬ス殊ニ船舶所有者ハ陸產中ヨリ常ニ保險料ヲ支拂フモノナルヲ以テ一旦船舶ニ付キ損害アリタル場合ニ保險金額ノ支拂ヲ受クルハ保險料ニ對スル報酬ト見ル可ク加之法文ハ損害賠償請求權ト謂フ賠償請求權トハ不法行爲者ニ對スル請求權ヲ謂フモノニシテ保險契約ニ因ル塡補請求權ハ所謂損害賠償請求權ト同一ニアラサレハ斯ル請求權ハ賠償請求權中ニ包含セシムルヲ得ス之ニ反對ナル判例ハ不當タルヲ免レス。

第四　船舶ニ付キ有スル報酬請求權　例ヘハ救援救助ヲ爲シタルニ因リテ受クル報酬其他船舶ヲ利用シテ受クル所ノ各種ノ請求權ニシテ而モ法律上運送賃ト稱スルコトヲ得サル一切ノ報酬請求權ヲ謂フ。

以上委付スルコトヲ得ヘキ財產ノ範圍ニ付キ略述シタリ要スルニ船舶所有者ハ船員ノ行爲ヨリ生シタル債務ニ對シテ責任財產タル海產ヲ委付シテ其責ヲ免ルルコトヲ得而シテ委付ハ船舶所有者航海ノ終ハリニ於テ之ヲ爲ス可ク航海ノ終リニ於テトハ航海ノ終リニ於ケル狀態ニ於テ爲スコトヲ要スルノ意ナリ然レ

トモ委付ハ航海ノ終リニ直ニ又ハ遲滯ナク之ヲ爲スコトヲ要スルモノニ非ス船舶所有者ノ故意又ハ過失ニ因リ海產ノ狀態ニ變更ヲ生セサル限リ之ヲ爲スコトヲ得ト解ス可キナリ然レトモ船舶所有者カ其債權者ノ同意ヲ得スシテ更ニ航海ヲ爲サシメタルトキハ委付權ヲ失フ（五五四）更ニトハ前航海ヲ改ムルノ意ナリ又所謂債權者トハ船舶及ヒ運送賃ニ付キ優先權ヲ有スル所謂船舶ノ債權者ハ勿論其他ノ一般債權者ヲモ包含ス可ク而シテ其債權者ハ一人又ハ數人ナルコトアル可シ但シ一人ノ債權者カ辨濟ヲ請求シタル場合ニ其者ニ對スル委付ハ當然他ノ債權者ニ對シテ委付ノ效力ヲ生スルモノニアラス然レトモ其債權者ノ全體ニ對スル委付ハ委付ノ際知レタル債權者タルト知レサル債權者タルトヲ問ハサルヲ以テ其委付ノ後ニ新ニ知レタル債權者ニ對シテモ亦一旦委付ヲ爲シタル後ハ其責ヲ免ル可キモノトス而シテ委付モ全債權者ニ對シテ效力ヲ生スルカ爲メニハ次條ノ如ク其公示方法トシテ其登記ヲ爲ス可キモノタリ。

委付ノ性質ハ單獨行爲ナリ契約ニ非ス故ニ委付ハ相手方ノ承諾アルコトヲ必要トセス船舶所有者ノ單獨ノ意思表示アルニ依テ船舶所有者カ所謂海產ニ付キ有スル權利ヲ債權者ニ移轉スル効力ヲ生ス而シテ委付ノ方式ハ次條ニ定ム委付

ニ依リ海產移轉ノ效力ヲ生スト謂フモ若シ其海產ニ付キ既ニ有スル債權者(優先權者)ノ權利ハ之カ爲メニ毫モ妨ケラルルコトナキハ勿論ナリ。

以上委付ニ關スル原則ハ船舶所有者ニ過失ナカリシコトヲ前提トス故ニ若シ船舶所有者ニ債務負擔ニ關シテ過失アリタルトキハ一般原則ニ復歸シ船舶所有者ハ無限責任ヲ負擔ス可ク委付權ヲ有スルコトナシ是レ但書ノ存スル所以ナリ又船舶所有者ノ有スル委付權雇傭契約ニ因リテ生シタル船員ノ權利ニ付テハ之ヲ適用セス蓋シ船員雇傭契約ニ因リテ有スル權利ニ對シテモ他ノ債權者ニ對スルカ如ク委付スルコトヲ得トセハ船員ノ權利ニ對スル擔保ヲ減シ船員ハ安シテ其職分ヲ盡ササル可キヲ以テナリ是レ特ニ此權利ヲ保護シ委付權ヲ制限スル所以ナリ。

終ニ船舶所有者自ラ船長タル場合ニ於テモ亦本條ノ委付權ヲ有スルヤ否ヤノ問題アリト雖モ法律上ニ於テハ船舶所有者タル資格ト船長タル資格トハ兩立スルヲ妨ケサルヲ以テ船長タル資格ニ於テ法定權限內ニ於テ爲シタル行爲ナルトキハ船舶所有者カ同時ニ船長タルトキト雖モ理論上之ヲ區別スルヲ至當トス隨テ委付權アリト解スルヲ得ヘシ又船舶共有者ノ一人又ハ數人ニ過失アリタル場

合ニ於テモ他ノ過失ナキ共有者ニ委付權アリヤ否ヤノ問題アリト雖モ委付ハ船舶全部ニ對シテ之ヲ爲ス可ク共有者各自ノ其持分ノミヲ爲スヲ得ス故ニ共有者中或者ニ過失アルトキハ本條但書ノ所有者ニ過失アルモノト謂フ可ク随テ委付ヲ爲スコトヲ得サルモノト解ス可ク其他船舶賃借人モ其第三者ニ對スル關係ニ於テハ又本條ノ委付權アリト解ス可ク其船舶所有者ニ對スル關係ノ如キハ一般通則ニ從フテ解決ス可キ問題タルノミ。

第五百四十四條ノ二　登記シタル船舶ノ委付ハ登記ヲ爲スニ因リテ其效力ヲ生ス

委付ノ登記

本條ハ登記シタル船舶ニ關シテ爲シタル委付ヲ登記スルニ依テ效力ヲ生スル旨ヲ定ム蓋シ委付ハ既ニ述ヘタルカ如ク一人ニ對シ又ハ數人ニ對シテ之ヲ爲スコトヲ得ヘク此數人ニ對シテ之ヲ爲シタル場合ニ於テ其債權者ハ委付ノ際知レタルモノト知レサルモノトヲ區別セスト雖モ其知レサル債權者ニ對シテハ何等カノ方法ヲ以テ之ヲ告知スルニ非サレハ不可ナリ是レ此規定ヲ設ケ委付ハ其登記ヲ爲スニ依テ其效力ヲ生ストセル所以ナリ。

第五百四十五條　船舶所有者カ債權者ノ同意ヲ得スシテ更ニ航海ヲ爲サシメタルトキハ第五百四十四條ニ定メタル權利ヲ行フコトヲ得ス

委付ノ消滅

本條ハ委付權ノ消滅ニ關スル規定ナリ即チ委付ハ既ニ述ヘタル如ク航海ノ終

ハリニ於テ之ヲ爲ス可ク其航海ノ終ニ爲ス可キモノトセル所以ハ蓋シ海產ノ狀態ニ變更ヲ生セサラシメントスルニ在リ然ルニ船舶所有者カ債權者ノ同意ナキニ新ニ航海ヲ爲サシムルカ如キコトハ海產ノ狀態ニ變更ヲ加フルニ至ル可キヲ以テ理論上委付權ノ拋棄ト看做シ委付權ヲ奪ヒ一般原則ニ從ヒ全責任ヲ負擔セシメサル可カラス是レ此規定ヲ設クル所以ナリ。

船舶ノ共有

第五百四十六條　船舶共有者ノ間ニ在リテハ船舶ノ利用ニ關スル事項ハ各共有者ノ持分ノ價格ニ從ヒ其過半數ヲ以テ之ヲ決ス

本條以下第五百五十五條ハ船舶ノ共有ニ關スル規定ナリ抑モ船舶ノ共有トハ數人カ共同シテ船舶ノ所有權ヲ有スル狀態ヲ謂フ凡ソ共有ハ權利行使ニ不便ナルヲ以テ固ト法律ノ欲セサル所ナリト雖モ船舶ハ其價格大ナルト又其危險多キヲ以テ之ヲ共有トシテ數人ノ共同支配ノ下ニ置クコト頗ル便宜ナル可シ而シテ其共有者間ノ關係ハ原則トシテ民法ノ規定ニ依ル可シト雖モ船舶ハ其性質上一般共有ノ規定ヲ適用スルヲ得サルモノ尠カラス是レ特ニ船舶ノ共有ニ關スル規定ヲ設ケ共有者間ノ法律關係ヲ定ムル所以ナリ。

本條ハ船舶共有者ノ船舶ノ利用ニ關スル規定ナリ船舶ノ共有關係ハ他ノ所有

權ノ共有ト同シク或ハ契約ニ因リ或ハ相續、遺贈等ニ因リテ之ヲ生ス其如何ナル原因ニ因リテ生スルヲ問ハス船舶ハ之ヲ共有スルノミニテハ其效用ヲ爲サザルヲ以テ共有者ハ必スヤ之ヲ利用スヘク之レヲ利用スルカ爲メニハ共有者間ニ一種ノ組合類似ノ關係ヲ生スルニ至ル可シ隨テ民法ノ組合ニ關スル規定ハ亦船舶ノ共有ニモ適用セラルルニ至ル船舶ノ共有カ契約ニ因リテ生シタルトキハ共有者ハ各其持分ノ關係ヲモ定ムルヲ常トス船舶共有ノ持分ハ之ヲ股分ト謂フ。

船舶ノ共有者カ其船舶ノ利用ニ參與スル權利ヲ有スルハ是レ寧ロ所有權行使ノ當然ノ結果ニシテ唯其利用ニ關スル權利ハ如何ニ行使ス可キヤハ組合關係ノ存スルトキハ通常其契約ニ於テ定マル可キモ若シ何等ノ定ヲ爲ササルトキハ如何ニ之ヲ決ス可キヤハ當然生ス可キ問題ナリ而シテ本條ニ依レハ船舶ノ利用ニ關スル事項ハ各共有者ノ有スル持分ノ價格ニ從ヒ其過半數ヲ以テ之ヲ決ス可キモノト爲ス利用ニ關スル事項トハ例ヘハ船舶ヲ運送ノ用ニ供シ運賃ヲ得ルカ如シ其他利用ノ方法ハ種々アリト雖モ要スルニ商行爲ヲ爲ス目的以外ニ逸出スルヲ得ス又過半數トハ比較的多數ノ謂ニ非スシテ船舶價格ノ全部ノ過半數ヲ謂フ是レ民法ノ頭數ヲ以スルモノニ對スル特別規定ナリ(民法六七〇)然レトモ是レ船舶ノ

利用ニ關スル事項ニ限リ利用以外ノ事項ニ付テハ共有者ノ過半數ヲ以テ決ス可キモノトス例ヘハ船舶ヲ賣却スルカ如シ（船舶ノ修繕ハ利用行爲ナリ只其大修繕ヲ爲スニ付テハ五四八ノ特別規定アリト雖モ之ヲ以テ處分行爲ト看タルモノト解スルヲ得ス）

第五百四十七條　船舶共有者ハ其持分ノ價格ニ應シ船舶ノ利用ニ關スル費用ヲ負擔スルコトヲ要ス

船舶利用ノ費用

本條ハ船舶共有者ノ負擔ス可キ船舶利用ノ費用ニ關スル規定ナリ船舶利用ニ關スル費用トハ航海費修繕費ハ勿論其他ノ船舶利用ノ一切ノ費用ヲ謂フ船舶ノ利用行爲ハ共有者ノ持分ノ價格ニ從ヒ其過半數ヲ以テ之ヲ決ス可キモノトシ又船舶ノ利用ヨリ生スル損益モ亦各共有者ノ持分ノ價格ニ應シテ之ヲ爲スモノト爲スカ故ニ（五四九 五五〇）船舶利用ニ關スル費用モ亦其持分ノ價格ニ應シテ負擔ス可キモノト爲スハ蓋シ當然ノ結果ナリト謂フ可シ。

第五百四十八條　船舶共有者カ新ニ航海ヲ爲シ又ハ船舶ノ大修繕ヲ爲スヘキコトヲ決議シタルトキハ其決議ニ對シテ異議アル者ハ他ノ共有者ニ對シ相當代價ヲ以テ自己ノ持分ヲ買取ルヘキコトヲ請求スルコトヲ得

前項ノ請求ヲ爲サント欲スル者ハ決議ノ日ヨリ三日內ニ他ノ共有者又ハ船舶管理人ニ對シテ其通知ヲ發スルコトヲ要ス但此期間ハ決議ニ加ハラサリシ者ニ付テハ其決議ノ通知ヲ受

共有者ノ持分
強賣權

ケタル日ノ翌日ヨリ之ヲ起算ス

本條ハ船舶共有者中ノ或者カ自己ノ持分ヲ他ノ共有者ニ強賣スルノ權ヲ認メタル規定ナリ抑モ船舶ノ利用ニ關スル事項ハ一般ニ各共有者ノ持分ノ價格ニ應シ其過半數ノ決議ヲ以テ之ヲ爲ス可キモノナリト雖モ新ニ航海ヲ爲シ又ハ船舶ノ大修繕ヲ爲スハ等シク船舶ノ利用行爲ナルモ此行爲ハ事體極メテ重大ニシテ各共有者ノ利害休戚ニ關スル事項ナリ故ニ若シ假令多數決ニ依ルモ他ノ少數者ヲシテ多數者ノ意見ニ從ハシムルモノトセハ少數者ノ利益ヲ無視スルノ結果ヲ來タス是ヲ以テ少數者ノ利益ヲ保護スル爲メ多數者ヲ少數者カ壓シテ新ニ航海ヲ爲シ又ハ船舶ノ大修繕ヲ爲ス可キコトヲ議決シタルトキハ其決議ニ不服アル者ハ他ノ共有者ニ對シテ自己ノ持分ヲ相當代價ヲ以テ買取ル可キコトヲ請求スルヲ得セシメ以テ其共有關係ヨリ脱退スルヲ得セシム但シ此請求ヲ爲スト否トハ他ノ共有者ノ利害ニモ影響スルヲ以テ法律ハ其買取リヲ請求セムトセハ右ノ決議ニ列席セシ者ハ決議ノ日ヨリ三日內ニ他ノ共有者又ハ船舶管理人ニ對シテ其通知ヲ爲スコトヲ要シ又若シ決議ニ列席セサリシ者ハ右ノ決議ノ通知ヲ受ケタル翌日ヨリ起算シテ三日內ニ其通知ヲ發スルコトヲ要スルモノト爲セリ若シ

其三日ヲ經過シタルトキハ決議ニ限從スルモノト看做スノ外ナク隨テ買取ヲ請求スルノ權ヲ失フモノトス

船舶利用ト債務ノ分擔

第五百四十九條　船舶共有者ハ其持分ノ價格ニ應シ船舶ノ利用ニ付テ生シタル債務ヲ辨濟スル責ニ任ス

本條ハ第五百四十七條ト同一理由ニ基ク規定ナリ即チ船舶共有者間ニ在テハ船舶利用ニ關スル事項ハ各共有者ノ持分ノ價格ニ從ヒ其過半數ヲ以テ之ヲ決シ又船舶利用ニ關スル費用ハ其持分ノ價格ニ應シテ之ヲ負擔スルモノト爲ス以上ハ船舶利用ニ付テ生シタル債務モ亦各其持分ノ價格ニ應シテ其辨濟ノ責ニ任セシメサル可カラサルハ理ノ當然ナリ而シテ此債務ハ當然共有者ノ持分ノ價格ニ應シテ分割セラル可ク各共有者ハ連帶債務ヲ負フコトナシ所謂利用ニ關シテ生シタル債務トハ例ヘハ船舶ノ利用ノ爲メ借入タル金錢ノ債務其他船員ノ給料、救援、救助ノ費用等ニ付テノ債務ノ如シ。

損益分ノ期及ヒ

第五百五十條　損益ノ分配ハ毎航海ノ終ニ於テ船舶共有者ノ持分ノ價格ニ應シテ之ヲ爲ス

本條ハ損益分配ノ時期ト其割合トヲ定ム即チ船舶ヲ利用シ爲メニ損失ヲ生シ又ハ利益ヲ得タルトキハ毎航海ノ終リニ於テ之ヲ計算シ各共有者ノ持分ノ價格

ニ應シテ之ヲ負擔シ又ハ利益分配ヲ爲ス可キモノトス但シ特約ヲ以テ引續キ航海ヲ爲シ最後ノ航海ノ終ニ之ヲ計算スルカ如キ亦固ヨリ妨ケス唯此等ノ特約ナキトキハ此規定ヲ適用セサル可カラス其持分ノ價格ニ從フモノトセルハ蓋シ共有其モノノ性質ヨリ生スル當然ノ結果ナリト謂フ可シ。

共有ノ持分ノ讓渡

第五百五十一條　船舶共有者間ニ組合關係アルトキト雖モ各共有者ハ他ノ共有者ノ承諾ヲ得スシテ其持分ノ全部又ハ一部ヲ他人ニ讓渡スコトヲ得但船舶管理人ハ此限ニ在ラス

本條ハ共有ノ持分ノ讓渡ニ關スル規定ナリ抑モ所有權ハ何人ト雖モ自由ニ之ヲ讓渡スルヲ得ルヲ以テ原則トス其所有權カ共有關係ニ在ルトキト雖モ亦同一ナリ然レトモ共有者間ニ組合關係アルトキハ其財產ハ組合關係ノ目的ノ爲メノ出資ナルヲ以テ若シ組合ノ存續中自由ニ之ヲ處分スルヲ得ルモノトセハ其目的ヲ達スルヲ得サル可キヲ以テ民法ハ組合關係ヲ害セサル範圍內ニ於テノミ之カ處分ヲ認ム(民六七六)然レトモ船舶ノ共有ニ付テハ特別ノ理由アルヲ以テ假令共有者間ニ組合關係ノ存スル場合ト雖モ各共有者ハ自由ニ其持分ノ全部又ハ一部ヲ他人ニ讓渡スルヲ得セシム蓋シ船舶ハ其價格高貴ニシテ且海上百種ノ危難ニ遭遇スルコトアリ然ルニ一旦共有關係ヲ創設シ組合關係存スル以上自由ニ其持分ニ

讓渡スルヲ得ストセハ何人モ船舶ノ共有ヲ欲セサルニ至リ航海事業ノ危險分擔ノ主義ニ反スルニ至ル可ク延イテ一國海運ノ進步ヲ阻害スルコトアル可シ是レ此規定ヲ設ケ民法ノ適用ヲ除外セシムルモノト爲ス所以ナリ但シ船舶管理人タル共有者ニ付テハ其自由讓渡ヲ許サス是レ共有者ニ非サル者カ船舶管理人トナルノ結果ヲ來タセハナリ。

船舶管理人ノ選任

第五百五十二條　船舶共有者ハ船舶管理人ヲ選任スルコトヲ要ス
船舶共有者ニ非サル者ヲ船舶管理人ト爲スニハ共有者全員ノ同意アルコトヲ要ス
船舶管理人ノ選任及ヒ其代理權ノ消滅ハ之ヲ登記スルコトヲ要ス

本條ハ船舶管理人ノ選任ニ關スル規定ナリ凡ソ數人カ船舶ヲ共有シテ船舶利用ノ行爲ヲ爲スニ付テハ其議決ノ過半數ヲ以テ之ヲ爲ス可キコト既述セシ所ナリ然ルニ事每ニ各共有者總會ヲ開キ之ヲ議決スルカ如キハ共有者相互ノ間ニ在テモ不便ナル可ク又共有者ト取引ヲ爲ス第三者ノ如キモ其何人ニ交涉ヲ爲ス可キカニ付キ得テ知ルヲ得サルノ不便アリ其他船舶ニ關スル行政上ノ布達命令ノ如キ亦各共有者ニ付キ之ヲ爲ス可キモノトセハ其不便甚シカル可シ是ヲ以テ法律ハ船舶共有者ノ特定代理人ヲ定メ置ク可キコトヲ強要シ且其權限ヲモ定ム所謂船舶管理人是ナリ是レ公益上及私益上ノ必要ニ出ツルモノニシテ恰モ會社組

織ノ營業上ニ專任ノ理事者ヲ選任スルノ必要アルト其趣キヲ同ウス而シテ船舶管理人ハ船舶共有者ノ委任代理人ニシテ法定代理人ニ非ス唯其權限カ法定ナルニ過キス授權ノ源ハ委任契約ニ在リ此代理人ハ共有者各自ノ代理人ニ非スシテ其總體ノ代理人タルモノトス。

船舶管理人ハ船舶共有者中ヨリ之ヲ選任スルヲ原則トス然レトモ共有者中或ハ時ニ其適任者ヲ缺クコトアル可キヲ以テ例外トシテ共有者以外ノ者ヲ選任スルヲ得ルモノト爲セリ但シ此場合ニ於テハ共有者全員カ其選任ニ付キ同意アルコトヲ必要トス蓋シ各共有者ノ利益ヲ保護スルノ必要アルヲ以テナリ。

船舶管理人ノ選任及ヒ其代理權ノ消滅ハ之ヲ登記スルコトヲ要ス蓋シ法律ハ既ニ船舶管理人ノ選任ヲ强要スルト共ニ其權限ヲモ定メタルヲ以テ其選任及代理權ノ消滅ニ付キ之ヲ第三者ニ公示スルノ方法ヲ設ケシム可キコトヲ必要トス是レ恰モ支配人ノ選任及ヒ其代理權ノ消滅ニ付キ登記ヲ要求スルト同一ナリ(三一)而シテ本條ニ廣ク代理權ノ消滅トハ獨リ解任ノ場合ノミナラス民法第百十一條ニ列擧スルカ如キ代理權消滅ノ多數ノ場合ヲモ包含スルモノトス

第五百五十三條　船舶管理人ハ左ニ揭ケタル行爲ヲ除ク外船舶共有者ニ代ハリテ船舶ノ利用

ニ關スル一切ノ裁判上又ハ裁判外ノ行爲ヲ爲ス權限ヲ有ス

一　船舶ノ讓渡、委付若クハ賃貸ヲ爲シ又ハ之ヲ抵當ト爲スコト

二　船舶ヲ保險ニ付スルコト

三　新ニ航海ヲ爲スコト

四　船舶ノ大修繕ヲ爲スコト

五　借財ヲ爲スコト

船舶管理人ノ代理權ニ加ヘタル制限ハ之ヲ以テ善意ノ第三者ニ對抗スルコトヲ得ス

船舶管理人ノ法定權限

本條ハ船舶管理人ノ法定權限ニ關スル規定ナリ夫レ前條ニ於テ法律ハ船舶管理人ノ選任ヲ強要セルカ故ニ茲ニ其法定權限ヲ規定ス船舶管理人ノ權限ハ各國ノ立法例必スシモ同一ナラスト雖モ法典ハ原則トシテ船舶ノ利用即チ船舶共有ノ目的タル利用行爲ニ付テ之ニ其全權ヲ與フルト同時ニ共有者カ船舶管理人ノ代理權ヲ制限スルコトアルモ其制限ハ之ヲ以テ善意ノ第三者ニ對シテハ效力ナキコト仍ホ支配人ノ權限ニ於ケルカ如クナラシメタリ然レトモ本條列記事項ハ事重大ニシテ船舶管理人ノ專斷ニ任スハ危險ナルヲ以テ其法定代理權限中ヨリ除外セリ

第五百五十四條　船舶管理人ハ特ニ帳簿ヲ備ヘ之ニ船舶ノ利用ニ關スル一切ノ事項ヲ記載ス

ルコトヲ要ス

船舶管理人ハ毎航海ノ終ニ於テ遲滯ナク其航海ニ關スル計算ヲ爲シテ各船舶共有者ノ承認ヲ求ムルコトヲ要ス

船舶管理人ノ義務

本條ハ船舶管理人ノ義務ニ關スル規定ナリ卽チ船舶管理人ハ帳簿ヲ記載シ且計算ヲ爲スノ義務アリ是レ船舶管理ノ事務ヲ明瞭ニシ且其責任ヲ明ニスルノ必要アルヲ以テナリ而シテ其計算ハ毎航海ノ終ニ之ヲ爲シ且其共有者ノ承認ヲ經ヘキモノトセルハ共有者ノ損益分配ハ毎航海ノ終ニ之ヲ行フモノト爲シタルカ故ナルト亦以テ船舶共有者カ監督ヲ行フニ便宜タルニ在リ是レ此規定ノ存スル所以ナリ。

第五百五十五條　船舶共有者ノ持分ノ移轉又ハ其國籍喪失ニ因リテ船舶カ日本ノ國籍ヲ喪失スヘキトキハ他ノ共有者ハ相當代價ヲ以テ其持分ヲ買取リ又ハ其競賣ヲ裁判所ニ請求スルコトヲ得

社員ノ持分ノ移轉ニ因リ會社ノ所有ニ屬スル船舶カ日本ノ國籍ヲ喪失スヘキトキハ合名會社ニ在テハ他ノ社員、合資會社及ヒ株式會社ニ在テハ他ノ無限責任社員ハ相當代價ヲ以テ其持分ヲ買取ルコトヲ得

所謂船籍維持ノ權

本條ハ船舶共有者カ他ノ共有者ノ持分ヲ買取リ又ハ其競賣ヲ請求スルノ權卽船籍維持ノ權ニ關スル規定ナリ船舶共有者ノ此權利ハ第五百四十八條ノ自己ノ持分ヲ他ノ共有者ニ强賣スルモノト反對ニシテ他ノ共有者ノ持分ヲ自ラ買取リ

又ハ之ヲ競賣セシムルノ權利ニシテ所謂船籍維持ノ權ト稱スルモノナリ是レ亦船舶共有ノ一特色ト見ル可ク此規定アル所以ハ一國航海業奬勵ノ目的ニ出テタルモノニシテ務メテ日本船舶ノ數ヲ減少セシメサランカ爲ナリ而シテ其競賣ヲ請求スルヲ得セシムルハ共有者自ラ之ヲ買取ルコトヲ欲セサルカ又ハ自ラ之ヲ買取ルノ資力ナキコトアルヲ以テナリ而シテ其第二項ニ會社關係ニ於テ社員ノ持分ノ移轉ニ因リ會社所屬ノ船舶カ日本ノ國籍ヲ喪失スル場合ニ於ケル他ノ社員ノ權利ヲ規定ズルハ是レ船舶共有者間ノ關係ト同シク船籍維持ノ點ヨリセハ同一事項ニ屬スルカ故ナリ其會社關係ノ場合ニ合名、合資、株式合資會社ノ三種ニ限リ株式會社ニ付テハ船籍維持ニ關シテ何等規定セサル所以ハ蓋シ株式會社ニ在テハ其組織上其干涉ヲ爲スノ必要ナキモノト認メタルナリ。

船舶ノ賃貸借

第五百五十六條　船舶ノ賃貸借ハ之ヲ登記シタルトキハ爾後其船舶ニ付キ物權ヲ取得シタル者ニ對シテモ其效力ヲ生ス

本條及ヒ次條ハ船舶ノ賃貸借ニ關スル規定ナリ船舶ノ賃貸借モ民法ニ所謂賃貸借ト同一ノ性質ヲ有シ賃貸人カ賃借人ニ船舶ノ使用收益ヲ爲サシムルコトヲ約シ賃借人カ賃貸人ニ對シテ其賃金ヲ拂フコトヲ約スル契約ナリ故ニ船舶ノ賃

貸借ニ關シテモ亦民法ノ一般規定ニ從フ(民六〇一乃至六二一)唯事實問題トシテ其船舶カ傭船契約ナルヤ賃貸借契約ナルヤハ識別スルニ困難ナル場合アリ(五九一說明參照)

船舶ハ其性質動產ナルモ登記ノ制ヲ設ケ之ヲ公示方法ト爲シタルニ依リ其賃貸借モ亦之ヲ登記スルニ因リ爾後物權ヲ取得シタル者ニ對抗スルヲ得ルモノト爲セリ抑モ賃貸借契約ハ固ト賃借人ト賃貸人トノ契約關係ニシテ當事者間ニハ債權債務ノ關係ヲ生スルニ過キサルモ民法ハ不動產ノ賃貸借ノ登記ヲ認メ之ヲ登記シタルトキハ爾後其不動產ニ付キ物權ヲ取得シタル者ニモ其效力ヲ生ス可キモノト(民六〇五)爲シタルト同シク船舶ニモ亦登記ノ制アルヲ以テ其賃貸借ハ之ヲ登記スルニ因リ爾後其物權ヲ取得シタル者ニモ其效力ヲ主張スルヲ得ヘキモノトス。

第五百五十七條　船舶ノ賃借人カ商行爲ヲ爲ス目的ヲ以テ其船舶ヲ航海ノ用ニ供シタルトキハ其利用ニ關スル事項ニ付テハ第三者ニ對シテ船舶所有者ト同一ノ權利義務ヲ有ス

前項ノ場合ニ於テ船舶ノ利用ニ付キ生シタル先取特權ハ船舶所有者ニ對シテモ其效力ヲ生ス但先取特權者カ其利用ノ契約ニ反スルコトヲ知レルトキハ此限ニ在ラス

船舶賃借人ト第三者トノ關係

本條ハ船舶賃借人ト第三者トノ關係ヲ規定シタルモノナリ船舶賃借人ト賃貸人タル船舶所有者トノ關係ハ賃貸借契約ノ定ムル所ニ從フ可ク唯賃借人カ船舶

ヲ使用收益スルニ當リ商行爲ヲ爲ス目的ヲ以テ其船舶ヲ航海ノ用ニ供スルトキハ賃借人ト其相手方タル第三者トノ關係如何ノ問題ヲ生ス而シテ本條ハ此關係ヲ定ム卽チ船舶借賃人ト第三者トノ關係ハ船舶所有者自ラ其船舶ヲ使用スル場合ニ於ケル第三者トノ關係ト同シク船舶ノ利用ニ關スル事項ニ付テハ第三者ニ對シテ船舶所有者ト同一ノ權利義務ヲ有スルモノト爲セリ賃借人カ其船舶ヲ運送ノ用ニ供シ第三者ト運送契約ヲ締結シタル場合ニ於テハ其運送契約ノ當事者ハ賃借人ニシテ船舶所有者ニ非ス故ニ此場合ニ於テハ賃借人ヲシテ第三者ニ對シテ船舶所有者ト同一ノ權利義務ヲ有セシメサル可カラス然ラサレハ船舶賃借人ハ其利用ノ目的ヲ達スルヲ得サレハナリ是レ第一項ノ存スル所以ナリ所謂同一ノ權利義務トハ船舶ノ利用ニ關スル事項ノ範圍卽チ其船舶利用ノ結果トシテ生スル船舶所有者ト同一ノ權利及ヒ義務ノ意ナリ故ニ船舶所有權其モノノ結果トシテ生スル船舶所有者ノ權利及ヒ義務ト同視スルヲ得サルハ勿論ナリ

船舶賃借人ニ於テ船舶ヲ利用スルニ當リ其利用ニ付キ生シタル第三者ノ先取特權ハ（六八〇）船舶所有者ニ對シテモ其效力ヲ生ス可キモノトス蓋シ第三者ヲ保護スルノ必要ニ出ツルモノナリ但シ其第三者（先取特權者）カ賃借人ノ船舶ノ利用カ契約

(賃借貸)ニ反スルコトヲ知レルトキハ之ヲ以テ船舶所有者ニ對シテ其先取特權ヲ主張スルコトヲ得ス是レ本條第二項ノ規定スル所ニシテ畢竟惡意者ヲ保護セサルノ趣旨ニ外ナラス。

船員

第二章　船員

法律上船員トハ船長及ヒ海員ノ二者ヲ包含ス海員トハ船長以外ノ一切ノ乘組員ヲ謂フ(船二)而シテ船員ヲ船長及ヒ海員ト爲スハ權限ノ大小ノ差異アルニ基クモノニシテ恰モ商業使用人ヲ分チ支配人、番頭手代其他ノ使用人ト爲スト其趣ヲ同フス」

船長

第一節　船長

船長ノ法律上ノ地位

船長ノ法律上ノ地位ハ之ヲ公私ノ二方面ヨリ觀察スルヲ得卽チ船長ノ公法上ノ地位及私法上ノ地位是ナリ船長ノ公法上ノ地位トハ船長ノ國家ニ對スル關係ニシテ船長ノ公法上ノ職務權限ニ關スルモノトス船長タルニ必要ナル資格竝ニ取締ニ關スルモノヲ包含ス而シテ前者ハ船員法其他ノ行政法規ノ定ムル所ニシテ後者ハ船舶職員法海員懲戒法等ノ規定スル所ナリ而シテ船長ノ私法上ノ地位

ハ卽チ本節ノ規定スル所ニシテ專ラ船長ノ私法上ノ權利義務ニ關スル事項ナリ「船長ノ私法上ノ關係ハ(一)船長ノ船舶所有者ニ對スル關係(二)船長ノ一般ノ利害關係人ニ對スル關係(三)船長ノ積荷ノ利害關係人ニ對スル關係ノ三事項ヲ包含ス」船長ノ船舶所有者ニ對スル關係ハ或ハ雇傭契約關係ト委任契約關係トノ關係ヲ包含スル一種ノ法律關係ト爲スモノアリ(雇傭ト委任トノ混合的關係說)ト雖モ本法ノ解釋トシテハ委任ト雇傭トノ二種ノ契約關係ニ立ツモノト爲スヲ正當トス蓋シ船長カ勞務ニ服シ其報酬トシテ給料ノ支給ヲ受クルハ雇傭關係ノ存スルニ因ル又船長カ船舶所有者ノ代理人トシテ法律行爲ヲ爲スハ委任關係存スルニ因ルナリ勞務ヲ目的トスルモノハ雇傭契約ト謂ヒ法律行爲ヲ爲スヲ目的トスルモノハ之ヲ委任契約ト謂フ船長ハ船舶所有者ニ對シテ此二種ノ關係ニ立ツ二種ヲ合セタル一種ノ法律關係ニ立ツモノニ非サレハナリ。

本節ノ規定ノ內容

本節ハ(一)船長ノ責任(二)船長ノ義務(三)船長ノ權限(四)船長ノ解任(五)船長ノ船舶所有者ニ對シテ有スル債權及ヒ其時效等ニ關スル規定ヲ包含セリ。

第五百五十八條　船長ハ其職務ヲ行フニ付キ注意ヲ怠ラサリシコトヲ證明スルニ非サレハ船舶所有者、傭船者、荷送人其他ノ利害關係人ニ對シテ損害賠償ノ責ヲ免ルルコトヲ得ス

船長自己ノ行爲ニ對スル責任

船長ハ船舶所有者ノ指圖ニ從ヒタルトキト雖モ船舶所有者以外ノ者ニ對シテハ前項ニ定メタル責任ヲ免ルルコトヲ得ス

本條ハ船長ノ自己ノ行爲ニ對スル責任ニ關スル規定ナリ卽チ船長カ其職務ヲ行フニ付キ船長トシテノ相當ノ注意ヲ怠リタル爲メニ船主、傭船者、荷送人、其他ノ利害關係人ニ對シテ損害ヲ生セシメタル場合ニ直接ニ其賠償ノ責任ヲ負擔ス可キコトヲ明ニセルモノナリ職務トハ船長ノ有スル職務ト解ス可ク公法上竝ニ私法上ノ職務ヲ包含ス注意トハ船長トシテノ職務上ノ注意ノ義ニシテ注意ノ程度ハ船長トシテノ普通一般ノ注意ト解ス可キモノナリ船長カ此注意ヲ怠リ爲メニ船主傭船者、荷送人其他ノ利害關係人ニ對シテ損害ヲ生セシメタルトキハ船長ハ其注意ヲ怠ラサリシコトヲ證明セサル限リ直接ニ此等ノ者ニ對シテ其損害ヲ賠償セサル可カラス斯ノ如ク船長ノ此責任ハ船長カ盡ス可キ注意ヲ盡ササルコトニ原因スルヲ以テ船長カ相當ノ注意ヲ盡シタルモ尙ホ生シタル損害ナルトキハ船長ハ固ヨリ其賠償ノ責任ナキコト勿論ナリ今夫レ船長ノ此責任ノ基礎ヲ考フルニ船長ハ船舶所有者ニ對シテハ契約上ノ義務トシテ相當ノ注意ヲ加フ可キコト勿論ナルカ故ニ其注意ヲ怠リ爲メニ損害ヲ生セシメタルトキハ之レヲ賠償ス

可キハ言ヲ俟タス其傭船者荷送人其他ノ利害關係人ニ對シテ其責ニ任スル所以ハ畢法律ノ力ニ依リテ創設シタル責任ナリト解ス可キナリ蓋シ船長ノ行フ職務ノ範圍ハ甚タ廣大ナリ而カモ船長ノ行爲ニ對スル船主ノ責任ハ有限ナリ(五四四)而カモ船主以外ノ他ノ利害關係人ハ常ニ船舶ノ狀況ヲ監視スル能ハス專ラ船長ノ行爲ニ一切ヲ委ネサルヲ得サルヲ以テ法律ハ船長ノ頭上ニ直接ノ責任ヲ負ハシメ船長ヲシテ十分ノ注意ヲ盡サシメントセリ。

船主ノ指圖ト船長ノ責任

船長ノ此責任ハ船舶所有者カ指圖ヲ與ヘタル場合ニ船長カ其指圖ニ從ヒ職務ヲ行ヒタルトキト雖モ船舶所有者以外ノ者ニ對シテハ其責任ヲ免ルルヲ得ス蓋シ船長ノ此責任ハ法律ノ力ニ依リ負ハシタル責任ナルト船舶所有者以外ノ者カ船長ノ行動ヲ監視スルヲ得サル事ハ船主カ指圖ヲ與ヘタルト否トニ關セサレハナリ故ニ船長ハ此等ノ者ニ對シテハ船主ノ指圖ニ名ヲ籍リテ其責ヲ免ルルヲ得サルモノトス但シ其指圖ヲ與ヘタル船主ニ對シテ其責ヲ免ルルコトヲ得ルハ勿論ナリ。

玆ニ一言ス可キハ船長ノ此責任ハ船舶所有者カ同時ニ船長タル場合ニ於テモ船長タル資格ニ於テ委付權ヲ行ヒ得ル場合ト同シク其資格ニ於テ此責任ヲ負擔

船長ノ海員監督ノ責任

船長ト代任船長トノ關係

ス可キハ勿論ナリ。

第五百五十九條　海員カ其職務ヲ行フニ當タリ他人ニ損害ヲ加ヘタル場合ニ於テ船長ハ監督ヲ怠ラサリシコトヲ證明スルニ非サレハ損害賠償ノ責ヲ免ルルコトヲ得ス

本條ハ船長ノ海員監督ノ責任ニ關スル規定ナリ夫レ船長カ自ラ其職務ヲ行フニ當リ他人ニ損害ヲ加ヒタル場合ニ於テ船長自ラ其責任ヲ負擔スルハ當然ニシテ是レ前條ノ規定スル所ナリ然ルニ船長ハ海員ノ行爲ニ付テモ亦其責ヲ負ハサル可カラス蓋シ海員カ其職務ヲ行フニ當リ他人ニ損害ヲ加ヘタルトキハ海員自ラ其責ヲ負フ可キコト勿論ナルモ海員ハ資力ナキ者多ク加之船長ハ之カ監督ノ地位ニ立ツ可キモノナルヲ以テ其監督ヲ怠リタル爲メニ生シタル海員ノ行爲ニ付キ第三者ニ對シテ直接ノ責任ヲ負ハシメタルモノナリ但シ船長ノ此責任ハ海員ノ職務(行爲ニ付テノ監督上ノ責任ニ止マルヲ以テ海員ノ職務行爲ニ非サル行爲其他海員ノ選任ニ付テノ責任ハ船長ノ負擔スル所ニ非ス。

第五百六十條　船長カ已ムコトヲ得サル事由ニ因リテ自ラ船舶ヲ指揮スルコト能ハサルトキハ法令ニ別段ノ定アル場合ヲ除ク外他人ヲ選任シテ自己ノ職務ヲ行ハシムルコトヲ得此場合ニ於テハ船長ハ其選任ニ付キ船舶所有者ニ對シテ其責ニ任ス

本條ハ船長カ自ラ代任船長ヲ選任シタル場合ニ於ケル責任ニ關スル規定ナリ

即チ船長ハ船舶所有者カ之ヲ選任スルヲ原則トスルモ例外トシテ船長自ラ代任船長ヲ選任シ其職務ヲ行ハシムルヲ得ルモノトセリ所謂已ムコトヲ得サル事由トハ例ヘハ疾病、拘留等ノ事故發生ノ爲メニ自ラ船舶ヲ指揮スル能ハサル場合ヲ指ス而シテ此等ノ場合ニ於テ代任船長ニ付キ法令ニ別段ノ規定アルトキハ格別ナルモ其以外ニ於テハ船長自ラ代任船長ヲ選任シ他人ヲシテ其職務ヲ行ハシムルコトヲ得此場合ニ於テ船長ノ職務ヲ行フ者ハ代任者ナリ代任者ハ船長トシテ責任ヲ負フ可キコト勿論ナリ故ニ船長ハ代任者ノ行爲ニ付テハ其監督ノ責ヲ負ハサルモ其選任ニ付テハ船長ハ船主等ニシテ其責ニ任ス可キモノト爲ス。

船長ノ航海準備ノ義務

第五百六十一條　船長ハ發航前船舶ノ海ニ支障ナキヤ否ヤ其他航海ニ必要ナル準備ノ整頓セルヤ否ヤチ檢査スルコトヲ要ス

本條以下第五百六十五條及ヒ第五百七十五條ハ船長ノ義務ニ關スル規定ニシテ本條ハ即チ船長ノ航海準備ヲ爲スノ義務ニ付テノ規定ナリ即チ船長ハ發航前ニ於テ其船舶ノ航海ニ支障ナキヤ否ヤ其他航海ニ必要ナル準備ノ整頓セルヤ否ヤヲ檢査スルノ義務アリ所謂航海ニ必要スル準備トハ例ヘハ屬具積荷ノ揚卸ニ關スルノ諸器械其他當該航海ニ必要ナル器具機械ノ整頓セルヤ否ヤ食料燒料、飲

用水等ノ消費物乘組員ノ員數技術等ハ十分ナルヤ否ヤ其他積荷ノ積込ハ適當セルヤ否ヤ等ノ如シ蓋シ船長ヲシテ此義務ヲ負ハシムル所以ハ航海ノ安全ヲ保持スル公益上ノ必要ニ出ツ若シ船長カ此義務ニ違反スルトキハ船長ハ拾圓以上五百圓以下ノ罰金刑ニ處セラル可キモノトス（船五〇一）

第五百六十二條　船長ハ左ニ掲ケタル書類ヲ船中ニ備ヘ置クコトヲ要ス

一　船舶國籍證書
二　海員名簿
三　屬具目錄
四　航海日誌
五　旅客名簿
六　運送契約及ヒ積荷ニ關スル書類
七　稅關ヨリ交付シタル書類

前項第三號至乃第五號ニ掲ケタル書類ハ外國ニ航行セサル船舶ニ限リ命令ヲ以テ備フルコトヲ要セサルモノト定ムルコトヲ得

船長ノ書類備付ノ義務

本條ハ船長ノ船中ニ指定ノ書類ヲ備付ス可キ義務ニ關スル規定ナリ本條列記ノ書類ハ畢竟行政上ノ取締ノ必要ニ出ツ就中船舶國籍證書ハ最モ重要ナル書類ノ一ナリ之ナクハ日本國旗ヲ掲ケ航行スルヲ得ス海員名簿ハ乘組員ヲ記載シタ

ルモノ屬具目錄ハ船舶ノ從物タル可キ物件ヲ表記セルモノ航海日誌ハ航海ノ發著、里程航路ノ變更、人命、船舶ノ救助、海難、衝突、海員ノ懲戒處分船中ノ犯罪出生死亡其ノ他異常ノ事故ヲ記載ス可キモノニシテ後日ノ證據トシテ重要ナリ旅客名簿ハ旅客ノ氏名其他ヲ記載セルモノ運送契約及ヒ積荷ニ關スル書類稅關ヨリ交附シシタル書類等亦貨物證明タル可キ書類トシテ重要ナリ以上ノ中屬具目錄航海日誌、旅客名簿ノ三者ハ外國ニ航海セサル船舶ニ限リ命令ヲ以テ之ヲ備付スルヲ要セサルモノト定ムルヲ得蓋シ外國ニ航行セサルヲ以テ簡ニスルモ可ナル可キヲ以テナリ（三五年一〇月遞信省令四八參照）尙ホ以上ノ書類ハ備置クノミニテハ不可ナリ記載事項ニ變動アル每ニ之ヲ記載ス可キコト勿論ナリ。

船長ノ在船義務

第五百六十三條　船長ハ已ムコトヲ得サル場合ヲ除ク外自己ニ代ハリテ船舶ヲ指揮スヘキ者ニ其職務ヲ委任シタル後ニ非サレハ荷物ノ船積及ヒ旅客ノ乘込ノ時ヨリ荷物ノ陸揚及ヒ旅客ノ上陸ノ時マテ其指揮スル船舶ヲ去ルコトヲ得ス

本條ハ船長ノ在船義務ニ關スル規定ナリ卽チ船長ハ荷物ノ船積及ヒ旅客乘込ノ時ヨリ荷物ノ陸揚ケ及ヒ旅客上陸ノ時マテ其船舶ヲ去ルコトヲ得ス但シ已ムコトヲ得サル場合ハ代任指揮者ニ其職務ヲ委任シタル後ニ限リ之ヲ爲スコトヲ得此規定アル所以ハ蓋シ船長ハ航海ヲ完フス可キ義務アルト又荷物ノ船積陸揚

ノ如何ハ航海ノ完否ニ關スルヲ以テ其監督指揮ニ任スルヲ要スルニ由ル。

船長航海成就ノ義務

第五百六十四條　船長ハ航海ノ準備カ終ハリタルトキハ遲滯ナク發航ヲ爲シ且必要アル場合ヲ除ク外豫定ノ航路ヲ變更セスシテ到達港マテ航行スルコトヲ要ス

本條ハ船長ノ航海成就ノ義務ニ關スル規定ナリ船長ハ船舶ノ發航準備成リ事實上又ハ法律上ノ故障ナキ限リ速ニ發航ヲ爲シ又既ニ發航シタルトキハ海難其他已ムコトヲ得サル場合ノ外豫定ノ航路ヲ變更セスシテ到達港ニ航行スル義務アリ船長ヲシテ此義務ヲ負ハシムルハ發航又ハ到達ノ遲延ハ船主其他ノ利害關係人ノ利害ニ影響スル所大ナルヲ以テナリ而シテ其遲延ニ因リ生シタル損害ハ船長其責ニ任セサル可カラス(五五八)航路トハ海圖其他海員社會ノ慣習ニ因リテ定マリタル水路ヲ謂フ而シテ航路ノ變更ハ海上保險契約ニ對シテ影響ヲ生スルコトアルハ後ニ述フル所アル可シ。(六六三)

船長ノ積荷處分ノ義務

第五百六十五條　船長ハ航海中最モ利害關係人ノ利益ニ適スヘキ方法ニ依テ積荷ノ處分ヲ爲スコトヲ要ス

利害關係人ハ船長ノ行爲ニ因リ其積荷ニ付テ生シタル債權ノ爲メ之ヲ債權者ニ委付シテ責任ヲ免ルルコトヲ得但利害關係人ニ過失アリタルトキハ此限ニ在ラス

本條ハ船長ノ積荷處分ノ義務ニ付テノ規定ナリ夫レ積荷ノ利害關係人ハ積荷

ト共ニ船中ニ在ラサル可キヲ以テ航海中積荷ニ對シテ急速臨機ノ處分ヲ爲ス可キ必要生シタル場合ニ於テ船長ヲシテ之ヲ處分セシメサレハ積荷ノ利害關係人ハ非常ノ不利益ヲ被ル可キコトアル可シ是レ船長ノ積荷處分ノ義務ヲ認メタル所以ナリ而シテ船長カ此處分ヲ行フニ當リテハ其方法種々アル可シト雖モ積荷ノ利害關係人ノ利益ニ適ス可キ方法ニ依リ之ヲ爲スコトヲ要ス其如何ナル方法カ利益ニ適ス可キ方法ナルカハ事實問題トシテ船長ノ決スル所ニ依ラサル可カラス而シテ此場合ニ於ケル船長ノ資格ハ船主ノ代理人又ハ使用人トシテノ資格ニ非スシテ全ク積荷ノ利害關係人ノ法定代理人トシテノ資格ニ於テ之ヲ行フモノナリ蓋シ此代理權ハ法律ノ規定ニ依リ生ス隨テ船長ノ此代理資格ニ於テ爲シタル行爲ニ付テハ積荷ノ利害關係人其責ヲ負フ可キモノトス此場合ニ於テ積荷ノ利害關係人ハ其積荷ヲ債權者ニ委付シテ其責任ヲ免ルコトヲ得是レ船主カ船長ノ法定權限內ノ行爲ヨリ生シタル債務ニ付キ海產ヲ委付シテ其責任ヲ免ルルコトヲ得ルモノト其趣ヲ同フス（五四四）但シ利害關係人ニ過失在ルトキハ此限リ在ラス。

第五百六十六條　船籍港外ニ於テハ船長ハ航海ノ爲メニ必要ナル一切ノ裁判上又ハ裁判外ノ

船長ノ代理權限

行爲ヲ爲ス權限ヲ有ス

船籍港ニ於テハ船長ハ特ニ委任ヲ受ケタル場合ヲ除ク外海員ノ雇入及ヒ雇止ヲ爲ス權限ノミヲ有ス

本條以下第五百七十二條ハ船長ノ權限ニ關スル規定ナリ而シテ本條ハ船籍港外ニ於ケル其權限ノ通則ヲ定ム卽チ船籍港外ニ於テハ船長ハ航海ノ爲メニ必要ナル一切ノ裁判上又ハ裁判外ノ行爲ヲ爲ス權限ヲ有スルモノトス蓋シ船籍港外ニ於テハ船舶所有者其地ニ在ラサル可ク又其本店支店等モ之ナキヲ常トスルヲ以テ航海ノ爲メニ必要ナル一切ノ行爲ハ船長ヲシテ之ヲ處理セシム可キコトハ啻ニ船主ノ爲メニ便宜ナルノミナラス之ト取引ヲ爲ス第三者ノ爲メニモ亦頗ル便利ナル可キヲ以テナリ然レトモ船籍港ニ於テハ通常船舶所有者自ラ其利害ヲ決ス可キ狀況ニ在ルヲ常トスルヲ以テ船長ハ船主ノ指揮ニ從フヲ正當トス是レ第二項ニ船籍港ニ於テハ特別ノ委任アル事項ヲ除キ海員ノ雇入及ヒ雇止ヲ爲スノ權限アルニ止マルモノト爲セル所以ナリ其船籍港ニ於テモ雇入及ヒ雇止ニ付テ船長ノ權限ニ屬セシメタルハ航海ノ安全ヲ計ルハ蓋シ船長ノ責任ナルヲ以テ之ヲ船長ノ專斷ニ委スルモ不都合ナカル可キヲ以テナリ航海ノ爲メニ必要ナル一切ノ行爲トハ船舶ノ艤裝ニ關スル行爲、海員ノ雇入、雇止、水先人ノ使用、燒料、食料、

飲料水等ノ買入、船舶ノ修繕、救援、救助ノ契約、其他航海ノ爲メニスル私法上ノ行爲、並ニ公法上ノ行爲ヲ包含ス裁判上トハ裁判上ノ行爲卽チ訴訟行爲ナリ原告ハ勿論被告トシテ船主ヲ代表スルノ權ヲ謂フ。

第五百六十七條　船長ノ代理權ニ加ヘタル制限ハ之ヲ以テ善意ノ第三者ニ對抗スルコトヲ得ス

船長ノ代理權限ト第三者トノ關係

本條ハ船長ノ法定權限ニ對スル船主ノ制限ハ之ヲ以テ善意ノ第三者ニ對抗スルヲ得サル旨ヲ定ム是レ船長ノ法定權限ヲ信シテ取引ヲ爲シタル第三者ヲ保護スルノ必要アルヲ以テナリ然レトモ其制限ハ船長ト船主トノ間ニ於テハ勿論有效ナリ只之ヲ以テ善意ノ第三者ニ對抗スルコトヲ得サルノミ若シ第三者カ船主ト船長トノ間ニ代理權限ニ付キ制限アルコトヲ知テ取引ヲ爲シタルモノナリセハ其第三者ヲ保護ス可キ必要ナキヲ以テ此者ニ對シテハ其制限ヲ對抗スルコトヲ得此規定ハ支配人ノ代理權(三〇三)會社ノ代表者ノ代理(六二、七〇、一〇五、一二一、二四三、)及ヒ船舶管理人ノ代理權(五五三)ノ制限ニ關スル規定ト其精神ヲ同フスルモノナリ。

第五百六十八條　船長ハ船舶ノ修繕費、救助料其他航海ヲ繼續スルニ必要ナル費用ヲ支辨スル爲メニ非サレハ左ニ掲ケタル行爲ヲ爲スコトヲ得ス

船長ノ代理權ノ制限

一　船舶ヲ抵當ト爲スコト
二　借財ヲ爲スコト
三　積荷ノ全部又ハ一部ヲ賣却又ハ質入スルコト但第五百六十五條第一項ノ場合ハ此限ニ在ラス

船長カ積荷ヲ賣却又ハ質入シタル場合ニ於ケル損害賠償ノ額ハ其積荷ノ到達スヘカリシ時ニ於ケル陸揚港ノ價格ニ依リ之ヲ定ム但其價格中ヨリ支拂フコトヲ要セサリシ費用ヲ控除スルコトヲ要ス

本條ハ船長ノ代理權ノ通則（五六六）ニ對スル制限ニ關スル規定ナリ夫レ船長ハ船籍港外ニ於テハ航海ノ爲メニ必要ナル一切ノ行爲ヲ爲ス權限アリト雖モ亦餘リニ重大ナル行爲ヲ如何ナル場合ニ於テモ專斷ヲ以テ之ヲ爲スコトヲ得ルモノトセハ時ニ船主ノ利害ニ影響スル所大ナルモノアルヲ以テ法律ハ一面ニ於テ之カ制限ヲ爲ス其制限トハ即(一)船舶ヲ抵當ト爲スコト(二)借財ヲ爲スコト(三)積荷ノ賣却（全部又ハ一部）又ハ質入（全部又ハ一部）スルコト（但五六五ノ一ノ場合ヲ包含セス）ハ航海ヲ繼續スルニ必要ナル費用ヲ支辨スル爲メニ非サレハ航海ノ爲メニ必要ナル行爲ナルモ之ヲ爲スコトヲ得サルモノトス航海ヲ繼續スル爲メニ必要ナル費用トハ其例示セル船舶ノ修繕、救助ノ費用ハ勿論其他船舶ノ差押又ハ假差押ニ遭遇スルニ當リ其債務ヲ辨濟ス

ルニ非サレハ航海ヲ繼續スルヲ得サルカ如キ場合ナリ而シテ船長カ此制限ニ從ヒテ此等ノ行爲ヲ爲シタルトキハ其行爲ハ其權限トシテ爲シタルモノナルヲ以テ其行爲ハ所謂船舶所有者ノ代理人トシテ船主ノ爲メニ爲シタルモノナリ故ニ其積荷ノ賣却又ハ質入ノ行爲ニ付テハ船舶所有者カ積荷ノ所有者ニ對シテ其賠償ノ責ヲ負フ可キモノナリ而シテ其賠償額ハ如何ナル時及ヒ場所ニ於ケル價格ヲ以テ標準トス可キモノナルカ是レ當然生ス可キ問題ナリ而シテ本條第二項ハ此問題ヲ解決シテ曰ク其積荷ノ到達ス可カリシ時ニ於ケル陸揚港ノ價格ニ依リテ之ヲ定ム但シ其價格中ヨリ支拂フコトヲ要セサリシ費用ヲ控除スルコトヲ要スト仍テ其賠償額ヲ定ム可キモノトス若シ夫レ船長カ本條第一項第三號トシテ爲シタル行爲カ同時ニ第五百六十五條第一項ノ所謂船長ノ義務トシテ積荷所有者ノ爲メニスル行爲タリシトキハ積荷ノ賣却價格ハ積荷所有者ノ有ニ歸ス可キモノニシテ船舶所有者ハ債荷所有者ニ對シテ所謂損害賠償ノ問題ヲ生セサル可キコト論ヲ俟タス終ニ本條ハ從來ハ「船舶ノ修繕救援救助ノ費用其他航海ヲ繼續スルニ必要ナル費用トシ救援ト救助トヲ區別シタルモ本法ハ此二者ヲ併セテ「救助ト稱シ只其程度ニ應シテ救助料ヲ拂ハシムルヲ以テ所謂救助料ト爲シタルモ

船主ノ船長ニ對スル委付

シナリ。

第五百六十九條　船長カ特ニ委任ヲ受ケスシテ航海ノ爲メニ費用ヲ出タシ又ハ債務ヲ負擔シタルトキハ船舶所有者ニ對シテ第五百四十四條ニ定メタル權利ヲ行フコトヲ得

本條ハ船長ニ對スル船舶所有者ノ委付權ニ關スル規定ナリ抑モ船長ハ一般ニ航海ヲ成就スルノ義務アル（五四六）ヲ以テ航海中或ハ其代理權內ニ於テ船舶所有者ノ爲メニ自ラ受任者トシテ航海ノ爲メニ必要ナル費用ヲ立替ヘ或ハ債務ヲ負擔シテ之ヲ支辨スルコトアル可シ而シテ此等ノ場合ニ於テ船長ハ船舶所有者ニ對シ其賠償ヲ請求シ得ルハ勿論（民六五〇）船舶所有者ハ亦船長ニ對シテ無限ノ責任ヲ負擔スルハ當然ナリ然レトモ船長カ船舶所有者ノ委任ナクシテ自ラ航海ノ爲メニ費用ヲ出タシ又ハ債務ヲ負擔シタルトキハ船長カ法定權內ニ於テ爲シタル場合トハ權利狀態ヲ異ニス而カモ此場合ニ於テモ亦船舶所有者其全財產ヲ以テ辨濟ノ責ニ任セシム可キモノトスルハ甚タ酷ニ失スルヲ以テ斯ル場合ニ於テハ船舶所有者ハ第三者ニ對スルト均シク船長ニ對シテ第五百四十四條ニ所謂海產ヲ委付シテ其責ヲ免ルルコトヲ得ルモノト爲セリ。

第五百七十條　船籍港外ニ於テ船舶カ修繕スルコト能ハサルニ至リタルトキハ船長ハ管海官

廳ノ認可ヲ得テ之ヲ競賣スルコトヲ得

船長ノ船舶競賣權

本條ハ船長ノ船舶競賣ニ關スル規定ナリ船長ハ航海ヲ繼續シ且之ヲ成就スルノ義務アルヲ以テ特別ノ委任ナキ限リ船舶ヲ賣却スルヲ得サルハ言ヲ俟タスト雖モ船舶カ船籍港外ニ於テ海難其他ノ原因ニ依リ修繕スルコト能ハス爲メニ航海ヲ繼續スルノ途ナキニ至リタル場合ニ於テハ寧ロ船舶ヲ賣却スルコト却テ船舶所有者ノ爲メニ利益ナルコトアリ故ニ船長ハ斯ル場合ニ船舶ヲ賣却スルノ權アルモノト爲セリ而シテ船舶ノ賣却ハ船舶所有者ノ爲メニ重大ナル關係アルヲ以テ船長カ船舶ヲ賣却スルヲ得ルカ爲メニハ四個ノ條件ヲ具備スルコトヲ要スルモノトス即チ(一)船籍港外ナルコト(二)船舶カ修繕スルコト能ハサルニ至リタルコト(三)管海官廳ノ認可ヲ得ルコト(四)其ノ賣却ハ競賣ノ方法ニ依ルコト是ナリ其船籍港外ナルコトヲ要スルハ船籍港內ニ於テハ船舶所有者自ラ處理スルコトヲ得ヘク特ニ船長ニ委任スルノ必要ナキカ爲メナリ又其賣却方法ヲ競賣ノ手續ニ依ラシムルハ船長カ相手方ト通シテ私利ヲ貪ルノ弊害ヲ防クヲ得ヘク管海官廳ノ認可ヲ要スル所以ハ船長一己ノ判斷ニ委スルトキハ或ハ故意又ハ過失ニ因リ誤リタル判斷ヲ以テ爲スコトアルヘク船舶所有者ノ利益ヲ保護スルノ必要アル

船舶修繕不能ト看做ス可キ場合

カ爲ナリ而シテ如何ナル場合ニ船舶カ修繕スルコト能ハサルニ至リタルモノナルヤハ事實問題ニシテ、各場合ノ體樣ニ從ッテ判斷セサル可ラサルモ法律ハ次條ニ於テ船舶修繕不能ト看做シタル場合ヲ掲ケタリ。

第五百七十一條　左ノ場合ニ於テハ船舶ハ修繕スルコト能ハサルニ至リタルモノト看做ス

一　船舶カ其現在地ニ於テ修繕ヲ受クルコト能ハス且其修繕ヲ爲スヘキ地ニ到ルコト能ハサルトキ

二　修繕費カ船舶ノ價額ノ四分ノ三ニ超ユルトキ

前項第二號ノ價額ハ船舶カ航海中毀損シタル場合ニ於テハ其發航ノ時ニ於ケル價額トシ其他ノ場合ニ於テハ其毀損前ニ有セシ價額トス

本條ハ船舶修繕不能ト看做ス可キ場合ニ付テノ規定ナリ是レ前條ニ船舶修繕不能ノ場合ニ船舶賣却ノ權ヲ船長ニ附與シタルヲ以テ後日紛爭ノ生ス可キコトヲ防クノ趣旨ニ出タルナリ而シテ第一號ハ尙該船舶ノ現在地ノ特別ノ關係ヨリ看タル船舶修繕不能ノ場合ニシテ第二號ハ唯經濟上ノ關係ヨリ寧ロ修繕セサルヲ以テ可トスル場合ナリ此他船舶カ絕對的ニ修繕不能ニ立到リタル場合ハ勿論關係的ニ修繕不能ト見ル可キ場合アル可ク而シテ斯ル場合ハ總テ事實問題ニ一任ス可キモノニシテ法律ハ之ヲ除外スルノ趣旨ニ非ス唯本條ハ著明ノ場合ヲ列

擧スルニ止マル而シテ此場合ニ於ケル船舶ノ價格ハ如何ナル時ヲ以テ標準トス可キカハ第二項ノ規定スル所ナリ終ニ船舶修繕不能ニ至リタルヤ否ヤノ問題ハ啻ニ前條ノ船長ノ船舶賣却ノ權ニ關シテ必要ナル問題タルノミナラス此他海員雇入契約ノ終了（五八七）運送契約ノ終了（六一三）保險ノ目的ノ委付（六七一）等ニ關シテモ亦必要ナル問題タルコトヲ注意セサル可カラス。

船長ノ積荷處分

第五百七十二條　船長ハ航海ヲ繼續スル爲メ必要ナルトキハ積荷ヲ航海ノ用ニ供スルコトヲ得此場合ニ於テハ第五百六十八條第二項ノ規定ヲ準用ス

本條ハ船長ノ積荷處分ニ關スル規定ナリ即チ船長ハ航海ヲ繼續スル爲メ必要ナルトキハ積荷ヲ航海ノ用ニ供スルコトヲ得航海ノ用ニ供ストハ例ヘハ石炭買入ノ途ナキニ當リ積荷中ノ石炭ヲ直ニ航海ノ用ニ使用シ糧食其他ノ物品ノ缺乏ニ當リ積荷中ノ米油等ヲ費消スルカ如キ場合ナリ是レ航海繼續ノ必要上已ムヲ得サルヲ以テナリ此規定ハ第五百六十八條ト其根基ヲ同フスルモ其内容ヲ異ニス即チ彼ノ規定ハ積荷ヲ處分スルハ航海繼續ノ費用ヲ支辨スル爲メニ其資ヲ得ルニ在リ是ハ航海繼續ノ爲メニ其船舶ノ需用ヲ充タスニ在リ而シテ此場合ニ於テモ船舶所有者ハ積荷所有者ニ對シテ賠償義務アルモノニシテ處分シタル積

船長ノ報告義務

荷ノ價格ハ彼ノ場合(五六八ノ二)ノ例ニ依ル可キモノナリ。

第五百七十三條　船長ハ遲滯ナク航海ニ關スル重要ナル事項ヲ船舶所有者ニ報告スルコトヲ要ス

船長ハ毎航海ノ終ニ於テ遲滯ナク其航海ニ關スル計算ヲ爲シテ船舶所有者ノ承認ヲ求メ又船舶所有者ノ請求アルトキハ何時ニテモ計算ノ報告ヲ爲スコトヲ要ス

本條ハ船長ノ航海事項ノ報告並ニ計算報告義務ニ關スル規定ナリ(一)報告義務ハ航海ニ關スル重要ナル事項(例ヘハ海難其他ノ異變ハ勿論航海中締結シタル契約等ノ如シ)ナリ是レ船舶所有者ヲシテ其事務ノ狀況ヲ知得セシメ適宜ノ處置ヲ爲サシメムカ爲メナリ其報告ノ時期ハ重要ナル事件ノ發生毎ニ遲滯ナク之ヲ爲ササル可カラス然ラサレハ實用ヲ爲ササルヲ以テナリ(二)計算報告ハ船舶所有者ノ請求アルトキハ何時ニテモ之ヲ爲ス可ク其請求ナキトキハ唯航海ノ終ニ於テ遲滯ナク之ヲ爲スト同時ニ其承認ヲ求ムルコトヲ要ス是レ船舶ニ付テノ損益ノ分配ハ毎航海ノ終ニ於テ之ヲ爲スヲ常トスルハ船舶所有者ヲシテ其利害ヲ熟知セシムルノ必要アルニ由ル。

第五百七十四條　船舶所有者ハ何時ニテモ船長ヲ解任スルコトヲ得但正當ノ理由ナクシテ之ヲ解任シタルトキハ船長ハ船舶所有者ニ對シ解任ニ因リテ生シタル損害ノ賠償ヲ請求スルコトヲ得

船長ノ解任

船長カ船舶共有者ナル場合ニ於テ其意ニ反シテ解任セラレタルトキハ他ノ共有者ニ對シ相當代價ヲ以テ自己ノ持分ヲ買取ルヘキコトヲ請求スルコトヲ得
船長カ前項ノ請求ヲ爲サントスルトキハ遲滯ナク他ノ共有者又ハ船舶管理人ニ對シテ其通知ヲ發スルコトヲ要ス

本條ハ船長ノ解任ニ關スル規定ナリ抑船長ト船舶所有者トノ關係ハ其契約ノ定ムル所ニ依リ或ハ年限ヲ以テシ或ハ一航海ヲ以テスルコトアル可シ而シテ斯ル場合ニ其期間ノ滿了ニ由リ當然其契約關係ノ終了スルハ勿論ナルモ假令船舶所有者ト船長トノ間ニ其契約期間ノ定メアルト將タ解任セサルコトノ特約アルトヲ問ハス船舶所有者ハ何時ニテモ船長ヲ解任スルコトヲ得ルモノトス蓋船舶所有者ノ權利ノ委セラレタル船舶ノ指揮者タル船長ノ權限ノ擴大ナルト共ニ船長ノ適否ハ船舶所有者ノ利害ニ影響スル所多大ナリ加之又他ノ第三者ノ利害ニモ關スル所尠少ナラサルヲ以テナリ此規定ハ公益上ノ必要ニ出テタルモノナルヲ以テ當事者間ノ特約ニ依リ之ヲ左右スルモ何等ノ效力ナシ而シテ船舶所有者ハ船長ノ解任ニ當リ必スシモ正當ノ理由アルコトヲ要セス唯正當ノ理由ナクシテ解任セル場合ニ於テハ船長ニ對シテ解任ニ因リテ生シタル損害賠償ノ責ニ任スルニ過キス船長ノ此賠償請求權ハ船舶所有者ノ解任權ヲ認メタルヨリ公平上

船長ノ利益ヲ保護スルノ趣旨ヨリ出タルモノナリ。

船長ハ自ラ單獨ニ船舶所有者タルコト在リ又共有者ノ一人タルコト在リ前ノ場合ハ其意思ニ依リ其職ヲ去ルカ又ハ船長タル資格ノ欠缺ニ因リ其職ヲ廢スルノ外解任ノ問題ヲ生セス後ノ場合ニ於テハ其選任解任ノ權ハ船舶管理人ニ在ル(五五三)ヲ以テ其解任アリタルトキハ共有者ノ一人タル船長ハ其職ヲ失フニ至ル可シ此場合ニ於テ船長ハ或ハ他ノ共有者ト共ニ共有關係ニ立ツヲ欲セサルコトアルヘキ以テ法律ハ當事者ノ意思ヲ推測シ船長カ其意ニ反シテ解任セラレタルトキハ他ノ共有者ニ對シ相當代價ヲ以テ自巳ノ持分ノ買取リヲ請求スルノ權アルモノトセリ但船長カ此買取リヲ請求セントセハ遲滯ナク他ノ共有者又ハ船舶管理人ニ其通知ヲ發セサル可カラス。

船長ノ船主ニ對スル債權ノ時效

第五百七十五條　船長ノ船舶所有者ニ對スル債權ハ一年ヲ經過シタルトキハ時效ニ因リテ消滅ス

本條ハ船長カ船舶所有者ニ對シテ有スル債權ノ時效ニ關スル規定ナリ船長ノ船舶所有者ニ對スル債權トハ例ヘハ給料、立替金等ノ如シ而シテ此等ノ權利ハ其性質上永ク請求權ノ行使ヲ怠ルモノニ非サルヲ以テ一年ノ短期時效ニ因リ消滅

スルモノトセリ。

第二節　海員

海員トハ船長以外ノ一切ノ乘組員ヲ謂フ(二船)故ニ船中ノ勤務ニ服スル者ニシテ船長ノ指揮監督ヲ受クル運轉士機關士水夫其他總テノ船中ノ使役人ヲ包含ス。(一)海員ト船舶所有者トノ法律關係ハ船長ト船舶所有者トノ關係ト異ナリ全ク雇傭ノ關係ノミニ立ツモノナルヲ以テ民法ノ雇傭ニ關スル規定ハ海員ト船舶所有者トノ關係ニ付テ之ヲ適用ス可キモノナリ唯夫レ海員ハ他ノ一般ノ雇傭者ト異ナリ海上ノ役務ニ從事シ且海上百種ノ危難ニ遭遇スルコトアルヲ以テ其利益ヲ保護スルノ度他ノ一般ノ雇主ニ於ケル雇人ノ關係ヨリ一層重要視スルノ必要アリ之ヲ以テ法律ハ公益上ノ理由ニ依リ海員ニ關スル特別規定ヲ設ケタリ本節ノ規定即チ是ナリ。

本節ノ規定ハ(一)海員ノ雇入雇止(二)海員ノ權利及ヒ義務(三)雇入期間(四)雇入契約ノ終了(五)海員ノ船舶所有者ニ對スル債權ノ時效等ヲ以テ其内容トス。

第五百七十六條　海員ハ其雇入ノ手續カ終ハリタルトキハ船長ノ指定シタル時ニ於テ船舶ニ

海員ノ義務

乘込ムコトヲ要ス

海員ハ船長ノ許可ヲ得ルニ非サレハ其乘込ミタル船舶ヲ去ルコトヲ得ス

本條ハ海員ノ雇入及就職ノ義務竝ニ在船ノ義務ニ關スル規定ナリ海員ノ雇入契約其モノハ當事者ノ意思表示ニ因テ成立スルモ海員ノ雇入ハ行政上ノ取締ノ必要上公認其他ノ手續ヲ必要トス公認其他ノ雇入ノ手續終ハリタルトキハ海員ハ雇傭契約ノ趣旨ニ從ヒ勞務ニ服スル義務アリ而シテ其勞務ニ服スル場所ハ船舶ナルヲ以テ海員ハ其雇入手續終ハリタル後ハ船長ノ指定シタル時ニ於テ船舶ニ乘込ムコトヲ要ス又其乘船後ハ妄ニ其船舶ヲ去ルコトヲ得サルモノトス本條カ特ニ之ヲ規定スル所以ノモノ蓋シ公益上ノ理由ヨリ海員ニ此義務アルコトヲ明ニスルノ必要アルカ爲メナリ而シテ海員カ若シ此義務ニ違反スルトキハ船舶所有者ニ對シテ私法上ノ損害賠償ノ責任アルノミナラス許多ノ行政上ノ制裁ヲ受ケサル可カラス（船員六一、六四）尙ホ海員雇入公認其他ノ手續ニ關シテハ船員法施行細則及ヒ船員法取扱手續之ヲ詳細ニ規定ス。

海員ノ食料請求權

第五百七十七條　海員ノ服役中ノ食料ハ船舶所有者ノ負擔トス

本條ハ海員ノ食料請求權ニ關スル規定ナリ海員ノ給料ハ比較的少額ニシテ食

料ハ通常其中ニ包含セサル可キヲ以テ其服役中ノ食料ハ船舶所有者之ヲ負擔ス可キモノトス但特約ニ依リ海員ノ負擔ト爲スハ固ヨリ之ヲ妨ケス而シテ法文ニ服役中トハ海員カ勞務ニ服スル間ノ食料ハ勿論一時疾病其他ノ事故ニ因リ休役スル間ノ食料モ亦之ヲ包含ス可ク又食料中ニハ飲料水ハ勿論必要ナル附隨ノ食料モ亦包含ス。

海員ノ治療及ヒ看護費用ノ請求權

第五百七十八條　海員カ服役中不行跡其他重大ナル過失ニ因ラスシテ疾病ニ罹リ又ハ傷痍ヲ受ケタルトキハ船舶所有者ハ三个月ヲ超エサル期間内ノ治療及ヒ看護ノ費用ヲ負擔ス

前項ノ場合ニ於テ海員ハ其服役シタル期間ニ對スル給料ヲ請求スルコトヲ得但其職務ヲ行フニ因リテ疾病ニ罹リ又ハ傷痍ヲ受ケタルトキハ其給料ノ全額ヲ請求スルコトヲ得

本條ハ海員ノ治療及ヒ看護ノ費用請求權ニ關スル規定ナリ凡ソ民法ノ一般規定ニ依レハ勞務者カ雇傭期間中疾病傷痍ヲ受クルモ使用者ニ對シテ治療、看護ノ費用ヲ請求スル權アルコトナシト雖モ海員ハ其勤務ノ性質上危害ヲ被リ易ク而カモ自ラ其費用ヲ以テ之カ救治ヲ計ラサルヲ得ストセハ其情憐ムニ堪ヘス加之之カ爲メニ海員ヲ厭忌スル者アルニ至テハ航海業ノ發達ヲ阻害スルノ因タルナキヲ保セス之ヲ以テ公益上ノ理由ヨリ海員カ服役中不行跡其他重大ナル過失ニ因ラスシテ疾病ニ罹リ又ハ傷痍ヲ受ケタル時ニ限リ船舶所有者ヲシテ三箇月ヲ

航海ノ延長ト海員ノ給料

超エサル期間内ノ治療費及ヒ看護ノ費用ヲ負擔スルノ義務ヲ負ハシメタリ此場合ニ於テ海員ハ服役ノ期間ノ給料ヲ請求スルノ權アルハ勿論若シ其疾病傷痍カ其職務行使ニ原因スルトキハ其雇傭期間中ノ給料ノ全額ヲモ請求スルノ權アルモノトス。

第五百七十九條　一航海ニ付キ給料ヲ定メタル場合ニ於テ航海ノ日數ヲ延長シ又ハ不可抗力ニ因ラスシテ其里程ヲ延長シタルトキハ海員ハ其割合ニ應シテ給料ノ增加ヲ請求スルコトヲ得但航海ノ日數又ハ里程ヲ短縮シタルトキト雖モ給料ノ全額ヲ請求スルコトヲ得

本條ハ航海延長ノ場合ニ於ケル海員ノ給料增加ノ請求權ニ關スル規定ナリ抑海員ハ雇傭ノ關係ニ立ツモノナルヲ以テ船舶所有者ニ對シテ給料ヲ請求スルノ權アルハ言ヲ俟タス而シテ其給料ヲ定ムルニ當テハ其方法固ヨリ種々アル可シト雖モ若シ一航海ニ付キ給料ヲ定メタル場合ニ於テ航海日數若クハ里程ヲ延長シタルトキハ海員ハ其割合ニ應シテ給料ノ增加ヲ請求スルコトヲ得蓋シ一航海ヲ以テ給料ヲ定ムル場合ハ通常豫定日數若クハ里程ニ依リ給料額ヲ標準トシテ算定スルモノト推測スルヲ得ヘケレハナリ但里程ノ延長カ不可抗力ニ因リタルトキハ此限ニ在ラス是レ船舶所有者ニ過失ナキカ故ナリ然ラハ航海日數若クハ里程ノ短縮ハ其短縮ノ割合ニ依リ給料ノ減少ヲ來スヤ否ヤノ問題ヲ生スルヲ以

テ本條但書ハ之カ規定ヲ設ケ此場合ニ於テハ給料ノ全額ヲ請求スルコトヲ得ルモノト爲セリ蓋シ航海ノ日數若クハ里程カ減少スルモ航海ノ全體ヲ完了セルモノナレハ偶然ノ事實ニヨリ海員ノ利益ヲ減殺ス可キニ非サルヲ以テナリ。

海員ノ死亡ト給料及葬式ノ費用

第五百八十條　海員カ就役ノ後死亡シタルトキハ船舶所有者ハ死亡ノ日マテノ給料ヲ支拂フコトヲ要ス

海員カ其職務ヲ行フニ因リテ死亡シタルトキハ其葬式ノ費用ハ船舶所有者ノ負擔トス

本條ハ海員就役後死亡セル場合ニ於テ船舶所有者ハ死亡ノ日マテノ給料ヲ支拂フ可ク海員ノ死亡カ其職務行爲ニ基因シタルトキハ其葬式ノ費用ヲモ負擔ス可キ義務アルコトヲ規定ス夫レ海員ノ死亡ハ其雇入契約ノ終了ナルヲ以テ其以後ノ給料ハ之ヲ支給スルノ必要ナキカ如クナルモ海員ノ死亡ハ其情憐ム可キ境遇ニ在ルヲ以テ海員保護ノ公益上ノ理由ヨリ此規定ヲ設ケタルヲ以テ海員ハ安ンシテ其職務ヲ盡スコトヲ得ルニ至レリ。

第五百八十一條　左ノ場合ニ於テハ船長ハ海員ヲ雇止ムルコトヲ得

一　發航前海員カ其職務ニ不適任ナルコトヲ認メタルトキ

二　海員カ著シク其職務ヲ怠リ又ハ其職務ニ關シ之ニ重大ナル過失アリタルトキ

三　海員カ禁錮以上ノ刑ニ處セラレタルトキ

四　海員カ疾病ニ罹リ又ハ傷痍ヲ受ケ其職務ニ堪ヘサルニ至リタルトキ

五　不可抗力ニ因リ發航ヲ爲シ又ハ航海ヲ繼續スルコト能ハサルニ至リタルトキ

前項第一號乃至第三號ノ場合ニ於テハ海員ハ其服役シタル期間ニ對スル給料ヲ請求スルコトヲ得

第一項第四號及ヒ第五號ノ場合ニ於テハ海員ハ其雇止ノ日マテノ給料及ヒ雇入港マテノ送還ヲ請求スルコトヲ得但第四號ノ場合ニ於テ海員ニ過失アルトキハ前項ノ規定ヲ準用ス

本條ハ船長カ海員ヲ雇止ムル場合ニ付テノ規定ナリ船長カ海員ヲ雇止ムルニ正當ナル事由アル場合ト然ラサル場合ト在リ本條ハ其正當ナル事由ノ存スル場合ニ關スル而シテ正當ノ事由ナキ場合ハ次條ニ規定スル所ナリ船長カ海員雇止ヲ爲ス場合ハ何レモ其必要又ハ已ムコトヲ得サルモノナリ然レトモ海員ハ其雇止ニ因リ其服役シタル期間ノ給料ノ請求權ヲ失フ可キ理由ナキカ故ニ第二項ハ之ヲ明示セリ又其雇止ニ因リ其儘其地ニ放置スルハ酷ナルヲ以テ第三項ハ或場合ニ限リ其雇止ノ日マテノ給料及ヒ雇入港マテノ送還ヲ請求スルノ權アルモノト爲セリ。

第五百八十二條　海員カ前條第一項ニ揭ケタル事由ニ因ラスシテ雇止メラレタルトキハ其服役シタル期間ニ對スル給料ノ外一个月分ノ給料ヲ請求スルコトヲ得若シ雇入港外ニ於テ雇止メラレタルトキハ雇入港マテ歸航スルニ必要ナル期間ニ對スル給料及ヒ雇入港マテノ送還ヲ請求スルコトヲ得

海員ノ雇止ト海員ノ權利

本條ハ海員ノ雇止カ正當ノ事由ニ因ラサル場合ニ於ケル海員ノ權利ニ關スル規定ナリ夫レ船長ハ其權利トシテ海員ノ雇止ヲ爲スコトヲ得船長カ海員ヲ雇止ムルニ付キ法律上之ヲ認メテ正當ナル事由アリト爲スモノハ卽チ前條ニ規定スル所ナルカ船長ハ海員ヲ雇止ムルニ付キ啻ニ正當ナル事由存スル場合ニ限ラス此以外ノ場合ニ在テモ亦雇止ヲ爲スコトヲ得サルニ非ス而シテ其雇止カ正當ノ事由ニ因ラサル場合ニ於テ海員ハ何等ノ保護ヲ受ケサルモノトセハ海員ノ地位ハ船長ノ壓制ヲ甘受セサルヲ得サルニ至リ其境遇憐ム可ク海員保護ノ公益上ノ目的ニモ反ス可シ之ヲ以テ法律ハ海員カ正當ノ事由ニ因ラスシテ雇止メラレタル場合ニ於テハ法定ノ損害賠償額ヲ請求スルノ權利アルモノト爲ス卽チ其服役シタル期間ノ給料ノ外ニ一箇月分ノ給料ヲ請求スルコトヲ得而シテ其雇止カ雇入港外ニ於テセラレタル場合ニ於テハ雇入港マテ歸航スルニ必要ナル期間ニ對スル給料及ヒ雇入港マテノ送還ヲモ請求スルコトヲ得蓋シ雇入港マテ送還セハ海員ヲ原狀ニ回復スルコトヲ得セシムル所以ニシテ海員ノ爲メニ其損害ヲ少カラシムルコトヲ得レハナリ。

第五百八十三條　左ノ場合ニ於テハ海員ハ其雇止ヲ請求スルコトヲ得

海員ノ雇止請求

一　船舶カ日本ノ國籍ヲ喪失シタルトキ
二　自己ノ過失ニ因ラスシテ疾病ニ罹リ又ハ傷痍ヲ受ケ其職務ニ堪ヘサルニ至リタルトキ
三　船長ヨリ虐待ヲ受ケタルトキ
前項ノ場合ニ於テハ海員ハ其雇止ノ日マテノ給料及ヒ雇入港マテノ送還ヲ請求スルコトヲ得

本條ハ海員ヨリ雇止ヲ請求スル場合ニ關スル規定ナリ夫レ船長ハ正當ナル事由存スルトキハ海員ヲ雇止スルコトヲ得ルハ第五百八十二條ノ規定スル所ナルカ故ニ權衡上海員ニ於テモ亦正當ノ事由存スルトキハ其雇止ヲ請求スルヲ得セシムルヲ相當トス可ク且之ヲ規定スルニ因リ豫メ紛爭ヲ防止スルコトヲ得ヘキナリ是レ此規定ヲ設クル所以ニシテ海員カ雇止ヲ請求スル場合ニモ亦正當ノ事由存スルトキト然ラサルトキトニ區別スルコトヲ得本條ハ即チ法律カ認メテ海員ヨリ為ス雇止ノ請求カ正當ノ理由アリト為ス場合ナリ而シテ其場合ハ孰レモ其必要又ハ已ムヲ得サルモノナルヲ以テ海員ハ其雇止ヲ請求スルモ為メニ其給料ヲ失フ可キ理由ナキカ故ニ其雇止ノ日マテノ給料ヲ請求スルヲ得ルハ勿論雇入港マテノ送還ヲモ請求スルコトヲ得ルモノトス其雇入港マテノ送還請求權ヲ與フルハ海員ヲ最モ其原狀ニ復セシムル所以ニシテ海員ノ損害ヲ少カラシメム

トスル海員保護ノ公益上ノ理由ニ基クコト前條ノ場合ト同一ナリ船舶カ日本ノ國籍ヲ喪失セルヲ以テ雇止請求ノ理由トセルハ蓋日本海員ハ日本船舶ナルカ故ニ其雇入ニ應シタルモノト認ムルハ當事者ノ意思ニ合ス可ケレハナリ最モ此規定ハ海員ノ權利タルニ過キサレハ此事由生スルモ海員ニシテ其船舶ニ留マリ繼續シテ職務ヲ執ルカ如キハ其自由ニ屬スルコト勿論ナリ尚ホ海員ヨリノ雇止ノ請求カ正當ノ事由ニ因ラサルトキハ如何此場合ニ關シテハ船長ノ雇止ニ於ケルカ如キ(五八二)規定ナキヲ以テ全然民法ノ規定ニ從テ判斷ス可キモノトス(民六二六、六二八)。

第五百八十四條　航海中船舶ノ所有者カ變更シタルトキハ海員ハ新所有者ニ對シ雇傭契約ニ因リテ生シタル權利義務ヲ有ス

航海中船主ノ變更ト海員ノ地位

本條ハ航海中船舶ノ所有者ノ變更ト海員ノ地位トニ關スル規定ナリ抑海員雇入契約ハ海員ト船舶所有者トノ雇傭ナル對人關係ニシテ船舶ト海員トノ關係ニ非サルヲ以テ船舶所有者カ其船舶ヲ他ニ讓渡スルモ其船舶ノ乘組員タル海員ハ船舶ニ附隨スルコトナク又其使用者タル海員ト船舶所有者トノ雇傭關係ハ當然新船舶所有者ニ移轉ノ效力ヲ生スルモノニ非ス故ニ當然ノ結果トシテ海員ハ新船舶所有者ニ對シテ勞務ニ服スルノ義務ナク又何等ノ權利ヲモ有セサルモノト

ス然レトモ此理論ヲ一貫セハ實際ニ航海ノ中途ニ於テ船舶ヲ讓受クルモ航海ヲ廢スルノ已ムヲ得サルノ不便アル可ク斯クテハ公私ノ利益ヲモ害スルニ至ル可キヲ以テ法律ハ此理論ニ特例ヲ設ケ航海中船舶所有者カ變更シタルトキト雖舊來ノ雇傭關係ハ新船舶所有者ニ對シテモ其效力ヲ生シ海員ハ新所有者ニ對シテ雇傭契約ニ因リ生シタル權利義務ヲ有スルモノト爲セリ但此規定ハ原則ニ對スル例外ナルヲ以テ唯航海中ノ船舶讓渡ノ場合ニ限リ適用ス可ク其他ノ場合ニ擴張スルヲ得サルハ言ヲ俟タス茲ニ一言ス可キハ此場合ニ於ケル舊所有者ト海員トノ關係ハ船舶所有者ノ變更ト同時ニ消滅スルヤ否ヤノ問題ナリ惟フニ本條ハ新所有者ト海員トノ關係ヲ規定シタルニ止マリ舊所有者ト海員トノ關係ヲ定メタルモノニ非サルハ法文ノ正面ヨリスルモ明ナルヲ以テ一般ノ理論ヨリシテ舊所有者ト海員トノ關係ハ此規定ニ關スル所ナク依然トシテ繼續シ新所有者ハ舊所有者ノ地位ヲ繼承スト解スルヲ得ス隨テ海員ハ舊所有者ニ對シテモ亦其契約上ノ權利ヲ有シ且義務ヲ負フモノト解ス可ク新所有者ト海員トノ間ノ關係ハ法律ノ力ニ依リ雇傭契約上ノ關係同樣ノ效力ヲ有セシムルニ過キス。

終リニ船長ニ對シテハ此種ノ規定ナキヲ以テ異論アルヲ免レスト雖モ船長ト

舊所有者トノ關係ハ當然新所有者ニ對シテ其效力ヲ生スルモノニ非ス。

海員雇入期間ノ制限

第五百八十五條　海員ノ雇入期間ハ一年ヲ超ユルコトヲ得ス若シ之ヨリ長キ期間ヲ以テ海員ヲ雇入レタルトキハ其期間ハ之ヲ一年ニ短縮ス

海員ノ雇入ハ之ヲ更新スルコトヲ得但其期間ハ更新ノ時ヨリ一年ヲ超ユルコトヲ得ス

本條ハ海員雇入期間ノ制限ニ關スル規定ナリ卽チ海員ノ雇入期間ハ一年ヲ超ユルコトヲ得ス是レ一般規定ニ於テ雇傭ノ期間ハ如何ニ長期ニ渉ルモ五年ヲ經過シタルトキハ當事者ハ何時ニテモ解約ヲ請求スルコトヲ得ルノ原則(民六二六)ニ對スル例外ナリ蓋シ海員ハ海上百種ノ危難ニ遭遇スルコト多ク且ツ普通ノ勞務者ニ比スルモ其自由ヲ束縛スルノ度高キヲ以テ其自由ノ範圍ヲ擴ムルノ必要アルニ基ク故ニ若シ一年ヨリ長キ期間ヲ約シタルトキハ其期間ハ之ヲ一年ニ短縮スルモノトス然レトモ其期間ノ經過シタルトキ又ハ其以前ト雖モ其雇入契約ヲ更新スルコトハ妨ケサルモノナリ但此場合ニ於テモ其期間ハ更新ノトキヨリ一年ヲ超ユルコトヲ得ス。

海員雇入期間ト海員ノ雇止請求

第五百八十六條　雇入期間ノ定ナキトキハ海員ハ特約アル場合ヲ除ク外船舶カ安全ニ碇泊シ且積荷ノ陸揚及ヒ旅客ノ上陸カ終ハリタル後ニ非サレハ其雇止ヲ請求スルコトヲ得ス

本條ハ雇入期間ノ定メナキ場合ニ於ケル海員ノ雇止請求ノ時期ニ關スル規定

ナリ一般ノ原則(民六二七)ニ從ヘハ各當事者ハ何時ニテモ解約ノ申入ヲ爲スコトヲ得ト雖モ海員ハ其雇入期間ノ定メナキトキハ特約アル場合ヲ除クノ外船舶カ安全ニ碇泊シ且ツ積荷ノ陸揚及ヒ旅客ノ上陸終リタル後ニ非サレハ雇止ヲ請求スルコトヲ得サルモノトス何トナレハ若シ其雇入期間ノ定メナキトキ何時ニテモ雇止ヲ請求スルヲ得ルモノトセハ航海ヲ中途ニ廢絶スルノ不幸ニ陥リ利害關係人ニ不慮ノ損害ヲ生セシムルコトアル可ク又公益ヲ害スルニ至レハナリ但特約ヲ以テ隨時雇止ノ請求ヲ爲ス權利ヲ留保シタルトキハ其約束ニ從フコトヲ得ルハ言ヲ俟タス。

海員雇入契約ノ終了ノ法定事由

第五百八十七條　海員ノ雇入契約ハ左ノ事由ニ因リテ終了ス

一　船舶カ沈沒シタルコト

二　船舶カ修繕スルコト能ハサルニ至リタルコト

三　船舶カ捕獲セラレタルコト

前項ノ場合ニ於テハ海員ハ契約終了ノ日マテノ給料及ヒ雇入港マテノ送還ヲ請求スルコトヲ得

本條ハ海員ノ雇入契約ノ終了ニ關スル規定ナリ海員ノ雇入契約ハ其契約ノ趣旨ニ因リ消滅スルノ外(一)船舶ノ沈沒(二)船舶ノ修繕不能(三)船舶ノ捕獲等ノ事由アルニ依リテ終了ス可キモノトス蓋シ海員ハ船舶ヲ目的トシ船中ニ於テ役務ニ從

フモノナリ然ルニ其船舶ニ付キ此等ノ事由發生シタルトキハ海員ノ役務ヲ目的トスル必要之ナキニ至ルヲ以テ當事者ハ特ニ雇止ノ請求ヲ爲スコトヲ要セス其契約ハ此事由ノ發生ト共ニ當然終了スルモノト爲ス然レトモ之カ爲メニ海員ニ損害ヲ與フ可キ理由ナキカ故ニ海員ハ此場合ニ於テモ契約終了ノ日マテノ給料ヲ請求スルヲ得ルハ勿論雇入港マテノ送還ヲモ請求スルコトヲ得其送還ヲ請求スルヲ得セシムルハ海員ニ咎ム可キ所ナキカ故ナリ(五八一、五八三)所謂船舶ノ沈沒ハ船舶其者ノ消滅ナリ修繕不能ノ何タルヤハ既ニ前述シタリ(五七一)捕獲ノ何タルヤハ國際法上ノ問題ナルモ例ヘハ戰時中敵國軍艦ノ爲メニ拿捕セラレタルカ如シ。

海員送還ノ方法

第五百八十八條　海員カ雇入港マテノ送還ヲ請求スル權利ヲ有スル場合ニ於テハ送還ニ代ヘテ其費用ヲ請求スルコトヲ得

本條ハ海員送還ノ方法ニ付テノ規定ナリ卽チ海員ハ送還ヲ請求スルコトヲ得ル場合(五八一、五八二、五八三、五八七)ニ於テ送還ニ代ヘテ其費用ヲ請求スコトヲ得蓋シ海員ヲ送還スルニ當テハ其方法一ニシテ足ラスト雖モ其送還ノ費用ヲ要スルハ明カナリ故ニ若シ海員ノ撰擇スル所ニ依リ之ニ代ヘテ費用ヲ支給スルモ船舶所有者ヲ害スル所ナカル可キヲ以テナリ。

海員ノ船主ニ對スル債權ノ時效

第五百八十九條　第五百七十五條ノ規定ハ海員ノ債權ニ之ヲ準用ス

本條ハ海員ノ船舶所有者ニ對スル債權ノ時效ニ關スル規定ナリ海員カ船舶所有者ニ對シテ有スル債權ハ船長カ船舶所有者ニ對シテ有スル債權ト同シク永ク其行使ヲ怠ル可キニ非サルヲ以テ法律ハ海員ノ債權ニ對スル時效ニ付テハ船長ノ債權ニ關スル時效ノ規定（五七五）ヲ準用ス海員ノ債權トハ例ヘハ給料、治療看護費、食料送還費用ノ請求權等ノ如シ。

運送

第三章　運送

凡ソ運送ハ海上及ヒ陸上運送ノ二種ト爲ス陸上運送ハ商法第三編第八章ニ規定スル所ニシテ海上運送ハ卽チ本章ノ規定スル所ナリ海上運送ハ船舶ヲ要シ且海上百種ノ危難ニ遭遇スルコト多キカ故ニ特別ノ規定ヲ必要トスルモノ尠カラス是レ特ニ海上運送ニ關スル規定ヲ設ケタル所以ナリ而シテ本章ハ亦物品運送及ヒ旅客運送ノ二種ニ分タル卽チ第一節ハ物品運送ニ關シ第二節ハ旅客運送ニ關スル規定タリ。

第一節　物品運送

海上運送契約ハ之ヲ分テ傭船契約及ヒ箇箇ノ物品運送契約ノ二種トス。

傭船契約

第一　傭船契約トハ當事者ノ一方カ船舶ノ全部又ハ一部ヲ貸切リ物品又ハ旅客ヲ運送スルコトヲ約シ相手方カ之ニ其報酬即チ運送賃ヲ與フルコトヲ約スル一種ノ運送契約ナリ而シテ傭船契約ハ其目的カ船舶ノ全部ナルトキハ之ヲ全部傭船契約ト謂ヒ一部ナルトキハ之ヲ一部傭船契約ト謂フ。

箇々ノ物品運送契約

第二　箇箇ノ物品運送契約トハ箇箇ノ物品ヲ以テ運送契約ノ目的トスル契約ヲ謂フ。

運送契約ハ傭船契約タルト箇箇ノ物品運送契約タルトヲ問ハス船舶ニ依リテ運送ナル仕事ヲ完成スルコトヲ約シ其結果ニ對シテ一定ノ報酬ヲ與フルコトヲ約スルモノナレハ請負契約ノ一種ナリ(民六三二)然レトモ傭船契約ハ船舶ノ全部又ハ一部ヲ以テ運送契約ノ目的トスルモノナルカ故ニ之ニ積入ル可キ貨物ノ特定スルコトヲ必要トセサルハ勿論傭船者ハ更ニ第三者ト運送契約ヲ爲スコトヲ得此場合ニ於テ其履行カ船長ノ職務ノ範圍ニ於テハ船舶所有者ノミ第三者ニ對シテ

履行ノ責ニ任ス(六二一)可キモ箇箇ノ物品運送契約ニ在テハ荷送人ハ第三者ト運送契約ヲ爲スコトアルモ其契約ハ單ニ當事者間ノ關係タルニ止マルヲ以テ船舶所有者ノ關スル所ニ非サルナリ。

傭船契約ト箇々ノ物品運送契約

傭船契約ト船舶ノ賃貸借

傭船契約ト混同ス可カラサルモノヲ船舶ノ賃貸借トス船舶ノ賃貸借契約ト傭船契約トハ共ニ船舶ヲ他人ノ利用ニ供シ且之ニ對シテ報酬ヲ受クルノ點ニ於テ異ナル所ナキモ此二者ハ其本質、目的、效果其他ノ點ニ於テ種種異ナレリ今其重要ナルモノヲ擧クレハ(一)傭船契約ノ本質ハ請負契約ナルモ船舶ノ賃貸借ハ賃貸借契約ナリ(二)傭船契約ハ其本質請負ナルヲ以テ其目的ハ船舶ニ依リテ運送テフ仕事ヲ完成スルニ在ルモ船舶ノ賃貸借ハ其目的船舶其モノノ使用收益ヲ爲スニ在リ故ニ(三)傭船契約ニ在テハ船舶ノ占有ハ依然船舶所有者ノ手中ニ存シ船舶ノ賃貸借ニ在テハ船舶ノ占有ハ船舶賃借人ノ占有ニ移ル隨テ此二者ハ其效力ヲ異ニス其主ナルモノハ(イ)船舶ノ賃借人ハ船舶ノ利用ニ關シテ船舶所有者ト同一ノ責任ヲ負擔スルカ故ニ第三者ニ對シ船舶所有者ト同一ノ權利義務ヲ有スルモ(五五七五五九)傭船者ハ第三者ニ對シテ斯ル權利義務ヲ有スルコトナシ(ロ)船舶ノ賃貸借ハ之ヲ登記スルトキハ物權的ノ效力ヲ生ス(五六五)ルモ傭船契約ハ單ニ當事者ノ契約關

係ニ止マリ物權的效力ヲ生スルコトナシ(八)船舶ノ賃貸借ニ在リテハ船舶ノ占有ハ賃借人ニ移轉スルヲ以テ船長ノ任免、指揮監督ノ如キ賃借人ニ在リ傭船契約ニ在テハ此等ノ權利ハ船舶所有者又ハ賃借人ニ在リテ傭船者ニ在ルコトナシ而シテ實際或契約カ傭船契約ナルヤ賃貸借ナルヤヲ區別スルニ當テハ當事者ノ意思ヲ解釋シ之ヲ定ムルノ外ナシト雖モ以上ノ諸點ニ注意シテ之ヲ判定スルヲ要ス。

第一款　總則

傭船契約ノ成立ト運送契約書

第五百九十條　船舶ノ全部又ハ一部ヲ以テ運送契約ノ目的ト爲シタルトキハ各當事者ハ相手方ノ請求ニ因リ運送契約書ヲ交付スルコトヲ要ス

本條ハ傭船契約ノ成立ニ付テノ規定ナリ傭船契約ハ其全部ナルト一部ナルトヲ問ハス又箇箇ノ物品運送契約ト同シク諾成契約ナルヲ以テ其契約ハ當事者ノ意思表示ニ因リテ成立ス故ニ其成立ニ付テハ何等ノ方式ヲ必要トセサルモ後日ノ證據ノ爲メ各當事者ハ相手方ニ對シテ運送契約書ノ交付ヲ請求スルコトヲ得ルモノト爲セリ而シテ其運送契約書ノ方式ハ法律ノ規定セサル所ナルヲ以テ其方式記載事項ノ如キハ當事者ノ契約又ハ慣習ニ依リ定ムルノ外ナカル可シ。

航海堪能ノ擔保義務

第五百九十一條　船舶所有者ハ傭船者又ハ運送人ニ對シ發航ノ當時船舶カ安全ニ航海ヲ爲スニ堪フルコトヲ擔保ス

本條ハ船舶所有者ノ航海堪能ノ擔保義務ニ關スル規定ナリ所謂航海堪能ノ擔保義務ハ船舶所有者ノ第一ノ義務ナリ抑傭船契約ハ其全部タルト一部タルトヲ問ハス船舶ヲ目的トスルモノナルヲ以テ其船舶ノ特定セルハ言ヲ俟タス而シテ箇箇ノ物品運送契約ニ在テモ運送ニ用ユヘキ船舶ハ明示又ハ默示ニ特定スルヲ常トス而シテ船舶所有者ハ其運送船舶カ特定セル場合ト否トヲ問ハス其運送ニ供スル船舶ニ付テハ傭船者又ハ荷送人（單ニ荷送人トハ法文ノ用例上箇箇ノ物品運送ニ於ケル荷送人ヲ指ス）ニ對シテ總テ發航ノ當時該航海ニ堪能ナルコトヲ擔保スルノ義務アルモノトス船舶カ安全ニ航海ニ堪フルトハ獨リ船體ニ損傷ナキハ勿論其屬具、艤裝完備、乘組員ノ技能、員數等ノ完全ナルコトヲモ包含ス可ク又航海トハ當該航海ノ堪能ナルヲ謂フ此義務ハ運送ノ安全ヲ計ルカ爲メナリ蓋シ船舶所有者ハ運送ヲ完成スルノ義務アレハナリ而シテ船舶所有者ノ此義務ハ發航當時ノ狀況ニ於テ船舶カ航海堪能ナルコトヲ保障スルノミ航海ノ終始ヲ擔保スルノ義務アルモノニ非ス故ニ發航後堪能ナラサルニ至ルコトアルモ其責ニ任スルノ限ニ在ラス但發航當時ニ於テ既ニ

航海堪能ナラサルニ因リテ生シタル損害ナリセハ船舶所有者之ヲ負擔ス可キモノタルコト勿論ナリ而シテ此擔保義務ハ公益上ノ理由ニ基クモノナルヲ以テ當事者カ之ニ反スル特約ヲ為スモ何等ノ效力ナシ。

第五百九十二條　船舶所有者ハ特約ヲ為シタルトキト雖モ自己ノ過失、船員其他ノ使用人ノ惡意若クハ重大ナル過失又ハ船舶カ航海ニ堪ヘサルニ因リテ生シタル損害ヲ賠償スル責ヲ免ルルコトヲ得ス

特約ニ因ル免責事項ノ範圍ノ制限

本條ハ船舶所有者ノ特約ニ因ル免責事項ノ範圍ノ制限ニ關スル規定ナリ夫レ海上運送契約モ亦契約ナルヲ以テ其成立ニ付テ契約自由ノ原則ハ之ヲ尊重ス可キコト言ヲ俟タスト雖モ亦餘リ其範圍ヲ各人ノ自由ニ放任スルトキハ遂ニ公益ヲ害スルニ至ル蓋シ海上運送ノ業タル海上幾多ノ危難ニ遭遇シ又多大ノ資本ヲ要スルカ故ニ海上運送業ハ近時漸ク資力ヲ集中セル大會社ノ獨占スル傾向アリ、随テ船舶所有者ハ自己ノ為メ最モ有利ナル條款ヲ定メ以テ運送契約者ノ求ニ應シ其甚シキハ極メテ廣汎有利ナル範圍ニ於テ免責事項ヲ掲記シ自己ハ殆ト責任ヲ負ハス以テ運送契約ヲ取結ハントシ為メニ損害ヲ擧ケテ傭船者又ハ荷送人ニ歸セシムルノ虞アリ是ヲ以テ此弊ヲ防クカ為メニハ或程度ニ於テ契約自由ノ範圍ヲ制限スルノ必要アル亦已ムヲ得サルナリ是レ本條カ特約ニ因ル免責事項ノ

法令又ハ契約違反ノ船積ト船長ノ權限

範圍ヲ制限シ船舶所有者ハ特約ヲ以テスルモ自己ノ過失、船員其他ノ使用人ノ惡意若クハ重大ナル過失ニ因リテ生シタル損害又ハ船舶カ航海ニ堪ヘサルニ因リテ生シタル損害ノ賠償ノ義務ヲ免ルルコトヲ得サルモノト爲ス所以ナリ玆ニ注意ス可キハ所謂船舶カ航海ニ堪ヘサルニ因リテ生シタル損害トハ船舶カ發航當時航海ニ堪ヘサルニ因リテ生シタル損害ノ義ナルヤ將タ發航ノ前後ヲ問ハサルノ主意ナルヤハ異說アルヲ免レスト雖モ前條航海堪能ノ擔保義務ニ付テハ明カニ發航ノ當時トアルモ本條ハ發航ナル文字ナキヲ以テ發航ノ前後ヲ問ハサルノ主意ナリト解ス可ク又船員其他ノ使用人ノ惡意又ハ重大ナル過失ト云ヒ輕過失ヲ除外セルハ之ニ付テノ損害ハ特約ヲ以テ免ルルヲ得ルノ義ナリ。

第五百九十三條　法令ニ違反シ又ハ契約ニ依ラスシテ船積シタル運送品ハ船長ニ於テ何時ニテモ之ヲ陸揚シ若シ船舶又ハ積荷ニ危害ヲ及ホス虞アルトキハ之ヲ放棄スルコトヲ得但船長カ之ヲ運送スルトキハ其船積ノ地及ヒ時ニ於ケル同種ノ運送品ノ最高ノ運送賃ヲ請求スルコトヲ得

前項ノ規定ハ船舶所有者其他ノ利害關係人カ損害賠償ノ請求ヲ爲スコトヲ妨ケス

本條ハ法令ニ違反シ又ハ契約ニ依ラサル船積ニ關スル船長ノ權限ニ關スル規定ナリ船積ス可キ運送品ハ傭船契約タルト箇箇ノ物品運送契約タルヲ問ハス其

種類、容積、重量等ニ付キ何等カノ合意アルヲ常トス可ク又或物品ハ法令ニ依リ運送ヲ禁セラルルコトアル可シ(例ヘハ戰時禁制品又ハ輸出入ノ禁止品等ノ如シ)是ヲ以テ船舶ニ運送品ヲ積込ムニハ契約ノ趣旨ニ基キ且ツ法令ニ違反セサルコトヲ要スルハ自明ノ理ナリ然ルニ傭船者又ハ荷送人カ契約ノ趣旨ニ從ハス又ハ法令ニ違反シタル荷物ヲ船積スルモ之ヲ運送スルノ義務ナキカ故ニ船長ハ此等ノ運送品ハ何時ニテモ陸揚スルヲ得ルハ勿論若シ其運送品カ船舶又ハ他ノ積荷ニ危險ヲ及ホス虞アルトキハ船長ハ之ヲ放棄スルコトヲ得ヘク若シ其物品カ之ニ因リテ船舶又ハ他ノ積荷ニ損害ヲ生セシメタルトキハ船舶所有者其他ノ利害關係人ハ其損害ノ賠償ヲ請求スルコトヲ妨ケサルモノトス而シテ船長カ又此等ノ運送品ヲ運送シタルトキハ其船積ノ地及ヒ時ニ於ケル同種ノ運送品ノ最高ノ運送賃ヲ請求スルコトヲ得但船舶所有者其他ノ利害人ノ損害賠償請求權ハ之カ爲メ毫モ妨ケラルルコトナキハ勿論ナリ。

第五百九十四條　船舶ノ全部ヲ以テ運送契約ノ目的ト爲シタル場合ニ於テ運送品ヲ船積スルニ必要ナル準備カ整頓シタルトキハ船舶所有者ハ遲滯ナク傭船者ニ對シテ其通知ヲ發スルコトヲ要ス

傭船者カ運送品ヲ船積スヘキ期間ノ定アル場合ニ於テハ其期間ハ前項ノ通知アリタル日ノ

船積準備整頓ノ通知、船積期間

翌日ヨリ之ヲ起算ス其期間經過ノ後運送品ヲ船積シタルトキハ船舶所有者ハ特約ナキトキト雖モ相當ノ報酬ヲ請求スルコトヲ得

前項ノ期間中ニハ不可抗力ニ因リテ船積ヲ爲スコト能ハサル日ヲ算入セス

本條以下第六百條ニ至ル七ケ條ハ船舶ノ全部ヲ以テ傭船契約ノ目的ト爲シタル場合ノ規定ニシテ本條ハ船積ヲ爲スニ必要ナル準備整頓ノ通知船積期間ノ起算及ヒ其期間後ノ船積ニ關スル規定ナリ船舶所有者ハ運送契約ニ因リ運送義務ヲ負擔スルカ故ニ先ツ其船舶ニ運送品ヲ船積スルニ必要ナル準備ヲ爲ス可ク其準備カ整頓シタルトキハ傭船者ニ對シテ遲滯ナク其通知ヲ發スルコトヲ要ス而シテ傭船者ハ此通知ヲ俟テ船積ス可ク其船積期間ハ或ハ契約ニ依リ或ハ慣習ニ依リ定マル其孰レタルトヲ區別スルコトナク其期間ハ所謂船積期間ナリ此場合ニ於テ其期間ノ起算點如何ノ問題ヲ生ス可ク而シテ法律ハ其期間ハ船積ノ準備整頓ノ通知ヲ發シタル翌日ヨリ之ヲ起算ス然レトモ不可抗力（例ヘハ暴風雨其他ノ異變ヲ謂フ）ニ因リテ船積ヲ爲スコト能ハサル日ハ之ヲ算入セサルモノトス而シテ一般ノ休日カ其期間中ニ入ル可キヤ否ヤハ規定ナキヲ以テ契約又ハ慣習ニ依リテ之ヲ定ムルノ外ナシ。

船積期間卽チ碇泊期間ハ傭船者ノ爲メニ設ケタルモノナレハ之ニ對スル報酬

ハ運送賃ノ中ニ包含セラルルヲ常トスルカ故ニ別ニ之カ報酬ヲ支拂フコトヲ要セサルモ傭船者カ船積期間内ニ船積ヲ終ラス其期間經過後運送品ヲ船積シタルトキハ船舶所有者ハ特約ナキモ相當ノ報酬ヲ請求スルコトヲ得是レ特定外ノ期間ナレハ其間船員ノ給料其他食料船舶ノ碇泊ニ要スル諸費用ヲ負擔シ意外ノ損失ヲ被ル可キヲ以テナリ但船積期間經過後ハ傭船者カ運送品ノ全部ヲ船積セサルモ船長ハ直ニ發航スルコトヲ得ヘキハ勿論ナリ(五九七ノ一)

尙ホ本條以下七箇條ハ一部ノ傭船契約ニ準用セラル可キコトヲ注意ス可シ(六〇六)

三一ノ)

第三者ヨリ運送品ヲ受取ルヘキ場合ノ船長ノ義務及ヒ傭船者ノ權利

第五百九十五條　船長カ第三者ヨリ運送品ヲ受取ルヘキ場合ニ於テ其者ヲ確知スルコト能ハサルトキ又ハ其者カ運送品ヲ船積セサルトキハ船長ハ直チニ傭船者ニ對シテ其通知ヲ發スルコトヲ要ス此場合ニ於テハ船積期間内ニ限リ傭船者ニ於テ運送品ヲ船積スルコトヲ得

本條ハ第三者ヨリ運送品ヲ受取ル可キ場合ニ於ケル船長ノ義務及傭船者ノ權利ニ關スル規定ナリ傭船者ハ自ラ船積ヲ爲サス或ハ運送品ノ賣主又ハ代理人若クハ支店等ノ第三者ヲシテ船積ヲ爲サシムルコトアリ此場合ニ其第三者ト傭船者トノ關係如何ハ固ヨリ之ヲ問フノ必要ナク只夫レ船長ハ此場合ニ於テ其第三者ヲ確知セサルコトアリ又確知スルモ第三者カ容易ニ船積ヲ爲ササルコトアリ

傭船者ノ發航請求權及義務

此等ノ場合ニ於テ船長ハ傭船者ニ其旨ヲ通知スルノ義務ヲ負フ蓋シ傭船者ハ此通知ニ依リテ自ラ船積ヲ爲スカ又ハ第三者ニ督促シテ船積ヲ爲サシムルカヲ決スルヲ得然レトモ之カ爲メ其期間ハ延長ス可キニ非サレハ其期間內ニ限リ傭船者ヲシテ其利用ヲ許スヲ至當トス是レ其期間內傭船者ニ於テ船積ノ權アルモノト爲ス所以ナリ。

第五百九十六條　傭船者ハ運送品ノ全部ヲ船積セサルトキト雖モ船長ニ對シテ發航ノ請求ヲ爲スコトヲ得

傭船者カ前項ノ請求ヲ爲シタルトキハ運送賃ノ全額ノ外運送品ノ全部ヲ船積セサルニ因リテ生シタル費用ヲ支拂ヒ尙ホ船舶所有者ノ請求アルトキハ相當ノ擔保ヲ供スルコトヲ要ス

本條ハ傭船者ノ發航請求權及ヒ之カ爲メニ生スル義務ニ關スル規定ナリ夫レ全部傭船ノ場合ニ於テ傭船者カ船積ヲ完了セハ船長ハ發航ヲ爲スハ勿論ナルモ傭船者ハ其船積ノ權利ヲ拋棄シテ船長ニ發航ノ請求ヲ爲スコトヲ得此場合ニ於テ運送賃ノ全額ヲ支拂フ外運送品ノ全部ヲ船積セサルニ因リテ生シタル費用ヲ支拂フ可ク尙ホ船舶所有者ノ請求アルトキハ相當ノ擔保ヲ供スルノ義務アルモノトス蓋シ傭船者ノ都合ニ依リ全部ノ船積ヲ爲サスシテ之カ爲メニ船舶所有者ヲ害スルノ理由ナキカ故ナリ所謂船積セサルニ因リテ生シタル費用トハ積荷少

キドキハ吃水ノ必要上相當ノ底荷ヲ入レテ之ヲ補充スルヲ要スレハ之カ爲メニ要シタル費用ノ如キ又ハ積換ノ爲メニ要シタル費用ノ如キヲ指ス又所謂擔保ヲ供セシム可キ所以ハ海難ニ因リ共同海損負擔ノ問題ヲ生スルニ當リ傭船者カ全部ノ船積ヲ爲ササリシカ爲メ其分擔額ノ割合ヲ減シ船舶所有者ノ負擔ヲ増加シ船舶所有者ヲ害スルコトアルカ爲ナリ。

第五百九十七條　船積期間經過ノ後ハ傭船者カ運送品ノ全部ヲ船積セサルトキト雖モ船長ハ直チニ發航ヲ爲スコトヲ得

前條第二項ノ規定ハ前項ノ場合ニ之ヲ準用ス

船長ノ發航權

本條ハ船長ノ發航權ニ關スル規定ナリ傭船者カ船積期間內ニ運送品ノ全部ヲ船積スルト否トハ固ヨリ其自由ニ決スル所ニ從フモ傭船者カ全部ノ船積ヲ終ラサルノ故ヲ以テ船積期間即チ碇泊期間ヲ延長ス可キニ非サレハ船長ハ此場合ニ於テ直ニ發航スルノ權アルモノトス但シ固ヨリ特約又ハ慣習ニ依リ所謂超過船積期間ノ存セサル場合ニ限ルハ勿論ナリ而シテ此場合ニ於テモ傭船者ハ運送賃ノ全額ノ外運送品ノ全部ヲ船積セサルニ因リテ生シタル費用ヲ支拂ヒ尙ホ船舶所有者ノ請求アルトキハ相當ノ擔保ヲ供ス可キ義務ヲ負フ蓋シ傭船者カ其碇泊期間內ニ全部ノ船積ヲ完了セサルハ其責傭船者ニ在リ其自ラノ都合ヲ以テ船舶

所有者ニ損害ヲ負擔セシム可キ理由ナキニ依ル是レ第二項ノ存スル所以ナリ（本條ハ船長ノ權利ナレトモ傭船者ハ第五百九十八條及ヒ第六百條ノ規定ニ依リ發航ノ前後ヲ問ハス解約ノ權利ヲ行フコトヲ妨クルモノニ非ス）

傭船契約ノ解除

第五百九十八條　發航前ニ於テハ傭船者ハ運送賃ノ半額ヲ支拂ヒテ契約ノ解除ヲ為スコトヲ得

往復航海ヲ為スヘキ場合ニ於テ傭船者カ其歸航ノ發航前ニ契約ノ解除ヲ為シタルトキハ運送賃ノ三分ノ二ヲ支拂フコトヲ要ス他港ヨリ船積港ニ航行スヘキ場合ニ於テ傭船者カ其船積港ヲ發スル前ニ契約ノ解除ヲ為シタルトキ亦同シ

運送品ノ全部又ハ一部ヲ船積シタル後前二項ノ規定ニ從ヒテ契約ノ解除ヲ為シタルトキハ其船積及ヒ陸揚ノ費用ハ傭船者之ヲ負擔ス

傭船者カ船積期間内ニ運送品ノ船積ヲ為ササリシトキハ契約ノ解除ヲ為シタルモノト看做ス

本條及ヒ次條ハ傭船者ノ契約解除ニ付テノ規定ニシテ本條ハ其發航前ニ於ケル契約解除ニ關スル規定ナリ夫レ契約ノ解除ハ法律又ハ契約ニ特定セル場合ノ外妄リニ解除スルヲ得ス又契約ヲ解除セスシテ契約ヲ履行セサルトキハ不履行ニ因ル損害賠償ノ義務アルコトハ一般ノ原則ナリ而シテ此原則ハ海上運送契約ニモ適用セサル可ラスト雖モ凡ソ海上商業ハ多クハ商機ニ乘セムカ為メニシテ海上貿易ノ商況ハ陸上商業ニ比スレハ其變轉甚シク其既ニ商機ヲ逸シタルニ拘

ラス尚ホ傭船者又ハ荷送人ハ當初ノ船積ヲ爲サヽル可カラストセハ傭船者又ハ荷送人ノ不利益ハ勿論延イテ一國海上商業ノ衰退ヲ釀スニ至ル且又損害賠償額ノ算定ハ多クハ不確實タルヲ免レサルヲ以テ商法ハ商業ノ自由ヲ保護スル爲メ傭船者又ハ荷送人ニ任意ノ解除權ヲ與ヘタルト同時ニ船舶所有者ニ對スル損害賠償ノ額ヲ定メタリ但本條ノ任意ノ解除權タル傭船者保護ノ爲メナルヲ以テ船舶所有者ハ之ト同一ノ權利ヲ有セサルハ勿論ナリ。

傭船者ハ發航前ニ於テハ運送賃ノ半額ヲ支拂ヒテ契約ノ解除ヲ爲スコトヲ得是レ此場合ニハ船舶所有者ハ全ク其航海ヲ廢止スルニ由ル然レトモ運送賃ノ半額ヲ得ルニ於テハ發航準備其他ノ費用ノ損害ヲ償フニ足ルモノト認ムルヲ得ルカ故ナリ。

然ルニ往復航海ヲ爲ス可キ場合ニ其歸航ノ發航前ニ契約ノ解除ヲ爲シタルトキ又ハ他港ヨリ船積港ニ航行ス可キ場合ニ其船積港ノ發航前ニ契約ノ解除ヲ爲シタルトキハ運送賃ノ三分ノ二ヲ支拂フコトヲ要ス是レ此場合ニ於テハ船舶所有者ハ運送賃ノ半額ヲ取得スルノミニテハ其損害ヲ償フニ足ラサルモノト認ム可キカ故ナリ而カモ其全額ト爲サヽル所以ハ蓋シ歸航ノ發航前ノ解除ハ尚ホ其

地ニ於テ運送品ヲ募集スルノ便アルニ由ル所謂往復航海ヲ為スヘキ場合トハ往復航海ヲ一括シテ其運送賃ヲ定メタル場合ナリ例ヘハ神戸ヨリ孟買マテ石炭ヲ運送(往航)シ孟買ヨリ神戸マテ棉花ヲ運送(復航)スルカ為メニ往復航海ノ運送賃ヲ一括シテ二千圓ト定メ傭船契約ヲ為シタルカ如シ此場合ニ於ケル最初ノ發航港ハ神戸ニシテ歸航ノ發航港ハ孟買ナリ又他港ヨリ船積港ニ航行ス可キ場合トハ例ヘハ横濱在泊中ノ船舶ニ付キ傭船契約ヲ為シ横濱ヨリ神戸ニ到リ石炭ヲ投載シ上海ニ航行セシムルカ如シ此場合ニ船積港ハ神戸ニシテ所謂他港ハ横濱港ナリ。

以上所謂運送賃ノ半額又ハ三分ノ二ト謂フハ運送品ノ一部分ヲモ船積セスシテ為ス契約解除ノ場合ニ於ケル賠償額ナルヲ以テ若シ傭船者カ運送品ノ全部又ハ一部ヲ船積シタル後ニ於テ契約ノ解除ヲ為シタルトキハ右ノ運送賃額ノ賠償ノミヲ以テ足レリトセス尚ホ其運送品ノ船積及ヒ陸揚ノ費用ハ傭船者之ヲ負擔ス可キモノトス是レ第三項ニ規定スル所ナリ。

契約ノ解除ハ一般原則ニ依レハ相手方ニ對スル意思表示ニ因リテ之ヲ為スヲ常トス(民五四〇)ルモ海上物品運送契約ニ於テ傭船者カ船積期間内ニ船積ヲ為サヽルトキハ契約ノ解除ヲ為シタルモノト看做ス是レ傭船者カ船積期間ヲ徒過シ契約

傭船契約解除ト賠償

ヲ履行セサルニ拘ラス船舶所有者ヲシテ其契約上ノ拘束ヲ受ケシムルハ謂レナキカ故ナリ而シテ此場合ニ於テハ普通ノ契約解除ノ場合ノ如ク傭船者ハ其賠償ヲ(運送賃ノ半額又ノ三分ノ一)爲スヲ要ス可キコト言ヲ俟タス。

第五百九十九條　傭船者カ前條ノ規定ニ從ヒテ契約ノ解除ヲ爲シタルトキト雖モ附隨ノ費用及ヒ立替金ヲ支拂フ責ヲ免ルルコトヲ得ス

前條第二項ノ場合ニ於テハ傭船者ハ前項ニ掲ケタルモノノ外運送品ノ價格ニ應シ共同海損又ハ救助ノ爲メ負擔スヘキ金額ヲ支拂フコトヲ要ス

本條ハ傭船者カ前條ノ規定ニ從ヒ契約ヲ解除シタル場合ニ其賠償ヲ爲スノ外更ニ本條ニ依リ契約附隨ノ費用及ヒ其他ノ負擔ニ對スル傭船者ノ責任ヲ明示シタルモノナリ蓋シ前條ノ規定ニ依リ傭船者カ契約解除ニ付キ運送賃ノ幾部ヲ支拂フハ船舶所有者ノ豫期セル利益ヲ得ル能ハサルカ爲メニ生シタル損害ヲ賠償セシムルカ爲メナレハ傭船者カ之ヲ支拂ヒタリトテ尚ホ其附隨ノ費用其他ノ立替金等ヲ支拂フノ責アルハ當然ナリ又其運送品ノ價格ニ應シ共同海損(六四一)又ハ救助ノ爲メニ生シタル分擔額ヲモ支拂フコトヲ要スルハ蓋シ此等ノ事項ハ契約前ニ生シタルモノナルヲ以テ解約ノ有無ニ關係ナキカ故ナリ而シテ特ニ之ヲ規定スル所以ハ疑ヲ生セシメサラムカ爲ノミ。

發航後ノ傭船契約解除

第六百條 發航後ニ於テハ傭船者ハ運送賃ノ全額ヲ支拂フ外第六百六條第一項ニ定メタル債務ヲ辨濟シ且陸揚ノ爲ニ生スヘキ損害ヲ賠償シ又ハ相當ノ擔保ヲ供スルニ非サレハ契約ノ解除ヲ爲スコトヲ得ス

本條ハ發航後ニ於ケル傭船者ノ契約解除權ニ關スル規定ナリ全部傭船者カ任意ニ契約ヲ解除スルノ理由ハ既述セリ其理論ハ船舶ノ發航前ト發航後トニ依リ異ナル所ナク唯發航後ニ於テ爲ス解除ハ發航前ニ於ケル場合ニ比シ船舶所有者ニ支拂フ可キ傭船者ノ負擔額多キコトノ差異アルノミ詳細ハ法文ヲ一讀セハ蓋自明ナリ。

一部傭船契約ノ解除

第六百一條 船舶ノ一部ヲ以テ運送契約ノ目的ト爲シタル場合ニ於テ傭船者カ他ノ傭船者及ヒ荷送人ト共同セスシテ發航前ニ契約ノ解除ヲ爲シタルトキハ運送賃ノ全額ヲ支拂フコトヲ要ス但船舶所有者カ他ノ運送品ヨリ得タル運送賃ハ之ヲ控除ス

發航前ト雖モ傭船者カ既ニ運送品ノ全部又ハ一部ヲ船積シタルトキハ他ノ傭船者及ヒ運送人ノ同意ヲ得ルニ非サレハ契約ノ解除ヲ爲スコトヲ得ス

前七條ノ規定ハ船舶ノ一部ヲ以テ運送契約ノ目的ト爲シタル場合ニ之ヲ準用ス

本條ハ船舶ノ一部傭船者ノ契約解除ニ關スル規定ナリ一部傭船ノ契約解除ハ亦全部傭船ノ契約解除ニ於ケルカ如ク其發航前ノ解除及ヒ發航後ノ解除トニ區別スルヲ得而シテ本條ハ其發航前ノ解除ニ付テノ規定ナリ抑モ全部傭船ニ在テ

ハ其發航ノ前後ヲ問ハス傭船者任意ニ契約ノ解除ヲ爲スコトヲ得唯其場合ノ如何ニ依リ賠償額ニ等差ノ別アルニ過キス然レトモ一部傭船ニ於テハ船舶ノ發航後ハ一切契約ノ解除ヲ許サス而シテ其發航前ニ在テモ船積ノ前後ニ依リ異ル即チ其船積前ハ任意ニ解除ヲ許シ運送品ノ全部又ハ一部ノ船積後ハ他ノ傭船者及ヒ荷送人ノ同意ヲ得タルトキニ限リ之カ解除ヲ爲スコトヲ得ルモノトス蓋シ其發航後之ヲ許ストキハ航海ヲ遲延シ他ノ傭船者及ヒ荷送人ノ利益ヲ害ス可ク其發航前ニ於テ運送品ノ全部又ハ一部ヲ船積セサル以前ナルトキハ他ノ傭船者又ハ荷送人ノ利益ヲ害スルコトナク唯船舶所有者ニ對スル關係ニ於テ之カ爲メニ生シタル損害ヲ賠償スレハ足ルヲ以テナリ。

然レトモ此場合ニ於テ傭船者カ其解除ヲ爲スニ付キ他ノ傭船者及ヒ荷送人ト共同スルト否トニ依リ其賠償額ニ等差アリ卽チ一部傭船者カ他ノ傭船者及ヒ荷送人ト共同シテ契約ノ解除ヲ爲ス場合ニ於テハ全部傭船者カ爲ス契約解除ノ場合ト異ナル所ナキヲ以テ傭船者ハ運送賃ノ半額ヲ支拂フヲ以テ足ルヲ原則トス
(五八九)然レトモ傭船者カ他ノ傭船者及ヒ荷送人ト共同セスシテ契約ノ解除ヲ爲シタルトキハ運送賃ノ全額ヲ支拂ハサル可ラス蓋船舶所有者ハ他ノ傭船者及ヒ荷

箇々ノ物品運送契約ト其船積竝ニ船長ノ發航權

送人ノ運送品ヲ積載シ且運送義務ヲ有スルカ故ニ航海ヲ廢止スルヲ得サルニ由ル但シ船舶所有者カ他ノ運送品ヨリ得タル運送賃ハ之ヲ控除ス可キモノトス所謂他ノ運送品ヨリ得タル運送賃トハ傭船者カ契約ヲ解除シタルヨリ船舶所有者カ更ニ他ノ者ト運送契約ヲ爲シ之ニ依テ得タル運送賃ヲ指稱スルモノニシテ畢竟船舶所有者ヲシテ二重ノ利得ヲ爲ササラシメムトスルニ在リ隨テ茲ニ所謂運送賃ノ全額トハ全ク傭船者カ船舶所有者ト約シタル運送賃ノ全額ヲ指シ他ノ傭船者及ヒ荷送人ノ約シタル運送賃ハ此中ニ包含セサルハ言ヲ俟タス。

一部傭船契約ニ付テハ全部傭船契約ニ關スル規定（五九四乃至六〇〇）ヲ準用スルモノトス。

第六百二條　箇箇ノ運送品ヲ以テ運送契約ノ目的ト爲シタルトキハ荷送人ハ船長ノ指圖ニ從ヒ遲滯ナク運送品ヲ船積スルコトヲ要ス

運送人カ運送品ノ船積ヲ怠リタルトキハ船長ハ直チニ發航ヲ爲スコトヲ得此場合ニ於テハ運送人ハ運送賃ノ全額ヲ支拂フコトヲ要ス但船舶所有者カ他ノ運送品ヨリ得タル運送賃ハ之ヲ控除ス

本條及ヒ次條ハ箇々ノ運送品ヲ以テ運送契約ノ目的ト爲シタル場合ニ關スル規定ニシテ本條ハ其船積竝ニ船長ノ發航權ニ付テノ規定ナリ夫レ傭船契約ニ於

テハ其船積期間ハ契約ニ依リ若シ契約ニ其定ナキトキハ慣習ニ依リテ定ム可ク而シテ箇々ノ物品ヲ以テ運送契約ノ目的ト爲シタル場合ニ於テモ亦契約又ハ慣習アルトキハ之ニ從フ可キコト勿論ナルモ所謂碇泊期間又ハ超過碇泊期間ハ傭船契約ニ付テノミ存ス可ク箇々ノ物品運送契約ニ於テハ之ナキヲ以テ荷送人ハ船長ノ指圖ニ從ヒ遲滯ナク運送品ノ船積ヲ爲ス可キモノトス而シテ荷送人ハ船長カ適當ノ期間ヲ定メテ運送品ノ船積ヲ指圖シタルニ拘ラス其船積ヲ怠リタルトキハ船長ハ直ニ發航ヲ爲スコトヲ得蓋箇箇ノ物品運送契約ノ場合ニ於テハ全部傭船契約ノ場合ト異リ荷送人カ船積ヲ爲ササルカ爲メ船長カ發航ヲ遲延スルトキハ他ノ荷送人ノ利益ヲ害スルニ至レハナリ而シテ此場合ニ於テハ荷送人ハ運送賃ノ全額ヲ支拂ハサル可カラス蓋此場合ニ船舶所有者ハ他ノ積荷アルカ爲メ其航海ヲ廢止スルヲ得サルニ由ル然レトモ荷送人カ船積ヲ怠リタルヨリ船舶所有者カ更ニ他ノ者ヨリ積荷ヲ募集シ之ヲ船積シ爲メニ得タル運送賃ハ一部傭船者カ他ノ者ト共同セスシテ契約ヲ解除シタル場合(六一〇)ト同シク其運送賃ノ額ハ船積ヲ怠リタル荷送人ノ支拂フ可キ運送賃中ヨリ控除スルコトヲ要ス然ラサレハ船舶所有者ハ荷送人カ船積ヲ怠リタルカ爲メニ二重ノ利得ヲ爲スニ至ル

箇箇ノ物品運送契約ノ解除

結果ヲ生スルヲ以テナリ。

第六百三條　第六百一條ノ規定ハ荷送人カ契約ノ解除ヲ為ス場合ニ之ヲ準用ス

本條ハ箇箇ノ物品運送契約解除ニ關スル規定ナリ箇々ノ物品運送契約ノ解除ハ船舶ノ一部傭船契約ノ解除ニ關スル第六百一條ノ規定ヲ準用ス故ニ荷送人カ他ノ荷送人及ヒ傭船者ト共同セスシテ發航前ニ契約ノ解除ヲ為シタルトキハ運送賃ノ全額ヲ支拂フコトヲ要ス但シ船舶所有者カ此解除アリタルヨリ他ノ運送品ヲ船積シ因テ以テ取得スルコトヲ得タル運送賃ハ右ノ運送賃中ヨリ之ヲ控除セサル可カラス又發航前ト雖モ荷送人カ既ニ運送品ノ全部又ハ一部ヲ船積シタルトキハ他ノ荷送人及ヒ傭船者ノ同意ヲ得ルニ非サレハ任意ニ契約ノ解除ヲ為スコトヲ得ス又荷送人及ヒ傭船者カ共同シテ契約ヲ解除スルトキハ全部傭船者ノ解除又ハ一部傭船者カ他ノ傭船者及ヒ荷送人ト共同シテ為ス解除ト異ナル所ナキヲ以テ第六百一條第三項モ亦荷送人ノ契約解除ノ場合ニ準用セラルルモノトス。

第六百四條　傭船者又ハ荷送人ハ船積期間内ニ運送ニ必要ナル書類ヲ船長ニ交付スルコトヲ要ス

運送ニ必要ナル書類ノ交付

本條ハ運送ニ必要ナル書類ノ交付ニ關スル規定ナリ傭船者又ハ箇々ノ物品運送ノ荷送人ハ其船積期間內ニ運送ニ必要ナル書類ヲ船長ニ交付スルコトヲ要ス運送ニ必要ナル書類トハ例ヘハ關税受取書、關税明細書、檢疫證書等ヲ指稱ス而シテ此等ノ書類ハ船長ハ發航ニ前チ之ヲ船中ニ備置クコトヲ要ス（五六二）ルヲ以テ傭船者又ハ荷送人ハ當ニ船積期間內ニ船積ヲ爲スノミナラス此等運送ニ必要ナル書類ノ交付ヲモ爲サヽル可カラス然ラサレハ船長ハ發航ヲ爲スコト能ハサル可ク若シ之カ爲メニ航海ヲ遲延シタルトキハ其交付ヲ怠リタル傭船者又ハ荷送人ハ其損害ヲ賠償スルノ責任ヲ負擔セサル可カラス。

第六百五條　船舶ノ全部又ハ一部ヲ以テ運送契約ノ目的ト爲シタル場合ニ於テ運送品ヲ陸揚スルニ必要ナル準備カ整頓シタルトキハ船長ハ遲滯ナク荷受人ニ對シテ其通知ヲ發スルコトヲ要ス

運送品ヲ陸揚スヘキ期間ノ定アル場合ニ於テハ其期間ハ前項ノ通知アリタル日ノ翌日ヨリ之ヲ起算ス其期間經過ノ後運送品ヲ陸揚シタルトキハ船舶所有者ハ特約ナキトキト雖モ相當ノ報酬ヲ請求スルコトヲ得

前項ノ期間中ニハ不可抗力ニ因リテ陸揚ヲ爲スコト能ハサル日ヲ算入セス

箇箇ノ運送品ヲ以テ運送契約ノ目的ト爲シタルトキハ荷受人ハ船長ノ指圖ニ從ヒ遲滯ナク運送品ヲ陸揚スルコトヲ要ス

本條ハ運送品ノ陸揚ニ付テノ規定ニシテ第一項乃至第三項ハ傭船契約ニ關シ第四項ハ箇々ノ物品運送契約ニ關スル陸揚ニ關スル權利義務ハ船積ニ關スル權利義務ト同一ノ原則ニ從フモノニシテ唯其事柄自體カ異ナルノミ即チ(一)其義務トシテ傭船契約ニ在テハ其全部タルト一部タルトヲ問ハス運送品ヲ陸揚スルニ必要ナル準備カ整頓シタルトキハ船長ハ遲滯ナク之ヲ荷受人ニ通知ス可ク箇々ノ物品運送契約ニ在テハ船長ハ荷受人ニ對シテ陸揚ニ付テノ指圖ヲ爲ス可キモノトス所謂陸揚ニ必要ナル準備トハ陸揚港ニ到達シテ投錨ヲ爲シ船艙ヲ開キ起重器運轉ノ準備ヲ爲ス等積荷陸揚ニ必要ナル準備ヲ謂フ(二)權利トシテ船舶所有者ハ契約ノ趣旨ニ從ヒ陸揚ヲ爲サシムルコトヲ得ヘク(イ)傭船契約ニ在テ若シ契約又ハ慣習ニ依リ陸揚期間ノ定メアル場合ニ於ケル其起算點ハ船積ノ場合ト等シク陸揚準備ノ整頓シタルコトノ通知アリタル日ノ翌日ヨリ起算ス可ク而シテ暴風雨其他不可抗力ニ因リテ陸揚スルコト能ハサル日ハ之ヲ算入セス而シテ陸揚期間ハ船積期間ト同シク報酬ヲ支拂フコトヲ要セサルモ其期間經過後陸揚シタルトキハ船舶所有者ハ特約ナキトキト雖モ相當ノ報酬ヲ請求スルコトヲ得蓋シ陸揚ノ爲メ期間經過後碇泊スルニ依リ之カ爲メニ費用ヲ要スルニ由ル(ロ)箇々ノ

物品運送契約ニ在テハ其陸揚ハ其船積ニ關スルモノト同シク荷受人ハ船長ノ指圖ニ從ヒ遲滯ナク運送品ヲ陸揚セサル可カラス但シ契約又ハ慣習ニ別段ノ定メアルトキハ之ニ從フ可キコト勿論ナリ。

荷受人ノ權利義務

第六百六條　荷受人カ運送品ヲ受取リタルトキハ運送契約又ハ船荷證券ノ趣旨ニ從ヒ運送賃、附隨ノ費用、立替金、碇泊料及ヒ運送品ノ價格ニ應シ共同海損又ハ救助ノ爲メ負擔スヘキ金額ヲ支拂フ義務ヲ負フ

船長ハ前項ニ定メタル金額ノ支拂ト引換ニ非サレハ運送品ヲ引渡スコトヲ要セス

本條ハ荷受人ノ運送賃其他ノ費用支拂義務ニ付テノ規定ナリ抑モ運送契約ノ當事者ハ一方ハ船舶所有者ニシテ他ノ一方ハ傭船者又ハ荷送人ナリ故ニ荷受人ハ運送契約ノ當事者ニ非ス隨テ荷受人ハ運送契約上ノ權利義務ヲ有セサル可キハ勿論ナリ然レトモ船舶所有者ハ運送契約又ハ船荷證券ノ趣旨ニ從ヒ傭船者又ハ荷送人以外ノ荷受人ニ對シテ運送品ヲ引渡ササル可カラス故ニ荷受人カ運送品ヲ受取リタルトキハ運送契約又ハ船荷證券ノ趣旨ニ從ヒ運送賃附隨ノ費用、立替金、碇泊料及ヒ運送品ノ價格ニ應シテ共同海損又ハ救助ノ爲メニ負擔ス可キ金額ヲ支拂フ可キ義務アルモノトス而シテ此場合ニ船長ハ此等ノ金額ノ支拂ト引換ニ非サレハ運送品ヲ引渡スコトヲ要セス蓋シ運送品ハ之ニ依テ生シタル債權

ノ辨濟ヲ受ク可キ擔保ノ目的タル物ナルヲ以テナリ。
尙ホ碇泊料ハ本法ノ新ニ加ヘタル所ナリ蓋シ此費用モ亦積荷ヲ受クル荷送人ノ負擔ト爲スヲ相當トスレハナリ。

第六百七條　荷受人カ運送品ヲ受取ルコトヲ怠リタルトキハ船長ハ之ヲ供託スルコトヲ得此場合ニ於テハ遲滯ナク荷受人ニ對シテ其通知ヲ發スルコトヲ要ス
荷受人ヲ確知スルコト能ハサルトキ又ハ荷受人カ運送品ヲ受取ルコトヲ拒ミタルトキハ船長ハ運送品ヲ供託スルコトヲ要ス此場合ニ於テハ遲滯ナク傭船者又ハ荷送人ニ對シテ其通知ヲ發スルコトヲ要ス

本條ハ運送品ノ供託ニ關スル船長ノ權利義務ニ付テノ規定ナリ卽チ(一)荷受人カ運送品ヲ受取ルコトヲ怠リタルトキハ船長ハ運送品ヲ供託スルコトヲ得然レトモ此場合ニ於テハ船長ハ遲滯ナク荷受人ニ通知ス可ク(二)若シ荷受人ヲ確知セサルトキ又ハ荷受人カ運送品ヲ受取ルコトヲ拒ミタルトキハ船長ハ運送品ヲ供託スルコトヲ要シ且遲滯ナク傭船者又ハ荷送人ニ其通知ヲ爲ス可キ義務ヲ負フ此規定アル所以ハ蓋シ運送品ノ引渡ヲ爲スヲ得サルノ理由ヲ以テ無益ニ碇泊スルヲ得サル可ク又荷送人傭船者ハ運送品ノ受渡ニ付テ他ノ手段ヲ講ス可ク又船舶所有者ハ所謂競賣權ヲ有スルヲ以テナリ（六〇六、六一〇）。

運送賃ノ計算時期

第六百八條　運送品ノ重量又ハ容積ヲ以テ運送賃ヲ定メタルトキハ其額ハ運送品引渡ノ當時ニ於ケル重量又ハ容積ニ依リテ之ヲ定ム

本條及ヒ次條ハ運送賃ノ計算ニ關スル規定ニシテ本條ハ重量又ハ容積ヲ以テ運送賃ヲ定メタル場合ニ於ケル其賃額ハ運送品引渡ノ當時ニ於ケル重量又ハ容積ニ依リ之ヲ定ム可キ旨ヲ規定ス是レ蓋シ運送賃ハ積載當時ニ於ケル重量又ハ容積ニ依リ定ム可キヤ將タ其引渡ノ當時ニ於ケル重量又ハ容積ニ依リ定ム可キヤ運送品ハ其船積ノ時ト其陸揚ノ時トハ必スシモ其容積重量同シカラサルコトアル可ク又運送契約ハ其性質請負ナルヲ以テ仕事ノ結果ニ對シテ之ニ相當スル報酬ヲ支拂フヲ正當トスルニ由ル。

運送賃計算時期ノ起算點及ヒ其終點

第六百九條　期間ヲ以テ運送賃ヲ定メタルトキハ其額ハ運送品ノ船積著手ノ日ヨリ其陸揚終了ノ日マテノ期間ニ依リテ之ヲ定ム但船舶カ不可抗力ニ因リ發航港若クハ航海ノ途中ニ於テ碇泊ヲ爲スヘキトキ又ハ航海ノ途中ニ於テ船舶ヲ修繕スヘキトキハ其期間ハ之ヲ算入セス第五百九十四條第二項又ハ第六百五條第二項ノ場合ニ於テ船積期間又ハ陸揚期間經過ノ後運送品ノ船積又ハ陸揚ヲ爲シタル日數亦同シ

本條ハ期間ヲ以テ運送賃ヲ定メタル場合ニ於ケル其期間ノ起點及ヒ終點ニ關スル規定ニシテ蓋シ此規定アル所以ハ期間ヲ以テ運送賃ヲ定メタルモ其期間ハ船積ノ著手ノ日ナルカ將タ發航ノ日ナルカ又其終點ハ到達港ニ到著シタル日ナ

ルカ將タ陸揚結了シタル日ナルカ其他不可抗力ニ因リ航海遲延シタル日若クハ航海ノ途中船舶修繕ノ爲メニ航海ヲ爲スコト能ハサル日數ハ其期間中ニ算入スルヤ否ヤノ問題ヲ生スルヲ避ケムカ爲メナリ而シテ此場合ニ於テ運送品ノ船積著手ノ日(起點)ヨリ其陸揚終了ノ日マテ(終點)ノ期間ニ對シテ運送賃ヲ支拂フコトヲ原則トス是レ此期間ハ全ク運送ノ爲メニ利用セラレタルモノナレハナリ。

荷受人ノ義務不履行ト船主ノ權利

第六百十條　船舶所有者ハ第六百六條第一項ニ定メタル金額ノ支拂ヲ受クル爲メ裁判所ノ許可ヲ得テ運送品ヲ競賣スルコトヲ得

船長カ荷受人ニ運送品ヲ引渡シタル後ト雖モ船舶所有者ハ其運送品ノ上ニ權利ヲ行使スルコトヲ得但引渡ノ日ヨリ二週間ヲ經過シタルトキ又ハ第三者カ其占有ヲ取得シタルトキハ此限ニ在ラス

本條ハ荷受人カ運送賃其他ノ費用ヲ支拂ハサル場合ニ於テ船舶所有者カ運送品ノ上ニ有スル權利ニ付テノ規定ナリ即チ船舶所有者ハ第六百六條ノ規定ニ從ヒ運送賃其他ノ費用ノ支拂ヲ受クル爲メ裁判所ノ許可ヲ得テ運送品ヲ競賣スルコトヲ得蓋シ運送賃其他ノ費用ハ通常荷受人之ヲ支拂フ可キモノナルモ荷受人ノ此義務ハ運送品ヲ受取ルニ依リテ生ス可ク而シテ荷受人カ運送品ヲ受取リタルモ運送賃其他ノ費用ヲ支拂ハス又ハ荷受人カ運送品ヲ受取ルコトヲ拒ミタル

場合ニ於テ傭船者又ハ荷送人ニ對シテ之カ請求ヲ爲ス可キモノトセハ船舶所有者ハ其支拂ヲ受クルカ爲メニハ種々ノ手數ト時日トヲ要スルノ不便アリ是レ船舶所有者ヲシテ運送賃其他ノ債權ノ擔保物タル運送品ニ付キ直ニ其權利ヲ行使セシムル所以ナリ。

一般ノ原則ニ從ヘハ運送品ノ引渡後ハ船舶所有者ハ運送品ノ上ニ權利ヲ行使スルコトヲ得サルニ至ルモ海上運送ニ付テハ例外ヲ設ケ船舶所有者ハ船長カ運送品ヲ引渡シタル後ト雖モ其運送品ノ上ニ其權利ヲ行フコトヲ得ルモノトス是レ船舶所有者ノ利益ヲ保護スルノ必要アルニ由ル然レトモ運送品引渡後際限ナク此權利ヲ行フコトヲ得セシムルハ取引ノ安全ヲ害スルヲ以テ船舶有者カ其引渡後此權利ヲ行使スルニハ二週間內ナルカ又ハ第三者カ其物ノ占有ヲ取得セサルトキニ限ルモノト爲ス。

玆ニ注意ス可キハ船舶所有者カ此權利ヲ行使スルニハ裁判所ノ許可ヲ得且競賣ノ方法ニ依ルコトヲ要ス其裁判所ハ競賣セムトスル物品所在地ヲ管轄スル區裁判所ナリ（非手一二六）又船舶所有者カ此競賣權ヲ行使シタルニ拘ハラス債權ノ全額メ辨濟ヲ受クル能ハサルトキハ傭船者又ハ荷送人ニ對シテ其殘額ノ請求ヲ爲ス

船舶所有者ノ失權

トヲ得ヘキハ言ヲ俟タス。

第六百十一條　船舶所有者カ前條ニ定メタル權利ヲ行ハサルトキハ傭船者又ハ荷送人ニ對スル請求權ヲ失フ但傭船者又ハ荷送人ハ其受ケタル利益ノ限度ニ於テ償還ヲ爲スコトヲ要ス」

本條ハ船舶所有者カ運送品ノ上ニ其權利(六一〇)ヲ行使セサル場合ニ於テ傭船者又ハ荷送人ニ對スル失權ニ付テノ規定ナリ船舶所有者ハ運送品ニ付キ第六百十條ニ定メタル權利ヲ行ハサルトキハ傭船者又ハ荷送人ニ對スル請求權ヲ失フモノトス蓋シ運送品ハ運送ニ付キ有スル船舶所有者ノ債權ノ擔保ヲ爲スモノナルヲ以テ船舶所有者ハ先ツ其擔保物ニ付キ其權利ヲ行使スルコトヲ要スルハ啻ニ船舶所有者ノ利益ノミナラス傭船者又ハ荷送人ノ爲メニモ利益トスル所ナリ然ルニ船舶所有者カ其權利行使ヲ怠リタルトキニ於テモ尙ホ傭船者又ハ荷送人ニ對スル請求權ヲ有スルモノトセハ傭船者又ハ荷送人ノ利益ヲ害スルニ至ル是レ第一項ノ規定アル所以ナリ然レトモ此場合ニ傭船者又ハ荷送人カ之ニ依テ利益ヲ受ケタルトキハ其受ケタル限度ニ於テ運送人ニ償還ヲ爲スコトヲ要ス是レ傭船者又ハ荷送人カ不當ニ利得スルコトヲ防クカ爲メナリ利益ヲ受ケタル限度トハ例ヘハ傭船者又ハ荷送人カ荷受人ト同一人タリシカ如キ又ハ傭船者又ハ荷送

傭船者カ第三者ト運送契約ヲ爲シタル場合ニ於ケル船主ノ責任

人カ運送賃其他ノ費用ヲ支拂フコトニ付キ特約アリタルカ如キ場合ヲ謂フ。

第六百十二條　船舶ノ全部又ハ一部ヲ以テ運送契約ノ目的ト爲シタル場合ニ於テ傭船者カ更ニ第三者ト運送契約ヲ爲シタルトキハ其契約ノ履行カ船長ノ職務ニ屬スル範圍内ニ於テハ船舶所有者ノミ其第三者ニ對シテ履行ノ責ニ任ス但第五百四十四條ニ定メタル權利ヲ行フコトヲ妨ケス

本條ハ傭船者ト更ニ運送契約ヲ爲シタル第三者ニ對スル船舶所有者ノ責任ニ關スル規定ナリ抑モ傭船者ハ其傭船契約中反對ノ特約ナキ限リハ更ニ第三者ト運送契約ヲ爲スコトヲ得而シテ其契約タルヤ傭船者ト第三者トノ間ノ獨立シタル一種ノ運送契約ナリ從テ船舶所有者ハ此第二ノ契約ノ當事者ニ非サルヲ以テ第三者ニ對シテ何等ノ權利義務ヲ有セサルカ如シト雖モ船舶所有者ハ傭船者ニ對シテ第一ノ運送契約上ノ履行ノ責ニ任ス可キモノナルカ故ニ第二ノ運送契約ノ履行カ第一ノ運送契約ノ範圍内ニ存スルトキハ第二ノ運送契約ノ履行ハ即チ第一ノ運送契約ノ履行ト同一ナルヲ以テ法律ハ船舶所有者ヲシテ直接ニ第三者ニ對シテ其履行ノ責ニ任ス可キモノト爲ス而シテ其責任ハ船長ノ職務ニ屬スル範圍内ニ於ケル事項ニ限ル可キハ勿論ナリ然ラサレハ船舶所有者其責ニ任ス可キ理由ナキカ故ナリ而シテ此場合ニ於テ船舶所有者ハ其責任ノ限度ニ於テハ自

ラ運送契約ヲ為シタル場合ノ責任ト擇フナキヲ以テ法律ハ第五百四十四條ノ所謂委付權ヲ行使シテ其責任ヲ免ルルコトヲ妨ケサルモノト為セリ。

全部傭船契約ノ法定ノ終了事由

第六百十三條　船舶ノ全部ヲ以テ運送契約ノ目的ト為シタル場合ニ於テハ其契約ハ左ノ事由ニ因リテ終了ス

一　第五百八十七條第一項ニ掲ケタル事由

二　運送品カ不可抗力ニ因リテ滅失シタルコト

第五百八十七條第一項ニ掲ケタル事由カ航海中ニ生シタルトキハ傭船者ハ運送ノ割合ニ應シ運送品ノ價格ヲ超エサル限度ニ於テ運送賃ヲ支拂フコトヲ要ス

本條ハ全部傭船契約ノ法定ノ終了事由ニ付テノ規定ナリ此等ノ事由ハ孰モ其契約ノ目的タル船舶自體ノ滅失又ハ滅失ト同視ス可キモノナルカ故ニ其契約ハ當然消滅スト為スハ至當ナリ然レトモ第五百八十七條第一項ニ掲ケタル事由カ航海中ニ生シタルトキハ傭船者ハ運送ノ割合ニ應シ運送品ノ價格ニ超エサル限度ニ於テ運送賃ヲ支拂ハサル可カラス蓋シ此場合ハ既ニ運送ノ一部ヲ履行シタルモノナルカ故ナリ其運送品ノ價格ヲ超エサル限度ニ於テ運送賃ヲ支拂フコトヲ要スト為ス所以ハ畢竟積荷到著スルモ此等ノ事由生シタル場合ハ多クハ濡損等ノ損害ヲ生シ其價格ヲ減スルヲ常トスルヲ以テ普通ノ運送賃ヲ支拂ハシムルハ酷ナルカ故ノミ。

傭船契約ノ法定ノ解除事由

第六百十四條　航海又ハ運送カ法令ニ反スルニ至リタルトキ其他不可抗力ニ因リテ契約ヲ爲シタル目的ヲ達スルコト能ハサルニ至リタルトキハ各當事者ハ契約ノ解除ヲ爲スコトヲ得
前項ニ掲ケタル事由カ發航後ニ生シタル場合ニ於テ契約ノ解除ヲ爲シタルトキハ傭船者ハ運送ノ割合ニ應シテ運送賃ヲ支拂フコトヲ要ス

本條ハ全部傭船契約ノ各當事者カ不可抗力ニ固リ契約ヲ爲シタル目的ヲ達スルコト能ハサルニ至リタルトキハ其契約ノ解除ヲ爲シ得ヘキ旨ヲ定ム第一項ハ其發航前ニ關シ第二項ハ其發航後ニ關ス所謂航海又ハ運送カ法令ニ反スルニ至リタルトキトハ傭船契約後宣戰ノ公布ニ依リ運送品カ戰時禁制品又ハ輸出禁止品ト爲リタル場合又ハ或地方ヘ航海ノ禁令ヲ布告セラレタルカ如キ場合ナリ其他不可抗力トハ例ヘハ到達港カ海水氷結シ又ハ軍事封鎖ト爲リ若クハ運送品又ハ船舶カ軍需用ニ徴發セラレ又ハ差押ヘラレタルカ如キ場合ナリ斯ル場合ハ孰レモ契約ヲ爲シタル目的ヲ達スルコト能ハサルモノニシテ其責當事者ニアリト云フ可カラス故ニ各當事者ハ此解除權ヲ有スルト共ニ雙方ニ對シテ損害ノ賠償ヲ請求スルヲ得ス只其發船後ニ於テ契約ノ解除ヲ爲シタル場合ニ傭船者カ運送ノ割合ニ應シテ運送賃ヲ支拂フコトヲ要スルハ契約ノ一部ヲ履行シ幾分ノ費用ヲ要スルカ故ナリ而シテ其發航前ノ契約解除ハ斯ル問題ヲ生セス。

全部傭船契約履行不能ト其救濟手段

第六百十五條　第六百十三條第一項第二號及ヒ前條第一項ニ揭ケタル事由カ運送品ノ一部ニ付テ生シタルトキハ傭船者ハ船舶所有者ノ負擔ヲ重カラシメサル範圍內ニ於テ他ノ運送品ヲ船積スルコトヲ得
傭船者カ前項ニ定メタル權利ヲ行ハント欲スルトキハ遲滯ナク運送品ノ陸揚又ハ船積ヲ爲スコトヲ要ス若シ其陸揚又ハ船積ヲ怠リタルトキハ運送賃ノ全額ヲ支拂フコトヲ要ス

本條ハ全部傭船ニ於テ運送品ノ一部カ滅失又ハ禁令其他不可抗力ニ因リ契約ノ目的ヲ達スルコト能ハサル場合ノ救濟手段ニ關スル規定ニシテ傭船者ハ船舶ノ發航ノ前後ヲ問ハス斯ル事由發生シタルトキハ船舶所有者ノ負擔ヲ重カラシメサル範圍ニ於テ他ノ運送品ヲ船積スルコトヲ得(第一項)蓋シ全部傭船ノ場合ニ積荷ノ出入轉換ヲ爲スモ他ニ損害ヲ及ホスノ虞ナキヲ以テナリ然レトモ傭船者カ此權利ヲ行ハント欲スルトキハ遲滯ナク陸揚ケ又ハ船積ヲ爲スヘク若シ之ヲ怠リタルトキハ運送賃ノ全額ヲ支拂ハサル可カラス(第二項)蓋シ其怠慢ハ傭船者自身ノ責ニ歸ス可キモノニシテ爲メニ船舶所有者ニ損害ヲ被ラシム可キモノニ非サレハナリ但其發航前ニ於テ傭船者カ此權利ヲ行ハスシテ契約ノ解除ヲ爲スハ固ヨリ之ヲ妨ケス(五五八以下)。

第六百十六條　第六百十三條及ヒ第六百十四條ノ規定ハ船舶ノ一部又ハ箇箇ノ運送品ヲ以テ

運送契約ノ目的ト爲シタル場合ニ之ヲ準用ス

第六百十三條第一項第二號及ヒ第六百十四條第一項ニ揭ケタル事由カ運送品ノ一部ニ付テ生シタルトキト雖モ傭船者又ハ荷送人ハ契約ノ解除ヲ爲スコトヲ得但運送賃ノ全額ヲ支拂フコトヲ要ス

一部傭船箇々ノ物品運送契約ノ法定終了ノ事由並法定契約解除ノ事由

本條ハ第六百十三條ノ法定ノ契約終了事由ニ付テノ規定及ヒ第六百十四條ノ不可抗力ニ因ル各當事者ノ契約解除權ニ關スル規定ハ一部ノ傭船又ハ箇箇ノ物品運送契約ノ場合ニ準用ス可キコトヲ規定ス唯夫レ此場合ニ於テハ全部傭船ノ場合ト異リ他ノ傭船者又ハ荷送人アルカ故ニ他ノ運送品ヲ以テ滅失シタル運送ニ代ヘテ積荷ノ出入轉換ヲ許サヽルハ他ニ損害ヲ及ホス虞アルニ由ル而シテ傭船者又ハ荷送人カ此場合ニ於テ契約ノ解除ヲ爲スニハ運送賃ノ全額ヲ支拂フコトヲ要ス。

第六百十七條　船舶所有者ハ左ノ場合ニ於テハ運送賃ノ全額ヲ請求スルコトヲ得

一　船長カ第五百六十八條第一項ノ規定ニ從ヒテ積荷ヲ賣却又ハ質入シタルトキ

二　船長カ第五百七十二條ノ規定ニ從ヒテ積荷ヲ航海ノ用ニ供シタルトキ

三　船長カ第六百四十一條ノ規定ニ從ヒテ積荷ヲ處分シタルトキ

運送ノ未完了ト運送賃全額請求

本條ハ船舶所有者カ運送ヲ完了セスシテ運送賃ノ全額ヲ請求スルコトヲ得ヘキ場合ノ規定ナリ凡ソ運送契約ハ其性質請負ナルヲ以テ運送カ完了ノ結果ニ對

シテ運送賃ヲ支拂フ可キモノト爲スヲ以テ至當トス可シ運送ノ完了セサルニ運送賃ノ全額ヲ請求スルコトヲ得セシムルハ不當ナルカ如シト雖モ此規定アル所以ハ蓋シ其第一號及ヒ第二號ノ場合ニ於テハ積荷ノ價格中ニハ運送賃ノ全額ヲ包含シ又其第三號ノ場合ニ於テハ其損害ノ額中ニハ運送賃ヲモ包含スルヲ以テ船舶所有者カ運送賃ノ全額ノ支拂ヲ受ケサルトキハ何等ノ過失ナキニ拘ラス獨リ運送賃ノ損失ヲ蒙ムルニ至ル可キヲ以テナリ。

船舶所有者ノ債權ノ時效

第六百十八條　船舶所有者ノ傭船者、荷送人又ハ荷受人ニ對スル債權ハ一年ヲ經過シタルトキハ時效ニ因リテ消滅ス

本條ハ傭船者、荷受人、又ハ荷送人ニ對スル債權ノ時效ニ關スル規定ニシテ船舶所有者ヲシテ速ニ其權利ヲ行ハシメンコトヲ目的トス蓋シ海上貿易ニ關スル債權ハ他ノ債權ヨリ一層速ニ其ノ關係ヲ終了セシムル可キ必要アルヲ以テナリ。

第六百十九條　第三百二十八條、第三百三十六條乃至第三百四十一條及ヒ第三百四十八條ノ規定ハ船舶所有者ニ之ヲ準用ス

本條ハ陸上運送ニ關スル第三百二十八條、第三百三十六條乃至第三百四十一條及ヒ第三百四十八條ノ規定ヲ船舶所有者ニ準用ス可キ旨ヲ定ム畢竟二者其性質ヲ同フスル點ニ付テハ特別規定ヲ設クルノ必要ナキカ故ナリ而シテ其準用ノ各

場合ハ法文ヲ參照セハ自ラ明瞭ナル可シ。

第二款　船荷證券

海上運送ニ於ケル船荷證券ハ尙ホ陸上運送ニ於ケル貨物引換證ニ該當ス其要ハ運送品ニ對スル受取書タルニ在リ然レトモ此受取書ハ普通ノ受取書ト異リ流通證券タルノ作用ヲ爲スモノニシテ其性質ヲ約言セハ此船荷證券ハ之ニ記載スル所ノ貨物引渡ノ證據ト爲リ且此證券ヲ質入又ハ讓渡スルトキハ之ニ記載セル運送品其物ノ質入又ハ讓渡ト同一ノ效果ヲ生シ貨物融通ノ目的ヲ達セシムルモノトス。

抑モ海上運送契約ハ諾成契約ナレハ其成立ハ當事者ノ意思表示アルヲ以テ足リ證券ノ有無ハ契約ノ成立ニ關係ナシ唯傭船契約ニ就テハ後日ノ證據ノ爲メ各當事者ハ相手方ノ請求ニ依リ運送契約書ノ交付ヲ爲ス可キコト既述ノ如シ(〇五九)然ルニ船荷證券ハ傭船者又ハ荷送人ノ請求アルトキハ船長又ハ之ニ代ハル者ヨリ船積後之ヲ交付ス可キモノニシテ其發行ハ其契約ノ成立ヲ前提トシ畢竟其履行ヲ確實ナラシムルノ手段タルニ過キス。

船荷證券ノ發行及ヒ時期

第六百二十條　船長ハ傭船者又ハ荷送人ノ請求ニ因リ運送品ノ船積後遲滯ナク一通又ハ數通ノ船荷證券ヲ交付スルコトヲ要ス

本條ハ船荷證券ノ發行者及ヒ其時期ニ付テノ規定ナリ(一)船荷證券ヲ發行ス可キ者ハ原則トシテ船長ナリ(次條ニ例外在リ)蓋シ船荷證券ハ運送品ノ船積及ヒ其引渡ニ對スル證券ナルヲ以テ其運送實行ノ責任者タル船長ニ於テ之カ發行ヲ爲スヲ相當トスレハナリ(二)船荷證券ハ船積當事者(傭船者又ハ荷送人)ノ請求ニ依リ運送品ノ船積後遲滯ナク之ヲ發行スルコトヲ要ス蓋シ運送品ハ其到達港ニ於テ船荷證券ノ所持人ニ引渡ス可キモノナルヲ以テ現實ニ船積セサル運送品ニ對シテ船荷證券ヲ發行スルカ如キハ其所持人ヲ害スルカ故ナリ遲滯ナクトハ速ニ發行スルコトヲ要スルノ意ナリ。

船荷證券ハ船積當事者ノ請求ニ因リ一通又ハ數通ヲ發行ス可キモノトス其數通ヲ發行スル場合ニ於テハ各通ハ同一內容ヲ有スルコトヲ要シ且各通ニ何通ヲ發行セルカヲ明記セサル可カラス其數通ノ船荷證券ヲ發行スルヲ得ルハ或ハ其一通カ紛失シタル場合ニ他ノ證券ヲ以テ運送品ヲ受取リ又ハ數通アルトキハ同時ニ諸所ニ之カ讓受人ヲ求ムルコトヲ得ルカ如キ等一ニ貨物流通ノ途ヲ講スル

ノ便アルニ因ル。

第六百二十一條　船舶所有者ハ船長以外ノ者ニ船長ニ代ハリテ船荷證券ヲ交付スルコトヲ委任スルコトヲ得

船荷證券ノ代理發行者

本條ハ船荷證券發行ノ代理者ニ關スル規定ナリ前述ノ如ク船荷證券ハ原則トシテ船長之ヲ作成ス可キモノナルモ船長事故ニ因リ之カ作成ヲ爲ス能ハサル場合アル可キヲ以テ斯ル場合ニ於テ船長以外ノ者(例ヘハ運轉士事務長)ヲシテ船荷證券ヲ作成スルコトヲ得セシム是レ一ニ便宜ニ出テタルモノナリ然レトモ此場合ト雖モ其發行ハ船長ニ代ハリテ爲スモノナルコトヲ忘ル可カラス尙ホ船舶所有者ハ船荷證券發行ヲ船長以外ノ者ニ委任スルヲ得ルヲ以テ自ラ其發行ヲ爲スヲ得ルハ勿論ナリト雖モ船長ハ他人ニ發行ヲ委任スルヲ得サルハ言ヲ俟タス。

第六百二十二條　船荷證券ニハ左ノ事項ヲ記載シ船長又ハ之ニ代ハル者署名スルコトヲ要ス

一　船舶ノ名稱及ヒ國籍
二　船長カ船荷證券ヲ作ラサルトキハ船長ノ氏名
三　運送品ノ種類、重量若クハ容積及ヒ其荷造ノ種類、箇數並ニ記號
四　傭船者又ハ荷送人ノ氏名又ハ商號
五　荷受人ノ氏名若クハ商號
六　船積港

船荷證券ノ法定ノ記載事項

七　陸揚港但發航後傭船者又ハ荷送人カ陸揚港ヲ指定スヘキトキハ其之ヲ指定スヘキ港
八　運送賃
九　數通ノ船荷證券ヲ作リタルトキハ其員數
十　船荷證券ノ作成地及ヒ其作成ノ年月日

本條ハ船荷證券ニ記載スヘキ事項ニ付テノ規定ナリ船荷證券ニハ其法定事項ヲ必ス記載セサル可カラス此他當事者ノ合意ニ因ル約款ヲ記載スルヲ妨ケス但其任意事項ハ船荷證券ノ本質ニ反セサルコトヲ要ス斯クノ如ク證券記載事項ヲ法定スル所以ハ畢竟船荷證券ハ之ニ記載スル貨物ヲ代表シ且流通ノ用ニ供ス可キモノナルヲ以テ其記載事項ヲ當事者ノ意思ニ放任スルトキハ第三者ヲ害スルノ虞アルニ因ル尚ホ船荷證券ハ記名式又ハ指圖式ニテ之ヲ發行スルコトヲ得(但無記名式ニテ發行スルヲ得ス是蓋シ元來本條第五號ニ於テ「又ハ所持人ニ運送品ヲ引渡スヘキコト」ト記載セルモ之ヲ削除シタルハ無記名式ハ本法ノ認メサル所タル可キヲ以テナリ)。

第六百二十三條　傭船者又ハ荷送人ハ船長又ハ之ニ代ハル者ノ請求ニ因リ船荷證券ノ謄本ニ署名シテ之ヲ交付スルコトヲ要ス

本條ハ船荷證券ノ謄本ニ關スル規定ナリ船荷證券ハ運送契約及ヒ積荷ニ關スル書類ノ一ナルヲ以テ船長ハ此等ノ書類ヲ船中ニ備置クコトヲ要ス(五六二)然ルニ船荷證券ハ船長又ハ之ニ代ハル者ノ作成ニ係リ而シテ自己ノ作成ニ係ル書類ヲ

自己ニ備置クハ證據上薄弱ナルヲ以テ船長又ハ之ニ代ハル者ハ備船者又ハ荷送人ニ對シテ其謄本ニ署名アルモノ、交付ヲ受クルコトヲ得ルモノト爲ス所以ナリ。

船荷證券ニ對スル船長ノ權利義務

陸揚港ニ於ケル運送品ノ引渡

第六百二十四條　陸揚港ニ於テハ船長ハ數通ノ船荷證券中ノ一通ノ所持人カ運送品ノ引渡ヲ請求シタルトキト雖モ其引渡ヲ拒ムコトヲ得ス

本條ハ船荷證券ニ對スル船長ノ權利義務ニ關スル規定ナリ既ニ法律ハ數通ノ船荷證券ノ發行ヲ認ム是ヲ以テ數人ノ所持人カ各別ニ船長ニ對シテ運送品ノ引渡ヲ請求スルコトアル可シ而シテ其場合ハ或ハ陸揚港ナルコトアリ或ハ陸揚港以外ナルコトアル可シ本條ハ陸揚港ニ於ケル場合ニ於ケル場合ニ關シ次條ハ陸揚港以外ニ於ケル場合ニ關スルモノトス陸揚港ニ於テハ船長ハ數通ノ船荷證券中一通ノ所持人カ運送品ノ引渡ヲ請求シタルトキト雖モ其引渡ヲ拒ムコトヲ得ス是レ蓋シ陸揚港ハ運送品ヲ引渡ス可キ普通ノ場所ナルト且ツ其各通ハ單獨ニ船荷證券タルノ效用ヲ爲ス可キモノナレハナリ然レトモ數通ノ船荷證券アルモ其各通ハ等シクカ同一ノ運送品ニ對シテ同一ノ效力ヲ有スルモノタルニ過キサルヲ以テ船長カ其一通ニ對シテ運送品ヲ引渡シタルトキハ最早他ノ各通ニ對シ

陸揚港外ニ於ケル運送品ノ引渡

陸揚港ニ於テ二人以上ノ船荷證券所持人ノ運送品引渡ノ請求ト船長ノ義務

テ運送品引渡ノ義務ナキハ勿論ナリ。

第六百二十五條　陸揚港外ニ於テハ船長ハ船荷證券ノ各通ノ返還ヲ受クルニ非サレハ運送品ヲ引渡スコトヲ得ス

本條ハ陸揚港以外ニ於テハ船長ハ船荷證券ノ各通ノ返還ヲ受ケサル限リ運送品ヲ引渡スコトヲ得サル旨ヲ定ム是レ蓋シ陸揚港以外ハ運送品ヲ引渡ス可キ普通ノ場所ニ非サルヲ以テ證券全部ノ返還ナキニ拘ラス陸揚港以外ニ於テ運送品ヲ引渡ス可キモノトセハ陸揚港ニ於テ其他ノ所持人ヨリ其引渡ノ請求アルトキハ其引渡ヲ拒ムコトヲ得サルノ義務ニ反スルニ至ルカ故ニ正當ノ權利者ヲ害スルコトアルヲ以テナリ。

第六百二十六條　二人以上ノ船荷證券所持人カ運送品ノ引渡ヲ請求シタルトキハ船長ハ遲滯ナク運送品ヲ供託シ且請求ヲ爲シタル各所持人ニシテ其通知ヲ發スルコトヲ要ス船長カ第六百二十四條ノ規定ニ依リテ運送品ノ一部ヲ引渡シタル後他ノ所持人カ運送品ノ引渡ヲ請求シタル場合ニ於テ其殘部ニ付キ亦同シ

本條ハ陸揚港ニ於テ二人以上ノ船荷證券ノ所持人カ同時ニ若クハ相前後シテ運送品ヲ請求シタル場合ニ於ケル船長ノ義務ニ關スル規定ナリ此場合ニ船長ハ其所持人中何人カ正當ノ權利者ナルヤヲ知ルコトヲ得ス故ニ此場合ニ於テ船長

ハ其義務トシテ遲滯ナク運送品ヲ供託シ且引渡ノ請求ヲ爲シタル各所持人ニ對シテ其通知ヲ發スルコトヲ要ス船長ニ此義務ヲ負ハシメタル所以ノモノハ蓋シ權利者ノ何人ナルカヲ確定スルニ至ルマテ船內ニ運送品ヲ保管スルハ船舶所有者ノ損失ナルヲ以テ之ヲ供託シ其責ヲ免ルルト同時ニ各請求者相互ノ間ニ於テ何等カノ方法(裁判上又ハ裁判外ノ方法)ニ依リ速ニ權利者ノ確定ヲ爲サシメンコトヲ促スノ便アルニ由ル。

船荷證券所持人間ノ關係

第六百二十七條　二人以上ノ船荷證券所持人アル場合ニ於テ其一人カ他ノ所持人ニ先チテ船長ヨリ運送品ノ引渡ヲ受ケタルトキハ他ノ所持人ノ船荷證券ハ其效力ヲ失フ

本條ハ船荷證券ノ所持人間ノ關係ニ付テノ規定ナリ數通ノ船荷證券アルモ各通ハ同一運送品ニ對シテ同一ノ效力ヲ有スルモノニ過キサレハ船長カ他ノ所持人ニ先ンシテ運送品ヲ引渡シタルトキハ他ノ所持人ノ有スル證券ハ其效力ヲ失ハサル可カラス是レ此規定ノ存スル所以ナリ。

船荷證券所持

第六百二十八條　二人以上ノ船荷證券所持人アル場合ニ於テ船長カ未タ運送品ノ引渡ヲ爲サヽルトキハ原所持人カ最モ先ニ發送シ又ハ引渡シタル證券ヲ所持スル者他ノ所持人ニ先チテ其權利ヲ行フ

本條ハ亦前條ト同シク船荷證券所持人間ノ關係ニ付テノ規定ナリ但シ前條ハ

人間ノ權利ノ優劣

一通ノ船荷證券ニ依リ既ニ其所持人カ運送品ノ引渡ヲ受ケタル場合ナルモ本條ハ運送品ハ未タ何人ニモ引渡サレサル場合ナリ此場合ニ於テハ原所持人カ最モ先ニ發送シ又ハ引渡シタル證券ヲ所持スル者カ後ニ發送ヲ受ケ又ハ引渡ヲ受ケタル所持人ニ先テ其權利ヲ行フモノトス是レ蓋シ原所持人カ既ニ一通ノ證券ヲ他人ニ讓渡シタル後他ニ證券アルヲ奇貨トシテ更ニ之ヲ他人ニ讓渡スルハ自己ノ有セサル權利ヲ他人ニ讓渡スルモノナルカ故ニ其讓渡ハ法律上無效ナリトノ理由ニ基ク。

尙ホ規定ハ讓渡ノ場合ニ限ラス其他債權ノミヲ設定シタルカ如キ場合ニモ亦其適用スルコト言ヲ俟タス。

準用規定

第六百二十九條　第三百三十四條乃至第三百三十五條及ヒ第三百四十四條ノ規定ハ船荷證券ニ之ヲ準用ス

本條ハ陸上運送ノ貨物引換證ヲ作リタル場合(三三四)及ヒ裏書ニ依リ貨物引換證ヲ讓渡シタル場合(三三五)ノ規定ヲ船荷證券ニ準用ス可キコトヲ定ム其詳細ハ同條ノ說明ヲ參照セハ自ラ明瞭ス可シ唯玆ニ注意ス可キハ舊法ハ本條ニ於テ爲替手形ノ裏書及ヒ其支拂ニ關スル規定(四五五四八三)ヲ船荷證券ニ準用シタルモ本法ハ之

ヲ削除シタルコトヲ一言スルニ止ム。

第二節　旅客運送

旅客運送

旅客運送契約モ亦物品運送契約ト同シク共ニ請負契約ノ一種ナリ唯契約ノ目的カ前者ハ人ニシテ後者ハ物品タルノ差アルノミ船舶ハ或ハ物品ノミヲ運送シ或ハ人ノミヲ運送シ又ハ人ト物トヲ併セテ運送スルモノアリ物品運送ニ付テハ既ニ述ヘタリ而シテ旅客運送ハ其人ノミヲ運送スルト人及ヒ物品ヲ運送スルトヲ問ハス其人(旅客)ニ關スル運送ニ付テハ即チ本節ノ規定ヲ適用ス可キモノタリ。

乗船切符ノ讓渡禁止

第六百三十條　記名ノ乗船切符ハ之ヲ他人ニ讓渡スルコトヲ得ス

本條ハ乗船切符ニ關スル規定ナリ抑モ旅客運送契約モ諾成契約ナレハ其成立ハ當事者ノ意思表示アルヲ以テ足リ何等ノ方式ヲ必要トセサルハ言ヲ俟タスト雖モ通常ハ乗船切符ヲ作成シテ之カ證ト爲スヲ例トス而シテ乗船切符ニハ或ハ記名式又ハ無記名式ナルコトアリ記名式ハ其證書面ノ人ニ對シテ契約ヲ履行ス可キコトヲ表示スルモノナレハ其他ノ人ニ對シテハ發行者ハ之カ履行ノ義務ヲ負ハスト是レ記名式乗船切符ハ之ヲ他人ニ讓渡スルヲ得スト爲ス所以ナリ。

旅客ノ食料ノ負擔者

第六百三十一條　旅客ノ航海中ノ食料ハ船舶所有者ノ負擔トス

本條ハ旅客ノ食料ニ關スル規定ナリ旅客ノ航海中ノ食料ハ船舶所有者ノ負擔ナルカ將タ旅客ノ負擔ナルカニ付キ何等ノ規定ナキトキハ爭ヲ生スルナキヲ保セス而シテ旅客ノ航海中ノ食料ハ實際ノ慣行ニ從フトキハ運送賃中ニ包含シ船舶所有者之ヲ負擔スルヲ例トス是レ本條ノ存スル所以ナリ但シ反對ノ特約又ハ慣習アルトキハ之ニ從フ可キコト勿論ナリ。

旅客手荷物ノ無賃運送

第六百三十二條　旅客カ契約ニ依リ船中ニ携帶スルコトヲ得ル手荷物ニ付テハ船舶所有者ハ特約アルニ非サレハ別ニ運送賃ヲ請求スルコトヲ得ス

本條ハ旅客ノ手荷物ノ無賃運送ニ關スル規定ナリ是レ旅客ノ食料ト同シク從來ノ慣行ニ從ヒ運送賃中ニ包含セラルルヲ常トスルヲ以テ特約ナキ限リハ手荷物ノ運送賃ヲ支拂フコトヲ要セサルモノト爲ス所以ナリ但シ手荷物ノ種類、容積、重量等ハ通常特約ニ依リ之ヲ定ムルモノトス而シテ其手荷物カ或制限ヲ超過スルトキハ相當運送賃支拂ノ義務ヲ負フコト言ヲ俟タス。

第六百三十三條　旅客カ乘船時期マテニ船舶ニ乘込マサルトキハ船長ハ發航ヲ爲シ又ハ航海ヲ繼續スルコトヲ得此場合ニ於テハ旅客ハ運送賃ノ全額ヲ支拂フコトヲ要ス

旅客ノ乘船時期ト船長ノ權利竝ニ船長ノ義務

本條ハ旅客カ發航ノ時期マテニ乘船セサル場合ニ於ケル船長ノ權利及ヒ運送賃ノ全額ヲ支拂フ可キ旅客ノ義務ニ付テノ規定ナリ此規定アル所以ハ畢竟一旅客ノ爲メ航海ヲ遲延スルヲ得サルト又其旅客カ乘込マサルカ爲メ運送賃ヲ損ス可キ理由ナキニ由ル。

旅客カ任意ニ契約ノ解除ヲ爲ス可キ場合

第六百三十四條　發航前ニ於テハ旅客ハ運送賃ノ半額ヲ支拂ヒテ契約ノ解除ヲ爲スコトヲ得
發航後ニ於テハ旅客ハ運送賃ノ全部ヲ支拂フニ非サレハ契約ノ解除ヲ爲スコトヲ得ス

本條ハ旅客カ任意ニ契約ノ解除ヲ爲ス場合ニ付テノ規定ナリ旅客運送契約モ物品運送契約ノ場合ト同シク契約ノ任意解除ヲ認メサル可カラス旅客ノ任意ニ因ル契約解除モ亦其ノ發航前ト發航後トノ二ニ分ツ其發航前ニ於テハ旅客ハ運送賃ノ半額ヲ支拂ヒテ契約ノ解除ヲ爲スコトヲ得是レ蓋シ船舶所有者ハ旅客ノ爲メ種々ノ準備ヲ爲ス可シト雖モ發航前ニ於テハ尚ホ他ニ旅客ヲ求ムルノ機會アルカ故ナリ然レトモ發航後ニ於テハ旅客ハ運送賃ノ全額ヲ支拂フニ非サレハ解除ヲ爲スコトヲ得ス蓋シ此場合ニ於テハ之カ爲メ空室ヲ生スルモ最早他ニ旅客ヲ求ムルノ餘裕ト機會ナキヲ以テナリ。

第六百三十五條　旅客カ發航前ニ死亡、疾病其他一身ニ關スル不可抗力ニ因リテ航海ヲ爲スコ

ト能ハサルニ至リタルトキハ船舶所有者ハ運送賃ノ四分ノ一ヲ請求スルコトヲ得
前項ニ掲ケタル事由カ發航後ニ生シタルトキハ船舶所有者ハ其選擇ニ從ヒ運送賃ノ四分ノ一ヲ請求シ又ハ運送ノ割合ニ應シテ運送賃ヲ請求スルコトヲ得

旅客不可抗力ニ因テ爲ス契約ノ解除

本條ハ旅客ノ一身上ノ不可抗力ニ基因シテ爲ス契約解除ニ關スル規定ナリ旅客ノ死亡、疾病、其他一身上ニ關スル不可抗力ニ因リ契約ヲ爲シタル目的ヲ達スルコト能ハサルニ至リタルトキハ各當事者ハ契約ノ解除ヲ爲シ得ヘキハ勿論双方ノ爲メニ何等ノ賠償義務ヲ負擔スルコトナシ然ルニ此等ノ事由カ(一)船舶ノ發航前ニ發生シタルトキハ船舶所有者ハ運送賃ノ四分ノ一ヲ請求スルコトヲ得蓋此場合ハ旅客カ其任意ニ契約ヲ解除スル場合ト同シカラシム可キニ非サレハナリ(二)發航後ニ於テハ既ニ多少ノ航海ヲ爲シタル後ナルヲ以テ請負契約ノ性質ヨリセハ運送ノ割合ニ應スル運送賃ヲ請求スルコトヲ得ルハ勿論ナルモ法律ハ船舶所有者ノ選擇ニ從ヒ運送ノ割合ニ應スル運送賃ヲ請求セスシテ運送賃ノ四分ノ一ヲ請求スルコトヲ得ト爲ス蓋シ發航後ハ其航程ノ距離ノ遠近アル可キヲ以テ或ハ運送賃ノ四分ノ一ニ達セサルコトアリ然ルニ其發航前ニ於テスラ既ニ四分ノ一ノ運送賃ヲ請求スルコトヲ得ト爲スニ發航後其四分ノ一ニ達セサルコトア

ラハ彼是レ權衡ヲ失スルカ爲メナリ是レ此選擇權ヲ付與スル所以ナリ。

航海中途ノ船舶修繕ト旅客居所及ヒ食料

第六百三十六條　航海ノ途中ニ於テ船舶ヲ修繕スヘキトキハ船舶所有者ハ其修繕中旅客ニ相當ノ住居及ヒ食料ヲ供スルコトヲ要ス但旅客ノ權利ヲ害セサル範圍內ニ於テ他ノ船舶ヲ以テ上陸港マテ旅客ヲ運送スルコトヲ提供シタルトキハ此限ニ在ラス

本條ハ航海ノ途中ニ於テ船舶ノ修繕中旅客ニ相當ノ住居及ヒ食料給與ニ對スル船舶所有者ノ義務ニ關スル規定ナリ旅客ハ其運送中船舶ニ住居シ且食料ノ給與ヲ受ク可キモノナレハ航海ノ途中船舶修繕ノ必要ヲ生シ其船舶ニ住居シ得サルニ至リタルトキハ船舶所有者ハ其修繕中旅客ニ相當ノ住居及ヒ食料ヲ供給スルノ義務アルハ蓋シ當然ノ事理ニ屬ス若シ代用船ヲ以テ上陸港マテノ運送ヲ提供スルトキハ此義務ヲ負フコトナシ但シ此場合ニ於テ其提供ハ旅客ノ權利ヲ害セサル範圍ニ於テスルコトヲ要ス。

旅客運送契約ノ法定終了事由

第六百三十七條　旅客運送契約ハ第五百八十七條第一項ニ揭ケタル事由ニ因リテ終了ス若シ其事由カ航海中ニ生シタルトキハ旅客ハ運送ノ割合ニ應シテ運送賃ヲ支拂フコトヲ要ス

本條ハ旅客運送契約ノ法定ノ終了事由ニ關スル規定ナリ其場合（五八七ノ一）ニ於テ旅客運送契約ハ當然終了ス是レ旅客運送モ船舶ニ依リテ爲ス運送ニシテ此點ニ於テ物品運送ト異ル所ナシ而シテ其事由カ發航後ニ生シタルトキハ既ニ多少ノ

航海ヲ爲シタルモノナレハ旅客ハ其運送ノ割合ニ應シテ運送賃ヲ支拂ハサル可カラス蓋シ請負契約ノ性質上當然ノ結果タリ。

旅客死亡ノ際ノ手荷物ト船長ノ義務

第六百三十八條　旅客カ死亡シタルトキハ船長ハ最モ其相續人ノ利益ニ適スヘキ方法ニ依リテ其船中ニ在ル手荷物ノ處分ヲ爲スコトヲ要ス

本條ハ死亡シタル旅客ノ手荷物ニ關スル規定ナリ船長カ旅客ノ委託ニ因リ船積シタル手荷物ハ一般受寄者ノ責任ヲ以テ之カ保管ノ責ニ任スルハ勿論旅客カ手荷物トシテ船室内ニ所持セル物ト雖モ其旅客死亡シタルトキハ船長ハ最モ其相續人ノ利益ニ適ス可キ方法(例ヘハ相續人ニ送付スルカ又ハ事情ニ依リ之ヲ賣却シ其代金ヲ保管スルカ如シ)ニ依リテ之カ處分ヲ爲スノ義務アリ但シ之カ爲メニ出シタル費用ハ其相續人ノ負擔タルコト言ヲ俟タス(民六九七参照)

陸上ノ旅客運送、海上ノ物品運送ノ準用規定

第六百三十九條　第三百五十條、第三百五十一條第一項、第三百五十二條、第五百九十一條、第五百九十二條、第六百十四條及ヒ第六百十八條ノ規定ハ海上ノ旅客運送ニ之ヲ準用ス
第五百九十三條及ヒ第六百十七條ノ規定ハ旅客ノ手荷物ニ之ヲ準用ス

本條ハ陸上ノ旅客運送及ヒ海上物品運送ノ或規定ヲ海上ノ旅客運送ニ準用スル場合ニ付テノ規定ナリ其詳細ハ各條ノ説明ヲ参照セハ自ラ明瞭ス可キヲ以テ茲ニ再説セス。

旅客運送ノ為ニスル傭船契約

第六百四十條　旅客運送ヲ為ス為メ船舶ノ全部又ハ一部ヲ以テ運送契約ノ目的ト為シタル場合ニ於テハ船舶所有者ト傭船者トノ關係ニ付テハ前節第一款ノ規定ヲ準用ス

本條ハ旅客運送ノ為メニスル傭船契約ニ物品運送ノ為メニ為ス傭船契約ニ關スル規定ヲ準用ス可キ旨ヲ定ム旅客ノ傭船契約ノ場合ニ於テモ其目的ハ船舶ナルヲ以テ旅客其者ハ契約ノ成立ニ關係ナシ而シテ傭船者ト旅客トノ關係ハ單ニ旅客運送契約タルニ過キス仍テ本節ノ規定ヲ適用セハ足レリ然レトモ傭船者ト船舶所有者トノ關係ハ物品ノ運送ヲ目的トスル傭船ノ場合ト異ニスル理由ナキヲ以テ本條ハ物品運送ニ關スル前節第一款ノ規定ヲ是ニ準用スト為シタルナリ而シテ其詳細ハ各條ノ説明ニ讓ル。

第四章　海損

海損

汎ク海損トハ船舶又ハ積荷ニ對シテ生スル一切ノ航海上ノ損害ヲ謂フモ本章ニ所謂海損トハ非常原因ニ因リ船舶又ハ積荷ニ付キ生シタル損害ヲ謂フ（非常原因ニ因ル損害ニ相對スルモノヲ通常生ス可キ損害ト為ス是レ所謂小海損ト稱スルモノナリ例ヘハ船舶ノ自然ノ消耗、水先案内料、挽船料、避氷入費、入港税其他ノ諸税費等ノ如シ所謂小海損ハ航海事業ノ當然ノ結果トシテ船舶所有者之ヲ負擔ス可ク特ニ海損トシテ其負擔者ヲ定ムルノ必要ヲ見ス）

共同海損、單獨海損

實物損害、費用損害

共同海損ノ定義

海損ニ共同海損及ヒ單獨海損ノ二種アリ本章ニ所謂海損トハ共同海損ヲ指稱ス單獨海損ハ非常原因ニ因リ其損害ヲ受ケタル船舶又ハ積荷ノ所有者自ラ之ヲ負擔ス可キコト當然ナルヲ以テ之ヲ關スル特別規定ノ必要ナシ。

共同海損ニ實物損害ト費用損害ノ二種アリ實物損害トハ船舶又ハ積荷其モノノ毀損又ハ投棄(滅失)ニ因ル損害ヲ謂ヒ費用損害トハ船舶又ハ積荷ヲ保全スルカ爲メニ支出シタル費用損害ヲ謂フ。

第六百四十一條　船長カ船舶及ヒ積荷ヲシテ共同ノ危險ヲ免レシムル爲メ船舶又ハ積荷ニ付キ爲シタル處分ニ因リテ生シタル損害及ヒ費用ハ之ヲ共同海損トス

前項ノ規定ハ危險カ過失ニ因リテ生シタル場合ニ於テ利害關係人ノ過失者ニ對スル求償ヲ妨ケス

本條ハ共同海損ノ定義ニ付テノ規定ナリ即チ共同海損トハ船長カ船舶及ヒ積荷ヲシテ共同ノ危險ヲ免レシムル爲メ船舶又ハ積荷ニ付キ爲シタル處分ニ因リテ生シタル損害及ヒ費用ヲ謂フ由是觀之共同海損タルニハ四箇ノ條件ヲ必要トス即チ左ノ如シ。

第一　船舶及ヒ積荷ノ共同ノ危險ヲ免レシムル爲メナルコトヲ要ス　凡ソ危險ハ或ハ船舶ノミニ付テ生シ或ハ積荷ノミニ付テ生スルコトアリト雖モ共同海

損タルニハ船舶及ヒ積荷ニ共同ノ危險アル場合ナラサル可カラス例ヘハ暴風雨ノ爲メ船舶及ヒ積荷カ沈沒セントスルカ如シ故ニ船舶ノミ捕獲セラレントシ又ハ積荷中ノ或物品ノミ掠奪セラレントスルカ如キ場合ハ船舶ノミ又ハ其物品ノミニ對スル危險ナルヲ以テ船舶所有者又ハ該物品ノ所有者ノミ獨リ其損失ヲ負擔ス可ク（所謂單獨海損）共同海損タルコトナシ但シ共同危險ノ種類如何ハ之ヲ問フヲ要セス故ニ其危險ハ天災又ハ人爲タルコトアル可シ然レトモ其危險ハ現實ニ遭遇セル場合タルコトヲ要ス。

第二　船長カ船舶又ハ積荷ニ付キ爲シタル處分タルコトヲ要ス　共同ノ危險ハ船舶及ヒ積荷ノ双方ニ對シテ存スル場合タルヲ要スルモ其危險ヲ免レシムルカ爲メニ爲ス船長ノ處分ハ孰レカ其一方ニ對スルヲ以テ足ル所謂處分トハ積荷ノ投棄、賣却、陸揚、船舶ノ毀損ノ如キ行爲ヲ謂フ既ニ處分ト謂フカ故ニ船長ノ故意ニ出テタルコトヲ要スルハ勿論ナリ過失又ハ偶然ニ出テタル處分ハ共同海損タルコトナシ。

第三　船長ノ處分ニ因ル損害又ハ費用ヲ生シタルコトヲ要ス　是レ船長ノ處分アルモ損害ナク又ハ費用ヲ生セサルトキハ海損分擔ノ問題ヲ惹起スルコトナ

キカ故ナリ船長ノ處分ニ因テ生シタル損害又ハ費用トハ例ヘハ積荷投棄ノ損害、陸揚ノ費用、船舶毀損ノ修繕費用等ノ如シ。

第四　船長ノ處分ニ因リ船舶又ハ積荷ノ全部又ハ一部ヲ保存スルヲ得タルコトヲ要ス　故ニ若シ船舶及ヒ積荷ノ全部滅失シタルカ如キ場合ナラハ海損分擔ノ問題ヲ生セス從テ共同海損タルニハ必ス其行爲(處分)ノ結果トシテ效果ノ幾分ヲ奏シタル場合ナラサル可カラス例ヘハ積荷ヲ投棄シテ船舶ノミヲ保存シ又ハ船舶ノ或部分ヲ毀損シタルカ爲メ積荷ヲ保存シ得タルカ如シ。

叙上四條件ヲ具備スルトキハ共同海損トシテ分擔ノ問題ヲ生ス可ク共同海損ノ分擔ハ之ヲ生シタル原因タル危險ノ種類ヲ問ハサルモ其危險カ過失ニ因リテ生シタル場合ニ於テ利害關係人ハ其過失者ニ對シテ求償ヲ爲スコトヲ妨ケス。

第六百四十二條　共同海損ハ之ニ因リテ保存スルコトヲ得タル船舶又ハ積荷ノ價格ト運送賃ノ半額ト共同海損タル損害ノ額トノ割合ニ應シテ各利害關係人之ヲ分擔ス

共同海損ノ分擔義務者及ヒ其分擔義務ノ割合

本條ハ共同海損ノ分擔義務者及ヒ其分擔義務ノ割合ニ付テノ規定ナリ抑モ共同海損ハ船舶及ヒ積荷ニ付キ生シタル共同ノ危險ヲ免ルルカ爲メニ爲シタル處分ニ因リテ生シタル損害及ヒ費用ナルカ故ニ之ニ因テ利益ヲ得タル者ハ之カ分

擔ノ義務アルコト蓋シ必然ノ事理ニ屬スト雖モ其法理上ノ性質ニ付テハ異説ナキコトヲ得ス而シテ法典ノ解釋ヨリセハ不當利得ノ原則ニ胚胎シ船長ノ故意ノ行爲ト之ニ因テ得タル船舶又ハ積荷ノ保存トノ間ニ原因結果ノ關係ノ存在ヲ前提トシ是ニ此原則ノ適用アル可キモノト爲スヲ相當トス。

共同海損ハ之ニ因テ生シタル共同損害ヲ共同シテ負擔スルニ在リ然ルニ船舶、積荷、及運送賃ノ利害關係人カ共同海損ヲ分擔スル割合ニ付テハ從來三個ノ主義アリ而シテ法典ハ航海ノ費用ヲ運送賃ノ半額ト看做シ船舶又ハ積荷ノ價格トノ割合ニ應シテ負擔ストノ主義ヲ採用セリ而シテ(1)其船舶ノ價格ハ到達ノ地及ヒ時ニ於ケル價格ニ依リ(六四三)又(2)積荷ノ價格ハ陸揚ノ地及ヒ時ニ於ケル價格ニ依ル但其價格中ヨリ支拂フコトヲ要セサル運送賃其他ノ費用ヲ控除スルコトヲ要ス(六四三)(3)運送賃ノ利害關係人カ其半額ニ依リ海損ヲ分擔スル所以ハ蓋シ計算ノ錯雜ヲ避クルノ實際ノ便宜ニ依リタルモノナリ(4)共同海損タル損害ヲ受ケタル損害額自身同シク海損ヲ分擔セサル可カラス蓋共同海損タル損害ヲ受ケタル者カ海損ヲ分擔セサルトキハ他ノ利害關係人ノミ之ヲ負擔シ自己ノ船舶又ハ積荷ヲ海損ニ供シタル者ハ共同ノ危險ニ際シ損失ヲ被ルコトナク却テ利益ヲ收ムル

共同海損ヲ分擔スル船舶及積荷ノ價格算定ノ時及ヒ場所

ニ至リ不公平ナル結果ヲ生スルヲ以テナリ是レ共同海損タル損害額其モノモ其割合ニ應シテ海損ヲ負擔スル所以ナリ。

第六百四十三條　共同海損ノ分擔額ニ付テハ船舶ノ價格ハ到達ノ地及ヒ時ニ於ケル價格トシ積荷ノ價格ハ陸揚ノ地及ヒ時ニ於ケル價格トス但積荷ニ付テハ其價格中ヨリ滅失ノ場合ニ於テ支拂フコトヲ要セサル運送賃其他ノ費用ヲ控除スルコトヲ要ス

本條ハ共同海損ヲ分擔スル船舶及ヒ積荷ノ價格算定ノ時及ヒ場所ニ關スル規定ナリ夫レ共同海損ヲ分擔スル船舶及ヒ積荷ノ價格ハ如何ナル標準ニ依リ之ヲ定ムヘキカハ緊要ナル問題ナリ蓋シ船舶ハ航海毎ニ多少ノ價格ヲ滅シ又積荷ハ必スシモ船舶ノ到達港ニ於テ陸揚スルモノニ非スシテ各所ニ陸揚スルモノナレハ其時ト所トニ依リ常ニ其價格一定セス是ヲ以テ法律ハ(一)船舶ノ價格ハ到達ノ地及ヒ時ニ於ケル價格トシ(二)積荷ノ價格ハ陸揚ノ地及ヒ時ニ於ケル價格ト爲セリ但シ積荷ニ付テハ其價格中ヨリ滅失ノ場合ニ於テ支拂フコトヲ要セサル運送賃其他ノ費用ヲ控除スルコトヲ要ス蓋シ陸揚港ニ於ケル積荷ノ價格ハ通常其原價ニ相當ノ利益、船積ノ費用、保險料、運送賃、關稅、陸揚費用等ノ合算ヨリ成ルモノナルモ積荷カ海難ニ依リテ喪失セルトキハ陸揚港ニ於テハ此等ノ費用ヲ支拂フコトヲ要セサルニ至ルヲ以テ若シ之ヲ控除セサルトキハ海損分擔者ハ過分ノ負擔

ヲ爲スニ至リ積荷ノ喪失者ハ却テ爲メニ利得スルニ至ルヲ以テナリ。

第六百四十四條　前二條ノ規定ニ依リ共同海損ヲ分擔スヘキ者ハ船舶ノ到達又ハ積荷ノ引渡ノ時ニ於テ現存スル價格ノ限度ニ於テノミ其責ニ任ス

共同海損分擔者ノ責任

本條ハ共同海損分擔者ノ責任ニ關スル規定ナリ共同海損ノ分擔義務者ハ船舶ノ價格及ヒ積荷ノ價格ニ應シテ之カ負擔ヲ爲ス可キ責任アリト雖モ其責任ハ無限ナルヤ將タ有限ナルヤ若シ無限ナリトセハ其船舶又ハ積荷ノ現存スル價格ノ外尚ホ全財產ヲ以テ其責ニ任セサル可カラス斯クテハ航海事業ノ進歩ヲ妨ケ海運ノ發達ヲ阻害スルニ至ル可シ是ヲ以テ法律ハ其委付ヲ認メタル精神ニ汲ミ共同海損ヲ分擔ス可キ者ハ船舶ノ到達又ハ積荷ノ引渡ノ時ニ於テ現存スル價格ノ限度ニ於テノミ其責任ニ任ス可キモノト爲シ有限責任ト爲セリ蓋シ若シ現存價格以上ニ責任ヲ負ハサル可カラストセハ當事者ハ船長カ共同危險ヲ免ルルカ爲メニ爲シタル處分ニ依リ却テ損失ヲ被ルニ至リ共同海損ヲ認メタル制度ニ撞着スルニ至ル是レ此規定ヲ存スル所以ナリ。

第六百四十五條　船舶ニ備附ケタル武器、船員ノ給料、船員及ヒ旅客ノ食料並ニ衣類ハ共同海損ノ分擔ニ付キ其價額ヲ算入セス但此等ノ物ニ加ヘタル損害ハ他ノ利害關係人之ヲ分擔ス

共同海損分擔ノ例外

本條ハ共同海損分擔義務ノ例外ニ付テノ規定ナリ船舶ニ備附ケタル武器ハ共同ノ安全ヲ圖ルカ爲メノ具ナルト船員ノ給料、船員、旅客ノ食料及ヒ衣類等ハ生活上ノ必要具ニシテ一身ニ附著スルモノト認ム可ケレハ此等ノ物カ共同海損ニ因リ保存セラレ利益ヲ受ケタリトモ海損ノ分擔義務ナキモノト爲ス故ニ若シ此等ノ物カ共同海損ニ因リ損害ヲ被リタルトキハ他ノ利害關係人ハ其損害ヲ分擔スルヲ要ス是レ但書ノ明示スル所ナリ。

第六百四十六條　船荷證券其他積荷ノ價格ヲ評定スルニ足ルヘキ書類ナクシテ船積シタル荷物又ハ屬具目錄ニ記載セサル屬具ニ加ヘタル損害ハ利害關係人ニ於テ之ヲ分擔スルコトヲ要セス

甲板ニ積込ミタル荷物ニ加ヘタル損害亦同シ但沿岸ノ小航海ニ在リテハ此限ニ在ラス

前二項ニ掲ケタル積荷ノ利害關係人ト雖モ共同海損ヲ分擔スル責ヲ免ルルコトヲ得ス

實際共同海損タル損害ナルモ賠償ヲ要セサル場合

本條ハ實際共同海損タル損害アリタル物ナルモ之カ賠償ヲ爲スコトヲ要セサル場合ニ付テノ規定ナリ(一)船荷證券其他積荷ノ價格ヲ評定スルニ足ル可キ書類ナクシテ船積シタル荷物又ハ屬具目錄ニ記載セサル屬具ニ加ヘタル損害アルモ之ヲ賠償スルヲ要セサル所以ハ畢竟其損害ヲ證明スルニ困難ナルニ由ル(二)甲板ニ積込ミタル荷物ニ加ヘタル損害モ亦賠償スルヲ要セサル所以ハ蓋シ甲板ハ通

常荷物ノ積込區域ニアラスシテ之ニ積載スルトキハ船體ノ傾斜ヲ生スルニヨリ海難ノ際ニハ投棄セラルヘキコト最初ヨリ豫期シタルモノト看做サレ之カ賠償ヲ爲サシムル理ナシトシタル爲ナリ但シ沿岸ノ小航海ニ在テハ此限ニ在ラス是レ此ノ場合ハ甲板モ亦船積區域ナルニ由ル沿岸ノ小航海ノ範圍ハ（播摩國明石川口ヨリ淡路國江崎ニ至ル線、淡路國押登崎ヨリ阿波國大磯崎ニ至ル線、伊豫國佐田岬ヨリ高島ヲ經テ豐後國地藏崎ニ至ル線及ヒ豐前國部崎ヨリ長門國宇部村ニ至ル線）（明治三二年五月遞信省令二〇號）ナリ茲ニ注意ス可キハ以上賠償ヲ得サル物モ共同海損ニ因リ保存セラレタルトキハ之カ分擔ノ義務ヲ負フコト勿論ナリ畢竟此場合ハ義務ヲ負フコトアルモ債權者タルコト能ハサルノミ。

第六百四十七條　共同海損タル損害ノ額ハ到達ノ地及ヒ時ニ於ケル船舶ノ價格又ハ陸揚ノ地及ヒ時ニ於ケル積荷ノ價格ニ依リテ之ヲ定ム但積荷ニ付テハ其滅失又ハ毀損ノ爲メ支拂フコトヲ要セサリシ一切ノ費用ヲ控除スルコトヲ要ス

第三百三十八條ノ規定ハ共同海損ノ場合ニ之ヲ準用ス

共同海損タル損害額算定ノ方法

本條ハ共同海損タル損害ノ額ノ算定方法ニ付テノ規定ナリ既ニ海損ヲ分擔スル船舶及ヒ積荷ノ價格算定ノ方法ヲ說ケル（六四三）カ之ト同シク共同海損タル損害額ニ付テモ亦船舶ハ到達ノ地及ヒ時ニ於ケル價格ニ依リ又積荷ハ陸揚ノ地及ヒ時ニ於ケル價格ニ依ル而シテ積荷ニ付テハ其支拂フコトヲ要セサリシ一切ノ

實價ヨリ低キ又ハ高キ價格ヲ記載シタル場合

費用ヲ控除スルコトヲ要スルハ前説明ノ理由ト同シ(六四三)而シテ此場合ニ第三百三十八條ノ規定ヲ準用スルハ蓋シ運送人カ賠償ノ責ニ任セサルト同一ノ理由ニ基ク。

第六百四十八條　船荷證券其他積荷ノ價格ヲ評定スルニ足ルヘキ書類ニ積荷ノ實價ヨリ低キ價額ヲ記載シタルトキハ其積荷ニ加ヘタル損害ハ其記載シタル價額ニ依リテ之ヲ定ム積荷ノ實價ヨリ高キ價額ヲ記載シタルトキハ其積荷ノ利害關係人ハ其記載シタル價額ニ應シテ共同海損ヲ分擔ス

前二項ノ規定ハ積荷ノ價格ニ影響ヲ及ホスヘキ事項ニ付キ虚僞ノ記載ヲ爲シタル場合ニ之ヲ準用ス

本條ハ船荷證券其他積荷ノ價格ヲ評定スルニ足ル可キ書類ニ積荷ノ實價ヨリ低キ又ハ高キ價格ヲ記載シタル場合ニ關スル規定ナリ此場合ニ其記載シタル價格ニ依ルモノト爲スハ畢竟惡意者ヲ保護セサル理由ニ基ク而シテ尚此規定ハ積荷ノ價格ニ影響ス可キ事項ニ付テハ虚僞ノ記載ヲ爲シタル場合ニ之ヲ準用ス。

第六百四十九條　第六百四十二條ノ規定ニ依リテ利害關係人カ共同海損ヲ分擔シタル後船舶其屬具若クハ積荷ノ全部又ハ一部カ其所有者ニ復シタルトキハ所有者ハ償金中ヨリ救助料及ヒ一部滅失又ハ毀損ニ因リテ生シタル損害ノ額ヲ控除シタルモノヲ返還スルコトヲ要ス

賠償金ノ返還

本條ハ賠償金ノ返還ニ關スル規定ナリ凡ソ共同海損ノ賠償金ハ損害ノ事實アルニ因テ之ヲ爲ス而シテ此事實ノ有無ハ其損害ノ原因タル共同危險ノ當時ニ於テスルモ後ニ至リ船舶、其屬具、積荷カ(全部又ハ一部)其所有者ニ復歸スルコトアリ(例ヘハ沈沒ノ船舶投棄ノ荷物ヲ引揚ケタルカ如シ)斯ル場合ニ賠償金ヲ得タル者カ之ヲ返還セサルトキハ之カ爲メニ不當ニ利得ヲ爲スニ至ル是ヲ以テ其所有者ハ既ニ受ケタル償金中ヨリ復歸ノ爲メニ要シタル救助ノ費用又ハ一部滅失若クハ毀損ニ因テ生シタル損害ノ額ヲ控除シ其殘額ヲ他ノ利害關係人ニ返還スルコトヲ要スト爲セリ。

第六百五十條　船舶カ雙方ノ船員ノ過失ニ因リテ衝突シタル場合ニ於テ雙方ノ過失ノ輕重ヲ判定スルコト能ハサルトキハ其衝突ニ因リテ生シタル損害ハ各船舶ノ所有者平分シテ之ヲ負擔ス

船舶ノ衝突ト其賠償責任

本條ハ船舶ノ衝突ヨリ生スル損害賠償ニ關スル規定ニシテ共同海損トハ全然關係ナキ事項ナルモ便宜上本章ニ規定シタルモノナリ船舶ノ衝突トハ船舶ト船舶トカ衝突スルヲ謂フ故ニ船舶カ船舶外ノ物ト衝突スルモ船舶ノ衝突ト謂フヲ得ス、船舶ノ衝突ハ或ハ暴風雨濃霧其他ノ不可抗力ニ因リ又ハ一方若クハ双方ノ船員ノ過失ニ因ルコトアリ不可抗力ニ因ル衝突及ヒ一方ノ船員ノ過失ニ因ル衝突ハ一般ノ原則ニ依テ解決スルコトヲ要ス。

船舶ノ衝突モ双方ノ船員ノ過失ニ因ル場合ニ於テ双方ノ過失ノ輕重カ判然スルコトアリ判然セサルコトアリ双方ノ過失ノ輕重カ判然スルトキハ各過失ノ割合ニ應シテ損害ノ責任ヲ負フ隨テ此場合ハ一般ノ原則ニ從フヲ以テ足ル然レトモ双方ノ過失ノ輕重ヲ判定スルコト能ハサルトキハ直ニ一般ノ原則ニ依ルヲ得ス是ヲ以テ法律ハ此場合ニ其過失ハ同等ト看做シ各所有者ハ衝突ニ因ル損害ヲ平分シテ負擔スルモノト爲セリ。

共同海損又ハ船舶ノ衝突ニ因リ生シタル債權ノ時效

第六百五十一條　共同海損又ハ船舶ノ衝突ニ因リテ生シタル債權ハ一年ヲ經過シタルトキハ時效ニ因リテ滅消ス

前項ノ期間ハ共同海損ニ付テハ其計算終了ノ時ヨリ之ヲ起算ス

本條ハ共同海損又ハ船舶ノ衝突ニ因リテ生シタル債權ノ時效ニ關スル規定ナリ即チ此債權ハ一年ノ時效ニ因テ消滅スルモノトス是レ船舶所有者ノ傭船者、荷送人又ハ荷受人ニ對スル債權(六一〇)ノ如ク證明ノ困難ヲ避クルト同時ニ速ニ當事者ノ地位ヲ確定セシメムカ爲ナリ而シテ其起算點ハ衝突ニ因テ生シタル債權ハ其債權ノ生シタル時ヨリ又共同海損ニ因テ生シタル債權ハ其計算ノ終了ノ時ヨリ起算ス。

第六百五十二條　本章ノ規定ハ船舶カ不可抗力ニ因リ發航港又ハ航海ノ途中ニ於テ碇泊ヲ爲

ス爲メニ要スル費用ニ之ヲ準用ス

準共同海損

本條ハ所謂準共同海損ニ付テノ規定ナリ船舶カ不可抗力ニ因リ發航港又ハ航海ノ途中ニ於テ碇泊ヲ爲シ爲メニ要シタル費用ハ已ムヲ得サル費用ナルニ獨リ船舶所有者ノミ之カ負擔ニ任ス可キモノト爲スハ酷ナルヲ以テ法律ハ其費用ハ共同海損ニ準シ各利害關係人ニ於テ之ヲ分擔ス可キモノトセリ所謂不可抗力トハ例ヘハ封鎖、檢疫、差押等ノ如シ。

第五章　海難救助

海難救助

我商法ハ舊規定ニ於テ所々ニ「救援又ハ救助ノ費用」若クハ「救援又ハ救助ノ爲メニ負擔シタル金額」ナル用語ヲ以テシタルモ之ニ關スル規定ヲ缺如セルヲ以テ海難ニ遭遇シタル船舶ヲ救助シタル場合ニ於ケル法律關係ハ條理ニ基キ推論セラルルニ過キサルノ不便アリキ是ヲ以テ改正法ハ本章ヲ新設シ同時ニ救助ニ關スル種々ノ規定ヲ爲セリ而シテ舊規定ハ救援ト救助ノ區別ヲ認メタルモ改正法ハ此區別ヲ廢シ救援又ハ救助ヲ合セテ單ニ救助ト稱スルニ至レリ。

海難救助ニ關スル本章ハ(一)救助料ノ請求權、(二)其額、(三)救助料ノ分配等ニ關スル

規定ヲ包含セリ。

第六百五十二條ノ二　船舶又ハ積荷ノ全部又ハ一部カ海難ニ遭遇セル場合ニ於テ義務ナクシテ之ヲ救助シタル者ハ其結果ニ對シテ相當ノ救助料ヲ請求スルコトヲ得

救助料請求權

本條ハ救助料請求權ノ原則ニ付テノ規定ナリ船舶又ハ積荷ノ全部又ハ一部カ海難ニ遭遇セル場合ニ於テ契約上又ハ法律上ノ義務ナクシテ之ヲ救助シタル者ハ救助ノ效ヲ奏シ結果ヲ得タルトキニ限リ相當ノ救助料ヲ請求スルノ權利アルモノトス海難トハ航海上ノ危險ヲ謂フ航海上ノ危險ハ或ハ天災ニ因リ或ハ人爲ニ因リ又ハ單ニ過失ニ因リ發生スルコトアリト雖モ其發生ノ原因如何ハ之ヲ問ハス而シテ其危險カ洋上ニ於テ發生シタル場合ハ勿論港口又ハ沿岸ニ於テ發生シタル場合ニ於テモ亦海難タルヲ妨ケス而シテ救助料ハ救助ノ結果ニ對スル報酬ニシテ救助ノ勞力ニ對スル報酬ニ非サルカ故ニ救助效ヲ奏セサル場合ニ於テハ救助料ヲ請求スルヲ得サルハ言ヲ俟タス。

第六百五十二條ノ三　救助料ニ付キ特約ナキ場合ニ於テ其額ニ付キ爭アルトキハ危險ノ程度、救助ノ結果、救助ノ爲メニ要シタル勞力及ヒ費用其他一切ノ事情ヲ斟酌シテ裁判所之ヲ定ム

救助料ノ額ノ算定

本條ハ救助料ノ額ノ算定ニ關スル規定ナリ(一)救助カ契約上ノ義務ノ履行トシ

テ爲サレタル場合ニ救助料ノ額ニ付テ特約アルトキハ之ニ從フ可ク(二)救助ニ付キ何等ノ特約ナキトキハ其額ハ救助ノ結果ニ對シテ相當スルモノナラサル可カラス此場合ニ於テ若シ其額ニ付キ爭アルトキハ裁判所ハ危險ノ程度、救助ノ結果、救助ノ爲メニ要シタル勞力及ヒ費用其他一切ノ事情ヲ斟酌シテ之ヲ定ム可キモノトス。

第六百五十二條ノ四　海難ニ際シ契約ヲ以テ救助料ヲ定メタル場合ニ於テ其額カ著シク不相當ナルトキハ當事者ハ其增加又ハ減少ヲ請求スルコトヲ得此場合ニ於テハ前條ノ規定ヲ準用ス

救助料ノ額ノ增減請求權

本條ハ特約ニ因ル救助料額ノ增加又ハ減少ニ關スル規定ナリ海難ニ際スルト否トヲ問ハス特約ヲ以テ救助料ヲ定メタルトキハ其特約ニ從フコトヲ原則トスト雖モ海難ニ際シテ爲シタル特約ノ救助料カ著シク不當ナルトキハ各當事者ハ其增加ヲ請求シ又ハ其減額ヲ請求スルコトヲ得蓋シ海難ニ際シテハ當事者ハ或ハ危虞ノ念ニ驅ラレ危險ヲ過大視スルコトアリ或ハ海難ヲ奇貨トシ不當ノ救助料ヲ約スルニ非サレハ救助ニ應セサルコト等アリテ實際眞意ナクシテ往々高額ノ救助料ヲ約シ或ハ唐突急遽ノ出來事ニ實際ノ危險狀態ヲ調査スルノ暇ナキコトアリテ過少ノ救助料ヲ約スルコトアリ是レ恰モ一般原則ニ契約ノ無效又ハ取

消シ得ヘキ場合ニ類似ス然レトモ此増加又ハ減額ノ請求ハ其額カ著シク不相當ナルトキニ限ルヲ以テ不相當ナルモ著シカラサルトキハ此請求權ナシ著シク不相當トハ其額カ救助物ノ價格ニ超ヘタル場合ナリ(六五二ノ五)又此請求ハ海難ニ際シテ爲シタル特約ニ限ルヲ以テ海難ニ際セサル前又ハ後ニ約シタル場合ニ於テハ其増額又ハ減額ヲ請求スルノ權ナシ而シテ此場合ニ於テハ前條ノ規定ヲ準用ス可キカ故ニ爭アルトキハ裁判所ノ定ムル所ニ從ハサル可カラス。

救助料ノ最高額

第六百五十二條ノ五　救助料ノ額ハ特約ナキトキハ救助セラレタル物ノ價額ニ超ユルコトヲ得ス

先順位ノ先取特權アルトキハ救助料ノ額ハ先取特權者ノ債權額ヲ控除シタル殘額ニ超ユルコトヲ得ス

本條ハ救助料ノ額ノ限度ニ付テノ規定ナリ救助料ノ額ハ特約アルトキ(其特約カ海難ニ際シ爲シタルモノニテ且其額カ著シク不相當ナラサル限リ)ハ之ニ從フ可キコト勿論ナリ然レトモ救助料ノ額ニ付キ何等特約ナキトキハ其額ハ救助セラレタル物ノ價額ニ超ユルコトヲ得ス蓋救助料ハ救助ノ結果ニ對スル報酬ナリ然ルニ救助料ノ額カ救助物ノ價額ヲ超過スルトキハ當事者ハ其物カ救助セラレタルニ因リ却テ損失ヲ被ルニ至ル可キカ故ナリ但救助物ノ價額ニ拘ラス其物ノ救助ヲ爲シ其結果ヲ得タルトキハ特約ノ救

助料ヲ請求シ得ヘキコト言ヲ俟タス此ノ如ク救助料ノ最高額ハ救助物ノ價額ヲ超ユルコトヲ得サルヲ原則トスルモ若シ救助物ニ先順位ノ先取特權者アルトキハ救助料ノ額ハ其先取特權者ノ債權額ヲ控除シタル殘額ニ超ユルコトヲ得ス然ラサレハ先取特權者ハ其物ニ付キ辨濟ヲ得サルニ至ル可キヲ以テナリ。

共同救助者ト救助料ノ分配

第六百五十二條ノ六　數人カ共同シテ救助ヲ爲シタル場合ニ於テ救助料分配ノ割合ニ付テハ第六百五十二條ノ三ノ規定ヲ準用ス

人命ノ救助ニ從事シタル者モ前項ノ規定ニ從ヒテ救助料ノ分配ヲ受クルコトヲ得

本條ハ數人ノ共同救助者間ノ救助料分配ニ付テノ規定ナリ數人カ共同シテ救助ヲ爲シタル場合ニ於テ其全員又ハ數人カ各別ニ救助契約ノ履行ヲ爲シタルトキハ各自其特約ノ定ムル所ノ救助料ヲ請求スルヲ得從テ此場合ニ於テハ共同救助者間ニ救助料分配ノ問題ヲ生セサル可キモ其救助カ共同ナルトキハ共同救助者間ニ救助料分配ノ問題ヲ生セサル可カラス而シテ此場合ニ共同救助者間ニ救助料分配ニ付キ特約アルトキハ之ニ從フ可コト勿論ナルモ特約ナク其額ニ付キ爭アルトキハ救助料ノ算定額ニ關スル規定（六五二ノ三）ニ從ヒ裁判所ノ決スル所ニ依ラサル可カラス而シテ其救助者中ニ人命ヲ救助シタル者アルトキハ此者モ亦此規定ニ從ヒ救助料ノ分配ヲ受クルコトヲ得是レ蓋シ物ノ救助者ノミ分配ニ與リ

救助船ノ所有者ト其船員間ノ救助料分配

人命救助者ヲ除外センカ人命ノ貴キヲ捨テ、物ノ救助ニ就クノ弊ヲ生スルナキヲ保セサルカ故ナリ然レトモ船舶又ハ積荷ノ救助ノ際ニアラスシテ獨立ニ人命ノミヲ救助シタル場合ハ本條ヲ適用スル限リニアラス。

第六百五十二條ノ七　救助ニ從事シタル船舶カ汽船ナルトキハ救助料ノ三分ノ二、帆船ナルトキハ其二分ノ一ヲ船舶所有者ニ支拂ヒ其殘額ハ折半シテ之ヲ船長及ヒ海員ニ支拂フコトヲ要ス

前項ノ規定ニ依リテ海員ニ支拂フヘキ金額ノ分配ハ船長之ヲ行フ此場合ニ於テハ前條ノ規定ヲ準用ス

前二項ノ規定ニ反スル契約ハ無效トス

本條ハ救助船ノ所有者ト其船員間ノ救助料分配ニ付テノ規定ナリ凡ソ船舶カ救助ニ從事シタル場合ニ於テ其救助料ハ船舶所有者ノミ之ヲ取得スルヤ將タ船員ノミ之ヲ取得スルヤ或ハ船舶所有者及ヒ船員間ニ之ヲ分配ス可キカ若シ夫レ船舶ト船員ノ行爲トカ相俟テ救助ノ奏功アリタリトセハ之ヲ船舶所有者及ヒ船員間ニ分配スルヲ相當トス蓋シ船舶所有者獨リ其救助料ヲ受ク可キモノトセハ船員カ危險ヲ冒シテ非常勤務ニ從事シタル功勞ニ酬ユル所ナキニ至ル又若シ船員ノミ之ヲ取得ス可キモノトセハ船舶所有者ノ方面ヲ閑却スル嫌アリ船舶ハ主ナリ船員ハ從ナリ二者共ニ閑却スルヲ得ス是レ法律カ救助ニ從事シタルモノカ

船舶ナルトキハ其船舶ノ種類ニ應シ船舶所有者、船長、及ヒ海員ノ區別ニ從ヒ救助料ノ分配ヲ爲ス可キモノト爲ス所以ナリ而シテ海員ニ與フ可キ金額ノ分配ノ行爲ハ船長之ヲ爲ス可ク此場合ニ於テハ共同救助者間ノ分配ニ關スル標準ニ從フ而シテ其分配率ハ法文ヲ一讀セハ自明ナリ

以上ノ制限ニ反スル契約ヲ爲スモ何等ノ效力ナシ是レ此等ノ制限ハ公法上ノ理由ニ基ク規定ナルカ故ナリ。

第六百五十二條ノ八　船長カ前條第二項ノ規定ニ依リ救助料ノ分配ヲ爲スニハ航海ヲ終ハルマテニ分配案ヲ作リ之ヲ海員ニ告示スルコトヲ要ス

第六百五十二條ノ九　海員カ前條ノ分配案ニ對シテ異議ノ申立ヲ爲サントスルトキハ其告示アリタル後異議ノ申立ヲ爲スコトヲ得ル最初ノ港ノ管海官廳ニ之ヲ爲スコトヲ要ス

管海官廳ハ異議ヲ理由アリトスルトキハ分配案ヲ更正スルコトヲ得

船長ハ異議ノ落著前ニハ救助料ノ支拂ヲ爲スコトヲ得ス

第六百五十二條ノ十　船長カ分配案ノ作成ヲ怠リタルトキハ管海官廳ハ海員ノ請求ニ因リ船長ニ對シテ分配案ノ作成ヲ命スルコトヲ得

船長カ前項ノ命令ニ從ハサルトキハ管海官廳ハ分配案ヲ作ルコトヲ得

海員ノ所得タル救助料分配ト船長ノ義務

右三箇條ハ海員ノ所得タル救助料分配ニ關スル規定ナリ前條ニ於テ述ヘタル如ク海員ノ受ク可キ救助料ノ分配額ハ船長ニ於テ之ヲ爲ス可ク而シテ船長カ之

ヲ爲スニ當リテハ一定ノ方法ヲ履踐セサル可カラス卽チ(一)航海ノ終ルマテニ分配案ヲ作リ且之ヲ海員ニ告示スルコトヲ要ス是レ航海ノ終ルトキハ海員中離散スル者ナキヲ保セサルト其分配ノ割合ヲ公平ナラシムルノ必要アルニ由ル(二)海員カ此分配案ニ對シテ異議ヲ申立テントスルトキハ其告示後異議ノ申立ヲ爲スコトヲ得ル最終ノ港ノ管海官廳ニ之ヲ爲スコトヲ要ス而シテ其異議カ理由アルトキハ管海官廳ハ其分配案ヲ更正スルコトヲ得從テ船長ハ異議ノ落著セサル前ニ救助料ノ支拂ヒヲ爲スヲ得ス(三)船長ハ海員ノ所得タル救助料ヲ受取リ之ヲ各海員ニ分配ス可キモノナルカ故ニ船長ノ分配手續ノ遲速ハ海員ノ利害ニ影響スル所ナリ是ヲ以テ船長カ分配案ノ作成ヲ怠リタルトキハ海員ハ管海官廳ニ船長カ分配案ノ作成ヲ爲ス可キコトノ命令ヲ請求スルコトヲ得ヘク船長カ其命令ニ從ハサルトキハ管海官廳ハ自ラ分配案ヲ作ルモノト爲ス以上ノ如ク船長ヲシテ分配手續ノ履行義務ヲ負ハシムル所以ハ蓋シ使用人ノ地位ニ立ツ船員ノ利益ヲ保護センカ爲メナリ

第六百五十二條ノ十一　左ノ場合ニ於テハ救助者ハ救助料ヲ請求スルコトヲ得ス

一　故意又ハ過失ニ因リテ海難ヲ惹起シタルトキ

二　正當ノ事由ニ因リテ救助ヲ拒マレタルニ拘ハラス強ヒテ之ニ從事シタルトキ
三　救助シタル物品ヲ隱匿シ又ハ濫ニ之ヲ處分シタルトキ

救助請求權ナキ場合

本條ハ救助者カ救助料請求權ヲ有セサル場合ニ付テノ規定ナリ其場合ハ孰レモ救助料ヲ認ム可キ理由ナク而カモ之ヲ認メムカ却テ不正ヲ奬勵スルニ至ル可キカ故ナリ。

積荷救助者ノ先取特權

第六百五十二條ノ十二　救助者ハ其債權ニ付キ救助シタル積荷ノ上ニ先取特權ヲ有ス
前項ノ先取特權ニハ船舶債權者ヲ先取特權ニ關スル規定ヲ準用ス

本條ハ積荷救助者ノ先取特權ニ付テノ規定ナリ此規定アル所以ハ蓋シ積荷ノ安全ナルヲ得タルハ救助者ノ行爲ニ因ル從テ救助料ノ債權ハ他ノ債權ニ比シ之ヲ優遇スルヲ當然トス而シテ此場合ニ於テ船舶債權者ノ先取特權ニ關スル規定ヲ準用シ之ト同一ノ優先權ヲ有スルモノト爲セリ（民三〇六參照）

船長ノ救助債權者ノ代表

第六百五十二條ノ十三　船長ハ救助料ノ債務者ニ代ハリテ其支拂ニ關スル一切ノ裁判上又ハ裁判外ノ行爲ヲ爲ス權限ヲ有ス
救助料ニ關スル訴ニ於テハ船長ハ自ラ原告又ハ被告ト爲ルコトヲ得但其訴ニ付キ言渡シタル判決ハ救助料ノ債務者ニ對シテモ其效力ヲ有ス

本條ハ船長ノ救助料支拂ニ付テノ權限ニ關スル規定ナリ元來船長ハ航海中船

積荷ノ救助ト救助債務者ノ責任

舶所有者ヲ代表シ(五六六)同時ニ積荷保管ノ責ニ任ス(五五八五六五)ルヲ以テ船舶又ハ積荷カ海難ニ際シ救助セラレタル場合ニ其救助料支拂ヒニ付テモ船舶又ハ積荷所有者ヲ代表シ一切ノ行爲ヲ爲スノ權限ヲ有セシムルヲ相當トス是レ此規定ヲ爲ス所以ナリ此ノ如ク船長ハ救助料ノ支拂ニ關シ其債務者ヲ代表スル以上ハ救助料ノ訴ニ於テモ亦當事者(原告被告)タル地位ヲ得セシメサル可カラス是レ第二項ヲ存スル所以ナリ此場合ニ其言渡サレタル判決ノ效力ハ救助料ノ債務者ニ對シテモ其效力ヲ有ス。

第六百五十二條ノ十四　積荷ノ所有者ハ救助セラレタル物ヲ以テ救助料ヲ支拂フ義務ヲ負フ

本條ハ救助物カ積荷ナルトキハ積荷所有者ハ救助物ヲ以テ救助料支拂ノ義務ヲ負フ可キコトヲ規定ス蓋シ積荷カ救助セラレタル場合ニ其救助物以外ノ財産ヲ以テモ尚ホ救助料支拂ノ義務ヲ負ハサル可カラストセハ救助ノ利益ヲ收メス却テ爲メニ損失ヲ被ルノ結果ヲ生ス可キカ故ナリ是レ救助物ニ付キ先取特權ヲ認メタル(六五二ノ十二)ト救助料ノ最高額カ救助物ノ價額ニ超過スルヲ得サルモノ(六五二ノ十五)ト其法律上ノ理由ヲ同フス。

第六百五十二條ノ十五　積荷ノ上ニ存スル先取特權ハ債務者カ其積荷ヲ第三取得者ニ引渡シ

タル後ハ其積荷ニ付キ之ヲ行フコトヲ得ス

積荷救助者ノ先取特權行使ノ制限

本條ハ積荷救助者ノ先取特權行使ノ制限ニ付テノ規定ナリ此規定アル所以ハ蓋シ動產ハ權利ノ公示方法ナキカ故ニ其引渡ヲ得タル第三取得者ヲ保護スルト同時ニ取引ノ安全ヲ圖ルノ必要アルニ由ル。

第六百五十二條ノ十六　救助料ノ請求權ハ救助ヲ爲シタル時ヨリ一年ヲ經過シタルトキハ時効ニ因リテ消滅ス

救助料請求權ノ時效

本條ハ救助料請求權ノ時效ニ付テノ規定ナリ是レ此種ノ權利ハ長ク其行使ヲ怠ル可キニ非ス又速ニ確定セシムル必要アレハ一年ノ短期時效ニ因リテ消滅スルモノト爲ス而シテ其時效ハ救助ヲ爲シタル時ヲ以テ起算點トス。

第六章　保險

保險ニ關スル一般原則ハ第三編第十章第一節ニ規定ス之カ說明ハ既ニ各條ニ詳細ナリ茲ニ保險トハ所謂海上保險ト稱スルモノナリ保險ニ關スル一般原則ハ亦固ヨリ海上保險ニモ適用アル可シト雖モ海上保險ハ又自ラ他ノ保險ト其規定ヲ異ニセサルヲ得ス是レ特ニ本章ノ規定ヲ存スル所以ナリ。

海上保險契約ノ性質

海上保險契約ハ損害保險契約ノ一種ナルモ其特質ハ航海ニ關スル事故ニ因リテ生スルコトアル可キ損害ノ塡補ヲ目的トスルニ在リ。

本章ハ(一)海上保險契約ノ目的タル損害ノ塡補(二)保險價格(三)保險者ノ責任(四)保險期間(五)保險證券(六)保險契約ノ失效(七)被保險者ノ委付等ニ關スル規定ヲ包含ス

第六百五十三條　海上保險契約ハ航海ニ關スル事故ニ因リテ生スルコトアルヘキ損害ノ塡補ヲ以テ其目的トス

海上保險契約ニハ本章ニ別段ノ定アル場合ヲ除ク外第三編第十章第一節第一款ノ規定ヲ適用ス

本條ハ海上保險契約ノ性質ニ關スル規定ナリ由是觀之海上保險契約トハ當事者ノ一方カ航海ニ關スル事故ニ因リテ生スルコトアル可キ損害ヲ塡補スルコトヲ約シ相手方カ之ニ對シテ一定ノ報酬ヲ與フルコトヲ約スル一種ノ損害保險契約ナリ(六五三、三八)廣ク航海ニ關スル事故ニ因リテ生スルコトアル可キ損害トアルカ故ニ保險ニ付スルコトヲ得ヘキ所謂被保險利益ハ船舶其屬具ハ勿論、積荷、運送賃積荷ノ到達ニ因リテ得ヘキ利益、海損債權、船員ノ給料、其他船舶債權者ノ債權等モ又被保險利益タルコトヲ得而シテ航海ニ關スル事故トハ保險契約ノ要素タル所謂危險ノ義ナリ航海ニ關スル事故ハ其種類極メテ多ク或ハ天災ニ因リ或ハ人爲

ニ基キ或ハ戰爭其他ノ變亂等ノ一切ノ航海上ノ危險ヲ謂フ例ヘハ暴風雨、激浪、破船、衝突、沈沒、坐礁、膠沙、流氷、海賊火炎、捕獲封鎖、抑留等ノ如シ。

海上保險ニ付スルコトヲ得ヘキ利益卽チ被保險利益ハ航海ノ危險ニ罹ル可キ財產上ノ利益ニ限ル而シテ海上保險モ亦損害保險ノ一種ナレハ損害保險ニ關スル一般ノ規定ハ特別ノ規定ナキ限リ總テ之ヲ適用ス是レ第二項ノ規定スル所ナリ。

保險者ノ塡補責任

第六百五十四條　保險者ハ本章又ハ保險者契約ニ別段ノ定アル場合ヲ除ク外保險期間中保險ノ目的ニ付キ航海ニ關スル事故ニ因リテ生シタル一切ノ損害ヲ塡補スル責ニ任ス

本條ハ保險者カ負擔スル損害塡補責任ニ關スル規定ナリ保險者ハ本章又ハ契約ニ別段ノ定メアル場合ヲ除キ保險期間中保險ノ目的（被保險利益）ニ付キ船海ニ關スル事故ニ因リテ生シタル一切ノ損害ヲ塡補スル責任ヲ負フ本章又ハ契約ニ別段ノ定アル場合トハ例ヘハ本章中或場合ニ保險者ニ塡補責任ナキコトノ規定（例ヘハ六六七六六八）又ハ保險契約中特ニ或場合ニ保險者カ塡補責任ヲ負ハサルコトヲ約シタルカ如キ場合ヲ謂フ所謂保險期間中トハ保險者ノ責任ノ始マリテヨリ其終ハル時ニ至ルマテノ時間ヲ謂ヒ期間ヲ以テシタル場合ト一航海ヲ以テシタル場合トヲ

共同海損ノ分擔ニ對スル保險者ノ責任

包含ス而シテ航海ニ關スル事故ノ何タルヤハ前條ノ説明ヲ參照スルコトヲ要ス

第六百五十五條　保險者ハ被保險者カ支拂フヘキ共同海損ノ分擔額ヲ塡補スル責ニ任ス但保險價額ノ一部ヲ保險ニ付シタル場合ニ於テハ保險者ノ負擔ハ保險金額ノ保險價額ニ對スル割合ニ依リテ之ヲ定ム

本條ハ共同海損ノ分擔額ニ對スル保險者ノ塡補責任ニ關スル規定ナリ抑モ保險ノ目的（被保險利益）カ共同海損タル處分ニ因リテ損害ヲ被リタル場合モ亦所謂航海ニ關スル事故ニ因リテ生シタル損害ナルヲ以テ其分擔額タルヤ尙ホ航海ニ關スル事故ニ因リテ生シタル損害ニ外ナラス是レ保險者ハ被保險者カ支拂フヘキ共同海損ノ分擔額ヲ塡補スル責ニ任スト爲ス所以ナリ但シ保險價額ノ一部ヲ保險ニ付シタル場合（即チ一部保險）ニ於テハ保險者ハ被保險者カ支拂フ可キ共同海損ノ分擔額ノ全部ヲ塡補スルノ責任ナキカ故ニ此場合ハ保險者ノ負擔ハ保險金額ノ保險價額ニ對スル割合ニ依リテ之ヲ定ム可キモノトス是レ恰モ保險ノ目的ノ一部滅失ノ場合ニ於ケル保險者ノ負擔ニ於ケルト同一ナリ

第六百五十六條　船舶ノ保險ニ付テハ保險者ノ責任カ始マル時ニ於ケル其價額ヲ以テ保險價額トス

第六百五十七條　積荷ノ保險ニ付テハ其船積ノ地及ヒ時ニ於ケル其價額及ヒ船積並ニ保險ニ關スル費用ヲ以テ保險價額トス

第六百五十八條　積荷ノ到達ニ因リテ得ヘキ利益又ハ報酬ノ保險ニ付テハ契約ヲ以テ保險價額ヲ定メサリシトキハ保險金額ヲ以テ保險價額トシタルモノト推定ス

保險ノ保險價額

右三ヶ條ハ保險價額ヲ定ムル方法ニ付テノ規定ナリ保險價額ハ船舶、積荷及ヒ利益又ハ報酬ノ保險價額ニ分ツト(一)船舶ノ保險價額(六五六)ハ保險者ノ責任カ始マル時ニ於ケル船舶ノ價額ヲ以テ保險價額トス蓋シ船舶ノ保險價額ヲ定ムルニ付テハ或ハ發航ノ時ノ價額或ハ危險ノ發生シタル時ノ價額或ハ到達ス可カリシ時ノ價額ヲ想像スルヲ得サルニ非サルモ此等ノ場合ニ於テハ其價額ヲ定ムルコト頗ル困難ナルト同時ニ到底確實ナルヲ得ス然ルニ保險者ノ責任カ始マル時ニ於ケル價額ヲ知ルコトハ通常容易ナルト同時ニ確實ナルニ由ル保險者ノ責任ノ始マル時トハ一航海ニ付キ船舶ヲ保險ニ付シタル場合ニ於テハ積荷又ハ底荷ノ船積ニ著手シタル時、又荷物又ハ底荷ヲ船積シタル後船舶ヲ保險ニ付シタルトキハ其契約ノ成立ノ時ヲ指ス(二)積荷ノ保險價額(六五七)ハ其船積ノ地及ヒ時ニ於ケル積荷ノ價額ト其船積竝ニ保險ニ關スル費用ヲ合算セルモノヲ以テ保險價額トス蓋シ積荷ノ保險價額ニ付テモ亦或ハ到著地又ハ損害ヲ生シタル地及ヒ時ノ價額ヲ豫想スルヲ得然レトモ到著地ノ價額ハ變動シ易ク確定シ難シ又損害ノ生シタル

積荷ノ保險價額

地及ヒ時ハ偶然不定ニシテ損害額ヲ算定スルノ憑據ト爲スニ足ラサレハ寧ロ船積ノ地及ヒ時ニ於ケル價額ニ依ルヲ便且確實トス而シテ船積及ヒ保險ノ費用ヲ合算スルハ積荷ノ市價ヲ組成スルカ爲ナリ(三)利益又ハ報酬ノ保險價額(六五八)積荷ノ到達ニ因リテ得ヘキ利益又ハ報酬モ亦船舶又ハ積荷ト同シク保險ノ目的ト爲スコトヲ得ヘキハ既ニ之ヲ述ヘタリ而シテ此等ノ利益又ハ報酬ヲ保險ニ付スルニ當テハ常ニ其額ハ未タ確定セサル可キヲ以テ當事者ニ於テ契約ヲ以テ定ム可キモ若シ當事者之ヲ定メサリシトキハ保險金額ヲ以テ保險價額トシタルモノト推定ス可キモノトス蓋シ其保險價額ヲ定ムルハ船舶又ハ積荷ノ如ク一定ノ標準ヲ設クルコト難キト實際ニ於テ利益又ハ報酬ノ保險ニ付テハ保險價額ハ保險金額ト同一ナルヲ通例トスルニ由ル。

第六百五十九條　一航海ニ付キ船舶ヲ保險ニ付シタル場合ニ於テハ保險者ノ責任ハ荷物又ハ底荷ノ船積ニ著手シタル時ヲ以テ始マル

荷物又ハ底荷ノ船積ヲ爲シタル後船舶ヲ保險ニ付シタルトキハ保險者ノ責任ハ契約成立ノ時ヲ以テ始マル

前二項ノ場合ニ於テ保險者ノ責任ハ到達港ニ於テ荷物又ハ底荷ノ陸揚カ終了シタル時ヲ以テ終ハル但其陸揚カ不可抗力ニ因ラスシテ遲延シタルトキハ終了スヘカリシ時ヲ以テ終ハ

ル

第六百六十條　積荷ヲ保險ニ付シ又ハ積荷ノ到達ニ因リテ得ヘキ利益若クハ報酬ヲ保險ニ付シタル場合ニ於テハ保險者ノ責任ハ其積荷カ陸地ヲ離レタル時ヲ以テ始マリ陸揚港ニ於テ其陸揚カ終了シタル時ヲ以テ終ハル

前條第三項但書ノ規定ハ前項ノ場合ニ之ヲ準用ス

保險期間

右二ケ條ハ保險期間ニ關スル規定ナリ保險期間ハ保險者カ塡補責任ヲ負擔スル時間ノ始終ナリ保險期間ニ付キ當事者間ニ特約アルトキハ固ヨリ之ニ從フ可ク特約ナキトキハ法律ノ規定スル所ニ依ル而シテ保險期間ハ又船舶、積荷、及ヒ利益若クハ報酬ノ保險ノ場合トニ之ヲ分ツ。

船舶ノ保險期間

第一　船舶保險期間（六九五）（イ）一航海ニ付キ船舶ヲ保險ニ付シタル場合ニ於テハ保險者ノ責任ハ荷物又ハ底荷ノ船積ニ着手シタル時ヲ以テ始マル蓋シ其船舶ハ此時ヲ以テ航海ノ危險ニ浴スルカ故ナリ然ルニ（ロ）荷物又ハ底荷ヲ船積（全部又ハ一部）シタル後保險ニ付シタル場合ニハ其契約成立ノ時ヲ以テ保險者ノ責任始マルモノトス是レ此場合ニ於テ其船舶ハ既ニ航海上ノ危險ニ浴シツツアルカ故ナリ以上（イ）（ロ）ノ場合ニ於テ保險者ノ責任ハ到達港ニ於テ荷物又ハ底荷ノ陸揚ノ終了シタル時ヲ以テ終了ス蓋シ其航海ノ危險ハ此時マテ繼續スルト同時ニ此時ヲ以テ終

積荷、利益、報酬ノ保険期間

ハルヲ以テナリ然レトモ其陸揚ス可キ時カ不可抗力ニ因リ又船長、荷受人、被保険人其他ノ故意又ハ過失ニ因リ遅延スルコトアリ其不可抗力ニ因ラサル陸揚ノ遅延ノ場合ニ於テモ尚ホ其陸揚ノ時マテ保険者其責ニ任ス可キ理由ナキカ故ニ此場合ニ於テハ陸揚ノ終了ス可カリシ時ヲ以テ其責任終了スルモノトス。

第二　積荷又ハ利益若クハ報酬ノ保険期間（六六〇）（イ）積荷ヲ保険ニ付シ又ハ（ロ）積荷ノ到達ニ因リテ得ヘキ利益若クハ報酬ヲ保険ニ付シタル場合ニ於ケル保険者ノ責任ハ其積荷カ陸地ヲ離レタル時ヲ以テ始マリ陸揚港ニ於テ其陸揚カ終了シタル時ヲ以テ終ハル蓋シ積荷及ヒ利益若クハ報酬等ノ海上保険ハ陸地ヲ離レタル時ヲ以テ始マリ陸揚ノ終了マテ継續スルヲ以テナリ然レトモ此場合ニ於テモ其陸揚カ不可抗力ニ因ラスシテ遅延シタルトキハ保険者ノ責任ハ其陸揚カ終了ス可カリシ時ヲ以テ終ハルコト第一ノ場合ニ述ヘタルト同一ナリ。

第六百六十一條　海上保険證券ニハ第四百三條第二項ニ掲ケタル事項ノ外左ノ事項ヲ記載スルコトヲ要ス

一　船舶ヲ保険ニ付シタル場合ニ於テハ其船舶ノ名稱、國籍並ニ種類、船長ノ氏名及ヒ發航港、到達港又ハ寄航港ノ定アルトキハ其港名

二　積荷ヲ保険ニ付シ又ハ積荷ノ到達ニ因リテ得ヘキ利益若クハ報酬ヲ保険ニ付シタル

海上保險證券

航海ノ變更カ契約ニ及ホス影響

場合ニ於テハ船舶ノ名稱、國籍並ニ種類、船積港及ヒ陸揚港

本條ハ海上保險證券ニ關スル規定ナリ海上保險證券ニハ一般保險證券ニ記載ス可キ事項(四三〇)ノ外特ニ其列記ノ各事項ヲ記載セサル可カラス是レ蓋シ海上保險契約ノ内容タル重要事項タルニ由ル而シテ發航港、寄航港及ヒ到達港ノ記載ヲ要スルハ船舶ノ航海ヲ知ルカ爲メニシテ若シ保險契約後ニ至リ其航海ヲ變更スルトキハ其變更ハ契約ノ效力ニ影響ヲ及ホスモノナルコト(次條以下)ヲ注意スルヲ要ス而シテ保險證券ノ性質ニ付テハ既説セル所ノ如シ(四三〇)

第六百六十二條　保險者ノ責任カ始マル前ニ於テ航海ヲ變更シタルトキハ保險契約ハ其效力ヲ失フ

保險者ノ責任カ始マリタル後航海ヲ變更シタルトキハ保險者ハ其變更後ノ事故ニ付キ責任ヲ負フコトナシ但其變更カ保險契約者又ハ被保險者ノ責ニ歸スヘカラサル事由ニ因リタルトキハ此限ニ在ラス

到達港ヲ變更シ其實行ニ著手シタルトキハ保險シタル航路ヲ離レサルトキト雖モ航海ノ變更シタルモノト看做ス

本條ハ航海ノ變更カ契約ニ及ホス影響ニ付テノ規定ナリ航海ノ變更トハ其發航港又ハ其到達港ヲ變更シ又ハ發航港並ニ到達港ヲ變更スルヲ謂フ航海ノ變更ハ航海危險ノ基礎ニ變更ヲ來タス可キカ故ニ航海ノ變更ハ従テ保險契約ニ至大

ノ影響ヲ及ホス可キハ當然ナリ蓋シ航海ハ保險契約ノ要素タレハナリ故ニ航海ノ變更カ(一)保險者ノ責任ノ始マル前ニ於テハ其契約ハ當然效力ヲ失フ故ニ變更シタル航海ニ於テ危險發生スルモ保險者ハ何等ノ責任ヲ負ハス此場合ニ於テハ其變更カ不可抗力ニ因リタルト否トヲ問ハサルナリ(二)保險者ハ責任カ始マリタル後ニ於テハ保險契約ハ當然其效力ヲ失フコトナキヲ以テ其變更マテノ間ニ生シタル事故ニ付テハ保險者其責ニ任ス可キハ勿論ナルモ其變更後ノ事故ニ付テハ保險者ハ其責ニ任セサルモノトス然レトモ其變更カ保險契約者又ハ被保險者ノ責ニ歸ス可カラサル事由ニ因リタル場合ニ於テハ保險者尙ホ其責ヲ負フ到達港ヲ變更シ其實行ニ著手シタルトキハ保險シタル航路ヲ離レサルトキト雖モ法律ハ之ヲ航海ノ變更ト看做セリ蓋シ此場合ハ既ニ航海ノ危險ハ其基礎ニ變更ヲ來タシタルモノト謂フヲ得ヘキカ故ナリ。

第六百六十三條　被保險者カ發航ヲ爲シ若クハ航海ヲ繼續スルコトヲ怠リ又ハ航路ヲ變更シ其他著シク危險ヲ變更若クハ增加シタルトキハ保險者ハ其變更又ハ增加以後ノ事故ニ付キ責任ヲ負フコトナシ但其變更又ハ增加カ事故ノ發生ニ影響ヲ及ホササリシトキ又ハ保險者ノ負擔ニ關スヘキ不可抗力若クハ正當ノ理由ニ因リテ生シタルトキハ此限ニ在ラス

航海ノ遲延

本條ハ航海ノ遲延、航海ノ變更其他著シク危險ノ變更若クハ增加カ契約ニ及ホ

變更其他著シキ危險ノ變更增加カ契約ニ及ホス影響

ス影響ニ付テノ規定ナリ凡ソ保險者ハ保險契約ヲ爲スニ付キ時及ヒ航路ヲ基礎トシ特定ノ危險ヲ擔保シ之ニ應シテ保險料ヲ定メ以テ損害ノ塡補ヲ約スルモノナルカ故ニ其契約成立ノ後被保險者カ任意ニ發航ヲ爲シ若クハ航海ヲ繼續スルコトヲ怠リ又ハ豫定ノ航路ヲ變更シ其他著シク危險カ變更若クハ增加シタルトキハ保險者其變更又ハ增加以後ノ事故ニ付テハ責任ヲ負ハサルモノトス然レトモ其危險ノ變更又ハ增加カ事故ノ發生ニ影響セサリシトキ又ハ保險者ノ負擔ニ歸ス可キ不可抗力若クハ正當ノ理由ニ因リテ生シタル場合ニ於テハ保險者ハ尙ホ其損害ノ塡補ヲ爲ス可キ義務ヲ負フ蓋シ航海ノ遲延航路ノ變更アルモ苟クモ事故ノ發生ニ影響セサル以上ハ航海ノ危險ハ其基礎ヲ變セサルモノナルカ故ニ保險者其責ニ任スルハ當然ノ事ニ屬ス保險ノ變更增加カ不可抗力ニ因リテ生シタル場合ニ於テ保險者其責ニ任スルハ契約其モノヽ當然ノ效力ナリ又危險ノ變更增加カ正當ノ理由（例ヘハ人命ノ救助、軍艦又ハ官ノ命令等ノ如シ）ニ因リタル場合ニ於テ保險者其責ニ任スルハ蓋シ被保險者ノ責ニ歸ス可キ事由ナキヲ以テナリ所謂航路ノ變更トハ西水道ヲ變シテ東水道ヲ航スルカ如キヲ謂ヒ發航港又ハ到達港ヲ變更スルカ如キヲ謂フノ義ニ非ス何トナレハ此ノ如キハ前條ニ依ル可キモノナルカ故ナリ。

船長ノ變更ト保險契約

第六百六十四條　保險契約中ニ船長ヲ指定シタルトキト雖モ船長ノ變更ハ契約ノ效力ニ影響ヲ及ホサス

本條ハ船長ノ變更ハ保險契約ニ影響セサル旨ヲ規定ス抑モ保險契約ハ船舶ニ重キヲ置キ船長ノ何人タルヤハ之ヲ顧慮ノ必要ナシト雖モ船長其人ノ技能如何ハ時ニ或ハ危險ノ上ニ差等ナキニ非ス是ヲ以テ保險者ハ通常船長ニ著眼シ其契約中ニ船長ヲ指定スルコトアリ然レトモ船長ハ一定ノ資格ヲ有シ法律上種々ノ制限アルト同時ニ船長ノ人選ハ船舶所有者ノ最モ注意スル處ナル可キヲ以テ其技能ニ於テ非常ナル差等アリト謂フ可カラス從テ船長ノ指定ハ重キヲ置クニ足ラサルナリ是レ船長ノ變更ハ其契約ノ效力ニ影響ヲ及ホスコトナシト規定セル所以ナリ。

第六百六十五條　積荷ヲ保險ニ付シ又ハ積荷ノ到達ニ因リテ得ヘキ利益若クハ報酬ヲ保險ニ付シタル場合ニ於テ船舶ヲ變更シタルトキハ保險者ハ其變更以後ノ事故ニ付キ責任ヲ負フコトナシ但其變更カ保險契約者又ハ被保險者ノ責ニ歸スヘカラサル事由ニ因リタルトキハ此限ニ在ラス

本條ハ船舶ノ變更カ保險契約ニ及ホス影響ニ付テノ規定ナリ積荷ヲ保險ニ付シ又ハ積荷ノ到達ニ因リテ得ヘキ利益若クハ報酬ヲ保險ニ付シタル場合ニ於テ

積荷ノ運送ニ供セラル可キ船舶ノ如何ハ危險ノ程度ニ影響ス可キヲ以テ當事者カ之ニ重キヲ置クハ通例ナリ故ニ法律ハ船舶ヲ變更シタルトキハ其變更以後ニ生シタル事故ニ付テハ保險者ハ之カ責任ヲ負ハサルモノト爲セリ然レトモ此場合ニ於テ其變更カ保險契約者又ハ被保險者ノ責ニ歸ス可キ事由ニ因リタルトキハ契約當然ノ效力トシテ保險者ノ責任ハ依然トシテ繼續ス。

船舶保險ト其船舶ノ名稱竝ニ國籍

第六百六十六條　保險契約ヲ爲スニ當タリ荷物ヲ積込ムヘキ船舶ヲ定メサリシ場合ニ於テ保險契約者又ハ被保險者カ其荷物ヲ船積シタルコトヲ知リタルトキハ遲滯ナク保險者ニ對シテ船舶ノ名稱及ヒ國籍ノ通知ヲ發スルコトヲ要ス

保險契約者又ハ被保險者カ前項ノ通知ヲ怠リタルトキハ保險契約ハ其效力ヲ失フ

本條ハ積荷ヲ積込ミタル船舶ノ名稱及ヒ其國籍ノ通知ニ付テノ規定ナリ抑積荷ヲ保險ニ付シタル場合ニ其契約ノ當時其積荷ヲ積込ム可キ船舶ノ定マラサルコトアリ此場合ニ於テ保險契約者又ハ被保險者カ其積荷ヲ船積シタルコトヲ知リタルトキハ直ニ保險者ニ對シテ其船舶ノ名稱竝ニ國籍ノ通知ヲ發スルコトヲ要ス是レ蓋シ保險者ハ其保險セル荷物ノ船積セラレタル船舶ノ名稱及ヒ國籍ヲ知ルコトニ付キ重要ナル利害ノ關係ヲ有スルカ故ナリ而シテ保險契約者又ハ被保險者カ此通知義務ヲ怠リタルトキハ其制裁トシテ其契約ハ效力ヲ失フモノト

セリ。

第六百六十七條　保險者ハ左ニ揭ケタル損害又ハ費用ヲ塡補スル責ニ任セス
一　保險ノ目的ノ性質若クハ瑕疵、其自然ノ消耗又ハ保險契約者若クハ被保險者ノ惡意若クハ重大ナル過失ニ因リテ生シタル損害
二　船舶又ハ運送賃ヲ保險ニ付シタル場合ニ於テ發航ノ當時安全ニ航海ヲ爲スニ必要ナル準備ヲ爲サス又ハ必要ナル書類ヲ備ヘサルニ因リテ生シタル損害
三　船舶ヲ保險ニ付シ又ハ積荷ノ到達ニ因リテ得ヘキ利益若クハ報酬ヲ保險ニ付シタル場合ニ於テ傭船者、荷送人又ハ荷受人ノ惡意若クハ重大ナル過失ニ因リテ生シタル損害
四　水先案內料、入港料、燈臺料、檢疫其他船舶又ハ積荷ニ付キ航海ノ爲メニ出タシタル普通ノ費用

保險者ノ塡補責任ナキ損害及ヒ費用

本條ハ保險者ニ責任ナキ損害及ヒ費用ニ付テノ規定ナリ抑モ保險者ハ保險期間中保險ノ目的ニ付キ航海ニ關スル一切ノ事故ニ因リテ生シタル一切ノ損害ヲ塡補スル責ニ任ス可キカ如シト雖モ凡ソ保險契約ノ性質トシテ當事者ハ偶然ナル一定ノ事故ニ因リテ生スルコトアル可キ損害ヲ塡補スルコトヲ約ス(三四八)ルニ在ルヲ以テ當然生ス可キ事故(危險)又ハ利害關係人ノ惡意又ハ過失ニ因リテ生シタル損害ノ如キハ保險者之ヲ塡補スルコトヲ要セス是レ此規定ノ存スル所以ナリ而シテ其場合ハ孰レモ航海ニ關シテ生スル事故ナルモ而カモ偶然ナル事故ニ因

リ生シタルモノニ非サルカ故ナリ又第四號ノ如キハ寧ロ之ヲ通常ノ費用ト見ルヘキモノナルヲ以テ保險契約ノ塡補額中ニ入ルヘキモノニアラサルナリ。

第六百六十八條　共同海損ニ非サル損害又ハ費用カ其計算ニ關スル費用ヲ算入セスシテ保險價額ノ百分ノ二ヲ超エサルトキハ保險者ハ之ヲ塡補スル責ニ任セス

右ノ損害又ハ費用カ保險價額ノ百分ノ二ヲ超エタルトキハ保險者ハ其全額ヲ支拂フコトヲ要ス

前二項ノ規定ハ當事者カ契約ヲ以テ保險者ノ負擔セサル損害又ハ費用ノ割合ヲ定メタル場合ニ之ヲ準用ス

前三項ニ定メタル割合ハ各航海ニ付キ之ヲ計算ス

小額不塡補ノ原則

本條ハ前條ト同シク航海ニ關スル事故ニ因リテ生シタル損害ナルモ共同海損ニ非サル損害又ハ費用ニシテ其計算ニ關スル費用ヲ除キ保險價額ノ百分ノ二ヲ超エサル損害又ハ費用ハ保險者之カ塡補ノ責任ナキ旨ヲ定ム蓋シ小額ノ損害又ハ費用ハ却テ之カ計算ニ要スル費用ニ及ハサルコトアルヲ以テ其計算ノ手數ト費用ヲ省クハ啻ニ當事者双方ノ爲メニ利益ナルノミナラス公益上ノ必要アリトスルノ理由ニ出テタルモノナリ然レトモ共同海損ニ因リテ生シタル損害ニ付テハ其分擔額ヲ定ムルニ當リ常ニ計算ヲ爲ス可キカ故ニ其計算ニ因リテ知ルコトヲ得タル損害額ニ付テハ小額ナルモ常ニ保險者塡補責任ヲ負フ而シテ此小額不

積荷ノ毀損ト保險者ノ責任

塡補ノ原則ハ其損害又ハ費用カ保險價額ノ百分ノ二ヲ超ユルトキニ適用スルヲ得サレハ此場合ニ於テハ保險者ハ其全額ヲ支拂フコトヲ要スルハ勿論ナリ。

右ノ原則ハ當事者カ契約ヲ以テ保險者ノ負擔セサル損害又ハ費用ノ割合ヲ定メタル場合ニ準用ス可ク而シテ此等損害又ハ費用カ小額不塡補額ヲ超過スルヤ否ヤハ各航海ニ付キ之ヲ計算ス可キモノトス。

第六百六十九條　保險ノ目的タル積荷カ毀損シテ陸揚港ニ到達シタルトキハ保險者ハ其積荷カ毀損シタル狀況ニ於ケル價額ノ毀損セサル狀況ニ於テ有スヘカリシ價額ニ對スル割合ヲ以テ保險價額ノ一部ヲ塡補スル責ニ任ス

本條ハ積荷ノ毀損シタル場合ニ於ケル保險者ノ責任ニ付テノ規定ナリ抑モ積荷保險ノ場合ニ於テ積荷全部滅失シタルトキハ保險者ハ保險金額ノ全部ヲ支拂フ責ニ任ス可キコト當然ナリ然ルニ積荷カ毀損シタルニ止マリ陸揚港ニ到達シタルトキハ現ニ積荷ハ存在スルモノナレハ保險者ハ其毀損ノ割合ニ從テ之カ塡補ノ責ニ任ス唯此場合ニ於テ其割合ハ之ヲ如何ニ定ム可キカ法律ハ其毀損シタル儘ニ於テ現有スル價額ト其毀損セサル狀況ニ於テ有ス可カリシ價額トヲ比較シ其差ニ對スル割合ヲ以テ保險價額ノ一部ヲ塡補スル責ニ任ス可キモノト爲ス蓋シ積荷ノ保險價額ハ船積港ノ價額ニ依ル（六五七）故ニ其差額ヲ以テ直ニ損失ナリ

航海中不可抗力ニ基因スル保險ノ目的ノ賣却ト保險者ノ責任

ト爲スヲ得ス却テ二者ノ價額ノ間ニ存スル差額ノ割合コソ正ニ被保險者ノ被リタル損害ノ割合タルナリ是レ其差額ノ割合ヲ以テ保險價額ノ一部ヲ塡補スル責ニ任スト爲ス所以ナリ。

第六百七十條　航海ノ途中ニ於テ不可抗力ニ因リ保險ノ目的タル積荷ヲ賣却シタルトキハ其賣却ニ依リテ得タル代價ノ中ヨリ運送賃其他ノ費用ヲ控除シタルモノト保險價額トノ差ヲ以テ保險者ノ負擔トス但保險價額ノ一部ヲ保險ニ付シタル場合ニ於テ第三百九十一條ノ適用ヲ妨ケス

前項ノ場合ニ於テ買主カ代價ヲ支拂ハサルトキハ保險者ハ其支拂ヲ爲スコトヲ要ス但其支拂ヲ爲シタルトキハ被保險者ノ買主ニ對シテ有セル權利ヲ取得ス

本條ハ不可抗力ニ因リ保險ノ目的物ヲ賣却シタル場合ニ於ケル保險者ノ責任ニ付テノ規定ナリ抑モ積荷保險ノ場合ニ於テ航海中不可抗力ニ因リ已ムヲ得スシテ保險ノ目的物タル積荷ヲ賣却シ之ニ因リテ被保險者カ損害ヲ被リタルトキハ保險者ハ之ヲ塡補スルノ責ニ任ス蓋シ航海中已ムヲ得サルノ必要ニ出テ賣却スル場合ノ如キハ之ヲ陸揚港ニ於テ賣却スルト異リテ通常其價額低廉ナルハ言ヲ俟タス而シテ其低廉ナリシ所以ハ畢竟航海ノ途中不可抗力ノ爲メ已ムヲ得サルニ出テタル處置ノ結果ニシテ是レ尙ホ航海ニ關スル事故ニ因リテ生シタル損害ニ外ナラサレハ保險者之ヲ塡補スル責ニ任ス唯此場合ニ於テ其塡補額ハ如何

ナル標準ニ依リテ之ヲ定ム可キヤ今夫レ其賣却ニ依テ得タル代價ハ低廉ナリシモ其中ニハ運送賃其他ノ費用ヲ包含ス故ニ其代價中ヨリ運送ノ爲メ當然支出セサル可カラサリシ運送賃其他ノ費用ヲ控除シタル殘額ト保險價額トノ差額ヲ以テ保險者ノ負擔ト爲ス。

右ハ全部保險ノ場合ニ付テノ原則ナリ一部保險ノ場合ニ付テハ第三百九十一條ノ規定ヲ適用ス。

以上ハ買主カ代價ヲ支拂ヒタル場合ナルモ若シ買主カ代金ヲ支拂ハサルトキ(故意又ハ無資力ノ爲メ)ハ保險者ハ其代價ヲ支拂ハサル可カラス是レ其損害ノ基ク所ハ不可抗力ニ因ルカ故ナリ但保險者カ其支拂ヲ爲シタル後ハ被保險者カ買主ニ對シテ有スル權利ヲ取得スルモノトス。

第六百七十一條　左ノ場合ニ於テハ被保險者ハ保險ノ目的ヲ保險者ニ委付シテ保險金額ノ全部ヲ請求スルコトヲ得

一　船舶カ沈沒シタルトキ

二　船舶ノ行方カ知レサルトキ

三　船舶カ修繕スルコト能ハサルニ至リタルトキ

四　船舶又ハ積荷カ捕獲セラレタルトキ

五　船舶又ハ積荷カ官ノ處分ニ依リテ押收セラレ六个月間解放セラレサルトキ

本條以下八ケ條ハ保險ノ目的ノ委付ニ關スル規定ニシテ本條ハ其委付ヲ爲シ得ヘキ場合ニ付テノ規定ナリ。

所謂委付トハ保險ノ目的ハ全部滅失セサルモ法律上之ヲ全部滅失ト同一視シ被保險者ヲシテ保險金額ノ全部ヲ請求スルコトヲ得セシムルカ爲メ被保險者カ保險ノ目的ニ付キ有スル一切ノ權利ヲ擧ケテ保險者ニ移轉シ以テ保險金額ノ全部ヲ請求スルコトヲ得ルヲ謂フ抑モ保險ノ目的カ滅失又ハ毀損シタル場合ニ於テ保險者ハ保險金額ノ全部又ハ毀損ノ割合ニ應シテ被保險者ノ損害ヲ塡補スル責ニ任スルハ損害保險ノ原則ナリ是レ保險契約ハ損害塡補ヲ以テ主義トシ被保險者ヲシテ爲メニ利益ヲ得セシムルコトヲ目的トスルモノニ非サルヲ以テナリ而シテ保險ノ原則ニ從ヘハ被保險者ハ其受ケタル損害ニシテ且之ヲ證明シタル場合ニ非サレハ保險金額ノ請求ヲ爲スヲ得ス保險者ハ其損害ノ事實ト且其證明アル場合ノ外保險金額ヲ支拂フ責ニ任セス然ルニ海上保險ニ於テ保險ノ目的ノ滅失ハ確實ナルモ而カモ其事實ノ證明ヲ爲スヲ得ス又其證明ヲ爲サンカ爲メニハ幾多ノ年月ヲ要シ其他費用ト繁雜ナル手數トヲ要スルカ如キ場合ニ於テ其請求權ノ實行ヲ停止セサルヲ得サルカ若クハ空シク默々ニ付セサルヲ得ストセハ

被保險者ノ爲メニ不利益ナルハ言ヲ俟タス而シテ其損害ハ尙ホ航海ニ關スル事故ニ因リテ生シタルモノニ外ナラス是ヲ以テ法律ハ此ノ如キ場合ニ於テハ保險ノ目的ノ全部滅失ト同視シ其目的ノ殘存若クハ救援ス可キ物ニ附著セル一切ノ權利ヲ保險者ニ移轉シ被保險者ヲシテ全額ノ請求ヲ爲スコトヲ得セシムルモノトス。

委付ハ相手方ニ對スル其意思表示ニ因リテ其效力ヲ生ス故ニ其意思表示アルト同時ニ保險ノ目的ニ付キ有スル被保險者ノ權利ハ保險者ニ移轉ス。

本條所定ノ場合ハ孰レモ保險ノ目的ノ全部滅失ト同視ス可ク其保險カ船舶ナルト積荷ナルト又ハ利益若クハ報酬ナルトヲ問ハス被保險者ハ其目的ニ付キ有スル一切ノ權利ヲ擧ケテ保險者ニ移轉シ保險金ノ全額ヲ請求スルコトヲ得而シテ其場合ハ制限的ナルヲ以テ此以外ニ於テハ委付ヲ爲スコトヲ得ス但特約ヲ以テ其場合ヲ擴張スルコトハ固ヨリ之ヲ妨ケス。

第六百七十二條　船舶ノ存否カ六个月間分明ナラサルトキハ其船舶ハ行方ノ知レサルモノトス

保險期間ノ定アル場合ニ於テ其期間カ前項ノ期間內ニ經過シタルトキト雖モ被保險者ハ委付ヲ爲スコトヲ得但船舶カ保險期間內ニ滅失セサリシコトノ證明アリタルトキハ其委付ハ

無效トス

船舶ノ行方不知

本條ハ船舶ノ行方不知ト看做ス爲メノ期間ニ付テノ規定ナリ船舶ノ行方不知ナルトキハ委付ヲ爲スコトヲ得(六七〇ノ二)然ルニ其行方不知ハ何程ノ期間ヲ經過スレハ足ルヤ是レ當然生ス可キ問題ナルヲ以テ之ヲ決スル標準ナカル可カラス而シテ法律ハ其船舶カ六箇月間存否分明ナラサルトキハ行方不知ト爲ス。保險契約ニ其期間ノ定メアル場合ト否トアリ保險期間ノ定アル場合ニ船舶ノ行方不知カ其期間内ナルトキハ保險者責任ヲ負フハ勿論ナルモ若シ船舶行方不知ノ爲メノ期間カ保險期間内ニ盡キサルトキハ委付ヲ爲スコトヲ得サルヤノ疑ヲ生ス是ヲ以テ法律ハ此點ニ關スル特別ノ規定ヲ設ケ此場合ニ於テモ被保險者ハ委付ヲ爲スコトヲ得ト明言セリ但此場合ニ於テ後日其船舶カ保險期間内ニ滅失セサリシコトノ證明アリタルトキハ其委付ハ無效ト爲セリ。

第六百七十三條　第六百七十一條第三號ノ場合ニ於テ船長カ遲滯ナク他ノ船舶ヲ以テ積荷ノ運送ヲ繼續シタルトキハ被保險者ハ其積荷ヲ委付スルコトヲ得ス

船舶ノ修繕不能ト委付ノ例外

本條ハ船舶ノ修繕不能ノ場合ニ委付ヲ爲スコトヲ得トノ規定ニ對スル例外ニ付テノ規定ナリ船舶カ修繕不能ノ場合ニ於テ船長カ遲滯ナク他船ヲ以テ積荷ノ

委付ヲ爲シ得ヘキ期間

逕送ヲ繼續シタルトキハ積荷保險ノ被保險者ハ何等損害ヲ被ルコトナシ是レ此場合ニ於テ其積荷ヲ委付スルコトヲ得スト爲ス所以ナリ。

第六百七十四條　被保險者カ委付ヲ爲サント欲スルトキハ三个月内ニ保險者ニ對シテ其通知ヲ發スルコトヲ要ス
前項ノ期間ハ第六百七十一條第一號、第三號及ヒ第四號ノ場合ニ於テハ被保險者カ其事由ヲ知リタル時ヨリ之ヲ起算ス
再保險ノ場合ニ於テハ第一項ノ期間ハ其被保險者カ自己ノ被險保者ヨリ委付ノ通知ヲ受ケタル時ヨリ之ヲ起算ス

本條ハ委付ヲ爲シ得ヘキ期間ニ付テノ規定ナリ被保險者カ委付ヲ爲スコトヲ得ヘキ場合ニ於テ果シテ委付ヲ爲スカ又ハ單ニ一部ノ損害塡補ノ請求ヲ爲スニ止ムルカハ固ヨリ被保險者ノ任意ニ決スル所ニ從フ可キモ而カモ其關係久シク不定ノ間ニ放擲スルトキハ保險者ノ爲メニ不利益ナルヲ以テ委付ハ之ヲ一定ノ期間内ニ爲ス可キモノト爲セリ卽チ其期間ハ三ケ月トシ被保險者カ委付ヲ爲サントセハ必ス此期間内ニ其通知ヲ爲ササル可カラス而シテ此期間ハ船舶ノ沈沒（六七一ノ一）船舶ノ修繕不能（六七一ノ三）船舶又ハ積荷ノ捕獲（六七一ノ四）等ノ場合ニ於テハ被保險者カ其事由ヲ知リタル時ヨリ之ヲ起算ス可ク而シテ再保險ノ場合ニ於テハ其期間ハ其被保險者カ自己ノ被保險者ヨリ委付ノ通知ヲ受ケタル時ヨリ之ヲ起算

ス可キモノトス蓋シ再保險ノ被保險者ハ自己ノ被保險者ヨリ委付ヲ受ケタル時ヲ以テ自ラ亦委付ヲ爲スコトヲ得ルモノナルヲ以テナリ（其第六百七十一條第二號及ヒ第五號ノ場合ヲ規定セサルハ此場合ハ自ラ期間アレハ其期間經過ノ時ヨリ委付ノ期間モ亦起算ス可キモノタルカ故ナリ）

委付ノ要件

第六百七十五條　委付ハ單純ナルコトヲ要ス

委付ハ保險ノ目的ノ全部ニ付テ之ヲ爲スコトヲ要ス但委付ノ原因カ其一部ニ付テ生シタルトキハ其部分ニ付テノミ之ヲ爲スコトヲ得

保險價額ノ一部ヲ保險ニ付シタル場合ニ於テハ委付ハ保險金額ノ保險價額ニ對スル割合ニ應シテ之ヲ爲スコトヲ得

本條ハ委付ノ要件ニ付テノ規定ナリ委付ハ別段ノ方式ヲ要セス唯一定ノ期間内ニ通知ヲ發スルコトヲ要スルハ（六七四）既ニ述ヘタル所ナリ其通知ハ或ハ口頭ヲ以テシ或ハ書面ヲ以テスルコトヲ得。

委付ハ單純ニシテ且保險ノ目的ノ全部ニ付テ爲スコトヲ要ス委付ハ單純ナルコトヲ要ストハ委付ニハ條件又ハ期限ヲ附スルコトヲ得ストノ義ナリ蓋シ委付ハ被保險者ノ便宜ノ爲メニ認メタル而已ナラス速ニ其關係ヲ確定シ且終結セシメムカ爲メナルヲ以テナリ又委付ハ保險ノ目的ノ全部ニ付テ之ヲ爲スコトヲ要ス蓋シ委付ハ被保險者ノ爲メニ事實上ノ全損ト其結果ヲ同一ナラシメ保險金額

ノ全部ノ塡補ヲ受クルコトヲ得ヘキモノタルヲ以テナリ故ニ保險ノ目的ノ一部ニ對スル委付ハ之ヲ許ササルナリ然レトモ若シ委付ノ原因カ其一部ニ付テ生シタルトキハ其部分ニ付キテノ委付ハ之ヲ許ササルヲ得ス是レ其但書ニ其部分ニ付テノミ之ヲ爲スコトヲ許シタル所以ナリ又保險價額ノ一部ヲ保險ニ付シタル場合(一部保險)ニ於テハ委付ハ保險金額ノ保險價額ニ對スル割合ニ應シテ之ヲ爲スコトヲ得是レ當然ノコトニ屬スレハナリ而シテ此等ノ場合ニ於テハ委付ハ其一部ニ付テノミ效力ヲ生スルニ過キサルハ言ヲ俟タス。

委付ニ對スル異議

第六百七十六條　保險者カ委付ヲ承認シタルトキハ後日其委付ニ對シテ異議ヲ述フルコトヲ得ス

本條ハ委付ニ對スル異議ニ付テノ規定ナリ抑委付ハ單獨行爲ナレハ其意思表示ニ因リテ其效力ヲ生シ相手方ノ承諾ヲ必要トスルモノニ非スト雖モ相手方ハ之ニ對シテ異議ヲ述フルコトヲ得ルハ勿論ナリ然レトモ一旦其委付ヲ承認シタルトキハ異議ヲ述フルコトヲ得ス是レ亦當然ノ事理ニ屬ス但一旦爲シタル承認カ詐欺強迫其他委付カ法律ノ規定ニ該當セサルカ如キ場合ニ於テ異議ヲ主張スルコトヲ得ルハ勿論ナリ。

委付ト被保險

第六百七十七條　保險者ハ委付ニ因リ被保險者ノ目的ニ付キ有セル一切ノ權利ヲ取得ス
被保險者カ委付ヲ爲シタルトキハ保險ノ目的ニ關スル證書ヲ保險者ニ交付スルコトヲ要ス

本條ハ保險ノ目的ノ委付ノ效力ニ關スル規定ナリ本條ニヨリ保險者ハ委付ニヨリ被保險者カ保險ノ目的ニ付キ有スル一切ノ權利ヲ取得スルナリ保險ノ目的ニ付キ有スル一切ノ權利トハ保險ノ目的其ノモノハ勿論其他保險ニ付キ有スル損害賠償請求權等一切ノ權利ヲ謂フ。（民七〇三參照）

此ノ如ク被保險者ハ委付ニ因リテ保險ノ目的ニ付キ有スル權利ヲ擧ケテ保險者ニ移スモノナルカ故ニ其目的ニ關スル證書モ亦保險者ニ交付スルコトヲ要ス蓋シ被保險者ニ於テハ最早之ヲ保存スルノ要ナキニ反シ保險者ニ於テハ其權利ヲ行使スルカ爲メ必要缺ク可カラサルカ爲ナリ。

第六百七十八條　被保險者ハ委付ヲ爲スニ當タリ保險者ニ對シ保險ノ目的ニ關スル他ノ保險契約竝ニ其負擔ニ屬スル債務ノ有無及ヒ其種類ヲ通知スルコトヲ要ス
保險者ハ前項ノ通知ヲ受クルマテハ保險金額ノ支拂ヲ爲スコトヲ要セス
保險金額ノ支拂ニ付キ期間ノ定アルトキハ其期間ハ保險者カ第一項ノ通知ヲ受ケタル時ヨリ之ヲ起算ス

本條ハ被保險者カ委付ヲ爲スニ當タリ保險ノ目的ニ關スル他ノ保險契約竝ニ

者ノ義務並ニ其義務違反ト保險者ノ權利

其負擔ニ屬スル債務ノ有無及ヒ其種類ニ付キ保險者ニ通知ス可キ義務及ヒ保險金支拂ノ期間ニ付テノ規定ナリ被保險者ヲシテ此義務ヲ負ハシメタルハ蓋シ此等ノモノハ被保險者カ委付シタル目的ニ付キ如何ナル負擔ヲ有シ又權利ヲ有シタルカニ付キ保險者之ヲ詳知セムコトヲ欲スル事項ナルト同時ニ其利害ニ關スルコト大ナルニ由ル故ニ若シ被保險者カ此通知ヲ爲ササルトキハ其間ハ保險金ノ支拂ヲ受クルコトヲ得ス又保險金ノ支拂ニ付テ一定ノ期間ヲ設ケタル場合ニ於テハ其期間ハ保險者カ其通知ヲ受ケタル時ヨリ之ヲ起算スルモノトス。

委付ノ原因ノ證明

第六百七十九條　保險者カ委付ヲ承認セサルトキハ被保險者ハ委付ノ原因ヲ證明シタル後ニ非サレハ保險金額ノ支拂ヲ請求スルコトヲ得ス

本條ハ委付ノ原因ノ證明ニ付テノ規定ナリ夫レ委付ハ被保險者ノ單獨行爲ニ因リテ效力ヲ生シ保險者ノ承諾ヲ必要トセサルモ保險者ハ委付ニ對シテ異義ヲ述フルコトヲ得ルヲ以テ其委付ハ保險者カ之ヲ承認シタル後ニ非サレハ確定セス故ニ若シ保險者カ之ヲ不當ト認メ承認セサルトキハ被保險者ハ委付原因タル事實ヲ證明セサルヲ得ス而シテ被保險者カ此證明ヲ爲ササル間ハ其責任ヲ盡ササルモノナルヲ以テ保險金額ノ支拂ヲ請求スルコトヲ得サルモノト爲スヲ相當

トス是レ此規定ノ存スル所以ナリ。

第七章　船舶債權者

船舶債權者

船舶債權者トハ船舶ノ上ニ特別擔保權ヲ有スル債權者ヲ指稱ス抑モ船舶モ亦財產ナレハ他ノ財產ト同シク債權ノ擔保タルコトヲ得ルハ勿論ナリ隨テ物上擔保ニ關スル一般ノ原則ハ亦船舶債權者ニ之ヲ適用スルコトヲ得サル可カラス然リト雖モ船舶債權者ノ優先權ハ亦自ラ他ノ優先權ト其規定ヲ異ニセサルヲ得ス是レ本章ニ其優先權ノ範圍及ヒ順位ニ付キ特別ノ規定ヲ設クル所以ナリ而シテ此種ノ擔保權ハ先取特權及ヒ抵當權ノ二種ナリトス。

本章ノ內容

本章ハ先取特權ヲ有スル債權者其種類、其順位、船舶ノ先取特權ト他ノ先取特權トノ順位、先取特權ノ消滅方法、抵當權、先取特權ト抵當權トノ順位、其他登記船舶ハ質權ノ目的タルヲ得サルノ制限並ニ製造中ノ船舶等ニ關スル規定ヲ包含セリ。

第六百八十條　左ニ揭ケタル債權ヲ有スル者ハ船舶、其屬具及ヒ未タ受取ラサル運送賃ノ上ニ先取特權ヲ有ス

一　船舶並ニ其屬具ノ競賣ニ關スル費用及ヒ競賣手續開始後ノ保存費

二　最後ノ港ニ於ケル船舶及ヒ其屬具ノ保存費

三　航海ニ關シ船舶ニ課シタル諸稅
四　水先案內料及ヒ挽船料
五　救助料及ヒ船舶ノ負擔ニ屬スル共同海損
六　航海繼續ノ必要ニ因リテ生シタル債權
七　雇傭契約ニ因リテ生シタル船長其他ノ船員ノ債權
八　船舶カ其賣買又ハ製造ノ後未タ航海ヲ爲ササル場合ニ於テ其賣買又ハ製造竝ニ艤裝ニ因リテ生シタル債權及ヒ最後ノ航海ノ爲メニスル船舶ノ艤裝食料竝ニ燃料ニ關スル債權
九　第二號、第四號乃至第六號及ヒ前號ニ揭ケタルモノヲ除ク外第五百四十四條ノ規定ニ依リ委付ヲ許シタル債權

先取特權ノ目的及ヒ先取特權ヲ有スル債權

本條ハ債權者カ先取特權ヲ有スル場合ニ付テノ規定ナリ此場合ニ(一)如何ナル債權者カ(二)如何ナル目的ニ付テ先取特權ヲ有スルカヲ區別スルコトヲ得即チ左ノ如シ

第一　先取特權ノ目的　先取特權ノ目的タルモノハ(一)船舶(二)其屬具(三)未タ受取ラサル運送賃ノ三トス船舶及ヒ其屬具ハ物權ナルヲ以テ先取特權ノ目的タルコトヲ得ルハ當然ナリト雖モ未收ノ運送賃ハ債權ニシテ物權ニ非ス而カモ船舶ト共ニ先取特權ノ目的タル所以ハ蓋シ運送賃ハ船舶ノ法定果實ナルカ故ニ其未

タ受取ラサル運送賃ハ恰モ天然果實ノ元物ヨリ分離セラレサル部分カ元物ト共ニ先取特權ノ目的タルコトヲ得ルカ如ク未收ノ運送賃モ船舶ノ一部分ト看做スモノニ外ナラス而シテ其運送賃ハ先取特權ノ生シタル航海ノ運送賃ニ限ル(六八一)又未タ受取ラサル運送賃トハ運送賃ノ債權ノ存在ヲ前提スルコト勿論ナリ。

第二　先取特權ヲ生スル債權　先取特權ヲ生スル債權ハ本條所揭ノ第一號乃至第九號ノ債權ナリ卽チ此種ノ債權ヲ有スル者其目的ニ付キ先取特權ヲ有スル債權者ナリ而シテ此種ノ債權ニ對シテ先取特權ヲ與フル所以ハ蓋シ其發生原因カ船舶ノ製造、保存、航海上ノ利益、債權者ノ勞力等ニ基クト同時ニ他ノ債權者モ之カ爲メニ利益ヲ受クルカ故ニ之ニ優先シテ辨濟ヲ受ケシムルヲ至當トスルハ勿論航海事業ノ發達ニモ資スルノ要アルニ由ル但第三號ノ債權ハ航海利益ヲ圖ル爲メノ設備ニ對スル代償ト謂フ可ク又第九號ノ債權ハ船舶所有者ノ爲メニ委付權ヲ認メテ其責任ヲ海產有限トセル結果債權者ハ其委付ヲ受ケタル海產ニ付テノミ辨濟ヲ受クルノ外ナキヲ以テ其範圍內ニ於テハ完全ナル辨濟ヲ受ケシムルノ必要アルカ故ナリ。

第六百八十二條　船舶債權者ノ先取特權ハ運送賃ニ付テハ其先取特權ノ生シタル航海ニ於ケ

先取特權ノ目的タル運送賃

ル運送賃ノ上ニノミ存在ス

本條ハ先取特權ノ目的タル運送賃ハ其債權ノ生シタル航海ニ於ケル運送賃ニ限ル可キコトヲ定ム蓋シ先取特權ノ發生ニ關係ナキ航海ノ運送賃ニ付テハ先取特權ヲ與フ可キ理由ナキヲ以テナリ。

先取特權ノ順位

第六百八十二條　船舶債權者ノ先取特權カ互ニ競合スル場合ニ於テハ其優先權ノ順位ハ第六百八十條ニ掲ケタル順序ニ從フ但同條第四號乃至第六號ノ債權間ニ在リテハ後ニ生シタルモノ前ニ生シタルモノニ先ツ

同一順位ノ先取特權者數人アルトキハ各其債權額ノ割合ニ應シテ辨濟ヲ受ク但六百八十條第四號乃至第六號ノ債權カ同時ニ生セサリシ場合ニ於テハ後ニ生シタルモノ前ニ生シタルモノニ先ツ

先取特權カ數同ノ航海ニ付テ生シタル場合ニ於テハ前二項ノ規定ニ拘ハラス後ノ航海ニ付テ生シタルモノ前ノ航海ニ付テ生シタルモノニ先ツ

本條ハ先取特權ノ順位ニ關スル規定ナリ船舶債權者ノ有スル先取特權カ同時ニ互ニ競合スル場合ニ於テ其間ノ順位ハ如何ニ之ヲ定ム可キヤ(一)先取特權カ同時ニ競合スル場合ニ於テハ其順位ハ第六百八十條ニ掲ケタル順序ニ從フコトヲ原則トス但同條第四號乃至第六號ノ債權者間ニ在テハ常ニ必スシモ其順序ニ從フモノニ非ス即此等ノ債權カ同時ニ生シタルトキハ此順序ニ從フコト勿論ナリ

ト雖モ若シ其發生ニ前後ノ別アルトキハ後ニ生シタルモノ却テ前ニ生シタル債權ニ先ツモノト爲セリ蓋シ此三者ハ其性質殆ト同一ニシテ多クノ徑庭ヲ設クルノ必要ナク而シテ後ニ生シタル債權ハ却テ其目的ニ對シ擔保ノ原因ヲ爲スコト先ニ生シタル債權ニ優ルモノト認ムルコトヲ得ルカ故ナリ(二)以上ハ各先取特權カ互ニ競合スル場合ニ於ケル原則ナリ然レトモ若シ同一順位ノ先取特權者數人アルトキハ各債權額ノ割合ニ應シテ辨濟ヲ受クルモノトス但此場合ニ於テモ第四號乃至第六號ノ債權カ同時ニ發生セスシテ時ニ前後アルトキハ後ニ生シタルモノ却テ前ニ生シタルモノニ先ツモノトス是レ上述ノ場合ト同一理由ニ依ルモノ

右(一)及ヒ(二)ハ同一航海ニ於テ生シタル各先取特權ノ競合セル場合ニ於ケル優先ノ順位ニ關スルモノナルモ若シ數回ノ航海ニ於テ生シタル先取特權カ互ニ競合スル場合ニ於テハ後ノ航海ニ於テ生シタルモノ前ノ航海ニ付テ生シタルモノニ優先スルモノトス蓋シ後ソ航海ニ付テ生シタル債權カ擔保ノ原因ヲ爲シタルモノニシテ之アルカ爲メニ前ノ航海ニ付テノ債權モ亦辨濟ヲ受クルモノナルカ故ナリ。

第六百八十三條　船舶債權者ノ先取特權ト他ノ先取特權ト競合スル場合ニ於テハ船舶債權

船舶ノ先取特權ト他ノ先取特權トノ順位

ノ先取特權ハ他ノ先取特權ニ先ツ

本條ハ船舶債權者ノ先取特權ト他ノ先取特權トカ競合スル場合ノ順位ニ關スル規定ナリ此場合ニ於テハ船舶債權者ノ先取特權ハ他ノ普通ノ先取特權ニ優先スルモノトス蓋シ船舶債權ハ所謂海產（船舶、運送賃）ニ關シテ生シタル債權ナルヲ以テ之ニ付テハ他ノ先取特權者ヨリモ優先ノ地位ヲ與フルコトヲ相當トス以テ船舶債權ノ優先權ヲ認メタル精神ヲ貫徹スルコトト爲セリ。

船舶讓渡ト先取特權ノ追及權竝ニ先取特權消滅ノ一

第六百八十四條　船舶所有者カ其船舶ヲ讓渡シタル場合ニ於テハ讓受人ハ其讓渡ヲ登記シタル後先取特權者ニ對シ一定ノ期間内ニ其債權ノ申出ヲ爲スヘキ旨ヲ公告スルコトヲ要ス但其期間ハ一ヶ月ヲ下ルコトヲ得ス

先取特權者カ前項ノ期間内ニ其債權ノ申出ヲ爲ササリシトキハ其先取特權ハ消滅ス

本條ハ船舶讓渡ノ場合ニ於ケル先取特權ノ追及權及ヒ先取特權消滅ノ一場合ニ付テノ規定ナリ（一）先取特權ハ物權ナリ故ニ船舶所有者カ其目的タル船舶ヲ讓渡スルモ先取特權者ハ其物ノ所在ニ追及シテ其權利ヲ行フコトヲ得ルハ勿論其賣却代金其他物ノ滅失、毀損、賃貸等ニ因リテ債務者ノ受クル對價ニ付テモ亦其權利ヲ行フコトヲ得（民三〇四）ルモノニシテ船舶所有者ニ變更アルモ先取特權者ハ痛痒ヲ感セサルモ新ニ讓受ケタル船舶所有者ハ永久ニ斯ル負擔ヲ荷フハ得テ忍フヘ

カラサル所ナリ而カモ船舶所有者ニ永ク斯カル責任ヲ負擔セシムルハ特種ナル制度ノ上ニ立ツ船舶其者ノ融通ヲ阻害シ航海事業ヲ奬勵スル政策ニ戻ルヘキニヨリ此責任ヲ緩和シ先取特權者ニ一定ノ期間内ニ其債權ノ申出ヲ爲ス可キ旨ヲ公告セシムルコトトシ(二)若シ其期間内ニ申出ヲ爲ササルトキハ先取特權ハ消滅ストヰセリ之ヲ是レ其消滅ノ一場合トス而シテ其期間ハ長キニ失スレハ讓受人ヲ害シ短キニ失スレハ先取特權者ニ不利ナルヲ以テ之ヲ一箇月以上ト爲ス。

先取特權消滅ノ二

第六百八十五條　船舶債權者ノ先取特權ハ其發生後一年ヲ經過シタルトキハ消滅ス

第六百八十條第八號ノ先取特權ハ船舶ノ發航ニ因リテ消滅ス

本條ハ先取特權消滅ノ二ノ場合ニ付テノ規定ナリ船舶債權者ノ先取特權ハ其發生後一年ヲ經過シタルトキハ消滅ス是レ永キニ過クルトキハ抵當權者其他ノ債權者ノ爲メニ不利ナルト同時ニ船舶ハ航海ニ因リ絕エス消耗シツツアルモノナレハ船舶債權者亦速ニ其權利ヲ行使ス可キモノナレハナリ而シテ第六百八十條第八號ノ先取特權ハ船舶ノ發航ニ因リテ之ヲ消滅ス蓋シ此債權ハ發航マテ其請求ヲ怠ル可キ性質ノモノニ非サルト同時ニ之ヲ發航後ニモ存スルトキハ爾後ノ同種ノ先取特權者ハ爲メニ意外ノ損失ヲ被ルコトアル可キカ故ナリ。

船舶ノ抵當權

第六百八十六條　登記シタル船舶ハ之ヲ以テ抵當權ノ目的ト爲スコトヲ得
船舶ノ抵當權ハ其屬具ニ及フ
船舶ノ抵當權ニハ不動産ノ抵當權ニ關スル規定ヲ準用ス

本條ハ船舶ノ抵當權ニ關スル規定ナリ船舶ハ其性質動産ナルモ既ニ登記ノ制度ヲ設ケ或種ノ船舶ハ其所有權其他之ニ關スル權利ニ付キ第三者ニ公示スル方法ト爲スカ故ニ登記シタル船舶ニ限リ不動産ノ如ク抵當權ノ設定ヲ爲スコトヲ得ルモノト爲セリ而シテ船舶ノ抵當權ニハ不動産ノ抵當權ニ關スル規定ヲ準用ス蓋シ不動産ノ抵當權ニ酷似スルカ故ナリ但其抵當權ノ效力ハ船舶ノ從物タル其屬具ニ及フ。

船舶先取特權ト船舶ノ抵當權トノ順位

第六百八十七條　船舶ノ先取特權ハ抵當權ニ先チテ之ヲ行フコトヲ得

本條ハ船舶ノ先取特權ト抵當權トノ順位ニ付テノ規定ナリ船舶ノ先取特權ハ抵當權ニ先チテ之ヲ行フコトヲ得蓋シ抵當權ノ目的タル船舶ハ先取特權者ノ有スル債權ノ基本タル行爲ニヨリ保存セラレタル爲メ之ヲ彼ニ對シ優先セシムル所以ナリトス。

登記シタル船

第六百八十八條　登記シタル船舶ハ之ヲ以テ質權ノ目的ト爲スコトヲ得ス

本條ハ登記シタル船舶ハ之ヲ以テ質權ノ目的ト爲スコトヲ得サル旨ノ規定タ

船ハ質權ノ目的タルコトヲ得ス

リ此規定アル所以ハ蓋シ船舶ニ付テハ既ニ抵當權ヲ認メテ擔保供用ノ途ヲ展キタレハ特ニ質權ヲ認ムル實際ノ必要ナキモノト認メタルニ由ル。

製造中ノ船舶

第六百八十九條　本章ノ規定ハ製造中ノ船舶ニ之ヲ準用ス

本條ハ船舶債權者ニ關スル本章ノ規定ハ製造中ノ船舶ニモ之ヲ準用ス可キコトヲ定ム蓋シ製造中ノ船舶ハ未タ以テ船舶ト稱ス可カラスト雖モ船舶ハ其製造ニ巨大ノ資本ヲ要シ且其竣成ニ付キ長年月ヲ費ス可キヲ以テ船舶所有者ヲシテ資金融通ノ途ヲ展カシムルト同時ニ擔保ノ原因ヲ爲シタル其債權ニ付キ他ノ債權者ニ優先セシムルハ既成利用中ノ船舶ニ對スル債權者ト其保護ヲ異ニス可キ理由ナキカ故ナリ若夫レ之ニ依テ造船業ノ奬勵ト爲リ延イテ海運ノ發達ヲ助成スルヲ得ハ蓋シ邦家ノ利益ナリト謂フ可シ。

改正
商法義解
終

附　則（商法中改正法律附則）

第一條　本法施行ノ期日ハ勅令ヲ以テ之ヲ定ム

第二條　本法ノ規定ハ本法施行ノ日ヨリ其施行前ニ生シタル事項ニモ亦之ヲ適用ス但從前ノ規定ニ依リテ生シタル效力ヲ妨ケス

第三條　本法施行前ニ會社カ合併ノ決議ヲ爲シタル場合ニ於テハ第四十四條ノ三第二項及ヒ第三項ノ規定ニ依ルコトヲ要セス

第四條　第九十一條ノ二ノ規定ハ本法施行前ニ清算結了ノ登記ヲ爲シタル場合ニハ之ヲ適用セス

第五條　第九十九條ノ三第二項及ヒ第九十九條ノ四乃至第九十九條ノ六ノ規定ハ本法施行前ニ提起シタル設立無效ノ訴ニモ亦之ヲ適用ス但其訴ニ付キ爲シタル判決カ本法施行前ニ確定シタルトキハ此限ニ在ラス

第六條　前二條ノ規定ハ合資會社ニ之ヲ準用ス

第七條　本法施行前ニ株式會社ノ發起人カ定款ヲ作リタル場合ニ於テハ其設立ニハ從前ノ規定ヲ適用ス

前項ノ規定ハ第百二十六條ノ二及ヒ第百四十二條ノ二乃至第百四十二條ノ四ノ規定ノ適用ヲ妨ケス

第八條　第百五十二條第三項及ヒ第百五十三條ノ二ノ規定ハ本法施行前ニ第百五十二條第一項ノ催告ヲ爲シタル場合ニモ亦之ヲ適用ス

第九條　第百六十三條及ヒ第百六十三條ノ二ノ規定ハ本法施行前ニ生シタル事由ニ基キ其施

行後ニ決議無效ノ訴ヲ提起スル場合ニモ亦之ヲ適用ス

第十條　第九十九條ノ三第二項、第九十九條ノ四及ヒ第百六十三條ノ四ノ規定ハ本法施行前ニ提起シタル決議無效ノ訴ニモ亦之ヲ適用ス但其訴ニ付キ爲シタル判決カ本法施行前ニ確定シタルトキハ此限ニ在ラス

第十一條　前二條ノ規定ハ創立總會ノ決議無效ノ訴ニ之ヲ準用ス
第百六十三條ノ三ノ規定ハ本法施行前ニ提起シタル創立總會ノ決議無效ノ訴ニモ亦之ヲ適用ス

第十二條　第百六十七條ノ二ノ規定ハ本法施行前ニ選任シタル取締役又ハ監査役ノ任務カ本法施行後ニ終了シタル場合ニモ亦之ヲ準用ス

第十三條　第百七十七條及ヒ第百八十六條ノ規定ハ本法施行前ニ選任シタル取締役又ハ監査役ノ行爲カ本法施行後ニ在リタル場合ニモ亦之ヲ適用ス

第十四條　本法施行前ニ株式會社カ社債募集ノ決議ヲ爲シタル場合ニ於テハ從前ノ規定ニ從ヒテ其募集ヲ爲スコトヲ得但未タ社債募集ノ公告ヲ爲ササルトキハ第二百三條、第二百三條ノ二、第二百四條ノ二及ヒ第二百七條ノ二ノ規定ヲ適用ス

第十五條　本法施行前ニ株式會社カ資本增加ノ決議ヲ爲シタル場合ニ於テハ從前ノ規定ニ從ヒテ其增加ヲ爲スコトヲ得

第十六條　第二百二十條ノ二乃至第二百二十條ノ五ノ規定ハ本法施行前ニ資本減少ノ決議ヲ爲シタル場合ニモ亦之ヲ適用ス但株主總會ノ決議ニ反スルトキハ此限ニ在ラス

第十七條　第二百二十條ノ二乃至二百二十條ノ五ノ規定ハ券面額五十圓未滿ノ株式ヲ併合スル場合ニ之ヲ準用ス

第十八條　本法施行前ニ株式會社カ合併ノ決議ヲ爲シタル場合ニ於テモ株主ハ其記名株ヲ讓渡スコトヲ得

第十九條　附則第十六條ノ規定ハ會社ノ合併ニ因ル株式併合ノ場合ニ之ヲ準用ス

第二百二十五條第三項ノ規定ハ本法施行前ニ合併ノ決議ヲ爲シタル場合ニモ亦之ヲ適用ス

第二十條　本法施行前ニ株式會社ノ設立ノ無效ナルコトヲ發見シタル場合ニ於テ裁判所カ未タ清算人ヲ選任セサリシトキハ設立無效ノ主張ニ付テハ本法ノ規定ヲ適用ス

第二十一條　附則第九條、第十條、第十二條及ヒ第十三條ノ規定ハ株式會社ノ清算ノ場合ニ之ヲ準用ス

第二十二條　附則第四條及ヒ第五條ノ規定ハ株式會社ニ之ヲ準用ス

第二十三條　前十六條ノ規定ハ株式合資會社ニ之ヲ準用ス

第二十四條　本法施行前ニ會社ニ關スル從前ノ罰則ヲ適用スヘキ行爲アリタルトキハ本法施行ノ後ト雖モ其罰則ヲ適用ス

第二十五條　第四百八十七條乃至第四百八十八條ノ二及ヒ第四百八十八條ノ四ノ規定ハ本法施行前ニ第一ノ質入裏書アリタル質入證券ノ所持人カ本法施行後ニ支拂ヲ求ムル爲メ其證券ヲ呈示スル場合ニモ亦之ヲ適用ス

第二十六條　質入證券所持人ノ裏書人ニ對スル請求權ハ寄託物ニ付キ辨濟ヲ受ケタル日カ本法施行前ニ在リタル場合ニ於テハ其施行ノ日ヨリ六个月本法施行後ニ在ル場合ニ於テハ辨濟ヲ受ケタル日ヨリ六个月ヲ經過シタルトキハ時效ニ因リテ消滅ス

質入證券裏書人ノ其前者ニ對スル請求權ハ本法施行前ニ償還ヲ爲シタル場合ニ於テハ其施行ノ日ヨリ六个月本法施行後ニ償還ヲ爲シタル場合ニ於テハ其償還ノ日ヨリ六个月ヲ經過

シタルトキハ時效ニ因リテ消滅ス

本法施行前ニ進行ヲ始メタル時効ノ殘期カ其施行ノ日ヨリ起算シテ六个月ヨリ短キトキハ時效ハ其殘期ヲ經過スルニ因リテ完成ス

第二十七條　第三百六十七條ノ三、第三百八十條ノ二及ヒ第三百八十條ノ三ノ規定ハ本法施行前ニ作リタル預證劵又ハ質入證劵ニモ亦之ヲ適用ス但其證劵ニ別段ノ意思表示アルトキハ此限ニ在ラス

第二十八條　第四百十七條ノ規定ハ本法施行前ニ生シタル保險料返還ノ義務ニ付キ其施行後ニ時效カ進行ヲ始ムル場合ニモ亦之ヲ適用ス

本法施行前ニ進行ヲ始メタル時效ノ殘期カ其施行ノ日ヨリ起算シテ二年ヨリ長キトキハ時效ハ其施行ノ日ヨリ二年ヲ經過スルニ因リ二年ヨリ短キトキハ其殘期ヲ經過スルニ因リテ完成ス

前二項ノ規定ハ第四百三十二條ノ二ノ義務ニ之ヲ準用ス

第二十九條　第四百二十八條乃至第四百二十八條ノ四ノ規定ハ本法施行前ニ爲シタル保險契約ニハ之ヲ適用セス

第三十條　本法施行前ニ振出シタル爲替手形ニ付キ其施行後ニ引受拒絶證書ヲ作ラシメタル場合ニ於テハ擔保請求ノ通知ヲ發スルコトヲ要セス本法施行後ニ擔保ヲ供セサル爲メ拒絶證書ヲ作ラシメタル場合亦同シ

第三十一條　第四百八十七條乃至第四百八十八條ノ二、第四百八十八條ノ四及ヒ第四百八十九條ノ二ノ規定ハ本法施行前ニ振出シタル爲替手形ニ付キ所持人カ本法施行後ニ支拂ヲ求ムル爲メ之ヲ呈示スル場合ニモ亦之ヲ適用ス

第三十二條　第五百十五條乃至第五百十五條ノ五及ヒ第五百十七條第一項ノ規定ハ本法施行前ニ振出シタル爲替手形ニ付キ其施行後ニ拒絶證書ヲ作ル場合ニモ亦之ヲ準用ス

第三十三條　前三條ノ規定ハ約束手形ニ之ヲ準用ス

第三十四條　第五百三十三條ノ三及ヒ第五百三十四條第二項ノ規定ハ本法施行前ニ振出シタル小切手ニ付キ所持人カ本法施行後ニ支拂ヲ求ムル爲メ之ヲ呈示スル場合ニモ亦之ヲ適用ス

附則第三十一條及ヒ第三十二條ノ規定ハ小切手ニ之ヲ準用ス

第三十五條　第五百四十四條ノ二ノ規定ハ本法施行前ニ生シタル原因ニ基キ其施行後ニ委付ヲ爲ス場合ニモ亦之ヲ準用ス

附則終

明治四十五年五月二十日印刷
明治四十五年五月廿五日發行
大正貳年六月五日再版

改正商法義解
定價金貳圓八拾錢

著作者　横塚泰助
發行者　長尾清一
東京市四谷區右京町二十八番地
發行者　新堀忠太郎
東京市京橋區南槇町九番地
印刷者　平井登
東京市本所區番場町四番地

發兌元　東京四谷右京町　振替口座一〇五〇七　電話番町三七九九　法令研究會

賣捌所　東京　神田一ッ橋通町　有斐閣書房

（印刷所　東京市本所區番場町四番地凸版印刷株式會社分工場）

改正商法義解　完　　　日本立法資料全集　別巻 1212

平成30年12月20日　　復刻版第1刷発行

著　者　横　塚　泰　助

発行者　今　井　　　貴
　　　　渡　辺　左　近

発行所　信　山　社　出　版
〒113-0033　東京都文京区本郷 6-2-9-102
モンテベルデ第2東大正門前
電　話　03（3818）1019
F A X　03（3818）0344
郵便振替　00140-2-367777（信山社販売）
Printed in Japan.

制作／(株)信山社，印刷・製本／松澤印刷・日進堂

ISBN 978-4-7972-7329-8 C3332

別巻　巻数順一覧【950 ～ 981 巻】

巻数	書名	編・著者	ISBN	本体価格
950	実地応用町村制質疑録	野田藤吉郎、國吉拓郎	ISBN978-4-7972-6656-6	22,000 円
951	市町村議員必携	川瀬周次、田中迪三	ISBN978-4-7972-6657-3	40,000 円
952	増補 町村制執務備考 全	増澤鐵、飯島篤雄	ISBN978-4-7972-6658-0	46,000 円
953	郡区町村編制法 府県会規則 地方税規則 三法綱論	小笠原美治	ISBN978-4-7972-6659-7	28,000 円
954	郡区町村編制 府県会規則 地方税規則 新法例纂 追加地方諸要則	柳澤武運三	ISBN978-4-7972-6660-3	21,000 円
955	地方革新講話	西内天行	ISBN978-4-7972-6921-5	40,000 円
956	市町村名辞典	杉野耕三郎	ISBN978-4-7972-6922-2	38,000 円
957	市町村吏員提要〔第三版〕	田邊好一	ISBN978-4-7972-6923-9	60,000 円
958	帝国市町村便覧	大西林五郎	ISBN978-4-7972-6924-6	57,000 円
959	最近検定 市町村名鑑 附 官国幣社 及 諸学校所在地一覧	藤澤衛彦、伊東順彦、増田穆、関惣右衛門	ISBN978-4-7972-6925-3	64,000 円
960	鼇頭対照 市町村制解釈 附 理由書 及 参考諸布達	伊藤寿	ISBN978-4-7972-6926-0	40,000 円
961	市町村制釈義 完　附 市町村制理由	水越成章	ISBN978-4-7972-6927-7	36,000 円
962	府県郡市町村 模範治績　附 耕地整理法 産業組合法 附属法令	荻野千之助	ISBN978-4-7972-6928-4	74,000 円
963	市町村大字読方名彙〔大正十四年度版〕	小川琢治	ISBN978-4-7972-6929-1	60,000 円
964	町村会議員選挙要覧	津田東璋	ISBN978-4-7972-6930-7	34,000 円
965	市制町村制 及 府県制　附 普通選挙法	法律研究会	ISBN978-4-7972-6931-4	30,000 円
966	市制町村制註釈 完　附 市制町村制理由〔明治21年初版〕	角田真平、山田正賢	ISBN978-4-7972-6932-1	46,000 円
967	市町村制詳解 全　附 市町村制理由	元田肇、加藤政之助、日鼻豊作	ISBN978-4-7972-6933-8	47,000 円
968	区町村会議要覧 全	阪田辨之助	ISBN978-4-7972-6934-5	28,000 円
969	実用 町村制市制事務提要	河邨貞山、島村文耕	ISBN978-4-7972-6935-2	46,000 円
970	新旧対照 市制町村制正文〔第三版〕	自治館編輯局	ISBN978-4-7972-6936-9	28,000 円
971	細密調査 市町村便覧(三府四十三県 北海道 樺太 台湾 朝鮮 関東州)　附 分類官公衙公私学校銀行所在地一覧表	白山榮一郎、森田公美	ISBN978-4-7972-6937-6	88,000 円
972	正文 市制町村制 並 附属法規	法曹閣	ISBN978-4-7972-6938-3	21,000 円
973	台湾朝鮮関東州 全国市町村便覧 各学校所在地〔第一分冊〕	長谷川好太郎	ISBN978-4-7972-6939-0	58,000 円
974	台湾朝鮮関東州 全国市町村便覧 各学校所在地〔第二分冊〕	長谷川好太郎	ISBN978-4-7972-6940-6	58,000 円
975	合巻 佛蘭西邑法・和蘭邑法・皇国郡区町村編成法	箕作麟祥、大井憲太郎、神田孝平	ISBN978-4-7972-6941-3	28,000 円
976	自治之模範	江木翼	ISBN978-4-7972-6942-0	60,000 円
977	地方制度実例総覧〔明治36年初版〕	金田謙	ISBN978-4-7972-6943-7	48,000 円
978	市町村民 自治読本	武藤榮治郎	ISBN978-4-7972-6944-4	22,000 円
979	町村制詳解　附 市制及町村制理由	相澤富蔵	ISBN978-4-7972-6945-1	28,000 円
980	改正 市町村制 並 附属法規	楠綾雄	ISBN978-4-7972-6946-8	28,000 円
981	改正 市制 及 町村制〔訂正10版〕	山野金蔵	ISBN978-4-7972-6947-5	28,000 円

別巻　巻数順一覧【915～949巻】

巻数	書　名	編・著者	ISBN	本体価格
915	改正 新旧対照市町村一覧	鍾美堂	ISBN978-4-7972-6621-4	78,000円
916	東京市会先例彙輯	後藤新平、桐島像一、八田五三	ISBN978-4-7972-6622-1	65,000円
917	改正 地方制度解説〔第六版〕	狭間茂	ISBN978-4-7972-6623-8	67,000円
918	改正 地方制度通義	荒川五郎	ISBN978-4-7972-6624-5	75,000円
919	町村制市制全書 完	中嶋廣蔵	ISBN978-4-7972-6625-2	80,000円
920	自治新制 市町村会法要談 全	田中重策	ISBN978-4-7972-6626-9	22,000円
921	郡市町村吏員 収税実務要書	荻野千之助	ISBN978-4-7972-6627-6	21,000円
922	町村至宝	桂虎次郎	ISBN978-4-7972-6628-3	36,000円
923	地方制度通 全	上山満之進	ISBN978-4-7972-6629-0	60,000円
924	帝国議会府県会郡会市町村会議員必携 附関係法規 第1分冊	太田峯三郎、林田亀太郎、小原新三	ISBN978-4-7972-6630-6	46,000円
925	帝国議会府県会郡会市町村会議員必携 附関係法規 第2分冊	太田峯三郎、林田亀太郎、小原新三	ISBN978-4-7972-6631-3	62,000円
926	市町村是	野田千太郎	ISBN978-4-7972-6632-0	21,000円
927	市町村執務要覧 全 第1分冊	大成館編輯局	ISBN978-4-7972-6633-7	60,000円
928	市町村執務要覧 全 第2分冊	大成館編輯局	ISBN978-4-7972-6634-4	58,000円
929	府県会規則大全　附 裁定録	朝倉達三、若林友之	ISBN978-4-7972-6635-1	28,000円
930	地方自治の手引	前田宇治郎	ISBN978-4-7972-6636-8	28,000円
931	改正 市制町村制と衆議院議員選挙法	服部喜太郎	ISBN978-4-7972-6637-5	28,000円
932	市町村国税事務取扱手続	広島財務研究会	ISBN978-4-7972-6638-2	34,000円
933	地方自治制要義 全	末松偕一郎	ISBN978-4-7972-6639-9	57,000円
934	市町村特別税之栞	三邊長治、水谷平吉	ISBN978-4-7972-6640-5	24,000円
935	英国地方制度 及 税法	良保両氏、水野遵	ISBN978-4-7972-6641-2	34,000円
936	英国地方制度 及 税法	髙橋達	ISBN978-4-7972-6642-9	20,000円
937	日本法典全書 第一編 府県制郡制註釈	上條慎蔵、坪谷善四郎	ISBN978-4-7972-6643-6	58,000円
938	判例挿入 自治法規全集 全	池田繁太郎	ISBN978-4-7972-6644-3	82,000円
939	比較研究 自治之精髄	水野錬太郎	ISBN978-4-7972-6645-0	22,000円
940	傍訓註釈 市制町村制 並ニ 理由書〔第三版〕	筒井時治	ISBN978-4-7972-6646-7	46,000円
941	以呂波引町村便覧	田山宗堯	ISBN978-4-7972-6647-4	37,000円
942	町村制執務要録 全	鷹巣清二郎	ISBN978-4-7972-6648-1	46,000円
943	地方自治 及 振興策	床次竹二郎	ISBN978-4-7972-6649-8	30,000円
944	地方自治講話	田中四郎左衛門	ISBN978-4-7972-6650-4	36,000円
945	地方施設改良 訓諭演説集〔第六版〕	鹽川玉江	ISBN978-4-7972-6651-1	40,000円
946	帝国地方自治団体発達史〔第三版〕	佐藤亀齢	ISBN978-4-7972-6652-8	48,000円
947	農村自治	小橋一太	ISBN978-4-7972-6653-5	34,000円
948	国税 地方税 市町村税 滞納処分法問答	竹尾高堅	ISBN978-4-7972-6654-2	28,000円
949	市町村役場実用 完	福井淳	ISBN978-4-7972-6655-9	40,000円

別巻　巻数順一覧【878 ～ 914 巻】

巻数	書　名	編・著者	ISBN	本体価格
878	明治史第六編 政黨史	博文館編輯局	ISBN978-4-7972-7180-5	42,000 円
879	日本政黨發達史 全〔第一分冊〕	上野熊藏	ISBN978-4-7972-7181-2	50,000 円
880	日本政黨發達史 全〔第二分冊〕	上野熊藏	ISBN978-4-7972-7182-9	50,000 円
881	政党論	梶原保人	ISBN978-4-7972-7184-3	30,000 円
882	獨逸新民法商法正文	古川五郎、山口弘一	ISBN978-4-7972-7185-0	90,000 円
883	日本民法鼇頭對比獨逸民法	荒波正隆	ISBN978-4-7972-7186-7	40,000 円
884	泰西立憲國政治攬要	荒井泰治	ISBN978-4-7972-7187-4	30,000 円
885	改正衆議院議員選擧法釋義 全	福岡伯、横田左仲	ISBN978-4-7972-7188-1	42,000 円
886	改正衆議院議員選擧法釋義 附 改正貴族院令,治安維持法	犀川長作、犀川久平	ISBN978-4-7972-7189-8	33,000 円
887	公民必携 選擧法規ト判決例	大浦兼武、平沼騏一郎、木下友三郎、清水澄、三浦數平	ISBN978-4-7972-7190-4	96,000 円
888	衆議院議員選擧法輯覽	司法省刑事局	ISBN978-4-7972-7191-1	53,000 円
889	行政司法選擧判例總覽―行政救濟と其手續―	澤田竹治郎・川崎秀男	ISBN978-4-7972-7192-8	72,000 円
890	日本親族相續法義解 全	髙橋捨六・堀田馬三	ISBN978-4-7972-7193-5	45,000 円
891	普通選擧文書集成	山中秀男・岩本溫良	ISBN978-4-7972-7194-2	85,000 円
892	普選の勝者 代議士月旦	大石末吉	ISBN978-4-7972-7195-9	60,000 円
893	刑法註釋 巻一～巻四(上巻)	村田保	ISBN978-4-7972-7196-6	58,000 円
894	刑法註釋 巻五～巻八(下巻)	村田保	ISBN978-4-7972-7197-3	50,000 円
895	治罪法註釋 巻一～巻四(上巻)	村田保	ISBN978-4-7972-7198-0	50,000 円
896	治罪法註釋 巻五～巻八(下巻)	村田保	ISBN978-4-7972-7198-0	50,000 円
897	議會選擧法	カール・ブラウニアス、國政研究科會	ISBN978-4-7972-7201-7	42,000 円
901	鼇頭註釈 町村制 附 理由 全	八乙女盛次、片野続	ISBN978-4-7972-6607-8	28,000 円
902	改正 市制町村制 附 改正要義	田山宗堯	ISBN978-4-7972-6608-5	28,000 円
903	増補訂正 町村制詳解〔第十五版〕	長峰安三郎、三浦通太、野田千太郎	ISBN978-4-7972-6609-2	52,000 円
904	市制町村制 並 理由書 附 直接間接税類別及実施手続	高崎修助	ISBN978-4-7972-6610-8	20,000 円
905	町村制要義	河野正義	ISBN978-4-7972-6611-5	28,000 円
906	改正 市制町村制義解〔帝國地方行政学会〕	川村芳次	ISBN978-4-7972-6612-2	60,000 円
907	市制町村制 及 関係法令〔第三版〕	野田千太郎	ISBN978-4-7972-6613-9	35,000 円
908	市町村新旧対照一覧	中村芳松	ISBN978-4-7972-6614-6	38,000 円
909	改正 府県郡制問答講義	木内英雄	ISBN978-4-7972-6615-3	28,000 円
910	地方自治提要 全 附 諸届願書式 日用規則抄録	木村時義、吉武則久	ISBN978-4-7972-6616-0	56,000 円
911	訂正増補 市町村制問答詳解 附 理由及追輯	福井淳	ISBN978-4-7972-6617-7	70,000 円
912	改正 府県制郡制註釈〔第三版〕	福井淳	ISBN978-4-7972-6618-4	34,000 円
913	地方制度実例総覧〔第七版〕	自治館編輯局	ISBN978-4-7972-6619-1	78,000 円
914	英国地方政治論	ジョージ・チャールズ・ブロドリック、久米金彌	ISBN978-4-7972-6620-7	30,000 円

別巻　巻数順一覧【843～877巻】

巻数	書　名	編・著者	ISBN	本体価格
843	法律汎論	熊谷直太	ISBN978-4-7972-7141-6	40,000円
844	英國國會選擧訴願判決例 全	オマリー、ハードカッスル、サンタース	ISBN978-4-7972-7142-3	80,000円
845	衆議院議員選擧法改正理由書 完	内務省	ISBN978-4-7972-7143-0	40,000円
846	戇齋法律論文集	森作太郎	ISBN978-4-7972-7144-7	45,000円
847	雨山遺稾	渡邉輝之助	ISBN978-4-7972-7145-4	70,000円
848	法曹紙屑籠	鷺城逸史	ISBN978-4-7972-7146-1	54,000円
849	法例彙纂 民法之部 第一篇	史官	ISBN978-4-7972-7147-8	66,000円
850	法例彙纂 民法之部 第二篇〔第一分冊〕	史官	ISBN978-4-7972-7148-5	55,000円
851	法例彙纂 民法之部 第二篇〔第二分冊〕	史官	ISBN978-4-7972-7149-2	75,000円
852	法例彙纂 商法之部〔第一分冊〕	史官	ISBN978-4-7972-7150-8	70,000円
853	法例彙纂 商法之部〔第二分冊〕	史官	ISBN978-4-7972-7151-5	75,000円
854	法例彙纂 訴訟法之部〔第一分冊〕	史官	ISBN978-4-7972-7152-2	60,000円
855	法例彙纂 訴訟法之部〔第二分冊〕	史官	ISBN978-4-7972-7153-9	48,000円
856	法例彙纂 懲罰則之部	史官	ISBN978-4-7972-7154-6	58,000円
857	法例彙纂 第二版 民法之部〔第一分冊〕	史官	ISBN978-4-7972-7155-3	70,000円
858	法例彙纂 第二版 民法之部〔第二分冊〕	史官	ISBN978-4-7972-7156-0	70,000円
859	法例彙纂 第二版 商法之部・訴訟法之部〔第一分冊〕	太政官記録掛	ISBN978-4-7972-7157-7	72,000円
860	法例彙纂 第二版 商法之部・訴訟法之部〔第二分冊〕	太政官記録掛	ISBN978-4-7972-7158-4	40,000円
861	法令彙纂 第三版 民法之部〔第一分冊〕	太政官記録掛	ISBN978-4-7972-7159-1	54,000円
862	法令彙纂 第三版 民法之部〔第ニ分冊〕	太政官記録掛	ISBN978-4-7972-7160-7	54,000円
863	現行法律規則全書（上）	小笠原美治、井田鐘次郎	ISBN978-4-7972-7162-1	50,000円
864	現行法律規則全書（下）	小笠原美治、井田鐘次郎	ISBN978-4-7972-7163-8	53,000円
865	國民法制通論 上卷・下卷	仁保龜松	ISBN978-4-7972-7165-2	56,000円
866	刑法註釋	磯部四郎、小笠原美治	ISBN978-4-7972-7166-9	85,000円
867	治罪法註釋	磯部四郎、小笠原美治	ISBN978-4-7972-7167-6	70,000円
868	政法哲學 前編	ハーバート・スペンサー、濱野定四郎、渡邊治	ISBN978-4-7972-7168-3	45,000円
869	政法哲學 後編	ハーバート・スペンサー、濱野定四郎、渡邊治	ISBN978-4-7972-7169-0	45,000円
870	佛國商法復説 第壹篇自第壹卷至第七卷	リウヒエール、商法編纂局	ISBN978-4-7972-7171-3	75,000円
871	佛國商法復説 第壹篇第八卷	リウヒエール、商法編纂局	ISBN978-4-7972-7172-0	45,000円
872	佛國商法復説 自第二篇至第四篇	リウヒエール、商法編纂局	ISBN978-4-7972-7173-7	70,000円
873	佛國商法復説 書式之部	リウヒエール、商法編纂局	ISBN978-4-7972-7174-4	40,000円
874	代言試驗問題擬判録 全 附録明治法律學校民刑問題及答案	熊野敏三、宮城浩蔵 河野和三郎、岡義男	ISBN978-4-7972-7176-8	35,000円
875	各國官吏試驗法類集 上・下	内閣	ISBN978-4-7972-7177-5	54,000円
876	商業規篇	矢野亨	ISBN978-4-7972-7178-2	53,000円
877	民法実用法典 全	福田一覺	ISBN978-4-7972-7179-9	45,000円

別巻　巻数順一覧【810～842巻】

巻数	書　名	編・著者	ISBN	本体価格
810	訓點法國律例 民律 上巻	鄭永寧	ISBN978-4-7972-7105-8	50,000円
811	訓點法國律例 民律 中巻	鄭永寧	ISBN978-4-7972-7106-5	50,000円
812	訓點法國律例 民律 下巻	鄭永寧	ISBN978-4-7972-7107-2	60,000円
813	訓點法國律例 民律指掌	鄭永寧	ISBN978-4-7972-7108-9	58,000円
814	訓點法國律例 貿易定律・園林則律	鄭永寧	ISBN978-4-7972-7109-6	60,000円
815	民事訴訟法 完	本多康直	ISBN978-4-7972-7111-9	65,000円
816	物権法(第一部)完	西川一男	ISBN978-4-7972-7112-6	45,000円
817	物権法(第二部)完	馬場愿治	ISBN978-4-7972-7113-3	35,000円
818	商法五十課 全	アーサー・B・クラーク、本多孫四郎	ISBN978-4-7972-7115-7	38,000円
819	英米商法律原論 契約之部及流通券之部	岡山兼吉、淺井勝	ISBN978-4-7972-7116-4	38,000円
820	英國組合法 完	サー・フレデリック・ポロック、榊原幾久若	ISBN978-4-7972-7117-1	30,000円
821	自治論 一名人民ノ自由 巻之上・巻之下	リーバー、林董	ISBN978-4-7972-7118-8	55,000円
822	自治論纂 全一册	獨逸學協會	ISBN978-4-7972-7119-5	50,000円
823	憲法彙纂	古屋宗作、鹿島秀麿	ISBN978-4-7972-7120-1	35,000円
824	國會汎論	ブルンチュリー、石津可輔、讃井逸三	ISBN978-4-7972-7121-8	30,000円
825	威氏法學通論	エスクバック、渡邊輝之助、神山亨太郎	ISBN978-4-7972-7122-5	35,000円
826	萬國憲法 全	高田早苗、坪谷善四郎	ISBN978-4-7972-7123-2	50,000円
827	綱目代議政體	J・S・ミル、上田充	ISBN978-4-7972-7124-9	40,000円
828	法學通論	山田喜之助	ISBN978-4-7972-7125-6	30,000円
829	法學通論 完	島田俊雄、溝上與三郎	ISBN978-4-7972-7126-3	35,000円
830	自由之權利 一名自由之理 全	J・S・ミル、高橋正次郎	ISBN978-4-7972-7127-0	38,000円
831	歐洲代議政體起原史 第一册・第二册／代議政體原論 完	ギゾー、漆間眞學、藤田四郎、アンドリー、山口松五郎	ISBN978-4-7972-7128-7	100,000円
832	代議政體 全	J・S・ミル、前橋孝義	ISBN978-4-7972-7129-4	55,000円
833	民約論	J・J・ルソー、田中弘義、服部徳	ISBN978-4-7972-7130-0	40,000円
834	歐米政黨沿革史總論	藤田四郎	ISBN978-4-7972-7131-7	30,000円
835	内外政黨事情・日本政黨事情 完	中村義三、大久保常吉	ISBN978-4-7972-7132-4	35,000円
836	議會及政黨論	菊池學而	ISBN978-4-7972-7133-1	35,000円
837	各國之政黨 全〔第1分冊〕	外務省政務局	ISBN978-4-7972-7134-8	70,000円
838	各國之政黨 全〔第2分冊〕	外務省政務局	ISBN978-4-7972-7135-5	60,000円
839	大日本政黨史 全	若林清、尾崎行雄、箕浦勝人、加藤恒忠	ISBN978-4-7972-7137-9	63,000円
840	民約論	ルソー、藤田浪人	ISBN978-4-7972-7138-6	30,000円
841	人權宣告辯妄・政治眞論一名主權辯妄	ベンサム、草野宣隆、藤田四郎	ISBN978-4-7972-7139-3	40,000円
842	法制講義 全	赤司鷹一郎	ISBN978-4-7972-7140-9	30,000円